現代財經法課題：
賴源河教授八秩華誕祝壽論文集

王文宇、方嘉麟、戴銘昇、陳俊仁、陳彥良、鄭婷嫻、蘇怡慈、王銘勇
朱德芳、張心悌、蔡英欣、許美麗、劉連煜、王志誠、吳盈德、郭大維
周振鋒、陳盈如、洪秀芬、郭土木、廖大穎、施建州、莊永丞、何曜琛
江朝聖、陳禹成、葉錦鴻、林國彬、張冠群、陳榮傳、王立達、賴來焜　著

海屋添籌
——祝賀賴教授源河八秩嵩壽

　　初識賴教授源河博士大約在1982年，當時他與我分別在政治大學和中興大學教授證券交易法及公司法。同年6月白培英先生出任證券管理委員會主任委員，積極推動證券交易法的全盤修正。1983年7月他邀請賴源河教授、余雪明教授和我參與「證券交易法修正草案研究小組」，以證券交易法全部條文為範圍，從第一條到最後一條，逐條檢討。當時每週開會至少一次，多則三次，每次約三小時，由白主任委員親自主持，證券管理委員會各部門主管及相關人員全程參加。如此歷時約5個月，同年11月提出歷年來最大規模的證券交易法修正草案。

　　在這5個月的共事期間，親身見識源河教授溫良謙和，練達務實的處世風格。源河教授是賓州大學法學碩士、神戶大學法學碩士及法學博士，本身是權威的商法學者，對美國及日本證券法制極為嫻熟。但他絲毫沒有專業的傲慢。面對不同的意見，他耐心說明；處理疑難問題，並以務實可行為先。那次修正草案後來在1988年1月完成立法，源河教授功不可沒。

　　此後數十年間，源河教授在學術界和實務界都有重大的貢獻。學術上，他是傑出優秀的學者，著作等身，曾先後出任政治大學法律系系主任、法律研究所所長、法學院院長，並在東吳大學、銘傳大學等校任教，桃李滿園，作育英才無數。實務上，源河教授歷任臺北市政府法規會委員、經濟部法規會委員、行政院公平交易委員會副主任委員、考試院考試委員等要職，親身參與政府重要決策及法制建設，貢獻卓著。

　　不論在哪個職位，源河教授一貫謙和務實，默默奉獻。蘇東坡的一則寓言故事，頗能道出其中意趣：

　　有三個老人在一起比誰最老。
　　張老說：「每次吃完蟠桃，就把桃核丟到崑崙山下。現在桃核堆得和崑崙山一般高了，看我有多老！」
　　李老回道：「您們聽過滄海桑田的故事吧？每次滄海變成桑田的時候，我會在海邊的大屋子放一塊竹片做紀錄。現在竹片已經塞滿十間大屋子了！誰會比我更老？」
　　最後輪到王老，他說：「您們聽過盤古開天闢地的故事嗎？盤古是我的老朋友！」

　　這則寓言故事，後來從李老「在海邊屋子放竹片」的說法，產生「海屋添籌」的祝壽語，祝福壽星翁活過多少次的滄海桑田，萬壽無疆！
　　做爲祝壽語，運用文學的誇張筆法當然無妨。值得注意的是，東坡在寓言最後寫道：「以余觀之，三子者與蜉蝣朝菌何以異哉？」（東坡志林：三老語）。東坡認爲，只會吹牛皮說大話，不管多老，跟朝生夕滅的蜉蝣有什麼兩樣？

　　誠懇信實是東坡傳揚的人生價值，其實也是證券法制的立法基礎。三老的誇張語法，如果出現在上市公司的公開說明書或是財務業務文件，依證券交易法的規定，恐會引發嚴重的法律問題。
　　源河教授精研公司及證券法學，傳揚誠信務實的法制精神，而且身體力行，是溫良誠懇的謙謙君子。今天以「海屋添

籌」慶賀他八秩嵩壽，一方面祝福他永遠身心康健，同時對他謙和務實的人格風範，表達深摯的敬意。

賴英照

賴老師生日快樂，繼續引領法學眾生

　　賴源河老師過八十歲生日，滿天下的桃李當然要再聚一聚，以最新的學術心得回報老師，我大概是位列門牆之外，連私淑的名義都不可得。回想過去三四十載闖蕩法學和賴老師的種種因緣，還是忍不住要在文集出版之際，非文非序的寫幾行心裡的感激和感慨，也算躬逢其盛。

　　賴老師在我進政大時已經是法學院全力培養的財經法重鎮，他治學嚴謹，對後輩同事和追隨的學生，卻總是滿面春風，無私的付出。等我後來開始試著接觸一些行政的工作，無巧不巧的都是承繼賴老師的託付，包括政大法學院和公平會，我都是從賴老師手上接下院長和副主委的棒子，賴規蘇隨，少了許多惶惑和不安。我工作了近三十寒暑，轉到司法院服務六年後又返回、退而未真正休的政大法學院，就是在已故的法治斌老師和賴老師手中籌設並建立，賴老師擔任第一任的院長兼系主任，法學院分組不分系，另在研究所設六個研究中心，奠定了政大法學院快速發展的制度基礎。在所有法學院的設立上，政大不僅拔得頭籌，而且費力最少，因為最後是以社會科學院「出走」的方式完成，我們只不過獨占了法學院。但我覺得真正可貴的還不是外在的制度，而是由法老師、賴老師他們樹立、傳承至今的和而不同的學風，老師之間各有專攻，相互尊重，完全沒有權威、山頭，或後浪的驕戾之氣，更不會因為政治信念的不同而猜忌攻訐。賴老師的人格和風格，像一棵大樹，政大法學院的氛圍，也一直就是這樣，只是在底下乘涼的人，反而習而不察了。

　　至於我們分享同一任期的公平會副主委工作，正好是這個中華民國第一個獨立行政管制機關成立三年，在第一任王志剛主委和廖義男副主委從無到有把人馬、糧草都找齊，典章制度也一一打理清楚後的開展期。公平會和公平法其實在很多方面都是介於美國的聯邦交易委員會—反托拉斯法，和德國的聯邦卡特爾署—競爭法之間的產物，如何運作最符合臺灣的需要，誰也沒把握，但正趕上新自由主義狂飆的後期，美國和德國都把競爭的價值高唱入雲，臺灣打造亞太營運中心的大政策也正如火如荼，我們在那個勢頭下，也只有卯足了力氣輔佐趙揚清主委往前衝，賴老師在參與推動法規自由化工作所取得的成果，和我上任後賡續推動幾個傳統上受到經濟管制的市場自由化專案之間，隱隱然似有「先安內再攘外」的次序關連。時移勢易，公平會的這個角色早已成爲明日黃花，但兩個教書匠先後的投入還是掀起了幾許漣漪，可供今天偶爾小酌時回憶，賴老師和我先後和多位年輕同事建立的長期友誼，好幾位後來還延長到通傳會和司法院，甚至到今天還是我週末爬山的忠實「驢友」。緣分的事要怎麼說？

　　學問的事，負笈日美的賴老師是財經法的泰山北斗，我只能瞻仰。不過退休後確實很想把過去的雜學理一理，在法學院開設的課程嘗試歸納和發展一些跨法域的法學方法，尋求不同法領域專業的師生到課堂上進行思考和觀點的激盪，藉此匯聚多元觀點並汲取學術養分，把我們總是以法域爲天花板的法教義學做得更圓滿，這一方面要感謝法老師、賴老師當年苦心做的制度安排，使政大法學院一直有著更有利於做這樣互動的環境和機會，另一方面，最近在和大陸同行熱烈討論21世紀民法典該如何重構時，總免不了要回到民商關係的世紀議題，從分

立到合一，卻總是有點合又不太合，最近二十幾年問世的新民法典大部分還是走向「小合一」，也就是組織法各行其是，商行為有些進入債各或契約法各論。臺灣的商法教義學能不能整理出一些共通的原則，有沒有哪些有關商組織的基本原則可以放進民法總則，哪些有關商行為的基本原則，至少放進債編總論？從而在教義學上慢慢從小合一走向大合一，使民商法整體的運作都將更有條理而可預測，這又讓我動心起念，如果賴老師也能就此指點迷津，不亦快哉？

　　我衷心祝賀這本比起前二本想必愈加厚重的論文集，不唯成為記錄賴教授冶學淑世功績的亮點，更能啟發後進法律人在學術和實務上的跨域遠見。

蘇永欽

賴教授源河八秩華誕祝賀序言

　　我們敬愛的恩師賴教授源河在2018年12月20日要邁入八十大壽了。恭祝恩師壽比南山，福如東海。

　　二十年前，門下徒子們爲老師出版了六秩華誕祝壽論文集，收集的論文有十四篇。十年前，更多的徒子們共襄盛舉，爲老師出版了多達二十八篇論文的七秩華誕祝壽論文集。又過了十年的今天，不得了了，徒孫輩的也來了。這本八秩華誕祝壽論文集，充分顯示老師在臺灣財經學術界香火傳承，綿延不盡的深厚影響力。吾等曾直接受老師親炙或間接受教的廣義賴門弟子，與有榮焉。

　　六秩華誕與七秩華誕的祝壽論文集都已把老師到那時爲止的豐富精采生活歷程恭錄記述，這裡就不再贅敍。七秩以後的生活，一般人大概也就是含飴弄孫，悠閒恬淡，乏善可陳。可偏偏老師非凡人也。這十年來，老師可沒有閒著。

　　在企業活動上，老師仍然活躍。陸續擔任多家（太多了，就不一一列舉）上市櫃公司、公開發行公司之董事長、副董事長、獨立董事、監察人等重要職務，貢獻其在企業經營上的豐富經驗與智慧。當然，另一方面，也印證老師的專業能力與道德人品，深受企業界的肯定與敬重。

　　在公益活動上，老師也仍陸續擔任政府公部門以及業界自律組織之顧問或諮詢委員，爲整體經濟發展的政策決定或個別法規執行問題提出建議。

　　我們最熟悉的仍是老師在財經法學領域的持續釋放暖流，散發光芒。老師的兩本影響深遠，也是我們讀著它長大的大

作，在2018年《實用商事法精義》已出至第十三版，《證券管理法規》亦出版至第十版，老師更在2016年出版《實用企業併購法：理論與實務》。這些著作的出版與改版，在在顯現老師與時俱進的學術功力。老師與賴前司法院長英照共同發起的公益信託「臺灣財政金融法學研究基金」，這幾年來已成為兩岸財經法學界最重要的交流平台。雖然老師這幾年已較少親自領軍率領我們赴大陸與對岸學者交流彼此雙方關注之財經法學議題，但老師建立起來的交流模式，一直延續至今。我們受益良多。

　　老師豐富精采的人生閱歷，我們難望項背。

　　跟老師相處，我們深深感受到的是，溫暖。

　　我們能回報老師的，就是把老師播灑予我們的學術種子，培育為豐富的學術論文，集結成冊，獻給老師，恭賀您的八秩華誕。並期待老師持續給我們指導與鞭策。

　　　　　　賴教授源河八秩華誕祝壽論文集編輯委員會 謹序
　　　　　　2018年9月5日

作者簡介
（按章節排序）

王文宇

臺灣大學法律學院教授，美國史丹福大學法學博士，國際比較法學會
（IACL）titular會員兼台灣分會召集人，臺灣大學（校級）公共政策與法
律研究中心主任。

方嘉麟

政治大學法律系教授，美國哥倫比亞大學法學博士。

戴銘昇

中國文化大學法學院教授，政治大學法學博士。

陳俊仁

成功大學法律學系教授兼系主任，美國喬治城大學法學博士。

陳彥良

臺北大學法律學院教授，德國梅茵茲大學法學博士。

鄭婷嫻

世新大學法律學院助理教授，美國印第安那大學布魯明頓校區摩利爾法
學院法學博士（S.J.D.）。

蘇怡慈

中興大學法律系助理教授，美國華盛頓大學（聖路易）法學博士。

王銘勇

政治大學法學博士，臺灣新竹地方法院法官退休。現任律師、清華大學
科技法律究所兼任副教授。

朱德芳
政治大學法學院副教授兼財經法學中心主任，政治大學公司治理法律研究中心研究員，美國柏克萊大學法學博士。

張心悌
臺北大學法律學系教授兼系主任，美國加州大學柏克萊分校法學博士。

蔡英欣
臺灣大學法律學院副教授，日本東京大學法學博士。

許美麗
政治大學法學博士。現任律師、交通大學科技法律究所兼任教授。

劉連煜
政治大學法學院教授，政治大學公司治理法律研究中心研究員兼執行長，美國哈佛大學法學碩士、美國史丹福大學法學博士。

王志誠
中正大學法學院教授，政治大學法學博士。

吳盈德
中國文化大學法律學系教授兼財經法律組主任，美國聖路易市華盛頓大學法律學博士。

郭大維
輔仁大學財經法律學系教授兼系主任，英國倫敦大學法學博士。

周振鋒
中正大學法學院副教授，美國伊利諾大學法學博士。

陳盈如
中國文化大學法律學系副教授，美國聖路易華盛頓大學法律學博士。

洪秀芬
東吳大學法學院副教授,德國慕尼黑大學法學博士。

郭土木
天主教輔仁大學法律學院教授兼院長,東吳及銘傳大學法律系兼任教授,政治大學法學博士。

廖大穎
中興大學法律系教授,日本神戶大學法學博士。

施建州
臺北商業大學財務金融系副教授,輔仁大學法學博士。

莊永丞
東吳大學法學院教授兼副院長,美國印第安那大學布魯明頓分校法學博士。

何曜琛
中國文化大學法學院教授,美國南美以美大學法學院法律學博士。

江朝聖
東海大學法律學系副教授,臺北大學法學博士。

陳禹成
美國華盛頓特區最高法院登錄執業律師。

葉錦鴻
中正大學財經法律系副教授,美國密西根州立大學底特律法學院法學博士。

林國彬
臺北大學法律系教授,美國賓夕法尼亞大學法律博士。

張冠群
政治大學法學院暨風險管理與保險學系教授，美國喬治城大學法學博士。

陳榮傳
臺北大學終身榮譽特聘教授，政治大學法學博士。

王立達
政治大學法學院教授兼副院長，美國印第安那大學布魯明頓分校法學博士。

賴來焜
原任立法委員、考試院保訓會委員，現任世新大學法律學院專任客座教授，法律學院院長，政治大學法學博士。

推薦序 1　海屋添籌　　　　　　　　　　　　　　　賴英照　　I

推薦序 2　賴老師生日快樂，繼續引領法學眾生　　　蘇永欽　　V

賴教授源河八秩華誕祝賀序言　　　　　　　　　　　　　　　IX

作者簡介　　　　　　　　　　　　　　　　　　　　　　　XI

目錄

PART 1　公司法之現代課題

1　法學、經濟學與商業交易──契約與組織的運用

　　　　　　　　　　　　　　　　　　　　　　　王文宇　　**3**

壹、前言　　　　　　　　　　　　　　　　　　　　　　　3

貳、商業交易與私法自治原則　　　　　　　　　　　　　　4

參、商業交易和契約法　　　　　　　　　　　　　　　　　7

肆、商業交易和組織法　　　　　　　　　　　　　　　　　11

伍、強制規定、任意規定和黏稠的任意規定　　　　　　　　15

陸、商業交易（含契約）的解釋和漏洞　　　　　　　　　　18

柒、商業交易的經濟和商業邏輯　　　　　　　　　　　　　23

捌、商業交易和競爭管制　　　　　　　　　　　　　　　　26

玖、經濟分析和立法論　　　　　　　　　　　　　　　　　28

拾、經濟分析和法律解釋論　　　　　　　　　　　　　　　32

拾壹、運用經濟觀點分析商業交易　　　　　　　　　　　　36

拾貳、結語　　　　　　　　　　　　　　　　　　　　　　38

2　公司法修正評釋　　　　　　　　　　　　　　方嘉麟　**39**

壹、政策目標　　　　　　　　　　　　　　　　　　　　39

貳、修法重點　　　　　　　　　　　　　　　　　　　　40

參、效益評估　　　　　　　　　　　　　　　　　　　　47

肆、引發問題　　　　　　　　　　　　　　　　　　　　48

伍、未來展望　　　　　　　　　　　　　　　　　　　　50

3　公司登記對抗效力之重新檢驗　　　　　　　　戴銘昇　**53**

壹、前言　　　　　　　　　　　　　　　　　　　　　　53

貳、日本之登記公示力　　　　　　　　　　　　　　　　54

參、臺灣之登記對抗效力　　　　　　　　　　　　　　　62

肆、登記對抗效力之重新檢驗　　　　　　　　　　　　　65

4　企業弊案、公司治理與美國聯邦最高法院
——*Santa Fe*案四十年後之觀察　　　　　陳俊仁　**79**

壹、前言　　　　　　　　　　　　　　　　　　　　　　79

貳、美國聯邦法律與傳統州法範疇之衝突與界線　　　　　84

參、*Santa Fe*案與美國社會之變遷－四十年後之觀察　　　96

肆、結論　　　　　　　　　　　　　　　　　　　　　　106

5　股東會股東權現代化之建構　　　　　　　　陳彥良　**109**

壹、概說　　　　　　　　　　　　　　　　　　　　　　109

貳、股東會權限之再思考　　　　　　　　　　　　　　　110

參、本次民間委員會修法建議重點　　　　　　　　　　　115

肆、小結　　　　　　　　　　　　　　　　　　　　　　125

伍、後記　　　　　　　　　　　　　　　　　　　　　　125

**6　企業併購法下之少數股東股份收買請求權制度
──以美國法爲研究中心** 鄭婷嫻 **129**

壹、前言 129

貳、介紹2016年修正美國德拉瓦州公司法第262條股份收買請求權
制度規定 131

參、檢視我國現行企業併購法第12條之股份收買請求權制度 141

肆、建議與結論 151

**7　由臺灣高等法院102年度金上字第11號判決論併購
交易中之少數股東權益保護** 蘇怡慈 **159**

壹、前言 159

貳、判決摘要 160

參、併購交易中之少數股東保障 163

肆、結論 170

8　論股東會決議撤銷訴訟 王銘勇 **171**

壹、前言 171

貳、撤銷股東會決議訴訟之違法事由 172

參、撤銷股東會決議訴訟之當事人及相關人 177

肆、裁量駁回 182

伍、2018年修正公司法與撤銷股東會決議訴訟 185

陸、結論 190

9　雙層股權結構之分析──以上市櫃公司爲核心 朱德芳 **191**

壹、前言 191

貳、我國現行法規定與問題之提出 194

參、各國立法例　196

肆、外國實務運作情況　200

伍、反對與贊成雙層股權結構之理由　204

陸、立法政策分析　213

柒、若開放，應採取之規範模式　224

捌、結論　240

10　獨立董事不同意見之實證研究　張心悌　243

壹、前言　243

貳、我國現行法對獨立董事不同意見之規範　245

參、本文實證研究方法與結果　246

肆、結論與建議　255

11　裁判解任董事制度之功能──從司法實務之發展談起

蔡英欣　289

壹、前言　289

貳、司法實務近期之發展　291

參、重省裁判解任董事制度之功能　296

肆、結語代結論　303

12　簡析投保法及2018年修正公司法之股東代位訴訟制度及實務爭議　許美麗　305

壹、前言　305

貳、公司法上股東代位訴訟之規定及問題　305

參、投保法股東代位訴訟之規定　309

肆、投資人保護中心股東代位訴訟運作實況　311

伍、投保法股東代位訴訟當事人 313

陸、投保法股東代位訴訟之爭議問題 315

柒、股東代位訴訟制度之檢討（代結論） 323

13　代表訴訟可否對已卸任之董監事提起？　　　劉連煜 327

壹、問題的說明 327

貳、臺灣高等法院106年度金上字第5號民事判決內容 329

參、公司法第213條、第214條（及第215條）、第227條及投保
　　法第10-1條有關對董監事之訴訟，非由公司董事長代表係
　　屬例外、補充之情形 334

肆、代表訴訟是否包含對「已卸任之董監事」進行？ 337

伍、結論 341

PART 2　證券與期貨法之現代課題

14　證券交易法上不確定法律概念之解釋及適用爭議

王志誠 345

壹、前言 345

貳、不確定法律概念之解釋或認定 347

參、「主要內容」之認定爭議 350

肆、「不合營業常規」之認定爭議 354

伍、「連續」之認定爭議 357

陸、「高價」或「低價」之認定爭議 359

柒、「交易活絡」之認定爭議 362

捌、結論 364

15 財務報告不實之「重大性」要件 吳盈德 **365**

壹、前言 365

貳、案例基礎事實簡析 367

參、財務報告不實之構成要件 370

肆、財務報告重大性之檢視要件 372

伍、量性指標及質性指標 377

陸、結論 381

**16 財報不實證券持有人交易因果關係之證明——評最高
法院104年度台上字第225號民事判決** 郭大維 **383**

壹、前言 383

貳、本案事實概要與歷審判決理由 383

參、判決評析 388

肆、結論 396

17 自美國法觀點論我國內線交易罪重大消息之公開

周振鋒 **399**

壹、前言 399

貳、優盛案案件事實、爭點與法院判決理由 402

參、美國法重大消息公開方式與時點認定 407

肆、優盛案法院判決評析 410

伍、結論與建議 414

18 連續買賣罪構成要件之實質認定 陳盈如 **423**

壹、最高法院105年度台上字第2304號刑事判決－事實與下級
法院判決 424

貳、證交法第155條第1項第4款連續買賣操縱市場之構成要件　425

參、結論　437

19　從市場操縱之本質檢視操縱市場禁止規定之概括條款

洪秀芬　**439**

壹、禁止操縱市場之立法目的　439

貳、現行規範　440

參、市場操縱之本質　443

肆、適用概括條款之操縱行為的判斷　451

伍、結語　458

20　期貨交易強制沖銷機制與期貨交易人權益保護之探討

郭土木　**461**

壹、前言　461

貳、期貨交易保證金與權利金之繳交及強制沖銷　462

參、期貨商是否有期貨交易強制沖銷之權利或義務　469

肆、強制沖銷後之損害賠償計算　476

伍、選擇權契約之強制沖銷與損害賠償　480

陸、結論與建議　485

PART 3　金融法之現代課題

21　資本的國際移動與外資企業之形成──臺灣篇

廖大穎　**489**

壹、外國公司與外資企業　489

貳、國際間資金移動與臺灣法制　491

參、資金移動的M&A 492

肆、案例介紹—凱雷私募基金與日月光收購案 494

伍、代結語 499

22　監理科技之發展、解決方案及其應用　施建州 509

壹、前言 509

貳、金融科技監理架構的類型 510

參、金融監理之監理科技（Regtech） 513

肆、監理科技的解決方案及其應用 524

伍、結論 530

23　論網路借貸平台在我國的光與影　莊永丞 535

壹、前言 535

貳、網路借貸平台之特色與商業模式 537

參、美國聯邦證券法投資契約之意義 546

肆、貨幣市場金融商品規範之判準 552

伍、網路借貸平台是否為證券交易法規範之客體 555

陸、對我國法制之啓示 561

柒、結論 564

24　當信託與保險相遇 —— 受託人爲受益人之利益投保

保險之權限、風險及監控　王志誠、何曜琛 565

壹、楔子 565

貳、我國受託人投保保險之風險及解釋爭議 567

參、受託人投保保險之權限及發展趨勢 575

肆、人身保險道德風險之監控機制 586

　　伍、結論及建議　　　　　　　　　　　　　　　　　588

25　論銀行法中違法辦理匯兌業務罪犯罪所得計算與沒收之範圍──兼評臺灣高等法院107年度金上訴字第10號刑事判決　　　　　　　　　　　　江朝聖　**591**

　　壹、前言與問題之提出　　　　　　　　　　　　　　591

　　貳、事實與歷審判決　　　　　　　　　　　　　　　593

　　參、銀行法第125條第1項及第136-1條的歷次修正　　599

　　肆、刑罰加重之犯罪所得認定　　　　　　　　　　　603

　　伍、沒收之犯罪所得範圍及與刑罰加重犯罪所得之關係　610

　　陸、判決評釋　　　　　　　　　　　　　　　　　　611

　　柒、結論　　　　　　　　　　　　　　　　　　　　613

26　兆豐案的省思──美國金融監理及裁罰的新典範？　　　　　　　　　　陳禹成、葉錦鴻　**615**

　　壹、真相（The Truth）─「兆豐案到底能不能夠繼續查下去，關鍵就在美國要不要幫臺灣」？　　　　　　　　615

　　貳、正確的解決方案（Right Solutions）─透過美國法律體制主張自己的權利　　　　　　　　　　　　　　618

　　參、起訴金融犯罪新典範（The New Paradigm of Financial Crime Prosecutions）　　　　　　　　　　　　　　622

　　肆、反洗錢（Anti-Money Laundering）的法源　　　627

　　伍、反洗錢的漏洞（Loopholes）─巴拿馬文件　　630

　　陸、行政權是否過度擴張？（Over-expansion of Administrative Discretion?）　　　　　　　　　　　　　　633

　　柒、法律救濟補救措施（Remedies）　　　　　　　636

捌、結論（Concluding remarks）—「荒腔走板匪夷所思」的
　　兆豐經驗　　　　　　　　　　　　　　　　　　　　638

27　我國近年來投資型保險商品之發展、監理與爭議
　　　問題研究　　　　　　　　　　　　　　　林國彬　655

壹、前言　　　　　　　　　　　　　　　　　　　　　　655
貳、投資型保單在我國近年來的發展　　　　　　　　　　657
參、投資型保單在我國近年的監理議題與規範發展　　　　662
肆、投資型保單在我國的爭議類型與案例研究　　　　　　676
伍、結論　　　　　　　　　　　　　　　　　　　　　　687

28　臺灣引進專利權保險制度之法律問題研究
　　　——理論與比較法的觀點　　　　　　　　張冠群　689

壹、導論　　　　　　　　　　　　　　　　　　　　　　689
貳、專利權風險及其管理　　　　　　　　　　　　　　　692
參、美國專利保險制度　　　　　　　　　　　　　　　　696
肆、歐盟專利保險制度　　　　　　　　　　　　　　　　705
伍、專利保險制度之保險法理上問題　　　　　　　　　　710
陸、臺灣引進專利保險制度之挑戰與建議—代結論　　　　713

PART 4　經濟法之現代課題

29　國際海運業的聯合行為與競爭法豁免問題

陳榮傳　717

壹、前言　　　　　　　　　　　　　　　　　　　　　　717
貳、海運產業的發展與豁免地位的檢討　　　　　　　　　718

參、歐盟法制的變革 　　　　　　　　　　　　　725

肆、相關國家的法制變革 　　　　　　　　　　　730

伍、綜合分析及我國法制之檢討 　　　　　　　　743

陸、結論 　　　　　　　　　　　　　　　　　　749

30　我國聯合行為規範現況之結構反省與革新：事前許可制、積極分流與事後查處制　　王立達　**751**

壹、前言 　　　　　　　　　　　　　　　　　　751

貳、我國事前許可制之運作現況 　　　　　　　　755

參、事前許可制至今造成之負面影響 　　　　　　764

肆、國際走向：積極分流處理 　　　　　　　　　776

伍、建議改採事後查處制 　　　　　　　　　　　782

陸、結論 　　　　　　　　　　　　　　　　　　788

31　2016至2018年軍公教年金改革之總覽　　賴來焜　**791**

壹、退休撫卹之基礎理論 　　　　　　　　　　　791

貳、年金改革之基本法理 　　　　　　　　　　　792

參、年金改革之法律體系 　　　　　　　　　　　793

肆、年金改革十大重點 　　　　　　　　　　　　803

伍、祝福與期許 　　　　　　　　　　　　　　　806

PART **1**

公司法之現代課題

1

法學、經濟學與商業交易
——契約與組織的運用

王文宇

壹、前言

　　商業交易複雜多變，它們多採取契約或組織（如公司）形式，但是當事人為贏得先機，在私法自治原則下，無不竭盡心力規劃和創新，以取得競爭優勢並發展經濟。這些交易內容五花八門，好似具有生命力的有機體，充分展現靈活與彈性。以商業契約為例，現代市場出現各種新穎的契約類型，包括經銷加盟、委外經營、科技代工等類型；此外某些契約也採取特殊的約款，如盈利結算、符合競爭、優先權等條款，允宜深入了解其緣由。再以商業組織為例，除一般公司外，現代市場也出現商業信託、有限合夥等組織；甚至，許多交易模式涉及契約和組織的並用，例如BOT投資機制、共同基金架構等模式，有賴整體觀察方得窺其全貌。抑有進者，受到高科技（如網路和區塊鏈）快速發展的影響，近年來市場出現新興交易模式（如Uber）或金融契約（如比特幣）對於傳統法制和思維產生頗大衝擊。如此，我們允宜掙脫法條的桎梏，回歸基本面，探討它們背後的經濟邏輯和商業目的。

　　有鑑於此，筆者擬以三篇論文探討商業交易的經濟邏輯與商業目的，本文為第一篇，首先闡明法學、經濟學與商業交易的關係。不容否認，商業交易——無論契約或組織形式——均應遵守（或不違反）法律，因此在探討經濟面向之前，理應釐清法律究竟如何規範商業交易？其次，經濟邏輯和商業目的是否（及如何）得以納入現行法律體制？也應說明。再者本文所提出的經濟分析觀點對於傳統法學（包括立法論和解釋論）是

否能有所貢獻？本文認為答案為肯定。更重要的，本文指出這些經濟觀點對於實務工作者（包括律師和企業家）在設計和規劃商業交易時，也頗有助益。接續基礎法學的討論後，第二篇「商業交易──常用的經濟分析概念」將扼要介紹可資參考援用的經濟理論，包括事前觀點、賽局理論、道德風險、逆選擇、談判和交易成本、會計上經濟實質等，期望讀者能將之運用於商業交易的解釋和設計。第三篇「商業交易──契約和組織的選擇與運用」將討論「契約」與「組織」的內在關連。在傳統法制下，契約與組織分屬不同法律領域，且為截然不同法律概念，然而從經濟分析角度來看，其實兩者關係緊密甚至互相替代。了解相關論述後，我們更能掌握契約與組織的運用和選擇。

以上三篇論文旨在釐清法學、經濟學和商業交易的關係、介紹常用的經濟分析概念、並且闡明契約和組織的內在關連。至於應如何運用和選擇契約與組織呢？筆者即將出版《商業交易的智慧──契約與組織的運用》一書，全書共分為兩大部分，第一部分包含理論探討和概念說明，其內容大致與以上三文重疊。第二部分進入到契約與組織的「應用」層次，分為「常見的商業契約或條款」（如經銷加盟、盈利結算、優先權條款設計等），「金融和證券契約或條款」（如信用交換契約、加速條款、樂陞案金融操作等），小型和中型商業組織（如信託、閉鎖公司、私募基金等），大型商業組織（如經營層收購、重大不利變更條款、企業併購資訊戰等），特殊商業組織（如加盟店、專案融資、可變更利益實體等），資訊科技對商業交易的影響（如股權眾籌、比特幣、平台經濟等）。本文（及本書）嘗試結合法學與經濟學、理論與實務，可謂華人世界的創新之舉；至於立論是否適切？敬請各界批評指教。

貳、商業交易與私法自治原則

一、商業交易的範疇

商業交易五花八門，常有契約或組織的運用，本文所指的「商業交

易」包含契約、組織、契約中的某一種特殊條款（如：優先權條款、加速條款），或是契約與組織並用的商業模式，如BOT投資模式和共同基金組織。近年來，法學家與經濟學家探討商業活動和複雜交易行為，在理論研究中可謂成績斐然，如2016年諾貝爾獎得主哈特，運用不完全契約理論分析契約和廠商分際，對交易策略帶來深遠啟發。從而，如何化繁為簡，解析商業交易，除考量法律面向外，經濟分析觀點厥為關鍵。

儘管如此，欲解析複雜的商業交易，不宜完全仰賴法學或經濟學中純粹理論性的臆測，也不宜抽離於其他社會科學的智識經驗，而必須務實的從商業實務和交易運用中汲取養分。本文必須指出，建構良好的商業制度、法律管制與公共政策，理論層次的分析固然重要，但更關鍵的是，允宜從市場理論進入人類行為，並靈活導入跨領域的研究方法，對於法律涉及的諸多考量因素，諸如社會正義、商業邏輯和經濟效率等，亦應有所關照。我們唯有貼近社會脈動並結合理論與實踐，方能與時俱進、撥雲見月，領略商業交易的奧妙所在。

二、法律管制與私法自治

所謂「法律管制」，是指國家為了維護社會安定和法律秩序，以其高權地位強行介入私法領域，阻止當事人將特定情事約定為交易內容或法律行為的客體。法律管制又可依照規範目的，區分為「強制規定」及「任意規定」。簡言之，強制規定是指當事人絕對不能以其意思排除適用的法規，如果交易內容違反強制規定，多半會被認定是無效的法律行為。而任意規定，則是指當事人可以依照其意思排除適用的法規，因此，任意規定的主要功能在於補充當事人的意思，違反任意規定並不會成為無效的法律行為[1]。

法律一方面引導社會變遷，另一方面，社會變遷也影響著法律的發展。若論及與商業交易最密切相關的兩部法典，首推「民法典」（如契約

---

[1] 有關強制規定、任意規定和黏稠的任意規定的介紹，請參考本文「伍、強制規定、任意規定和黏稠的任意規定」。

法）和「商法典」（如公司法）。值得注意的是，縱觀歐陸與東亞各國在民法法典化的過程中，多數均曾在立法制度上經歷「民商合一制度」（即民法典和商法典統一規定於一部法典）或「民商分立制度」（即民法典和商法典分別為獨立的法典）的論戰。進入21世紀後，為因應區域經濟整合的挑戰和「人人都是商人」的新思維，諸如聯合國際商品買賣公約（CISG）與國際商事通則（PICC）等新規定的制訂，展現高度尊重私法自治原則和契約自由的特性，即反映出區隔以強制規定為主的消費者契約的立法浪潮。

　　所謂「私法自治」原則，依據學理上的定義，是指交易當事人可以自主依照個人的意思，創造、決定及形成私法上的權利義務關係，並排除國家統治和法律規定的適用。在市場經濟體制下，國家的干預措施往往造成低效率的資源分配，而私法自治原則能保障當事人依其經濟邏輯，實踐自由競爭，並將勞力與資本做最適配置。因此，私法自治原則不僅可回溯至19世紀的個人自由主義，更具有促進經濟自由活動的積極意義[2]。

　　要如何在現代商業交易市場實現私法自治原則呢？「契約自由」當屬私法自治原則中的最重要一環。契約作為人際互動與市場運作的基礎，契約法的基本理念即為「契約自由」，契約因當事人互相表示一致而成立，一方當事人自己受其拘束，並同時拘束他方當事人。簡言之，契約自由原則是指當交易當事人選擇運用契約作為承諾機制時，除有牴觸法律強制規定、違反公共秩序或善良風俗、強制締約等特殊公益考量的情況，否則國家法即承認該契約的效力，契約當事人並享有締約的自由、選擇相對人的自由、決定契約內容與變更的自由及締結契約方式的自由。

　　在本文中，我們將特別關注私法自治和契約自由原則。商業契約是商業活動的基礎，因此無論是契約法規範商業契約，或是法院解釋商業契約，均允宜尊重當事人自治及締約目的，始能充分體現契約蘊含的商業考慮和經濟邏輯，如此始能促進商業活動的發展。尤其在當事人雙方談判實力相當的商業契約，若無特別不公平的情事，理應尊重當事人自主決定其

2　請參閱王澤鑑，民法總則，頁264-267，2006年，自刊。

私法上的權利義務關係，法律實無強加介入的必要。

三、天平的兩端？私法自治下的寬廣世界

　　商業契約或所謂的B to B契約（business-to-business, B to B），締約雙方往往皆為老練的經濟人（sophistical economic actors），即學理上所說的雙方商事契約，其特色在於締約雙方的訊息地位平等，較不需透過強行規定進行保護。本文所探討的商業契約，並不包括須以法律介入保護弱勢權益的消費者契約或勞動契約，而是指締約雙方擁有事前評估風險的能力及工具，得以設計適當機制以分散或規避風險的契約，例如媒介生產、商品買賣、投資及特許契約等。從契約的本質觀察，商業契約和民事契約、消費者契約間的區辨意義在於，由於交易參與者的不同，規範需求的強度自然也不相同。

　　有鑑於此，商業契約的參與者在變化快速的市場中，能依其商業考慮創造出私法自治下的寬廣世界。換言之，商業契約具有風險分擔和治理機制的特徵，交易參與者一方面不需要契約法強制規定的保護，另一方面具備豐富締約經驗，對於商業目的之達成，顯然較立法者以及法院具備更完備資訊，私法自治原則和契約自由理應受到較高的重視。

　　法律制度和私法自治並非天平的兩端，嚴守私法自治的價值，在於避免過度的、僵化的仰賴法律制度，反而影響私人間的交易秩序和利益均衡。當然，本文強調私法自治的目的，並非社會不需要法律制度，而是提醒讀者注意，解讀商業契約應尊重當事人自治，並盡量從市場導向的分析觀點來檢視交易安排，若無特別不公平的情事，法律宜盡量減少介入，如此始能促進市場經濟的健康發展。

參、商業交易和契約法

　　現代商業契約多具跨期特徵，並非「一手交錢、一手交貨」的現貨市場交易（spot markets），而是「今天先承諾，明天才履行」，充滿不確

定性。既然承諾伴隨著未來無法履行的風險，因此在討論商業交易和契約法的互動關係之前，有一個根本的問題值得思考：交易當事人為什麼要締結契約？為什麼願意承擔伴隨風險的承諾？

一、爲何要締結契約？

在新古典經濟學派（neoclassical economics）的觀點中，現貨市場的交易當事人可以直接取得交換利益，因此較無誘因簽訂正式契約。相反的，如果交易客體或服務提供本身需要時間生產或預備，交易當事人為降低他方屆期未履行承諾的風險，此時即有誘因簽訂正式契約。因此，契約當事人之所以會「允諾」進入契約，實涉及契約機制背後的幾點經濟動機。

最直接的動機，在於交易當事人可以藉由契約機制帶來的交換承諾，最大化個人或整體交易的剩餘利益（surplus），以達到生產合作的社會目標。簡單來說，契約是在利益衝突間取得平衡的一種機制，能藉由法律和經濟上的方法，勾勒出交易當事人的權利義務關係；因此，交易當事人在理性、自願並獲得充分資訊的前提下，當預期互相承諾（締結契約）能為整體交易帶來雙贏的局面——也就是締結契約所帶來的預期利益大於所需要花費的成本——交易當事人就會有經濟動機決定互負義務、進行交易。

其次，當事人可以藉由締結契約「保護特定資產的投資」（relation-specific investment）和確保交換的履行。經濟學家指出，交易當事人如果從各自的利益角度出發，在交易當中可能產生數個經濟學上的奈許均衡點（Nash equilibrium），而契約機制能有效協調當事人達到最佳效率，避免個體的選擇與整體理性利益的選擇產生不一致。另一方面，契約標的可能隨著時間進行而產生不確定性，而契約機制的紀錄性和法律的強制力，均有助於確保未來交換的履行。

二、契約和契約法：傳統契約法下的契約

契約是人際互動與市場運作的基礎，而契約法作為確保契約履行的憑

藉，兩者互動密切。然而，契約法下定義的契約，具有哪些成立要件和重要法律原則？依照傳統契約理論，契約的成立須符合嚴格的法律要求，一旦契約成立生效後，當事人必須依照契約形式上所擬定的條款履行契約義務。

首先，傳統契約法認為契約是由當事人因「要約」（offer）、「承諾」（acceptance）意思表示一致而成立。在此原則下，兩個或以上的當事人，對於某一件事情，彼此互相同意，經由一方先為意思表示的要約，及另一方意思表示在後的承諾，兩者意思表示一致而成立契約。

其次，傳統契約法下典型的契約體制，尚區分契約的「必要之點」及「非必要之點」。所謂契約的必要之點，是指契約依其性質所不可欠缺的要素，只要當事人就必要之點的意思表示一致，就推定契約成立。舉例來說，甲打算以300元賣一本書給乙，此時，書本買賣契約中的「標的物」（即書）和「價金」（即300元）已經確定，雖然交貨地點尚未約定，但是並不會影響買賣契約的性質。因此，這個案例中的「標的物」和「價金」是必要之點，「交貨地點」則是非必要之點，由於交易當事人已經就必要之點達成一致，契約即推定成立。

此外，法律和經濟學者也提出幾個契約成立的重要法律原則，值得參考。諸如：避免個案中出現不正義結果的禁反言原則，以及締約方就重要交易資訊的揭露義務等等。如果締約過程違反這些法律原則，可能會影響當事人是否願意對要約為承諾及是否願意進行資訊交換，從而影響契約的成立。

三、有名契約、無名契約和混合契約

大陸法系國家的民法典多數有預設契約類型與任意規定，立法者在民法典中制定的契約類型，預設大多數狀況及相同狀況下，當事人可能選擇的契約內容，有助於降低當事人須預設、規劃未來所造成的前端成本（front-end cost），增加契約的效率。同時，也為無法負擔前端成本的締約當事人，預設權利義務關係，並提升契約的完整度。

「有名契約」即是指法律上賦予一定名稱的契約類型，又稱為「典

型契約」，立法者並在法典中對有名契約預設相關規定。反之，「無名契約」是法律並沒有賦予一定名稱的契約，又稱為「非典型契約」。由於世事萬變，基於契約自由原則，當事人可以自由創設和約定法律所無規定的新型契約種類，如果當事人創設的契約類型混合數個有名契約，這類契約又稱之為「混合契約」。

四、如何看待商業交易？無所不在的契約機制

傳統契約法對契約的成立有其嚴格要件，然而，我們應如何正確看待契約機制和契約法？事實上，相較於傳統契約理論所定義的狹義契約，現代商業交易與商業契約實具有多元化與多樣性的特徵，除了前述的有名契約、無名契約、混合契約，尚包括多方當事人契約、組織性契約，乃至於具有共識的商業安排，都可能是契約的一環。如果我們將契約理論的範疇限縮於法典條文，或是當事人白紙黑字所簽訂的約款，而忽略社會規範與商業習慣，自外於法律與社會現實的聯繫，顯然過於狹隘。

美國契約法學者Llewellyn曾就此問題提出他的見解。Llewellyn認為契約法的運用不應謹守條文和契約文字，他主張契約應被視為一種「結構」（Contract as framework）[3]：「法律意義上的契約，最重要的是為幾乎每一種群體組織，以及每一類個體和群體之間過去的或持久的關聯，提供了一個結構性的框架。」

著名契約法學者McNeil曾提出「關係契約」（relational contract）理論[4]，他指出契約除了法律約定外，尚會形成一層非正式法律關係，一旦雙方當事人發生爭執時，契約當事人不需要依靠法律強制執行的機制，而是藉著其他爭端解決機制來處理歧見。此外，諾貝爾經濟學獎得主哈特亦提出「私人調節機制」（private ordering），強調商業交易的安排往往透

---

[3] Karl. Llewellyn (1931), What Price Contract? An Essay in Perspective, 40 Yale Law Journal 736.

[4] Ian Macneil (1973), The Many Futures of Contracts, 47 Southern California Law Review 691.

過各種社會調節機制，而非仰賴法條或法院來確保交易運作的順暢[5]。

事實上，真實世界的「契約」往往還包括社會學、政治學、心理學、人類學和經濟學下的契約。以社會學觀點為例，「契約」機制的最主要作用在於反映「社會分工」，從而個人、組織或與其他社會團體的交往互動中，即便雙方沒有明確以語言或文字表達締結契約的意思表示，但只要雙方具有一定「信任程度」，並有協商一致或分工的行為，就足以構成社會學意義下的「契約」。例如，兩個正在玩耍的幼童（幼童在法律上不具有完全行為能力），亦可能形成社會學意義下的契約關係。承接上述討論，本文並非否認傳統契約法下對契約的要求（例如契約成立的必要之點），而是呼籲在法律政策以及商業交易運用上，如果能破除法條形式上的束縛，採用跨學科的方法和觀點來看待契約機制，諸如研究契約背後的經濟邏輯、社會規範及商業習慣等，可能會帶來與傳統途徑不同的慧見。

肆、商業交易和組織法

為了從事各種經濟活動和商業交易的需要，市場中發展出各種商業組織的型態，諸如「公司」、「合夥」與「信託」等等。企業在選擇組織型態時，所考量的因素有哪些？雖然各種商業組織有不同的發展脈絡，然而如從經濟觀點對商業組織進行分析，各種商業組織有三點相似的核心法則：第一點是財產面相的「資產分割」（assets partitioning）、第二點是治理面向的「代理與分權機制」（agency）、第三點是合意面相的「契約基礎」（或稱「共識基礎」）。筆者即將出版《商業交易的智慧——契約與組織的運用》第七章與第八章，將分別從經濟觀點探討中小型商業組織與大型商業組織的運用之道。

---

[5] Hart, Henry, and Albert Sacks (1994), The Legal Process, Westbury, NY: Foundation Press, at pp. 161-162.

一、從經濟觀點解構組織和法人

在本質上，獨立資產是法人組織的核心要素。所謂「資產分割」，是指為達經濟上特定的目的，依據法律規定將特定資產劃分出來，使得該特定資產之權利義務關係和該主體本身的權利義務關係分離。資產分割的實益在於，法人組織得以自己名義持有資產，且法人組織的債權人對於該資產，相較於法律主體之股東之債權人有優先地位，從而能藉由資產分割達到隔絕法人與構成員的破產風險。

「代理機制」是法人組織在治理面向的重要基礎。一方面，法人格是由法律所擬制，必須透過自然人來完成經營事務，而形成代理關係及受託關係（fiduciary relationship）。另一方面，為了避免公司和組織經營的無效率，股東必須將決策權賦予居於少數人的經營者，以追求經營效率——在「代理理論」（agency theory）中，股東監督、制衡經營者是否盡職的成本，即為「代理成本」。

法人組織的利害關係人之間往往具有共同目標，例如追求法人組織的利潤最大化或股東權益最大化，進而基於此「共識基礎」而成立法人組織。法律經濟學者認為，法人組織事實上即是由利害關係人間無數個契約所組成，也就是「契約之束」（a nexus of contracts）。如果從法律術語來描述這個「共識基礎」，就是「契約關係」，各種利害關係人（包括：投資人、經營者、債權人、員工和供應商等）透過契約架構，建立其與法人組織間的經濟與商業合作關係。

二、從組織法觀察商業組織

商業組織五花八門，但傳統法學對於商業組織的緣由與運作，並未有太多著墨，多半從組織法的角度觀察各種商業組織的異同。對於企業主而言，要如何在制度設計與策略運用上選擇最適當的商業組織，允宜了解法律對各種商業組織的定義和限制。本章著重於探討制度背後的邏輯和思維，不在闡述複雜的商業組織法制和條文規範，因此本節僅提出以下幾點思考方向，供讀者參考：

首先，立法者可能基於特殊考量，而將特定產業給予一定組織型態的限制，例如臺灣的金融事業或是公用事業，法律限制只能以公司組織的型態經營。其次，對於資金所有者而言，為避免經營商業活動的風險難以預估，商業組織在法律上的責任限度設計當然是關注的重點之一，例如臺灣公司法即規定股份有限公司的股東僅就其所認股份對公司負其責任。

此外，組織法會依組織型態的彈性而有不同規範目的。詳言之，考量到組織正式化程度與營運成本，小型企業的資金所有者可能會選擇獨資或合夥的模式，商業決策上不需經過繁複的會議取得共識，相反的，公司法制提供的嚴謹組織設計和決議門檻，能在規模較大的商業組織協調眾人利益。再者，組織法就不同的商業組織，可能有不同程度的管理集權安排，例如公司組織中享有決策權的董事會，或是有限合夥制度下擔任經營者的普通合夥人。最末，法律制度會影響資金所有者投資權益移轉的自由程度，例如股份有限公司的股東可自由轉換持有股份，而合夥事業的權益轉讓則有較多限制。

三、法學、經濟學與組織

在本文後續章節討論商業交易與組織法的互動關係前，我們應先了解一個根本問題：市場上為何會有商業組織的存在？再者，各種商業組織間的利弊得失為何？1991年的諾貝爾經濟學獎得主科斯首先提出交易成本與廠商理論，生動的說明「廠商」與「契約」間的關連。所謂交易成本，是指利用市場「價格機制」進行交易或解決紛爭所須支付的對價，包括資訊蒐集成本、議價與決策成本、執行成本等等。

科斯進而指出，透過市場機制來協調生產活動，有時會衍生某些成本（例如漫長協商或是履約爭議）。當成立組織的交易成本，低於透過市場機制所進行的交易成本，基於經濟理性，商業活動會傾向採取組織型態。在此情況下，市場上的交易參與者會選擇設立商業組織，利用「組織權威」，也就是透過組織內部的階層化結構和上下間指揮命令關係，能有效率的協調經濟活動，而省去與交易參與者一一締約的煩勞，並達到集中事權的功能。

　　然而，科斯的理論雖然能說明商業活動會以組織取代契約，卻不能說明各種商業組織的緣由與優劣。舉例來說，真實世界的廠商五花八門且型態各異，有的是採取垂直整合的組織型態（例如公司），有的是兼具契約與組織的特徵（例如加盟事業），還有的是中間組織（例如商業信託與長期研發契約）。我們應該要如何分析各種商業組織的利弊得失？

　　2009年諾貝爾經濟學獎得主威廉姆遜（Oliver Williamson）將科斯的學說發揚光大，他的理論不僅結合法學、經濟學與組織學，並將「不完全契約」的概念援用於公司組織內，並以此為基礎來進行組織性的分析和比較。他指出，市場參與者為順應情勢變化，不斷地協商、調整並設計出各式各樣的組織模式，這些行為法則即所謂的「治理」。威氏理論認為每一個治理架構都類似一個契約，而「專用性資產」、「交易頻率」和「不確定性」等因素除影響交易成本，亦會影響到組織類型和管理模式的選擇。

四、商業組織的選擇之道

　　依據威氏理論的架構，我們在分析商業組織時，首先應觀察可能涉及的「交易特徵」，然後再將這些特徵透過「組織內契約架構」與「治理」予以聯結。且在探討各種組織的選擇時，宜納入不完整契約、特定性資產、道德風險、逆選擇的經濟分析概念。透過威氏理論的架構性分析法，不僅能夠補充傳統的邊際成本分析法，也使得商業組織的選擇擁有較高的操作性。

　　值得注意的是，市場上常見長期而複雜的交易安排，如高鐵專案公司與興建營運合約、園區企業間的策略聯盟和合作創新等，雖以「契約」稱之，但往往兼具「契約」與「組織」的特徵，諸如在契約中約定成立「協調委員會」、或以層級程序處理爭端等。總之，種種商業組織間的「治理競爭」和分析，不僅是現代法學探討的重心，也使我們能從更宏觀角度，規劃商業活動的組織架構和契約安排。

伍、強制規定、任意規定和黏稠的任意規定

　　法律依照當事人是否得以合意排除其適用，可以分為「強制規定」與「任意規定」。簡單來說，「強制規定」是立法者預先衡量當事人的利益狀態，所制定符合社會公平正義的規則，因此當事人絕對不得以其意思排除適用的法律規定；至於「任意規定」，則是當事人可以依照其意思排除適用的法律規定，由於任意規定的重要功能在於補充當事人的意思，因此在當事人沒有明示排除時，任意規定仍具強行性而應適用之。本節將逐一分析強制規定及任意規定的功能、效力及界線，並舉例說明何謂「黏稠的任意規定」（sticky defaults）。

一、強制規定的功能、效力及界限

　　強制規定是立法者制定符合社會公平正義的規則，其主要的功能在於維護社會基礎功能、交易安全和保護弱勢，因此不論當事人意思為何，也不論當事人在契約內容形成中是否慮及或約定，均一律適用並成為契約內容。詳言之，強制規定依據規範目的和功能面向的不同，可以區分為三種主要型態[6]：第一，透過強制規定貫徹社會的基礎功能和價值，諸如維護人性尊嚴、保障社會安全、維繫家庭功能和增進市場競爭效率等等。第二，為保障交易相對人或第三人的信賴保護，藉此促進交易安全和商業效率，例如物權法定主義就寓有此內涵。第三，立法者預期某些交易中，明顯較弱勢的一方無法有效地和較強勢一方議約，進而可能導致契約的無效率，或是弱勢方無法維護自己的權益，因此制定強制規定以保障交易中較弱勢方；例如租賃契約中的承租人、勞動法領域中的受僱人、或是消費者保護法中的消費者。此外，某些為消除歧視為目標的強行規定，例如性別、身心障礙者等，亦屬於此領域。

---

[6] Hans Christoph Grigoleit, Mandatory Law: Fundamental Principles, in Max Planck Encyclopedia of European Private Law (Jurgen Basedow & Klaus J. Hopt & Reinhard Zimmermann eds. 2011), at 2-3.

雖然強制規定在功能面上能促進社會公平正義，但是強制規定也嚴重限制當事人的意思自主，干涉私法自治及契約自由原則的核心領域，因此除非有強烈論述和立法理由支持，強制規定應為契約法中的例外。詳言之，雙方當事人往往比立法者擁有更多交易資訊，從而能評估對自己較有利的法律關係或交易安排；此外，當立法者預設的強行規定，直接介入當事人權利義務關係的分配時，可能偏離當事人合意或締約目的時，導致當事人須花費更多交易成本，或是竭力尋求其他方式以達成原先交易目的。

由於立法者有時對條文規範目的之說明未盡明確，判斷立法者預設規定的性質並不容易，因此，如何判斷個別條文是屬於強制規定或任意規定，實為法律實務上的一大難題。然而，我們首應了解強制規定與任意規定的界線劃分，其實就是表彰立法者對當事人自治與社會公平正義精神的取捨。此外，強制規定界線展現於另一層面的意義，即是代表立法者預設的當事人權利義務關係，法院能否介入，以及得介入到何種程度？如法院動輒以強制規定介入契約，而不保留調整之餘地，顯然會對當事人造成極大影響與副作用。因此，我們在判斷強制規定和任意規定的界線時，仍應把握「強制規定作為契約法例外」的原則，而法院將法規解釋為強制規定時，尤其應審慎判斷，否則反而戕害當事人間的私法自治。

二、任意規定和黏稠的任意規定

任意規定是指當事人沒有特別約定時，能夠適用並補充私法自治的法律規定。任意規定的用途，一方面在當事人沒有特別意思表示時，可以作為補充當事人意思的法律規定；另一方面，在當事人意思表示不明時，用於解釋其意思表示的法律規定。值得注意的是，法律創設任意規定的目的，最主要的功用即在於契約漏洞的填補，因為在一般情況下，當事人之所以沒有就契約的非必要之點為約定，常常也是因為相信法律會設有適當合理的安排。

在大陸法系國家，任意規定主要存在於由立法者所制定的成文法，但也有由法院以判例所形成的任意規定。至於英美法等普通法國家，雖然也有專門為交易上典型的契約類型所發展出來的任意規定，但由於立法制定

者較少，因此，任意規定主要仍是由法院透過判例所形成。

理論上，任意規定的適用順序應該是在當事人特約之後，但實際上，我們可以發現，這些任意規定早已制定於法典中，因此在現實生活中，這些規定扮演了如同「預設值」的角色。如果締約當事人不積極用特約排除任意規定，這些規定將自然而然地成為契約的內容；因此，當事人等於有了一套契約範本，可以在這個基礎上再為協商和修改，而不需要重新構思契約的架構。從法律經濟學的角度而言，任意規定扮演「預設值」的角色，能達到節省前端成本（front-end cost）、提升契約效率及增加契約完整性等功用；因此當契約出現漏洞時，這些立法者預設的任意規定，能夠有效節省當事人預測未來、規劃權利義務關係的成本。

舉例而言，臺灣民法第346條規定：「價金雖未具體約定，而依情形可得而定者，視為定有價金。價金約定依市價者，視為標的物清償時清償地之市價。但契約另有訂定者，不在此限。」因此，縱使當事人沒有在契約中約定價金，但臺灣民法透過任意規定為當事人預設安排，先看契約的給付是否「依情形可得而定」，如果可以，就預設當事人已經定有價金；再者，如果契約中僅約定價金依照市價，但漏未約定依照何地的市價時，此時臺灣民法也透過任意規定補充當事人意思，預設價金為標的物在清償時清償地之市價。

值得注意的是，立法者雖然透過任意規定預設對當事人最有效率的交易安排，但當事人套用任意規定的交易安排，往往在真實世界並非最有效率結果，此時，當事人就有動機付出契約撰擬成本來客製化交易安排。然而，當事人有時選擇脫離（differ）任意規定所需花費的交易成本過高，例如擔心提出市場上陌生的新約款造成交易相對人懷疑，進而破壞交易時，當事人反而會選擇適用並非最佳效率的任意規定。此時，當事人因為立法者預設的任意規定，而無法達到其原先屬意的最有效率結果，這些宛如「黏」住當事人的任意規定，被稱為「黏稠的任意規定」（sticky defaults）[7]。

---

[7] Ian Ayres(2012), Regulating Opt-Out: An Economic Theory of Altering Rules, 121 Yale Law Journal 2045.

三、從比較法觀點分析強制規定和任意規定

　　在比較法上，私法自治、契約自由的法理被認為是所有自由社會的基礎，長期以來，歐陸司法體系（例如德國、法國等國）均相當尊重當事人的合意及契約自由。此外，英國也相當重視當事人間的契約自由，此與英國在19世紀崛起的自由貿易市場有關，其認為契約是當事人間尋求最大化利益的方式，因此法院極不願意介入干涉。

　　然而在20世紀後，各國逐漸重視強制規定，諸如企業對消費者（B to C）定型化契約中的消費者保護、勞工保護和禁止歧視等意識也逐漸抬頭，這是因為契約中處於弱勢的一方，可能無法有效率地和對方進行平等協商以維護自身利益，透過強制規定的介入，有助於不具談判優勢地位的當事人，可以避免強勢方動輒運用力量強迫排除規定，而使維護公平正義的立法目的不致落空。

　　從比較法上關於強制規定的發展趨勢，可以發現強制規定雖然逐漸受到重視，然而其適用的領域仍然相對受限，並非廣泛的取代任意規定。其關鍵點在於，契約的個別約款是否為需要強制規定介入保護的領域、受保護的當事人是否處於資訊不對稱或議約能力的弱勢，仍不易判斷。在考慮是否援用強制規定時，不妨參考比較法上的標準、介入的理由，及強制規定發展的領域與趨勢，但是，我們仍應不忘以契約自由為原則，謹慎判斷契約約款是否有不得不以強制規定介入的理由，方為穩妥。

陸、商業交易（含契約）的解釋和漏洞

　　所謂契約漏洞，是指契約內的某些事項，依照契約計畫應該訂定卻沒有訂定，這些事項通常為契約的「非必要之點」。當契約漏洞發生時，我們首先要探討的是漏洞為何會發生？第二個問題是，契約漏洞應該如何填補及解釋？

　　在法學方法上，將契約或契約條款套入成文法典已預設的契約類

型，作為後續的法律適用，並決定契約性質的過程稱之為「定性」。契約定性雖確為契約解釋之第一步，然而在解釋商業契約時，最重要的事情應該是從交易的本質出發，而不宜將契約整體僵化定性為特定典型契約，削足適履地適用契約法相關規定。此外，在商業交易的活動中，時常以商法是民法的特別法，而於商法未有規定而有漏洞時，機械式套用民法條文解釋而忽略法理所包含的經濟分析觀點。然而，商業交易所生的商法關係具有特殊性，較妥適的作法是，商法有規定則適用商法，商法未有規定，民法無矛盾者可以適用，若民法規定顯與商法關係扞格，應回歸商法，援用商法立法和商法經濟分析，才能妥適解決[8]。

因此，本文主張宜先認定該契約的經濟本質為何，只有先理解當事人為何會做出此種約定，以及為何會對某些事項留下空白而未約定，才能適切處理契約漏洞，並正確選擇漏洞填補及解釋的方法。

一、契約漏洞與不完全契約

首先來探討漏洞為何會發生？從經濟觀點來看，契約漏洞的發生主要是基於機要成本的考量。法律經濟學家波斯納（Posner）即指出，契約既然是為了確保未來的履約而生，而世事多變化、未來充滿不可預測性，則契約的本質就必定帶有解釋的問題以及漏洞的出現。若市場上交易成本為零，當事人自然可以在締約前，充分獲悉風險與利益的相關資訊，並有能力就交易範圍內的所有權利義務事項，鉅細靡遺的逐一明訂，使契約能夠發揮最大化當事人戲要、提高整體經濟效率的功能，這就是法律經濟學家所稱的「完全契約」（complete contract）。

然而，現實生活中的交易成本並非為零，締約者必須在「交易成本」和「契約完整度」中做出取捨。交易當事人可以選擇的方法包括：縮短契約期限，以減少不確定的風險；或約定等到爭議發生時，再重新協商；或約定由公正的第三方（如法院或仲裁人），來填補契約漏洞（Gap-

[8] 王文宇，從一則案例論支票變造之風險分擔－兼論民商合一下之法律適用，國立臺灣大學法學論叢，36卷2期，頁34、35，2007年。

filling）。因此，交易當事人認為交易成本過高時，便可能忽略某些不重要或發生機率較低的事項，不予約定。

這些較為簡單、模糊、並保留較多彈性的契約，又稱為「不完全契約」（incomplete contract），也就是締約當事人於締結契約時，並未將契約履行期內所有可能發生的情形及衍生出的法律效果訂明，而通常會存在契約漏洞，或者保留因應未來情事而調整、再協商的彈性。簡單來說，不完全契約的存在，並不總是代表當事人的怠惰或者疏忽，更有可能是因為締結完整契約的成本過高，且預測未來過於困難，當事人基於有限理性和締約成本考量，而選擇締結不完全契約。

二、任意規定與補充的契約解釋

其次，我們接著討論契約漏洞應該如何填補？當契約的權利義務事項存在漏洞時，需要法院加以填補；至於漏洞填補的方式，包括「任意規定的適用」以及「補充的契約解釋」兩種。臺灣民法學者多數認為法院原則上應先適用任意規定，在沒有任意規定時，再依補充的契約解釋加以填補。可惜的是，臺灣司法實務上往往只停留在任意規定的適用，而未能進一步考慮是否應為契約的補充解釋[9]。

任意規定的存在，其優點在於能有效降低法院於填補契約漏洞時所蘊含的不確定性。就前階段的締約、磋商而言，任何人只要查詢法典，即可得知契約中某個有意或無意的不完整之處，法院會為如何的法律適用；就後階段的訴訟而言，法院透過判決先例的累積，可以針對任意規定的法律概念形成較統一的見解，有助於減少解釋上的歧異性，從而節省當事人及法院的勞力、時間和費用，因此可以降低交易成本。

然而，任意規定是立法者對某類型契約的典型利益狀態的預設分配，也因此未必能完美的滿足個案需求，也未必能與當事人在交易個案中的意定條款緊密結合。更有甚者，一個不符合當事人需求的契約解釋，法院的介入可能對當事人產生誤判成本；當契約的重要事項存在漏洞時，往

---

[9] 王澤鑑，債法原理一：基本理論、債之發生，頁244-247，2006年，自刊。

往往意味著當事人並未真正對於契約的內容達到合意，若強行要求法院介入以任意規定填補契約漏洞，無異於由法院代替當事人決定契約的內容，不僅造成對私法自治的侵害，更會影響契約作為經濟活動主要機制的效率性。

所謂「補充的契約解釋」，是指當契約出現漏洞時，應該探求當事人真意，以當事人於契約上所做的價值判斷與利益衡量為出發點，對契約的客觀規範內容加以解釋。至於要如何「探求當事人真意」？在比較法上，英國是採客觀主義，主張依相關背景知識地位的第三人所能理解的意義出發；而德國是採主觀主義，主張如要探求假設的當事人意思，應該斟酌當事人在整體契約、最大化誠信原則與交易習慣的共同考慮下所可能採取的意思[10]。

補充的契約解釋和單純的契約解釋（又稱闡釋性的契約解釋）不同，而是基於「假設的當事人意思」，藉由對當事人所創設的契約規範整體為觀察，探求雙方在通常交易上合理所意欲或接受的意思，並同時注意誠實信用原則、斟酌交易慣例加以認定。從而，不論是採英國客觀主義，或是德國主觀主義，都應考慮當事人締約目的、交易過程與商業習慣。

三、慎選漏洞填補的方式：經濟分析觀點之運用

現代商業及產業策略、契約領域之發展都已遠超過立法者預設，當事人在現代商業交易中，對於未來情勢、雙方關係之想像未必與立法者相同。此外，B to B商業契約交易當事人的談判能力、風險預估及承受能力與一般大眾有顯著差異，而當事人秉於交易背後的商業考慮，也不同於立法者預設的任意規定，或是其他相類似案件的契約內容。

更重要的是，現代非典型商業契約的權責關係龐雜，存續時間長，如將契約整體僵化定性為特定典型契約，或強行用任意規定解釋契約漏洞，此種解釋方法極有可能破壞契約主體的原風險分配。因此，任意規定對於現代商業交易和商業契約而言，未必能有效的節省交易成本，反而可能對

---

[10] Claus-Wilhelm Canaris & Hans Christoph Grigoleit, interpretation of contracts, at 19, 2010.

當事人造成不效率，故法院面對商事契約的漏洞填補，如適用或類推適用任意規定將違反契約目的時，尤應考慮捨棄任意規定，而以補充的契約解釋為優先。

因此，在理解商業契約之意旨時，首應認識到商業契約架構擬定的核心，在於將當事人彼此能分到的餅做到最大，讓交易當事人能達到皆大歡喜的結果，並確保相關交易的進行均能以最有效率的方法為之。在操作假設的當事人意思時，美國契約法上的「假設性議約」理論（Hypothetical Bargaining），提供一個明確且容易操作的判準，足資參考。此理論認為，當事人締結契約既然是追求利益極大化，故法院於進行契約漏洞填補時，以交易成本最低的方式填補契約漏洞使利益極大化，自然屬於當事人在通常交易上所意欲或接受的意思[11]。總而言之，本文強調法院在填補契約漏洞時，應考量契約目的、交易慣例、誠信原則等因素，適於採用任意規定時才適用，不適用時便應捨棄不用，而改採補充的契約解釋。本文須再進一步指出，既然商業契約是建構在一定的經濟目的及商業邏輯上，則進行契約漏洞解釋時，也應參酌經濟學的脈絡，適時運用經濟分析方法以探求當事人經濟目的。從而，在以假設的當事人意思填補契約漏洞時，不妨引進經濟分析觀點來做為假設當事人意思的參考，引進經濟分析的概念工具，諸如「資訊不對稱」、「逆選擇」、「道德風險」、「特定性資產」等，以利更加合理地解釋契約漏洞。

且依民法第1條的規定，「民事，法律所未規定者，依習慣；無習慣者，依法理。」然而，目前臺灣很少運用商業習慣，也未能體認法理應該包含經濟分析、經濟效率，在解釋疑義時，常將經濟分析背後預設的價值——經濟效率拒絕於千里之外[12]。所以法理應該可以包含經濟分析、經濟效率，當遇到契約漏洞或法律漏洞時，即得藉此法理加以處理。

---

[11] Robert Cooter & Thomas Ulen, Law and Economics, Pearson Prentice Hall, 2012, pp. 221-223.

[12] 張永健，民事裁判中的經濟推理：法官為什麼要懂社會科學（論經濟分析作為法學方法），107年法經濟學的運用互動研習會，頁54，2018年。

柒、商業交易的經濟和商業邏輯

　　探討當事人經濟目的和商業邏輯的重要性，我們以契約經濟學中的「共同價值」（Joint Value）為例——當事人選擇締結契約或進入交易後，我們預設雙方的整體價值會提高，也就是在理想情況下，交易將極大化當事人的共同價值，並使所有交易參與者均獲取利益。然而在通常情況下，雖然任一方當事人的價值均會提高，但也可能出現一方當事人價值提高，而另一方損益相抵的情形。

　　我們要注意的問題是，如果當事人並不會因為參與交易而提高價值，那他為什麼會選擇進入交易？法律經濟學家提供的解答是，雖然當事人並不會為「提高共同價值」而談判，但是會為自己的價值和利益進行談判[13]。因此，當事人締結契約或進入交易的結果，雖然不盡然會使所有交易參與者均獲取利益，但當事人進行商業交易的最主要目的往往是「共創雙贏」，也就是極大化雙方的整體價值。這些商業交易背後的經濟和商業邏輯，並非傳統契約法所預見，亟待我們以嶄新視角加以著墨、分析與考慮。

　　有鑑於此，本節將進一步以兩則經銷契約案例為主題，闡明適當採用經濟分析觀點、商業習慣和誠信原則，或許比純粹類推適用契約法條文，更易於理解商業交易的本質和妥適解決紛爭。

一、類推適用的案例（一）——獨家總經銷契約

　　第一則案例涉及獨家總經銷契約是否存在的爭議[14]。本案中原告公司與被告溥○公司簽訂經銷契約，約定由被告日商任○堂公司先出貨商品Wii遊戲機給溥○公司，再由溥○公司出貨給原告，而原告出售商品的廣告單上記載原告為總經銷公司。嗣後，溥○公司通知原告將終止經銷契

---

[13] Michael Klausner (2017), Deals: The Economic Structure of Business Transactions.
[14] 臺灣臺北地方法院100年度重訴字第678號民事判決。

約，並將Wii遊戲機轉售其他公司販賣。原告在訴訟中主張溥○公司雖然是名義上的進口人，但實際上是由任○堂公司進行作業，而任○堂公司與原告公司實質上存在獨家總經銷關係，原告因此認為溥○公司終止契約的效力不及於其與任○堂公司間的契約，於是起訴請求確認總經銷契約存在，並請求賠償。

　　本案的關鍵點在於「總經銷契約」的性質是什麼，蓋此涉及到溥○公司終止契約是否適法。原告雖然在訴訟中提出相關廣告單、產品外盒包裝及內盒說明書中均記載原告為「總經銷」的字樣，欲證明原告與被告間具有獨佔性、排他性的總經銷關係。本案法院則認為，不能僅憑「總經銷」的字樣就認定兩造間的法律性質，仍應該依照具體契約內容認定當事人間的權利義務關係。就此點而言，本文認為法院的判斷實值贊同。

　　然而，本案法院在最關鍵的「總經銷契約」定性，判決書中卻僅提及：「……足以認定兩造間的經銷關係無名契約，其內容包含買賣、行紀、代辦商之性質，是關於兩造間經銷關係應類推適用買賣、行紀、代辦商之規定。」法院據此即認為溥○公司得終止契約[15]，但是關於得終止契約的原因是適用行紀或代辦之規定，卻沒有明文交代。須強調的是，法院在本案中草率地類推適用多種有名契約的規定，又沒有明確說明如何操作於契約解釋中，如此作法非但對於解決爭議沒有任何幫助，反而失去適切解釋契約之機會。

二、類推適用的案例（二）──契約定性和盡力條款

　　第二則案例涉及實務上如何操作契約定性，並以商業契約中的「盡力條款」（best efforts clause）[16]為例。本案當事人亦是簽訂經銷契約，原告製造商主張和被告經銷商在契約中約定的「最低承銷量」，是以該數量為契約標的；但被告經銷商則主張，該約定僅在銷售量未達到契約約定時，賦予原告製造商解除契約的權利。本案上訴到第三審法院時，判決書中

---

[15] 本案法院最終認為原告僅與被告溥天公司間存在非獨占之經銷契約，與被告任天堂公司則不存在契約關係，並認為被告溥天公司終止經銷契約乃屬適法。

[16] 臺灣最高法院97年台上字第1769號判決。

指出：「⋯⋯雖然在第一條載有代理經銷之用語，惟由其後各條之規定觀之，該備忘錄之性質為何，並不確定，故尚有探究之必要。原審（即第二審法院）認該備忘錄為買賣與代理承銷混合之契約，稍嫌速斷。」第三審法院因此認定當事人上訴有理由，而將原判決廢棄發回。

事實上，本案屬於典型的不完全契約和長期關係契約，而「最低承銷量」的約定即是實務上所稱的盡力條款，爭議解決的關鍵即在於理解當事人之締約目的和商業考慮。簡言之，盡力條款是製造商在無法完整掌握經銷商行為的狀況下，為確保及驗證經銷商是否盡最大努力推廣銷售產品，故在契約中約定「最低承銷量」條款，作為一種可防範道德風險的操作標準。基於此，最低承銷量的約定一方面可發揮風險轉嫁的機能，讓原告製造商事先預測每月銷售收入，做為現金支出規劃的基礎；並使被告經銷商負擔一定業績壓力，在未達最低承銷量時，即應負擔該部分支出的風險。

由此觀察，本案被告經銷商並未盡力達到契約中所約定的最低承銷量義務時，解釋上就應認定被告經銷商違約，故原告製造商自可依照債務不履行的規定，向被告經銷商請求終止契約及損害賠償。可惜的是，本案法院過分專注於契約性質的定性，自陷於當事人不明確的契約文義中，卻忽略應回歸到當事人締約的經濟目的和商業邏輯做思考，自然無法有效地解決紛爭。

三、正本清源：釐清商業交易的商業考慮與經濟邏輯

如前所述，類推適用涉及一定程度的價值判斷，在操作上不可不慎，如果耗費大量精力去進行契約定性，甚至僵化套用契約法上的任意規定，不無削足適履之虞。事實上，商業契約的內容未必較有名契約來得複雜，如適用或類推適用任意規定，將違反契約本身個案特殊目的時，即應回歸契約的經濟實質，另為契約的補充解釋。

本節援引此兩則案例的目的在於強調：法院如果能揚棄拼湊任意規定的思維，回歸契約背後的商業考慮與經濟邏輯進行契約解釋，並針對當事人的締約宗旨、商業習慣與誠信原則做出適切判斷，許多問題往往迎刃而解。而做為一位契約法律人，於定性契約或判斷是否援用任意規定時，

更務求謹慎考慮契約的經濟實質，切忌落入「寧可誤引法條，拒絕適切解釋」的亂象。

　　也就是說，雖然契約法解釋涵蓋契約解釋，但契約法解釋只是個指引——解釋契約時應在契約法的涵攝範圍內，但不能因此而解釋為，在個案解釋契約或是進行判決時，應該找個契約法的法條套入其中。

捌、商業交易和競爭管制

　　近年來，Google、微軟公司、蘋果公司等具領導地位的大型科技公司，在其商業領域內享有高度支配力（例如Google公司的搜尋引擎、微軟公司的作業系統、蘋果公司的App Store等），這些科技業巨擘憑藉著強大的經濟實力與資源整合，致使競爭對手難以招架，但也引來濫用市場主導地位的質疑。

一、競爭法的規範內容

　　競爭法的主要功能是規範企業的反競爭行為，以達成促進或維持市場競爭的目標。舉例而言，競爭法要求獨占事業不能用不公平的方法，直接或間接阻礙其他事業參與競爭，禁止獨占事業沒有正當理由使交易相對人給予特別優惠，或是其他濫用市場地位的行為。此外，當事業結合達到一定規模時，競爭法亦要求應先向主管機關提出申報，而當事業間產生聯合行為時，競爭法並賦予主管機關權限，從維持市場競爭、整體經濟與公共利益等角度來評估是否禁止該聯合行為。

　　近年來，為因應資訊創新帶動新興產業的蓬勃發展，各國的產業政策逐漸趨向自由放任的市場經濟。在此潮流下，各國競爭法主管機關和司法機關關注如何一方面營造開放的市場經濟並鼓勵創新，一方面維護市場的自由競爭和效率。簡言之，各種市場上的創新商業模式及契約條款之適法性與否，往往取決於交易計畫是否能提高整體市場的經濟效率，因此在解析商業交易與競爭法的互動關係時，自應提高經濟分析觀點的重要性。

　　以近年來備受注目的「垂直限制契約」和「限制轉售價格」為例，常見於「上游品牌製造商——下游通路業者或經銷商——消費者」的垂直銷售關係。在自由市場經濟中，上、下游廠商為追求利潤，供應鏈的垂直整合即是可能選項，因此，廠商間或是透過併購、或是透過契約，設法降低交易成本並擴大交易之餅。然而，上游製造商和下游經銷商在市場上的誘因機制不同，上游製造商為維持商譽、提升品牌競爭力、避免下游經銷商搭便車（free-rider）等利害衝突，可能在經銷契約中約定「價格限制」（例如：限制轉售價格）或是「非價格限制」（例如：限制販售特定商品、獨家代理、搭售、經銷區域或數量限制）。

二、從經濟觀點分析限制轉售價格對市場競爭的影響

　　所謂「限制轉售價格」，是指就供給下游經銷商的商品設定轉售價格，不得超過其所定的價格上限出售商品（即「最高轉售價格」），或是要求商品至少須按照其約定的最低價格出售（即「最低轉售價格」）。由於最高轉售價格具有壓低商品售價的效果，只要不低於生產成本形成掠奪性定價，就不具競爭法上的可非難性；因此，競爭法主管機關的關注重點，向來是可能產生反競爭效果的「最低轉售價格」。在2007年以前，美國與歐盟競爭法主管機關均認為最低轉售價格協議具有減損競爭和限制交易的效果，是屬於競爭法中「核心限制」的當然違法類型，自應立法嚴格限制。然近年來，美國與歐盟競爭法似乎對最低轉售價格不再持全面否定態度，而逐漸放寬其限制。

　　詳言之，「最低轉售價格」是否會影響市場效率，甚至戕害市場創新，我們應該從經濟分析觀點審慎判斷。交易成本經濟學者指出，最低轉售價格會鼓勵下游經銷商（通路業者）對消費者提供更多售前、售後服務，及投入更多行銷預算，能有效解決下游經銷商「搭便車」的問題，具有促進市場競爭效率的積極意義。舉例而言，化妝品製造商的下游經銷商，可能同時有位於百貨專櫃的實體通路（專業店），和設於線上商城的網路通路（折扣店）。實體經銷商為強化商品的卓越效果和獨特性，往往需提列大筆經費在店面裝潢、租金和銷售人員訓練，以提升商品在消費者

心目中的好感度；網路經銷商則能坐享實體通路帶來的品牌外溢效果，即搭便車，而產生與實體經銷商的利益衝突。

　　如從經濟觀點分析，最低轉售價格雖然在短期內限制下游經銷商的價格競爭（即犧牲品牌內競爭），但長期而言，強制下游經銷商在相同價格的立足點上競爭，注重價格的消費者自然會選擇在服務較佳的通路購買，不僅能促成下游經銷商提高服務品質、增進非價格競爭與品牌間競爭，最終並使消費者和生產者均獲利。

三、商業交易、創新誘因與競爭管制的互動關係

　　商業交易和競爭管制的互動關係，有賴經濟分析觀點作為論述基礎。以本節討論廠商間的垂直價格限制契約為例，如依照傳統的價格理論，此種約款多會產生限制競爭的效果，而容易被競爭法主管機關認為違反競爭法。但是交易成本經濟學者則採取不同見解，他們認為此種約款的締約目的，多數在於支持企業的品牌資本，以免因為經銷商的不當行為而減損品牌價值。換言之，當事人之所以設計此種約款，是因為當事人預期非如此不足以解決締約風險，從而法律不宜輕率介入。

　　因此，在討論競爭管制的適法性時，宜允一併考量當事人的商業考慮，以及交易行為是否能強化品牌間競爭、改善產品產銷、促進技術發展，乃至於是否有助於整體經濟利益並提升市場效率。總而言之，競爭法主管機關如果輕易忽略市場結構和商品特性的不同，一概訴諸強行規定、過度干預廠商間的商業創意和契約條款，不僅會影響廠商的創新誘因，使廠商傾向價格競爭，恐怕亦會戕害市場機制的正常運作，最終影響消費者福祉，並非良策。

玖、經濟分析和立法論

　　運用經濟分析觀點討論法律問題，有著長遠的歷史[17]，而經濟學中理

---

[17] 廣義而言，任何應用經濟學理論與原則的法學研究都可稱為法律的經濟分析，因此

性自利的基本預設，以及經濟學所採的事前觀點（ex ante perspective）和重要分析工具[18]，在分析法律規範時所引申出的實證觀點和規範觀點，不僅能夠補充法律概念體系的不足，甚至具有法規範正當性的佐證功能。

但是，經濟分析和立法論的互動關係是甚麼？首先，法律制度和當事人締結契約、以及對各種商業組織的選擇，可謂息息相關，換句話說，當事人透過經濟概念解析法律制度，除了能夠解決商業契約解釋的困境，更能夠藉此選擇適當的商業組織架構，以獲取更大的商業利益。其次，主管機關就商業政策與法律制度的選擇，不宜僅採取歷史考據或法條對照的研究方法，而應從功能面上加以分析，如果能推敲組織法制背後的經濟邏輯，方能達到最佳的商業效益，以真正促進經濟發展。

一、法律制度與交易型態的變遷

隨著社會發展、科技進步，多樣化的商業活動和契約型態已超出法律預設的範疇。資訊科技與新媒體不僅影響商業活動，也對法律制度帶來深遠影響，例如Fintech、群眾募資平台、區塊鏈、平台經濟、Airbnb與Uber等共享經濟等。法律制度應如何因應交易型態的變遷？關鍵在於：應正視商業契約的特性和商業習慣於解釋商業習慣的重要性，不能與民事契約做相同處理。傳統法律的分類框架，誠然受到經濟環境轉變和新交易型態的挑戰，但如能嘗試探討這些商業活動的目的及經濟意義，實有助於良好法律制度的建立。

舉例而言，傳統的法律框架將財產權分為「所有權」和「使用權」兩大類，由於所有權向來是產權交易的核心，因此各種法律和會計制度也圍繞者所有權而成型。在大陸法系的分類下，買賣、租賃與使用借貸是截然不同的概念，但隨著商業模式的推陳出新，這些法律行為的界線逐漸模糊。以「分時度假房屋」為例，買方並非單純購買一筆特定房產，而是藉

它的存在已有相當長的時間。請參閱王文宇，財產法的經濟分析與寇斯定理——從一則古老的土地相鄰判決談起，月旦法學雜誌，第15期，頁6，1996年。

[18] 經濟分析中的重要概念和工具，例如理性自利的預設、交易成本、價格與價值、效率、道德危險、逆選擇等，對法律制度之解構與建構帶來嶄新思考。

由度假機構發行的點數，得到全球各地俱樂部分時度假房屋的使用權，並換取交通和娛樂等服務；這種介於取得「所有權」和取得「使用權」的交易模式，是跳脫傳統所有權的限制[19]。

此外，近年來蓬勃發展的共享經濟（例如共享單車），其本質雖與傳統的租賃並無不同，但透過網際網路、行動裝置等科技媒介，共享經濟實質上也不再是業餘的閒置資源出租，而是朝向運用新科技輔助、更彈性的使用權交易。因此，傳統法律框架的劃分，固然有助於概念的區辨，但若過度重於分類，而忽略交易型態的變遷和商業活動背後的經濟意義，恐怕會衍生背離產業需求現實的政策性法規。

二、運用經濟觀點分析組織與法制：以各種基金的架構爲例

面對全球化與區域經濟整合的挑戰，商業組織如何透過金融市場的投資管道，進行垂直整合或擴張版圖，不僅是企業立足市場之關鍵，亦是政府扶植產業、乃至振興經濟發展的重要指標。近年來，「創投」、「私募基金」與「共同基金」等投資人參與企業募資的重要管道，備受各界矚目。然而，它們的法律架構及運作模式具有哪些特色？背後的商業考量及經濟邏輯為何？要如何評估組織與管理面的利弊得失？本節將簡要以各種基金的架構為例，探討經濟分析和立法論的互動關係。

所謂共同基金（mutual fund），是指將不具專業知識的小額投資者個別的少量基金，集合成較大量之資金，交由專業投資機構，投資於資本市場中各種投資標的及金融商品之投資工具。近年來，常見且最典型的共同基金架構，就是採開放型（投資人具買回權）且投資上市公司股票（變現性高）的基金。

從比較法上觀察，共同基金的法律架構可以分為「公司型共同基金」（如美國法制所採）以及「契約型共同基金」（如臺灣法制所採），亦有些國家是兼採「公司型」與「契約型」（如法國與近年的日本法

---

[19] 王文宇，從所有權到使用權—產權交易的演變，會計研究月刊，第384期，頁55-56，2017年。

制）。公司型共同基金的特點，在於可以援用一般公司法規定，使投資人有相當於股東的地位，可以享有較廣泛的投票權；反之，採取契約型的國家並未賦予投資人表決權，而是透過主管機關的行政指導權來代替投資人的集體決策權。

這些組織上的差異可以從共同經濟的經濟特性來加以解釋。首先，共同基金的績效表現多有客觀標準可供評估與比較，因此設立獨立監控機制的必要性就大為降低；其次，在投票權方面，由於開放型基金賦予投資人得隨時行使買回權，因此投資人的集體決策權亦非關鍵。從交易成本經濟學的觀點來看，這兩種模式並無絕對優劣，兩者在組織上的差異，不外都是為了降低交易成本所採取的不同對策。

至於創投（Venture Capital）與私募基金（Private Equity）的資金募集是採取非公開的方式，投資人多半是機構投資人、高資產人士或行業內專家，具有足夠能力保障及追求自身最大利益。由於創投與私募基金不直接向社會大眾公開徵求資本，因此在各國法制下，創投與私募基金向來不是受高度監理的對象。

值得注意的是，創投與私募基金常見之組織型態為有限責任合夥制，其背後的經濟邏輯，一方面在於組織成立與解散的便利性，另一方面是反應資訊不對稱下「權責相符」的原理。簡言之，創投與私募基金的投資標的具有專精知識的門檻，造成「有限合夥人」（有資金但無專業）與「普通合夥人」（無資金但有專業）間的極端資訊不對稱。在此背景下，權責相符的設計可彌補雙方間的資訊落差，也就是由具有專業知識的普通合夥人負責投資判斷，享有決策權的同時，並就投資盈虧承擔無限清償責任；反之，有限合夥人未被賦予決策權，故對投資盈虧亦僅負有限責任。

三、經濟分析與商業法制設計

共同基金、創投與私募基金，均是投資人進行資產管理的一個選項，因此主管機關在思考如何促進經濟發展及制定政策目標時，不能忽視各種制度在市場上的經濟目的。由於文化、政治與金融環境的差異，各國的基金法制架構雖然不盡相同，但如果我們同意有效率的商業活動是建立

在私法自治的磐石，在不牴觸強行規定的前提下，我們對待各種商業組織的最佳方式就是：允許它們從事「組織間的自由競爭」以各展所長，並接受「優勝劣敗」市場法則的考驗。

　　總而言之，各種商業活動與組織在法制面的利弊得失，允宜由經濟概念與制度特性來體認，而不宜從法條概念與形式邏輯來切入。有鑒於此，政府在商業法制設計上應扮演工程師的角色，尊重各種組織的經濟目的和商業邏輯，強化金融中介機能之角色，提供市場資本，其餘則應順其自然發展，方為促進商業發展的妥適之道。

拾、經濟分析和法律解釋論

　　延續前述討論，不完全契約理論給予我們重要的啟示之一，即在於法律的強制力並非確保契約當事人福祉最大化的唯一機制，尤其在長期關係契約或簡要契約中，法律所扮演的角色相當受限，尚需要其他非正式的機制，例如商譽、商業習慣、互利等軟性機制來維繫契約的履行。

　　然而本文須強調，不完全契約理論並非意味著法律在契約履行中全然失去作用，而應該將之視為在分析不完全契約時，所應考慮其他履行機制的提醒而已。因此，如何秉於法律（包含契約法）的核心價值，並適當運用經濟概念以解釋法律在個案上的運用，即是法律解釋論的核心課題。

一、釐清法律解釋與契約法解釋

　　首先，我們應先釐清法律解釋與契約法解釋的關係。所謂「法律解釋」，最直接的定義就是對法律規定的涵義進行說明，而完整的說明必須考慮法律的文義、制定背景、在法典體系中的定位以及立法目的，再進一步對人民的行為予以評價。詳言之，法律解釋通常和具體事實密切相關，先有一個等待法律評價的具體事實存在，再運用法律解釋來評判該事實的適法性，因此法律解釋的運用，就是一種價值判斷、價值選擇的過程。值得注意的是，法律解釋在追求適當標準以評價具體事件的法律適用，因此

相較於契約法解釋，法律解釋對法安定性有更高的期待，著力於建構普世性、客觀且具法安定性的解釋基準。

至於「契約法解釋」，本質上也屬於法律解釋的一環，只是範圍限縮在法律體系中的契約法領域。法律解釋和契約法解釋均為價值判斷的過程，但相較於法律解釋，進行契約法解釋時應特別尊重契約法領域的核心價值，也就是「私法自治」和「契約自由原則」。從而，契約法解釋所面臨的挑戰，即在於個案契約出現漏洞時，是否應該優先以契約法預設的任意規定，評價契約當事人間的權利義務關係。承前討論，現代多樣化的商業契約不同於典型民事有名契約，不宜動輒套用任意規定介入處理[20]，因此在進行契約法解釋時，應該秉於契約法價值，並運用經濟分析概念、斟酌當事人締約的經濟目的和商業考慮，以適切解釋契約法在個案上的運用。

二、事前和事後觀點的轉換

法學分析可以區別為「事前觀點」（ex ante）和「事後觀點」（ex post）。所謂「事前觀點」，是指法律的制定與解釋，應該著重在透過法律規定等「誘因」，也就是藉由法律規定影響個人的選擇行為，促使未來的行為人（即受規範者）自願選擇使社會財富極大化、資源運用更有效率的行為，以踐行立法者的期待。而所謂的「事後觀點」，則是指在個案事實已經發生之條件下，透過法律制度的解釋與修訂，使得善後工作能在侷限下極大化整體社會利益[21]。

利用經濟學方法所建立的人類行為與法律規範間的互動關係，可以從人的選擇行為、對社會財富的影響，進一步分析法律制度可能的規範方式。我們從經濟分析觀點汲取的養分，可以推導出在法律規範下，人

---

[20] 在非典型商業契約的解釋中，應該優先考慮當事人締約的經濟目的和商業邏輯，而不宜僵化套用任意規定。請參閱本文「陸、商業交易（含契約）的解釋和漏洞」、「柒、商業交易的經濟和商業邏輯」的討論。

[21] 張永健，物權法之經濟分析：所有權，頁25，2015年。

們在行為上會有不同的取捨，即是對各種資源採取不同的運用方式[22]。換言之，我們可以將法律規範視為改變行為的誘因，或是達到政策目的之工具；而在訂定法律條文時，效率、公平、正義等都代表不同的價值，也是衡量當事人利益均衡時應考慮的面向。

三、法律解釋和類推適用

法官們適用法律以定紛止爭，但當法律沒有明文規定，或沒有判例可供參考時，法官必須依循一定的規則，去解釋現有法規，並形成適當的判決以體現法律規範的內涵。然而，法律規範必須具有明確性和可預測性，否則人民會有無所適從之苦，而在法律解釋的過程中，邏輯推理方法就扮演極為重要的角色。

傳統法學方法相當仰賴「類推適用」（analogical reasoning）的論證方式，所謂「類推適用」，其實就是日常生活中常見的推理方式之一，均是以「類似性」做為比附援引的基礎。在歐陸成文法體系中，法條的類推適用，就是將法律的明文規定，適用到法律沒有直接規定，但個案規範上的重要特徵與法律規定相類似的案件類型[23]。舉例而言，法律條文甲的構成要件為A、B、C、D，待決案件乙的構成要件為B、C、D、E，而類推適用在邏輯構造上的運作方式，簡單說明如下：（一）法律條文甲具有B、C、D等特徵；（二）雖然待決案件乙和甲不盡相同，但亦具有B、C、D等特徵；（三）如法律課以法律條文甲某種法律效果；（四）則因為乙與甲共同具有B、C、D等特徵，故可以推論出法律應該對乙課以和甲同樣的法律效果[24]。

由於類推適用是一種或然性的推論，並帶有價值判斷性質，因此在運用類推適用時更應審慎對待，不應視為必然的真理。在進行類推適用時，

---

[22] 王文宇，從經濟觀點論我國公司重整制度，新金融法，頁251，2004年。

[23] 黃茂榮，法學方法與現代民法，國立臺灣大學法律學系法學叢書編輯委員會，頁393，2006年。

[24] Cass Sunstein, On Analogical Reasoning, 106 HARV. L. REV. 743, 1993. 王文宇，論類推適用與法律解釋，民商法理論與經濟分析，頁281，2000年。

首先應考量法律條文和待決個案間是否具有類似性，並斟酌個案的經濟實質、生活事實與交易習慣等面向，以避免在個案中有應予類推卻不類推，或不應類推卻輕言類推的情況。申言之，類推適用的妥當與否，相當程度取決於法律條文與待決案件間類似性的認定，又由於類推適用往往缺乏完整的理論基礎，從而僅依照類推適用所做的判決，亦有法學家批評為是一種「理論不全的判斷」（incompletely theorized judgments）[25]。

舉例而言，A（委託人）與B（受託人）訂定委任契約，委託B為A管理房屋，在委任契約下，B不因此而取得房屋的所有權；又若訂定的是借名登記契約，則將使借名人B具有房屋所有權，且即使未經A之同意而處分仍是屬於有權處分。然而，臺灣法院判決在處理借名登記時，卻常以借名登記契約是無名契約，因同樣具有為他人管理事務的性質，而類推適用委任的規定。藉此例子，可以看出，因為二者間都有管理事務的特性在，而使用類推適用，卻忽略了委任與借名登記本質上有很大的不同，委任契約不涉及產權的變動，而借名契約卻有。過度的使用類推適用，可能忽略了事物本質的差異，也可能產生法官在未有如同立法者具有立法權限下，有「造法」的情況出現[26]。

民法上在討論法學方法時，多以三階層法律發現構造論，也就是透過法律解釋、制定法內的法律續造——類推適用、制定法外的法律續造——法理，來做為法律漏洞填補的方法[27]。然而，依此理論的操作類推適用，在上述例子的情況就產生了問題，之所以會產生此現象是因為在討論民法方法論時，未將契約法從中獨立出來討論。總之，類推適用固然是一種便捷的法律推理方式，但我們宜注意類推適用不只是單純的邏輯運作，更涉及法律解釋的問題。正由於類推適用和法律解釋兩者之間的關係相當密切，如果要確保類推適用的妥當性，即須詳細考量法律解釋面的適切性與正當性，並考量當事人交易行為背後的真實意思及經濟安排，否則恐怕會

[25] Cass Sunstein, Incompletely Theorized Agreements, 108 HARV. L. REV. 1733, 1995.

[26] Richard A. Posner, Reasoning by Analogy, Cornell Law Review, pp. 772-774.

[27] 吳從周，2013年民事法發展回顧，國立臺灣大學法學論叢，第43卷，頁1129，2014年。

產生指鹿為馬的荒謬現象，不可不慎。

拾壹、運用經濟觀點分析商業交易

　　如何在推陳出新的經濟活動中，宏觀審視交易運作法則，甚至提供適切的規劃方案，經濟觀點無疑是一大利器。此觀點可用於分析五花八門的交易類型，如創投、加盟、併購、信託等，不一而足；本文在後續章節將持續以淺顯白話的方式，有系統地向讀者介紹商業交易上重要的經濟分析概念，並輔以重要的實務運用案例，以解析各種複雜的商業契約與組織類型。本節首先簡要歸納出以下四點核心議題和因應之道。

一、運用經濟觀點分析商業交易

　　第一點，資訊不對稱衍生的逆選擇。逆選擇是指因資訊不對稱，資訊劣勢方擔心交易會損害自身利益，優勢方亦不願降低出售價格；久而久之，交易將難以進行，從而市場上僅留下品質不佳的商品或服務提供者。如何透過契約解決問題，有二策略可茲運用：第一，設法弭平當事人間的資訊落差；第二，將風險分配給資訊優勢方承擔。以二手車買賣為例，為彌補資訊落差，如設計專業第三人鑑證機制，使買受人相信安全無虞，因此得評估價格合理性。其次，出賣人擔保責任等條款，亦可將風險轉由資訊優勢方承擔。

　　第二點，道德危險。道德危險是指交易當事人在契約成立後，因利益分歧而有損人利己的行為。事實上，契約架構設計的良窳，往往會影響道德風險。以保險契約為例，藉由共保條款、自負額條款等機制，使被保險人亦須負擔損失，可以防止道德危險的產生。此外，以臺灣高鐵的「強制收買條款」為例，約定以興建成本計算收買價格，具有間接保證功能，雖然用心良苦，可能產生道德危險。

　　第三點，特定性資產。特定性資產是指一方當事人為達成特定交易，須先投入流通性極低的專屬資產，日後如交易終止，他方可拿翹或敲

竹槓（hold-up）。要如何避免拿翹，亦可透過契約調和雙方利益。以法經濟學家哈特著名的礦場開發案為例，由於採礦業者必須投入大量財力購買機器設備，而這些特殊機器屬於變現性低的「特定性資產」，採礦業者投入資金後，倘若礦主藉機索取高額費用，使採礦業者利潤下降，形成拿翹或敲竹槓現象，是故採礦業者於投資設廠前宜先進行併購，以取得礦產的剩餘控制權。此一說法言之成理，為企業的垂直整合提供正當化基礎。再以備受矚目的民營電廠案為例，電廠投資是典型特定性資產，再加上台電公司是單一買家，雙方乃於購售電契約中訂立「買定約款」，目的在確保民營業者可回收投資。

　　第四點，風險分擔。交易條件往往因總體經濟或市場供需變化，而衍生風險，此時當事人間如何分擔風險，成為關鍵。以蘋果公司iPhone系列手機為例，市場屢有傳聞因需求不如預期，相關供應鏈被迫下修訂單量，幅度近乎腰斬。為分擔此種風險，當事人可運用契約的調節機能，例如在契約中約定詳盡的「重新協商」機制以解決紛爭，或「重大不利變化」條款以分擔風險。

二、經濟觀點與商業交易的選擇和規劃

　　現代商業契約具有「風險負擔」和「治理機制」等不同於傳統民事契約的差異特點，在現代交易體系中扮演重要功能。從更寬廣的角度來看，商業契約的主要目的為分配資源與分散風險，因此運用經濟分析概念有效率的事前規劃，除能降低交易成本、避免日後紛爭，更是實現契約法目的的一大關鍵。

　　如以金融界常見的應收帳款承購交易（Factoring）、商事保證契約為例，其交易的客體即包括「風險」。而工業園區的高科技創新契約，契約標的不見得是傳統的給付義務，反而著重契約的治理機能，締約當事人得藉由組織間的共同合作研發，在過程中不斷的彼此交換資訊，從而能有效防止當事人間可能產生的投機行為。

　　再如賣場區隔空間，將各店鋪分租給商家時，因為道德危險、專屬性投資的存在，透過事前設計各種誘因機制，能夠強化契約雙方依誠信原則

行事的動機。簡言之，消費者對賣場的印象，同時受賣場整體和個別店家提供的商品及服務影響，倘若個別店家商品、服務不佳，也會損及消費者對賣場的整體印象。因此，當賣場和商家簽約時，往往並非如一般租賃般收取固定租金，而是在一定固定租金之外，再收取營業抽成，給予賣場協助個別商家提升營收的誘因，同時賣場也會反過來介入個別商家的營運，如規定營業時間、商品包裝等等。

此外，商業交易的態樣五花八門，即使是藝術與創意，也會是交易的內容。此等交易比起傳統的商品與服務，具有更高不確定性。即使如此，業者們仍匠心獨運，設計適合此種特性的條款。以電影產業為例，由於無人能確知是否賣座，好萊塢乃設計「致酬或演出條款」，先以約綁定大牌，再依進度致酬，採取且戰且走策略，以調整製片方向。

拾貳、結語

法律人縱使熟諳法律條文，如不能體會商業交易的經濟邏輯與商業目的，就無法掌握全貌。他們也許能勝任條文解析的工作，卻無法成為盱衡全局的商業交易規劃者，可能錯失大顯身手的良機。以併購交易來說，律師參與併購之談判、實地查核等，常因不了解商業交易背後之動機及運作模式，使併購交易增加了許多不必要的交易成本，若能探究交易之本質，以策略分析當事人經濟目的，運用契約條款之設計，使律師不僅扮演法律程序面的把關者，更可成為交易成本工程師之角色，為當事人創造最大價值。

本文嘗試回歸基本面，釐清法學、經濟學和商業交易的關係，並且導入經濟分析觀點，可謂華人法學界的創舉。筆者希冀與讀者攜手努力，培養出洞燭機先的「商業交易法律人」！

2

公司法修正評釋

方嘉麟

壹、政策目標

本次修法，修正、增訂及刪除條文共計148條，幅度之大為近年之最。要知道為何公司法作如此大幅度之修正，就必須了解經濟環境的演變及產業的需求，才能掌握本次修法的政策目標與修正重點。回顧公司法近年的多次修正，一般股份有限公司基本架構卻始終不變[1]，亦即針對大型製造業所設。體現在資本方面，就是偏好股東以現金、土地與廠房等抵繳股款，並鼓勵企業保留資金，以備更新廠房、設備；而在組織方面，則需設置董事會並遵循繁複程序召開，凡此種種皆無法滿足知識經濟時代，企業對技術及人才的渴求，以及微型創業的需要。因此，本次的修法主軸端在去管制化，藉由管制鬆綁，使得無論是資本密集或知識密集；大型或微型企業，都能輕鬆適用公司法。較為有趣的是，隨著去管制化，家族企業世代傳承，以及集團企業運營所面臨的一些問題也得到紓解，這是本次修法目標以外的收穫。也由於政策目標之故，本次修法在去管制化方面，著墨最多也較完整，但在其他方面，就有不夠全面，甚至虛晃一招之感，使得本次修法有獨重鬆綁，欠缺平衡的遺憾。

---

[1] 2015年引入閉鎖性股份有限公司專節，是近年大幅去管制化的嘗試，惟僅限於「閉鎖性」公司，並不普及。本次修法事實上將許多原閉鎖公司規範，開放一般股份有限公司亦得適用。

貳、修法重點

　　本文囿於篇幅，並未全面涵蓋修法內容，重點係依據以下三個標準選擇：第一，與政策目標的相關性；第二，對公司法既有體系的衝擊；第三，對實務運作的影響。以此三個標準視之，去管制化自是本次修法重中之重，亦因之賦予較多篇幅討論。

一、去管制化

　　本次修法去管制化的目標首要是放寬面額管制，使擁有技術或知識者能取得公司相當股份，並透過證券的多元設計及盈餘的即時發放吸引投資；同時也利用多重管道的員工入股延攬人才。其次，簡化組織及程序要求，降低中小及微型企業遵法成本，以鼓勵創業。最後，藉由引進企業社會責任，激勵公司不僅要賺錢，更要善良，兼顧關係人的多方利益。

(一) 符合知識經濟及世代傳承需求

1. 無面額及低面額股

　　公司法本已有技術入股規定，成效卻不顯著，這是因為以技術入股者需要專家鑑價報告[2]，增加入股時間及成本；更何況某些創新概念可能連「技術」都稱不上。修法引進無面額股[3]及低面額股[4]，使得擁有技術或創新概念者，倘與創業或天使基金合作，能以極低對價取得股份，從而享有相當之持股比例。例如甲有一新藥配方，惟需投入至少1億元才能通過政府檢驗及量產上市。A創投願意拿出1億元現金，甲則貢獻配方，兩者說好新公司各持股一半。新公司可發行面額1分的2,000萬股，甲以面額認購1,000萬股，繳納股款10萬元，A則以每股10元認購，繳納1億元，兩者各

---

[2] 公司法第7條公司資本須經會計師查核簽證，在技術入股時，通常會計師就會要求提專家鑑價報告否則無法簽證，更何況技術入股還會引發稅捐等問題。

[3] 公司法第129條第1項第3款及第140條。

[4] 經濟部經商字第10702402640號函。

持50%股份。注意這種情況下，不需要鑑價報告，證明甲配方值多少錢，新公司資本額為20萬元（面額1分×2,000萬股），也沒有灌水的疑慮。

2. 黃金股

另外一個重大突破是俗稱黃金股的引入，例如複數表決權或就特定事項有否決權[5]。以前述甲、A合作設新公司開發新藥為例，因現金悉數為A所出，甲、A也可能合意，A以每股20元認購200萬特別股，每股有2表決權，故甲、A表決權相同。惟一定年限內，A於年息10%內可優先分配盈餘，並可選擇將1股特別股轉為2普通股。由於此類特別股在各方面均優於普通股，也較能解釋為何甲與A認購價格差異如此之大。當然，黃金股的引入，也方便家族企業世代傳承，家族或成員透過持有黃金股得以鞏固經營權，或為有效監控。我國經濟發展至今，家族企業多由第二乃至第三代經營，也面臨了世代傳承問題，黃金股設計在相當層面，使得家族名稱與企業品牌持續維持密切關係，對經營權形成穩定力量。

3. 員工入股

在知識經濟時代，往往人才，而非資本才是公司成敗關鍵。修法擴大員工獎酬工具，使得員工有更多機會取得公司股份，分享公司利得，有助企業延攬人才。大致而言，約有五種途徑：員工庫藏股[6]、員工認股權憑證[7]、員工新股認購權[8]、員工限制型新股[9]以及員工分紅入股[10]。在家族企業世代傳承時，員工入股也讓無意接班的下個世代，較易吸引優秀人才進來經營，自己則退居二線監控，所有與經營也因此較易分離。

4. 股利1年多次分派

本次修法另一突破是公司盈餘分派，不再是經由股東常會承認會計表

---

[5] 公司法第157條第1項第4款。本次修法除股份設計多元化外，亦開放一般公司發行可轉換公司債及附認股權公司債（第248條第2項），債券設計亦趨多元化。

[6] 公司法第167-1條第4項。

[7] 公司法第167-2條第3項。

[8] 公司法第267條第7項。

[9] 公司法第267條第9項。

[10] 公司法第235-1條第5項。

冊，決議分派多少盈餘，換言之，1年僅能分派一次。修法後，可以每季分派[11]。惟此時不可能僅為分派盈餘召開股東會，乃由董事會決議[12]。如前所述，知識密集的公司資金未必是重點，特別是新型產品開發成功後，大量現金湧入，不如即時發給股東。尤其相當比例的股東可能是當初投入巨額現金支持產品開發的各種基金及機構投資人，他們往往也需要現金以進行下一個投資案。注意分派的彈性也使我國與國際接軌，例如台積電大部分股東為外資，其中許多就相當重視穩定、持續的股利收入。

5. 對現有體系的衝擊

但，無面額股或低面額股，均使傳統意義的面額或資本失去意義。本來面額作為發行價格的下限，隱含股份最低價值的功能已完全喪失，則資本充實原則亦受動搖。特別是低面額股，例如前述甲、A新設公司，實際收到超過1億元現金的股款，資本額卻僅20萬元，則資本額多寡就不再是評估企業規模、淨值或相關事務的量化指標。另一方面，黃金股的引進更是對1股1權、股份平等原則的重大打擊。可以說本次修法顛覆了公司法昔日的原則、理念，因而使重塑整體架構，納入配套措施更為重要。再以股利多次分派而言，固然使公司資金運用增加彈性，股東可即時獲得股利，但無可諱言對債權人也可能有不利影響，並衝擊我國固守多年的資本維持原則。凡此種種將在《肆、修法引發的問題》詳加討論。

(二) 降低中小型及微型企業的成本

本次修法一大重點是簡化組織，會議程序，以及不再需要印製股票、股單，大幅降低中小型及微型企業的遵法成本。眾所周知，我國中小型、微型企業股東人數非常有限，過去法律堅持三董一監，甚至連一人公司也不例外，導致這些公司必須請託親友擔任人頭董監，事實上也很少依照公司法程序實際召開會議，而多僅「製作」會議記錄，俾便以之向主管機關辦理登記。至於股票、股單更是鮮少真正印製，股份有限公司多僅在

---

[11] 公司法第228-1條第1項。

[12] 公司法第228-1條第2項。

轉讓股份，要取得資本利得免稅待遇時，才會印製股票。修法允許一人公司僅設一名董事[13]，一般公司至少一董一監[14]，董事會開會得以書面決議取代實際集會[15]，而股東會亦得以視訊方式召開[16]。事實上，召開方式的簡化，對跨國經營，股東分散各地的公司亦提供相當便利。不過，以上措施均牽涉極廣，遺憾的是立法過程中，似乏全面考量，此亦將於第四章詳細討論。

(三) 公司目標擴及關係人利益

本次修法亦正式將公司目標由股東至上轉至兼顧關係人利益，此實為公司法發展的里程碑，亦符合國際潮流。關係人利益涵蓋員工、往來廠商、債權人以及公司所在社區等利益，公司法且明定「應」遵守法令及商業「倫理規範」[17]，顯示法令不再是最低水準，在倫理要求下，企業亦應努力達成提升勞工權益及保護環境等目標。而關於遵守倫理規範，善盡企業社會責任的股東提案，雖非屬股東會決議事項，公司仍得列入議程[18]，讓該提案廣被周知並由股東決議。

二、發揮市場機制

為因應大幅放寬管制，顯然需輔以強化市場機制及政府監理，惟工商界，特別是大型財團，對提升經營彈性固舉雙手歡迎，對強化經營紀律卻激烈反彈。加上政府設定的政策目標欠缺整體規劃，修法在這方面雖有進步，但仍未到位，尤其與國際接軌猶待努力。本次修法在發揮市場機制上，著重讓外部股東能對經營階層發揮制衡力量，降低經營階層的主場優勢。

---

[13] 公司法第128-1條第2項及第4項。

[14] 公司法第192條第2項。

[15] 公司法第205條第2項。

[16] 公司法第172-2條，中央主管機關日後亦可公告其他方式，例如電話會議。

[17] 公司法第1條第2項。

[18] 公司法第172-1條第5項。

(一)改善董事候選人提名制度

　　採董事候選人提名制之公司，候選人倘不在公司所提名單上即無候選資格。過去屢屢發生市場派向公司提出候選人，但被董事會以文件不符百般刁難予以剔除。本次修法對此的解決方式有三：1.簡化被提名人應附文件的要求，僅提供姓名與學經歷[19]即可；2.公司董事會對所提文件不得實質審查[20]。換言之，只能判斷是否收到文件，至於文件內容真實性不在判斷範圍；3.提高違反的罰鍰金額[21]。這是藉由大幅剝奪董事會審查權，並提高違法成本企圖遏止不法，效果如何有待驗證。

(二)賦予持股過半股東召集股東會之權

　　本次修法最受矚目條文之一應屬本項修正。工商界以此會影響經營權穩定，易讓中資取得經營權，以及與證交法設計牴觸等理由極力抗拒。事實上，公司法本來就有繼續1年以上，持股3%以上股東，可以先請求董事會召開股東會，董事會不為召開時，得報經主管機關許可自行召集的規定[22]。修法不過是列出另一自行召集的選項，將持股提高到過半，持股期限降為3個月，並免除先行請求董事會及取得主管機關核准的要求[23]。事實上，過去案例顯示，當市場派持股遠遠超過公司派時，公司派知道一旦召開股東會自己將被撤換，不是拒絕開臨時股東會，就是連股東常會也一延再延[24]，惟讓持股甚低朝不保夕的董事負隅頑抗，乃至持續在位，也大幅增加掏空的道德風險。

---

[19] 公司法第192-2條第4項。

[20] 公司法第192-1條第5項。

[21] 公司法第192-1條第7項。

[22] 公司法第173條第1項及第2項。

[23] 公司法第173-1條第1項。

[24] 這是公司法第195條第2項但書規定的由來。

(三) 保障召集權人取得股東名簿以召開股東會

　　外部股東擬自行召集股東會的最大障礙，在公司拒絕提供股東名簿。本次修法不但提高公司無正當理由拒不提供之罰鍰，且採連續處罰至提供為止[25]。由公開發行公司，通常有獨立之股務代理機構，修法更賦予股東會召集權人權利[26]，直接向股務代理機構請求其提供股東名簿，股務代理機構拒絕提供的話，也會被連續處罰到提供為止[27]。

三、強化公司治理

(一) 紓解家族企業或集團企業使用人頭、濫用控制力及五鬼搬運問題

　　本次修法，針對我國相當普遍的家族企業與集團企業，也嘗試提升其治理水準。自積極面來講，開放集團內個別公司，以其股份獎勵隸屬同一集團的其他企業員工[28]，使集團能更靈活運用獎酬工具，規劃結構共用人才。自消極面向看，家族企業或集團企業常有名實不符，創辦人或家族族長在背後控制公司營運，甚或濫用控制力的情況，最糟的是五鬼搬運，侵害公司資產、利益。修法因之強化實質董事[29]及揭穿公司面紗規範[30]，並同時放寬「自身利害關係」之認定，提升關係人交易的管制強度[31]。但對關係企業的加強管制，也是對我國固有的關係企業專章，「親兄弟不必明算帳」的一大衝擊。

(二) 降低董事長召集權之壟斷

　　不過，就治理層面，本次修法最重要的是降低董事長就董事會召集權

---

[25] 公司法第210條第4項及第5項。

[26] 除公司董事會外，有符合一定條件之股東，監察人及獨立董事。

[27] 公司法第210-1條第1項及第3項。

[28] 請參見貳、一、3.員工入股之討論。

[29] 公司法第8條第3項。

[30] 公司法第99條第2項。

[31] 公司法第206條第3項。

的壟斷。實務上常發生多數董事擬解任董事長改推他人出任，董事長就拒不召開董事會，這在家族企業成員內鬥或數派共治意見不合時尤然。修法明定過半數董事得請求董事長召集，董事長不在15日內召開時，過半數董事得自行召集[32]。

(三)防範股東會突襲避免經營階層操縱

過去案例顯示，經營者往往有意不讓股東在股東會前獲得足夠資訊，以達奇襲致勝之效，例如僅在召集事由列修改章程議案，但不說明修改哪一條；又例如申請停止公開發行，雖對股東權益影響甚鉅，但因過去公司法並未要求必須在召集事由中列舉，就根本不於事前告知股東，而以臨時動議提出。修法因此增列召集事由之事項並明定應說明主要內容[33]，遏止經營階層濫用控制力操縱股東會。

(四)強化政府監理

為因應亞太洗錢防制組織年底對我國的評鑑，強化監理最重要的目標是使政府能符合國際規範，即時掌握控制公司營運者的資訊，以防範公司被充作洗錢工具。公司法主要採取2項措施：第一，廢除無記名股票制度[34]，使得股份持有者有跡可循；第二，除非被豁免，所有公司都應定期或在變動時，向主管機關建置或指定之資訊平台，申報其董監、經理人及持有10%以上資本額或股份總數之股東[35]。注意此僅為申報，並不公開揭露。事實上，董監經理人一向就須申報[36]。至於股東，有限公司之章程本需記載所有股東姓名或名稱[37]，股份有限公司在2001年公司法修法前，辦

---

[32] 公司法第203-1條。

[33] 公司法第172條第5項。

[34] 例如公司法第137條、第164條及第166條。

[35] 公司法第22-1條第1項。

[36] 公司法第393條第2項第5款及第6款。

[37] 公司法第101條第1項第3款。

理增、減資登記時亦須檢附股東名簿[38]。本次修法在申報股東資訊方面，其實進展相當有限。

參、效益評估

總的來說，修法方向係屬正確，效益也會漸漸顯現，以下以企業性質及經濟活動說明在哪些地方效益會較為明顯。

一、新創及微型事業

協助新創及微型企業，是本次修法政府政策目標所在，修法幅度也最大，效益應較明顯。不過，新創及微型企業本存活率極低，而創投與天使基金看好的新創事業，在修法前大多選擇到例如開曼等稅賦低，營運彈性大，以及隱匿性高（在國際反洗錢壓力增強之前）的地方設立公司，修法能否使這些事業轉而選擇臺灣猶待觀察。更何況影響經濟發展因素甚多，可以說修法未必能提振經濟活力，但不修法則必然不利經濟之創新、轉型。

二、家族及集團企業

放寬管制會使家族企業更容易安排傳承規劃，解決成員間之齟齬；對第二或第三代而言也較容易放手，使所有與經營分離。不過，以集團方式經營者，控制者的成本及風險可能增加，個別公司的少數股東應會獲得較大保障；但另一方面，股權規劃的彈性會增加。

三、經營權之移轉

經營權爭奪頻率可能會增加，對持股低業績差的經營者應屬警訊，修

---

[38] 2001年修法前，公司法第422條及第423條，2001年修法主管機關才不再要求股東名簿資訊。

法後公司既有經營階層享有之優勢將顯著流失。

四、企業國際化

就公司法而言，國際化主要在股權國際化（吸引外人投資），以及營運國際化（赴外投資）。本次修法將實體規範朝國際接軌方向推進一步，自然有利企業國際化。

肆、引發問題

一、修半套恐治絲益棼

最明顯的例子是為因應反洗錢的國際評鑑，要求公司申報董監經理人與持股10%以上股東。後者採形式認定，不但與國際規範追查實際控制者出入頗大，而且會讓有心規避的人或赴海外設紙上控股公司（就算申報也不知道公司底細），或乾脆請託親友充作人頭，每人持股9.99%，則股權結構更形複雜，公司透明度更差。

二、顛覆公司法傳統理念卻無整體規劃

(一)四種公司的劃分

2015年引進閉鎖性公司，實際上已將有限公司與股份有限公司人合、資合的分際模糊化，例如有限公司不得以勞務出資[39]，但閉鎖性股份有限公司卻承認勞務出資[40]。由於本次修法將多條原閉鎖性公司規範，移為一般股份有限公司均可採用，無疑使股份有限公司更遠離資合色彩。又譬如有限公司股權的轉讓並無一定形式，惟股東是誰需載於章程從而具公開性；而股份有限公司修法後不用印製股票，卻因不需登載於任何地方就

---

[39] 公司法第99-1條。
[40] 公司法第356-3條第2項。

生轉讓效力，較有限公司更具隱匿性，並使交易更不安全，顯與資合背道而馳。這也使得公司法命公司申報10%以上股東，在股份有限公司連查核都很困難，因股份轉讓合意即生效，根本無股票背書轉讓可資追蹤。簡單的講，我國公司法下股份有限公司，特別是閉鎖性公司，可說具備了有限公司人合任意規劃的長處，卻比有限公司透明度更差，還享有稅賦優惠。公司法將組織型態分為四種公司的架構實應徹底檢討。

(二)資本意義

我國過去向奉資本三原則為圭臬，也用資本作實體規範的標準，例如法定盈餘公積應提列到實收資本額為止[41]，而公司也被要求必須揭露實收資本[42]。但在引進低面額股及允許勞務出資等情況下，資本已完全喪失昔日意義，而債權人也不能再仰賴所謂的資本三原則予其最低保障。特別是放寬公司能每季分派盈餘，對公司現金流影響頗大，公司法應考量採其他標準取代昔日資本功能，並納入他種措施強化債權人保障。

(三)股份有限公司三權分立

本次公司法對監察人規範修改甚少，但無疑監察人功能在理論上將被弱化。這是因為股份有現公司董事人數可為1人，類似於有限公司。有限公司不執行業務的股東可隨時查閱公司簿冊資料[43]，但與股份有限公司監察人最大不同點除監察人係股東會選出，有監察義務外，就是監察人有事前防範不法的功能[44]。但在董事僅為1人，或董事會根本未實際集會而採書面決議時，監察人應很難事先知情從而發揮預防功能。是以，公司法去管制化，事實上就是肯認中小或微型企業，縱採股份有限公司組織，也是所有經營合一，則應考量究竟有無設置監察人的必要。

---

[41] 公司法第112條第1項、第237條第1項。

[42] 公司法第393條第1項第7款。

[43] 公司法第109條。

[44] 公司法第218-2條第2項。

　　另外，三權分立在董事均係指董事會，而非董事個人，惟本次修法董事人數下限降為一人，應考慮股份有限公司原董事會各項設計，例如說明利益衝突及迴避表決（董事1人顯無法做到），如何調整；而基於股份有限公司管理架構之簡化，應考慮是否仍堅持原型為董事會優位（在1人董事變成該人權力超大），或放寬章程調整股東會董事會權限劃分之幅度。

(四) 股份平等

　　我國公司法過去均採1股1權，股份平等原則，大股東在理論上持股多，也因此和公司利益關聯較深，也享有較大權力。但黃金股的引進，特別是複數表決權股，使得權力和持股乖離並趨於集權。持黃金股之股東倘若支持董事會，此時例如由股東會解任不適任董事或追究其責任，又例如累積投票制保障所謂少數股東進入董事會均將無用武之地。則如何防止大股東濫用控致力應全盤思考。而關係企業專章擬制持股逾半為控制公司，但倘有複數表決權股，持股逾半者可能表決權不高，根本無從控制公司。

(五) 集團利益大於個別公司利益

　　本次修法對集團企業之控制公司及關係人交易加強管制，但此與我國1997年制定之關係企業專章，有條件允許控制公司與從屬公司為非常規交易，使得集團企業有較大彈性從而能以集團方式經營，兩者基本理念迥然不同。以關係人交易為例，董事會中，倘有自身利害關係的董事未做說明或迴避表決，董事會決議將無效，連帶撼動該交易效力。惟依專章所設計的「年度補償制」，關係企業間交易必屬有效否則不生補償問題，此內部體系之矛盾終究必須解決。

伍、未來展望

　　本次修法與前次2001年的公司法大修，雖相隔17年，但主軸、方向幾乎完全一致，就是法規鬆綁與加強監控。2001年修法的遺珠之憾，本次

修法亦於相當程度內補足，代表法制持續進步。惟因科技進步，產業變化加快，以及國際規範變遷，我國進步的速度是否夠快？以實質董事為例，2001年修法時就被提出，歷經17年終於所有公司均適用此一概念，惟其定義相較其他國家仍趨嚴格，適用範圍還是較為限縮。

除速度問題外，觀察2001年與本次修法均呈現3個特點：鬆綁幅度大於監控改良，個案單點式的解決大於整體架構調整，以及獨重形式改革而輕忽落實執行。為何我國修法速度慢且呈現傾斜式變革？這必須論及立法程序乃至政治現實。例如我國立法，不同於先進國家係產官學合作，通常由行政部門主導，亦未設如國外的獨立機關對法制長期研究，定期發掘實務問題。因此，任何強化管制及執行效度，乃至整體調整的嘗試，在平時沒有持續溝通下都將引發反彈難以成功。

公司法是財經法的根本大法，緩步、切割式的形式修法負面效果已一一浮現，例如前述實質董事花了17年引進，本次修法卻在重要配套措施，即實質受益人的申報，又退縮不前，僅要求申報形式上擁有10%股份的股東，但沒有關鍵資訊如何落實實質董事的究責？更何況行政機關修法時無法全面觀照，本次修法同時允許一般公司發行複數表決權股，則1股東可以僅擁有5%股份，1股10表決權，從而完全控制公司；至於其他股東，縱持有10%以上普通股，對公司影響力其實很小，但後者公司需要申報前者卻不用。另外，本次修法股份轉讓仍不以過戶登記為必要，故股東名簿上的股東可能連1股均無，加上也無所謂股票背書轉讓，股東身份隱匿性高，則所謂公司申報持有10%以上「股份」股東，連形式上的監理或公平都作不到。

管制不備的結果是在國際評比上，我國金融透明度被評為極差，甚至有洗錢天堂之名，這不僅使國內防制洗錢生態系統難以建立，專業人士技能無法提升，也影響了外人投資意願；更嚴重的是，我國企業赴海外競爭的遵法能力，也因我國法規未與國際接軌而大幅弱化，兆豐金因違反美國紐約州反洗錢規範被處以巨額罰款即屬典型。展望未來，期待政府能改變立法程序，進行前瞻、價值取向，且可執行的全盤修正。

3

公司登記對抗效力之重新檢驗

戴銘昇

壹、前言

　　公司法（以下或亦省略法規名稱）第12條規定：「公司設立登記後，有應登記之事項而不登記，或已登記之事項有變更而不為變更之登記者，不得以其事項對抗第三人。」因此，公司登記被概分為兩類，一類為設立登記，一類為設立登記以外之其他登記。第12條並未明定設立登記之效力，然而依據第6條之規定：「公司非在中央主管機關登記後，不得成立。」故設立登記係屬成立要件（或生效要件，以下不特別區分）。至於其他登記，則回歸第12條，一律僅有對抗效力。[1]本文所談的登記係指設立登記以外之其他登記（以下簡稱登記）。

　　「此一看似簡單的規定」，其實並不簡單，不僅學習者不容易真正明白，在實務上也引發了一件纏訟十多年的社會重大矚目案件，即SOGO百貨母公司之太平洋流通投資股份有限公司之增資登記案（簡稱SOGO百貨案）；依照第12條的規定，增資登記僅具對抗效力，為何各方當事人不針對增資行為之實體法律關係加以釐清而卻圍繞著撤銷增資登記不斷纏訟？另外，以經理人登記為例，實務上怠於辦理此項登記之公司似乎相當多，可能也與登記僅有對抗效力有關。以上為促成筆者撰寫本文的動機，本文

---

[1] 最高法院68年度台上字第1749號判例：「公司法第十二條之規定，不包括同法第二百零五條第五項董事個人事由應向主管機關申請之登記在內，凡居住國外之股份有限公司董事，以書面委託居住國內之其他股東經常代理出席股東會者，必須將其事項向主管機關申請登記，否則不生授與代理權之效力，此項登記，非僅為對抗要件。」此為目前實務上，最高法院增加的惟一例外。然而，判例中所提及之第205條第5項，已於2018年8月1日刪除。

希望重新檢驗公司登記對抗效力之內涵，讓此制在未來能更為正確的適用。由於臺灣之登記制度應係仿日本法而來，故本文比較法之重心將置於日本法。

貳、日本之登記公示力

一、概說

　　日本會社法（会社法，以下或亦省略法規名稱）中與登記有關之條文係統整在第七編「雜則」第五章「登記」中（第907條至第938條），主要係規範登記之實體法。除此之外，並另外訂有商業登記法，主要在規範登記程序。會社法中，規範登記效力之條文為第908條，本條規定，依本法規定應登記之事項，未經登記不得以之對抗善意第三人。即使於登記後，第三人因正當事由而不知該登記存在時，亦同（第1項）。[2]因故意或過失將不實事項登記之人，不得以該事項係不實而對抗善意第三人（第2項）。[3]此一條文係承繼商法之規定而來，而商法關於登記之規定則是繼受自德國商法。[4]

　　第908條第1項之應登記事項，通說認為包括得登記事項在內。[5]登記之公示力只存在於登記當事人（即，公司）與第三人之間；若是第三人與

2　会社法第九百八条（登記の効力）：
　　この法律の規定により登記すべき事項は、登記の後でなければ、これをもって善意の第三者に対抗することができない。登記の後であっても、第三者が正当な事由によってその登記があることを知らなかったときは、同様とする。

3　会社法第九百八条（登記の効力）：
　　故意又は過失によって不実の事項を登記した者は、その事項が不実であることをもって善意の第三者に対抗することができない。

4　日本之商法典係於1881年委託德國學者Hermann Roesler所起草而來，參閱大槻敏江，商業登記制度における外観信頼の保護に関する一考察，中央学院大学16巻2号，頁103，1981年12月。

5　鷹巣信孝，商業登記の一般的効力（上），佐賀大学経済論集23巻5号，頁138，1991年1月。

第三人相互間，並不適用第908條之規定，無論有無登記，均得就登記事項加以主張。[6]本條係在規範登記之私法上效力，[7]多數說認為係適用於交易關係及基於交易關係而生之訴訟關係，[8]不過，在決定於訴訟程序中有權代表公司進行訴訟程序之人時，最高法院則認為不適用本條規定（也就是必須實質認定）。[9]

二、應登記事項於登記前之效力

(一) 消極公示力

第908條第1項前段規定，依本法規定應登記之事項，未經登記不得以之對抗善意第三人。此即為消極公示力之規定。所謂善意，係指不知應登記事項之事實存在者。[10]受不得以未登記之事項對抗善意第三人之限制者為公司，關於未登記之事實及法律關係，善意第三人仍得對公司加以主張。[11]

無論公司有無故意或過失，均不得以未經登記之事項對抗善意第三人；即使公司已向政府提出登記之申請，登記官未辦理登記時，公司仍不得以未經登記之事項對抗善意第三人（國家之責任為另一問題）。[12]

反之，第三人只要是善意即可，即使有重大過失亦受保護。[13]第三人

---

[6] 筧康生、神崎滿治郎、立花宣男編輯，詳解商業登記〔上卷〕，金融財政事情研究会，頁35-36，2015年7月7日。

[7] 舩津浩司執筆部分，收錄於江頭憲治郎、中村直人編，論点体系会社法6：組織再編II、外国会社、雑則、罰則，第一法規株式会社，頁327，2012年3月。

[8] 岩渕正紀、野下えみ執筆部分，收錄於江頭憲治郎、門口正人編，会社法大系会社法制・会社概論・設立第1卷，青林書院，頁134，2008年10月15日。

[9] 最高判昭和43.11.1民集22卷12号2402頁。

[10] 行澤一人執筆部分，收錄於森本滋、山本克己編，会社法コンメンタール—雑則(2)，商事法務，頁195，2016年3月20日。

[11] 大判明治41.10.12民錄14輯999頁；舩津浩司執筆部分，收錄於前揭註7，頁330。

[12] 筧康生、神崎滿治郎、立花宣男編輯，前揭註6，頁52。

[13] 行澤一人執筆部分，收錄於前揭註10，頁195。

是否善意之判斷時點為「交易時」。[14]若公司欲主張第三人為惡意，須由公司負舉證責任。[15]

(二) 對抗效力

對於惡意之第三人，即使未經登記，亦得對抗之。所謂的「對抗」，係指得主張應登記事項之存在。[16]惟此有例外，例如，商號轉讓之登記，[17]即使對於惡意第三人，也必須登記才能對抗之。[18]

關於對抗效力是否以登記為要件的問題，有認為商業登記與不動產登記不同，對抗效力與是否經登記無關，只不過是在未登記前不能對抗善意第三人而已。[19]反之，也有認為登記事項係法律基於交易安全所明定之事項，其對抗效力之有無應取決於是否經登記而定。[20]若就法條之文義觀之，筆者認為前者較為合理，只是或許可不稱「對抗」，而是未經登記亦得對惡意第三人「主張」，較不易混淆。

三、應登記事項於登記後之效力

(一) 積極公示力

應登記事項於登記後之效力如何？日本法由於係承襲德國法，對其效力亦未加以正面的規定，因此，關於登記後之效力，見解產生分歧。

---

[14] 大審判大正4.12.1民錄21輯1950頁；岩渕正紀、野下えみ執筆部分，收錄於前揭註8，頁134。

[15] 大審判大正4.12.1民錄21輯1950頁；舩津浩司執筆部分，收錄於前揭註7，頁330。

[16] 筧康生、神崎滿治郎、立花宣男編輯，前揭註6，頁50-51。

[17] 商法第十五条（商号の讓渡）：
商人の商号は、營業とともにする場合又は營業を廢止する場合に限り、讓渡することができる。
前項の規定による商号の讓渡は、登記をしなければ、第三者に対抗することができない。

[18] 筧康生、神崎滿治郎、立花宣男編輯，前揭註6，頁63。

[19] 同前註，頁35。

[20] 岩渕正紀、野下えみ執筆部分，收錄於前揭註8，頁133。

不過，如果採反面解釋，在登記後，即使第三人為善意，亦應可以對抗之。[21]易言之，未登記前，必須證明第三人為惡意始得對抗之；登記後，則不必證明第三人是否為惡意，即可對抗之。[22]也就是說，登記後，公司享有舉證責任減輕之好處。

(二) 得對抗「善意」第三人之理論基礎：惡意擬制說（通說）

如前所述，由於法未明定登記後之效力，因此在理論上產生了不同的觀點。通說採「惡意擬制說」。[23]

日本新商法典於當年公布施行後，於1910年時，「商業登記之效力」一文是最早對於商業登記之一般效力進行詳細討論的研究，此文認為，登記而生之法律效力並不是產生對於第三人之對抗效力，只不過是將第三人擬制為惡意而已。此後，惡意擬制說在日本具支配之地位，也產生了決定性的影響。[24]

有學者對此說做了較為簡潔明瞭的四點闡述：第一，本來某事項若在法律上已完成，此一事項的存在可對任何人主張；第二，但是商法對此一原則設一大例外，即，一定之事項雖得對抗惡意第三人，卻不得對抗善意第三人；第三，公司無論採取何種完善的措施對第三人進行個別之通知或廣告，只要有未曾見過該通知或廣告之第三人，就沒辦法阻止善意第三人的產生，因此，本法設此一例外（即限縮某一事項原本之效力，使其不得

---

[21] 鷹巢信孝，前揭註5，頁150。筆者個人較贊成用反面解釋。

[22] 同前註。

[23] 同前註，頁141。另外，亦有認為，若非屬登記事項，本就可以直接對善意第三人主張，至於登記事項，只是受到了非經登記不得對抗善意第三人之限制而已，既經登記，則該項限制解決，便回復為與非屬登記事項相同之立場。此說被稱為有力說。同前註，頁141-142。

[24] 浜田道代，商業登記制度と外觀信賴保護規定(1)，民商法雜誌80卷6号，頁666，1979年6月。易言之，由於應登記事項即使未登記也享有對抗效力，只是對象限於惡意第三人，而登記後，第三人就應該知道登記之事項，故將之擬制為惡意第三人，既為惡意第三人，自然也就為對抗效力之所及。若依此說，登記並無對抗效力、有無登記與有無對抗效力無關、登記不是對抗效力之要件。

對抗善意第三人）；第四，因此，法律僅承認登記為法定之公示方法，公司若採此一方法（即登記），第三人若無正當理由，就視為知悉該事項，也就是將第三人擬制為惡意，故得對抗善意第三人。[25]

「惡意擬制說」等於是認為，某一事項即使登記了也不能對抗善意第三人，所以才要將第三人擬制為惡意。採「惡意擬制說」的前提是認為第三人對公司登記事項負有主動調查之義務，對於違反此一義務者擬制為惡意。[26]

(三) 積極公示力之例外

第908條第1項後段規定，即使於登記後，第三人因正當事由而不知該登記存在時，亦不得以之對抗第三人。此時之第三人既不知登記之存在，即屬善意第三人。

所謂的「正當事由」係沿續對於原商法第12條之解釋，通說及判決認為係指通訊或交通中斷、登記簿滅失或污損、公報或報紙無法送達等事由，即使想知道登記之內容亦無計可施之客觀障礙。[27]不包括第三人生病或長期旅遊等主觀事由。[28]是否具正當事由，由第三人負舉證責任。[29]

四、不實登記之效力

第908條第2項規定，因故意或過失將不實事項登記之人，不得以該事項係不實而對抗善意第三人。第2項之規定係於1938年（商法時期）所增訂。在此以前，基於無效之股東會決議所選出之董事代表公司所為之行為，係透過民法第109條表見代理之規定藉以保護善意第三人，學說上也建議應承認登記之公信力，後來則增訂此一規定。[30]

---

[25] 鷹巢信孝，前揭註5，頁145。

[26] 同前註，頁153。

[27] 浜田道代，前揭註24，頁658。

[28] 岩渕正紀、野下えみ執筆部分，收錄於前揭註8，頁134。

[29] 行澤一人執筆部分，收錄於前揭註10，頁198。

[30] 筧康生、神崎滿治郎、立花宣男編輯，前揭註6，頁71-72。

　　以經理人之登記為例，Ａ公司並未選任甲為經理人，卻登記甲為Ａ公司經理人時，甲並非Ａ公司之經理人，即使甲偽稱為Ａ公司經理人而與信賴登記之乙為交易，此一交易本來亦對Ａ公司不生效力，但是，若Ａ公司有故意或過失時，為保護信賴登記之善意第三人乙，Ａ公司不得對乙主張甲非經理人。其結果，Ａ公司對於甲乙之間所為之交易必須負責。[31]

　　此一規定係適用於登記之當事人，即公司；若是公司以外之人所為之不實登記，則並不適用此一規定。[32]但是，也有最高法院認為，即使不是公司所為之登記申請，惟若公司係對於不實登記之存在予以某種助力、或者明知不實登記之存在卻消極的不採取更正措施，此時之不實登記等同是由公司所為，應有適用第908條第2項之餘地。[33]

　　在未賦予登記官對於實體關係之實質調查權限之現行法制下，在當事人不知情時，發生登記與實體關係不一致之可能性是存在的；再者，為了商業登記的效率，若將形式審查主義改為實質審查主義也不妥當，因此，本項規定之適用以公司具故意或過失為要件。[34]公司明知登記之內容不實仍提出申請，或應知內容為不實卻誤將虛偽之內容提出申請登記時，即屬故意或過失。[35]代表人之故意過失等同公司之故意過失。[36]

　　第三人則以善意為要件，至於有無過失，在所不問；所謂善意第三人，係指不知登記與事實不一致之第三人而言，是否必須對於不實之登記存有信賴則仍有爭議。[37]之所以只保護善意第三人而未及於所有第三人，係因登記官對於商業登記之審查只有採形式審查，不能犧牲公司而對於信

---

[31] 日本法令商業登記研究会編，商業登記の手続，青木健次發行，頁66-67，2015年6月20日。

[32] 筧康生、神崎滿治郎、立花宣男編輯，前揭註6，頁72。

[33] 舩津浩司執筆部分，收錄於前揭註7，頁335-336。

[34] 筧康生、神崎滿治郎、立花宣男編輯，前揭註6，頁72。

[35] 舩津浩司執筆部分，收錄於前揭註7，頁335。

[36] 東京地判昭和34.4.22判時185号25頁；筧康生、神崎滿治郎、立花宣男編輯，前揭註6，頁72。

[37] 舩津浩司執筆部分，收錄於前揭註7，頁336。

賴登記之人加以無限制的保護。易言之，此係為調和公司及善意第三人之利益所做之限制。[38]

所謂的不實登記，應係指登記之內容自始即與實體關係不一致之情形。再以經理人登記為例，若於經理人合法選任並登記後，將之解任而未辦理解任登記前，有認為此時應適用的是第908條第1項（未經登記不得對抗善意第三人），[39]但亦有將之歸類為第908條第2項（即不實登記）者。[40]

五、登記之特殊效力

在一般的情形，登記並非實體法律關係成立之要件，但是在特定的情況，會社法承認登記具有特殊之效力，此時並不適用第908條第1項。[41]

(一)創設力或形成力

下列事項均為成立要件，必須登記始能發生效力（稱為創設力或形成力）：(1)公司設立登記；(2)新設合併；(3)股份移轉之登記；(4)新設分割；(5)特例有限公司變更為一般之股份有限公司；(6)營業讓與之受讓人欲免責受讓讓與人之債務時。[42]

以下以公司設立登記為例說明之。公司設立登記之形成力係於1938年商法修法時所增訂。在修法前，設立登記只是對抗要件而已，公司成立後至登記前的期間，第三人是否承認公司之法人格為其自由。因此，同一家公司之成立時點將因人而異，有導致法律關係複雜的疑慮，因此修法將之明定為成立要件。雖然登記官對於公司之登記僅有形式審查權，無法斷定登記事項之真偽，即便如此，以登記為形成法律關係之要件，某種程度上

---

[38] 筧康生、神崎滿治郎、立花宣男編輯，前揭註6，頁67。

[39] 同前註，頁74。

[40] 近藤光男，最新株式会社法，中央経済社，頁18，2014年7月，7版。

[41] 筧康生、神崎滿治郎、立花宣男編輯，前揭註6，頁62；岩渕正紀、野下えみ執筆部分，收錄於前揭註8，頁135。

[42] 日本法令商業登記研究会編，前揭註31，頁67。

可防止事後發生不必要的混亂。[43]

(二) 排他性

商號之登記，若該商號與他人已登記之商號相同，且總公司之所在地與該他人登記之總公司所在地相同者，不得為之（商業登記法第27條）。[44]此為商號之排他性（獨占力）。商業登記法關於商號之規定，亦適用於股份有限公司。[45]具體言之，若一公司之總公司所在地在某棟大樓，商號相同之另一公司就不可以將總公司登記在同一棟大樓中。[46]

(三) 營業資格

外國公司，在完成外國公司之登記前，不得於日本境內營業（第818條第1項）。[47]違反前項之規定而進行交易者，應與外國公司對相對人就該交易所生之債務負連帶履行責任（第818條第2項）。[48]此項登記依此規定觀之，亦非對抗要件。

---

[43] 味村治，商業登記制度百周年に当たって，旬刊商事法務1329号，頁55，1993年8月。

[44] 商業登記法第二十七条（同一の所在場所における同一の商号の登記の禁止）：
商号の登記は、その商号が他人の既に登記した商号と同一であり、かつ、その営業所（会社にあつては、本店。以下この条において同じ。）の所在場所が当該他人の商号の登記に係る営業所の所在場所と同一であるときは、することができない。

[45] 筧康生、神崎満治郎、立花宣男編輯，前揭註6，頁491。

[46] 松井信憲，商業登記ハンドブック，商事法務，頁9，2016年7月15日，3版。

[47] 第八百十八条（登記前の継続取引の禁止等）：
外国会社は、外国会社の登記をするまでは、日本において取引を継続してすることができない。

[48] 第八百十八条（登記前の継続取引の禁止等）：
前項の規定に違反して取引をした者は、相手方に対し、外国会社と連帯して、当該取引によって生じた債務を弁済する責任を負う。

參、臺灣之登記對抗效力

　　現行之公司法對於登記係分為設立登記與其他登記兩類，惟在1914年1月13日公布之公司條例，當時係將公司設立登記定為對抗要件，1929年12月26日公布之「民國成立後第一部經立法程序制定完成之公司法」則將之改為成立要件。[49]此一分類一直沿續至今。

一、實務上對登記對抗效力之解釋

　　登記對抗效力之意義，在實務上，以最高法院兩則判例為首，最高法院67年度台上字第760號民事判例：「公司登記，除設立登記為公司之成立要件（參看公司法第六條）外，其他登記，皆屬對抗要件（參看同法第十二條），變更董事、監察人，固屬應登記之事項，但此事項之有效存在，並不以登記為其要件。」最高法院68年度台上字第2337號民事判例：「股份有限公司之新任董事長，自其就任後即生效力，並非經主管機關准予變更登記後，始生效力，此觀公司法第十二條規定，不難明瞭。」歷來其他一般法院、[50]最高行政法院[51]及行政機關[52]均採相同見解。

---

[49] 賴英照，中國公司立法之回顧與前瞻，收錄於公司法論文集，財團法人中華民國證券市場發展基金會發行，頁16-17，1986年9月。

[50] 最高法院69年度台上字第997號民事判決、最高法院76年度台上字第106號民事判決、最高法院89年度台上字第2577號民事判決、最高法院92年度台上字第2300號民事判決。

[51] 最高行政法院102年度判字第270號判決（SOGO增資登記案）、最高行政法院106年度判字第638號判決。

[52] 經濟部63.5.10經商字第11890號、經濟部63.11.18經商字第29523號、法務部77.3.26(77)法律字第5136號、法務部78.8.24(78)法律字第15048號、經濟部82.2.9商字第201548號、經濟部84.10.17經商字第84219045號、經濟部94.6.17經商字第09402080960號、經濟部101.2.23經商字第10102010450號、經濟部101.8.13經商字第10102427660號、經濟部101.9.17經商字第10102126570號。

二、第三人之範圍

關於第12條規定之「第三人」之範圍，若以政府播遷來台後之實務見解觀之（即暫擱置大理院14年上字第3562號判例），1983年5月2日司法院第三期司法業務研究會中有較完整的論述：「公司法第十二條規定『公司設立登記後，有應登記之事項而不登記，或已登記之事項有變更而不為變更之登記者，不得以其事項對抗第三人』，與民法第三十一條『法人登記後，有應登記之事項而不登記，或已登記之事項有變更而不為變更登記者，不得以其事項對抗第三人』之規定，完全相同，均僅規定『不得以其事項對抗第三人』，而與公司法第二十七條第四項、[53]第三十六條、[54]第五十六條、[55]第八十六條、[56]第二百零八條第六項[57]等條文規定『不得對抗善意第三人』不同，故通說認為所謂不得對抗第三人，乃為絕對的不得對抗，不問該第三人為善意或惡意。公司法第十二條立法意旨，固在使法律關係劃一確定，藉以促使公司辦理登記，貫澈公司登記之效力。但若惡意亦受保護，殊非妥當，故在具體訴訟事件，應注意有無民法第一百四十八條權利濫用禁止規定之適用。[58]」

最高行政法院93年度判字第1689號判決認為第三人「為交易行為之第三人為限」，反之，最高行政法院100年度判字第1207號判決則認為「不以與公司有為交易行為之第三人為限」。日本法係採前說。

三、登記對抗效力適用之法律關係

第12條之登記對抗效力適用於私法上，在實務應該是無爭議的。惟在

---

[53] 第27條第4項：「對於第一項、第二項代表權所加之限制，不得對抗善意第三人。」

[54] 第36條：「公司不得以其所加於經理人職權之限制，對抗善意第三人。」

[55] 可能係指第58條：「公司對於股東代表權所加之限制，不得對抗善意第三人。」

[56] 第86條：「對於清算人代表權所加之限制，不得對抗善意第三人。」

[57] 現行之第208條第5項：「第五十七條及第五十八條對於代表公司之董事準用之。」

[58] 同說：最高行政法院93年度判字第47號判決、最高行政法院100年度判字第1207號判決。

私法以外能否適用，似乎呈現非常混亂的狀況。本文將之概分為三說：

第一說係純以登記為據之「形式認定說」，包括下列主張及情形：(1)第三人並未區分公權力機關或私人機關；[59](2)除刑事法院及審理該項登記是否有效或應否撤銷或廢止之法院以外，其他法院及有關機關均受登記之拘束（也就是民事法院及行政法院均以登記為據）；[60](3)行政執行程序；[61](4)限制出境；[62](5)增資登記；[63](6)大額持股之申報。[64]

第二說係採「實質認定說」，不受登記之拘束，可進行職權調查，包括下列情形：(1)民事訴訟程序；[65](2)刑事訴訟程序；[66](3)行政訴訟程序；[67](4)稅捐稽徵程序；[68](5)限制出境。[69]

第三說為「區分說」（或「折衷說」），依對個人或對公司而異其效力：「公司負責人依公司法第197條第1項規定當然解任而未辦理公司變更登記時，可分下列二種情形：一、執行名義之送達是否合法，依據公司法

---

[59] 經濟部101.10.15經商字第10102132360號。

[60] 104年度高等行政法院法律座談會提案及研討結果提案十一。

[61] 法務部行政執行署90年度署聲議字第49號、法務部行政執行署90年度署聲議字第83號、法務部行政執行署93年度署聲議字第230號、法務部行政執行署93年度署聲議字第324號、法務部行政執行署93年度署聲議字第650號、法務部行政執行署94年度署聲議字第32號、法務部行政執行署94年度署聲議字第351號、法務部行政執行署95年度署聲議字第87號、法務部行政執行署95年度署聲議字第742號、法務部行政執行署98.7.23行執一字第0980004893號、法務部行政執行署99年度署聲議字第11號、法務部行政執行署101.3.9行執法字第10131001200號、法務部行政執行署105度署聲議字第7號、法務部行政執行署105度署聲議字第135號。

[62] 最高行政法院87年度判字第956號判決、最高行政法院100年度判字第1207號判決。

[63] 法務部76.2.23(76)法參字第2346號、經濟部76.3.19經商字第12386號。

[64] 最高行政法院100年度判字第1542號判決。

[65] 臺灣高等法院暨所屬法院61年度法律座談會民事類第18號、最高法院87年度台抗字第249號民事裁定、臺灣高等法院暨所屬法院98年法律座談會民事類提案第16號。

[66] 82.7.7(82)廳刑一字第12567號。

[67] 最高行政法院106年度判字第638號判決。

[68] 最高行政法院87年度判字第1532號判決。

[69] 法務部83.4.18(83)法律字第07601號、最高行政法院93年度判字第47號判決。

第12條之規定，以送達當時經濟部或直轄市政府之公司登記為準。二、對公司負責人個人為拘提、管收、限制出境等執行行為時，若該負責人提出當然解任之抗辯者，基於公司法第197條第1項當然解任發生實質法律效果之規定，行政執行處應予審酌並為實質調查。[70]」

肆、登記對抗效力之重新檢驗

一、不實登記類型比較

　　故意或過失將不實之事項加以登記者，屬於積極不實登記之類型；反之，對於應登記之事項，怠於登記時，登記簿上之登記事項已非正確之資訊，其實也是一種不實登記，此可歸類為消極不實登記之類型。在日本，此二類型均有；臺灣則僅有規定消極不實之類型。

　　雖然登記不是登記事項本身之成立要件，可是，登記效力之產生仍舊取決於所登記之事項具備真實性始可，因此，若所登記者為不實之事項，不能認為登記可以發生效力（即便將登記定為成立要件亦同），可是若公司故意或過失將不實之事項登記，事後卻又刻意不認帳，欲執真實之事項（未登記）對抗第三人，也未免對第三人保護不周，也將使登記之公信力受損，故應引進積極不實之類型。而且，應同時增訂罰則（宜重罰）。

　　而關於消極不實之樣態，臺灣分為「應登記之事項而不登記」及「已登記之事項有變更而不為變更之登記」二類。日本則僅有前一類型，後者之情形，有認為此應適用會社法第908條第1項，即，已變更之新事項不得對抗善意第三人；[71]反之，亦有認為應適用第2項，即，原登記事項已為不實之事項，惟不得以其為不實而對抗善意第三人；[72]似乎是殊途同歸。

---

[70] 法務部行政執行署92年度北區署處聲明異議實務問題研討會提案二。

[71] 筧康生、神崎滿治郎、立花宣男編輯，前揭註6，頁74。

[72] 近藤光男，前揭註40，頁18。

二、對抗效力內涵之比較與辯正

依據會社法，某一應登記事項在未登記前仍然有效力（得對抗惡意第三人），惟不得對抗善意第三人；在登記後，法未明定其效力，但通說認為對於惡意及善意第三人均得對抗；可是，若善意第三人有正當事由而不知登記之存在時，不在此限（即，不得對抗之）。

至於臺灣，某一應登記事項在未登記前不得對抗任何人（不分善惡意）；在登記後，與日本法同，公司法第12條亦未正面規定其效力。

	日本		臺灣	
	對惡意第三人	對善意第三人	對惡意第三人	對善意第三人
登記前	可對抗	不可對抗	不可對抗	不可對抗
登記後	未明定，通說認為可對抗	未明定，通說認為可對抗	未明定	未明定

（資料來源：自行整理）

首先，由於公司法第12條並未明文規定登記後之效力，惟依據反面解釋，既然未登記前不得對抗第三人，則登記後應解釋為可對抗第三人，且參酌日本法制也可得出相同結論。

另外，公司法第12條之對抗效力制度，真的是一種對抗效力嗎？欲探究此一問題，須先回歸對抗效力之本質。若某一應登記事項被定為對抗要件，則該事項之實體法律關係是否成立，須依其原本之基礎法律關係而定，並非以登記為成立要件。例如，股份有限公司之經理人若經董事會合法決議選出，則其已為合法之經理人，未辦理登記，只是產生得否對抗他人之問題而已，與其效力無關。就此點而言，會社法充分展現出對抗效力的特色，經理人經合法選任後，即使未經登記也已有效力，故可對惡意第三人主張（對善意第三人則否）；反之，公司法則是規定，只要未經登記則不分善惡意、一律不得對第三人主張。[73]若依照公司法這樣的設計，某

---

[73] 若是針對公司法第12條之解釋，筆者個人贊成絕對對抗說，即，未經登記亦不得對抗惡意第三人。因為，若公司未將應登記之事項加以登記，公司在某種程度上也是

一事項未經登記就「絕對」不得對抗第三人、經登記就「絕對」可對抗第三人，呈現一個「全有或全無的狀態」，如此一來，即便稱公司法第12條為「對抗效力」，其實質上已與「成立要件」無甚差異。

再者，為何本文稱依公司法第12條，某事項「經登記就『絕對』可對抗第三人」？此對照會社法第908條第1項後段即可知悉。依據會社法第908條第1項後段，即使登記後，也會存在例外的情形，已登記事項仍不得對抗第三人。這個例外，正突顯了日本登記制度僅有對抗效力的特徵。換個角度說，若經登記，就不分情況一律可以對抗第三人的話，則形同一經登記，即生效力，如此一來，登記制度無疑是幾近成立要件（要件主義）！臺灣即屬此一情形。

分析至此，即已解決了前言中所提的關於SOGO百貨案的疑問：「增資登記僅具對抗效力，為何各方當事人不針對增資行為之實體法律關係加以釐清而卻圍繞著撤銷增資登記不斷纏訟？」原因就是公司法的登記對抗效力實際上與成立要件無異，即使不提起民事訴訟釐清實體法律關係，而直接針對登記下手，效果可能相同。換言之，多管齊下亦可，當事人可以同時發動民事、刑事及行政訴訟等數個戰場，萬箭齊發。但其結果是讓法律關係更顯複雜，爭議更難解決。

三、登記對抗效力應適用之法律關係

或許是臺灣的登記對抗效力先天設計不良，故令實務界在私法以外的關係上對其內涵產生了各自不同的解讀，有將之實質解釋為成立要件者，如形式認定說、亦有堅持文義之對抗效力者，如實質認定說、亦有區分說。由於公司法之登記對抗制度設計不良，因此產生不同的解讀，此點筆者亦可理解。但是，問題的癥結點並不在此，而是在於登記對抗效力此制原本所欲適用之法律關係。依照繼受國之日本，此制僅適有私法上效力，即便是在民事訴訟程序（性質上屬公法）上也不適用之。

惡意之人，公司與惡意第三人均屬惡意，惡意對惡意，在法律的天秤上，公司不見得更值得保護！而且，將未登記事項解為連惡意第三人亦不得對抗，也有懲罰公司消極不辦登記的效果，藉以促其儘速辦理登記。

　　商業登記制度係起源於中世紀義大利商人團體之團體名簿，此一名簿係為確定團體所屬之商人、商號等而存在之公法上之名簿。到了13世紀，則產生了記載控制權、公司及公司名稱之純粹私法性質之登記簿，由商事法院、領事或公證人管理之，並開放閱覽。[74]日本於明治年間（19世紀）則係基於維護交易安全的考量，[75]從德國引進商業登記制度。後來，臺灣又從日本繼受其商業登記制度，雖非不可跳脫繼受國之束縛而自由發展適合臺灣民情之新法制，惟發展時仍不宜完全忽略繼受國的法制，在解釋及適用上自宜了解繼受國法之狀況。

　　本文現階段較不贊成將公司法上之登記制度之效力擴及於私法以外之領域，惟此與現行登記對抗制度設計不良無關，假設未來即使依照筆者的想法將登記改為成立要件，仍不宜將登記之效力擴及於公法等法律關係。公司法畢竟還是屬於民事特別法之一份子，其在規範者仍主要是私法關係。即使登記是登記事項之法律要件，也有可能發生登記不實之情況（包含影子董事、事實上董事等），換言之，登記事項不可能絕對等於真實事項，此時，享有公權力之法院及行政機關，正應行使調查權（職權調查），主動發現真實，[76]而不能消極的全以登記為據；若全然的以登記為據，顯然是公權力機關的怠惰！公司登記制度是為了保障交易安全而存在，不是為了便於政府的管理而存在，若公司登記制度是為了公權力之行使而存在，則登記制度極可能會發展出另一種面貌，絕不可能是採對抗效力此種低度監理模式（如日本），說不定政府會對登記事項逐一採極為嚴格之審查（英國法制對主管機關之審查權限範圍即未加限制）。[77]

---

[74] 德國係於18世紀引進商業登記簿制度，法國則係於20世紀引進中央商業登記簿制度。參閱大槻敏江，前揭註4，頁94。

[75] 原田晃治，国民に利用される商業登記制度を目指して（商事法務展望97），旬刊商事法務1445号，頁45，1997年1月。

[76] 至於，行政機關是否享有對於事實之認定權，這是另一個問題，也可透過更精細的設計加以解決。

[77] SALEEM SHEIKH, A GUIDE TO THE COMPANIES ACT 2006 190 (2008) ("The registrar has the sole discretion to decide whether requirements of the CA 2006 as to registration have been met. There is no guidance provided under the CA 2006 as to when the registrar is

四、對抗效力之例外事項之比較

　　某一事項之效力，若依據其基礎法律關係（如民法），本來就是無須登記即可成立生效；公司法限縮此一效力，課公司登記義務，須盡此義務後始能對抗第三人；由此看來，公司已因登記制度受到一些不利影響。但是，若站在登記制度的角度，由於登記僅有對抗效力，即使不登記也無礙於登記事項本身之法律效力，故僅屬於一種低度監理模式。低度監理的結果，若不登記的事例太多，法律關係就會呈現虛實不定的混亂現象（如同臺灣的經理人登記現況）。

　　日本的商業登記制度被認為是從1893年開始實施（因此已超過百年），原本對於所有登記事項均定為登記對抗效力，但於1938年商法修法時增訂了例外（即創設力或形成力），至少有六種例外（參前述）。也就是說，應登記事項中，具有重要性者（從該等事項內容觀之，似均屬於導致法人格或組織重大變動之事項），日本將其監理密度提高為須登記始成立，此時，登記成為法律行為之構成要件，而不再只是對抗要件。

　　反觀臺灣，立法上只有在公司法第6條將公司設立登記設為例外，而實務上最高法院判例所承認的第二個例外（董事經常代理之登記），[78]於2018年8月1日公布之公司法中已遭刪除。公司名稱具有排他性，也並非只有單純的對抗效力。[79]難道，除了公司設立登記應該採高度監理外，其他

'satisfied' that all requirements under the CA 2006 have been complied with. However, in practice, the registrar must consider all the documents and information delivered to her, and upon examination of the provisions of the CA 2006, determine that all aspects have been complied with. There is no question of any 'substantial' compliance by the company. Either there is compliance under the CA 2006 or there is not. If there is no compliance, the registrar cannot register the documents delivered. Further information and/or documents may be obtained from the founders of the company to satisfy the requirement of compliance.").

[78] 最高法院68年度台上字第1749號判例。

[79] 公司法第18條第1項：「公司名稱，應使用我國文字，且不得與他公司或有限合夥名稱相同。二公司或公司與有限合夥名稱中標明不同業務種類或可資區別之文字者，視為不相同。」第5項：「公司名稱及業務，於公司登記前應先申請核准，並保留一定期間；其審核準則，由中央主管機關定之。」由於公司之「名稱」與公司之人格

之登記均僅採低度監理即可嗎？筆者認為不然。以下為公司法本身有所規定之登記事項（股份有限公司以外之登記及與閉鎖性股份有限公司有關之登記略之）：

(1)公司設立登記（§6）。

(2)延展（開業）登記（§10（1））。

(3)停業登記（§10（2））。

(4)公司名稱登記（§18）。

(5)所營事業登記（§18）。

(6)發行新股變更登記（§161、§161-1、§162；證券交易法§34）。

(7)減資登記（§279）。

(8)外國公司之分公司登記（§371）。

(9)解散登記（§397I）。

上述事項中，公司設立登記已定為成立要件，出生與死亡相對應，那麼「解散登記」不是同等重要嗎？為何不是成立要件？除此之外，發行新股變更登記及減資登記難道不重要嗎？[80]另外，公司法所未明定之登記事項，也應該逐一檢視其重要性。

五、登記之審查密度比較

(一) 英國

依公司法之規定，如主管機關認為本法所定之登記要件已被遵守，則

無法區分，故名稱亦應解為是必須登記之事項。故若未經登記、或未經審查，實不應承認其具排他性。

[80] 而SOGO百貨案所涉及的增資登記事項，則竟在公司法的本身並無規定，而係直接規定於原「公司之登記及認許辦法」第6條。何種事項應登記，有其重要性，似宜明定於「法律」中；或者，授權明確性必須規範清楚。後記：本文完稿後，於2018年11月8日，原「公司之登記及認許辦法」全文修正，且更名為「公司登記辦法」並自2018年11月1日施行。

應將所收受之文件加以登記（§14）。[81]§14之規定取代了1985年公司法
§12（I）。依現行法，若主管機關認為登記符合法定要件，則課予主管
機關有「受理登記之義務」。如主管機關已認為符合要件卻拒絕登記者，
可對之提起司法審查。[82]但是對於登記是否符合法定要件，主管機關享有
獨占的裁量權。公司法並未規定主管機關如何行使此一裁量的判斷原則。
不過，在實際運作上，主管機關會就所有收到的文件及資訊做判斷，並檢
視公司法的規定以判斷是否在各方面均符合法律之規定。如果未遵守法律
規定，則主管機關不能辦理登記。[83]主管機關也必須審查公司之設立目的
是否合法。[84]

（二）美國

2016年版模範商業公司法規定，如提交予州務卿之文件符合§1.20
之要件者，州務卿應受理之（§1.25(a)）。[85]如州務卿拒絕受理文件之提

---

[81] Companies Act 2006 §14 Registration:

If the registrar is satisfied that the requirements of this Act as to registration are complied with, he shall register the documents delivered to him.

[82] ANNOTATED COMPANIES LEGISLATION 15 (John Bird et al. eds., Oxford University Press 2010) (" Section 14 replaces section 12(I) of the Companies Act 1985. It obliges the registrar to register the incorporation documents submitted to him , provided that he is satisfied that the Act's requirements as to registration have been complied with. If the registrar refuses to do so, then that refusal can be challenged by an application for judicial review…").

[83] SHEIKH, *supra* note 77, at 190 ("The registrar has the sole discretion to decide whether requirements of the CA 2006 as to registration have been met. There is no guidance provided under the CA 2006 as to when the registrar is 'satisfied' that all requirements under the CA 2006 have been complied with. However, in practice, the registrar must consider all the documents and information delivered to her, and upon examination of the provisions of the CA 2006, determine that all aspects have been complied with…. If there is no compliance, the registrar cannot register the documents delivered.").

[84] *Id* ("The registrar must also consider that the company has been established for a lawful purpose in order to demonstrate compliance under the CA 2006.").

[85] MBCA §1.25. Filing duty of secretary of state:

(a) If a document delivered to the office of the secretary of state for filing satisfies the requirements of section 1.20, the secretary of state shall file it.

交者，應於5日內將文件退還當事人，並附上簡要之書面說明拒絕之理由
（§1.25(c)）。[86]州務卿受理所提交之文件之職權屬於行政庶務。州務卿
之受理或不受理，均不會產生下列推定力：(i)文件符合或不符合公司法
規定之要件；(ii)文件中所包含之資訊係正確或不正確（§1.25(d)）；[87]在
2009年版之模範商業公司法更曾明文規定，州務卿拒絕受理文件時，並
不會使文件之全部或一部因此生效或因此無效，[88]雖然新版的條文中已將
之刪除，但依新版「OFFICIAL COMMENT」之內容所示，仍維持此一原
則。

　　上述規定，於2009年版中即已存在。2009年版之「OFFICIAL
COMMENT」指出，依據§1.25之規定，如其認為文件符合§1.20之要
件時，州務卿有義務受理之。此一規定與模範法過去的規定（與許多州
法）並不一致，以往本法係要求州務卿在受理前須確認文件是否「符合法
律」。[89]修改規定之目的在於將州務卿的裁量權限縮在檢視文件內容的行

---

[86] MBCA § 1.25. Filing duty of secretary of state:
(c) If the secretary of state refuses to file a document, it shall be returned to the person who delivered the document for filing within five days after the document was delivered, together with a brief, written explanation of the reason for the refusal.

[87] MBCA § 1.25. Filing duty of secretary of state:
(d) The secretary of state's duty to file documents under this section is ministerial. The secretary of state's filing or refusing to file a document does not create a presumption that: (i) the document does or does not conform to the requirements of the Act; or (ii) the information contained in the document is correct or incorrect.

[88] 2009 Revision：
(d) ... The secretary's filing or refusing to file a document does not:
(1) affect the validity or invalidity of the document in whole or part;

[89] 州務卿長久以來對於公司設立事項一直採行實質管理。此一實質管理權源自於公司法授權州政府設立州務卿辦公室，要求州務卿於受理文件之提交前「確認」其是否符合法律規定，see 2009 Revision MBCA § 1.25 Historical Background:
Secretaries of state have long exercised a degree of substantive control over corporations created under statutes subject to their administration. This control has been based on statutes creating the office of secretary of state, on general statutes vesting power and authority in the secretary of state reasonably necessary for the efficient performance of his duties, and on corporation statutes requiring the secretary to ascertain that specific documents "conform to

政庶務角色。如果所提交的文件符合§1.20規定之格式及已包含必要之資訊項目，即使州務卿覺得文件內容不相關、不符合法律或不符合一般法律原則，亦均有義務受理之。因文件之內容而受到不利影響之人得透過爭訟程序以確認其有效性。同樣地，州檢察官也可以提起獨立的訴訟以挑戰州務卿已受理之文件之有效性。[90]§1.20之「OFFICIAL COMMENT」也提及，一份文件如果已包含本法所規定之資訊項目時，州務卿就必須受理。文件中可以包含額外的資訊，州務卿不得以此為理由拒絕之。即使州務卿認為文件中所使用之語言不合法或無法執行，也必須受理之。鑑於此一「極為限定的裁量權」，§1.25(d)的條文中將州務卿的角色以「行政庶務」（"ministerial"）稱之，且明定州務卿受理文件之提交，並不會因此發生可推論或可推定文件中之事實為真之效力。[91]

---

law" before they are accepted for filing. For the reasons indicated in the Official Comment to this section and to sections 1.20 and 1.30, the Model Act restricts the discretions of the secretary of state to a more ministerial role.

[90] 2009 Revision MBCA §1.25 OFFICIAL COMMENT: Under section 1.25 the secretary of state is required to file a document if it "satisfies the requirements of section 1.20." This language should be contrasted with earlier versions of the Model Act (and many state statutes) that required the secretary of state to ascertain whether the document "conformed with law" before filing it. The purpose of this change is to limit the discretion of the secretary of state to a ministerial role in reviewing the contents of documents. If the document submitted is in the form prescribed and contains the information required by section 1.20 and the applicable provision of the Model Act, the secretary of state under section 1.25 must file it even though it contains additional provisions the secretary of state may feel are irrelevant or not authorized by the Model Act or by general legal principles. Consistent with this approach, section 1.25(d) states that the filing duty of the secretary of state is ministerial and provides that filing a document with the secretary of state does not affect the validity or invalidity of any provision contained in the document and does not create any presumption with respect to any provision. Persons adversely affected by provisions in a document may test their validity in a proceeding appropriate for that purpose. Similarly, the attorney general of the state may also question the validity of provisions of documents filed with the secretary of state in an independent suit brought for that purpose; in neither case should any presumption or inference be drawn about the validity of the provision from the fact that the secretary of state accepted the document for filing.

[91] 2009 Revision MBCA §1.20 OFFICIAL COMMENT:

　　Delaware公司法規定，如果文件有錯誤、疏漏或其他瑕疵時，州務卿得中止受理作業。[92]

(三) 日本

　　商業登記法第24條規定，於有下列各款事由之一時，登記官應附理由將登記之申請予以駁回。但該瑕疵可補正，且申請人已於登記官所定之相當期間內完成補正時，不在此限：[93]

A document must be filed by the secretary of state if it contains the information required by the Model Act. The document may contain additional information or statements and their presence is not grounds for the secretary of state to reject the document for filing. These documents must be accepted for filing even if the secretary of state believes that the language is illegal or unenforceable. In view of this very limited discretion granted to secretaries of state under this section, section 1.25(d) defines the secretary of state's role as "ministerial" and provides that no inference or presumption arises from the fact that the secretary of state accepted a document for filing. See the Official Comments to sections 1.25 and 1.30.

[92] 8 Del. C. § 103:

(4) ... If the Secretary of State refuses to file any instrument due to an error, omission or other imperfection, the Secretary of State may hold such instrument in suspension, and in such event, ...

[93] 商業登記法第二十四条（申請之駁回／申請の却下）：

登記官は、次の各号のいずれかに げる事由がある場合には、理由を付した決定で、登記の申請を却下しなければならない。ただし、当該申請の不備が補正することができるものである場合において、登記官が定めた相当の期間内に、申請人がこれを補正したときは、この限りでない。

一　申請に係る当事者の営業所の所在地が当該申請を受けた登記所の管轄に属しないとき。

二　申請が登記すべき事項以外の事項の登記を目的とするとき。

三　申請に係る登記がその登記所において既に登記されているとき。

四　申請の権限を有しない者の申請によるとき。

五　第二十一条第三項に規定する場合において、当該申請に係る登記をすることにより同項の登記の申請書のうち他の申請書に係る登記をすることができなくなるとき。

六　申請書がこの法律に基づく命令又はその他の法令の規定により定められた方式に適合しないとき。

七　第二十条の規定による印鑑の提出がないとき、又は申請書、委任による代理人の権限を証する書面若しくは第三十条第二項若しくは第三十一条第二項に

一　當事人之營業所所在地不在受理申請之登記所之管轄範圍內者。

二　以應登記事項以外之事項為申請登記之目的者。

三　申請登記之事項為該登記所已登記之事項者。

四　由無申請權人提出申請者。

五　於第21條第3項規定之情形[按：同時提出二項申請時]，不得以同一申請書申請另一登記者。

六　申請書不符依本法所訂定之命令或其他法令規定之方式者。

七　依第20條之規定未提出印鑑、申請書或證明受委任代理人權限之文件、或與第30條第2項或第31條第2項規定之讓與人之承諾書中所加蓋之印鑑不符者。

八　未檢附申請所必須之文件者。

九　申請書、所檢附之文件之內容或記錄，與申請書所檢附之文件或登記簿之內容或記錄不吻合者。

十　應登記之事項有無效或被撤銷之原因者。

十一　未透過登記所申請者。

　　規定する讓渡人の承諾書に押された印鑑が第二十条の規定により提出された印鑑と異なるとき。

八　申請書に必要な書面（第十九条の二に規定する電磁的記録を含む。）を添付しないとき。

九　申請書又はその添付書面（第十九条の二に規定する電磁的記録を含む。以下同じ。）の記載又は記録が申請書の添付書面又は登記簿の記載又は記録と合致しないとき。

十　登記すべき事項につき無効又は取消しの原因があるとき。

十一　申請につき経由すべき登記所を経由しないとき。

十二　同時にすべき他の登記の申請を同時にしないとき。

十三　申請が第二十七条の規定により登記することができない商号の登記を目的とするとき。

十四　申請が法令の規定により使用を禁止された商号の登記を目的とするとき。

十五　商号の登記を抹消されている会社が商号の登記をしないで他の登記を申請したとき。

十六　登録免許税を納付しないとき。

十二　未與應同時登記之其他登記同時提出申請者。

十三　以不得依第27條之規定登記之商號之登記為目的而提出申請者。

十四　以依法令禁止登記之商號之登記為目的而提出申請者。

十五　商號經撤銷之公司不申請商號之登記，而申請其他登記者。

十六　未繳納登記稅者。

由於第10款之規定「應登記之事項有無效或被撤銷之原因者」有被解釋為主管機關享有實質審查權之空間，因此，關於登記事項之審查密度，日本與我國相同，都存在著形式審查或實質審查的爭議。目前以形式審查說為多數說。[94]

(四) 小結

綜觀各國法制後可知，關於登記事項之審查密度，實屬一種立法政策，各國法之規範不完全一致。表列如下：

	英國	美國	日本
實質審查	○		
形式審查		○	
有爭議者			○ （多數說採形式審查說）

（資料來源：自行整理）

六、登記之效力屬立法政策之問題

前已述及，日本也並非一開始就承認登記對抗效力可有例外，而是實施了數十年後才修法。除日本法外，英國公司法規定，公司之設立登記，於公司設立後，發生如下之效力（§16(1)）：[95]

---

[94] 舩津浩司執筆部分，收錄於前揭註7，頁326-327。

[95] Companies Act 2006 §16 Effect of registration:

(1)法人自此設立（§16(2)）。[96]

(2)所成立之法人可享有已設立公司之所有能力（§16(3)）。[97]

(3)公司之狀態及登記營業處所依登記申請之所載（§16(4)）。[98]

(4)若公司為股份有限公司，則認股人成為公司之股東（§16(5)）。[99]

(5)預定成為下列負責人之人（§16(6)）：[100](a)董事，或(b)公司之秘書或聯合秘書，視為已被選任。

　　由上述規定可知，英國之設立登記為成立要件，其他登記是否亦為成立要件，似未有明確的規定，不過，公司法規定，公司秘書之選任程序於通知登記機關後始告完成（§279A(2)），[101]依§279A所為之選任，於選任通知登記機關登記時生效（§279B(1)）。[102]由此規定看來，似偏向為成立要件。

---

[96] Companies Act 2006 §16 Effect of registration:
(1) The registration of a company has the following effects as from the date of incorporation.
(2) The subscribers to the memorandum, together with such other persons as may from time to time become members of the company, are a body corporate by the name stated in the certificate of incorporation.

[97] Companies Act 2006 §16 Effect of registration:
(3) That body corporate is capable of exercising all the functions of an incorporated company.

[98] Companies Act 2006 §16 Effect of registration:
(4) The status and registered office of the company are as stated in, or in connection with, the application for registration.

[99] Companies Act 2006 §16 Effect of registration:
(5) In the case of a company having a share capital, the subscribers to the memorandum become holders of the shares specified in the statement of capital and initial shareholdings.

[100] Companies Act 2006 §16 Effect of registration: (6) The persons named in the statement of proposed officers—(a) as director, or (b) as secretary or joint secretary of the company, are deemed to have been appointed to that office.

[101] Companies Act 2006 §279A: (2)The election is made by giving notice of election to the registrar.

[102] Companies Act 2006 §279B: (1)An election made under section 279A takes effect when the notice of election is registered by the registrar.

　　美國模範商業公司法則明定州務卿受理文件之提交，並不會因此發生可推論或可推定文件中之事實為真之效力。

　　關於登記事項之效力，英美日之規範並不完全一致，由比較法觀之，此屬一種立法政策。表列如下：

英國	美國	日本
似偏向成立要件	無任何效力	對抗要件

（資料來源：自行整理）

　　公司登記效力從各國法制上觀之，若屬一種立法政策，則對於臺灣的啟發是：我們是否要堅守目前的「偽登記對抗效力制」？

4

企業弊案、公司治理與美國聯邦最高法院
——*Santa Fe*案四十年後之觀察

陳俊仁

「〔董事〕不得操控公司事務,使其朝向對公司不利益的方向來發展,同時也不得忽視一般正直與誠實的標準;其不得藉由公司所賦予之特權,而使債權人權益受損;同時不得運用公司的內部消息以及其於公司的特殊地位,而取得利益;亦不得違反公平原則,不得藉由公司組織間接地做出其不能直接做到的事項。無論權利有多大,且無論是否已謹慎地滿足所有技術性的規定,其不得運用權利而謀求私利,且不得損害股東與債權人的利益[1]。」

—— 大法官威廉・道格拉斯（Justice William O. Douglas, 1898-1980）

壹、前言

於現代公司法制中,關於公司經營者[2]與公司股東之間的衝突與調

---

[1] *Pepper v. Litton*, 308 U.S. 295, 311 (1939).("[A director] cannot manipulate the affairs of his corporation to their detriment and in disregard of the standards of common decency and honesty. He cannot by the intervention of a corporate entity violate the ancient precept against serving two masters. He cannot by the use of the corporate device avail himself of privileges normally permitted outsiders in a race of creditors. He cannot utilize his inside information and his strategic position for his own preferment. He cannot violate rules of corporation what he could not do directly. He cannot use his power for his personal advantage and to the detriment of the stockholders and creditors no matter how absolute in terms that power may be and no matter how meticulous he is to satisfy technical requirements.")

[2] 本文所稱之「經營者」,係指公司董事（director）與高階經理人（top ranking officer）等實際擁有公司政策決定能力之人。彼等於美國公司法制中,因其所於公司於地位與享有之權力,故傳統上皆將其視爲「受任人」（fiduciaries）,而對公司

和，實為一非常複雜難解的課題。傳統公司法學的分析中，係將公司股東視為一個整體，並以此整體與公司經營者相對，並檢視此兩者之間的利益不一致，與所衍生之公司經營者可能的「信賴義務」（fiduciary duties）違反情事，以及公司與股東所可能因公司經營者義務之違反，而可能遭致損害之議題。

然而，公司股東並非必然為一整體，不同股東之間，或由於持股多寡之不同、或由於投資目的之不同、或由於獲利期待之不同等等，彼此之間的利益，並非必然一致[3]；抑且，股東的利益與公司經營者的利益，也並非必然相對，如於閉鎖型公司（closely-held corporation），由於所有股東往往身兼公司經營者，兩者利益其實並未衝突[4]，又如控制股東（controlling shareholder）因其掌控經營者之故，控制股東與公司經營者

與股東負有「受任人義務」或「信賴義務」（fiduciary duties）。請參閱賴英照，股市遊戲規則－最新證券交易法解析，頁159，作者自版，2009年10月再版；劉連煜，現代公司法，頁99-107，2009年9月，增訂5版；王文宇，公司法論，頁119-122，2005年8月，2版。另請參閱曾宛如，董事忠實義務之內涵及適用疑義－評析新修正公司法第二十三條第一項，收錄於氏著，公司管理與資本市場法制專論（一），頁1-6，2002年10月；劉連煜，公司法理論與判決研究（一），頁76，1995年1月；王文宇，公司與企業法制，頁415，2000年5月；柯芳枝，公司法要義，頁146，2005年10月，增訂5版。

[3] 關於股東彼此之間利益的不一致，最明顯的例證，即為「企業所有與企業經營分離」下，「積極股東」（active shareholders）與「消極股東」（passive shareholders）之區別；請參閱陳俊仁，論股東於公司之地位－股東於公開發行公司角色與功能之檢視，前揭註4，頁190-193；Margaret M. Blair, *Locking in Capital: What Corporate Law Achieved For Business Organizers in the Nineteenth Century*, 51 UCLA L. REV. 387, 436 (2003)("[I]t seems likely that disagreements over the use of corporate resources between active shareholders (whose livelihoods and personal goals are also tied up in the business) and passive shareholders, or among other subsets of the team members, would have been common."); David A. Skeel, Jr., *The Market Revolution in Bank and Insurance Firm Governance: Its Logic and Limits*, 77 WASH. U. L. Q. 433, 436 (1999)("In addition to passive shareholders and ex post correctives, other features of U.S. corporate governance include remarkably liquid securities markets and active managerial labor markets.")。

[4] 請參閱賴英照，企業所有與企業經營，收錄於公司法論文集，證券暨期貨市場發展基金會，頁85-109，1988年5月；劉連煜，前揭註2，頁192-198。

間之利益，亦並未衝突[5]。職是之故，此也增加公司法學論述中，調和公司經營者與股東利益衝突的困難，蓋設若股東彼此之間的利益並非必然一致，且股東與公司經營者之間的利益並非必然衝突，如何於制度上調和公司經營者與股東利益之可能衝突？如何就此可能衝突加以防免？如何為此可能衝突之受害人提供適當救濟？凡此諸端，則不可避免地將成為非常棘手的議題。

　　除此之外，公司法立法者於立法時所為之「政策選擇」（policy choice），於立法者有意無意間，每每加深公司經營者與公司股東之間、以及股東與股東之間利益的衝突，而使得本即為非常棘手的議題，更加地複雜難解。各國公司法制於傳統上，對於具實質控制力股東與佔表決權數多數小股東的自利行為，並未特別加以規範，同時亦對公司經營者所為的適法行為所引致對於小股東的不公平，亦未加以著墨。就前者言，如具實質控制力股東與佔表決權數多數小股東，得選任其所屬意、但未必適任之董事[6]，且完全無須考量少數股東之利益；其亦得依自身利益之考量，即便是將因此對小股東形成損害與不公平，亦得任意決議解散、分割公司，或與他公司合併[7]等等，皆屬適例。雖然此或係由於公司法立法者的立法政策考量，或係乃為公司民主（corporate democracy）機制設計中，採取「多數決[8]」之不得不然的結果；然而此具實質控制力股東與占表決權數多數小股東之作為，將可能對其他小股東形成不公平，乃至為顯然。

　　就後者言，公司經營者所為之適法行為，可能損及小股東利益之情事，並非罕見；例如先前臺灣高鐵股份有限公司財務困難的問題中，所凸顯的中國鋼鐵股份有限公司秉承擁有實質控制力之大股東（即政府）

---

[5] 　請參閱Ronald J. Gilson & Jeffrey N. Gordon, *Controlling Controlling Shareholders*, 152 U. PA. L. REV. 785, 785-788 (2003)。

[6] 　例如我國公司法第192條與第198條之規定。請參閱劉連煜，前揭註2，頁359-364；王文宇，前揭註2，頁309-319。

[7] 　例如我國公司法第316條之規定。請參閱劉連煜，同前註，頁114-120；王文宇，同前註，頁143-145。

[8] 　例如我國公司法第174條之規定。請參閱劉連煜，同前註，頁334-337；王文宇，同前註，頁296-297。

（major shareholder）之指示，轉投資財務困難公司適當性的問題，即屬適例。具實質控制力之大股東，因其掌控公司經營者之緣故，能否使公司經營者決定轉投資於一家財務困難公司？若依據我國公司法來加以分析，設若公司經營者未違反公司法轉投資之規定[9]，且無其他利益衝突之情事[10]，則即便是小股東極力反對，也無法改變公司經營者之投資決定[11]，且反對之小股東將發現，公司法制中給予小股東制衡公司經營者之設計，如徵求委託書[12]（proxy solicitation）與解任董事[13]（removal of directorship），皆將因公司經營者決策之受具實質控制力之大股東支持之故，而有實務運作上之困難[14]。即便是小股東終於克服公司法制所設置之諸多障礙，以委託書之徵求而解任公司經營者，對於公司經營者所為投資所可能造成的損害，也無法挽回[15]。準此以觀，於現代公司法制的規範與公司民主設計下，公司經營者彈性（managerial flexibility）與經營效率（efficiency）所受之重視，往往遠重於（outweigh）對於小股東或少數股東權益之維護。此立法者之政策選擇是否適當？應否提供小股東或少數股

---

[9] 請參閱我國公司法第13條之規定。另請參閱劉連煜，同前註，頁78-84；王文宇，同前註，頁106-108。

[10] 此係指無信賴義務違反之情事。

[11] 此係因為我國公司法第202條規定，將公司之經營權，劃歸董事會之故。於解釋上，股東會之決議若違反公司法第202條之規定，將依據公司法第191條之規定而無效。請參閱劉連煜，同前註，頁192-198、311；王文宇，同前註，頁272-273。

[12] 請參閱我國公司法第177條，證券交易法第25-1條。另請參閱劉連煜，同前註，頁320-324；王文宇，同前註，頁291-294。

[13] 請參閱我國公司法第199條之規定。請參閱劉連煜，同前註，頁381-388；王文宇，同前註，頁314-319。

[14] 委託書徵求門檻與費用，為另一小股東制衡公司經營者之障礙。請參閱陳俊仁，論股東於公司之地位－股東於公開發行公司角色與功能之檢視，前揭註4，頁212-215。

[15] 例如轉投資其他公司，成為他公司股東，並無法令所投資公司返還原有投資，僅得出售持股。若所投資公司並未公開發行，所將面臨出售股份的困難與價格的減損，當無法避免。如果所投資之標的的不動產，則亦有變現的困難，亦自不待言；更遑論其他無法回復之投資項目，如研發費用、新產品與新生產線的開發、企業併購等，皆屬適例。

東權益之其他救濟途徑，實不無商榷之餘地。

　　此公司經營者彈性與經營效率之追求，以及具實質控制力之大股東與小股東利益的衝突，除可能損及小股東利益之外，亦將衍生出公司經營者權力是否過大與濫用，以及具實質控制力之大股東可能於追求自身利益最大化的同時，損及公司與其他股東利益之情形；近年來國內外層出不窮的企業弊案，皆與公司經營者與具實質控制力之大股東權力濫用，不無關連。倘若現行公司法制能有效制衡公司經營者與具實質控制力之股東，或能有效修正公司法立法者之政策選擇，於相當程度，將可減少企業弊案之發生。於四十多年前，美國聯邦第二巡迴上訴法院（Court of Appeals for the Second Circuit）即曾為一連串相類似的嘗試與努力，然而可惜的是，此努力因未受美國聯邦最高法院（Supreme Court of the United States）於 *Santa Fe Industries, Inc. v. Green*[16]一案所支持與肯認，而功敗垂成。美國聯邦最高法院*Santa Fe*一案作成迄今，業已超過四十年；四十年以還，*Santa Fe*一案所形成之影響，無論是於經濟社會，抑或是於公司法制，皆不可謂不深遠；然而，於四十年後的今日，吾人無疑有更大的縱深，來檢視美國聯邦最高法院*Santa Fe*一案之適當性，並反思其對經濟社會與公司法制之影響。此或可為美國與我國公司法制之未來發展，提供思考的方向；此亦為本文撰寫之目的。

　　本文共分四個部分。第一部分為前言。第二部分探討美國聯邦證券交易法制與各州公司法制之衝突議題；本文首先將論述美國公司法制所蘊含之立法者政策選擇與股東權益維護之課題，並論述美國聯邦證券交易法對於有價證券投資人保護之立法目的，與公司法制關於公司股東權益維護層面，公司立法者所為政策選擇之兩難衝突，最後分析美國聯邦法院，對於解決與調和此兩難衝突所為之嘗試與努力。第三部分將以美國聯邦最高法院*Santa Fe*一案為中心，探討*Santa Fe*一案對美國公司與證券交易法制之影響。本文首先將探討美國聯邦最高法院於*Santa Fe*一案所揭櫫之原理原則，並加以論述評析，其次將探討*Santa Fe*一案之適當性與適切性，最後

---

[16] 430 U.S. 462 (1977).

將以四十年後的觀察，對美國聯邦最高法院*Santa Fe*一案提出反思。第四部分為結論。

<h1>貳、美國聯邦法律與傳統州法範疇之衝突與界線</h1>

一、公司法制蘊含之政策選擇與股東權益之維護

如前所述，或係由於各州公司法立法者的立法政策考量，或係乃為公司民主機制設計中，所不得不然的必須，美國公司法制於傳統上，對於具實質控制力股東與占表決權數多數小股東的自利行為，並未特別加以規範，同時亦對公司經營者所為的適法行為所引致對於小股東的不公平，亦未加以著墨。雖然關於此政策選擇與多數決適用的結果，立法者並未明白地形諸於法條文字；然而就立法者明知此對於小股東不公平情形的發生，卻並未積極加以規範，且通常並未於公司法制中，另設特別之救濟機制可知，此乃立法者有意之「不作為」，而此「不作為」顯然亦為立法者政策選擇的結果，應無疑義。

就立法政策考量而言，立法者之政策選擇涉及公司法制基本之「立法設計[17]」（statutory scheme）的問題；質言之，立法者於公司法立法伊始，對於公司參與者[18]（corporate participants）彼此間之權利義務，必然

---

[17] 所謂「立法設計」，於公司法學，係指立法者對於所制訂法律中，關於公司全力與控制之基本規劃之謂。此約略與大陸法系國家學說上所稱成文法之「法律體系」，意義相當。請參閱ROBERT W. HAMILTON, THE LAW OF CORPORATIONS, IN A NUTSHELL 156 (West 1991)("Each state business corporation act envisions a particular model or norm of management and control within the corporation. This model is referred to as the 'statutory scheme' or 'statutory norm'.").

[18] 所謂「公司參與者」，主要係指公司之董事、經理人、股東與員工而言；學說上亦有將公司債權人列入者，其所以如此，乃因就廣義而言，公司之債權人，亦與公司經營之良窳，利害攸關，且公司員工本身，亦屬公司之債權人，因其基於與公司間之勞務契約，而對公司享有債權之故。關於「公司參與者」之論述與介紹，請參閱Daniel J. H. Greenwood, *Democracy and Delaware: The Mysterious Race to the Bottom/Top*, 23 YALE L. & POL'Y REV. 381,418 (2005); Lynn A. Stout, *Bad and Not-So-*

業已有全盤之擘劃，方始將之形諸文字，而構成法律規範之具體內容，此
應屬當然之理。準此以解，公司法制中關於公司參與者權力與義務的規
範，其實係代表著立法者對於法制於實務施行後，所將可能發生衝突與
爭端解決等議題所為的預先構想，同時，此亦代表立法者具體的政策選
擇，並使其發生不同公司參與者間，權力與義務改變的結果。例如，美國
與我國公司法的立法者，皆將公司董事之選任，委諸於股東[19]；而德國股
份公司法的立法者，則將公司董事之選任，委諸於監察人會（supervisory
board），並將監察人之選任，委諸於股東與員工[20]。此即代表著不同國家
公司法之立法者間，彼此政策選擇之不同。再例如美國公司法之立法者將
股利發放與否與多寡的決定權，委諸於公司董事會[21]；而我國之立法者，

Bad Arguments for Shareholder Primacy,75 S. CAL. L. REV. 1189,1207 (2002); Robert
B. Thompson , *Unpacking Limited Liability: Direct and Vicarious Liability of Corporate
Participants for Torts of Enterprise*, 47 VAND. L. REV. 1 (1994); Glenn G. Morris, *Personal
Liability for Corporate Participants without Corporate Veil Piercing: Louisiana Law*, 54 LA.
L. REV. 207 (1993)。另請參閱陳俊仁，論股東於公司之地位－股東於公開發行公司
角色與功能之檢視，前揭註4，頁209-210。

[19] 請參閱我國公司法第192條第1項之規定；美國德拉瓦州「一般商業公司法」
（Delaware General Corporation Law），第211(b)條之規定，Del. Code Ann. tit. 8, §
211(b) (2009).

[20] 此即公司法學說上所稱之「共治」或「共同決定」（co-determination）請參閱
Benjamin A. Streeter,Ⅲ *Co-determination in West Germany: Through the Best (and Worst) of
Times*, 58 CHI.-KENT L. REV. 981, 994 (1982); Viet D. Dinh, *Symposium: Team Production
in Business Organizations: Codetermination and Corporate Governance in a Multinational
Business Enterprise*, 24 IOWA J. CORP. L. 975, 980 (1999).

[21] 請參閱美國德拉瓦州「一般商業公司法」（Delaware General Corporation Law），
第170(a)條之規定，Del. Code Ann. tit. 8, § 170(a) (2009)。("(a) The directors of every
corporation, subject to any restrictions contained in its certificate of incorporation, may
declare and pay dividends upon the shares of its capital stock, or to its members if the
corporation is a nonstock corporation, either (1) out of its surplus, as defined in and computed
in accordance with § § 154 and 244 of this title, or (2) in case there shall be no such surplus,
out of its net profits for the fiscal year in which the dividend is declared and/or the preceding
fiscal year. If the capital of the corporation, computed in accordance with § § 154 and 244
of this title, shall have been diminished by depreciation in the value of its property, or by
losses, or otherwise, to an amount less than the aggregate amount of the capital represented

則將之委諸於股東會[22]；此亦意謂著不同國家立法者所為政策選擇的不同，而產生公司參與者間，權利義務關係的變化。

　　不同國家之公司法立法者，當然得依其不同考量，而為不同之政策選擇；此考量或為政治、或為經濟、或為社會、或為歷史、或為文化、或單一、或混合，不一而足，然皆無礙於其所為政策選擇之效力，此亦無礙其不同公司法制之形成。雖然如此，一俟立法者為政策選擇之後，不同公司參與者間之權利義務，業已發生根本的改變，而對不同公司參與者，產生重大的影響，自不待言。抑且，基於憲法「權力分立」理論，此政策選擇之權，係屬於立法者所擁有，若無其他違憲（unconstitutional）之情事，無論是行政機關，抑或是司法機關，對其政策選擇，皆應予以尊重，且皆無權予以變更；此乃民主憲政體制下之當然結果[23]。

　　然而，立法者的政策選擇，並非僅是文字重新排列組合而已，當抽象的法律規定，適用於實務之後，將產生對政策選擇所犧牲者之不利益；如將於美國聯邦最高法院*Santa Fe*一案與其他聯邦下級法院判例所呈現者，立法者政策選擇之犧牲者，通常為少數股東。此少數股東之不利益，立法者或於公司法制中另設救濟予以緩解，如給予少數股東之「股份收買請求

by the issued and outstanding stock of all classes having a preference upon the distribution of assets, the directors of such corporation shall not declare and pay out of such net profits any dividends upon any shares of any classes of its capital stock until the deficiency in the amount of capital represented by the issued and outstanding stock of all classes having a preference upon the distribution of assets shall have been repaired. Nothing in this subsection shall invalidate or otherwise affect a note, debenture or other obligation of the corporation paid by it as a dividend on shares of its stock, or any payment made thereon, if at the time such note, debenture or obligation was delivered by the corporation, the corporation had either surplus or net profits as provided in clause (1) or (2) of this subsection from which the dividend could lawfully have been paid.")

[22] 請參閱我國公司法第184條之規定。另請參閱劉連煜，前揭註2，頁496-497；王文宇，前揭註2，頁376-377。

[23] 請參閱張志偉，比例原則與立法形成餘地－由法律原則理論出發，探討審查密度的結構，中正法學集刊，第24期，頁1-74，2008年5月；陳愛娥，憲法解釋、立法與普通司法的權限互動：評司法院大法官釋字第627號解釋－以司法院大法官的論述方式為檢討重點，第148期，頁98-115，2007年9月。

權[24]」（appraisal right）；然更常見者，為救濟機制之付之闕如。當受損害之少數股東認為立法者所給予其之「股份收買請求權」不足以救濟其所受之損害，或是當受損害之少數股東發現公司法制完全無救濟途徑時，於公司法制外另謀救濟途徑，並有效制衡公司經營者與具有實質控制力之大股東的思考，也就乃屬順理成章之發展。

　　公司法制外之救濟途徑，最為受損害之少數股東所仰賴者，為美國聯邦證券交易法制之證券詐欺[25]（securities fraud）禁止規範。證券詐欺禁止於有價證券的買賣交易時，為虛偽不實陳述（misrepresentation），隱匿（omission）或操縱（manipulation）之行為[26]。自其於1940年經美國聯邦證券管理委員會制訂以來，經過數十年的實踐，證券詐欺之禁止規範，主要係適用於促進有價證券買賣時之充分揭露（full disclosure），皆並未適用於公司經營者與具實質控制力股東，對於少數股東之不當作為（misconduct）與不公平作為（unfair conduct），聯邦法院亦並未就此表示意見；雖然許多聯邦上訴法院之判例，約略涉及此適用的可能性，如聯邦第二巡迴上訴法院之*Schoenbaum v. Firstbrook*[27]案、*Schlick v. Pen-Dixie Cement Corp.*[28]案與*Drachman v. Harvey*[29]等案件，以及聯邦第三巡迴上訴

---

[24] 請參閱公司法第186條、第316-2條、第317條，與企業併購法第12條之規定。

[25] 美國證券詐欺禁止規範，大體而言係包含美國國會於1934年制定聯邦「證券交易法」(the Securities Exchange Act of 1934)(15 U.S.C.A. § 78a *et seq.* (2000))，於該法第9條、第10條、第14條、第15條、第18條等條文，皆屬證券詐欺禁止之規定；其中最為著名者，為美國聯邦證券管理委員會依據該法第10條(b)項之授權，於1942年所制訂公布之Rule10b-5，17 C.F.R. § 240.10b-5 (1942)，請參閱3 Louis Loss, SECURITIES REGULATION 1448-72 (2d ed. 1961); Alan R. Beomberg, *Are There Limits to Rule 10b-5?*, 29 Bus. Law. 167, 167 (1974)；余雪明，證券交易法，頁617，2003年4月，4版。

[26] 請參閱陳俊仁，論證券交易法操縱行為禁止之理論基礎與規範缺失－以沖洗買賣觀察，月旦民商法雜誌，第19期，頁57-71，2008年3月。

[27] 405 F.2d 215 (2d Cir. 1968).

[28] 507 F.2d 374 (2d Cir. 1974).

[29] 453 F.2d 722 (2d Cir. 1972).

法院於*Pappas v. Moss*[30]案,與聯邦第五巡迴上訴法院於*Shell v. Hensley*[31]案等案件中,皆呈現出將聯邦證券交易法證券詐欺規範的適用範圍予以擴大,並不侷限於公司經營者或控制股東之「虛偽不實」、「隱匿」或「操縱」之情形,且包括公司經營者或控制股東對少數股東之「不正當」與「不合理」之情事;然而,雖然聯邦法院亦從來並未排除(rule out)此適用之可能性,並無相關判例明確允許受不利益或不公平對待之少數股東,得於無「虛偽不實」、「隱匿」或「操縱」等行為下,主張公司經營者或控制股東違反證券詐欺,向法院尋求救濟[32]。

直到1976年,聯邦第二巡迴上訴法院先後作成兩個判例,*Marshel v. AFW Fabric Corp.*[33]案與*Green v. Santa Fe Industries, Inc.*[34]案,之後,方始正式開啟聯邦證券詐欺禁止規範,於救濟遭受公司經營者或控制股東不公平對待少數股東之可能。聯邦第二巡迴上訴法院於此二個判例中,明白地揭示,雖然公司經營者或控制股東並無「虛偽不實」、「隱匿」或「操縱」之情事,且於已將所有重大事實充分揭露予少數股東的情況下,受不利益或不公平對待之少數股東,依然得依據聯邦證券交易法,主張公司經營者或控制股東違反證券詐欺禁止規範。於*Marshel*一案中,原告為Concord公司之少數股東,被告為該公司之控制股東,擁有該公司百分之六十八的股份;因為Concord公司獲利豐厚,被告擬將Concord公司下市(delist),將公司徹底私有化(going private),並將少數股東

---

[30] 393 F.2d 865 (3d Cir. 1968).

[31] 430 F.2d. 819 (5th Cir. 1970).

[32] 請參閱*Recent Case, Securities Acts- Securities Exchange Act of 1934- Majority Stockholders' Elimination of Minority through Merger without Legitimate Business Purpose Violates Rule 10b-5 Notwithstanding Full Disclosure*, 89 HARV. L. REV. 1917, 1918 (1976) ("It has been said that the federal securities laws, in particular section 10(b) of the Securities Exchange Act of 1934 and SEC Rule 10b-5 promulgated thereunder, comprise a substantive federal corporation law, but application of the rule during its thirty-four year history has been directed primarily toward compelling full and fait disclosure for the prevention of fraud.").

[33] 533 F.2d 1277 (2d Cir. 1976).

[34] 533 F.2d 1283 (2d Cir. 1976).

逐出公司。為達成此目的，被告設立一百分之百持股之紙上公司（paper company），AFW Fabric公司，將其所擁有之Concord公司百分之六十八的股份，轉讓予新設立之公司，並令新設立之AFW Fabric公司為公開收購（tender offer），以每股3美元的不合理低價，公開收購市價25美元之Concord公司股份，並對外公開聲明AFW Fabric公司意圖將所有Concord公司以每股3美元逐出公司，且少數股東認購也好，不認購也罷，皆將完全沒有阻擋併購發生之能力，因為AFW Fabric公司業已擁有Concord公司百分之六十八的股份，完全足以發動「現金逐出合併」（cash-out merger），而Concord公司少數股東唯有接受一途。此AFW Fabric公司公開聲明一出，Concord公司股價，旋即由每股25美元，應聲下跌至每股2美元，且乏人問津。

原告Concord公司之少數股東發現被告所為符合公司法之規定，且並無法阻擋被告之合併作為，遂向聯邦紐約南區地方法院（Southern District of New York）提起訴訟，主張被告違反聯邦證券交易法之證券詐欺禁止規範[35]，聯邦紐約南區地方法院駁回原告之訴，認為被告完全向原告揭露所有重要事實，並無「虛偽不實」、「隱匿」之情事[36]。原告不服，上訴至聯邦第二巡迴上訴法院，上訴法院撤銷原判決，認為被告消滅所有少數股東之作為，並無任何公司「正當的商業目的」[37]（legitimate business purpose），且被告所為，係利用公司法之合併機制，來遂行其謀私利之目的，當然有證券詐欺禁止規範之適用[38]。

從*Marshel*一案觀察，聯邦第二巡迴上訴法院有鑑於受公司經營者或控制股東不公平與不利益對待的少數股東，面臨公司法制並未提供充份救濟之途的困境，遂將聯邦證券交易法證券詐欺禁止規範予以擴大適用，以提供受不公平與不利益對待的少數股東有效的聯邦救濟途徑，其用心，實

---

[35] 原告之主要主張，係為被告委託書徵求說明書（proxy statement）虛偽不實，但為論述之簡潔，且囿於篇幅，故僅就證券詐欺之部分而為論述。

[36] 請參閱*Marshel v. AFW Fabric Corp.*, 398 F. Supp. 734, 738-739 (S.D.N.Y. 1975).

[37] 533 F.2d, at 1280.

[38] 533 F.2d, at 1282.

可謂良苦；然而，聯邦第二巡迴上訴法院*Marshel*一案，實涉及有價證券投資人保護與公司股東權益維護之兩難課題，以及聯邦證券交易法與各州公司法間份際與權限的劃定難題。蓋聯邦證券交易法之立法目的，係在於保護有價證券的投資人[39]，並非在於股東於公司一般權益之維護，以及制裁公司經營者與控制股東之不公平與不當作為。關於股東於公司權益之維護與救濟，以及公司經營者與控制股東對公司與股東所負之注意義務與忠實義務，以及此注意義務與忠實義務是否違反與違反時之責任問題，傳統上係屬於各州政府之範疇，而非聯邦法律所涵攝之範圍。聯邦第二巡迴上訴法院*Marshel*一案，雖然提供受不公平與不利益對待的少數股東，各州公司法所無之救濟途徑，並對公司經營者與控制股東之不公平作為，予以處罰；然而，如前所述，關於受不公平與不利益對待的少數股東救濟途徑的有無與寬窄，其實代表各州公司法立法者之政策選擇。職是之故，聯邦第二巡迴上訴法院所作成之*Marshel*一案，不僅將產生聯邦證券交易法是否得擴大適用的議題，更觸碰到聯邦證券交易法與各州公司法間份際與權限的劃定難題。

於聯邦第二巡迴上訴法院作成*Marshel*一案一週之後，聯邦第二巡迴上訴法院於*Green v. Santa Fe Industries, Inc.*一案，再次面臨公司經營者與控制股東，於完全揭露所有重大資訊，且嚴格遵守公司法規定的情況下，不公平與不合理對待少數股東的相類似議題；毫無意外地，聯邦第二巡迴上訴法院於該案中，作成與*Marshel*一案相類似之結論，認為被告之作為雖然嚴格遵守公司法之規定，且充分揭露重要資訊，然因被告之作為缺乏「正當商業目的」，遂構成證券詐欺禁止之違反[40]。聯邦第二巡迴上訴法院於短短一週之間，連續作成關於聯邦證券交易法證券詐欺適用與各州公司法衝突問題的兩個判例，此不僅廣受全美公司法學與證券交易法學學術界與實務界所關注，且終獲美國聯邦最高法院頒發卷證移送

---

[39] 請參閱賴英照，前揭註2，頁9-10；余雪明，前揭註31，頁3-4；劉連煜，新證券交易法實例研習，頁15-17，2009年9月，增訂7版；林國全，證券交易法與證券行政，收錄於氏著，證券交易法研究，頁9-10，2000年9月。

[40] 533 F.2d 1283 (2d Cir. 1976).

令狀（certiorari）同意審理*Santa Fe*一案[41]。而聯邦第二巡迴上訴法院於
*Marshel*一案與*Santa Fe*一案兩個連續作成的判例，所引發的有價證券投資
人保護與公司股東權益維護之兩難課題，以及聯邦證券交易法與各州公司
法間分際與權限的劃定難題，於美國聯邦最高法院*Santa Fe*一案中，終於
獲得解答。

二、有價證券投資人保護與公司股東權益維護之兩難課題

於*Santa Fe*一案中，聖塔菲產業公司（Santa Fe Industries
Incorporated）為柯比木業公司[42]（Kirby Lumber Corporation）之控制股
東。聖塔菲產業公司於1936年開始轉投資柯比木業公司，並取得該公司
百分之六十之股權；於1968年到1973年間，透過與少數股東一連串的
股份轉讓交易，而陸續購入柯比木業公司股份，最後持股數達到百分之
九十五[43]。於1974年，聖塔菲產業公司擬消滅（eliminate）所有少數股
東，並令柯比木業公司成為其百分之百持有之子公司，於是聖塔菲產業公
司於未通知少數股東、未獲少數股東同意、且未經柯比木業公司董事會決
議同意的情況下，逕自以其董事會決議之方式，進行企業併購，並於併購
決議生效之後，方始通知少數股東，並強迫少數股東出售其持股[44]。

原告為柯比木業公司之少數股東，原告因為公司經營持續獲利，且看
好公司未來營運前景，並不願意被迫出售其持股，同時並企圖阻擋此併購
案的進行，以繼續留在公司，遂以被告柯比木業公司、聖塔菲產業公司、
及其董事違反聯邦證券交易法之證券詐欺禁止規範為由，向聯邦地方法院

---

[41] *Santa Fe Industries, Inc. v. Green*, cert. granted, 429 U.S. 814 (1976).

[42] 該公司為美國德拉瓦州公司。

[43] 請參閱430 U.S., at 465 ("Through a series of purchases over the succeeding years, Santa
Fe increased its control of Kirby's stock to 95%; the purchase prices during the period 1968-
1973 ranged from $65 to $92.50 per share.")

[44] 請參閱430 U.S., at 466 ("The provisions of the short-form merger statute were fully
complied with. The minority stockholders of Kirby were notified the day after the merger
became effective, and were advised of their right to obtain an appraisal in Delaware court if
dissatisfied with the offer of $150 per share.")

提起訴訟，請求法院判決此併購案無效，並賠償其所受損害[45]。原告主張該併購的決定，並未於事前通知少數股東，僅於併購決議作成之後，方始告知少數股東，完全排除少數股東表達意見的機會，此被告之作為，構成證券詐欺禁止行為態樣之「隱匿」（omission），是故被告應就原告之損害負責[46]；原告同時主張，且被告亦明白揭示，被告所為之併購決議，並非基於公司經營之正當商業理由（legitimate business reason），且並無任何為公司利益考量之正當商業目的（legitimate business purpose），完全係為故意將所有少數股東逐出公司為目的，此無任何商業理由與商業目的本身，即構成證券詐欺[47]。

　　原告之主張，其實係以公司董事及其控制股東，對於少數股東之不當作為（misconduct）與不公平作為（unfair conduct）為主軸，傳統上，此係屬於公司法董事與控制股東對於少數股東之義務，是否違反的問題；原告本應依據德拉瓦州公司法，主張聖塔菲產業公司及其董事，違反其對於柯比木業公司與其少數股東之信賴義務，尋求德拉瓦州衡平法院予以救濟，蓋柯比木業公司為德拉瓦州公司，其係基於德拉瓦州公司法所組織設

---

[45] 依據原告主張，其所受損害為依據柯比木業公司固定資產（physical assets）所折算之每股價格，乘以其所持有之股數之總額。原告另外主張柯比木業公司每股價格應為772美元，而非聖塔菲產業公司所願意給付之150美元，故請求法院判決被告給付原告每股772美元，以收購其持股。請參閱430 U.S., at 468 ("As for the claim that actionable fraud inhered in the allegedly gross undervaluation of the minority shares, the District Court observed that respondents valued their shares at a minimum of $772 per share, 'basing this figure on the *pro rata* value of Kirby's physical assets.'")

[46] 請參閱430 U.S., at 467 ("The complaint alleged further that the merger took place without prior notice to minority stockholders; that the purpose of the merger was to appropriate the difference between the 'conceded *pro rata* value of the physical assets,' and the offer of $150 per share - to "freez[e] out the minority stockholders at a wholly inadequate price,' and that Santa Fe, knowing the appraised value of the physical assets, obtained a 'fraudulent appraisal' of the stock from Morgan Stanley and offered $25 above that appraisal 'in order to lull the minority stockholders into erroneously believing that [Santa Fe was] generous.'")

[47] 請參閱430 U.S., at 468 ("This course of conduct was alleged to be 'a violation of Rule 10b-5 because defendants employed a 'device, scheme, or artifice to defraud' and engaged in an 'act, practice or course of business which operates or would operate as a fraud or deceit upon any person, in connection with the purchase or sale of any security.'")

立，關於其董事、控制股東與股東間之權利義務，自應適用德拉瓦州公司法之規範，並據此尋求法院救濟。然而，原告之所以不此之圖，故意捨卻依據德拉瓦州公司法尋求救濟，而決定另闢蹊徑，依據聯邦證券交易法之證券詐欺禁止規範，向聯邦地方法院提起訴訟，並尋求聯邦法院救濟，其實有其不得不然的理由。此乃因被告之所有作為，完全係嚴格遵守德拉瓦州公司法而為之。

被告之所以未通知少數股東、未獲少數股東同意、且未經柯比木業公司董事會決議同意的情況下，逕自以其董事會決議之方式，進行企業併購，並於併購決議生效之後，方始通知少數股東，並強迫少數股東出售其持股，其實乃基於德拉瓦州公司法第253條[48]所規範之「簡易合

---

[48] 請參閱美國德拉瓦州公司法第253(a)條之規定，Del. Code Ann. tit. 8, § 253(a) (2009) ("In any case in which at least 90% of the outstanding shares of each class of the stock of a corporation or corporations (other than a corporation which has in its certificate of incorporation the provision required by § 251(g)(7)(i) of this title), of which class there are outstanding shares that, absent this subsection, would be entitled to vote on such merger, is owned by another corporation and 1 of the corporations is a corporation of this State and the other or others are corporations of this State, or any other state or states, or the District of Columbia and the laws of the other state or states, or the District permit a corporation of such jurisdiction to merge with a corporation of another jurisdiction, the corporation having such stock ownership may either merge the other corporation or corporations into itself and assume all of its or their obligations, or merge itself, or itself and 1 or more of such other corporations, into 1 of the other corporations by executing, acknowledging and filing, in accordance with § 103 of this title, a certificate of such ownership and merger setting forth a copy of the resolution of its board of directors to so merge and the date of the adoption; provided, however, that in case the parent corporation shall not own all the outstanding stock of all the subsidiary corporations, parties to a merger as aforesaid, the resolution of the board of directors of the parent corporation shall state the terms and conditions of the merger, including the securities, cash, property, or rights to be issued, paid, delivered or granted by the surviving corporation upon surrender of each share of the subsidiary corporation or corporations not owned by the parent corporation, or the cancellation of some or all of such shares. Any of the terms of the resolution of the board of directors to so merge may be made dependent upon facts ascertainable outside of such resolution, provided that the manner in which such facts shall operate upon the terms of the resolution is clearly and expressly set forth in the resolution. The term "facts," as used in the preceding sentence, includes, but is not limited to, the occurrence of any event, including a determination or action by any

併[49]」（short-form merger）之授權。依據該條規定，若母公司（parent corporation）持有子公司（subsidiary）超過百分之九十之股份，即得以母公司董事會決議之方式，與子公司進行企業併購，無須經過子公司董事會決議同意，也無須經過子公司少數股東之同意，更無須於事前通知少數股東；母公司僅需於併購決議生效後十日內，通知子公司之少數股東即可，而子公司少數股東即便是不同意併購，也必須出售其持股，其唯一可得之救濟，為依據德拉瓦州公司法第262條之規定[50]，向德拉瓦州衡平法院請

---

person or body, including the corporation. If the parent corporation be not the surviving corporation, the resolution shall include provision for the pro rata issuance of stock of the surviving corporation to the holders of the stock of the parent corporation on surrender of any certificates therefor, and the certificate of ownership and merger shall state that the proposed merger has been approved by a majority of the outstanding stock of the parent corporation entitled to vote thereon at a meeting duly called and held after 20 days' notice of the purpose of the meeting mailed to each such stockholder at the stockholder's address as it appears on the records of the corporation if the parent corporation is a corporation of this State or state that the proposed merger has been adopted, approved, certified, executed and acknowledged by the parent corporation in accordance with the laws under which it is organized if the parent corporation is not a corporation of this State. If the surviving corporation exists under the laws of the District of Columbia or any state or jurisdiction other than this State, subsection (d) of § 252 of this title shall also apply to a merger under this section.")

[49] 我國公司法與企業併購法中，亦有相類似之規定；請參閱公司法第316-2條，與企業併購法第18條第6項以及第19條之規定。

[50] 請參閱美國德拉瓦州公司法第262(a)條之規定，Del. Code Ann. tit. 8, § 262(a) (2009) ("Any stockholder of a corporation of this State who holds shares of stock on the date of the making of a demand pursuant to subsection (d) of this section with respect to such shares, who continuously holds such shares through the effective date of the merger or consolidation, who has otherwise complied with subsection (d) of this section and who has neither voted in favor of the merger or consolidation nor consented thereto in writing pursuant to § 228 of this title shall be entitled to an appraisal by the Court of Chancery of the fair value of the stockholder's shares of stock under the circumstances described in subsections (b) and (c) of this section. As used in this section, the word "stockholder" means a holder of record of stock in a stock corporation and also a member of record of a nonstock corporation; the words "stock" and "share" mean and include what is ordinarily meant by those words and also membership or membership interest of a member of a nonstock corporation; and the words "depository receipt" mean a receipt or other instrument issued by a depository representing

求鑑價（appraisal），令母公司以公平價格收買其股份，此即公司法學說上所稱之「股份收買請求權」。職是之故，原告若向德拉瓦州衡平法院主張，被告聖塔菲產業公司及其董事之作為，違反其對於柯比木業公司與其少數股東之信賴義務，不僅不能達到避免被迫出售其持股，以繼續留在公司的目的，且將有極大的可能因被告之作為係完全遵守德拉瓦州公司法第253條之規定而敗訴。準此以觀，原告少數股東之所以捨德拉瓦州公司法之救濟途徑而弗由，也就實屬其來有自，毫不令人意外了。

　　原告之聯邦證券交易法證券詐欺訴訟，遂引致有價證券投資人保護與公司股東權益維護之兩難課題，以及聯邦證券交易法與各州公司法間份際與權限的劃定難題，此兩個難題，其實密切相關，緊密相連。於一方面，關於公司董事與控制股東之義務與責任，以及股東權益的維護，傳統上係屬於各州公司法之規範範疇，且德拉瓦州公司法業已對公司如何進行「簡易合併」，以及關於少數股東權利的保護事項，為明確之規範。雖然，不可諱言地，德拉瓦公司法確實剝奪於公司進行「簡易合併」時，少數股東表示意見之權利，同時並剝奪其繼續成為公司股東之權利；然而，此係德拉瓦州公司法立法者之政策選擇，立法者明顯認為，於公司進行「簡易合併」時，控制股東於合併順利進行之快捷與便利，將大於少數股東對於公司繼續利益（continuing interests）權益之維護[51]，且已於公司法另設少數股東之「股份收買請求權」以資救濟與衡平。於另一方面，聯邦證券交易法雖然係為保護有價證券之投資人，且雖然公司股東無疑為有價證券投資人，然而當立法者業已於傳統上屬於各州州法規範範疇之公司法領域中，對股東權利之維護與否，已為明確之政策選擇，並已提供適當救濟途徑的情況下，聯邦證券交易法是否應介入、矯正並且取代與州立法者之政策選擇？此相互密切關連的兩難議題，遂成為原告所提訴訟之焦點，同時也成

---

an interest in one or more shares, or fractions thereof, solely of stock of a corporation, which stock is deposited with the depository.")

[51] 請參閱Roger G. DeLaMater, *Target Defense Tactics As Manipulative under Section 14(e)*, 84 COLUM. L. REV. 228, 233-236 (1984); *Comment, Stock Exchange Listing Agreements As a Vehicle for Corporate Governance*, 129 U. PA. L. REV.1427, 1448-1453 (1981).

為聯邦法院無法迴避的艱難課題[52]。

參、*Santa Fe*案與美國社會之變遷－四十年後之觀察

一、*Santa Fe*案－美國聯邦最高法院政策考量之產物

聯邦紐約南區地方法院於*Santa Fe*一案，以原告之訴在法律上顯無理由，未經實質審判而逕行駁回[53]。該法院認為，原告之訴所持理由，主要係為被告進行合併前並未於事前通知原告，且除了為消滅少數股東之外，並無任何正當的商業理由，此即構成聯邦證券交易法證券詐欺禁止之違反[54]；然而，德拉瓦州公司法關於「簡易合併」之進行，並未要求必須基於商業上的理由始得為之，同時也並未要求必須於事前通知少數股東，而將少數股東逐出公司，正是「簡易合併」設計與進行的主要目的，聯邦證券交易法的證券詐欺禁止規範，並未凌駕於德拉瓦州公司法之上，且並未單獨課予控制股東僅得於事前通知少數股東，且必須基於正當的商業理由，方能進行「簡易合併」之義務[55]。

---

[52] 請參閱前揭註38，頁1921-1933。

[53] 請參閱*Green v. Santa Fe Industries, Inc.*, 391 F. Supp. 849 (S.D.N.Y. 1975).

[54] 請參閱430 U.S., at 468 ("As the District Court understood the complaint, respondent's case rested on [the ground that] federal law was assertedly violated because the merger was for the sole purpose of eliminating minority from the company, therefore lacking any justifiable business purpose, and because the merger was undertaken without prior notice to the minority shareholders.")原告另外主張關於被告所提供關於柯比木業公司股份價格的估價，明顯的低估，此低估本身，亦構成聯邦證券交易法證券詐欺禁止規範的違反；關於此節，因為原告並未主張任何詐欺情事，顯無理由之外，同時也為本文論述行文之簡潔，故略之。以下關於上訴審見解的討論，對於原告柯比木業公司股份價格的估價的主張，亦為相同之處理。

[55] 同前註 ("[T]he District Court reasoned that Delaware law required neither a business purpose for a short-form merger nor prior notice to the minority shareholders who the statute contemplated would be removed from the company, and that Rue 10b-5 did not override these provisions of state corporate law by independently placing a duty on the majority not to

　　原告不服聯邦地方法院裁判，上訴至聯邦第二巡迴上訴法院，上訴法院認為原告之訴有理由，而撤銷原判決[56]。上訴法院認為儘管原告的主張本身，存在著相當的爭議性，且被告並無虛偽不實的陳述（misrepresentation），對相關的事實也並未違背其應予揭露之義務（failure to disclose），但是被告無任何正當的商業理由來進行合併，且並未於事前通知原告，即構成聯邦證券交易法證券詐欺禁止之違反[57]。上訴法院認為聯邦證券交易法證券詐欺禁止規範，雖然明確地將行為人於有價證券買賣時，所為之「虛偽不實的陳述」或對於重要事實之「隱匿」，列為要件；然而，此「虛偽不實的陳述」或「隱匿」之要件，並非證券詐欺禁止規範成立時，所不可或缺的必要要件，當控制股東違反其公司法上對少數股東所負之信賴義務時，此信賴義務之違反本身，即滿足「虛偽不實的陳述」或「隱匿」之要件[58]。上訴法院並進一步指出：「關於德拉瓦州的簡易合併，當原告主張控制股東無任何正當商業目的進行合併，控制股東即違反應公平對待少數股東之信賴義務，且即符合〔證券詐欺之要件[59]〕。」

　　關於美國聯邦證券交易法證券詐欺的適用範圍，以及公司經營者與控制股東單純違反各州公司法上對公司與其股東之信賴義務，是否構成證券詐欺的議題，美國聯邦最高法院顯然已經深思熟慮已久，且正在等待一

---

merger without prior notice and without a justifiable business purpose.")

[56] 請參閱 *Green v. Santa Fe Industries, Inc.*, 533 F.2d 1283 (2d Cir. 1976).

[57] 請參閱430 U.S., at 469 ("[W]ithout any misrepresentation or failure to disclose relevant facts, the merger itself constitutes a violation of Rule 10b-5 because it was accomplished without any corporate purpose and without prior notice to the minority shareholders.")

[58] 請參閱430 U.S., at 470 ("[N]either misrepresentation nor nondisclosure was a necessary element of a Rule 10b-5 action; the Rule reached breach of fiduciary duty by a majority against minor shareholders without any charge of misrepresentation or lack of disclosure.")

[59] 同前註 ("We hold that a complaint alleges a claim under Rule 10b-5 when it charges, in connection with a Delaware short-form merger , that the majority has committed a breach of its fiduciary duty to deal fairly with minority shareholders by affecting the merger without any justifiable business purpose.")

個適當的時機，來對此議題表達美國聯邦最高法院的見解，以降低其所造成的爭議性，並增加其判決的正當性。此由前述美國聯邦最高法院默許聯邦第二巡迴上訴法院於前述*Schoenbaum*案、*Schlick*案、*Drachman*案、乃至於*Marshel*案等一連串的案件中，逐步將證券交易法證券詐欺的適用範圍予以擴大，並有取代美國各州公司法關於信賴義務的規範，並課予公司經營者與控制股東各公司法所無之「公平」（fairness）義務與「商業目的」（business purpose）義務的趨勢，卻始終拒絕審理此類擴大適用證券詐欺禁止規範的案件，即可窺知端倪[60]。而聯邦第二巡迴上訴法院所作成的*Santa Fe*一案，依據其所呈現的事實來觀察，該案無疑是最好「候選人」（candidate）；因為於前述*Schoenbaum*案、*Schlick*案、*Drachman*案與*Marshel*案等聯邦第二巡迴上訴法院案件中，雖然法院判決的主要依據，乃是著眼於公司經營者的不當作為與信賴義務的違反，但是被告之作為，仍然或多或少涉及（touch upon）「虛偽不實的陳述」或「隱匿」，但是於*Santa Fe*一案，被告的作為，全然未涉及任何「虛偽不實的陳述」或「隱匿」，被告自始至終，皆嚴格遵守德拉瓦州公司法，且完全並未隱瞞企圖消滅少數股東與公司繼續利益的用心，被告所為，僅僅對少數股東形成不公平而已，然此卻為德拉瓦州公司法，所明確允許。*Santa Fe*一案所呈現的事實，借用美國聯邦最高法院常用的術語，這意味著該議題業已「成熟」（ripeness），遂為美國聯邦最高法院介入的適當時機。

　　美國聯邦最高法院首先對聯邦第二巡迴上訴法院於*Schoenbaum*案、*Schlick*案與*Drachman*案等案件，以及聯邦第三巡迴上訴法院於*Pappas v. Moss*[61]案，與聯邦第五巡迴上訴法院於*Shell v. Hensley*[62]案等案件中，所採取之將聯邦證券交易法證券詐欺規範的擴大適用，與本案相區隔

---

[60] 請參閱*Schoenbaum v.Firstbrook*, 405 F.2d 215 (2d Cir. 1968), cert. denied, 395 U.S. 906 (1969); *Schlick v. Penn-Dixie Cement Corp.*, 507 F.2d 374 (2d Cir. 1974), cert. denied, 421 U.S. 976 (1975).

[61] 393 F.2d 865 (3d Cir. 1968).

[62] 430 F.2d. 819 (5th Cir. 1970).

（distinguish），認為前開案件並非僅為單純的公司經營者信賴義務的違反，尚包含證券詐欺之「虛偽不實的陳述」或「隱匿」之要件。美國聯邦最高法院明白揭示：「本院認為本案原告與聯邦第二巡迴上訴法院所引用之判例，並非僅因違反公司法之信賴義務即構成證券詐欺，皆蘊含證券詐欺行為之要件，實與本案有別[63]。」

　　美國聯邦最高法院並指出，被告所為合併行為，完全符合德拉瓦州公司法之規定，亦依據德拉瓦州公司法，將少數股東所依法具有之救濟措施，為明白的揭露，被告並無任何「虛偽不實的陳述」或「隱匿」之情事，同時也並不構成「操縱市場」（manipulation），因此，本案的爭點，即為被告依據德拉瓦州公司法的作為，對原告所形成的不公平情形，是否構成聯邦證券交易法證券詐欺禁止行為的違反。美國聯邦最高法院明白指出：「聯邦證券交易法係為保護有價證券的投資人，而達成此一目的之方法，即為貫徹「公開原則」（philosophy of full disclosure），當所有重大資訊業已經完整且公平的揭露，有價證券交易的公平性即受到維持，此亦達致聯邦證券交易法之立法目的。至於貫徹「公開原則」之後，交易條款內容是否有不公平的情形，以及股東是否仍將受到不公平的對待，並非聯邦證券交易法所主要關切的立法目的，本院並不肯認受到此類不公平之股東，具有請求權基礎[64]。」

　　美國聯邦最高法院接著認為，被告所為既然符合德拉瓦州公司法之規定，且該法業已提供不同意併購的少數股東「股份收買請求權」以資救濟，原告可能受到的不公平對待，業已有救濟途徑，並不適宜由聯邦法律

---

[63] 請參閱430 U.S., at 474 ("We find inapposite the cases relied upon by respondents and the court below, in which the breaches of fiduciary duty held violative of Rule 10b-5 included some element of deception.")

[64] 請參閱430 U.S., at 478 ("[T]he fundamental purpose of the Act as implementing a philosophy of full disclosure; once full and fair disclosure has occurred, the fairness of the terms of the transaction is at most a tangential concern of the statute. [W]e are reluctant to recognize a cause of action here to serve what is what at best a subsidiary purpose of the federal legislation.")

加以介入；更何況如果如原告與聯邦第二巡迴上訴法院所主張者，將聯邦證券交易法證券詐欺禁止規範適用範圍，擴及至單純的公司經營者信賴義務的違反，則除了將可能導致濫訴[65]（vexatious litigation）之外，於實際上，將產生由證券詐欺禁止規範取代所有公司經營者信賴義務違反的訴訟，此將嚴重侵及傳統上屬於各州所規範的公司法範疇。於國會未明確立法規定的情況下，美國聯邦最高法院認為其不應做此決定，而應將此決定留給美國國會。

二、*Santa Fe*案之再檢視－企業弊案與公司治理的反思

美國聯邦最高法院於*Santa Fe*一案，限制美國聯邦證券交易法證券詐欺之適用範圍，並對各州公司法的規定予以司法尊重（judicial deference）之後，關於聯邦第二巡迴上訴法院試圖以證券詐欺之擴大解釋，來提供受公司經營者或控制股東不公平對待少數股東救濟途徑，並制裁為不當行為之公司經營者或控制股東的努力，業已宣告幻滅[66]。或許本案的事實，先天上即決定了美國聯邦最高法院的結果；畢竟本案的被告係嚴格地遵守德拉瓦州公司法關於簡易合併的規定。雖然被告進行併購之目的，係在於將原告逐出公司；雖然被告所進行的合併，並無任何正當的商業上之目的；雖然被告並未於進行合併前，通知原告；雖然被告並未於合併前，徵求原告之同意；雖然被告剝奪了原告繼續留在公司之繼續利益；雖然被告之作為，對原告形成不公平；然而，此皆係為德拉瓦州公司法所允許者，同時，此也為德拉瓦州公司法立法者，政策選擇的結果。於被告

---

[65] 請參閱430 U.S., at 478-479 ("[It will pose] a danger of vexatious litigation which could result from a widely expanded class of plaintiffs under Rule 10b-5.")

[66] 關於聯邦第二巡迴上訴法院的努力，以及聯邦最高法院*Santa Fe*一案對聯邦下級法院以及往後其他案件的影響之論述與介紹，請參閱VICTOR BRUDNEY & WILLIAM W. BRATTON, BRUDNEY AND CHIRELSTEIN'S CORPORATE FINANCE, CASES AND MATERIALS 1007-1010 (West 4th ed. 1993); Note, *Suits for Breach of Fiduciary Duty under Rule 10b-5 after Santa Fe Industries, Inc. v. Green*, 91 HARV. L. REV. 1874, 1874-1898 (1978).

充分揭露所有重大資訊，且並無任何虛偽陳述或操縱市場的情況下；於無美國國會明確授權的情況下，美國聯邦最高法院於*Santa Fe*一案所採取的保守退縮結論，其實乃在情理之中，並不令人意外。雖然如此，此亦為美國聯邦最高法院政策選擇的結果；*Santa Fe*一案亦代表著美國聯邦最高法院默許各州公司法，允許控制股東以自利行為以及公司經營者以適法行為，來損害少數股東權利的政策選擇。從少數股東的保護，與制裁公司經營者與控制股東不當行為的角度來觀察，美國聯邦最高法院於*Santa Fe*一案所採取的見解，雖然可以理解，但仍屬令人遺憾的結果。蓋美國聯邦最高法院實錯失積極將公司經營者與控制股東不當行為納入規範之契機。

正因為美國聯邦最高法院錯失積極規範公司經營者與控制股東不當行為的契機，同時亦正因公司法制之中，實存在許多公司經營者與控制股東將自身利益置於公司與公司股東之上的可能，於是遂形成「代理成本[67]」（agency cost）分析與公司治理之「監督模式[68]」（monitoring model）的盛行；蓋公司法制所提供之救濟既然不足，聯邦證券交易法制之救濟又不

---

[67] 所謂「代理成本」係指於代理關係中，本人（principal）與法律關係的規範者（此係指立法者，the legislature）為避免於權利的授與過程中所產生的權利濫用行為，所付出之監督成本（cost）與所失去的效率（efficiency）之總和。此係由Michael C. Jensen教授與William H. Meckling教授於1976年所提出。請參閱Michael C. Jensen & William H. Meckling , *The Theory of the Firm: Managerial Behavior, Agency Costs and Ownership Structure*, 3 J. of FIN. ECON. 305 (1976).進一步之相關論述，請參閱Daniel R. Fischel , *The Corporate Governance Movement*, 35 VAND. L. REV. 1259 (1982); Melvin A. Eisenberg, *The Modernization of Corporate Law: An Essay for Bill Cary*, 37 U. MIAMI L. REV. 187 (1983).

[68] 於傳統的「代理成本」分析中，皆從公司經營者之為「代理人」（agents）角度出發，而論及公司之經營者，一經公司（或股東）「本人」（principals）所選任，由於「企業所有與企業經營分離」（separation of ownership and control）的緣故，於公開發行股票公司中，數量龐大且分散（widely dispersed）的小股東們，將無法對少數、集中且握有經營公司大權的公司經營者，形成有效的制約，而必須於制度上採取監督制衡的設計（monitoring mechanisms），以防止公司經營者以權謀私，損及公司與全體股東之利益。此建置監督制衡機制之監督成本與所必然損耗之經營效率，即為於現代公司組織中所不可避免的「代理成本」。依據此「代理成本」的分析，現代公司組織與公司治理的健全，皆著眼於對於公司經營者有效的監督制衡之上；此即於公司法學說分類上所稱公司治理之「監督模式」（monitoring model）。

可得，對公司經營者與控制股東加強監督，似乎亦屬公司法制不得不然的
發展。

　　雖然「代理成本」分析與公司治理之「監督模式」，固然有其立論
基礎，然而，若近距離地加以觀察，將會發現，此將全體股東視為一個整
體的論述依據，僅於股權高度分散的公司中，方始具有較佳的說理基礎，
於股權相對分散的公司之中，則將暴露出其理論上之缺憾；其實，即便是
於股權高度分散的公司，此理論缺憾亦是存在。於股權高度分散的公司
之中，由於股權高度分散的緣故，所有的股東皆為小股東，並無實質意
義之大股東，更遑論控制股東；職是之故，公司股東係由多數分散之小
股東所選任，此即為美國德拉瓦最高法院（Supreme Court of Delaware）
於*Paramount Communications, Inc. v. Time, Inc.*[69]一案所揭示之公司控制權
定義[70]：「公司之控制權，係存在於流動且無相互關連的小股東集合體手
中，其所擁有的股權數，超過公司總股份半數以上；亦即，資本市場之投
資人之手[71]。」

　　因此，雖然就集體而言，小股東們得以掌握公司經營者之選任與解
任[72]，並於理論上得以懲戒（discipline）違反信賴義務，或經營績效不善
（under-performance）之公司經營者，但股權高度分散的現實，與誘因

---

[69] 571 A.2d 1140 (Del. 1989).

[70] 其實此定義並非由美國德拉瓦州最高法院所首先提出，而係由美國德拉瓦州衡平法
院（Delaware Court of Chancery）於*Paramount Communications, Inc. v. Time, Inc.*, 1989
WL 79880 (Del. Ch. 1989)一案所提出，嗣後經美國德拉瓦州最高法院所肯認，並加以
採用。

[71] 571 A.2d, at 1150.("[C]ontrol of the corporation existed in a fluid aggregation of unaffiliated
shareholders representing a voting majority－in other words, in the market.")

[72] 請參閱我國公司法第193條與第199條之規定；美國德拉瓦州「一般商業公司法」
（Delaware General Corporation Law），第141(k)條與第211(b)條之規定，Del. Code
Ann. tit. 8, §§ 141(k) & 211(b) (2009).

（incentive）的缺乏[73]，再加上「華爾街規則[74]」（Wall Street rule）的影響，在在使得小股東集體權的行使，於現實的可操作性，非常的低。因此，為維護廣大分散股東的權益與監督制衡公司經營者，「代理成本」分析與「監督模式」公司治理理論的採行，可謂其來有自，順理成章。

然而，此「代理成本」分析與「監督模式」公司治理理論的採行，若於股權相對分散之公司，則將明顯呈現其理論上之缺失。於股權相對分散的公司中，雖然仍有數量龐大且分散的小股東，但是仍無礙於實質意義之大股東，甚或控制股東的存在。當股東的結構出現實質意義之大

[73] 此所謂誘因的缺乏，係指於公司民主機制的設計下，股東若欲行使集體的力量，以股東會決議的方式，來撤換不符合其期待、或不滿意其作為的公司經營者，則唯有徵求其他股東的委託書一途。單以徵求委託書的費用而言，即可令其望而卻步。同時，由於股權分散的緣故，消極股東亦將遭逢無可避免的「共同行為困境」（collective action dilemma）。所謂共同行為困境，係指於一團體中，對於須耗費相當成本，然有益團體共同利益的措施，任何團體構成員若欲採行該措施，都將因須單獨負擔成本，與坐視其他成員搭便車（free riding）的可能，而理性地選擇避免該措施的採行之謂。「共同行為困境」，或稱「共同行為問題」（collective action problems），係由美國經濟學家Mancur Olson於1968年所提出。請參閱MANCUR OLSON, THE LOGIC OF COLLECTIVE ACTION (1968)。另請參閱Louise S. Brock, *Overcoming Collective Action Problems: Enforcement of Worker Rights*, 30 U. MICH. J. L. REV. 781 (1997)。

[74] 所謂「華爾街規則」，其原意本係指因為證券市場提供不認同公司經營者之股東，出售持股與另覓投資標的的選項，故與其耗費心力尋求撤換公司經營者，不滿意經營者股東的理性選擇，皆將為出售持股，而投資於其他公司。其後引申為，所有未出售持股之股東，皆為滿意公司經營者之股東，且將成為公司經營者之堅定支持者，蓋因不滿意股東早已出售持股的緣故。請參閱Margaret M. Blair & Lynn A. Stout, *Director Accountability and the Mediating Role of the Corporate Board*, 79 WASH. U. L. Q. 403, 434 (2001); Robert G. Miller, *Comparing the Annual Shareholders Meeting in the United States with That in Germany - Use of Yankee Concepts of Due Process Discerned by Alexis De Tocqueville*, 19 N.Y.L. SCH. J. INT'L & COMP. L. 1. 23 (1999) ("A common approach among oversized investors that are somewhat more active than the passive shareholders has been to follow the "Wall Street Rule." This "Rule" is that if a shareholder does not sell his or her shares, he or she always votes in accordance with the recommendations of management."); Theresa A. Gabaldon, *The Story of Pinocchio: Now I'm a Real Boy*, 45 B. C. L. REV. 829, 850 (2004); David Millon, *Why Is Corporate Management Obsessed with Qualterly Earnings and What Should Be Done about It?*, 70 GEO. WASH. L. REV. 890, 905 (2002).

股東與廣大分散的小股東時，公司經營者之選任，相當程度上，將無可避免地為大股東所掌控[75]；當大股東擁有過半數的絕對多數的控制股份時，是如此；當大股東並未擁有過半數的絕對多數的控制股份，但擁有相對多數時，亦是如此。此乃因絕大多數小股東為「消極股東[76]」（passive shareholders），並無意參與公司經營的緣故；此相對多數之控制力，即為公司法學說與實務上所稱之「實質控制[77]」（working control）。此時，於公司治理架構中，最值得關注的可能利益衝突，其實不再是公司經營者與公司股東間利益之不一致；而應為隱身公司經營者背後之實質意義之大股東，與廣大分散的小股東間之利益的衝突，此乃因公司經營者為前者所掌控的緣故。但是，由於傳統上公司法學與公司治理理論受到「代理成本」分析與「監督模式」思考的影響，並未體認此實質意義之大股東與廣大分散的小股東間之利益的衝突，而僅僅著眼於對於公司經營者違法行為之監督，遂導致現代公司法制對於廣大分散的小股東利益維護不足的情況。

　　不惟如此，即便是股權高度分散之公司，股東彼此之間的利益，亦存在不一致之情況，由於股東間並不互負信賴義務，彼此皆為自身最大利益的考量下，亦可能出現部分利益一致之小股東，匯聚成多數，而通過損及其他股東之決議。如當股權高度分散公司陷於財務困難，公司股票乏人問津時，雖然並無實質意義之股東或控制股東，部分股東可能認可公司之經

---

[75] 此時，由於擁由實質控制力之股東，因其股權僅具相對多數，實際上其所擁有之股份數目，並不足以選任所有公司董事，大多數之董事仍為廣大且分散的小股東所選任，雖然如此，但是於「華爾街規則」的影響下，小股東皆傾向將其所有之選舉權數，投與公司所支持之候選人名單。是故，於實際上，此不啻等同由擁由實質控制力之股東，來選任公司經營者。同前註；另請參閱陳俊仁，論股東於公司之地位－超越「企業所有與企業經營分離」之迷思，前揭註4，頁202-203。

[76] 請參閱陳俊仁，論股東於公司之地位－股東於公開發行公司角色與功能之檢視，前揭註4，頁190-194。

[77] 最明顯的例證，即為中華開發金融控股公司之為持股不到百分之十的中信金辜氏家族所掌控。請參閱夏樹清，爭奪開發金控委託書演成「諜對諜」－陳家有小股東資源，辜家有大券商支持，商業週刊，第852期，頁66-68，2004年3月；郭宗雄，由開發金控董監事改選看委託書制度，實用稅務，第352期，頁93-97，2004年3月。

營前景，而期望公司繼續經營，並企盼公司股價能從谷底攀升；部分股東可能對公司經營前景並不樂觀，而期望能迅速出脫持股，停損認賠，小虧為贏。當後者匯聚成多數時，可能決議將公司以低價出售與其他公司，而不同意股東依據公司法，僅得行使公司法所賦予其之股份收買請求權以公平市價買回其所擁有之股份。然而，因為公司財務困難，公司股票乏人問津，所謂公平市價，其實係低於公司真實的價格。而不同意股東之股份收買請求權，雖不失為一適當之救濟，然細究其實，仍對不同意股東形成相當的不公平，除公司真實的價格與公平市價間，具體價差的經濟上損失之外，尚包含不同意股東繼續留在公司之「繼續利益」被多數股東所剝奪，此雖為公司法制中多數決設計下，不得不然的結果；然此亦彰顯出，即便是股權高度分散之公司，股東彼此之間的利益，其實亦存在不一致之情況，且多數股東之自利行為，仍將可能對少數股東形成損害。此也進一步印證出，「代理成本」分析與「監督模式」公司治理理論，於現代公司法制下，其實頗有仔細斟酌思考的空間。

　　既然「代理成本」分析與「監督模式」公司治理理論的採行，無論是於股權高度分散之公司，於股權相對分散的公司，抑或是於股權集中公司，皆有其理論上之缺憾，顯見於現代公司法制與現代公司治理理論下，一味地監督制衡公司經營者，仍有不足之處。然傳統上，對於公司法制之發展與公司治理機制之設計，仍不可避免地受到「代理成本」分析與公司治理之「監督模式」所影響，吾人所熟悉之公司治理機制設計，如注意義務與忠實義務的課予、監察人功能的強化、獨立董事（independent director）與審計委員會（audit committee）的選任與建置、股東代表訴訟（derivative suit）的提起等等，皆是「代理成本」分析與公司治理之「監督模式」思考下的產物。同時，此公司治理機制，也往往是企業弊案發生後，所伴隨之副產品；蓋企業弊案之發生，依據「代理成本」分析與公司治理之「監督模式」之思維，最直接的反應，即為現有防弊機制之不足，而強化既有之監督機制，同時尋求更有效監督機制的建置，也就乃屬於順理成章的發展。

　　此遇缺補漏式的公司治理改革，於過去十年來，可謂司空見慣；其或

有不得不然的因素，實乃因隨著經濟的發達與商業活動的日趨多元，公司組織所將可能產生的弊端的態樣，也隱隱然呈現日新月異之態勢，欲防範於未然，誠屬不易，從而，遇缺補漏式的公司治理改革，亦屬不得已而為之。雖然如此，若細究其原因，乃在於傳統公司法制與公司治理思維，仍囿於「代理成本」分析與公司治理之「監督模式」之故。因此，就公司法學的發展而言，實有必要全面檢討「代理成本」分析與公司治理之「監督模式」之適當性，方能收正本清源、綱舉目張之效。也可避免公司法學與公司治理的研究，陷入「更有效」的監督機制無止境的永恆追尋之中。

於此同時，為避免企業弊案層出不窮的發生，有效對公司經營者與控制股東予以制衡，並對受公司經營者或控制股東不公平對待的少數股東，提供有效的救濟途徑，亦有相當的重要性，不可偏廢；此於閉鎖型公司，是如此[78]，於公開發行公司，更是如此。關於此節，適度擴大證券交易法制中證券詐欺禁止規範的適用範圍，似不失為一值得思考的方向。畢竟為追求公司經營之效率，現代公司法制，咸賦予公司經營者較大的經營裁量（discretion）空間，然而效率的追求，應不得以犧牲少數股東權益為代價。於著重「經營者彈性」的同時，也應重視少數股東權益的維護與「經營者有責性」（managerial accountability），始為公司法制與公司治理的健全發展方向。蓋股權分散，為我國公司與證券交易法制常有以來期望獲致的目標，然若小股東發現，成為小股東將遭受較大的不利益；而成為大股東將較能維護自身權益時，股權分散，於投資人理性選擇之下，將顯得遙遠而難以實現。

肆、結論

隨著經濟社會的發展，現代公司組織於超過百年的運作過程中，

---

[78] 關於閉鎖型公司少數股東權益之維護，請參閱王志誠，閉鎖性公司少數股東之保護，政大法學評論，第89期，頁193-205，2006年2月。

呈現出許多當初公司法立法者所從未設想過的問題，而公司法制也必須為相對應的改變，此即公司法學上所謂之公司法制的「持續進化」（evolving）。於美國公司法制的「持續進化」過程中，美國聯邦最高法院於關鍵的十字路口，曾扮演領航者的角色，將美國的公司法制導引到另一個方向。於四十年後的今日再來觀察，如果四十年前於歷史的轉角處，美國公司法制的發展，轉了一個不同的方向，現在的公司法學與近年來層出不窮的企業弊案，可能會有不同的結果。

於現在的時空來觀察美國聯邦最高法院於四十年前所作成的判例，本文實不免「後見之明」（hindsight）之議。就美國所面臨的聯邦證券交易法與各州公司法之間衝突的難題，持平而論，今日我們雖然可以質疑美國聯邦最高法院於Santa Fe一案判決的適當性，然而，就維護聯邦法與州法之份際與避免濫訴的層面而言，於缺乏美國國會的明確立法的情況下，面臨能否將證券詐欺的禁止規範擴大解釋，並且以聯邦法律取代各州傳統公司法之董事責任規範的難題，細細想來，縱或美國聯邦最高法院有意使美國公司與證券交易法學，朝向另一個方向來發展，其所擁有的迴旋空間，其實非常有限。由此觀之，美國聯邦最高法院於Santa Fe一案的判決，縱然有其政策選擇的原因，其實也是其所不得不然的結果。

雖然如此，美國聯邦最高法院於Santa Fe一案的判決，於我國實別具意義。我國並非聯邦制的國家，並未如美國一般，面臨聯邦證券交易法是否得以侵及傳統上屬於各州立法權限之公司法領域的問題，同時也並未面臨美國最高法院所面臨的政策選擇難題；然而，關於公司法中對於股東與股東之間利益的衝突、實質意義之控制股東與掌握控制股份的控制股東之自益行為問題、以及公司經營者適法行為之可能損及少數股東的問題，其實對我國公司法制而言，可謂並不陌生，也同樣地並未加以規範。因此，關於我國證券交易法制與公司法制之定位與適用，我國顯然有比美國聯邦最高法院更大的迴旋空間，來建構我國之公司與證券交易法制。美國聯邦最高法院於Santa Fe一案的判決，無疑可以做為我國未來公司與證券交易法制的健全發展，一個思索的起點。

5

股東會股東權現代化之建構

陳彥良

壹、概說

公司所涉及之參與者（Beteiligten）包括了股東、勞工、工會及雇主團體、經營管理機關、企業自體本身（das Unternehmen selbst）、債權人、及視公司大小及重要性亦可能包括公眾[1]。法律人常忽略了商事法學的一個新的挑戰，也就是整體公司法制的體系化。亦即當我們開始建構整體公司法政策體系時，也必須考量到公司法制本身，亦有其引導政策之目的，法條之存在不單單僅是字理、字義之闡釋。對於公司法學來說，也必須加強實證和批判的面向之思考，此處並不單單限於司法實務的研討分析，更要擴大到經濟及資本社會的實際變遷；公司法體系一致性的觀點，也要配以社會及市場價值和公司法政策的一致性。如此必能發現，其實臺灣公司法實務發展之問題很多並不在於法釋義學發展之怠惰，而是在於和實際經營實務之偏離，故在臺灣公司法之「變」即其「發展」與「修正」也必須將焦點集中於工商業發展及社會環境之變遷[2]。為發展工商企業及經濟，急需外國及海外華僑投資，並發展臺灣之資本市場，對任何國家而言發展資本市場與與國家經濟有緊密之關連，股票資本市場為能為企業經營者提供有效之籌資市場[3]，早期經濟部為進使股票公開上市，使達證券化之目標以加速國民經濟發展，故於民國78年7月成立公司法修訂小組，同年政府亦有提出「改革財政十九點計劃」擬成立證管會及證交所。後來

---

[1] Lücke, in: Lücke (hrsg.), Vorstand der AG, 2004, § 1 Rn. 2.

[2] 如民國72年之修正原因係因物價指數提高與經濟犯罪頻生，故罰則部分亟待修正為主要原因之一，王泰銓，公司法新論，2002年10月，2版。

[3] 曾宛如，證券交易法原理，頁1，2005年3月，3版。

於民國55年7月5日通過公司法之修正，其修正重點除了前述促進公開上市之目的而修正加強公開發行股票及財務公開辦法，另增訂公司重整制度，規定董事監察人之選舉係採累積投票制以保障小股東，並提高罰金罰鍰之標準及限制委託代理人出席股東會等。我國公司法上次大幅修正係於2001年，距今已有15年。這段期間，我國的產業發展、社會結構，乃至國際局勢均有劇烈變化，故在2015年三讀修正通過公司法閉鎖性股份有限公司專節，開放閉鎖性公司可發行無面額股票、允許發行複數表決權特別股，除讓新創事業多了另一種選擇外，還可吸引外資投入。

　　2016年公司法全盤修正倡議是由民間發起，邀請產、官、學組成修法委員會總其成，下設四個工作小組，亦由產、官、學人士組成，分別負責公司法下四個重要議題：第一組為股本、有價證券之發行、會計與審計；第二組為公司治理，第三組為公司登記、關係企業專章與兼益公司，以及第四組的股東權與股東會。本次全盤修正的目標是：「在不濫用、破壞公司制度的前提下，讓企業可以有效、經濟、快捷且容易地利用公司制度」；具體作法為「公司組織設計、資金取得及運用的管制鬆綁、自由化、彈性化及客製化，並同時強化公開資訊、對公司及利害關係人的義務之規範」。本次修法委員會雖建議以鬆綁管制為修法的大方向，但何種事項應給予彈性，又何種事項應屬強行規定，則應經縝密規劃。原則上，凡受市場機制影響程度愈高，法律規範密度愈低。例如投資人以什麼條件投資公司，期待公司以何種方式營運，原則上均應交由市場決定。惟投資人一旦成為股東，法律應保障其能依一定程序獲得公司資訊，以及參與股東會決策。至於究責機制，則建議應為強行規定，主要目的是防範大股東恣意濫權，此點在我國多數企業股權相當集中的現狀下，股東會和股東權的改革也顯得特別重要。

貳、股東會權限之再思考

　　對於修法建議對股東會及股東權之改革，是要平衡股東權之保障與

公司經營效率為目標，故修法建議著重實務上股東會程序所遭遇困境，及學界與業界呼籲對少數股東保障之落實，期能於改善舊制缺失外，同時創造促進公司效益及保護投資人之新制。我國絕大多數的股份有限公司均屬中小企業，公開發行以上公司僅佔總體股份有限公司的0.03%，現行公司法股份有限公司專章以大型公司為規範藍本，根本性地忽略了我國以中小企業和家族企業為主的現實狀況，雖然有有限公司法制來補足這缺口，但小型股份有限公司仍然具有很高的法制需求。特別是為解決我國公司法強行規定過多導致欠缺彈性的問題，閉鎖性股份有限公司專節於2015年7月1日發布，9月4日施行。專節實施至今，已有超過330家閉鎖性公司設置，顯見社會對於公司法制的彈性鬆綁確有需求。但涉及整體公司法制與政府管制模式等結構性問題，實非專章或專節所能解決，而應該在股份有限公司法制中加以大小分流。在2016年公司法全盤修法委員會所提出股東會股東權新的修正建議中也包括公司治理此一概念，例如公司機關與輔助機關之調整，將業務執行型與業務監督型分流，董事會未必是公司業務執行機關，公開發行公司與非公開發行公司分流，前者為董事會優位主義，改採單軌制，後者原則採股東會優位主義。

我國產業環境多賴創業家之創業動力而成長，此亦造成臺灣企業家數多且稍有規模之企業均為家族企業之情形，由於股權集中比率高，大多由創始家族人員（或其推派之代表人）擔任董事會成員。有些公司雖聘請專業經理人擔任總經理，但授權不足或由家族成員擔任管理階層之情形仍屬普遍。由此可知，我國企業界經營與所有不分之情形，實可比喻為「大股東」、「董事（長）與董事會」、「經營階層（含總經理）」之「三位一體」，雖似具有使企業決策易於執行之優點，但卻是公司經營階層非取決於經營能力，而具有強烈人治色彩，往往失諸客觀，易造成負責人獨裁一意孤行，或易生集體舞弊，甚至發生利益輸送掏空公司的弊端，嚴重侵害小股東的權益。臺灣公司法制的改革與討論之中心問題亦在「股東價值利益」及「最佳公司治理結構」，最主要也是因為美國近年發生許多企業弊案，美國開始了相關之討論，而臺灣亦有相關之問題甚至有過之而無不及，而其最主要之內容目的亦在於使公開發行公司得以有一個高效率且受

監控之經營管理機關，該機關得以提升公司價值並增進股東利益，而非公開發行公司則是被給予更多的彈性，在小型公司，特別是小型家族中小企業，股東人數少更適合股東會中心主義，正因如此或許正可以解決我國公司法第202條公司業務之執行，除本法或章程規定應由股東會決議之事項外，均應由董事會決議行之。及公司法第193條董事會執行業務，應依照法令章程及股東會之決議。董事會中心主義與股東會中心主義看似衝突的困境。學界中一直都有所謂「董事會中心」及「股東會至上」之討論，對於公司事務應由何機關來處理亦涉及公司經營之效率及股東權益保障公平性之考量。臺灣立法者嘗試著在公司法中以法規將其權限加以具體化，而董事會乃由全體董事所組成，對於公司業務執行有意思決定權，並對外代表公司執行業務權之股份有限公司法定、必備、常設之集體業務執行機關。但是立法本身之成本及規範而言，如果立法密度過大，將使得公司機動彈性完全喪失，因為如果對個別機關決定事項之權限逐一劃分，在實際上並不可行，亦無須付出如此大之立法成本，故臺灣對於機關權限之劃分僅對重要之決議事項加以區分，使用強行之列舉規定以確定個別機關之特定專屬決議事項，其餘則以任意法之方式概括規定劃歸特定機關行使決議權。而此概括規定則以臺灣公司法第202條規定董事會之概括權限，而第202條之延革及討論也是學者討論臺灣對於「董事會中心」或「股東會至上」之見解的切入點。

　　股東會之決議權為股東會最重要之權限，而法律未明訂之股東會專屬之決議事項，此非專屬股東會決議事項是否皆專屬董事會之決議權限範圍於以往多有爭議，因臺灣公司法第193條第1項明定，「董事會執行業務應依照法令章程及股東會之決議。」而舊法第202條規定：「公司業務之執行，由董事會決定之。除本法或章程規定應由股東會決議之事項外，均『得』由董事會決議行之。」然民國90年修正之公司法第202條規定：「公司業務之執行，除本法或章程規定應由股東會決議之事項外，均『應』由董事會決議行之。」立法者似有由股東會至上原則朝董事會中心原則偏移之傾向。因現代公司經營所有分離趨向日漸明顯，而第202條規定係縮減股東會之決議範圍，並擴大董事會權限以免股東會決議權限過大

而使經營更為複雜。依第202條規定「公司業務之執行……均應由董事會決議行之」，單獨觀察該條文，其明白表示董事會擁有公司之管理權限，所謂「執行業務」應解釋為董事會得以對公司經營策略及方向加以決定，亦可以採取具體之經營措施。也就是說在公司章程所未限制之範圍內，特別是指章程所確定之經營管理範圍，在其議事規則及法令和規定許可範圍內，無須聽從股東會之指示，而得獨立經營管理公司。只有在屬於股東大會職權範圍內，董事會才須遵照股東會之決議執行。而學者認為202條係為劃分股東會—董事會權限之概括規定，修法後係擴大董事會之業務執行權及以符合公司自體原則[4]，而法規沿革學者見解整理如下：

一、法令章程限制說

於民國90年公司法修正前，有部分見解認為雖股東會為最高意思機關，就本質上而言所有之事務，除股東之固有權外，只要不違反公序良俗以及股份有限公司資本皆得決議，但因經營所有分離，於立法上漸將股東會之權限縮小，以期能達成企業自主、自治，雖民國90年修法前條文第202條後段為：「公司業務之執行，除本法或章程規定應由股東會決議之事項外，均『得』由董事會決議行之。」但股東會其得決議之事項仍應限於公司法或章程有特別規定者[5]。

二、開放說

雖如前述舊公司法第202條後段之規定，凡不屬股東會法定或章程所定決議事項均得由董事會決議行之，此由法條文義觀之，其係給予董事會更大之空間，似乎是在限縮股東權決議之權限範圍，但此處之條文係採用「均『得』由董事會決議之」而非「應」由董事會決議之。再者，公司法第193條規定董事會執行業務應依照股東會之決議。故由前揭二條文可得知除法定或章定專屬董事會決議事項外，股東會得為決議之權限及於全部

---

[4] 梁宇賢，公司股東會委由董事會決定各個董事分配之報酬是否有效，月旦法學，第121期，頁225，2005年6月。

[5] 賴源河，實用商事法精義，頁159，1988年，6版。

事項。且於1966年公司法修正時草案第183條曾規定：「股東會得為決議之事項，依本法或章程所規定者為限」，但最後修法時則未被採用，故可由立法者原意中得出，股東會決議權限範圍事項並不單單限於公司法及章程之規定。

三、2001年修法後見解

由於2001年公司法修法後，第202條規定改為「公司業務之執行，除本法或章程規定應由股東會決議之事項外，均『應』由董事會決議行之。」似已解決前述修法前之爭議，因其已明確劃分股東會與董事會之職權，也就是說，現行公司法第202條即為概括授權董事會之規定，故有關公司執行業務之決策事項，股東會僅得於公司法及章程保留給股東會決議之事項為限[6]。

由此可得知股東雖為公司之所有權人，且股東會雖為公司最高之意思機關，但為保障股東之權益，法律明文將一些重要事項保留由股東會決議，然而也必須體認到股份有限公司股東會因集會次數及人數可能過多之問題，公司業務之執行並不可能完全由股東會決定，而必須授權執行機關（董事會）決議執行之。是故，公司法第202條本身就是股東會得以決議權限事項之外在限制。

但是，2001年公司法修正時並未修改第193條之規定，即董事會執行業務，應依照法令章程及股東會之決議，此時則可能存在著與第202條之衝突，一方面僅限制股東會之決議權限，另一方面卻又要求董事會執行業務，應依股東會之決議行之。然而解釋上是否得以認為職權劃分不夠清楚[7]，亦或是認為二會權限之劃分仍應依第202條為基準，體系上第193條之規定係指董事會僅就屬於股東會得決議事項有受股東會決議之拘束[8]，都有討論之空間。

---

[6] 柯芳枝，公司法論（上），頁250，2002年，5版。

[7] 王文宇，公司法論，頁299，2004年。

[8] 林仁光，董事會功能性分工之法制課題，臺大法學論叢，35卷1期，頁175，2006年1月。

　　本文認為，此處不僅是二會權限之劃分問題，亦涉及股東提案權之範圍。如前所述，股東提案權乃在避免因經營所有分離，董事會可能專擅權力而有的救濟方式。股東提案權因不得提案非股東會所得決議事項，故是否亦受限於第202條，抑或是得援引第193條能將之適度擴張，以適度調節、並制約董事會，使股東得以積極參與經營，而達成立法之目的要求，目前大小分流的修法建議正可解決此一問題，大公司以董事會中心主義為原則，小公司則以股東會中心為原則。若要落實股東會中心主義，股東會之召開或決議應給予更多的彈性使其更有效率。且依德國之見解，為防止股東會被架空，也為防止股東社員權被過度限縮，故亦將此種未明文的重大事項決議權限劃歸股東會，德國最高法院對此亦有贊同之判決產生[9]，該判決甚至認為就算章程中對董事會作出授權，但有關於改變企業結構之決議權限仍應屬於股東會，董事會對此事項所作成之決議無效。該判決之爭議點在於由股份法之分權法體系觀之，對於公司基本決定或本質重大的結構性決議權限應屬於股東會。

參、本次民間委員會修法建議重點

　　本次修法原則在於，降低議事成本及促進股東參與機制。首先就降低議事成本而言，從實務現況發掘現行法制不必要之限制或規定，並探討刪除或修正之影響，希望於不侵害各方利益之前提下，提高股東會及公司經營之效率。其相關議題例如：廢除公開發行公司股東會臨時動議提出；公司得決定不召開實體會議，採書面或視訊會議或決議；降低公司出席定足數等（開會門檻降到1/3，也可解決公開發行公司為求順利開會的委託書亂象）。促進股東參與機制而言，從現行機制檢討股東權難以落實之原因，並建議修正方向。例如：股東會召集事由應說明重要內容；股東提案

9　BGHZ 83, 122 (Holzmüller-Urteil).

權限制之放寬等。限於篇幅，以下僅就部分建議說明[10]。

一、臨時動議

在建議6.1.1.5股東會之臨時動議：非公開發行公司屬自治事項，公司可自己決定是否允許臨時動議；公開發行公司可視未來股東提案權（議題6.1.2）是否放寬調整之，倘放寬，則可考慮廢止臨時動議制度。

按股東會之通知及公告應載明召集事由；選任或解任董事、監察人、變更章程、公司解散、合併、分割或第185條第1項各款之事項，應在召集事由中列舉，不得以臨時動議提出，現行公司法第172條第4項前段及第5項定有明文。

依經濟部函釋之見解，除其他法令有特別規定外，非屬上述法條內所規範之事項，股東即得於股東會議中以臨時動議提出該議案，並由股東會決議之（經濟部98年4月21日經商字第09802047330號函、經濟部92年2月6日經商字第0920205640號函參照）。實務上曾發生以臨時動議之方式通過減資案、盈餘轉增資或停止公開發行等議案。惟此種攸關股東權益之事項是否宜以臨時動議提出，並非無疑。其實多數學者及業界意見皆認為應限制臨時動議之提出[11]，以保障股東之權益，及維持股東會議事程序之流暢。

另有學者認為，臨時動議制度是否有存在之必要[12]，政策上仍需多所斟酌。若從公司法第172-1條之少數股東提案權有其門檻所在及召集股東會成本甚鉅之觀點，臨時動議對於調和股東提案權門檻與議事效率有其必

---

[10] 詳細建議全文參見：scocar.org.tw

[11] 洪秀芬，股東會臨時動議提出權之限縮，臺灣法學雜誌，第258期，頁74-76，2014年10月。

[12] 林國全，2005年公司法修正條文解析（下），月旦法學雜誌，第125期，頁257，2005年10月。

要[13]，惟即使如此，範圍上仍應有所限制。若從比較法之觀點[14]，臨時動議在各國立法例上屬罕見法例，畢竟對股東而言，此皆屬不可預料之事項[15]。又公司法第172條第5項採負面表列，惟法律文字終將無法窮盡列舉所有重要事項[16]，恐有掛一漏萬之虞，如此高度不可預設性，對於股東行使決定權甚為不利[17]。日本會社法及德國股份法則規定修正性議案或特定事項外，股東會不得就未載於召集事由之事項為決議[18]。

二、「定足數」門檻

　　修法建議6.1.5.1.1建議降低決議之「定足數」門檻，因為現行實務運作上，我國司法判決[19]與經濟部函釋皆有認為，應允許股東會普通決議為因應某些重要事項，將出席定足數門檻「提高」[20]。而得否以章程「降低」出席定足數門檻，則學界與實務尚無統一之見解，意見相當分歧；就特別決議的部分[21]，我國法多有明文「章程有較高之規定者，從其規

---

[13] 邵慶平、許雅華，股東會之臨時動議與股東提案權—制度配套下的解釋取向，臺灣法學雜誌，第220期，頁76，2013年。

[14] 戴銘昇，股東會決議成立要件及相關問題，華岡法粹，第50期，頁181-182，2011年。

[15] 朱德芳，論股東會資訊揭露之重大性原則，月旦法學雜誌，第172期，頁68-69，2009年。

[16] 楊君仁，臨時動議減資的法律問題—兼論公司法第172條第5項規定法制之檢討，法學叢刊，60卷2期，頁6，2015年4月。

[17] 杜怡靜，從日本之提案權制度反思我國股東提案權以及臨時動議提出權，中原財經法學，第33期，頁55，2014年12月。

[18] 日本會社法第309條第5項、德國股份法第124條第4項

[19] 最高法院101年台上字第1797號民事裁定、臺灣高等法院100年度上字776號民事判決。

[20] 經濟部104年7月29日經商字第1042418440號函。

[21] 2001年修法過後，我國已無「重度特別決議」之態樣。2001年修法前公司法第316條第1項規定：「股東會對於公司解散或合併之決議，應有代表已發行股份總數四分之三以上股東之出席，以出席股東表決權過半數之同意行之公開發行股票之公司，出席股東之股份總數不足前項定額者，得以有代表已發行股份總數過半數股東之出席，出席股東表決權四分之三以上之同意行之。」

定」，爭議不大[22]。若無法以章程降低股東會出席定足數的門檻，對散戶較多的公開發行公司，單純投資的股東較無興趣之議案將無法推動。

英國公司法[23]、香港公司條例[24]就股東會的出席定足數，不同於我國之規定，採取以人數計算的方式，除一人公司或是章程另有規定外，以「兩人」出席為股東會召開的最低出席門檻。決議方式在一定情形下（例如無股東異議時），亦得以一人一票的舉手表決為之。

德國[25]、中國[26]原則上若法無特別明文，就一般議案，採取簡單多數決的方式，亦即不問出席的股權總數，僅視表決時同意票多過反對票者議案通過之一種決議方法；針對特別重要決議，德國股份法要求「全體」3/4以上同意方通過股東會決議。中國大陸公司法針對特別決議事項，則要求出席股份數2/3以上同意之通過要件。

美國、日本法都有要求最低出席股份總數（即1/2）的門檻。德拉瓦州公司法與美國模範公司法[27]承認公司得以章程降低出席定足數門檻，然德拉瓦州公司法認為應以1/3作為下限基準[28]，美國模範公司法則無此要求；日本會社法[29]則依決議重要性作不同程度的規定，普通決議則給予章程自由調整出席定足數的空間，特別決議以1/3為調整下限，重度特別決議，則不允許章程調降之。綜上觀察，外國立法例除德國與中國原則上採取簡單多數決而無出席門檻的概念外，其他國家不論採取人數或股權總數

---

[22] 參閱公司法第13條第3項、第159條第3項、第185條第3項、第199條第4項、第227條準用第199條第4項、第209條第4項、第240條第3項、第241條第1項、第277條第4項、第316條第3項。應注意者，公司法第156條第3及第4項有關申請停止公開發行之特別決議事項，則未設有公司章程得提高出席定足數及表決權數之規定。

[23] *See* Company Act 2006 §318.

[24] 香港公司條例第585條。

[25] 洪秀芬，章程得記載事項及章程變更登記之效力－從高等法院100年度上字776號民事判決思考起，月旦裁判時報，第18期，頁64，2012年12月。

[26] 中國公司法第103條。

[27] *See* Model Business Corporation Act section 7.25(a).

[28] *See* Delaware corporation law §216.

[29] 日本會社法第309條。

作為股東會出席門檻的標準,雖有寬鬆之別,但原則上皆承認應給予章程
自治空間。德國與英國的立法模式上,與我國原先的立法設計大不相同,
考量實務、業界運作已久的現行方式,若大幅度修正為簡單多數決或是以
人數計算定足數並採取舉手表決的方式,對我國業界可能影響過大。採折
衷方案,大小公司分流,公開發行公司普通決議應有代表已發行股份之表
決權總數1/3以上股東出席,出席表決權過半數同意;特別決議得以有代
表已發行股份之表決權總數1/3以上股東出席,出席股東表決權2/3以上之
同意。非公開發行公司維持現狀,不予修正。並建議公司法第175條假決
議之規定,亦相應做調整。

三、股東提案權

修法建議6.1.2建議股東提案權放寬,調整當初就股東提案權制度所
設下之各限制:1.公司自治,賦予公司章程訂定除書面外,得以電子方式
行使提案權。2.增加董事違法排除提案時,股東得向法院聲請列入議案之
非訟請求權。並配合議題6.1.5臨時動議制度之調整,提案將不以股東會得
決議者為限。

參照第172-1條之立法理由,股東提案權制度之目的[30],在於使股東
得積極參與公司之經營、落實股東民主之理念[31],強化股東會之功能,以
防止公司經營階層的濫權、健全公司治理。然而觀察現行法之要件限制
及實務運作觀察,股東提案制度成效似乎不彰[32]。實務上無論對於股東持
股比例、非股東得決議事項以及提案300字以內(包括標點符號[33])等限

---

[30] 曾宛如、黃銘傑,董事會提名委員會制度之建置既股東提案權機制之現狀與改善之
研析,國立臺灣大學法律學院,頁7,2015年10月。

[31] 參閱行政院94年公司法修正草案本條立法說明(二)。

[32] 劉連煜,公司社會責任理論與股東提案權,臺灣本土法學雜誌,第93期,頁181-
208,2007年4月。

[33] 參經濟部95年4月13日經商字第09500537340號函:「公司法第172 -1條第3項規定:
『股東所提議案以三百字為限,超過三百字者,該提案不予列入議案。』所稱三百
字,依立法原意,包括案由、相關說明及標點符號。」

制，似有過度限縮股東提案權之行使[34]。綜觀學者建議，大抵為宜調整當初就股東提案權制度所設下之重重限制，應放寬持股比例、放寬提案範圍、行使方式多元化、無提案字數限制，董事會違法排除股東提案者應課予責任，並強化外部監督機制。

　　學說上針對是否為「股東會可得決議」事項認定本即有不同見解，有論者認為公司法首先應闡明法律政策，是否採行董事優位主義以及釐清與第202條之連結[35]。同時，有認為第172-1條第4項第1款排除事項因採取限縮解釋，因公司法修訂時將第202條的「得」字改為「應」字，從修法前學理與實務之爭議觀之，第202條的修訂應解釋為係在擴張並確立董事會對非專屬決議事項的「決定權」，而不在削減股東會對該等事項的「決議權」。換言之，股東會仍可對該事項作成合法、有效之決議，惟其決議僅有建議性之效力，董事會並無遵照辦理的義務。另外本文也可以認為，得援引第193條能將之適度擴張，以適度調節、並制約董事會，使股東得以積極參與經營。又雖現行股東提案字數限制為強行規定，惟股東所提案300字議案之計算，應以提案本身內容為限，其附件因不必列入股東會之召集事由，應不受字數限制。

　　有學者認為董事會違法排除股東提案者應課予責任，並建議民事責任上為求明確與直接，立法上宜明定董事會違反本項規定未將股東提案列為議案時之民事賠償責任及其損害賠償計算方法與賠償範圍，以嚇阻不法者[36]。此外，就個別董事訴追上，由於我國法欠缺對董事實質有效制裁，有論者亦主張於特定違反之情節下，剝奪其繼續擔任公司經營者之資格，

---

[34] 另有學者建議，應增加持股達一定金額即可提案，可參：馮震宇，從博達案看我國公司治理的未來與問題，月旦法學雜誌，第113期，頁232，2004年10月。

[35] 林仁光，同註8；洪秀芬，董事會與股東會權限之爭議，月旦法學教室，第31期，頁33，2005年5月；方嘉麟，會計表冊承認制度之研究兼論違法盈餘分派之責任歸屬，收錄於「現代公司法制之新課題」—賴英照大法官六秩華誕祝賀論文集，頁418-423，2005年8月；王文宇，股東會與董事會共享之權利，月旦法學教室，第44期，頁24-25，2006年6月。

[36] 林國全，董事違法拒絕股東提案，臺灣法學雜誌，第73期，頁129-130，2005年8月。

可能較能發揮保護公益之目的，也才能有效遏阻恣意慣常違反公司法規定之董事。同時，該條亦未明定欠缺董事會違法未列為議案之法律效果，有論者認為就該次股東會因召集程序上之瑕疵，而得依第189條規定嗣後撤銷該次決議[37]。亦有反對論者認股東提案既未列為議案，自未作成決議而無從撤銷，且若謂因董事會違法未將股東提案列為議案，即得依第189條撤銷與該股東提案內容無關之該次股東會其他決議，顯將波及無辜，增加公司召開股東會負擔，因而應將得撤銷範圍限於與該股東提案內容相關，但受到該股東提案由於未能列為議案，致其結果可能因而受到影響之決議[38]。

　　外國立法例規定[39]，有規定持股比例達一定比例、持股價值達一定數額或達一定之股東人數，股東符合其中一項資格，即得行使股東提案權。如：英國公司法規定[40]股東提案資格為二擇一，一是表決之股份總數5%以上之股東，或100位以上就該提案得行使表決權之股東共同提出提案，且每名股東平均已支付股款達100英鎊以上者。美國規定[41]持有已發行有表決權股份總數1%以上之股東，或股東持有市值達2,000美元以上之表決權股份，且至提案日止持有期間為1年以上。德國規定[42]股東持有股份合計達到基本資本1/20，或其股票之票面價值已經達到50萬歐元，且在股東會召開前持有3個月。日本規定[43]持有1%以上有表決權且繼續6個月以上之股東或持股超過300股以上之股東，得為提案之股東。但此非強制規定，公司得依其章程調整1%或6個月之要件。又非公開公司股東行使股東提案權，則無須具備繼續6個月以上之要件。在提案內容之限制，我國規定之「該議案非股東會所得決議者」爭議最大，相較於此，英國公司法規

---

[37] 王志誠，股東之提案權，月旦法學教室，第48期，頁27，2006年10月。

[38] 林國全，同註36，頁128。

[39] 另可參：劉連煜，公司監控與公司社會責任，頁189-220，1995年9月。

[40] 英國公司法第338條。

[41] 美國模範公司法17 C.F.R.Part 240. 14a-8。

[42] 德國股份法第122條。

[43] 日本會社法第303條至第305條。

定原則上凡適於股東會通過決議之議案，均得提出。例外（不得提出）之
情形有違反法令或章程、構成毀謗等。美國則是規定股東提出之議案，公
司得不列為議案之情形為不適合由股東會決議之事項、違反委託書規則、
純屬個人表示不滿等13項情形。原則上對股東提案內容持開放態度，且有
具體詳盡的規定。

　　我國公司法第172-1條引入股東提案權之立法理由為「若股東無提案
權，則許多不得以臨時動議提出之議案，除非由董事會於開會通知列入，
否則股東難有置喙之餘地，爰賦予股東提案權」，顯見股東提案權與臨時
動議有互補功能。凡股東於股東會出席者均得提出臨時動議，其要件與股
東提案權相較，比較寬鬆。由於臨時動議提案權於股東會開會當場提出，
對以電子或書面方式行使表決權，無法事前得知提出之議案，觀察他國立
法，故有必要對臨時動議設有限制，避免對未出席股東會之股東造成突
襲。當對臨時動議設有限制時，宜放寬股東提案權之行使要件[44]。

四、股東代位訴訟

　　而本次修法原則也在落實及健全既有少數股東之權利，例如股東資訊
權及股東代位訴訟；並思考是否引進國外法制對股東權之保護或救濟制度
如不公平侵害救濟制度（股東直接訴訟）等。我國公司法第214條規定繼
續1年以上持有已發行股份總數3%以上股東始具有提起代位訴訟之權。其
衍生問題如下[45]：一、門檻過高以至於不易達成。故有學者建議廢除最低
持股比率之要求，只要起訴時具備股東資格即可[46]；二、持股期間過長。
學者認為持股期間之要求係為避免股東濫訴，但應將持股期間自1年縮短
至6個月即可[47]。另由於我國公司法僅要求起訴時之股東必須符合持股規
定，但並未要求該等股東必須於董事違法行為之當下亦為公司股東，亦即

---

[44] 學者將日本的股東提案權稱為「事前提案權」。可參：杜怡靜，同註17，頁3-4。

[45] 曾宛如，我國代位訴訟之實際功能與未來發展－思考上的盲點，臺灣法學雜誌，第
　　159期，頁27-33，2010年9月。

[46] 劉連煜，股東代表訴訟，臺灣本土法學雜誌，第64期，頁158，2004年11月。

[47] 劉連煜，同前註，頁159。

我國並無如同美國法之「同時持有股份原則」之要求[48]；三、敗訴費用由股東負擔。為避免股東因恐懼賠償責任之巨大而不願提起代表訴訟，學者建議修法將原告股東對董事及公司之賠償要件為限縮，並修正其要件為「股東起訴係為不當目的」[49]；四、被告得聲請命原告供擔保。由於我國現行法命原告股東提出擔保之前提，只要被告提出聲請，法院即得為之。學者認為此一供擔保之請求不應流於毫無限制，被告須釋明原告起訴係為不當之目的時，法院始得要求原告供擔保[50]；五、30日之等待期間過長。所以修法建議6.2.2.1對於股東提起代位訴訟之持股比例及持股期間，建議同時降低公司法第214條第1項規定股東提起代位訴訟之持股比例及縮短持股期間之限制。另外6.2.2.2明訂同時存在原則，即公司法第214條增加提起代位訴訟之股東資格限制，違法行為發生時尚未持有公司股份之股東不得提起代位訴訟在6.2.2.3建議維持公司法第214條第2項等待期間30日之規定，但新增例外得逕行起訴之情形。並於6.2.2.4對代位訴訟之費用負擔與責任建議維持公司法第214條第2項訴訟擔保規定，但增加配套措施。（例如：強化釋明義務、訂定訴訟擔保金額上限）此外，增訂訴訟費用補償機制，但不引進國外以非財產權訴訟規定計算訴訟費用之立法例。並將同時修訂同條第3項賠償責任之規定，將賠償責任要件明確化，例如參照比較法，於股東有不當目的或惡意濫訴時，始有賠償責任。最後在6.2.2.5對股東代位訴訟之對象建議擴張公司法第214條股東得提起代位訴訟之對象，包括同法第8條第2項之「公司負責人」及其他違法行為之共同行為人。如此一來方可解決股東代位訴訟長期以來的問題。

五、不公平侵害救濟制度

我國公司法無不公平侵害救濟之明文規定，類似於股東直接訴權之規定為公司法第11條，公司之經營，有顯著困難或重大損害時，法院得據

---

[48] 曾宛如，同註46，頁29-30；周振鋒，論股東代表訴訟的變革方向——以美國法為研析基礎，政大法學評論，第115期，頁280，2010年6月。

[49] 劉連煜，同註47，頁160。

[50] 劉連煜，同註47，頁159。

股東之聲請，於徵詢主管機關及目的事業中央主管機關意見，並通知公司提出答辯後，裁定解散。雖然我國公司法第11條設有裁定解散之規定，然通常適用於股份有限公司以外之其他種類公司。蓋股份有限公司之股東提起裁定解散有持股期間及持股比例之限制，且股份有限公司屬於資合公司，若股東不滿公司經營現狀，僅須轉讓持股即可，無解散公司之必要。再者，該規定僅限於「公司之經營有顯著困難或重大損害時」始得聲請法院裁定解散，不及於公司其他作為或不作為侵害股東權益之情形。另外，其解決方式亦僅限於聲請法院裁定解散，當股東並無意解散公司時，即無法依其他規定請求救濟，相較於外國立法例多樣化的不公平侵害之救濟方法，顯有不足。

故修法建議6.2.2.6認為應引進英國公司法不公平侵害救濟之規定，不公平侵害救濟源自於英國。依據英國公司法[51]規定，當公司事務之執行對全體或部分股東利益造成不公平侵害，或公司實際行為、擬從事行為或不作為造成或將造成全體或部分股東之不公平侵害時，股東得向法院提出請求。法院得依據股東所提出之請求並衡酌個案情狀，透過命令規制公司之作為、命令公司繼續作為或禁止作為、命令其他股東或公司收購股份等。而香港公司條例亦有類似之規定，均賦予法院有依個案情狀行使裁量之權限。

也就是說，雖股東個人遭受不公平侵害時得依民法規定請求損害賠償，但如股東希望制止或要求董事或公司之某作為時，即無相關規定可資遵循。因此，可參酌英國法及香港法之規定，新增股東不公平侵害之救濟途徑。但為免影響過大，最後修法委員會決議，非公開發行公司引進英國公司法不公平侵害救濟之規定，給予股東直接訴權，而公開發行公司為了避免衝擊過大，故維持現狀。

---

[51] 英國公司法第994、995、996條。

肆、小結

　　由上可知，修法建議新制重點就股東會而言：修正增進股東參與股東會之權利，強化資訊揭露義務，給股東更多知的權利，減少不必要之程序限制並緩和股東與董事會間之衝突；針對公開發行與非公開發行公司之不同實務需求，區分適用規範；適度放寬法律制度強制規定，允許公司章程自治，由公司彈性選擇。就股東權而言：除了調整股東查閱權行使之要件、查閱之標的範圍，並新增股東聲請法院命公司合法提供資訊之救濟制度[52]；並合理化股東提起代位訴訟之門檻與提訴股東之責任。也期待政府能大刀闊斧改革股東會亂象，並使得新制能落實股東權保障與提升公司經營效率，使得投機者無法操弄法制，達到公司和股東之雙贏，創造新的臺灣經濟高峰。

伍、後記

　　本文原刊載於月旦法學雜誌2017年9月第268期，刊出後，我國最新的公司法修正也已於2018年7月6日在立法院三讀通過，使我國公司法又邁入一個新紀元。公司法的變革攸關一個國家之經濟發展和實力根基。以現今實務上來看我國企業仍以中小企業為主，對於新創企業及中小企業，因股東人數少且有封閉性和部分的人合特性，宜有彈性安排，使投資者與被投資者雙方有較多的合作彈性調整空間，以符合新創事業與中小企業發展。在不濫用、破壞公司制度的前提下，讓企業可以有效、經濟、快捷且容易地利用公司制度。

　　此次修法歷時三年無論是民間修法委員會或是行政立法機關以及工商團體都積極參與，終於完成我國十七年來最大幅度之修正。此次修正對於

---

[52] 參見修法建議6.2.1 http://scocar.org.tw/pdf/section2.pdf（last visited 2017.03.20）。

彈性開放以及去管制化都有長足的進步，值得讚許，雖在健全公司治理透明度和內控的部分，因各方對於部分條款的見解不同而不能一步到位是較為可惜之處，但整體而言，在大小分流並給予中小企業更多彈性是做得不錯。

　　首先新公司法有一個極重要之改革是更加開放無面額股，使得擁有技術或創新概念者，在與創業或天使基金合作得以極低對價取得股份，從而享有相當之持股比例，不致失去主導權。另外非公開發行股票之公司得發行複數表決權或對於特定事項具否決權之特別股和特別股股東被選舉為董事、監察人之禁止或限制，或當選一定名額董事之權利，此使得家族企業或新創事業有更多之可能性來鎖住經營權，並有更多可能性來彈性設計特別股。再者，非公開發行股票之公司股東得以書面訂立表決權拘束契約及表決權信託契約，以匯聚具有共同理念之股東共同行使表決權。此項修法亦著重於新創事業之需求，為使新創事業創始團隊能表決權信託契約表決權拘束契約強化團隊在公司之主導權

　　另外因為非公開發行公司之籌資一向較為困難，我國又以中小企業為主體，而公司債為企業重要籌資工具，在新法當中，非公開發行股票之公司除得私募普通公司債外，亦得私募轉換公司債及附認股權公司債，此有助於中小企業籌資而更有彈性取得資金。另一彈性化修法是強化股東投資效益，原本行政院草案第228-1條新增有限公司及股份有限公司得每半會計年度終了後為盈餘分派。但其後該條文在第二次朝野協商後再行加碼，最後終通過每季或半會計年度終了都可為盈餘分派，因為許多外資，其中許多就相當重視穩定、持續的股利收入。故給予分派的彈性也使我國與國際接軌。

　　在股東會股東權部分其實採納修法建議並不多，實際變化並不大，首先少數股東提案權僅僅作文字變動，並得加入企業社會責任提案。但未做實質真正的大變動，新法也並未納入少數股東不公平侵害救濟制度，不過在股東代位訴訟要件上有放寬，原公司法第214條規定「少數股東」（持股一年以上且持有已發行股份總數百分之三以上）發現董事有不利公司行為，可請監察人對董事提告，對於「少數股東」之定義，在二讀時則

接受時代力量黨團的提案，下修為「持股六個月以上、已發行股份總數百分之一以上」，故現在新公司法第214條規定已經修正為：「繼續六個月以上，持有已發行股份總數百分之一以上之股東，得以書面請求監察人為公司對董事提起訴訟。監察人自有前項之請求日起，三十日內不提起訴訟時，前項之股東，得為公司提起訴訟；股東提起訴訟時，法院因被告之申請，得命起訴之股東，提供相當之擔保；如因敗訴，致公司受有損害，起訴之股東，對於公司負賠償之責。

股東提起前項訴訟，其裁判費超過新臺幣六十萬元部分暫免徵收。第二項訴訟，法院得依聲請為原告選任律師為訴訟代理人。」

此次修法另一較重大變革為，持有已發行股份總數過半數股份之股東，得自行召集股東臨時會，毋庸向董事會請求以及向主管機關申請許可，股東持股數之計算，以公司法第165條第2項或第3項停止股票過戶時之持股為準[53]。另外，股東會程序修法增加透明化，這次修法也擴大股東會列舉召集事由，增列減資、下市（停止公開發行）、盈餘轉增資等事由；且必須說明主要內容，其規定在新公司法第172條。

無庸置疑，公司法的現代化攸關一個國家之經濟成長，未因應時代的變化會使得我國企業毫無競爭力，雖此次修法仍有改進空間，但在彈性開放方面跨出了一大步，對於中小企業及新創事業可預見能有更蓬勃的發展空間，也期待未來能各方能洞察世局，體認開放美意將來並對此次修法未臻完善之處再加以補足，而創造出一個彈性開放而有秩序的市場，使所有企業願意根植臺灣放眼世界。

---

[53] 修正條文第173-1條。

6

企業併購法下之少數股東股份收買請求權制度 —— 以美國法爲研究中心

鄭婷嫻

壹、前言

　　本文以美國德拉瓦州公司法最新修正之少數股東股份收買請求權爲研究中心，深入探討我國2015年修正之企業併購法（以下稱「企併法」）關於股份收買請求權制度之規範與未來可能產生之適用疑義[1]。以2016年最新修正美國德拉瓦州公司法第262條（General Corporation Law of the State of Delaware §262，以下稱DGCL第262條）股份收買請求權規定爲例，進一步說明修法情形。該條主要修正重點有二：第一，限制小額持股之股東爲股份收買請求權而聲請價格裁定（*De Minimis* Exception）；第二，給予公司選擇權，可先行支付收買之股份價款（Tender of Payment）給異議股東，得以限制未來法定利息的增加。此次修法之主因，在於抑制少數股東行使股份收買請求權可能造成之法律風險，甚至給予有心人藉此索討不當利益之空間。又行使該收買請求權可能是異議股東於併購案中的最後救濟，但同時亦可能成爲有心人士利用爲不給糖就搗蛋的策略，因此，若一味傾向保護少數股東的修法設計，恐有害於企業併購效率，難謂完全妥適。

　　我國現行企併法規定，除增加併購彈性與增加效率外，保障少數股東權益亦爲另一重點。例如，現行企併法第12條規定，異議股東行使股份收買請求權時，若是收買價格未達協議，由公司統一向法院聲請價格裁定，

---

[1] 企併法修正條文於2015年6月15日經立法院三讀通過，並已於同年7月8日經總統公布，2016年1月8日正式施行。

以全體未達成協議之股東為相對人，且公司應就不爭議部分自股東會決議日起90日內先支付收買價款，聲請程序費用及檢查人報酬均由公司負擔。股份收買請求權制度通常被認為係保護異議股東之重要機制，賦予股東於公司通過重大變更交易或行為時，能有退場機制、收回投資。尤其，在控制股東欲採用現金逐出合併時，除異議股東能證明交易不公而挑戰其合法性外，被逐出的異議股東所能採取最後的保護機制，即為行使股份收買請求權，請求法院就其股份為公平價格之核定[2]。

惟修正前企併法對於異議股東行使股份收買請求權時，設有頗多障礙，使得行使上困難重重。有鑑於此，現行企併法則改弦更張，於企併法中新增不少規定，使得股東更容易行使其權利，落實股份收買請求權制度之原意。申言之，修正後企併法第12條對於具有股份收買請求權人身份放寬、改由公司統一向法院聲請價格裁定、增加法定利息支付之規定、增加準用民事訴訟法選任當事人制度，並使此等代表最終取得裁定之效力及於全體未達成協議之股東、及增訂準用相關非訟事件法等規定。

上開規定顯有偏向保障異議股東權益之立法方式，本意固然良善，但企併法另含有追求效率之本質，新修正之規定是否能同時兼顧效率追求與維護股東權益兩者，實有探討必要。本文以為，此些變革將可能影響未來聲請價格裁定案件增加、提高異議股東不願與公司達成收買價格協議之誘因，是此，將不可避免地提高未來公司進行併購之法律成本，甚有嚴重者或可能有妨礙未來併購之順暢。

承上所述，本文即藉2016年美國德拉瓦州公司法修正之機會，再次檢視我國現行企併法是否有未盡之處，希冀股份收買請求權制度能兼顧實踐保障異議股東權益與促進企業併購效率，達到雙贏目的。

---

[2] 游啓璋，現金逐出合併時少數股東的股份收買請求權，政大法學評論，第136期，頁240-242，2014年3月。

貳、介紹2016年修正美國德拉瓦州公司法第262條 股份收買請求權制度規定

　　2015年10月美國德拉瓦州衡平法院審理的 *Merion Capital v. BMC Software, Inc.*[3]（以下稱「*BMC Software*案」）一案中，衡平法院法官Glasscock對於提起股份收買請求權的相關聲請案件過程做一詮釋，「一個健全的市場建構於公司的本質進行合於常規的出售，當現金逐出股東時，股份出售價格應是由獨立的董事會與絕對多數的股東所共同決議的。緊接在決議此出售價格之後，異議股東行使其法定股份收買請求權，請求公司購買其持有股份之權利。接下來的則是，異議股東提出專家的評估意見，認為公司提出之股份收購價格遠低於公平價格（Fair Value）；然而公司則提出該收購價格係為專家所做重要且已經審視過的估價，而此收購價格遠超過所謂的公平價格」[4]。衡平法院在 *BMC Software* 案中，再次確認法院在評估公平價格的重要角色[5]。換言之，公司有基礎重大事項變更時，將會引起公司股價上下波動，尤以併購案為例，當異議股東行使其股份收買請求權時，即股東得以請求公司以當時公平價格收買其持股，可為人預期的下一步，則是亟需一個公平價格讓公司與異議股東雙方盡快達成協議。惟此一公平價格的認定，在異議股東與公司之間經常產生認定落差，故無論在美國法制或是我國法下，向法院聲請價格裁定均具有其重要

---

[3]　*Merion Capital LP v. BMC Software, Inc.*, No. 8900-VCG (Del. Ch. Oct. 21, 2015).

[4]　*See id.* at 1. "[A] robust marketing effort for a corporate entity results in an arm's length sale where the stockholders are cashed out, which sale is recommended by an independent board of directors and adopted by a substantial majority of the stockholders themselves. On the heels of the sale, dissenters (here, actually, arbitrageurs who bought, not into an ongoing concern, but instead into this lawsuit) seek statutory appraisal of their shares. A trial follows, at which the dissenters/petitioners present expert testimony opining that the stock was wildly undervalued in the merger, while the company/respondent presents an expert, just as distinguished and learned, to tell me that the merger price substantially *exceeds* fair value."

[5]　*See Merion Capital LP*, No. 8900-VCG (Del. Ch. Oct. 21, 2015).

性，而法院為價格裁定亦應立於公平公正的裁判地位，倘若有傾向任何一方，則易遭有心人士權利濫用。

一、美國德拉瓦州公司法第262條之規定[6]

為因應近年來企業併購的快速變化，美國德拉瓦州公司法所規定的少數股東股份收買請求權（Appraisal Right）相關法制又再度成為焦點。美國公司的股東身分大都是法人，主要是機構法人，例如，人壽保險公司、年金基金、退休基金、共同基金以及管理個人信託資金和年金的商業銀行等。修正股份收買請求權制度時，有許多積極的避險基金或機構投資人等法人，利用德拉瓦州公司法對該制度的新修正挑戰企業併購（Merger and Acquisition），藉以取代以往利用股東團體訴訟（Shareholder Class Actions）達到與收購公司和解的目的[7]。此些股東可利用此一優勢，乃係自2007年*Transkaryotic*[8]一案後，德拉瓦州法院放寬認定具有股份收買請求權人之身分要求（Requirement），對於股東將股份登記在證券經紀人名下（Street Name）[9]時，不再採用DGCL第262條第(a)項之追查股份規定（Share-Tracing Requirement）[10]。換言之，法院認為若股東將其持有之股份登記在證券經紀人名下，縱使股東於公司為案關交易時，未表達過反對意見或是棄權，但證券經紀人如符合DGCL第262條第(d)項規定時，亦即

6　鄭婷嫻，論2015年修正企業併購法之股份收買請求權－自美國德拉瓦州公司法2016年修法觀察，臺灣法學雜誌，第316期，頁42-44，2017年3月。

7　在美國股東團體訴訟常被利用作為換取和解的手段，惟提起股東團體訴訟後之和解均須經過法院的批准，始為合法的和解。而機構投資人藉由各種方式促使公司進行和解，實則可不經過冗長的訴訟程序，希望公司讓利，為自己與投資人爭取更多的利益或是減少損失擴大。

8　*In re Appraisal of Transkaryotic Therapies, Inc.* (Del. Ch. May 2, 2007).

9　街名證券經紀人（Street Name），即美國金融業所認可的證券經紀人，證券能以此種經紀人的名義持有，而不以客戶的名義持有，以便於日後出售轉讓等。

10　DGCL第262條第(a)項之追查股份規定（Share-Tracing Requirement）即股東須於公司進行案關交易時已有明確記載其表示反對意見，始能符合法律規定之必要條件之一，享有行使股份收買請求權聲請價格裁定之權利。

表達過反對合併案或棄權時，在證券經紀人持有的股份數量總額內，股東仍有權利行使其股份收買請求權，向法院聲請價格裁定。並且，在2015年的*BMC Software*[11]與*Ancestry.com*[12]兩案中，德拉瓦州法院仍維持相同意見，即股東將其股份登記在證券經紀人名下可不適用DGCL第262條第(a)項追查股份規定，但仍須符合其他相關條件，始能行使股份收買請求權與聲請價格裁定[13]。

於2000年前，股東行使股份收買請求權而向法院聲請價格裁定，此類型案件根據統計每年僅有少數幾個案件，然而，從2000年至2014年逐漸擴增，每年平均大約增加有20個符合法律規定得聲請價格裁定之案件[14]。查之，此一增加案件的主要原因與德拉瓦州法院對於得聲請價格裁定的股東身分逐漸放寬認定，影響甚大。因而，主導企業併購案的美國華爾街律師事務所聯合陳情，為了促進企業間併購效率，希望德拉瓦州立法當局能降低通過聲請價格裁定的案件，甚至希望法院能推翻*Transkaryotic*的判決，因為利用德拉瓦州法的股份收買請求權規定來達成和解目的，對公司而言，形同是一個新形態的攻擊訴訟（Strike Suit）[15]。但是，以保護少數股東權利的觀點出發，股份收買請求權制度具有保護股東的重要功能，能提供少數股東自控制權交易（Control Transaction）退場的機制，甚至具有監

---

[11] *Merion Capital LP*, No. 8900-VCG (Del. Ch. Oct. 21, 2015).

[12] *In re Appraisal of Ancestry.com, Inc.*, 2015 WL 66825 (Del. Ch. Jan. 5, 2015).

[13] 2016年DGCL第262條修正後，德拉瓦州法院在2016年5月11日*Dell*一案判決中仍不採用股份追查規定，但可允許公司可推翻（Rebut）提起股份收買請求權之聲請人所提出之表面證據（Prima Facie）。*In re Appraisal of Dell Inc.*, C.A. No. 9322-VCL (Del. Ch. May 11, 2016).此判決之重要意義乃係，如公司可提出足夠證據推翻股東具有股份收買請求權時，法院便會做出駁回股東聲請的判決，因此，公司則無須面對股東提起股份收買請求權所有案件。

[14] *See* Jiang Wei et al., *Appraisal: Shareholder Remedy or Litigation Arbitrage?* 18 (Jul., 2016), *available at* http://ssrn.com/abstract=2766776.

[15] *See id.* at 14.攻擊訴訟（Strike Suit）係指原告提起訴訟的目的並非請求回復公司的損害，而是意圖與公司或是被告達成和解且獲得高額和解金，此一訴訟方式則會為公司及全體股東帶來損害。*See* Robert W. Hamilton, The Law of Corporations in a Nutshell 542-43 (2000).

督控制股東之不法行為之功能[16]。因之，該制度在設置的微調時，需考量
「保護少數股東」與「促進併購效率」兩者，否則皆有所偏。

是此，在司法上法院逐漸開放股東提起該類型聲請案件，而立法機
構也進行美國修正DGCL第262條第(g)項[17]、(h)項[18]股東行使股份收買請求

[16] 劉連煜，現代公司法，頁158-163，2015年9月，11版。控制權交易係指除併購、公
開收購及集中市場買賣外，另以取得目標公司之控制權為移轉公司經營權之方式。
亦即直接向目標公司大股東購買其具有控制權之股份，買方則無須進行耗時費力的
公開收購股份的法律程序，並且避免在集中市場收買時遇到股價波動之不利。請
參閱張心悌，*Regulating Sale of Control Transactions in Taiwan-From the Perspective of
Economic Analysis*，臺大法學論叢，31卷4期，頁43-133，2002年7月。

[17] DGCL § 262 (g) "At the hearing on such petition, the Court shall determine the stockholders
who have complied with this section and who have become entitled to appraisal rights. The
Court may require the stockholders who have demanded an appraisal for their shares and
who hold stock represented by certificates to submit their certificates of stock to the Register
in Chancery for notation thereon of the pendency of the appraisal proceedings and if any
stockholder fails to comply with such direction, the Court may dismiss the proceedings as to
such stockholder. If immediately before the merger or consolidation the shares of the class
or series of stock of the constituent corporation as to which appraisal rights are available
were listed on a national securities exchange, the Court shall dismiss the proceedings as to
all holders of such shares who are otherwise entitled to appraisal rights unless (1) the total
number of shares entitled to appraisal exceeds 1% of the outstanding shares of the class
or series eligible for appraisal, (2) the value of the consideration provided in the merger or
consolidation for such total number of shares exceeds $1 million, or (3) the merger was
approved pursuant to § 253 or § 267 of this title."

[18] DGCL § 262 (h) "After the Court determines the stockholders entitled to an appraisal,
the appraisal proceeding shall be conducted in accordance with the rules of the Court of
Chancery, including any rules specifically governing appraisal proceedings. Through such
proceeding the Court shall determine the fair value of the shares exclusive of any element
of value arising from the accomplishment or expectation of the merger or consolidation,
together with interest, if any, to be paid upon the amount determined to be the fair value. In
determining such fair value, the Court shall take into account all relevant factors. Unless the
Court in its discretion determines otherwise for good cause shown, and except as provided in
this subsection, interest from the effective date of the merger through the date of payment of
the judgment shall be compounded quarterly and shall accrue at 5% over the Federal Reserve
discount rate (including any surcharge) as established from time to time during the period
between the effective date of the merger and the date of payment of the judgment. At any
time before the entry of judgment in the proceedings, the surviving corporation may pay to

權之相關規定，並自2016年8月1日起正式生效。DGCL第262條主要修正內容重點有二：第一個重點，授權法院得駁回小額持股之股東為股份收買請求權而聲請價格裁定（*De Minimis* Exception），即聲請者須為持有公司已發行股份總數超過1%，或持有股票價值超過100萬元美金以上之股東，或者，符合DGCL第253條或第267條規定的公司進行簡易合併之子公司股東，只要符合其一者，異議股東始具有聲請人之資格，向法院為股份收買請求權的價格裁定聲請；第二個重點，DGCL第262條第（h）項則提供公司降低支付過多法定利息的選擇，即公司可先行支付決定收購價格的股份價款給異議股東（Tender of Payment），如此可減少未來因價格裁定的時間流逝產生的法定利息增加。該制度之適用，吾人應注意是，前述修正規定僅能適用公開發行公司的併購交易案件於2016年8月1日以後發生者[19]。

二、適格股東向法院聲請為公平價格裁定

經查，DGCL第262條修正前，對股東是否為適格的價格裁定聲請人並沒有任何持有公司股份總數量或股份價值之要求，惟修正後，新增限制小額持股之股東行使該權利，法院逕自為駁回其價格裁定之聲請。若無符合下列三種情形之一者，衡平法院依法得駁回異議股東價格裁定之聲

---

each stockholder entitled to appraisal an amount in cash, in which case interest shall accrue thereafter as provided herein only upon the sum of (1) the difference, if any, between the amount so paid and the fair value of the shares as determined by the Court, and (2) interest theretofore accrued, unless paid at that time. Upon application by the surviving or resulting corporation or by any stockholder entitled to participate in the appraisal proceeding, the Court may, in its discretion, proceed to trial upon the appraisal prior to the final determination of the stockholders entitled to an appraisal. Any stockholder whose name appears on the list filed by the surviving or resulting corporation pursuant to subsection (f) of this section and who has submitted such stockholder's certificates of stock to the Register in Chancery, if such is required, may participate fully in all proceedings until it is finally determined that such stockholder is not entitled to appraisal rights under this section."

[19] *See* Gregory P. Williams, *2016 Amendments to the DGCL*, The Harvard Law School Corporate Governance Forum on Corporate Governance and Financial Regulation (Mar. 30, 2016), https://corpgov.law.harvard.edu/2016/03/30/2016-amendments-to-the-dgcl/ (last visited 2018.06.11).

請：第一，持有該公開公司已發行股份總數超過1%者；第二，持有股票價值總金額超過100萬美元以上者；第三，案關合併案須符合DGCL第253條或第267條所規定的簡易合併案[20]。蓋此一修法目的，主要為避免小額持股股東藉由司法程序名義，濫用其權益而不論併購案對公司整體利益是否有益，均向法院提出股份收買請求權聲請價格裁定，然而，真實的最終目的，則為取得與公司和解，增加聲請相對人（可能為存續公司或目標公司）後續之承擔法律風險[21]。然而，在符合DGCL第253條或第267條所規定的簡易合併型態中，異議股東可不受小額持股限制，而逕自提起價格裁定聲請。因為，在此類型簡易合併交易案件中，子公司異議股東事先無從得知母公司所做的單方經營決定，亦無法參與或否決該交易案，事後更無法行使投票權為自主意思表示，因此，除非異議股東能舉證證明母公司確有詐欺或不法情事，子公司異議股東依法行使股份收買請求權，則為其唯一的救濟途徑[22]，法院自不可僅因持股的限制駁回其聲請。蓋德拉瓦州法院在併購案中價格裁定程序，享有重要性的裁量權力，法院得考量公司所有相關因素（All Relevant Factors）再做出決定，制定一公平價格，可不受原有併購價格（收買價格）所偏限[23]。因此，法院作出的公平價格是高或低的裁定，將直接影響未來公司收買價格的決策與異議股東是否提出聲請價格裁定，具有不可分割性。觀諸近年來，該州法院所作出公平價格裁定，大部分為有利於聲請股東（異議股東），裁定結果之公平價格幾乎皆

[20] *See id.*

[21] *See* David J. Berger, *The Growth of Appraisal Litigation in Delaware*, The Harvard Law School Corporate Governance Forum on Corporate Governance and Financial Regulation (Dec. 5, 2013), https://corpgov.law.harvard.edu/2013/12/05/the-growth-of-appraisal-litigation-in-delaware/#more-55930 (last visited 2018.06.11); *see also* David Shine et al., *Why Delaware Appraisal Awards Exceed the Merger Price*, The Harvard Law School Corporate Governance Forum on Corporate Governance and Financial Regulation (Sep. 23, 2014), https://corpgov.law.harvard.edu/2014/09/23/why-delaware-appraisal-awards-exceed-the-merger-price/(last visited 2018.06.11).

[22] *Glassman v. Unocal Exploration Corp.*, 777 A.2d 242, 247-48 (Del. 2001).

[23] *Weinberger v. UOP, Inc.*, 457 A.2d 701, 702 (Del. 1983).

高於原有收購價格，且比率相當高，再者，不僅高於收購價格，公平價格甚至大幅度優於公司原收購價格。查自2010年至2014年，德拉瓦州法院聲請價格裁定案件之統計，裁定後公平價格較原有公司提出的收購價格高出8.5%至149%，而整體平均價格則優於原收購價格大約61%[24]。異議股東鑒於有利聲請股東的裁定數據的顯示，德拉瓦州法院便順理成章成為美國接受價格裁定聲請案件數偏高的法院。反面來思考者，於德拉瓦州法院對於聲請價格裁定之相對人較為不利益，因為加入法院態度傾向的重要因素，使得相對人須花費的時間與金錢成本極可能比原先所預估的收購成本更為增加[25]。

　　根據Korsmo與Meyers教授以美國德拉瓦州法院為研究對象，所做與股東聲請價格裁定案件相關資料顯示，自2010年起，異議股東（Dissenting Stockholders）向德拉瓦州法院提出價格裁定聲請案件數，隨著近年企業併購案件增加風潮而增加總數量。申言之，從2004至2010年價格裁定的聲請案件數，約莫占企業併購案件總數5%；於2011年，價格裁定聲請案件數卻翻倍成長，即占企業併購案件總數10%以上；至2013年，價格裁定的聲請案件總數甚至超越企業併購案件總數的15%[26]。德拉瓦州公司法賦予法院具有對公平價格有彈性的裁量權，換言之，法院可自行決定採用哪一種方式評估公司股價，例如，美國實務法院常採「德拉瓦塊狀法」（Delaware Block Method），利用市場價值、盈餘價值、及淨資產價值作為基數，並給予其加權，而計算得出股份價值[27]；或是，利用美國紐約州商業公司法第263條第(h)項第（4）款明文規定採行「現代財務法」（Modern Finance Methods）計算股價[28]。

---

[24] *See* David Shine et al., *supra* note 21.

[25] *See id.*

[26] *See* Minor Myers & Charles R. Korsmo, *Appraisal Arbitrage and the Future of Public Company M&A*, 92 Wash. U.L. Rev. 1551, 1567-70 (2015).

[27] *Bell v. Kirby Lumber Corp.*, 413 A.2d 137 (Del. 1980).

[28] Modern Finance Methods, *Weinberger,* 457 A.2d 701；*see also* N.Y. Bus. Corp. Law §263 (h)(4)美國紐約州商業公司法明文規定採行「現代財務法」，請參閱劉連煜，同註16，頁163-164。

在此類型併購爭議產生時，若德拉瓦州法院大部分都做出有利於異議股東的決定，且法院作出之公平價格亦經常高於原收購案所提出之收買價格，公司可能在經歷法院重新裁定公平價格的司法程序後，須另行支付更多程序費用以及溢價金額，當公司評估這些極可能發生的不利因素後，通常估計所需耗費的時間與金錢成本後，公司大都寧可在未提出異議股東提出價格裁定聲請前，便與異議股東進行私下和解，而不願進入司法價格裁定的程序。

然而，根據2016年美國學者Jiang等人所做的研究資料顯示[29]，股東聲請價格裁定已逐漸形成為一種手段，重新檢視此研究範本中的各個聲請案件，最後只有約莫12.1%的案件會繼續進行股份收買請求權的裁定價格程序；抑或是，當相關案件具行使股份收買請求權的適格股東手中，持有的股價總額達到1,000萬美元時，真確地行使股份收買請求權的價格裁定者，始提高至總案件數的15.4%[30]。吾人重新思考此一研究數據結果，其所表示的意義或可推論為，未修正DGCL第262條前，有關異議股東聲請價格裁定案件數中，僅有一小部分聲請股東是真心想進入價格裁定的司法程序，讓法院為公平價格的裁決，惟實然面，則大部分異議股東希望能利用公司不願耗費過多時間與金錢成本，而藉以促使公司達成和解的可能性。再者，前述美國學者們做出之實證研究資料中顯示，有32%的聲請價格裁定案中股東持有案關公司股價總額如若低於100萬美元，或是低於公司已發行股份總數的1%，最後將有高達80.1%的價格裁定聲請案的聲請人選擇以和解方式取代續行司法程序[31]。換言之，聲請股東利用德拉瓦州的司法與立法有利於異議股東的優勢下，進而取得與公司談判的籌碼。使得原先對於股份收買請求權立法目的追求的良善設計，也就是保護少數股東權益，或是兼具監督控制公司不法行為之功能無法達成，反而成為異議股

---

[29] 美國哥倫比亞大學商學院Jiang教授等人對聲請人在德拉瓦州法院進行股份收買請求權價格裁定案件，所作的研究資料實證分析，資料蒐集範圍為自2000年至2014年。*See* Jiang Wei et al., *supra* note 14, at 1.

[30] *See id.* at 5.

[31] *See id.* at 4.

東要求公司的一種新的策略——不給糖就搗蛋（Trick or Treat）。

然而，該法制修正後雖新增限制小額股東行使該權利，惟是否足以對適格股東提起聲請價格裁定的意願產生衝擊，則並無一定之關聯性。依據2000年至2014年研究統計資料做觀察，價格裁定聲請人的身分通常是避險基金（Hedge Fund），其所占比例為73.8%，其次為共同基金（Mutual Fund）所占比例為13.6%[32]，二者比例加總起來已達總聲請人數的87.4%，就此，可明顯地觀察出誰才是此類案件主要價格裁定的聲請當事人，且從美國Jiang教授等人的研究資料指出，價格裁定的聲請人持有股價總額通常不一致，持有股價總額平均值大約為190萬美元（高於新法所限制之100萬美元）。是此，新修正之法律是否可藉持股總數與持股總額達到降低聲請案件數量，則仍有待商榷。

因此，Jiang教授等人的研究資料說明，新修正DGCL第262條之規定關於限制小額持股股東之聲請，將可使價格裁定之聲請案件數降低總案件數的1/4（在價格裁定之聲請者與相對人的特性與所收集的資料維持一致的假設前提下），並且認為增加聲請者持有股價總金額應超過100萬美元，或須持有超過公司已發行股份總數1%的條件限制，並不會對真正想聲請價格裁定之股東影響其原有聲請的意願；相反的，可以有效地排除持有極少數股份的股東，欲以不成比例的方式打擊友善的併購交易[33]。

三、允許公司得先支付收買價款以減少未來增加之法定利息

DGCL第262條修法第二個重點，即是給予公司選擇權，可先行支付欲收買之股份價款給異議股東，得以限制未來法定利息的增加。以往提起股份收買請求權的異議股東，除了希望能得到公司提供更好的收買價格外，抑或是當公司收買價格與公平價格之間沒有太大差異時，還希望能從法院作成公平價格所花費的時間中獲得法定利息（以年利率5%計算）。換句話說，縱然異議股東向法院聲請價格裁定無正當理由（即惡意

---

[32] See id. at 18.

[33] See id. at 4-5.

聲請，Claims in Bad Faith），法院所做的公平價格可能高於或低於原收買價格，裁定的時間經過產生法定利息的增加都將成為異議股東的獎勵金（Awarded Interest）[34]。雖然，法院裁定公平價格之結果也有可能低於公司提出的原收買價格，但從近年來德拉瓦州法院的裁定結果觀之，極少數公平價格裁定是不利於聲請股東[35]。如此情況下，異議股東更有誘因向法院聲請價格裁定，恐將造成司法資源耗費、增加併購法律障礙與成本提高。是此，與股份收買請求權制度設計的原意是否相符，不無疑問。

　　現今乃是低（負）利率的時代，法定利息以年利率5%計算成為公司進行企業併購的高額成本之一，且聘請專家鑑定現有股值的估價費用成本與法院程序費用成本，都是讓公司寧可與異議股東逕自和解而不想進入司法價格裁定程序的重要考量原因。更有甚者，隨裁定時間增加的法定利息年利率5%變成一種不當得利（Backdoor Interest Rate Arbitrage），成為聲請價格裁定的異議股東強而有力的誘因，然而，此誘因並無助於產生一個合理公平的收購價格，反而容易讓有心人士利用為圖利（Lucrative Yields）的工具，根據美國Jiang教授等人2000年到2014年的研究資料顯示，該項誘因增加6.5%的聲請價格裁定案件[36]。因此，德拉瓦州州議會（立法部門）此次修正賦予公司選擇可先行支付收買價格給異議股東，藉此降低高額的法定利息增加，此修法方向應較符合衡平原則。

---

[34] *See* Jetley, Gaurav & Ji, Xinyu, *Appraisal Arbitrage – Is There a Delaware Advantage?* 47-48 (April 1, 2016), *available at* http://ssrn.com/abstract=2616887 or http://dx.doi.org/10.2139/ssrn.2616887 (last visited 2018.06.11).

[35] *See* David Shine et al., *supra* note 21, at 10.

[36] *See* Jiang Wei et al., *supra* note 14, at 34-35; *see, e.g.*, KIRKLAND &ELLIS, Appraisal Rights —The Next Frontier In Deal Litigation? 1-2(May 1, 2013), *available at* http://globalinsolvency.com/sites/all/files/may_kirkland.pdf (last visited 2018.06.11).

參、檢視我國現行企業併購法第12條之股份收買請求權制度

一、企併法2015年修法前後關於股份收買請求權制度之比較

　　吾人觀察企併法修法前之公平價格裁定案件，按臺灣臺北地方法院95年度司字第779號民事裁定，聲請人為東森媒體科技股份有限公司（以下簡稱東森媒體公司）少數股東，各聲請人分別對於系爭公司（相對人）提出之收買價格（每股26元）不服，向法院聲請為一公平價格之裁定，經查「盛澤公司係於95年7月12日向前東森媒體公司大部分股東以每股32.5元購入該公司股票，進而持有該公司股份90.37%，成為該公司之控股公司，此為相對人所自承，並有證券交易稅稅單在卷可查（第779號卷第87至103頁），觀諸盛澤公司購買前東森媒體公司大部分股份之時間為95年7月12日，距合併決議之同年8月2日，僅21日，該段期間該公司股票並無重大利空或利多消息，而該公司亦非上市、上櫃公司，平常交易量亦少，此參諸卷附安侯公司提出之合理性意見即明（第779號卷128頁），因此多數聲請人主張以盛澤公司購買大部分股份之32.5元作為本件收買渠等股份之公平合理價格，實非無據……盛澤公司因持有前東森媒體公司90.37%之股份，決議合併後，一併銷除所有股份，不換股或現金對價，並以每股26元為現金吸收合併價格（第779號卷第106、110頁），此種現金逐出合併之方式，小股東並無選擇之權，雖非不法，但基於公平原則，小股東既已犧牲其選擇權，如再令其僅能接受26元之合併價格，坐令其與大部分股東有6.5元之價差，無乃犧牲太過，亦非事理之平，且以32.5元出售股份之股東，與異議股東，均為普通股，所持有之股份數，多數亦未較聲請人多，並無合理之證據，足認渠等持有之股份應較聲請人等享有更大之利益……本諸衡平原則，亦應認為每股32.5元，為合併時之公平合理價格。」「本件前東森媒體公司合併時公平合理之價格為每股32.5元，亦即相對人應以該價格收買聲請人等之股份，爰裁定如主文第1項所示」，該裁定主文第

一項為「相對人收買聲請人所持有東森媒體科技股份有限公司股票之價格應為每股新臺幣參拾貳元伍角」[37]。查本系爭公平價格裁定案件，法院雖同意異議股東所提之聲請公平價格裁定，裁定結果也對異議股東有利，惟對於系爭公司（相對人）應何時履行支付收買價款及利息如何計算並無做進一步相關說明[38]。

　　就企併法第12條股份收買請求權制度規定修正前後觀察[39]，修正前，異議股東若欲行使股份收買請求權時，對於公司提出之收買價格達成協議者，並無法規要求公司於一定期日內支付收買價款；若異議股東對於收買價格與公司未達成協議時，須個別股東各自向法院聲請價格裁定，自行負擔聲請程序之費用及股價鑑價之費用，且在價格裁定前無法取得公司提出收買之價款，價格裁定後亦無強制規定相對人應於多久時日內履行支付收買價款，更無利息取得與計算方式等相關規定。是此，修正前對於異議股東行使股份收買請求權之相關程序頗為不利，缺乏誘因，故此次新修法乃針對法所未規定，且可能不利於少數股東的情況提出相對應的解決方法。

　　為加速企業間之併購效率，出現簡易合併或現金逐出合併時，僅能顧及公司整體的最大利益，難免對於少數股東的權益保護不周，為了更強化保護少數股東權益[40]，新修正之企併法第12條增加以下規定，使股份收

---

[37] 參照臺灣臺北地方法院95年度司字第779號民事裁定。

[38] 蔡英欣，股份收買請求權中股份價格之決定，月旦法學教室，第139期，頁23，2014年5月。

[39] 企併法第12條規定，股東欲行使其股份收買請求權，應於股東會集會前或集會中，以書面表示異議，或以口頭表示異議經紀錄，放棄表決權者，始具有該項權利。此一適格要件，修法前後維持不變。惟異議股東如何行使表決權，學者間有不同看法，有認為解釋上採「須」放棄表決權。林國全，反對合併股東之股份收買請求權，月旦法學教室，第52期，頁13，1999年9月；另有認為，若要求股東「須」放棄表決權，將剝奪股東對抗公司為不當或不利益之重大交易的機會。游啓璋，股份收買請求權的股東退場與監控機制，月旦法學雜誌，第128期，頁65-66，2006年1月；蔡英欣，股份收買請求權制度之檢討，全國律師，18卷2期，頁51，2014年2月。此次2015年修法仍未見處理該等問題。

[40] 依我國現行法制，股份收買請求權為簡易合併交易下異議股東唯一的救濟管道與退場機制。請參閱劉連煜，股份收買請求權與控制權溢價，月旦法學教室，第65期，頁26-27，2008年3月。並收錄於氏著，公司法理論與判決研究(五)，頁137-145，

買請求權制度於實然面更能發揮其作用。首先，現行企併法第12條第5項規定，「股東與公司間就收買價格達成協議者，公司應自股東會決議日起90日內支付價款。」即異議股東行使股份收買請求權後，而與公司就收買價格達成協議者，公司應自股東會決議日起90日內支付異議股東收買之價款，此增訂為明確規定公司支付價款之時點，且可避免公司因故延遲付款。再者，企併法第12條第6項規定，「股東與公司間就收買價格自股東會決議日起60日內未達成協議者，公司應於此期間經過後30日內，以全體未達成協議之股東為相對人，聲請法院為價格之裁定。」意即，於股東會決議起60日，股東與公司仍未能達成協議時，應於此期間後30日內以全體未達成協議之異議股東為相對人，向法院聲請價格裁定。因此，修法前，股東通常為價格裁定聲請人，是否提出聲請視個別股東之意願而定，公司為相對人；修法後，只要有未達成協議之股東，公司即負有聲請價格裁定之法律義務，為價格裁定聲請人，全體異議股東則為價格裁定案之相對人，此與修法前由異議股東個別向法院聲請價格裁定之規定，有重大差異。

承前所述，公司具有法律規定之義務提出聲請裁定，且同時具有提供法院相關資料之義務，依企併法第12條第7項規定，「公司聲請法院為價格之裁定時，應檢附會計師查核簽證公司財務報表及公平價格評估說明書，並按相對人之人數，提出繕本或影本，由法院送達之。」若公司未於規定期限內提起，依同法第12條第6項規定，「未達成協議之股東未列為相對人者，視為公司同意該股東第2項請求收買價格。」換言之，則視為公司無條件同意未達成協議之股東所提出之收買價格進行收買。是此，依照現行法規，公司將負擔證明其所提出的收買價格乃係公平價格，且若公司未盡向法院聲請價格裁定之義務時，即產生同意異議股東請求收買價格之法律效果，不待公司另行同意。此一法律擬制公司同意收買價格之法效，乃是促使公司積極處理與異議股東間收買價格歧異之問題，並可達到

2009年4月；江朝聖，關於簡易合併的幾個問題－由美國法檢視企業併購法及其修正草案，全國律師，18卷2期，頁27，2014年8月。

保障少數股東之權益。同樣地,公司「應」自股東會決議日起90日內,先行支付其認定之公平價格給予未達成協議之股東,若未支付者,視為同意股東所請求之收買之價格(企併法第12條第5項規定)。因此,面臨異議股東行使股份收買請求權時,公司不僅要積極地向法院聲請價格裁定,同時應先支付其認定之公平價格予異議股東,缺一不可,否則該法效將不利於公司。

依企併法第12條第2項規定,在異議股東行使股份收買請求權後,應於股東會決議日起20日內以書面提出,並列明請求收買價格及交存股票之憑證。股東依法提存股票後,公司先行支付其認定之公平價格,未能達成協議之差額則向法院聲請價格裁定。如此一來,可以避免投機股東藉由聲請法院價格裁定時,在市場尋求高價售出,亦可防止公司遲延付款,使少數股東遭受不利益[41]。依同法第12條第10項規定,待公平價格經法院裁定確定後30日內,公司應支付扣除已支付價款,及自股東會決議日起90日翌日起算之法定利息。聲請程序費用及檢查人之報酬,同法第12條第12項規定,皆由公司負擔。是此,進入司法程序後,公司除應負擔鑑價成本及司法成本外,尚須於一定時間內,積極給付異議股東差額價款,及自股東會決議日起90日翌日起算之法定利息,一方面使股東權益得以立即實現,另一方面公司亦可不因此增加交易成本而影響併購效率。

再者,現行法增列有關聲請價格裁定程序的相關規定。依企併法第12條第8項,法院為價格之裁定前,應使聲請人與相對人有陳述意見之機會。相對人有2人以上時,準用民事訴訟法第41條至第44條及第401條第2項規定。換言之,價格裁定程序可準用民事訴訟法上選定當事人之規定,依據選定當事人之意義,乃是全體多數人對該訴訟具有共同利益,得由其中選定一人或數人為選定人及被選定人,為全體起訴或被訴,被選定人則以自己名義為當事人進行訴訟行為,而其他人選定當事人後,則不得自己再直接為訴訟行為,成為實質當事人,若有死亡或訴訟當然停止之情事發生,亦不影響訴訟之續行,而確定判決對於其他各選定人均依民事訴

[41] 游啓璋,同註39,頁67-68。

法第401條第2項規定發生效力[42]。又聲請人或相對人對於價格裁定有異議者，可依企併法第12條第9項提起抗告，抗告法院於裁定前，應給予當事人陳述意見之機會。

價格裁定程序的適用上亦依企併法第12條第11項規定，準用非訟事件法第171條規定「公司法所定由法院處理之公司事件，由本公司所在地之法院管轄」、第182條第1項、第2項及第4項規定「公司法所定股東聲請法院為收買股份價格之裁定事件，法院為裁定前，應訊問公司負責人及為聲請之股東；必要時，得選任檢查人就公司財務實況，命為鑑定。前項股份，如為上櫃或上市股票，法院得斟酌聲請時當地證券交易實際成交價格核定之。對於收買股份價格事件之裁定，應附理由，抗告中應停止執行。」現行法即增訂準用公司法對於股份收買請求權價格裁定事件之適用及法定管轄權規定。

綜上所述，修正後之現行法，增加公司應主動為聲請價格裁定、須提供法院查核鑑價相關文件與資料、應先行支付異議股東股份價款等義務，均是落實保障少數股東權益與併購效率之目的，俾使未來股東行使股份收買請求權更具可行性。表6-1為作者自行研究我國企併法2015年修法前後關於股份收買請求權行使之規定與比較整理。

表6-1　企併法第12條股東行使股份收買請求權2015年修正前後之比較

	修正前企併法第12條規定	現行法企併法第12條規定
公司是否須先行支付價款予已達成收買協議之股東	法無明文規定。	公司應先支付價款。股東與公司間就收買價格達成協議者，公司應自股東會決議日起90日內先行支付價款（企併法第12條第5項）。
公司是否須先行支付價款予未達成協議之股東	法無明文規定。	公司應先支付價款。未達成協議者，公司應自股東會決議日起90日內，依其所認為之公平價格先行支付價款予未達成協議之股東（企併法第12條第5項）。

[42] 姜世明，民事訴訟法(上冊)，頁178，2013年10月，2版。

	修正前企併法第12條規定	現行法企併法第12條規定
若公司未支付價款予未達成協議之股東，有何法律效果	法無明文規定。	公司未支付者，視為同意股東請求收買之價格（企併法第12條第5項）。
由誰啟動法院價格裁定程序	異議股東個別向法院聲請價格裁定。	由公司向法院聲請價格裁定。公司應自股東會決議日起60日後30日內，以全體未達成協議之股東為相對人，聲請法院為價格之裁定。並且，若公司未於規定期限內聲請，則視為同意未達成協議之股東請求收買價格收買。（企併法第12條第6項）
由誰向法院提出股價公平價格鑑價資料	異議股東個別提出其所持有股份之公平價格鑑價資料。	由公司提出鑑價資料。公司應檢附會計師查核簽證公司財務報表及公平價格評估說明書，並按相對人之人數，提出繕本或影本，由法院送達之（企併法第12條第7項）。
價格裁定確定後，公司何時支付異議股東價款以及是否有法定利息	法無明文規定。	公司須於一定時間內給付價款差額及其法定利息予異議股東。即法院為價格之裁定確定時，公司應自裁定確定之日起30日內，支付裁定價格扣除已支付價款之差額及自決議日起90日翌日起算之法定利息（企併法第12條第10項）。
聲請價格裁定程序之進行方式	法無明文規定。	法院為價格之裁定前，應使聲請人與相對人有陳述意見之機會。相對人有2人以上時，準用民事訴訟法第41條至第44條及第401條第2項規定（企併法第12條第8項）。對於前項裁定提起抗告，抗告法院於裁定前，應給予當事人陳述意見之機會（企併法第12條第9項）。非訟事件法第171條、第182條第1項、第2項及第4項規定，於本條裁定事件準用之（企併法第12條第11項）。
法院程序費用由何人支付	法院依聲請金額就個別異議股東裁定聲請費。	由公司負擔法院程序費用。聲請程序費用及檢查人之報酬，由公司負擔（企併法第12條第12項）。

資料來源：作者自行彙整法規

二、現行企併法第12條股份收買請求權規定之適用疑義

股份收買請求權制度本係因股東不同意公司為某項重要的基礎變更行為，而賦予該異議股東得請求公司以公平價格購買其持股之權利，且此權利具有形成權之性質，蓋一經股東行使無待公司承諾，雙方買賣契約即成立[43]。而該股份收買請求權制度，在公司進行併購交易時，為給予異議股東（反對合併之股東）公平合理的退場機制，股東行使此一權利時，如有認為公司收買價格不符合預期或有不公平之差價時，可請求法院為公平價格裁定（修法前，聲請人為異議股東；依現行法之規定，聲請人為公司）。誠如劉連煜教授所言：「股份收買請求權具有何種積極功能，端視其公平價格（Fair Value）如何確認？換言之，評價之問題（Problem of Valuation）[44]」。例如，在現金逐出（Cash-out Merger）的交易中，若是法院裁定公平價格過低，對於公司的控制股東則具有誘因，經常透過現金逐出方式排除異議股東，是此，對少數股東的保障恐有不足；若是法院裁定價格過高，控制股東須付出過高收買價金，成本過度提高，恐會影響企業間進行有效率的併購交易[45]。因此，法院能否公平公正做出價格裁定，亦成為該股份收買請求權制度是否可以達到同時實踐監督功能與保障少數股東之權益行使的關鍵因素[46]。

就現行企併法第12條股份收買請求權制度，本文試闡述可能產生以下之適用疑義[47]。

1. 現行法將股東身分放寬後未來是否增加聲請價格裁定案件量

依現行企併法行使股份收買請求權之股東身分放寬，依據企併法第12條立法說明，修正本條第1項第5款、第6款，配合增訂同法第29條第6項無須經股東會決議之非對稱式股份轉換及第30條簡易股份轉換之規定，因此

---

[43] 王文宇，公司法論，頁387，2016年7月，5版；劉連煜，同註16，頁158。

[44] 劉連煜，同註16，頁158-159。

[45] 游啟璋，同註2，頁243-244。

[46] 游啟璋，同註39，頁58-59。

[47] 鄭婷嫻，同註6，頁40-42。

等情形造成受讓股份之公司股東權稀釋影響小，故明定非對稱式或是母子公司間簡易股份轉換時，賦予轉換股份公司之異議股東股份收買請求權；配合增訂第37條「簡易分割」類型，僅賦予子公司異議股東股份收買請求權，爰增訂本條第1項第8款[48]。並且，異議股東無須負擔任何司法成本，未來是否產生聲請價格裁定案件增加，以及有無可能連動成為股東影響公司進行有效率併購的阻礙。修法前，係由異議股東個別向法院為公平價格的裁定聲請，如異議股東分別向法院聲請價格之裁定時，缺點即是面臨股份收買請求權行使之過程冗長、股東花費時間與金錢成本過高、法院可能有裁定價格歧異等問題[49]。而依照現行制度，股東可免於司法成本與股價鑑價成本之支出，對異議股東而言，不同意公司提出之收買價格，而直接進入法院價格裁定程序並無任何成本支出，僅須依照規定列明請求收買價格及交存股票憑證。若裁定價格高於收買價格，更是如同獲得額外獎勵金，且一定期間內，公司須先行支付其認定之公平價格給予未達成協議之股東，異議股東無須擔心公司反悔或延遲支付價金，若公司未於依一定期間支付價款者，法律擬制公司同意異議股東請求收買價格之效果。因此，股東即產生很大的誘因不輕易與公司達成收買價格之協議，而直接進入法院裁定價格之程序，如此一來，未來聲請價格裁定案件量恐會隨之升高。

2. 現行法恐將排除異議股東與公司間和解的可能性

　　若是公司進行併購之交易通常需於一定時間（最短時間）內完成時，依現行法規定，公司於股東會決議日起60日後30日內，須以全體未達成協議的股東為相對人，向法院聲請為價格裁定，惟公司能否與未達成協議之股東於該期間經過後（自股東會決議日後第91日起）進行和解而不向法院為聲請價格裁定？按現行企併法第12條第6項規定，該法定期間一旦經過，縱使部分異議股東改變心意願與公司另為和解時，公司仍依法必須以全體異議股東為相對人聲請價格裁定，否則視為同意異議股東當初所請求之收買價格，故無法切割出一部分異議股東進入裁定程序，另一部分

---

[48] 黃偉峯，臺灣企業併購法，頁139，2016年8月，2版。

[49] 許美麗，股份收買請求權實務問題之研究，全國律師，8卷11期，頁68-69，2004年11月。

異議股東繼續進行和解。雖法律已給予股東與公司一段期間（90日）進行溝通調解，但和解的過程其實是建構在雙方均有讓步的共識始可能成立，雙方是否能積極且有效率的於90日的法定期間內溝通完畢，實有疑慮，股份的價值經常取決於許多商業原因，有可能是市場趨勢、全球整體經濟走向、公司本質的未來潛能性等，若異議股東事後仍想與公司進行和解，此時，因異議股東已非價格裁定案之聲請人無權撤回聲請，只能等待價格裁定確定，或等待由公司方撤回聲請。修法目的乃是從避免裁定價格歧異與保障當事人程序權之目的修訂，實值贊同。惟現行法下，只要異議股東與公司就收買價格未達成協議，經過一定期間，即一律進入價格裁定程序，並無例外規定。如此一來，完全排除公司與股東間進行和解的可能性，恐有增加使用司法資源與耗費公司時間與金錢成本，不啻為影響公司為有效率之併購。退步言之，異議股東與公司對於收買價格未達成共識，實為私人間之民事糾紛，是否宜用法律為強制規定，仍不免生疑。

3. 現行法增訂法定利息規定可能成為股東行使股份收買請求權之新誘因

現行企併第12條第10項新增於法院價格裁定確定後，公司須於一定期間內支付價款差額及其利息之規定。此一法定利息計算方式，即是促使公司儘快將公平價格差價支付給異議股東，以免增加公司併購成本。然而，股東是否可能因拿到額外的法定利息而增加行使股份收買請求權之意願？換句話說，一旦進入價格裁定程序，若是法院裁定價格高於收買價格，異議股東可因程序進行時間而獲取所增加之法定利息；若是裁定價格等於或低於收買價格，異議股東無須負擔任何不利益。況且，查我國法院幾乎沒有作成裁定價格低於公司提出之收買價格之前例[50]。另，股東若拒絕接受公司所提之收買價格，公司早已於股東會決議日起90日內，依其所認為之

---

[50] 檢視自2003年至2011年間臺灣臺北地方法院聲請價格裁定案件，法院的價格裁定高於收買價格為臺灣臺北地方法院95年度司字第1073號民事裁定，法院的價格裁定等同收買價格為臺灣臺北地方法院96年度司字第593號民事裁定，該期間未有低於收買價格的裁定作成。我國法院為公平價格裁定時，未如美國法院另有一套公式計算出公平價格（如後文所述），以往我國法院大多參考公司與股東所提出之股價鑑價相關資料或公司財報現值等，或是上市上櫃公司則參考具有一定價格之證券交易所提供的當日收盤股價。

公平價格支付價款予未達成協議之股東，在百利無害的情況下，則極可能成為異議股東積極進入價格裁定程序的誘因之一。

4. 現行法增訂程序法規定，是否已盡保障當事人的程序權益之目的

關於法院價格裁定之審理程序，現行企併法第12條第9項、第11項增訂準用民事訴訟法的選定當事人制度與準用非訟事件法的立法方式，是否已達到保障當事人的程序權益完整，則須再次檢視。企併法第12條乃是參酌德拉瓦州公司法第262條、美國模範商業公司法第13章及日本會社法中異議股東收買請求權規定，即修正為強制規定以「公司」為價格裁定聲請人，所有未達成協議之股東則列為相對人。而依企併法第12條第8項增訂，法院為價格裁定時，應使聲請人與相對人有陳述意見之機會，確有保障當事人程序權之立法意旨。然企併法第12條第11項規定準用非訟事件法第182條第1項，關於當事人適格規定並未做調整，法規仍是法院「應訊問公司負責人及聲請股東」之部分，實有不適宜之處。進一步說明者，首先，非訟事件法第182條之規定，係在聲請價格裁定之主體為異議股東的前提所作，而企併法修法後，聲請主體已改成公司，若要準用則當事人主體不符；其次，現行企併法第12條第8項，已規定聲請人與相對人有陳述意見之機會[51]，因此，新增準用非訟事件法第182條第1項將產生適用之疑義。再者，價格裁定聲請主體改由公司提起，雖可減少法院就同一事件可能作出不同公平價格之裁定，但仍未解決多數相對人中，部分相對人對於裁定結果不服提起裁定抗告，而另一部分未提起抗告而是否應為裁定確定之情形[52]。最後，現行法將程序法的規定直接制定於實體法規範中，此一立法方式是否得宜，則有再檢討的空間。

---

[51] 蔡英欣，同註39，頁55。

[52] 同前註。

肆、建議與結論

一、少數股東股份收買請求權之行使與限制

美國法無論是德拉瓦州公司法或是美國模範商業公司法（Model Business Corporation Act, MBCA），股份收買請求權乃是設計專屬於股東得請求公司以公平價格購買其持股的權利，具有退場機制與監督功能。然而，誰才是有權聲請公平價格裁定的聲請者，則規定主體相異，美國德拉瓦州公司法規定適格的異議股東始能向法院聲請公平價格裁定[53]，如新修正DGCL第262條規定聲請人須超過一定之持股比例或股價總額，始能行使股份收買請求權之規定；MBCA第13.30條則是規定由公司向法院為公平價格的裁定聲請[54]，同樣地，股東須符合MBCA之規定始能行使股份收買請求權，使公司具有法定義務向法院為公平價格裁定之聲請[55]。

---

[53] DGCL §262(h):"After the Court determines the stockholders entitled to an appraisal, the appraisal proceeding shall be conducted in accordance with the rules of the Court of Chancery, including any rules specifically governing appraisal proceedings. Through such proceeding the Court shall determine the fair value of the shares exclusive of any element of value arising from the accomplishment or expectation of the merger or consolidation, together with interest, if any, to be paid upon the amount determined to be the fair value…"

[54] MBCA 13.30 (a):"If a shareholder makes demand for payment under section 13.26 which remains unsettled, the corporation shall commence a proceeding within 60 days after receiving the payment demand and petition the court to determine the fair value of the shares and accrued interest……"

[55] MBCA 13.30 (b):"Notwithstanding subsection (a), the availability of appraisal rights under subsections (a)(1), (2), (3), (4), (6) and (8) shall be limited in accordance with the following provisions: (1) Appraisal rights shall not be available for the holders of shares of any class or series of shares which is: (i) listed on the New York Stock Exchange or the American Stock Exchange or designated as a national market system security on an interdealer quotation system by the National Association of Securities Dealers, Inc.; or (ii) not so listed or designated, but has at least 2,000 shareholders and the outstanding shares of such class or series has a market value of at least $20 million (exclusive of the value of such shares held by its subsidiaries, senior executives, directors and beneficial shareholders owning more than 10 percent of such shares)."

我國企併法修法後改由公司向法院為公平價格裁定之聲請，而以全體未達成協議之異議股東為相對人，如此雖可避免法院價格裁定歧異，但異議股東行使股份收買請求權時，是否會引起前述美國德拉瓦州法修法前所遇到的困境，即有權提起股份收買請求權之股東利用聲請公平價格裁定換取和解的談判籌碼，提高股東採用不給糖就搗蛋策略之誘因。本文認為，若實務有產生類似情事時，或可參酌美國法的限制小額持股之股東行使股份收買請求權而聲請價格裁定，以兼顧保障股東權益與併購效率。然而，由於現行企併法施行未久，是否真有此問題產生，值得立法者持續關注。

二、價格裁定聲請案件數量可能增加

異議股東行使股份收買請求權，得請求公司以公平價格購買其持股之權利，又若雙方對於公平價格無法達成共識時，接踵而來的聲請價格裁定案件必然產生[56]。當行使股份收買請求權之股東身分放寬，且異議股東無須負擔聲請裁定程序費用及檢查人之報酬時，以一般人的經濟理性觀念來說，股東對於公司收買價格縱然認同，但仍可能繼續行使其股份收買請求權，蓋因其無需承擔任何之不利益。股東僅需要付出時間成本，而此時間成本在現行法的規定下，將可由公司支付利息來彌補，因此，異議股東非利他主義者，並沒有不行使股份收買請求權的理由，現行制度恐有鼓勵股東積極行使異議權，並拒絕與公司達成收買價格之協議的可能。是此，或可預想未來行使股份收買請求權的股東將更有誘因，公司聲請價格裁定的案件量隨之增加，而法院價格裁定案件量將會比以往更多，這樣的結果似有不符合當初節省司法資源與促進訴訟經濟的修法理由[57]。

另一方面，修法後聲請價格裁定之主體改為公司，雖不如以往由異

---

[56] 除聲請價格裁定案件外，股東行使股份收買請求權尚有其他爭議產生，如「股份轉換基準日」時，公司如未完成收買價格之交付，股東是否能有權選擇轉換股份相關說明，請參閱王文宇，同註43，頁592-593；劉連煜，同註16，頁164-66；劉連煜，合併異議股東之股份收買請求權，月旦法學教室，第23期，頁27，2004年9月。

[57] 但有學者認為現行企併法第12條不致於大幅遽增少數股東行使收買請求權之案件，見劉連煜，同註16，頁200。

議股東各自進行聲請價格裁定而引發價格裁定歧異或浪費司法資源，惟法院對於作成確定之公平價格裁定仍需耗費時日，因相對人（異議股東）對於價格裁定不服，可向抗告法院提起抗告，抗告裁定前，法院仍需給予雙方當事人陳述意見之機會（企併法第12條第9項），法院始能為抗告裁定，而抗告法院之裁定，非以抗告不合法而駁回者，則相對人尚有再抗告之機會（依據民事訴訟法第486條第2項）。如此一來，對於企業進行組織改造需投入更多時間成本與金錢成本，而與我國新施行之企併法之修法宗旨「簡化程序，便利企業併購、加強公司組織重整之組織再造」恐大相逕庭。

三、增訂法定利息之附隨效果

在2016年DGCL第262條修法前，美國法院所做的公平價格裁定無論高於或低於原收買價格（但公平價格大多是高於收買價格），法定利息都將成為異議股東的獎勵金，且根據前述Jiang教授等人的資料顯示，法定利息確實提高聲請價格裁定案件的提起率，故此次修法給予公司選擇，可先行支付收買價款給異議股東，做以限制未來法定利息的增加。然而，增訂法定利息之規定，在我國實務上，不無可能成為異議股東行使股份收買請求權的獎勵金，或為提高聲請價格裁定案件數量之誘因。

同前所述，以經濟成本考量，股東有獲利的可能，則會積極行使其股份收買請求權。舉例來說，若公司收買價格為每股新臺幣（下同）100元，股東請求收買價格為每股120元，若是法院的裁定公平價格為110元，高於公司收買價格，則股東可以獲得每股價差10元及加上差額之法定利息（即自公司決議日起90日翌日起算）。因此，當法院的價格裁定大部分為高於收買價格或是等同收買價格，甚少或幾乎沒有低於收買價格時，對於股東而言，承受價格裁定低於收買價格的不利益風險非常微小，不影響股東行使股份收買請求權的誘因，再加上有法定利息的額外獲利，便可能增加不與公司協商公平價格的意願。

在我國實務的運作下，企併法修法前股東並不會積極以行使股份收買請求權為其救濟管道，因股東須負擔額外時間與金錢成本，故價格裁定案

件數量相對少數；修法後，股東行使其權利的誘因增加，使股份收買請求權制度達到保障少數股東權益，惟站在以「促進併購效率」的目的觀之，此次修法則似仍有觀察的空間。

總而言之，本次修正雖有保護少數股東權益之目的，改善修法前股東主張股份收買請求權之各種程序不利益，但修正後也同時升高股東不與公司協商價格的誘因，藉此希冀公司提高協商價格。但如此操作結果也恐對併購產生負面影響。雖然目前現行法施行未久，實務操作結果未有明顯問題，觀諸美國德拉瓦州法修正理由，修正為有利於少數股東之程序後我國是否會有類似情形，應值得繼續觀察。

四、我國法制與美國法制當前動態觀察

企業併購隨著經濟發展將成為更重要的議題，而併購的企業主體也不再侷限於本國企業相互併購，近期熱門話題有我國企業併購外國企業，或是外國企業將要併購我國企業，例如，鴻海併購日本面板廠夏普（Sharp）、美國記憶體大廠美光傳出（Mircon）併購華亞科。鴻海併購夏普的過程一波三折，股價也隨之起伏不定；而華亞科卻因美光突然宣布暫緩收購而造成股價大跌，投資人人心惶惶。企業併購不單只影響股價，亦對於參與併購之股東、債權人、公司員工及利害關係人之權益均有影響，因此我國的企業併購法如何制定出一套合適規定，如何建立良好的運作機制都是刻不容緩的任務。

另外，我國近年相當重視公司治理原則的推動，學術研究普遍關注董監管理階層的監督機制時，同時也需要注意，國際經濟合作暨發展組織（Organisation for Economic Co-operation and Development, OECD）於2015年9月提出最新的公司治理原則[58]，六大原則中，其中第2項明列公司治理架構對於股東權益的保障應是有利於其行使，且遇有權益被侵害時可獲得有效之救濟方式，由此可見股東權益之保障及其救濟方式亦同為推動公司

---

[58] G20/OECD Principles of Corporate Governance 2015, *available at* http://www.oecd.org/corporate/principles-corporate-governance.htm (last visited 2018.06.20).

治理的重大事項之一。修正後的現行企併法雖已解決修法前大部分法律爭議，但少數股東的權益是否就此保護充足，則仍端視行使該項權利的順暢度與可行性，尤其是公平價格如何公平制定，法院將扮演重要的角色。

　　本文密切關注修法後我國法院聲請價格裁定動向，自2017年1月1日至2017年12月31日止，經查當事人間聲請裁定股票收買價格事件，尚無在總案件數上有劇增之現象，再抗告至臺灣高等法院之案件僅3件，但法院對於股份之公平價格的判斷方式則各有所不同，探究其本因，乃是系爭公司種類是否為上市、上櫃公司或未公開發行股票公司，而產生法院評估公平價格方式之差異。例如，若為上市上櫃公司之股票，法院得斟酌聲請當地證券交易實際成交價格核定「當時公平價格」，此價格由專家意見書以「成本法－每股淨值比法」、「市場法－股價淨值比法」、「市場法－EV/Sales比法」計算平均每股價格，再斟酌系爭公司特性如於前二年度「每股盈餘」，及資本公積、法定盈餘公積、特別盈餘公積及未分配盈餘等公司經營財務狀況，始得出「當時公平價格」[59]。又非上市、上櫃公司評估價格時，如臺灣高等法院105年度非抗字第133號民事裁定，再抗告有理由，乃係再抗告人提出「新生公司因股票未上市、上櫃公司無法採用『市價法』認定股票價格，且資產負債表列計之公司資產價值係該等資產之歷史成本，非公司實際清算時可回收金額，亦不足反應產業經營風險、獲利能力等重要因素」，法院認為「所謂公平價格，學說及實務上本存有多種評價方式之主張與見解，一審棄伊所提由獨立專家出具之『企業評價報告書』不論，採前揭中華徵信所所為之鑑定，並僅扣除土地增值稅部分，而未慮及新生公司非公開發行公司，應再參酌市場流通性折價、公司股權之過去交易資訊及產業與總體經濟環境等因素予以折價，……而另審酌公司目前經營現況、資產與負債情形，及重視其未來獲利能力，暨公開交易市場對該產業之重視等節，認相對人於公司議決合併時所參考之元宏估價師事務所出具之不動產估價報告，及採使用市場實際交易情形數據之『股價指數推算法』而製作之企業評價報告，較符合本件評價目的及公

---

[59] 臺灣高等法院106年度非抗字第70號民事裁定。

司個別狀況，……[60]」。換言之，本案高院認為非公開發行公司提出公平價格時，因無市場上所認定之公允股票價格，則需要參考多種公司個別狀況始能真實反映股票之「公平價格」。修法後該制度施行未久，實務上之裁判件數雖尚未充足，亦不足以真實反映，但可從前二高院裁判理由可觀之，「法院」認定公司應支付異議股東多少公平價格為股份收買價格，實具有相當重要的判斷地位，並非僅止於公司提出第三人公平價格鑑定書即可符合公平價格之真正定義。惟此一觀察，尚稱短暫，能否使修法後之真正立意發揮最大功效，仍是本文繼續研究的對象。

然而，美國法制部分，2017年美國德拉瓦州公司法制的最新規定的發展與法院案例，出現二大股份收買請求權重要指標性判決[61]。自此以後，是否德拉瓦州法院仍如以往會作出對聲請人有利之公平價格，則須重新檢視。自2000年起至2016年修法前，美國德拉瓦州法院裁定之公平價格，根據實證分析結果大多高於公司合併價格；而2016年8月正式施行相關法條修正後，德拉瓦州最高法院出現關鍵性的二個案例判決，最高法院裁定的公平價格，不但不再高於合併價格，甚至裁定出的公平價格低於公司原先提出的合併價格。進一步說明此二指標性判決，第一個案例為*DFC Global Corporation v. Muirfield Value Partners, L.P.*[62]（以下稱*DFC*案），德拉瓦州最高法院推翻衡平法院法官所做的公平價格之決定，此意謂著，衡平法院法官評估公平價格，原係用交易價格加權1/3、現金流貼現分析比例1/3、及可對照公司價格分析1/3，作為判定公平價格之標準，此後最高法

---

[60] 臺灣高等法院105年度非抗字第133號民事裁定。

[61] Victor Lewkow et al., *Analysis of Delaware Supreme Court's Dell Appraisal Decision*, The Harvard Law School Corporate Governance Forum on Corporate Governance and Financial Regulation (Dec. 19, 2017), *available at* https://corpgov.law.harvard.edu/2017/12/19/analysis-of-delaware-supreme-courts-dell-appraisal-decision/ (last visited 2018.06.11)；*also see* Meredith E. Kotler et al., *Delaware Supreme Court Declines to Establish A Presumption in Favor of Deal Price in Appraisal Actions—Or Did It?* The Harvard Law School Corporate Governance Forum on Corporate Governance and Financial Regulation (Aug. 8, 2017), *available at* https://www.clearymawatch.com/2017/08/delaware-supreme-court-declines-establish-presumption-favor-deal-price-appraisal-actions/ (last visited 2018.06.11).

[62] *DFC Global Corp. v. Muirfield Value Partners, L.P.*, No. 518, 2016 (Del. Aug. 1, 2017).

院不再一律採用此種計算方式[63]。惟*DFC*本案中，最高法院法官，並無對
於「1/3」此一比例做出進一步詳細的解釋，僅說明須讓評估價格的方式
更加透明（More Transparency），並且應考量所有相關因素（All Relevant
Factors）[64]。第二個案例則為*Dell*一案，2016年5月*Dell*一案判決中不採用
股份追查規定，可允許公司推翻提起股份收買請求權之聲請人所提出之表
面證據，亦即公司若提出足夠證據推翻股東具有股份收買請求權時，法院
便會做出駁回股東聲請公平價格的裁定，公司則無須承擔過多訴訟成本。
而修法後，2017年12月最高法院對*Dell*一案做出判決，同樣是推翻評估公
平價格採用交易價格加權及現金流分析等公式，甚至重新評估衡平法院所
評估的價值高於合併價值28%[65]，其理由主要是認為公平價格的計算乃是
因市場效率低以及由管理階層主導收購，並非基於真正的公平財務來源評
估得出之公平價格[66]。是此，於修法前後最高法院對於公平價格的轉變，
又再度引發了美國學者與實務者許多對於該制度發展的重要討論。

　　美國德拉瓦州法院的判決方向，對於美國及全球公司法制之制定趨勢
素有一定之影響力，未來我國立法及司法機關如遇該制度適用疑義與本文
所提出之相似問題時，或有本文為一參考之基礎，促進併購效率之時仍能
兼顧少數股東權益之保障。

---

[63] Robert S. Reder & Blake C. Woodward, *Delaware Supreme Court Refuses to Establish a Presumption Favoring Deal Price in Statutory Appraisal Proceedings*, 71 Vand. L. Rev. En Banc 59, 69-70 (2018).

[64] *Id*, at 70.

[65] Robert S. Saunders et al., *Analysis of Statutory Appraisal Cases*, The Harvard Law School Corporate Governance Forum on Corporate Governance and Financial Regulation (Dec. 8, 2017), *available at* https://corpgov.law.harvard.edu/2017/12/08/analysis-of-statutory-appraisal-cases/ (last visited 2018.06.11).

[66] *In re Appraisal of Dell Inc.*, No. 565, 2016 (Del. Dec. 14, 2017).

7

由臺灣高等法院102年度金上字第11號判決論併購交易中之少數股東權益保護

蘇怡慈

壹、前言

　　併購為現代商業活動中常見的交易型態，企業進行併購的動機之理論眾多，但主要理論有兩個，分別為價值極大化理論與代理理論[1]。所謂價值極大化係指企業運用財務政策，穩定企業長期發展，增加企業財富使企業價值達到極大化。.企業併購的主要原因為增加企業綜效與降低代理成本，綜效是指兩家廠商結合後之利益超過個別廠商[2]。代理理論又可分為成長極大假說與經理者個人風險分散說。因近年來公開收購案例增加，以2013年為例，該年多數公開收購案之最終目的為私有化或下市交易[3]。公開發行公司私有化對股東權益影響甚鉅。除以上兩個主要企業併購動機理論外，亦有可能發生企業經營者非基於理性原因進行併購活動，造成該併購活動對經營階層或大股東有利，卻對於少數股東，債權人或員工等其他利害關係人產生不利益之情形[4]。臺灣高等法院102年度金上字第11號判決即為此例，該案主要係為規避公開收購制度撤銷公開發行，而構成違反證券交易法第20條之證券詐欺之案件，除證券交易法第20條以外，此案所涉

---

[1] 王文宇，企業併購法總評，月旦法學雜誌，第83期，頁70，2002年4月。

[2] Roberta Romano, A Guide to Takeovers: Theory, Evidence and Regulation 9 Yale Journal of Regulation 119, 125-129 (1992).

[3] 蔡昌憲，下市交易中利益衝突之淨化機制：從美國Dell公司收購案談起，台大法學論叢，44卷2期，頁535，2015年6月。

[4] 王文宇，前揭註1，頁71。

關於併購交易中少數股東權益保護之議題，如公開收購，股份收買請求權之價格決定[5]，控制股東的受託人義務等亦十分重要，本文擬由公開收購出發，兼論控制股東之受託人義務，最後分析本案關於收購合理價格之爭議，並以美國德拉瓦州最高法院2017年8月所做之DFC案[6]中關於合理價格之討論，望能強化未來我國併購交易中之少數股東權益保護。

貳、判決摘要

一、案件事實

王令麟為東森集團總裁，為東森媒體公司董事，並實質掌控東森國際股份有限公司（下稱東森國際公司）、東森得易購股份有限公司（下稱東森得易購公司）及東森購物百貨股份有限公司（下稱東森購物百貨公司），而前述公司分別持有依證券交易法公開發行之東森媒體公司已發行股份超過10%。因此王令麟於民國95年2月間亦實質掌控東森媒體公司53%之股權。

美商Carlyle Group（凱雷集團）有意入主東森媒體公司，遂於95年2月間與王令麟及其他大股東議定將以每股新臺幣32.5元收購東森媒體公司股權，且為達足以實質掌控東森媒體公司經營權之股權數，提出東森媒體公司股東可出售總股權達67%以上之條件若成就，凱雷集團即有完成買賣交易之義務，且總購買股權比例愈高，王令麟即可獲取愈多回饋利潤之交易條件。

凱雷集團於95年3月9日先簽交意向書予王令麟，雙方再於同年4月24日簽訂股權買賣契約書，由凱雷集團以Unicorn Investment Company LTD. 名義向包括王令麟在內之東森媒體公司大股東購買其實質掌控之股權，凱

---

[5] 關於股份收買請求權之討論，詳見劉連煜，公司合併態樣與不同意股東股份收買請求權，公司法理論與判決研究（四），頁216-217，2006年。

[6] DFC Glob. Corp. v. Muirfield Value Partners, L.P., 2017 WL 3261190, (Del. Aug. 1 2017).

雷集團並同意支付日後轉售東森媒體公司予他人時獲利總額之2%至5%，
作為王令麟協助完成收購股份之代價。

王令麟為向東森媒體公司小股東收購股權，蓄意隱匿凱雷集團有意以
每股32.5元收購之重大訊息，先經該公司95年3月7日臨時董事會決議通過
申請撤銷公開發行，藉以免除證券交易法有關公開收購之相關規範；再於
95年3月底及同年4月28日分別以東森得易購公司及東森購物百貨公司聯合
具名向小股東發函，表示願以每股20元之價格收購東森媒體公司股份，致
韓嘉千等51名小股東陷於錯誤，賣出其所持有之東森媒體公司股份予王令
麟實質掌控之東森得易購公司、東森購物百貨公司。王令麟嗣於同年7月
12日再將上開收購股份以每股32.5元之價格轉售予凱雷集團，獲得高額不
法利益。

故而，投資人保護中心遂主張王令麟違反證券交易法第20條第1項有
關有價證券之收購不得有虛偽、詐欺或其他足致他人誤信行為之規定，應
對上開出售股份之小股東賠償其所受損害等情。爰依證券交易法第20條第
1項、第3項、民法第184條第1項、第2項、第28條及公司法第23條第2項規
定提起本件訴訟。

二、法院判決

(一)關於規避公開收購撤銷公開發行部分

預定取得公開發行公司已發行股份總額百分之20以上股份者，除符
合一定條件外，法律強制規定應以同一收購條件為公開收購。若欲向特定
人收購公開發行公司已發行股份總額達一定比例，為避免違反上開強制規
定，而先撤銷公開發行予以規避者，雖該撤銷公開發行之手段行為合於公
司法之規定，惟其所欲達到規避法律之目的既屬不法，自係以合法手段掩
飾其不法目的，則對於因規避法律適用之結果，致無法以同一條件出售股
份之股東而言，即構成證券交易法第20條第1項之虛偽行為，是該等股東
自得依同條3項規定請求損害賠償。

(二)關於實質負責人部分

　　法院認為，王令麟為東森集團總裁及東森媒體公司名譽董事長，對於東森媒體公司董事具有相當程度之影響力。又其身為東森購物百貨公司與東森得易購東斯之控制股東，對於此些公司具有控制權、實質掌控人事財務及業務經營、且對於本件股權買賣交易具有決策權及支配權。其中美瀚公司為王令麟獨資設立，該公司為東森購物百貨公司之唯一法人股東。東森得易購公司，王令麟實質掌握之股權有66.51%。

(三)關於少數股東所受損害金額-股份收買請求權之公平價格

1. 32.5元非公開收購價格

　　(1)法院認為32.5元價格「係以出售股份總數不少於東森媒體公司已發行股份總67%，且出賣人負有承諾及保證義務為條件，而東森媒體公司如未撤銷公開發行，凱雷公司依法應在公開市場收購東森媒體公司股份時，出售股份之小股東既無法依上開條件出售其股份，則凱雷公司殊無可能以上開價格收購，是每股32.5元之價格並非證券交易法第43條之2第2項條所稱公開收購之價格甚明。」

2. 26元為合理市價

　　公司股權提高出價經營權（每股32.5元，嗣經調整交割價為32.4元），且將所增加之大部分成本轉嫁予購買亞太固網公司Cable Modem業務上，亦即以低於市場行情價買下亞太固網公司Cable Modem業務，並將購買東森媒體公司股權及亞太固網公司Cable Modem業務二份契約綁在一起，二者互為交割條件。而凱雷集團向王令麟購買東森媒體公司股份之每股價格，其中2.9元係凱雷集團因綁約買下亞太固網公司Cable Modem業務所提高的價格；另包含東森媒體公司大股東出售股權之控制權溢價3.5元；是估算東森媒體公司當時之每股市價，應將上開兩部分價格扣除，而為每股26元，參諸安侯建業會計師事務所於95年8月1日出具Project Unicorn評價分析備忘錄，內載依據東森媒體所提供之相關資訊及該備忘錄提出的折現現金流量分析，東森媒體公司於95年7月15日之股權價值估

計是介於每股24.4元至26.8元之間；又根據過去3個月（按：指95年5月至
7月份）之交易股價分析，東森媒體公司之每股價格應在23.8元至26.9元。
亦見每股26元乃東森媒體公司「於95年7月15日之每股價值24.4元至26.8
元」，及「於95年5至7月份之每股交易價格在23.8元至26.9元」區間之相
對高點，故以之作為東森媒體公司於95年上半年度之每股市價，應屬合
理。故認凱雷集團於95年上半年度，本應依法在公開市場收購東森媒體公
司股份之合理價格應為每股26元。

3. 會計師鑑定結論之30元有疏誤

又東森媒體公司董事會嗣於95年8月2日決議與盛澤股份有限公司
（下稱盛澤公司）合併（合併後存續公司為盛澤公司），原東森媒體公司
小股東於95年8月29日對於該合併案提出異議並請求收買其股份之事件，
雖經原審參酌臺北市會計師公會指派陳昭里會計師鑑定結論，認定小股東
請求收買股份之公平價格為每股30元，惟上開鑑定結論係以凱雷集團向
大股份收購價格32.5元為基礎，再就前開安侯建業會計師事務所評價分析
備忘錄所載數據調整計算所得出，其未將32.5元實係包含凱雷集團綁約買
下亞太固網公司Cable Modem業務所提高價格在內之因素一併考量並予扣
除，尚有疏誤，亦不足以拘束本院之認定，

參、併購交易中之少數股東保障

一、強制公開收購制度

在併購交易中，源於英國的強制公開收購制度主要係為了避免少數股
東受到控制股東的壓迫而設計的制度，因為該制度要求收購人若欲取得控
制權，則必須購買所有應賣股東之股份[7]。故透過此一制度，控制股東必

---

[7] See Takeover Panel, Announcement by the City Working Party 1972/2, at http://www.
thetakeoverpanel.org.uk/wp-content/uploads/2008/12/1972-02.pdf. 最後瀏覽日：2017年6
月5日。

須與少數股東分享控制權溢價。我國於1988年引進公開收購制度，於2002年再次修正，增訂43-1條第3項規定：「任何人單獨或與他人共同預定取得公開發行公司已發行股份總額達一定比例者，除符合一定條件外，應採公開收購方式為之」；同法第43-2條第1項前段規定：「公開收購人應以同一收購條件為公開收購」。而依同條第4項授權訂定之「公開收購公開發行公司有價證券管理辦法」第11條第1項則明文規定：「任何人單獨或與他人共同預定於五十日內取得公開發行公司已發行股份總額百分之二十以上股份者，應採公開收購方式為之」。立法理由表示為參考英國香港新加坡法制，保障股東權益。

我國之強制公開收購制度，與英國法上之原有制度雖有顯著差異，主要差異處有三：一為啟動強制收購之門檻不同，我國為20%與英國法上之30%不同，且英國法上並未設有50天內之時間規定。二為是否全部應買不同，我國可依照比例收購，但英國必須收購全數股份；三收購最低價格規定不同，我國並未針對公開收購最低價格設有規定，但英國法上為過去12個月的最高價為最低公開收購價格[8]。但本案為規避強制公開收購而撤銷公開發行，顯見強制公開收購制度仍有發揮立法理由"保障少數股東"之功能。

二、控制股東之受託人義務

本案另一爭點為王令麟是否為「實際負責人」，本案發生之時，我國公司法尚未增訂第8條第3項，故被上訴人主張實質董事（即影子董事）之規定僅適用於公開發行股票公司，被上訴人等二家公司不適用之，又依法律不溯及既往，本件事件發生在上開條款增訂之前，自無該條款適用餘地，另民法第28條不包含實質董事云云。但對於王令麟為兩家公司控制股東，兩造並未爭執。對於控制股東，美國法上認為在現金逐出合併與閉鎖公司情形下，若控制股東濫用地位壓迫少數股東，則可能違反其受任人義

---

[8] I Tzu Su, Mismatched or Serendipities? A Comparative Study of Mandatory Bid Institution in the United Kingdom and Taiwan, in Corporate Law Teacher Association annual conference (2016).

務[9]。德拉瓦州法院長久以來認為，控制股東不需自我犧牲，其受任人義
務為基於公司及全體股東的最大利益，不容許控制股東對於公司資產的控
制力剝奪少數股東。

在我國於101年1月4日新增第8條第3項之規定後，控制股東若為實質
董事或影子董事則需負受任人義務已無疑義，學者亦持肯定見解[10]。但釜
底抽薪之計，仍為我國忠實義務之類型化。因我國控制股東自我交易情形
非常普遍，此案即為一例，在本案中，凱雷集團甚至同意支付日後轉售東
森媒體公司與他人獲利之2%-5%作為王令麟協助完成收購股份之代價。此
為利用職務收受回扣之典型違反受任人義務案例，但我國長久以來對於忠
實義務之類型定位不清，導致少數股東權益受損。在民間公司法全盤修正
委員會所提之修法建議中，建議將忠實義務類型化，分為掠奪公司資產商
機，收取回扣或佣金，非常規交易等等。本文認為對於促進公司治理及保
障公司與股東權益極有幫助[11]。

三、少數股東所受損害金額—「公平價格」股份收買請求權

(一) 爭點所在

本案最大爭執，在於凱雷公司以32.5元收購控制股東之股份，而控制
股東以20元收購小股東股份中間之12.5元價差。在併購交易中，何謂公平
價格向來是經營階層與少數股東之爭訟之地，因此法院對於何謂「公平價
格」裁定之重要性不言可喻。在本案中，法院對於公平價格之論述略為簡
短，難以窺知法院對於公平價格之態度，殊為可惜。因為不同之計算方
式，計算出之價格亦不同，對於不同股東之影響不可謂不大。本文以為，
本案之價格爭議，主要基於以下兩個原因，一為控制權溢價之分享，二為

---

[9] Iman Anabtawi & Lynn Stout, Fiduciary Duties for Activist Shareholders, 60 STAN. L .REV. 1255,1295-1300 (2008).

[10] 曾宛如，新修正公司法評析—董事「認定」之重大變革（事實上董事及影子董事）暨董事忠實義務之具體化，月旦法學雜誌，第204期，2012年5月，頁135。

[11] 參http://www.scocar.org.tw/pdf/section3.pdf，最後瀏覽日：2017年8月1日。

合併後增生價值可否計入反對股東股份收買請求權之中。

1. 控制權溢價之分享

　　控制權溢價，係指併購時控制股權因其控制力之行使，故交易時之單價為不具控制力之股權高，此一多出之部分即稱為控制權溢價。關於大股東是否應與小股東分享控制權溢價，理論有三：一為股東共享之公平機會法則，主張大股東應與小股東共享控制權溢價；二為控制股東獨享；三為折衷不干涉理論[12]。其中強制公開收購制度為控制權溢價分享之實現體例，確保全體股東有依同一條件參與應賣之權利。與控制權溢價對應為少數股權折扣（minority discount），係指少數股權因其股份對控制權移轉並無影響，故其單價低於具有控制權股份單價。關於控制權溢價之分享，在本案中，控制股東顯然無意與小股東分享溢價，甚至透過隱匿收購訊息，撤銷公開發行手段來達到其目的。而投保中心以32.5元計算小股東之損害，係認為小股東亦享有此一控制權溢價分享之權利。但本案控制股東起初可控制股份已達53%。凱雷集團僅需再收購14%左右股份即可取得控制權。又凱雷集團願意以32.5元購買具有控制力之67%股份，顯見溢價之存在，故值得思考之點在於，是否具有53%左右之股東與其餘小股東均應享有以32.5元賣出其股份之權利？又法院不接受以32.5元作為小股東損害賠償之計算基準主要論理亦在於，32.5元為「係以出售股份總數不少於東森媒體公司已發行股份總67%，且出賣人負有承諾及保證義務為條件，若東森媒體公司如未撤銷公開發行，凱雷公司依法應在公開市場收購東森媒體公司股份時，出售股份之小股東既無法依上開條件出售其股份，則凱雷公司殊無可能以上開價格收購」。但是否真如法院認為凱雷公司不可能以32.5元在公開市場上收購亦有討論之處，因凱雷集團僅需再收購14%左右之股權即可取得公司控制權，法院並未具體說明凱雷公司殊無可能以32.5元收購之具體原因。且法院亦認為此案中控制股東不需分享控制權溢價，因法院認為需扣除3.5元之溢價後之價格始為合理價格，但法院亦未進一

---

[12] 參劉連煜，股份收買請求權與控制權溢價，月旦法學雜誌，第65期，頁27，2008年3月。

步說明須扣除控制權溢價之原因。

2. 為合併後之增生價值是否應算入收買請求權中

在本案中，法院認為應扣除凱雷集團因綁約購買亞太固網業務所提高之2.9元，對於合理價格之認定採用東森媒體公司於95年7月15日股權價值估計及95年5月至7月份之交易股價分析，東森媒體公司之每股價格應在23.8元至26.9元來做認定，此一認定似乎仍侷限於公司目前既有財產之持分，採用三個月之區段計算上半年之合理價格，因此顯然合併後之增生價值並不在法院之考量範圍內。

(二) 美國德拉瓦州法院見解

美國德拉瓦州法院對於公平價格之定義，體現在德拉瓦州普通公司法第262條[13]。「考量公平價格，法院應將所有相關因素列入考慮」。關於計算方式，歷來最眾所周知的應為在Weinberger v.UOP, Inc.[14]案中之現金流折現法（Discounted Cash Flows Method, DCF）[15]但除了現金流折現法外，尚有較早期之德拉瓦塊狀法（Blocked Method）與比較本益法（comparable P/E ratio method）[16]。所謂現金流折現法係現金流量折現法係藉由將明確預測期間內所預估之現金流量折現至評價基準日並加總；再

---

[13] DEL. CODE. ANN. tit. 8, §262 (h) After the Court determines the stockholders entitled to an appraisal , the appraisal proceeding shall be conducted in accordance with the rule of the Court of Chancery, including any rules specifically governing appraisal proceedings. Through such proceeding the Court should determine the fair value of the shares exclusive of any element of value arising from the accomplishment or expectation of the merger or consolidation, together with interests, if any, to be paid upon the amount determined to be the fair value. In determining such fair value, the Court should take into account all relevant factors.

[14] 457 A.2d. 701 (Del. 1983).

[15] EDWARD P. WELCH ET AL., FOLK ON THE DELAWARE GENERAL CORPORATION LAW § 262.10, at 9-229 (6th ed. 2017).

[16] 關於股份收買請求權公平價格計算方式之詳細介紹，詳參林建中，美國德拉瓦法上股份收買請求權的計算方式與衍生問題，政大法學評論，第137期，頁99-150，103年6月。

將明確預測期間結束日之終值亦折現至評價基準日，最後將二者之結果合計，以產生公司股份公平價值之估計。故影響現金流折現法的關鍵應包括明確預測期間、預估現金流量、終值及折現率等等。德拉瓦州法院在Weinberger案中拋棄過去使用德拉瓦州塊狀法而改用現金流折現法來估算股份之公平價格，最突破性之處在於，肯認股權的表現，不僅是公司目前或過去既有財產之持分，亦包含公司「未來收入」之請求權[17]。且在該案後之Cede & Co. v. Technicolor, Inc.案中確立併購時之公平價格，必須將公司合併後的狀況及增生價值一併考量[18]。

在美國法院實務上，有時法院會使用各種不同計算方式，來尋求何謂「公平價格」之衡平。DCF雖為德拉瓦州自Weinberger案後使用之主要標準，但新近趨勢，有主張以收購價格作為公平價格[19]。在Goldmen案後，德拉瓦州最高法院在DFC案中，雖拒絕適用Goldmen中使用收購價格作為公平價格之標準認為擴張解釋德拉瓦州普通公司法第262條之意旨，但不排斥收購價格作為公平價格之可能性。

DFC為一家替代金融服務業公司主要業務係提供pay day loan小額借款[20]。該公司自2005於Nasdaq掛牌交易以來，從無控制股東，為一財務操作高槓桿公司，曾被標準普爾列為信用等級負面，因財務專家認為該公司財務將受到英國新頒布的借貸準則影響，會比預期中還要疲軟。該公司因財務狀況吃緊，加上主要業務區域英國與加拿大等地區關於替代金融規定日益嚴格，該公司急欲尋找買家，最後由一私募股權公司取得。

衡平法院認為，市場關於該公司之估值並不可靠，因為該市場受到政府法規之影響甚大，與一般情形不同。但最高法院表示，衡平法院此一看法並未有任何學術或實證基礎，事實上，任何市場參與者在估算公司價值時，不可能不去檢視法規通過的可能性對於公司估值之影響。對於公開收

---

[17] 同前註，頁114。

[18] 參林建中，前揭註16，頁127。

[19] 11. A.3d. 214 (Del. 2010).

[20] Pay day loan為一短期，小額無擔保之借款，利率多半偏高，主要連結至借款人之發薪日支票。

購價格，衡平法院認為私募股權公司注重回報率而不去正視公司的合理價值。最高法院表示難以理解衡平法院得出此一推論之邏輯，要求衡平法院重新考慮公開收購價格在價值分析中之比重。

　　此案之衡平法院使用三種計算方式來決定何謂公平價格，分別使用了公開收購價格、比較公司價格與現金流折現法的均價，來得出公平價格[21]。對於何謂公平價格，衡平法院指出公平價格並非最高價格，至少在無自我交易的情形下，代表一個合理的賣方，在各種情形下，認為是一個公平價值[22]。德拉瓦州最高法院認為，若衡平法院採取三種不一樣計算方式加總除以三後之價格作為公平價格，則衡平法院必須清楚說明何以選擇如此比重作為計算基準。

(三) 小結

　　由德拉瓦州法院關於公平價格之計算方式之發展，不難看出法院在尋求公平價格過程中所面臨之兩難，盡可能利用各種計算方式與考量眾多因素中，求得所謂之「公平價格」。由此過程來看我國法院實務對於公平價格之估算，似乎過程稍嫌簡略。如法院指出雖經原審參酌臺北市會計師公會指派陳昭里會計師鑑定結論，認定小股東請求收買股份之公平價格為每股30元，惟上開鑑定結論係以凱雷集團向大股份收購價格32.5元為基礎，再就前開安侯建業會計師事務所評價分析備忘錄所載數據調整計算所得出，其未將32.5元實係包含凱雷集團綁約買下亞太固網公司CableModem業務所提高價格在內之因素一併考量並予扣除，尚有疏誤。本鑑定報告為本案唯一出具之會計師鑑定結論，法院認為其有疏誤不採，卻未闡明原因，亦凸顯出在併購交易中，會計師鑑定報告在我國未被重視的現象。或

---

[21] "Thus, the Court of Chancery determined that the fair value of DFC was: \$9.50 (deal price) + \$8.07 (comparable companies analysis) + \$13.07 discounted cash flow analysis ÷ 3 = \$10.21 per share."

[22] "A fair price does not mean the highest price financeable or the highest price that fiduciary could afford to pay. At least in the non-self-dealing context, it means a price that is one that a reasonable seller, under all of the circumstances, would regard as within a range of fair value; one that such a seller could reasonably accept."

法院若認為此份鑑定報告具有疏誤，是否應尋求第二份鑑定報告，僅以一份鑑定報告決定30元並非公平價格似乎對少數股東之權益保障略顯不足。且由此份鑑定報告與安侯建業會計師事務所評價分析備忘錄觀之，採取不同計算方法之計算基礎亦不同，法院未明確指出若將該因素考量後扣除，則將得出何等價格，以及用向大股東收購之價格作為基礎有何不妥之處。

肆、結論

近年來我國併購案日益增加，本判決所涉及之少數股東權益保護議題，更顯重要。本案控制股東為規避強制公開收購而撤銷公開發行，顯見強制公開收購制度在我國雖仍有改進之處，但對於少數股東權益保障似亦有其效果。我國控制股東自我交易頻繁，因此釜底抽薪之計應為將我國忠實義務類型化，以落實對公司及股東權益之保障。最後，關於本案主要爭點之少數股東所受損害之賠償金額認定，涉及股份收買請求權中之公平價格，我國法院關於公平價格之認定，仍較為機械化認定，關於許多應考量之因素，如控制權溢價，合併後之增生價值等均未討論。又對於採計過去三個月均價作為公平價格之原因及會計師鑑定報告具有疏誤之處亦未清楚闡明殊為可惜。由美國德拉瓦州最新發展觀之，在併購交易中，所謂的公平價格認定考量之因素眾多，可能因為市場訊息，產業景氣，公司財務狀況等諸多因素而有不同的考量標準，但法院對於採用何種計算方式之原因須清楚闡明，德拉瓦州最高法院及衡平法院在對於公平價格之認定過程中細緻之論理裁量，極具參考價值。

8

論股東會決議撤銷訴訟

王銘勇

壹、前言

　　依公司法第189條規定，股東會召集程序或決議方法，違背法令或章程者，股東得自決議之日起30日內訴請法院撤銷，該規定之股東會決議撤銷訴訟，常發生於公司經營權爭奪事件中，但在司法實務案例中，就股東會決議發生違法事由時，是否屬股東會決議撤銷事由，常有爭議，且在股東會決議撤銷訴訟當事人部分，公司法僅規定原告，至何人為被告，則賴司法實務見解補充，民國107年7月6日立法院三讀通過8月1日經總統公布，並經行政院於107年10月26日發布命令於同年11月1日施行修正公司法（以下簡稱2018年修正公司法）[1]，該修正內容部分涉及股東會召集程序及決議，對爾後股東會決議撤銷訴訟運作自有影響，本文以近年來我國司法實務見解分析股東會決議撤銷事由及股東會決議訴訟當事人及相關人運作實況，同時說明2018年修正公司法對撤銷股東會決議訴訟可能發生之影響，及可能發生之問題，以供爾後司法實務相關人員處理相關事例時參考。

---

[1] 依2018年修正公司法第449條規定，107年7月6日三讀通過之公司法修正條文，施行日期由行政院另定之。行政院於107年10月26日以院臺經字第1070037184號令，自同年11月1日施行。

貳、撤銷股東會決議訴訟之違法事由

一、召集程序違法事由

(一)召集權人違法

　　股份有限公司之股東會之召集權人，依公司法規定為董事會（第171條）、監察人（第220條）、少數股東會（第173條）及重整人（第310條）。如非前開公司法規定召集權人所召集之股東會所為之決議，欠缺股東會決議成立要件，為決議不成立事由[2]。

　　但縱係公司法所規定之召集權人，仍可能發生不符法定要件之召集程序，致系爭股東會決議發生撤銷事由。如董事長未經董事會決議，即召集股東會；監察人不符公司法第220條規定之要件，召集股東會，在該情況下所為股東會決議，效力即有爭執。

　　依公司法第171條規定，公司股東會，法律另有規定外，由董事會召集。則董事長未經董事會決議，逕行召集股東會，是否為無召集權人所召集之股東會？形式似應如此，但最高法院106年度台上字第1649號判決採撤銷見解，該判決認「股東會除本法另有規定外，由董事會召集之。公司法第171條定有明文。又董事會由董事長召集，且董事長為董事會主席，亦為同法第203條第1項前段、第208條第3項所明定。是股東會之召集程序，應由董事長先行召集董事會，再由董事會決議召集股東會。董事長未依上開程序先行召集董事會，決議召集股東會，而逕以董事長名義召集股東會，僅屬公司法第189條規定股東會召集程序違反法令，得否訴請法院撤銷決議之問題，究與無召集權人召集股東會之情形有別。」該判決原

2　最高法院82年度台再字第3號裁判：「股東會必須由有召集權之人召集，由無召集權人召集之股東會，欠缺股東會決議之成立要件，其所為之決議，自不生法律上之效力。」本文所引我國各級法院裁判，引自司法院法學檢索系統中裁判書查詢，網址：http://jirs.judicial.gov.tw/Index.htm。

審[3]就此採相反見解，認董事長未經董事會決議逕行召集系爭股東會，為無召集權人所召集之股東會，該股東會所為決議為無效決議。

另公司法第220條規定監察人除董事會不為召集或不能召集股東會外，得為公司利益，於必要時召集股東會。如監察人不符該條規定，召集股東會時，該股東會所為之決議，是否為無召集權人所召集之股東會決議？最高法院就此採取明確立場，該院86年台上第1579號民事判例採撤銷說見解，該判例認「監察人於無召集股東會之必要時召集股東會，與無召集權人召集股東會之情形有別，僅係該股東會之召集程序有無違反法令，得否依公司法第一百八十九條規定，由股東自決議之日起一個月內，訴請法院撤銷其決議而已，該決議在未經撤銷前，仍為有效。」

(二)召集通知違法

依公司法第172條規定，股東會之召集，應於一定期限前通知股東，對持有無記名股票者，並應公告。且股東會召集通知或公告內應載明召集事由。依該條第5項規定涉及公司之重要議案，包括「選任或解任董事、監察人、變更章程、公司解散、合併、分割或第一百八十五條第一項各款之事項」，應在召集事由中列舉，不得以臨時動議提出。股東會召集通知未在公司法規定期限前對股東通知或公告、或公司法第172條第5項規定之事項，未載明於通知或公告中，以臨時動議提出時，該股東會決議即屬之召集程序違法之股東會決議。

股東會召集程序是否違法爭議較大者為變更章程議案，是否應在股東會召集通知中載明變更條款，使股東在會議前知悉章程變更詳細內容？

最高法院就此問題向認為通知中僅列「變更章程」，即符合公司第172條前開規定，如該院96年度台上第642號判決認「公司法第172條第5項規定變更章程，應在股東會召集事由中列舉，不得以臨時動議提出。其所稱之『列舉』，係指召集通知應載明會議議案有『變更章程』事項，未載明者，不得以臨時動議提出之意，非謂應將擬修正之章程條項一一詳

3　臺灣高等法院103年度上字第1578號判決。

列。」其後該院98年台上第923號判決亦接受二審判決[4]認「公司法第172
條第5項則僅規定,股東會變更章程之議案,應在召集事由中『列舉』,
不得以臨時動議提出。可知,以變更章程為召集事由者,於召集通知之召
集事由中列舉,不得以臨時動議提出之意,非謂應將擬修正之章程條項詳
列。」

最高法院前開見解認關於股東會修改章程之議案,僅於通知或公告中
載明「變更章程」即可,不須將擬修正章程條項一一詳列之見解,在前開
判決中並未說明採取該見解之理由,但該見解明顯不利於提案變章程之公
司經營者或股東以外股東。

蓋股份有限公司之章程之記載事項,依公司法第129條、第130條規
定,有絕對應記載事項(公司名稱、所營事業、股份總數及每股金額、本
公司所在地、董監人數及任期、訂立章程時間)、相對應記載事項(分公
司設立、分次發行股份事項、解散事由特別股事項及發起人受有特別利益
項等)外,公司法復規定其他章程應記載事項(如第235-1條第1項,章程
應規定公司以當年度獲利狀況之定額及比率,分派員工酬勞)或得以章程
規定排除公司法規定之適用(如「公司得由有代表已發行股份總數三分之
二以上股東出席之股東會,以出席股東表決權過半數之決議」之事項,在
「公開發行股票之公司,出席股東之股份總數不足前項定額者,得以有代
表已發行股份總數過半數股東之出席,出席股東表決權三分之二以上之同
意行之。」之規定,就出席股東股份總數及表決權數,章程有較高規定
者,依章程之規定),股份有限公司章程,內容繁多,如在股東會召集通
知或公告中僅載明「變更章程」,提案人以外其他股東在會議前,難以知
悉該議案要變更章程之內容,須到會場始知道變更章程議案具體內容,對
提案人以外之其他股東,其結果與以臨時動議提案相同,是以最高法院前
開見解,與公司法第172條第5項規定,考量該項所列事項係屬重大,故應
在股東會召集或公告中列舉,不得以臨時動議提出之立法意旨相違。

---

[4] 臺灣高等法院97年度上字第463號判決。

二、決議方法違法事由

股東會決議方法違反法令或章程，亦為股東會決議撤銷之原因，股東會決議方法違反法令或章程者，股東得訴請法院撤銷。常見的股東會決議方法違反法令或章程，包括非股東或遭法院假處分裁處分裁定不得參與表決股東參與表決[5]、將表決權不能列入計算之委託書予以計算表決權[6]、違反公司法第178條規定，就股東會決議有特別利害關係股東參與表決。

決議方法違法之股東會決議，常引起討論的問題是出席數未達法定比例數所為之決議之效力？依公司法規定，股東會決議有二種，即普通決議[7]與特別決議[8]，普通決議應有代表已發行股份總數過半數股東出席；特別決議應有代表已發行股份總數2/3股東出席始得為決議。如應經普通決議議案，未達代表已發行股份總數過半數股東出席；或應經特別決議事項，非公開發行股票公司，未達代表已發行股份總數2/3股東出席，所為之決議，是否為決議方法違法之股東會決議？

最高法院63年台上字第965號判例，就特別決議出席數不足法定比例所為決議之效力，採取撤銷說之見解，其認「公司為公司法第一百八十五條第一項所列之行為，而召開股東會為決定時，出席之股東，不足代表已發行股份總數三分之二以上，及違反公司法第一百八十五條第一項之規定，而為股東會之決議方法之違法，依公司法第一百八十九規定，僅股東得於決議之日起一個月內，訴請法院撤銷之，而不屬於同法第一百九十一

5　最高法院80年度台上字第1050號判決。

6　最高法院93年度台上字第423號判決。

7　普通決議係指公司法第174條規定之代表已發行股份總數過半數股東出席，出席股東表決權過半數同意者。

8　特別決議係指公司法就特定事項規定，應經代表已發行股份總數2/3股東出席，出席股東表決權過半數同意者。但公開發行股票之公司，出席股東之股份總數不足前項定額者，得以有代表已發行股份總數過判數股東出席，出布股東表決權2/3同意行之。應經特別決議之事項，包括解除公司投資之限制（公司法第13條第1項第13款）、申請停止公開發行（公司法第156條第3項）、公司營業重大變更（公司法第185條第2項）、公司解散、合併及分割（公司法第316條第1項）等。

條決議內容違法為無效之範圍。」其後司法實務多循該判例見解為之。

就前開問題，有學者認此種情形應屬決議不成立[9]，且最高法院前該撤銷說見解，可能造成極少數股東集會作成決議後，該決議即屬有效，須其他另行提起撤銷訴訟，請求撤銷該決議，不符公司法規定設立最低出席數強制規定立法目的[10]。

但最高法院至103年第11次民事庭會議始變更見解，決議前開63年台上字第965號民事判例不再援用，並就「股份有限公司股東會出席之股東，不足公司法第一百七十四條規定應有代表已發行股份總數之過半數時，所為決議之瑕疵，究係不成立、得撤銷抑或無效？」採「不成立」決議之見解，其理由係認「股東會之決議，乃多數股東基於平行與協同之意思表示相互合致而成立之法律行為，如法律規定其決議必須有一定數額以上股份之股東出席，此一定數額以上股份之股東出席，為該法律行為成立之要件。欠缺此項要件，股東會決議即屬不成立，尚非單純之決議方法違法問題[11]。」

最高法院103年度台上字第1516號判決依前開決議見解，認「股份有限公司係資合公司，股東會為股份有限公司之最高意思機關，股東會決議為股東本於多數決之集合意思表示而成立之法律行為，此透過一定額數股份之股東多數決之表決程序，以形成股份有限公司意思之機制，乃公司治理之表徵，並為股東平等原則之具體實踐，以避免公司為少數股份之股東所操控，侵害其他股東權益。故法律如規定決議須有代表已發行股份總數之股權達一定額數之股東出席時，此一定足額數股份之股東出席，即為該股東會決議之成立要件，欠缺此項要件，該股東會決議即屬不成立，並非

---

9 柯芳枝，公司法論，頁285，1997年10月，增訂初版。

10 王銘勇，股東會決議撤、無效訴訟之研究（臺灣新竹地方法院87年度研究發展報告），頁103，1998年6月20日。

11 該議案除不成立說外，另有撤銷說及無效說之見解。撤銷說認出席數未達法律或章程規定之數額，仍為決議，仍屬決議方法違法範圍。無效說認出席數達法律或章程所定數額，是股東會有溝決議之能力，股東出席數未達法律或章程規定之數額，仍為決議，欠缺合法決議之能力，自屬無效。

單純之決議方法違法問題而已。查公司法第174條已明定：股份有限公司之股東會（普通）決議，應有代表已發行股份總數過半數股東之出席，以出席股東表決權過半數之同意行之。則股東會出席之股東，不足公司法第174條規定應有代表已發行股份總數之過半數時，所為之決議因欠缺法律行為之成立要件，應不成立。」

參、撤銷股東會決議訴訟之當事人及相關人

一、原告

撤銷股東會決議訴訟之原告，依公司法第189條規定，僅有股東得提起。董事或其他公司經營階層，均須具有股東資格者，始得為原告。如不具股東資格者，縱係董事或監察人，亦不得為提起撤銷股東會決議。

公司法第189條規定訴請法院撤銷股東會決議之股東，依最高法院73年判例認應受民法第56條第1項之限制。其理由係認「綜觀公司法與民法關於股東得訴請法院撤銷股東會決議之規定，始終一致。除其提起撤銷之訴，所應遵守之法定期間不同外，其餘要件，應無何不同。若謂出席而對股東會召集程序或決議方法，原無異議之股東，事後得轉而主張召集程序或決議方法為違反法令或章程，而得訴請法院撤銷該決議，不啻許股東任意翻覆，影響公司之安定甚鉅，法律秩序，亦不容許任意干擾。故應解為依公司法第189條規定訴請法院撤銷股東會決議之股東，仍應受民法第56條第1項但書之限制[12]。」即出席股東會股東未對召集程序或決議方法，「未當場提出異議者」，不得提起撤銷該股東會決議訴訟。

至所謂當場提出異議，不僅限於股東親自出席股東會之情況，股東如係委託他人出席股東會時，該代理人如未就召集程序或決議方法違法，當

---

[12] 最高法院73年台上第595號民事判例。

場提出異議，該股東亦不得提起撤銷股東會決議[13]。且我國司法實務有見解認股東如對股東會決議某一違法事由，當場提出異議，其後不得以其他違法事由主張撤銷該決議[14]。

股東出席股東會參與表決時，明知該股東會召集程序或決議方法有違法事由，如未當場提出異議，該股東不得於表決後再提起股東會決議撤銷訴訟，固無疑義，惟該見解應僅限於出席股東明知股東會召集程序或決議方法違法，但未當場提出異議之股東，部分股東縱出席股東會，但對股東會召集程序或決議方法是否違法，尚具須與律師或其他人員討論後始能確認者，如要求出席股東一定要在出席股東會時，對所有違法事由，一併具體提出異議，對一般不具法律專業之股東而言，並不公平。亦與前開最高法院判例見解理由相違。

提起撤銷股東會決議訴訟之股東，依日本司法實務見解認其股東資格，應從起訴時到撤銷判決確定時止[15]，在我國亦應為相同解釋，另最高法院前開73年判例認「股東依此規定提起撤銷之訴，其於股東會決議時，雖尚未具有股東資格，然若其前手即出讓股份之股東，於股東會決議時，具有股東資格，且已依民法第五十六條規定取得撤銷訴權時，其訴權固不因股份之轉讓而消滅。但若其前手未取得撤銷訴權，則繼受該股份之股東，亦無撤銷訴權可得行使。」

但日本公司法制言，撤銷股東會決議訴訟之原告，日本公司法第831條規定，包括股東、董事、清算人、監察人設置公司之監察人、委員會設置之執行幹部（執行役）等人[16]。對比日本公司法制，我國就撤銷股東會

---

[13] 參見最高法院104年度台上字第1019號民事判決。

[14] 最高法院100年度台上字第306號判決認「上訴人之法人代表林量董事於系爭股東常會會議中，僅表示上揭三議案未經董事會討論即提出，反對討論之旨，並不及於決議時股東出席權數及表決權數之異議，依民法第五十六條第一項但書規定，上訴人自不得再主張上揭三議案違反公司法第一百七十四條及第二百七十七條第一項、第二項規定而請求撤銷。」

[15] 日本大審院昭和8年10月26日民事判決，民集12卷，頁2626。

[16] 編集代表江頭憲治郎、門口正人，会社法大系4〔組織再編・会社訴訟・会社非訟・解散・清算〕，頁327，2008年9月10日。

決議訴訟之原告限於股東，範圍較小，在董事由股東擔任之情況時，較無爭執，但依公司法第192條、第216條規定，董事、監察人並不以具股東資格者為限，在董事會以外召集權人所召集之股東會所為之決議，有時亦可能產生程序違法之情事，但此時無股東資格之董事確無法提起撤銷股東會決議訴訟，而須依該程序違法之決議執行相關業務，是否妥當，顯有再審酌之處，日本公司法制就撤股東會決議訴訟之適格原告，應係可參考立法方向。

二、被告

公司法第189條僅規定，股東會決議撤銷訴訟之事由及股東得自決議之日起30日內訴請法院撤銷，並未規定股東會決議撤銷訴訟，應以何人為被告，日本公司法第834條將股份有限公司股東會決議撤銷訴訟歸為「關於公司組織之訴訟」之一，該條明文規定各種類型關於公司組織訴訟之被告，該條第12款規定股東會決議撤銷訴訟，以該股份有限公司為被告。我國司法實務見解採與日本公司法制相同處理方式，認應以股東會所屬公司為被告[17]。

至如董事以股東身分提起股東會決議撤銷訴訟時，是否有公司法第213條規定之適用，應由監察人代表公司或另由股東會另選任代表公司之人，最高法院103年度台上字第1764號判決中認原告股東原係被告公司之董事，就被告公司會決議提起撤銷股東會決議訴訟被告法定代理人是否合法部分，認該原告「已於101年4月23日經被上訴人解任其董事職務，上訴人於同年月27日對被上訴人提起本件訴訟，即非公司與董事間之訴訟，本件並非公司法第213條規定應由監察人代表公司之情形。」但該見解與最高法院歷來見解認公司法第213條規定，不適用訴訟當事人不具董事資格之情況相同[18]。

---

[17] 最高法院68年台上字第603號民事判例。

[18] 最高法院103年度台抗字第603號民事裁判。

三、訴訟參加等訴訟相關人

(一) 訴訟參加人

就兩造之訴訟有法律上利害關係之第三人，為輔助一造起見，於該訴訟繫屬中，得為參加，民事訴訟法第58條第1項定有明文。該規定所稱有法律上利害關係之第三人，我國司法實務見解認係指第三人在私法或公法上之法律關係或權利義務，將因其所輔助之當事人受敗訴判決有致其直接或間接影響之不利益，倘該當事人獲勝訴判決，即可免受不利益之情形而言，且不問其敗訴判決之內容為主文之諭示或理由之判斷，祇需其有致該第三人受不利益之影響者，均應認其有輔助參加訴訟之利益。

撤銷股東會決議訴訟當事人，除該訴訟之原告及被告外，尚有參加人，曾發生案例包括：

1. 召集股東會之監察人及股東會決議選任之董事

在原告主張係主張被告公司監察人召開之股東臨時會（下稱系爭股東臨時會），有召集程序及決議方法重大違法情事，起訴請求撤銷系爭股東臨時會之決議，該監察人主張其召開系爭股東臨時會係為公司之利益且有必要；另經被告董事主張其恐因該訴訟論斷為失職董事，致日後有遭股東追究法律責任之虞。查系爭股東臨時會決議應否撤銷，前提為監察人之召集程序是否為違法；而該董事為被告公司之董事會成員，董事會之決議內容是否妥適法，應否對股東負責，有無侵害第三人之權益，可能涉及該董事是否與上訴人公司負連帶責任，是以臺灣高等法院99年度上字第1166號判決認召集股東會之監察人及該董事與上訴人公司存在有法律上之利害關係，就准許該2人陳明為輔助上訴人公司而聲請參加訴訟[19]。

2. 依決議增資認股之股東

在臺灣高等法院99年度上更（一）第48號判決中，認參加人係依被上訴人公司系爭股東常會收回上訴人之特別股300萬股，並增資發行新股300萬股之決議，分別認購上開增資發行新股中之196萬6,780股、15萬股，而

---

[19] 101年3月13日。

成為被上訴人之股東，系爭決議是否無效或得撤銷，將影響其等之股東地位，故對於本件訴訟顯有法律上之利害關係，自得於本件訴訟繫屬中，為輔助被上訴人，聲明參加訴訟，而准許參加訴訟。

(二)原告以外其他股東爲獨立參加人

就原告股東主張系爭股東會決議先位聲明請求法院撤銷，備位聲明請求確認該股東會決議無效之訴訟，臺灣高等法院99年度上易字第420號判決認「確認股東會決議無效之訴，雖非屬固有必要共同訴訟，得僅由公司股東之一人或數人提起。惟其性質屬於類似必要共同訴訟，其訴訟標的對於股東全體必須合一確定，是股份有限公司股東中之一人對公司提起撤銷股東會決議或確認股東會決議之訴，他股東為輔助公司或原告而參加訴訟，此種參加人於兩造之訴訟有直接之利害關係，與一般參加人不同，是為保護其利益，自應使其於訴訟中有獨立地位之必要，而依民事訴訟法第62條規定，準用同法第56條規定，視為必要共同訴訟人。經查，參加人既均為上訴人之股東，則參加人對於確認系爭股東會決議無效之訴，自有直接之利害關係。」

(三)股東且經系爭決議選任之董事爲主參加人

就原告股東以選任董事決議有違法事由主張撤銷或不成立時，高雄地方法院103年度訴字第1799號判決認「就他人間之訴訟標的全部或一部，為自己有所請求者，或主張因其訴訟之結果，自己之權利將被侵害者，得於本訴訟繫屬中，以其當事人兩造為共同被告，向本訴訟繫屬之法院起訴，民事訴訟法第54條第1項定有明文。所謂主張因他人間訴訟之結果，自己之權利將被侵害，係指第三人對於本訴訟之兩造，主張本訴訟之結果，將使自己在私法上之地位受不利益之影響，即第三人提起主參加訴訟所主張之權利，有因本訴訟之結果而受侵害之虞而言。而查，本訴原告即主參加被告王○○（下稱原告）提起之本訴訟，係請求確認本訴被告即主參加被告啟益營造有限公司（下稱啟益公司）於民國103年6月10日之股東會決議不成立或應予撤銷，而主參加原告係啟益公司之股東，且經啟益公

司上開股東會決議選任為該公司董事，如本院審理結果認系爭股東會之決議有不存在或應撤銷之情形，將影響主參加原告擔任啟益公司董事之合法性，主參加原告之私法上地位自受影響，故主參加原告主張因本訴訟之結果其權利將被侵害，而以本訴訟之兩造為共同被告，提起主參加訴訟，核無不合，應予准許。」

肆、裁量駁回

一、公司法第189-1條規範意旨

公司法第189-1條規定「法院對於前條撤銷決議之訴，認為其違反之事實非屬重大且於決議無影響者，得駁回其請求。」其立法理由乃法院受理前條撤銷股東會決議之訴，如發現股東會召集程序或決議方法違反法令或章程之事實，非屬重大且於決議無影響，特增訂法院得駁回其請求，以兼顧大多數股東之權益。依該條規定股東會決議撤銷訴訟，賦與法院駁回請求撤銷輕微形式瑕疵股東會決議之裁量權，但該違法股東會決議之撤銷事由須「非屬重大且於決議無影響」時，始得為之。

二、撤銷事由非屬重大且於決議無影響事例

在股東會決議撤銷訴訟，我國司法實務認定撤銷事由非屬重大且於決議無影響事例如下：

(一)未通知股東持股數過少，且其他股東無繼續經營意願

臺灣高等法院102年度上字第1197號判決認「系爭股東臨時會因未依法定程序通知上訴人，召集程序違反公司法第172條第2項規定而有瑕疵，已如前述，上訴人並主張解散被上訴人對其股東權益有重大影響云云，惟上訴人僅持有被上訴人股份900股，約為股份總數之13%（6,900分之900），縱上訴人受合法通知出席系爭股東臨時會，並持反對意見，亦無

法改變系爭股東臨時會之決議，同意被上訴人解散之表決權仍超過半數，該解散之決議內容，既已獲多數股東同意，皆認已無繼續經營被上訴人之意願，若未解散被上訴人，亦難期待被上訴人能妥善經營管理，使公司獲利，並有永續發展之機，對股東權益難謂有利。故為維護多數股東之權益，被上訴人系爭股東臨時會之召集程序雖有違法之瑕疵，然非屬重大且對決議結果並無影響，法院自得駁回撤銷股東會決議之請求。」

(二) 對具普通股與特別股股東身分者，僅以普通股股東通知，未以特別股股東身分通知

在被告公司系爭股東會雖未以特別股股東身分通知原告，最高法院102年度台上字第2261號判決認原告擁有特別股、普通股股份，原告既依普通股股東身分收受通知，已知悉系爭股東會，其仍可出席並依特別股股東身分行使權利，然原告並未出席，系爭股東會不列計其全部股份數。則被告未以特別股股東身分通知上訴人，固有召集程序之違法，但其事實非屬重大且於決議無影響。

(三) 未通知股東持股數過少，且公司無排除股東與會主觀意圖

臺灣高等法院102年度上字第230號判決認「艾美公司因受讓而持有被上訴人公司股份為25萬5,250股，僅佔被上訴人已發行股份總數1,000萬股中之2.5%，對照系爭股東會中無論係解任原任董監事或改選董監事兩議案，均係獲持股共計870萬1,000股而占已發行股份總數逾87%支持通過（略），亦即縱林游彩琴依法通知艾美公司出席，而艾美公司又對上開提案均持相反意見，對於系爭股東會決議結果亦不生任何影響。再參諸證人詹益國、薛金長亦證述李宗儒、梁宗德將股權出賣予艾美公司時，林游彩琴並未在場，而李宗儒、梁宗德於接獲系爭股東會開會通知後，遲至開會前兩日即100年4月27日始行回函通知林游彩琴股權已轉讓艾美公司……且林游彩琴於系爭股東會召集前明知股東詹益國與薛金長對前開提案均採取反對立場，惟仍通知詹益國參與開會等情，堪認林游彩琴將系爭股東會開會通知寄予李宗儒、梁宗德，而非艾美公司，應非為刻意排除艾美公

司參與系爭股東會，違反情節尚非重大。是林游彩琴就系爭股東會開會通知漏未寄送艾美公司，其召集程序固有瑕疵，然該瑕疵既非重大，對於系爭股東會決議之結果又不生任何影響，則依前揭公司法第189-1條規定，為兼顧大多數股東之權益，自不宜因前揭瑕疵遽然撤銷系爭股東會決議，……。」

(四) 未於法定期限前通知，且該股東持股數過少

　　臺灣高等法院在100年度上字第50號判決中，雖認系爭股東臨時會之召集程序既有違反公司法第172條第2項規定，但認系爭公司股東臨時會之決議有三，即：1.追認被上訴人及李榮○請辭董事案；2.授權邱辰○對被上訴人未移交公司印章、存摺、金融卡及公司相關資料暨盜蓋公司印章等行為，向司法機關提出損害賠償訴訟案；3.解散公司。而上開議案除公司解散議案之決議，依公司法第316條第1項規定，應有代表已發行股份總數2/3以上股東之出席，以出席股東表決權過半數之同意行之外，其餘議案之決議，均依公司法第174條規定，即應有代表已發行股份總數過半數股東之出席，以出席股東表決權過半數之同意行之。原告持有公司股份10萬股，邱辰○持有股份388萬股，李榮振、羅禮芳，各持有股份1萬股。是以縱認原告有出席系爭股東臨時會，並表示反對上開議案，惟因邱辰○所持有之公司股份已達公司發行股份總數400萬股之2/3即267萬股以上，故仍無礙上開議案之通過。況被上訴人加入上訴人公司之經營，成為股東，乃本於其與邱辰○間之委託書約定（略），且雙方約定如被上訴人無法促使上訴人公司業務有所成長，或未新增據點，被上訴人即應無異議回復邱辰○之公司經營權。茲被上訴人並不爭執上訴人公司處於負債虧損之狀態，且已立具切結書同意終止董事長職務，故被上訴人未受通知出席系爭股東臨時會，尚難認屬重大。」此判決採認上訴人抗辯可依公司法第189-1條規定，駁回被上訴人撤銷系爭股東臨時會之決議之請求。

三、撤銷股東會決議訴訟裁量駁回實務運作之檢討

　　在前開法院適用公司法第189-1條之規定，駁回原告股東所提起之撤

銷股東會決議事例中，可發現原告股東持股數過少常是法院適用公司法第189-1條規定時，主要考量因素之一，但該等見解實值再斟酌。

　　我國公司法第189-1條係參考日本公司法第831條第2項規定所制訂，日本公司法第831條第2項以股東會決議違法事實非屬重大，且不影響決議為要件。日本學者有認在考量決議是否輕微時，不應將對決議影響列入，所謂輕微瑕疵，應係指法令或章程規定之召集程序或決議方法，所保證股東之利益是否遭侵害決之。因此，雖違反法令或章程，但所保護股東之利益未侵害之瑕疵屬之，因之以輕微瑕疵為由駁回撤銷股東會決議訴訟，應是極少的情況[20]，我國公司法第189-1條亦應為相同解釋。

　　股東出席股東會、參與表決是公司法規定保障股東權利中之重要基本權利，不論其持股數多少，股東出席、表決權利均應等同視之，否則少數股東將被排除股東會相關程序之外。前開司法實務判決中之股東會既未通知股東召集股東會，顯已侵害公司法保障股東出席股東會，參與表決之權利，該召集程序之瑕疵，並不能認係「非屬重大」之瑕疵，自不符公司法第189-1條規定要件，但前該判決再以其他情事如公司違法主觀意圖、其他股東無經營意願等，認符合該條規定，而駁回原告請求，顯違公司法第189-1條之立法意旨。

伍、2018年修正公司法與撤銷股東會決議訴訟

一、修正公司法關股東會決議撤銷訴訟相關規定

　　2018年修正公司法，就撤銷股東會決議訴訟之規定，即公司法第189條及第189-1條雖無修正，但此次修正關於股東會召集程序及決議相關規定之修正，仍會影響公司股東會決議撤銷訴訟爾後運作。

　　此次修正公司法關於股東會召集程序及決議相關事項修正內容如

---

[20] 編集代表江頭憲治郎、中村直人，論点体系会社法6〔組織再編Ⅱ・外国会社・雑則・罰則〕，頁161-162，2012年2月14日。

下[21]：

1. 創立會召集程序及決議方法違法時，準用公司法第189條之規定

此次修正，考量創立會之召集程序、決議方法及其內容，違反法令或章程時，其法律效果為何，應如何救濟，尚無明文。基於創立會為股東會之前身，故於公司法第144條第1項明文規定，創立會召集及決議準用公司法第189條至第191條之規定，即創立會召集程序或決議方法，違反法令時，股東得訴請法院撤銷該創立會決議。

2. 增加應列舉於股東會召集通知中之重大事項

2018年修正公司法第172條第5項增列股東會召集通知應列舉事由，增加「減資、申請停止公開發行、董事競業許可、盈餘轉增資、公積轉增資」等事項，其理由係認「鑒於公司減資涉及股東權益甚鉅；又授權資本制下，股份可分次發行，減資大多係減實收資本額，故通常不涉及變更章程，爰增列『減資』屬應於股東會召集通知列舉，而不得以臨時動議提出之事由，以保障股東權益；又公司申請停止公開發行，亦影響股東權益至鉅，一併增列。另董事競業許可、盈餘轉增資、公積轉增資亦屬公司經營重大事項，應防止取巧以臨時動議提出，以維護股東權益，爰一併納入規範。」

3. 增列股東會重大召集事由應說明其主要內容

2018年修正公司法第172條第5項，除增列前開應在召集通知中列舉之重大事項外，並規定「應在召集事由中列舉並說明其主要內容，不得以臨時動議提出；其主要內容得置於證券主管機關或公司指定之網站，並應將其網址載明於通知。」其理由係認「由於本項之事由均屬重大事項，明定股東會召集通知除記載事由外，亦應說明其主要內容。所謂說明其主要內容，例如變更章程，不得僅在召集事由記載『變更章程』或『修正章程』等字，而應說明章程變更或修正之處，例如由票面金額股轉換為無票面金額股等。另考量說明主要內容，可能資料甚多，爰明定主要內容得置

---

[21] 關於本文所述2018年修正公司條文內容及立法理由，請見經濟部商業司網站公司法修法區，引自：https://gcis.nat.gov.tw/mainNew/subclassNAction.do?method=getFile&pk=889，最後瀏覽日：2018年7月31日。

於證券主管機關指定之網站（例如公開資訊觀測站）或公司指定之網站，並明定公司應將載有主要內容之網址載明於開會通知，以利股東依循網址進入網站查閱。」

4. 繼續3個月以上持股過半數股東得召集股東臨時會

2018年修正公司法增訂第173-1條，規定「繼續三個月以上持有已發行股份總數過半數股份之股東，得自行召集股東臨時會。」「前項股東持股期間及持股數之計算，以第一百六十五條第二項或第三項停止股票過戶時之持股為準。」即符合該規定之多數股東得自行召集股東會，其理由係認「當股東持有公司已發行股份總數過半數股份時，其對公司之經營及股東會已有關鍵性之影響，倘其持股又達一定期間，賦予其有自行召集股東臨時會之權利，應屬合理，爰明定繼續三個月以上持有已發行股份總數過半數股份之股東，可自行召集股東臨時會，毋庸先請求董事會召集或經主管機關許可。」「繼續三個月以上持有已發行股份總數過半數股份之股東，得召集股東臨時會，該股東所持有過半數股份及持股期間，究應以何時為準，宜予明定，爰於第二項明定股東持股期間及持股數之計算，以第一百六十五條第二項或第三項停止股票過戶時之持股為準，以利適用。」

5. 增訂非公開發行股票公司股東表決權拘束或信託契約及行使方式

2018年修正公司法第175-1條增訂非公開發行股票公司，股東得以書面契約約定共同行使股東表決權之方式，亦得成立股東表決權信託，由受託人依書面信託契約之約定行使其股東表決權。至其行使方式，依同條第2項之規定，股東應將前述信託契約、股東姓名或名稱、事務所、住所或居所與移轉股東表決權信託之股份總數、種類及數量於股東常會開會30日前，或股東臨時會開會15日前送交公司辦理登記，始得其成立股東表決權信託對抗公司。

6. 開放非公開發行股票公司委託書非以公司製作者限

2018年修正公司法第177條第1項規定股東得於每次股東會，出具公司印發之委託書，載明授權範圍，委託代理人，出席股東會。但股東如係自行書寫委託書，代理人是可出席股東會？偶有爭執，最高法院69年度台上字第3879號判決，肯認非公開發行股票公司之股東得自行書寫委託書，

委託他人代理出席，此次修正公司法就該項修正為「股東得於每次股東
會，出具委託書，載明授權範圍，委託代理人，出席股東會。但公開發行
股票之公司，證券主管機關另有規定者，從其規定。」是以就非公開發行
公司股東委託他人出席股東會之委託書，不以公司印發者限制，但在公開
發行股票之公司，仍依證券主管機關之規定。

7. 閉鎖型股份有限公司選任董監方式得以章程排除累積投票制

　　股份有限公司選任董事、監察人之方式，依公司法第198條、第227
條之規定，應採累積投票制，即每一股份有與應選出董事或監察人人數相
同之選舉權，集中選舉1人或分配選舉數人，由所得選票代表選舉權較多
者當選。該選任方式在保障少數股東。該規定應屬強制規定，不得以章程
排除。但此次修正，「為讓閉鎖性股份有限公司於設立登記後，股東會選
舉董事及監察人之方式，更具彈性」，2018年修正公司法於第356-1條增
訂第7項之規定，不強制閉鎖型股份有限公司就選任董事監察人採累積投
票制，允許公司得以章程另定選舉方式，該規定所謂「章程另有規定」，
依立法理由所載係指章程得就選舉方式訂定不同於累積投票制之方式。章
程另訂之選舉方式，例如：可採不累積之方式，如每股僅有一個選舉權；
或採全額連記法；或參照內政部頒訂之會議規範訂定選舉方式。

二、修正規範之檢討

　　就修正公司法前述涉及股東會召集程序及決議方法規定之修正內
容，可發現部分修正內容係在解決目前司法實務對股東會召集法制運作所
發生的問題，如創立會準用公司法第189條之規定，解決創立會召集程序
或決議方法違法時，如何處理之爭議，此規定與日本公司法第831條將創
立會與股東會同時列為撤銷股東會決議對象相同，自值贊同；另擴大在召
集通知中應列舉事項，並強化公司就該應列舉事項之說明義務，應可避免
發生僅列舉「變更章程」，但股東在開會前並不知道變章程議案係變更章
程何條款的缺點。

　　但就此次修正公司法前開規定，在股東會召集程序及決議方法之程序
事項，適用時仍有徙事項值得觀察與注意：

1. 不符持有時間與股數規定股東所召集之股東會所為決議，效力為何？

　　證券交易法第43-5條第4項規定「公開收購人與其關係人於公開收購後，所持有被收購公司已發行股份總數超過該公司已發行股份總數百分之五十者，得以書面記明提議事項及理由，請求董事會召集股東臨時會，不受公司法第一百七十三條第一項規定之限制。」2018年修正公司法就繼續3個月以上，持有已發行股份過半數股份之股東得自行召集股東臨時會，比較證券交易法前開規定，有較嚴格之處，即有持有期間之規定，但亦有較寬鬆之處，即得自行召集，修法時雖考量認定持股數及持股期間可能發生之爭議，而規定判斷的時點，但持有過半數股份股東召集股東臨時會之目的，明顯在於改選董監，取得經營權，其後相關爭議難以避免，如持有期間與持有股份數要件應持續到何時？如數名股東聯名召集股東會，發出開會通知後，部分股東是否可退出？如退出，該次股東會得否再繼續召集？如仍繼續召集而為決議，其為無召集權人召集之股東會或係召集程序違法之股東會？相關司法實務見解，均待觀察。

2. 表決權拘束契約或表決權信託契約爭議處理機制

　　依此次公司法修正，非公開發行股票公司股東得訂定表決拘束契約與表決權信託契約，但行使時須將該契約於股東會前一定期間送給公司辦理登記，否則不得以該契約對抗公司。但股東如將表決權拘束契約或表決權信託契約送交公司辦理登記時，公司拖延登記或以無法判斷真偽為由拒不辦理登記時，受託人應如何救濟？公司如拒絕受託出股東會，是否為股東會召集程序違法？亦值注意。

3. 非公開發行股票公司股東委託書偽造時股東會決議效力

　　2018年修正公司法就非公開發行股票公司容許股東自行書寫委託書，但代理人如提出股東所自行書寫委託書，公司如何判斷該委託書真偽？如認係真正，並容許該代理人參與表決，在股東會後發現係偽造時，該股東會決議是否為表決方法違法之股東會決議？

陸、結論

　　股東會決議撤銷訴訟是公司股東間爭奪經營權常使用之訴訟之一，司法實務案例相當多，但就訴訟相關條文僅有公司法第189條及第189-1條之規定，部分事項端賴司法實務見解補充。

　　本文分析近年來撤銷股東會決議訴訟之召集程序及決議方法違法之事由，並說明較具爭議性之董事長未經董事會決議即具名召集股東會決議、出席數未達法律規定比即為決議之股東會決議之司法實務見解，最高法院就前者係採撤銷見解，就後者係採決議不成立之見解。

　　就撤銷股東會決議訴訟之當事人及相關人部分，本文說明我國司法實務就撤銷股東會決議訴訟之原告、被告及參加人相關問題施行概況，公司法第189條規定限於股東始提起撤銷股東會決議訴訟，在我國股份有限公司董事、監察人非以具股東資格為必要，本文認有必要參考日本公司法制擴大撤銷股東會決議訴訟原告之範圍，讓不具股東資格之董事、監察人有權得提起股東會決議撤銷訴訟。

　　另我國司法實務適用公司法第189-1條實況，就以股東會決議召集程序違法影響之股東持股過少，適用公司法第191-1條駁回原告股東撤銷股東會決議訴訟之司法實務判決，本文認該部分判決之見解，並未落實公司對少數股東出席股東會，參與表決之保障，應再斟酌。

　　最後本文說明2018年修正公司法中，涉及對股東會決議撤銷訴訟的相關規定，並提出爾後在適用時可能發生的爭議，包括不符持有時間與股數規定股東所召集之股東會所為決議之效力、非公開發行股票公司表決權拘束契約或表決權信託契約爭議處理機制、非公開發行股票公司股東委託書偽造時股東會決議效力等問題，應如何處理，均係該法施行後加以注意的。

9

雙層股權結構之分析
——以上市櫃公司為核心

朱德芳

壹、前言

　　2014年阿里巴巴申請在香港上市，香港交易所以該公司採用的合夥人制違反一股一權原則，拒絕其上市申請，阿里巴巴於是轉往美國，並成功於紐約證券交易所（NYSE）上市。2017年3月Snap於NYSE以無表決權股上市，引發各方討論。Snap雖不是第一家以無表決權股上市的公司[1]，但隨著近年在美國上市的高科技公司採用雙層股權結構（dual class share structure）的情況有逐年增長的趨勢，相關論戰亦越演越烈。

　　所謂「雙層股權結構」，係指公司發行表決權數高低不同的股份，表決權數較高的股份，由創辦人或管理層持有，表決權數較低甚至無表決權股，由一般投資人持有[2]。這樣的股權結構將使公司管理層持股較少，卻能掌握公司的控制權。

　　雙層股權結構的採用由來已久[3]，這當中包括不少知名企業，例如Nike、Visa、Ford、Under Amour、Berkshire Hathaway、Coca Cola等企

---

[1] 早在1970年代，就有公司以無表決權股上市，其後包括紐約時報與華盛頓郵報等亦同，Snap則是第一個以無表決權股上市的科技公司。*See* Andrew William Winden, *Sunrise, Sunset: An Empirical and Theoretical Assessment of Dual-Class Stock Structures* 14 (July 2017), https://papers.ssrn.com/sol3/papers.cfm?abstract_id=3001574 (last visited 2017.08.13).

[2] 劉連煜，阿里巴巴上市與公司治理，月旦法學教室，第151期，頁26，2015年5月。

[3] 1970年代開始，美國交易所（AMEX）即開始有採用雙層股權結構之公司申請上市成功。*See* Winden, *supra* note 1, at 11-12.

業。Google於2004年上市時採用雙層股權結構，也帶動高科技公司採用之風潮，例如FB、Groupon、LinkedIn、Trip Advisor、Yelp、Zynga，以及2017年3月底上市的Snap。據統計，2005年僅1%在美國申請上市之公司採用雙層股權結構，2015年已成長至13.5%[4]。在歐洲，上市公司採用雙層股權結構並非少見，從比例上來說，比美國更為普遍[5]。

　　與此同時，機構投資人反對聲浪日益高漲，並且倡議S&P等大型指數應將採用雙層股權結構之公司排除在指數成分股之外[6]，2016年倡議推動的「公司治理的基本原則（The Commonsense Principles of Corporate Governance）」中指出[7]，「雙層股權並非最佳治理方式。但若為保護公司利益避免受短期主義的影響而採用雙層股權結構，該公司應考慮採取自動轉換機制（例如上市後一段時間，或者發生觸發事件，複數表決權股將自動轉換為一表決權股）。此外，於所有公司交易中，股東均應被公平對待。」

　　另一方面，各國交易所動作頻頻。Nasdaq於2017年3月發布政策白皮

[4]　*See* Steven Davidoff Solomon, *Shareholders Vote with Their Dollars to Have Less of a Say*, NY Times, DealBook (Nov. 4, 2015), https://www.nytimes.com/2015/11/05/business/dealbook/shareholders-vote-with-their-dollars-to-have-less-of-a-say.html (last visited 2017.08.13).

[5]　根據2006年統計，歐盟上市公司中有17%採用複數表決權股，其中Denmark: 22%、Finland: 32%、France: 58%、Netherlands: 43%、Poland: 25%、Sweden: 59%、UK: 3%。*See* Institutional Shareholder Services Europe (ISS Europe), *Proportionality Between Ownership and Control in EU Listed Companies* 27 (Nov. 11, 2006), http://ec.europa.eu/internal_market/company/docs/shareholders/study/final_report_en.pdf (last visited 2017.08.24).

[6]　*See* Nick Dawson, *Swimming Against the Current* (Aug. 14, 2017), https://corpgov.law.harvard.edu/2017/08/14/swimming-against-the-current/#more-100683 (last visited 2017.08.19); Camber View Partners, *S&P and FTSE Russell on Exclusion of Companies with Multi-Class Share* (Aug. 5, 2017), https://corpgov.law.harvard.edu/2017/08/05/sp-and-ftse-russell-on-exclusion-of-companies-with-multi-class-shares/ (last visited 2017.08.19).

[7]　The Commonsense Principles of Corporate Governance, III. b, http://www.governanceprinciples.org/ (last visited 2017.08.20).

書，重申對於雙層股權結構之支持[8]。香港交易所於2014年失去阿里巴巴
上市案後，同年8月即針對雙層股權結構發布徵詢意見[9]，並於2015年6月
發布初步結論報告；該報告指出，多數回覆者認為不應全面禁止雙層股權
結構之公司上市，並應就配套措施進行第二階段之意見徵詢[10]。雖然香港
證監會（The Securities and Futures Commission of Hong Kong, SFC）很快
地表明，不支持港交所所提方案，但港交所鍥而不捨，於2017年6月發布
有關增設新板（New Board）的徵詢公眾意見，並建議新板可允許雙層股
權結構之公司上市，港交所指出，目前主板與創業板的上市規則已無法滿
足「新經濟（New Economy）」下公司籌資與投資人投資之需求[11]。

　　新加坡交易所（Singapore Exchange Limited, SGX）則於2017年2月發
布針對雙層股權結構之上市規則的徵詢意見[12]，並且於7月28日發布新聞
稿，聲明允許在已開發市場第一上市的雙層股權結構公司，可於新加坡申
請第二上市[13]。

　　交易所顯然與大型機構投資人不同調。究竟交易所的考量因素為
何？如允許採用雙層股權結構的公司上市，相關配套措施應如何設計？

---

[8] NASDAQ, *The Promise of Market Reform: Reigniting America's Economic Engine* 6, 16 (Mar. 2017), http://business.nasdaq.com/media/Nasdaq%20Blueprint%20to%20 Revitalize%20Capital%20Markets_tcm5044-43175.pdf (last visited 2017.08.06).

[9] HKEx, *Concept Paper: Weighted Voting Rights* (Aug. 2014), http://www.hkex.com.hk/ eng/newsconsul/mktconsul/Documents/cp2014082.pdf; https://www.hkex.com.hk/eng/ newsconsul/mktconsul/Documents/cp2014082cc.pdf (last visited 2017.08.06).

[10] *Id.* at 44-45.

[11] HKEx, *Concept Paper, New Board* 6 (June 2017), https://www.hkex.com.hk/eng/newsconsul/ mktconsul/Documents/cp2017061.pdf (June 2017) (last visited 2017.08.10).

[12] SGX, *Consultation Paper, Possible Listing Framework for Dual Class Share Structures* (Feb. 16, 2017), https://www.cfasociety.org/singapore/Documents/DCS+Consultation+Paper+(S GX+20170216) (Final).pdf (last visited 2017.06.25).

[13] SGX clarifies that existing secondary listing framework allows dual class share companies, http://infopub.sgx.com/Apps?A=COW_CorpAnnouncement_Content&B=AnnouncementTo day&F=794JA6LZ35VFIZTJ&H=061148532c22392567b832d509e3679bac44947309576cf dcbfbf33d11d40007 (last visited 2017.08.19).

　　根據學者研究，美國實務運作中，採用雙層股權結構之公司越來越重視保護投資人之配套措施，以降低市場疑慮[14]。學界的討論重心也從單純論辯應否允許雙層股權結構，移轉到分析應如何治理採用雙層股權結構的公司，哪些配套措施可有效發揮雙層股權結構之正面效益，同時降低其所產生之風險[15]。本文將聚焦討論我國立法政策上應否允許雙層股權結構的公司於臺灣上市櫃，以及若允許，依我國國情如何設計適當的配套措施。

貳、我國現行法規定與問題之提出

　　我國公司法第356-7條規定，閉鎖性公司除一表決權股外，另可依章程規定，發行複數表決權、無表決權、限制表決權以及具否決權之特別股；另依公司法第157條規定，其他類型公司可依章程規定，發行無表決權與限制表決權之特別股，至於能否發行複數表決權股？經濟部函釋認為，股份有限公司股東係以一股一表決權為原則，公司法第157條第3款所稱「行使表決權之順序」係指區分普通股股東與特別股股東，或兩種以上特別股股東對同一事項決議之先後，而與表決權之多寡並無關連，故應認不容許每股享有數表決權之特別股發行[16]。簡言之，現行法下僅閉鎖性公司可發行複數表決權股，其他非公開發行公司與公開發行以上公司均不可為之。

　　值得注意的是，立法院於2018年7月6日三讀通過的公司法部分條文修正第157條[17]，放寬非公開發行公司得發行複數表決權，但仍限制公開發行公司發行。

---

[14] *See* Winden, *supra* note 1, at 6.

[15] *See* Flora Xiao Huang, *Dual Class Shares Around the Top Global Financial Centres* 6 (2016), https://papers.ssrn.com/sol3/papers.cfm?abstract_id=2793605 (last visited 2017.08.06).

[16] 經濟部72年3月23日商11159號函。王文宇，公司法論，頁334，2016年7月，5版；郭大維，股份有限公司可否發行黃金股，月旦法學教室，第150期，頁22，2015年4月。

[17] 公司法部分條文修正業奉總統107年8月1日華總一經字第10700083291號令公布。

第157條規定如下：「（第一項）公司發行特別股時，應就下列各款於章程中定之：……四、複數表決權特別股或對於特定事項具否決權特別股。五、特別股股東被選舉為董事、監察人之禁止、限制或當選一定名額董事之權利。

（第二項）前項第四款複數表決權特別股股東，於監察人選舉，與普通股股東之表決權同。

（第三項）下列特別股，於公開發行股票之公司不適用之：

一、第一項第四款、第五款及第七款之特別股。

二、特別股轉換成複數普通股之轉換股數、方法或轉換公式。」

根據修法理由說明，草案放寬非公開發行公司可發行複數表決權股，係為增加特別股之多樣性，故參酌閉鎖性公司之規定。另，不允許公開發行公司發行複數表決權股之理由有三[18]：第一，少數持有複數表決權之股東，可能凌駕或否決多數股東之意思，公開發行股票之公司股東眾多，為保障股東權益，避免濫用衍生萬年董事或監察人，導致公司治理及代理問題；第二，亞洲大多數國家對於複數表決權之特別股仍採較嚴謹之規範；第三，一特別股轉換為複數普通股，其效果形同複數表決權，有違股東平等原則，亦與資本充實原則有違。

可惜的是，前述修法理由僅論放寬複數表決權股可能產生之弊害，卻未論及可能的效益[19]，又此一效益是否僅對非公開發行公司有所助益，而

---

[18] 同前註。

[19] 我國對於複數表決權股之放寬始於2015年發布的閉鎖性股份有限公司專節第356條之7，其修法理由謂，「本於閉鎖性之特質，股東之權利義務如何規劃始為妥適，宜允許閉鎖性股份有限公司有充足之企業自治空間。此外，就科技新創事業而言，為了因應其高風險、高報酬、知識密集之特性，創業家與投資人間，或不同階段出資之認股人間，需要有更周密、更符合企業特質之權利義務安排，爰特別股之存在及設計，經常成為閉鎖性股份有限公司（特別是科技新創事業）設立及運作過程中不可或缺之工具。美國商業實務上，新創事業接受天使投資人或創投事業之投資時，亦多以特別股為之。是以，除第一百五十七條固有特別股類型外，於第三款及第五款放寬公司可發行複數表決權之特別股、對於特定事項有否決權之特別股、可轉換成複數普通股之特別股等；第四款允許特別股股東被選舉為董事、監察人之權利之事項；另如擁有複數表決權之特別股、對於特定事項有否決權之特別股、可轉換成複

公開發行以上公司即無此需求？

　　此外，根據修法理由，草案不開放公開發行公司發行複數表決權股是因為，持有這類股份之股東「可能凌駕或否決多數股東之意思」，將導致公司治理與代理問題。然現行法下，無論是否為公開發行公司，均可透過發行無表決權與限制表決權之特別股，架構雙層股權結構。具體來說，公司可以發行一表決權之普通股由管理層持有，而其他股東持有限制表決權（例如100股一表決權），或者無表決權股之特別股。實際上，若由一般股東持有無表決權股，所產生的「可能凌駕或否決多數股東之意思」之效果，比由管理層持有複數表決權股，而一般股東持有一表決權普通股的情況，更為強烈（詳下述）。也因此，在現行公司法允許公開發行公司可發行無表決權與限制表決權股的情況下，草案卻不開放公開發行公司發行複數表決權股，其正當性即較為薄弱。

參、各國立法例

　　各國有關雙層股權結構的規範模式，各有不同，分析如下：

一、公司法

　　各國公司法有關是否允許雙層股權結構，主要有以下幾類規範方式：

　　第一種，一表決權股為預設規定，但可依章程規定發行複數表決權、無表決權或限制表決權股者，例如美國[20]、英國[21]、新加坡[22]、香

　　數普通股之特別股，得隨意轉讓股份，對公司經營將造成重大影響，是以，第六款允許公司透過章程針對特別股之轉讓加以限制。」

[20] *Eg.*, Delaware General Corporation Law § 212(a).

[21] UK Companies Act 2006 § 284.

[22] Singapore Companies Act § 64.

港[23]、我國之閉鎖性公司[24]等。

　　第二種，不得發行複數表決權股，但可發行無表決權或限制表決權股，例如德國[25]、日本（但透過單元股可達到與發行複數表決權同樣之效果）[26]、韓國[27]、義大利[28]、西班牙[29]，以及我國除閉鎖性公司外[30]，均屬此類。

　　立法例上還有第三種情況，即允許發行複數表決權股，但不可發行無表決權或限制表決權股，例如荷蘭[31]、瑞典[32]。

　　近來，還有一種雙層股權結構的規範方式，即所謂「忠實股（loyalty share）」。例如法國於2014年修法規定，股東持股達兩年以上者，其所持股份之表決權自動增加一倍，除非該公司規章（bylaw）另有規定[33]。

　　有些國家對於複數表決權股、無表決權股與限制表決權股之發行，設

---

[23] Hong Kong Companies Ordinance § 588(4).

[24] 我國公司法第356-7條。

[25] German Stock Corporation Act § 12(2).

[26] 日本公司法第188條，所謂「單元股」係指公司得依章程規定，數股構成一單元，需單元股才可享有包括表決權在內之完整股東權，且公司得發行數種「種類股」，並分別規定不同種類之單元股數。換言之，一單元可行使一表決權，如未滿一單元之股份則無表決權。因此，雖然日本法不允許發行複數表決權之股份，但透過單元股之設計，每一股份之表決權即可有所不同。另外，該國公司法施行細則第34條規定有單元股發行之限制，一單元股不可超過1,000股，且不可超過已發行股份總數的1/200。舉例來說，1001股構成一單元，或公司已發行10萬股但規定501股構成一單元，均屬違反前述規定。日本於2001年引進單元股制度，一方面是為維持每股金額較低，方便交易，促進流動，另一方面，為避免持有極少股數（即投入資金不多）之人亦享有完整股東權，增加公司召開股東會之成本，而以此制調和之。

[27] Korea Commercial Code, Article 369(1).

[28] Italian Civil Code, Article 2351(2)&(4).

[29] Spanish Corporate Enterprises Act 2010, Title IV, Chapter II, Section 96(2) & 99.轉引自 HKEx, *supra* note 9, at III-10.

[30] 我國公司法第157條第3款。

[31] Dutch Civil Code, Article 2: 118(1).

[32] Swedish Companies Act, Chapter 4, Section 1&2-3.

[33] France Commercial Code Article L. 225-124.

有特別規定。例如，日本公司法規定，公開發行公司發行無表決權與限制表決權股，不得超過已發行股份總數的一半[34]，非公開發行公司則無此限制。

　　換言之，從立法例上來看，許多國家公司法均允許公司採用雙層股權結構，所不同的只是發行股數或表決權倍數是否受有限制。從比較法上來看，我國以是否為公開發行公司區分能否採用複數表決權，似屬較為少見的規範方式。

二、交易所規則

　　就是否允許上市櫃公司採用雙層股權結構而言，主要有以下規範模式：

　　第一種，較多國家允許採用雙層股權結構的公司可以上市，例如美國NYSE、Nasdaq，日本，以及香港，英國則未禁止這類公司於標準板上市（Standard Listing），但主板（Premium Listing）原則上禁止雙層股權結構[35]。除此之外，尚有許多國家允許採用雙層股權結構的公司上市[36]。其中，有些交易所對於雙層股權結構之上市有特殊規定。例如NYSE上市規則規定，申請上市之無表決權股應享有與普通股股東大致相同之權利（substantially the same rights as ordinary shares）；公司寄送給普通股股東的所有資訊，包括委託書投票資料，均應寄送無表決權股股東[37]。有些交易所則採取較嚴格的審查態度，例如香港，其主板（The Main Board）與創業板（The Growth Enterprise Market）上市規則僅在「特殊例外

---

[34] 日本公司法第115條。

[35] 主板上市之門檻較標準板高，*see* London Stock Exchange, *Listing Regime*, http://www.londonstockexchange.com/companies-and-advisors/main-market/companies/primary-and-secondary-listing/listing-categories.htm (last visited 2017.07.31). U.K. Listing Rule 7.2.1A, Premium Listing Principles 3&4.

[36] 例如加拿大、法國、瑞典、義大利、西班牙等，*see* HKEx, *supra* note 9, at III-1~17.

[37] NYSE Listed Company Manual, Rule 313(B).

（exceptional circumstance）」下，允許採用雙層股權結構的公司上市[38]，至今尚無案例[39]。英國倫敦交易所標準版雖允許雙層股權結構之公司上市，但實務運作中並不常見，這主要是因為該國機構投資人向來反對雙層股權結構[40]。此外，2014年日本東京交易所第一次允許採用雙層股權結構之公司上市。Cyberdyne採用單元股制度，其章程規定，普通股為100股一單元，B股為10股一單元，每一個單元有一個表決權。換言之，在持股數相同的情況下，B股的表決權為普通股的10倍，B股由該公司創辦人兼CEO與其擔任代表董事的基金會所持有[41]。

　　第二種則是少數國家明文規定，上市櫃公司應為一股一表決權，不允許雙層股權結構，例如中國大陸[42]。還有一些交易所雖未明文禁止，但一般解讀為不允許雙層股權結構，例如新加坡[43]。

---

[38] Louise Gullifer & Jennifer Payne, Corporate Finance Law 10-14 (2015).

[39] HKEx, *supra* note 9, at 6.

[40] Main Board Listing Rule 8.11 and GEM Listing Rule 11.25, "The share capital of a new applicant must not include shares of which the proposed voting power does not bear a reasonable relationship to the equity interest of such shares when fully paid ("B Shares"). The Exchange will not be prepared to list any new B Shares issued by a listed issuer nor to allow any new B Shares to be issued by a listed issuer (whether or not listing for such shares is to be sought on the Exchange or any other stock exchange) except:- (1) in exceptional circumstances agreed with the Exchange; or (2) in the case of those listed companies which already have B Shares in issue, in respect of further issues of B Shares identical in all respects with those B Shares by way of scrip dividend or capitalisation issue, provided that the total number of B Shares in issue remains subst antially in the same proportion to the total number of other voting shares in issue as before such further issue.".

[41] 東京證交所強調，雙層股權結構之公司上市，應符合兩個要件，第一是必要性與適合性，第二是落日條款。前者係指雙層股權結構之發行，而使特定人可持續參與公司經營，必須有利於股東之共同利益（common interests of shareholders）；後者係指，如果維持雙層股權結構之必要性不存在時，則應恢復為一股一權。*See* Huang, *supra* note 15, at 20-21.

[42] 中國證監會頒布的上市公司章程指引第78條，http://www.csrc.gov.cn/pub/newsite/flb/flfg/bmgf/ssgs/gszl/201701/P020170111414996711493.pdf，最後瀏覽日：2017年8月17日。

[43] *See* SGX, *supra* note 12, at 2.

值得注意的是，前述交易所審查較嚴格，或者是否允許尚不明確之法域，於近期均有應否放寬之討論，除前述的香港與新加坡外，尚包括英國。

英國政府於2017年1月發布的政策綠皮書（Building Our Industrial Strategy Green Paper）中指出，為支持高成長與新創產業之發展，有論者建議應修改上市規則，讓採用雙層股權結構的公司更易於英國上市[44]。英國金融監理局（The Financial Conduct Authority, FCA）於2017年2月發布討論與諮詢文件[45]，亦就應如何協助科技新創公司取得擴張期所需資金（scale-up capital），以及上市規則應如何調整以協助長期資本市場之發展（long-term capital market）等議題，徵詢公眾意見。

至於我國，依公司法，公司可透過發行無表決權股或限制表決權股架構雙層股權結構，交易所相關規範雖未明文禁止，但是否允許並不明確[46]。

肆、外國實務運作情況

一、雙層股權結構呈現方式多元

實務運作中，雙層股權結構的設計多樣。以美國羅素3000指數的成分

---

[44] HM Government (Her Majesty's Government), *Building our Industrial Strategy, Green Paper* 67 (Jan. 2017), https://beisgovuk.citizenspace.com/strategy/industrial-strategy/supporting_documents/building ourindustrialstrategygreenpaper.pdf (last visited 2017.07.07).

[45] FCA, *Discussion Paper, Review of the Effectiveness Primary Markets: The UK Primary Markets Landscape* 8 (Feb. 2017), https://www.fca.org.uk/publication/discussion/dp17-02.pdf (last visited 2017.08.20).

[46] 經於2017年8月7日電詢臺灣證交所上市一部，證交所表示，「相關上市審查準則中，並未禁止公司不得以無表決權或限制表決權股上市，也沒有明文規定一定要一表決權股份才可上市，但過往幾乎沒有非一表決權股申請上市。未來實際審查上市時，是否會對此種情況進行限制，目前難下定論。」

股公司為例[47]，在採用雙層或多重股權結構的227家公司（7.56%）中，採用複數表決權股者有162家（5.4%），其中包括隨著持股時間增加而表決權數增加的忠實股[48]，採用無表決權股有43家（1.43%），採用限制表決權股有20家（0.6%），另有4家公司發行可選舉一定比例或數量之董事席次之類別股（0.13%）。

　　這些採用雙層或多重股權結構之公司，不乏知名企業，產業類別也很多元，除新聞媒體、科技電商外，也包括消費性商品，金融業、汽車製造業、旅館業等。

雙層股權結構之類型	採用公司
複數表決權股	・Facebook：A股1表決權，B股10表決權 ・可口可樂：A股1表決權，B股20表決權 ・凱悅飯店：A股1表決權，B股10表決權 ・福特汽車：A股1表決權，B股擁有40%之表決權
無表決權股者	Visa：A股一表決權，B股與C股均無表決權，但於合併決議時有表決權
限制表決權股	波克夏海瑟威：A股為一表決權，B股為1/10000表決權
可選取一定比例或數量之董事	・Nike：A股選舉75%之董事，B股選舉25%之董事 ・紐約時報：A股選舉30%之董事，B股選舉70%之董事
混合型	・Under Armour：A股1表決權，B股10表決權，C股無表決權 ・Alphabet（Google之母公司）：A股1表決權，B股10表決權，C股無表決權

---

[47] The Council of Institutional Investors, *Dual Class Companies List in the Russell 3000* (Mar. 2017), http://www.cii.org/files/3_17_17_List_of_DC_for_Website(1).pdf (last visited 2017.08.03). 羅素指數3000 (Russell 3000)是指包含了美國3,000家最大市值的公司股票，以加權平均的方法來編製的指數。

[48] 例如Aflac公司，一股一表決權，如持有四年，則一股有10表決權。*Id.*

雙層股權結構之類型	採用公司
其他	阿里巴巴：合夥人制。依其公開說明書，阿里巴巴的董事會成員不少於9人，除非經股東會決議變更。由馬雲與其經營團隊組成之Lakeside Partners L.P.擁有過半數董事席次的提名權，軟體銀行於持股不低於15%的情況下，有一席之提名權，其餘席次則由公司之提名與公司治理委員會提名之。如所提名之董事候選人未被股東會選任，則有提名權之人可指派董事候選人以外之人，擔任臨時董事（the interim director），直至下一次股東會再行選任[49]

資料來源：The Council of Institutional Investors, Dual Class Companies List in the Russell 3000.

二、雙層股權結構之配套措施

採用雙層股權結構之公司，公司的控制權將集中在持有表決權較多的少數股東手中。這類公司基於籌資需要，為爭取投資大眾支持，並正當化雙層股權結構之採用，實務上遂發展出雙層股權結構的限制性措施（restriction）。

舉例來說，Google的母公司Alphabet發行三種類別股，A股一表決權，B股10表決權，C股無表決權，其中，A股與C股在Nasdaq上市交易。這三種股份均為普通股（common shares）[50]。根據2017年Alphabet年報

[49] Alibaba Group Holding Limited, Form F-1 Registration Statement 238 (Sep. 15, 2014), http://otp. investis.com/clients/us/alibaba/SEC/sec-show.aspx?Type=html&FilingId=10205127&CIK=0001577552&Index=10000#D709111DF1A_HTM_TOC709111_17 (last visited 2017.08.08). 這樣安排雖比較少見，但就管理層對於公司經營之控制力來說，與前述類別股選任一定席次之董事，效果並無差別。

[50] 美國法下有關普通股與特別股之定義與分類，與我國有所不同。我國法下，只要是表決權為複數、限制或者無表決權之股份，依公司法第157條與第357條均為特別股。而美國法下，表決權如何安排不是區分普通股與特別股之本質差異，公司可發行無表決權或限制表決權之普通股。普通股與特別股的本質差異，在於盈餘分配之順位。由於優先股（preference shares）介於股權與債權之間，故在盈餘分配上之順序會高於普通股，至於優先股的表決權，則考量公司控制權的安排與投資人的接受程度而定。此外，常見於優先股的贖回（redemption），亦非優先股獨有的特點。法規過往曾限制普通股之贖回，但現今也多採取開放態度。例如MBCA 6.01，Del. GCL151(e)。英國公司法也早於1981年刪除了禁止普通股贖回的限制。See Eilis Ferran

（Form 10-K）[51]，截至2016年12月31日為止，公司三位管理高層Larry Page，Sergey Brin以及Eric Schmidt合計持有B股92.4%，占該公司表決權的56.8%。

Alphabet設計了以下的限制性措施：

1. B股限制轉讓

B股股東若出售或轉讓其持股時，其所持有之B股將自動轉換為一表決權之A股，除非轉讓予其他亦持有B股之創辦人，或者符合章程所規定之其他情況[52]。

2. B股股東死亡

B股股東死亡時，其所持有之B股將自動轉換為一表決權之A股，除非轉讓予其他創辦人，或者符合章程所規定之其他情況[53]。

依照美國市場運作實務，這類限制性措施的種類不少。除前述類型外，尚有要求持有較高表決權股份之股東，持股必須達到一定成數，否則其所持有之股份將自動轉換為一表決權股，例如在美國上市的百度（Baidu）[54]。Groupon規定，持有複數表決權之股東，其股份於上市後五

& Look Chan Ho, Principles of Corporate Financial Law 136-37 (2d ed. 2014).此外，無論是普通股或特別股，尚可發行不同的類別(class of shares)，賦予不同的權利或限制。

[51] *See* Alphabet Inc., Form 10-k, 17, https://www.sec.gov/Archives/edgar/data/1652044/000165204 417000008/goog10-kq42016.htm#s5BB54AF0E2875503E0922B64F76AFCD4 (last visited 2017.08.08).

[52] *See* Alphabet Inc., Form 10-k, 77, 2017. https://www.sec.gov/Archives/edgar/data/1652044/0001652 04417000008/goog10-kq42016.htm#s5BB54AF0E2875503E0922B64F76AFCD4 (last visited 2017.08.08). *See also* Alphabet Certification of Incorporation, https://abc.xyz/investor/pdf/alphabet-certificate-of-Incorporation.pdf, Section 2(f)(iii) (last visited 2017.08.08).

[53] *See* Alphabet Inc., Form 10-k, 77, 2017. https://www.sec.gov/Archives/edgar/data/1652044/000 165204417000008/goog10-kq42016.htm#s5BB54AF0E2875503E0922B64F76AFCD4 (last visited 2017.08.08). *See also* Alphabet Certification of Incorporation, https://abc.xyz/investor/pdf/alphabet-certificate-of-Incorporation.pdf, Section 2(f)(iv) (last visited 2017.08.08).

[54] *See* HKEx, *supra* note 9, at 25.

年，將自動轉換為一表決權股[55]。News Corporations則規定，無表決權股之股東，於公司股東會進行合併決議時，一股均有一表決權[56]。另外Nike發行的兩種類別股中，B股可選出25%之董事，也可以視為確保了B股股東有選出少數董事席次之權力。

　　限制措施的設計，目的在回應有關雙層股權結構是否真能解決管理層追求短期獲利而犧牲長期成長的問題，以及降低可能產生代理成本或公司治理疑慮。學者分析，透過限制性條款之設計，可以拉近創業家與投資人之需求，且採用雙層股權結構上市的高科技公司，近年有採用對投資人較為友善條款之趨勢[57]。

伍、反對與贊成雙層股權結構之理由

一、反對雙層股權結構之理由

　　總體來說，反對者主要著眼於雙層股權結構將使管理層不受股東與市場的監控，將造成代理成本增加與公司治理弱化。

(一) 管理層缺乏監控，弱化公司治理

　　一股一權原則是公司治理的重要基石，股東做為剩餘財產分配請求權人，與公司利益最為密切，由其行使表決權最能極大化公司利益[58]。雙

---

[55] *Id.* at 48.

[56] The Council of Institutional Investors, *supra* note 47.

[57] *See* Winden, *supra* note 1, at 6.

[58] *See* Frank Easterbrook & Daniel Fischel, The Economic Structure of Corporate Law 73 (1991).劉連煜，雙層股權結構與公司治理——從阿里巴巴上市案談起，賴英照講座教授七秩華誕祝賀論文集——當前公司與證券法制新趨勢，頁297、313，2016年8月。張心悌，股份表決權之彈性設計——從閉鎖性股份有限公司之立法談起，賴英照講座教授七秩華誕祝賀論文集——當前公司與證券法制新趨勢，頁533、535，2016年8月。

層股權結構將使管理層擁有與其持股不成比例的表決權，違反一股一表權原則。當表決權與經濟利益分離，可能導致代理問題惡化，例如管理層與股東間之利益分歧（misalignment of interests）、管理階層酬勞過高、降低股利支付，以及管理層更容易藉由控制權謀取私利與剝削小股東利益（management entrenchment and expropriation）[59]。

　　由於雙層股權結構使管理層取得控制公司的優勢，股東在管理層表現不佳時，往往難以改選董事，也使這類公司欠缺敵意併購的可能性，減少控制權市場對經營團隊的監督，股東僅能以出脫持股，或訴訟方式追究違法董事之責任，監控工具較少，且由於股東集體行動困難等因素，成本較高。

（二）未必能提升公司表現

　　支持雙層股權結構論者多主張，採用雙層股權結構，將使管理層擺脫股東與市場短期獲利之壓力，使其更專注於公司長期發展，但有實證顯示，採用雙層股權結構的公司，其績效表現隨著時間的經過而下降[60]；亦有實證研究指出，管理層持有之表決權愈高，愈可能無效率地使用公司現金資源（cash resources）[61]。

（三）投資人未必認知風險

　　有論者認為，支持雙層股權結構者可能認為，投資人可自己選擇是否投資這類公司，並且評估其效益與風險，但實際上投資人未必有充分資訊做成投資決策[62]。雙層股權屬例外而非常態性的股權結構，國際上並非所

---

[59] *See* Zohar Goshen & Assaf Hamdani, *Corporate Control and Idiosyncratic Vision*, 125 Yale L.J. 560, 581-82 (2016); Lucian A. Bebchuk & Kobi Kastiel, *The Untenable Case for Perpetual Dual-Class Stock*, 103 Virginia L. Rev. 585, 602-03 (2017).

[60] Bebchuk & Kastiel, *id.* at 604-09.

[61] Ronald W. Masulis, Cong Wang & FeiXie, *Agency Problems at Dual-Class Companies* 26 (July 2008), https://papers.ssrn.com/sol3/papers.cfm?abstract_id=1080361(last visited 2017.08.18).

[62] SGX, *supr*a note 12, at 8.

有的主要資本市場均允許採用。美國雖開放採用，但2013年1月1日至2015年12月31日止，580間美國的新興成長公司（emerging growth companies）首次公開發行（Initial Public Offerings, IPOs）中，其中僅15%（87間）的公司在上市時採用雙層股權結構[63]。另外，美國羅素3000指數成分股公司中僅7.56%採用[64]。

(四) 機構投資人反對

從2014年阿里巴巴上市，到近期英國、香港與新加坡發布徵詢意見報告，以及最近Snap於美國以無表決權股上市所引發的討論來看，許多機構投資人反對雙層股權結構[65]。這些機構投資人進一步主張，應將採用無表決權股或限制表決權股之公司，從主要股票指數成本股中剔除，以避免採用被動投資的機構投資人被迫買進這類公司股份[66]。此外，亦有實證研究指出，採用雙層股權結構的公司，機構投資人的持股比例通常較低，這也可能對公司股價與流動性產生負面的影響[67]。

---

[63] Investor Responsibility Research Center Institute, *Controlled Companies in the Standard & Poor's 1500: A Follow-up Review of Performance & Risk* 7 (Mar. 2016), https://irrcinstitute. org /wp-content/uploads/2016/03/Controlled-Companies-IRRCI-2015-FINAL-3-16-16.pdf (last visited 2017.08.20).

[64] The Council of Institutional Investors, *supra* note 47.

[65] HKEx, *Consultation Conclusions to Concept Paper on Weighted Voting Rights* 3-5 (June 2015), https://www.hkex.com.hk/eng/newsconsul/mktconsul/Documents/cp2014082cc.pdf (last visited 2017.08.10). *See also* Stephen Foley & Hannah Kuchle, *Snap's Offer of Voteless Shares Angers Big Investors*, Financial Times (Feb. 4, 2017),https://www.ft.com/content /17db65c0-e997-11e6-893c-082c54a7f539 (last visited 2017.08.20).

[66] Joseph A. Hall & Michael Kaplan, *Snap Decision: Leading Index Providers Nix Multi-Class Shares*, Harvard Law School Forum on Corporate Governance and Financial Regulation (Aug. 2, 2017), https://corpgov.law.harvard.edu/2017/08/02/snap-decision-leading-index-providers-nix-multi-class-shares/ (last visited 2017.08.18).

[67] Kai Li, Hernan Ortiz-Molina & Xinlei Zhao, *Do Voting Rights Affect Institutional Investment Decisions? Evidence from Dual-Class Firms*, Financial Management 714, 742 (2008), https:// www.researchgate.net/publication/227657421_Do_Voting_Rights_Affect_Institutional_ Investment_Decisions_Evidence_from_Dual-Class_Firms (last visited 2017.08.21).

二、贊成雙層股權結構之理由

　　贊成者則多認為，應尊重公司與投資人之選擇，且資本市場短期主義日益嚴重，雙層股權結構對於增加公司價值有所助益。此外，雙層股權結構不過是實務運作中眾多強化控制權的方式之一，相較於其他普遍存在的控制方式，例如金字塔、交叉持股等，雙層股權結構的控制結構較透明，更有助於公司治理。

（一）投資人可自由選擇多元投資工具

　　雖有論者認為，雙層股權結構分離股東財產上之權利與表決權，可能產生代理成本，但所有權或收益權與經營權分離，未必是一件壞事，反而可能是價值創造與效率的展現[68]。現今投資商品多種多樣，投資人投資選擇權獲取投資收益，但不享有對企業的表決權，也很常見[69]。

　　允許公司採用雙層股權結構，可提供投資人更多元的選擇。在資訊透明等配套措施下，投資人投資哪類公司，又公司應採取哪種控制架構，應由市場決定，不宜以法律強行規定[70]。如果市場投資人不認同公司所採用的股權結構與治理架構，該公司的籌資成本自然增加，這也是市場決定的結果，法規範無須過度干預[71]。且根據實證分析，投資人往往對於採用雙層股權結構公司之股價給予折價（discount），此一折價係隨著管理層控制力集中的程度，以及該地法規範、公司治理品質之良窳而變化，顯示投資人可以評估雙層股權結構之風險，也顯示股東與管理層可透過契約與市

---

[68] OECD Steering Group on Corporate Governance, *Lack of Proportionality Between Ownership and Control: Overview and Issues and Discussion* 7 (Dec. 2007), https://www.oecd.org/daf/ca/ 40038351.pdf (last visited 2017.08.12).

[69] SGX, *supra* note 12, at 10.

[70] *See* Daniel Fischel, *Organized Exchange and the Regulation of Dual Class Common Stock*, 54 U. Chi. L. Rev. 119, 135 (1987). 張心悌，同註58，頁535。黃朝琮，阿里巴巴上市案之若干觀察，法令月刊，66卷10期，頁62、84，2015年10月。

[71] HKEx, *supra* note 65.

場機制，達成股份價格之均衡，反映雙方對於控制權的偏好與定價[72]。

此外，有研究顯示，部分歐洲國家採用雙層股權結構的上市公司，過去一段時間有回復一股一權結構（unification of dual class shares）的趨勢，主要原因在於，這些公司有引進新資金的需求，為提高股份發行價格避免折價，故回復一股一表決權制。這也顯示，公司能夠依其需要以回應市場期待，選擇適當的財務工具進行募資，法規範無須過多介入[73]。

（二）有助創新

英國政府的研究報告指出，若無雙層股權結構，使創辦人能夠於公司上市後仍對公司具有決策權力，Google或FB可能不會上市或者更晚上市，不能盡早取得公眾資金，必然會對公司的發展與科技進步造成重大影響[74]。

某些類型公司之發展極仰賴管理層的技術專業或市場知識（market knowledge）。知識經濟下，創辦人的願景、創新的商業模式，可能是公司成長的關鍵。由管理層持續管理公司，有助於公司的成長，亦有利於股東[75]。

（三）有助於管理層聚焦公司長期發展，而非只關注短期獲利

有論者認為，現今以機構投資人為主的資本市場，存有嚴重的代理問題，機構投資人不是用自己的錢進行投資，而其報酬係以投資的短期績效為衡量標準[76]，如此可能迫使公司必須採取穩定的股利政策或花錢實施

---

[72] OECD Steering Group on Corporate Governance, *supra* note 68, at 23-24.

[73] Anete Pajuste, *Determinants and Consequences of the Unification of Dal-Class Shares*, European Central Bank Working Paper Series No. 465 (Mar. 2005), 37, https://www.ecb.europa.eu/pub/pdf/scpwps/ecbwp465.pdf?d5fc522b4d5073f9cebc7c02d6903a4d (last visited 2017.08.23).

[74] *See* Ferran & Ho, *supra* note 50, at 128.

[75] SGX, *supra* note 12, at 9. *See also* Goshen and Hamdani, *supra* note 59, at 617.

[76] David J. Berger, *Multi-Class and the Modern Corporation: A View From the Left (Coast) on Governance Misalignment and the Public Company*, https://www.sec.gov/spotlight /investor-

庫藏股，而減少投入研發、訓練員工與擴展市占率、併購等長期發展策略[77]，因為不這麼做，將受到市場制裁[78]。

亦有研究指出，資本市場中的短期主義（short termtism）正在增長中，其形成原因複雜，包括來自積極投資人之壓力、產業競爭、短期的營收報告要求、經營團隊的薪酬與激勵措施等[79]。至於其所生之影響，根據麥肯錫顧問公司於2016年對公司管理層與董事所做的調查，65%受訪者認為過去五年間，要求短期績效表現的壓力有所增長，55%受訪者為了達到短期績效表現，會選擇延緩新產品上市，即使對於公司價值有所影響[80]。過度重視短期利益的管理階層，可能使公司錯失最佳的成長機會，甚至可能造成操縱盈餘（earnings manipulation）的情況[81]。雙層股權結構則可使管理層較不受市場壓力，而以公司長期發展與價值創造的目標來管理公司。

（四）雙層股權結構是較透明的鞏固控制權方式

市場運作實務中，本來即存在許多管理層鞏固控制權的方式，例如金

advisory-committee-2012/berger-remarks-iac-030917.pdf (last visited 2017.08.10).

[77] *See* Leo E. Strine Jr., *Who Bleeds When the Wolves Bite? A Flesh and Blood Perspective on Hedge Activism and Our Strange Corporate Governance System*, 126 Yale L.J. 1870, 1912-17 (2017).

[78] *Id.*

[79] FCLTGobal, Rising to the Challenges of Short Termism, 2016, http://www.fcltglobal.org/docs/default-source/default-document-library/fclt-global-rising-to-the-challenge.pdf (last visited 2017.08.10).

[80] McKinsey Global Institute, *Measuring the Economic Impact of Short-Termism*, http://www.google. com.tw/url?sa=t&rct=j&q=&esrc=s&source=web&cd=1&ved=0ahUKEwijwcfO4MvVAhVEKJQKHfjCAD4QFggpMAA&url=http%3A%2F%2Fwww.mckinsey.com%2F~%2Fmedia%2FMcKinsey%2FGlobal%2520Themes%2FLong%2520term%2520Capitalism%2FWhere%2520companies%2520with%2520a%2520long%2520term%2520view%2520outperform%2520their%2520peers%2FMGI-Measuring-the-economic-impact-of-short-termism.ashx&usg=AFQjCNGz_znrjfDqt56YZ8kBEgX4MyBNmQ, Feb. 2017 (last visited 2017.08.10).

[81] SGX, *supra* note 12, at 16.

字塔型公司、交叉持股、股東協議或表決權契約等[82]。有研究指出，由於雙層股權結構可呈現較為透明的公司控制權結構，代理問題容易被偵測，這類公司反而有較佳的表現；反觀，金字塔、交叉持股等控制權結構往往很複雜不透明[83]，控制股東反而較有機會藉由其控制力獲取私人利益[84]。禁止雙層股權結構，可能使管理層採用其他更不透明的方式維持其控制權。

(五) 並非所有的市場參與者與專業人士皆反對雙層股權結構

現今主要證券市場中，機構投資人是最重要的參與者之一，其代表著各種各樣的受益人進行投資決策，例如共同基金、退休基金、主權基金或私募基金等。雖然有許多機構投資人反對雙層股權結構[85]，但贊成的機構投資人以及其他的市場專業人士，亦大有人在。

以香港交易所於2015年6月17日發布的徵詢意見之初步結論報告為例[86]，有56%的回應者表示，不贊成全面禁止雙層股權結構之公司上市，38%的回應者認為應全面禁止。若以回覆者之職業別統計，會計師事務所、保薦人、銀行、律師事務所以及上市公司之回覆中，認為雙層股權結構之公司可在符合一定條件下於香港上市，獲得壓倒性的支持。而來自專

---

[82] OECD Steering Group on Corporate Governance, *supra* note 68, at 4, 12-13.

[83] *See* Rafael La Porta, Florencio Lopez-De-Silanes & Andrei Shleifer, *Corporate Ownership Around the World*, 54 Journal of Finance 471, 481-91 (1999); Lucian A. Bebchuk, Reinier Kraakman & George Triantis, *Stock Pyramids, Cross-Ownership, and Dual Class Equity: The Mechanisms and Agency Costs of Separating Control from Cash-Flow Rights*, in Concentrated Corporate Ownership 295, 299-301 (2000).

[84] Ronald Anderson, Augustine Duru & David Reeb, *Founders, Heirs, and Corporate Opacity in the United States*, 26-27 (June 2008), https://www.researchgate.net/publication/228282967_Founders_Heirs_and_Corporate_Opacity_in_the_US (last visited 2017.08.20).

[85] 根據OECD之研究報告，機構投資人雖然反對雙層股權結構，他們往往仍舊投資採用雙層股權結構的公司。OECD Steering Group on Corporate Governance, *supra* note 68, at 5.

[86] HKEx, *supra* note 65, at 16-22.

業投資機構的回覆共有16分，則呈現贊成與反對各半的情況。

反對者多從一股一權原則可以保障股東權益，雙層股權結構將使控制股東與少數股東之利益產生分歧，也會降低股東對於管理層之監控等角度出發。贊成者則認為，雙層股權結構可使公司抵抗來自追求短期績效投資人之壓力，維持公司的核心價值與目標；亦有認為香港與中國大陸的公司普遍存在控制股東，與雙層股權結構之效果相同，投資人投資這類公司的經驗豐富，足以了解相關風險與進行評估；亦有認為，投資標的多元化是資本市場的重要動能，雙層股權結構可以增加投資者的選擇[87]。

此外，根據OECD的研究顯示，雖然機構投資人普遍對於雙層股權結構有所疑慮，但若該公司在財務上有投資價值，公司治理水準較佳，資訊揭露較好，且係於法規制度健全的國家設立，機構投資人仍願意投資採用雙層股權結構的公司[88]。從另一個角度來說，公司治理愈好、法規制度愈健全，愈能增加公司籌資的效益。

三、小結

贊成與反對雙層股權結構兩方最大的爭議點在於：反對者認為雙層股權結構將使管理層不受監控，產生管理層掠奪等問題；支持者則認為來自市場與股東壓力的短期主義，將傷害公司發展，雙層股權結構可降低來自市場與股東的壓力，使經營團隊可聚焦長期發展或執行其獨特的經營策略。

究竟雙層股權結構所造成的代理問題與可能產生的效益，孰高孰低，實證分析結果分歧。但若觀察美國實施經驗，採用雙層股權結構之公司中，不乏獲利良好、頗具競爭力之公司，可見這類股權結構並不必然導致公司治理不佳、低獲利與低股價。

例如Google於2004年上市時，其公開說明書載明：

「Google並非一家傳統公司，也不打算變成一家傳統公司。……

---

[87] *Id.*

[88] OECD Steering Group on Corporate Governance, *supra* note 68, at 31.

Google將延續其一貫的經營策略，即聚焦長期目標，即便上市後也不會改變。公司為發展長期目標，可能選擇犧牲短期利益。現今許多公司都迫於市場壓力，必須維持其營收以符合分析師之預測，……Google有足夠之現金可支持公司的營運，這給我們相當的彈性以支應成本，追逐機會並優化長期盈餘。……我們追求長期目標的營運方式當然有其風險，因為市場有可能無法準確預估公司的長期價值，而低估Google的價值；我們設定的長期目標也可能最後證明是錯誤的商業決策，其他競爭者也可能因追求短期績效而獲得成功。但我們不會因為短期盈餘之壓力，即放棄高風險、高報酬的計畫。……在上市的過程中，我們採用了雙層股權結構，使得外部人更難收購或影響Google之經營。我們了解有些投資人不支持雙層股權結構，有人認為此將使經營團隊做出有利於自己而非全體股東之行動。我們已經仔細思考過各種觀點，並且審慎做出決定。……我們認為，雙層股權結構將使公司保存與維持我們獨特的企業文化，並且持續吸引與Google理念相同的優秀人才加入公司。」

　　上市至今，Google盈餘雖然屢創新高，且現金充沛，但從未發放現金股利。根據該公司2016年年報，其保留盈餘已達105,131百萬美元[89]。如其於年報揭露，「我們從不曾發放現金股利，也將繼續保留盈餘，並在可預期的未來也不會發放任何現金股利。」[90]年報並指出，保留盈餘將持續用於投入研發、培育人才與併購等活動[91]。

　　與前述Google一樣，股神巴菲特的波克夏公司也是採取不分配盈餘的政策，該公司的管理哲學是，公司將盈餘繼續用於投資，會比發放股利後由投資人自己運用更有效率，事實也證明如此。然於2017年波克夏股東會上，86歲的巴菲特首次說明，由於好的投資標的越來越難取得，故未來有

---

[89] Alphabet Inc., Form 10-k, 42, 2017, https://www.sec.gov/Archives/edgar/data/1652044/00016520441 7000008/goog10-kq42016.htm#s5BB54AF0E2875503E0922B 64F76AFCD4 (last visited 2017.08.08).

[90] *Id.* at 20.

[91] *Id.* at 22-23.

可能發放盈餘[92]。

　　若非在雙層股權結構下，這些公司管理層對於是否分配盈餘的安排將無法達成，管理層也無法利用盈餘推動公司各項營運計畫。由於美國上市規則賦予不同股權結構公司均得上市的彈性，也才使得投資人有機會投資這類公司，分享公司成長所帶來的好處。

陸、立法政策分析

　　我國現行公司法僅允許公司透過無表決權股與限制表決權股架構雙層股權結構，只有閉鎖性公司才可發行複數表決權股。經濟部於日前公布的公司法部分條文修正案，則建議放寬非公開發行公司亦得發行複數表決權股，但仍禁止公開發行以上公司為之。

　　對投資人保護來說，究竟以複數表決權股，或者無表決權股或限制表決權股所架構的雙層股權結構，何者為佳？我國應否允許公開發行公司發行複數表決權股？又採用雙層股權結構之公司能否申請上市櫃？

　　以下分別就外在因素與內在因素兩方面分析之：

一、外在因素

　　新加坡、香港與Nasdaq三地的交易所不約而同地於近期針對雙層股權結構，發布徵詢公眾意見與政策白皮書。究竟，這些交易所考量哪些因素？我國主管機關或交易所是否亦有借鏡之處？

---

[92] *See* Dan Caplinger, *Why Don't These Winning Stocks Pay Dividends?* (Mar. 2015), https://www.fool.com/investing/general/2015/03/01/why-dont-these-winning-stocks-pay-dividends.aspx (last visited 2017.08.10); Jen Wieczner, *Warren Buffett Says Berkshire Hathaway Stock May Start Paying Dividends* (May 7, 2017), http://fortune.com/2017/05/06/warren-buffett-berkshire- hathaway-stock-dividend/ (last visited 2017.08.10).

（一）新加坡交易所

　　新加坡交易所於2017年2月針對雙層股權結構之上市規則發布徵詢意見。徵詢意見報告中指出，新加坡若允許採用雙層股權結構之公司上市，可能帶來以下幾點好處：

1. 提升新加坡資本市場之競爭力

　　考量雙層股權結構可支持新創事業的成長，透過允許雙層股權結構的公司在新加坡上市，可望吸引原未考量在新加坡上市之公司在新加坡上市。最終是希望使新加坡成為更完整且具有動能的資本市場。此舉將有助於新加坡吸引高科技公司與家族企業前來上市[93]。

2. 為下一世代的亞洲公司擴展公眾募資的渠道

　　運作良好的資本市場需要有完善的公眾股權市場（public equities market）以適當地評估公司價值，並提供公司發展前期的投資人與員工誘因，使其願意與公司共同成長。公眾股權市場亦可提供企業取得關鍵的資本以及獲取網路等外部效益。允許雙層股權結構，同時設計保護股東的措施，將擴展公司募資選項，尤其是對高科技、醫藥或生命科學產業[94]。

　　SGX於徵詢意見報告中，詳細詢問公眾有關在允許雙層股權結構下，應如何設計限制性措施。徵詢意見的總結報告雖尚未出爐，但值得注意的是，新加坡於2014年修正公司法時，已就應否允許公眾公司（public company）[95]發行無表決權股與複數表決權股徵詢公眾意見。多數回應者認為應予放寬，但仍有部分人士擔心可能損及少數股東權益並降低公司治理品質，特別是新加坡的公司多半存在控制股東。對此，公司法修正委員會（The Steering Committee for Review of the Companies Act）認為，只要

---

[93] SGX, *supra* note 12, at 9.

[94] The Committee on the Future Economy, *Report of the Committee on the Future Economy: Pioneers of the Next Generation* 86 (Feb. 9, 2017), as cited in SGX, *supra* note 12, at 9.

[95] 依新加坡公司法之規定，公司分為私人公司（Private Company）與公眾公司（Public Company），不符合私人公司要件者，即為公眾公司。公司法第18(1)條之規定，私人公司必須符合以下兩個要件：(1)章程應載明股份轉讓之限制，以及(2)章程應載明公司成員人數不得超過50人。

針對採用無表決權股或複數表決權股之上市公司，由交易所於相關上市規則中制定配套措施即可。公司法修正委員會並提出三項配套措施的建議[96]：

(1)公司決議發行不同表決權數之股份時，特別是複數表決權時，應經門檻較高的股東會決議同意，例如特別決議。

(2)無表決權股之股東，在某些特定事項上應與其他股東一樣，享有同等的表決權，例如決議解散公司時。

(3)如公司發行兩種以上類別之股份，應於開會通知中詳細列明各類別股份表決權之情況。

此外，SGX於2017年7月28日發布新聞稿，允許在已開發市場第一上市的雙層股權結構之外國公司可申請於新加坡第二上市。新聞稿也指出，如此將使新加坡投資人有機會認識並熟悉雙層股權結構的風險與效益。

(二) 香港交易所

香港交易所於2014年8月發布有關複數表決權的諮詢公眾意見報告，並於2015年6月17日提出第一階段徵詢意見之初步結論。多數回覆者認為，不應全面禁止雙層股權結構之公司上市，並認為應針對限制配套措施進行第二階段之意見徵詢[97]。交易所也指出，由於各方意見仍有所分歧，其建議仍應維持一股一權的原則，只是放寬現行僅在特殊例外始允許上市的規定[98]。總結報告中，香港交易所也列出正草擬中的配套措施方案，並說明將針對配套措施進行第二階段的意見徵詢[99]。

香港交易所提出的初步配套措施方案重點如下：

---

[96] Singapore Ministry of Finance, *Consultation Paper: Report of the Steering Committee for Review of the Companies Act* 3-3~4 (June 2011), https://app.mof.gov.sg/cmsresource/public%20consultation/2011/Review%20of%20Companies%20Act%20and%20Foreign%20Entities%20Act/Anx%20A%20SC%20Report%20Complete.pdf (last visited 2017.08.06).

[97] HKEx, *supra* note 65, at II-1-2.

[98] *Id.* at 3.

[99] *Id.* at 44-45.

1. 採用雙層股結構之公司可申請上市，現已上市之公司不可採用。
2. 僅限於IPO後有高市值（a very high expected market capitalisation）公司。
3. 應規範何人可持有複數表決權股以及應持有的最低成數。
4. 這類公司應於交易螢幕明顯標示。
5. 應揭露持有複數表決權股之股東，其表決權行使之內容。
6. 應採用較高標準的公司治理架構，例如獨立董事、公司治理委員會之設置、法遵顧問之角色，以及強化與投資人之溝通。

但香港證監會於2015年6月25日表示不支持港交所提出的方案，其理由如下[100]：

1. 交易所建議僅允許在IPO後高市值公司採用雙層股權結構。證監會則認為，高市值公司對市場與投資人之影響較大，此類公司常列為指數成分股（index components），為指數型基金與被動（passive）投資人必須投資的標的，如此將使這類基金管理人在即便不同意雙層股權結構的情況下，仍被迫必須納入成為其投資組合。
2. 交易所建議應審查申請上市公司是否有採取雙層股權結構之必要性，包括該上市公司之經營與創辦人對公司貢獻等。證監會則認為，此一標準可能過於主觀且模糊，將增加申請之不確定性，也可能造成上市審查的不公平。
3. 交易所建議放寬目前僅在特殊例外的情況下，始允許申請上市公司採用雙層股權結構。證監會則認為，雙層股權結構若成為普遍現象，將傷害香港證券市場與聲譽。證監會同時也擔心，交易所建議僅允許新申請上市者採用，但能否有效防免現在已經上市的公司以規避法律的方式達到相同之目的（例如公司分割、資產轉讓或其他重組的方式）。證監會同時指出，採用雙層股權結構的

---

[100] SFC Statement on the SEHK's Draft Proposal on Weighted Voting Rights (June 25, 2015), https://www.sfc.hk/edistributionWeb/gateway/EN/news-and-announcements/news/doc?refNo=15PR69 (last visited 2017.08.11).

公司，可能在未來透過併購等方式，取得未採行雙層股權結構的公司經營權或資產，如此發展，可能對香港證券市場與聲譽產生不良影響。

4. 交易所建議對於雙層股權結構的公司，應採用限制措施（例如持有較高表決權股份之創辦人應為管理層），證監會則指出，交易所報告中未說明將如何監控公司實施限制措施之情況，以及公司如未遵行，交易所或公司股東可採行何種措施。

證監會主要考量交易所所提方案中，有關限制性措施設計的合理性，以及交易所能否確保採取雙層股權結構的公司，持續符合交易所提出的限制條件等，提出質疑。由於缺乏香港證監會的支持，香港交易所遂於2015年10月決定暫時擱置其開放複數表決權股的提案[101]。

值得注意的是，港交所於2017年6月發布設立新板的徵詢公眾意見報告[102]。目前，港交所已有主板以及創業板，港交所設立新板的建議，主要希望能容納更多元化的公司在香港上市。

港交所在報告中指出，經檢視目前主板與創業板的上市規則有關盈餘以及標準化公司治理架構的要求，無法滿足「新經濟」下公司籌資與投資人投資之需求[103]。在同時考量容納採用不同治理結構的公司其上市需求、投資人經驗與風險屬性，以及投資人保護等情況下，提議建立新板。

港交所對於新板的設置，提出以下方案徵詢公眾意見[104]：

1. New Board PRO

僅專業投資人可參與交易，允許財務與可追蹤之歷史紀錄（track record）尚不符合主板與創業板標準的公司上市。

2. New Board Premium

一般散戶投資人亦可參與交易，允許財務與可追蹤之歷史紀錄已符合

---

[101] 方嘉麟、林郁馨，*複數表決權之立法政策分析——以臺灣及香港為例*，月旦民商法雜誌，第52期，頁42、52，2016年6月。

[102] HKEx, *supra* note 11.

[103] *Id.* at 6.

[104] *Id.* at 7.

主板與創業板標準，但採用不同之治理結構的公司上市。

報告中特別說明，港交所建議於新板允許雙層股權結構公司上市，可以化解證監會對於允許主板及創業板開放雙層股權結構之疑慮[105]：

1. 開放新板作為採用不同治理架構的公司上市，保持主板現有的上市標準，可避免投資人誤解。

2. 證監會擔心交易所原提案建議僅允許新申請上市者採用雙層股權結構，是否可能有已經上市的公司以規避法律的方式達到相同之目的（例如公司分割、資產轉讓或其他重組的方式）。如開放新板，則應無此一疑慮。

3. 交易所原建議僅允許在IPO後高市值公司採用雙層股權結構。證監會則認為，如此將影響指數型基金與被動投資人選股自由。如開放新板，則應無此一疑慮。

至於對採用雙層股權結構之公司申請新板上市，交易所提出可以考慮限制性措施[106]：提案一，採用雙層股權結構之公司應揭露該公司採用此一結構，以及可能產生之風險。交易所亦可要求公司應揭露其他事項，例如持有較高表決權數的股東身分，其表決內容，以及股份轉讓之相關資訊；提案二，除前述資訊揭露要求外，尚可採取其他措施，包括：限制持有較高表決權股份持有人之身分、持有人最低持股成數，以及持股轉讓限制。另可包括持有一定年限後，即恢復一表決權的落日條款。

港交所有關創立新板的徵詢意見已於2017年8月18日截止，後續總結報告值得密切關注。

(三) 美國Nasdaq

Nasdaq於2017年3月發布政策白皮書，重申其對於雙層股權結構之支持[107]。白皮書指出，美國最強大的優勢來自於吸引創業家與創新。這強

---

[105] *Id.* at 27.

[106] HKEx, *supra* note 11, at 35.

[107] NASDAQ, *The Promise of Market Reform: Reigniting America's Economic Engine* 6, 16

大吸引力的核心在於，提供創業家多元管道取得公眾資金。因此，只要相關資訊透明且於事前揭露，應使上市公司與市場決定適合的股權結構。雙層股權結構使投資人有機會投資新創與高成長公司，並分享這類公司成功的果實[108]。

此外，白皮書亦指出，近年來出現許多不願意上市的公司，或上市後下市的情況，資本市場的逐漸萎縮是交易所必須正視的警訊[109]。上市家數減少的原因很多也極複雜，可能包括以下因素：股東行動主義（shareholder activisms）的興盛；浮濫的股東訴訟；短期獲利之壓力超過長期成長之需求；繁雜與高成本的委託書程序，以及各種揭露的要求。Nasdaq也擔憂，由於前述原因，美國將失去吸引公司前來上市的誘因[110]。

就上市公司市值而言，美國NYSE與Nasdaq交易所名列全世界交易所第一與第二位[111]，連已穩坐領先地位的Nasdaq都擔憂可能失去成為上市地的吸引力，交易所間之競爭可見一斑。

二、內在因素

(一) 管制鬆綁，促進資本市場發展

我國證券市場近年有幾個值得注意的現象。首先是上市櫃家數恐創近五年新低[112]，其次是複委託投資海外股市增加[113]。其原因可能極為複

(Mar. 2017), http://business.nasdaq.com/media/Revitalize%20Overview%202_tcm5044-45204.pdf (last visited 2017.08.10).

[108] *Id*. at 16.

[109] *Id*. at 3.

[110] *Id*. at 3.

[111] The Top 10 Largest Stock Exchanges, http://blog.wallstreetsurvivor.com/2016/12/19/top-10-stock- exchanges/ (last visited 2017.08.11).

[112] 朱美宙，我今年掛牌　恐創五年新低，經濟日報，2017年8月10日，https://udn.com/news/story/ 7251/2633871，最後瀏覽日：2017年8月11日。

[113] 夏淑賢，複委託投資海外股市創高，經濟日報，2017年8月4日，https://money.udn.com/money/story/5613/2622488，最後瀏覽日：2017年8月11日。

難，但不可諱言的是，投資人選擇的自由與投資機會的擴大，是資本市場發展與成長的重要動能[114]。

Nasdaq白皮書指出，近年公司上市意願降低，資本市場逐漸萎縮是重要警訊，許多公司轉向私人資金，而不選擇公眾資金，這也使得一般投資人分享公司成長的機會逐漸喪失。香港2017年新版諮詢報告也指出，標準化的公司治理架構也許不適合所有公司，可能會將某些籌資與投資機會排除在外。

我國證券交易所亦曾於其專題研究報告中指出，「以我國現行證券市場投資者結構趨勢及對上市公司資訊揭露之要求，證券市場發展日益成熟，輔以面對國際市場競爭及推動國際市場接軌之雙向努力……我國證券主管機關亦為推動金融市場與國際接軌不遺餘力，我國證券市場應具備採行雙層股權結構之條件[115]。」

從我國資本市場的長期發展策略來看，應繼續維持商品標準化，還是嘗試擁抱多元，這是主管機關與交易所不得不面對的問題。

(二)完善配套，投資人更有保障

在應否允許雙層股權結構的討論中，投資人保護是關鍵議題。

新加坡與香港徵詢意見中，有論者擔心因欠缺美國法上的團體訴訟制度（class action），且無股東行動主義的文化，將難以監控管理階層的行為。

相較之下，我國現行的投保法以及投資人保護法與投保中心可相當程度解決股東行動困難的問題。過去案件也可證明，投保中心透過參與股東會以及對於董監事之民事責任訴追，對於提升我國上市櫃公司的公司治理，發揮了重要作用[116]。

---

[114] HKEx, *supra* note 65, at 20.

[115] 臺灣證券交易所，雙層股權結構制度之研究，一百零二年度專題研究案，頁67，2013年12月。轉引自劉連煜，雙層股權結構與公司治理，同註58，頁312。

[116] 張雪貞、陳怡靜、張婉婷，堅不可摧的一股一權？簡介雙層股權結構制度，證券服務，第639期，頁59、66-67，2015年7月。

此外，有論者擔心，投資人無法準確評估雙層股權結構公司所生之風險。事實上，許多國家的上市公司皆存在控制股東，例如透過金字塔結構、交叉持股等方式。如前所述，這類的控制方式，往往十分複雜且不透明。相較之下，雙層股權結構所產生的控制結構，更為透明與穩定，關係人交易更容易辨識。從這點來說，如一國法制不嚴格禁止其他類型的鞏固控制權方式[117]，卻禁止雙層股權結構，則容易產生法規套利，使公司的治理朝向更不透明的方向發展。

如同其他成熟的資本市場，我國機構投資人之比重也逐年上升，法人

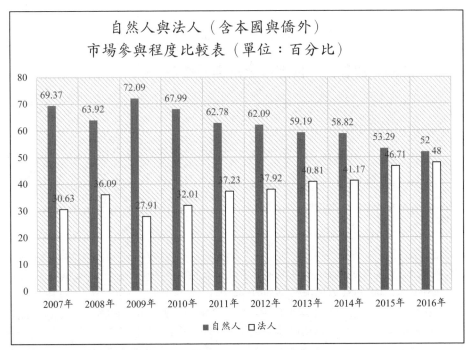

資料來源：臺灣證券交易所，2016年投資人類別交易比重統計表。

---

[117] 例如我國有關交叉持股的規範，相較於其他國家，即十分寬鬆。公司法第167條第3項與第4項，有關從屬與控制公司的認定，係採股份總數或資本總則有無超過半數之形式認定，而非實質認定，此與許多國家不同。

參與證券市場之比重，由2009年的27.91%上升為2016年的48%[118]。證券市場在機構投資人的參與下，辨識與評估各類有價證券之風險，亦可促進我國證券市場的健康發展。

此外，關係人交易的防免，是公司治理的核心問題，對存在控制股東的我國而言，關係人交易弊案也屢現不鮮，無論是否允許雙層股權結構，我國都應該持續完善關係人交易之相關規範[119]。

最後，專業且高效的司法救濟也是投資人保護的關鍵因素。經過各界多年的呼籲，2017年5月司法改革國是會議分組決議設置商業法院[120]，7月28日司法院發布新聞稿指出[121]，「為使商業紛爭之裁判，符合專業、迅速、判決一致且可預測性，司法院已設有推動小組，規劃設置商業法院相關事宜。」建構專業的、效率的商業法院，已指日可待。

(三)「亞洲・矽谷」，促進產業新創與轉型

新加坡與香港的諮詢文件中，均不約而同提出「新經濟」下，交易所必須重新思考策略。

如同前述，英國政府的研究報告指出，若無雙層股權結構，使創辦人在公司上市後仍有決策權力，Google或FB不會上市或者更晚上市[122]。OECD報告也認為，強制一股一權將對於創新構成妨礙，最終影響公眾利益[123]。

---

[118] 臺灣證券交易所，投資人類別交易比重統計表2016年年報，http://www.twse.com.tw/zh/statistics/statisticsList?type=07&subType=031，最後瀏覽日：2017年8月11日。

[119] 韓化宇、李瑞倉誓言杜絕違法關係人交易，經濟日報，2017年7月2日，https://udn.com/news/story/7239/2560010，最後瀏覽日：2017年8月11日。

[120] 張文川，司改國是會議決議設立商業法院、勞動法院、稅務法庭，自由時報，2017年5月22日，http://news.ltn.com.tw/news/society/breakingnews/2075442，最後瀏覽日：2017年8月11日。

[121] 司法院司法改革方案，2017年7月28日，http://jirs.judicial.gov.tw/GNNWS/NNWSS002.asp?id=277645，最後瀏覽日：2017年8月11日。

[122] Ferran & Ho, *supra* note 50, at 128.

[123] OECD Steering Group on Corporate Governance, *supra* note 68, at 37.

　　在新經濟下，許多創新模式是仰賴新創團隊的專業知識與執行方能實踐。也是基於此，我國於2015年發布的閉鎖性股份有限公司專節，放寬閉鎖性公司可以發行無面額股、允許勞務與信用出資，以及發行複數表決權股等，均是體認知識經濟下，人力資本與其他資源至少一樣重要。放寬管制以便給予創業家與創投家更具彈性的安排。

　　對於規模還小的新創公司來說，最為便利且實務運作中較為常見的安排是，創業家與創投家以不同價格認購公司股份，並透過無面額股或低面額股發行，使創業家可以投入極低的金額取得極高的持股比例，以確保其對於公司的控制權。有經驗的創投家也了解，必須讓創業家有充分權限營運公司，才有機會實現創業家的想法。也因此，創投家願意用高於創業家許多倍的金額取得較低的持股比例，但為了維護自身利益，常約定由創投家取得一席董事或對特定事項有否決權（例如公司進行併購時）。實務運作中，少見創業家以取得複數表決權股的方式確保其對公司的控制權[124]。

　　但隨著多輪募資，創業家團隊所持有股份比例越來越低，如果再進行IPO大量引入資金，其控制權勢必喪失，這也就是為何在美國，許多公司是在上市之前才進行雙層股權結構安排的原因。換言之，雙層股權結構對於即將上市的公司來說，更具重要性。

　　但時至今日，我國法規對於公司的股權結構安排與上市標準仍較為僵化，除目前僅允許閉鎖性公司發行複數表決權股與採用較多元的特別股外，論者認為，仍以實收資本額與淨利率作為上市櫃標準，與各國規範不同，也與產業發展脫節，並且點出獲利率與成長性間之拉鋸[125]。以Amazon為例，該公司1997年於Nasdaq上市時，仍處於虧損狀態，期間不斷地將資源投入基礎建設與行銷，直至2003年才開始獲利。短期獲利並非Amazon的經營策略，其更專注於會員的開發與市占率的增長。但這樣的

---

[124] 方嘉麟、林郁馨，同註101，頁60。

[125] 蘇怜媛、林之晨，從近年本土網路公司IPO，看臺灣資本市場的過時，https://appworks.tw/ taiwan-ipo/，最後瀏覽日：2017年8月12日。

公司就無法符合我國現階段上市櫃的要求[126]。

在各國已開始思考,新經濟下資本市場與交易所的角色與定位時,我國也必須展開相關研究與規劃。

(四)留人留才,創造專業人士生態圈

證券市場是國家發展火車頭,連動產業發展與人才培育。交易所吸引具發展潛力的公司上市,推出多元的投資商品,並維護市場交易秩序;主管機關與時俱進調整管理理念與法規內容;專業服務提供者,例如律師、會計師、證券商,為各具特色的公司架構適合的股權與治理架構;機構投資人與分析師亦依各自專業與市場需要,提供客戶多元的服務。

商品與服務的多元化,是邁向成熟證券市場的必經過程。從政府到民間,培養創新與管理的軟實力以及借鏡他國經驗的巧實力,擦亮臺灣證券市場的品牌。

柒、若開放,應採取之規範模式

綜上分析,本文認為允許採用複數表決權之公司於我國上市櫃,應屬可行,且在考量新制度引進可能對既有市場產生的衝擊下,可採循序漸進的方式進行,具體建議如下:

一、放寬公開發行以上公司得發行複數表決權股

本文認為,現行法下,公開發行以上公司雖可透過發行無表決權股與限制表決權股,以建構雙層股權結構,但仍應放寬其可發行複數表決權股。理由如下:

(一)從對公司控制權設計的影響上,無表決權、限制表決權與複數表決權股並無本質上之差異,則既然現行法允許公開發行公司可以發行無

---

[126] 同前註。

表決權與限制表決權股，則似無禁止其發行複數表決權股之必要。

（二）從美國經驗來看，以複數表決權股架構雙層股權結構的公司較多，採用無表決權股或限制表決權股者較少[127]。另考量我國國情，也許投資人對於取得無表決權或限制表決權股比較陌生，為便利雙層股權結構之架構，應給予公司依市場情況與投資人需求，架構雙層股權結構之彈性空間。

（三）採用複數表決權架構的雙層股權結構，較能保護我國投資人。

若以複數表決權股架構雙層股權結構，則原則上係由管理層取得複數表決權之特別股，其他投資人取得一表決權普通股（如在盈餘分配等沒有其他特殊之處）；如以無表決權或限制表決權架構雙層股權結構，則管理層取得一表決權之普通股，而其他投資人取得無表決權或限制表決權之特別股。

究竟取得普通股或特別股，是否有所差別？對於特別股如何定性，學理上有爭議。有學者認為，特別股於我國公司法係屬股東平等原則之例外，應只是暫時存在，故公司有權力收回特別股[128]，且依公司法第158條，特別股之買回限制較少[129]，原則上只需董事會決議，沒有如普通股買回在目的、股數與資金來源等諸多限制。

如由一般股東取得無表決權或限制表決權之特別股，是否對股東不利？本文研究認為當不至於。蓋公司法第158條雖規定，「公司發行之特別股，得回收之。」依經濟部函釋，「公司發行及收回特別股，係公司與特別股股東間權利義務之事項，應回歸當事人間之約定處理。如有爭議，允屬司法機關認事用法範疇。」臺灣高等法院103年度重上字第869號判決謂，「公司『收回』特別股之行為，或為權利、或屬義務，胥視當事人間

---

[127] 以美國羅素3000指數的成分股公司為例，在採用雙層或多重股權結構的227家公司中，採用複數表決權者有162家，占比71.3%。The Council of Institutional Investors, *supra* note 47.

[128] 柯芳枝，公司法論，頁207，2003年3月，5版；劉連煜，同註58，頁304。

[129] 方嘉麟、林郁馨，同註101，頁56。

如何約定及公司章程之規定，非謂只有公司就收回與否有選擇權，特別股股東一概無請求權收回之權利。」換言之，特別股之收回或買回，應依契約進行，若於發行時無相關約定，則買回應依公司法第158條之規定，經特別股股東會同意始得為之。

但應注意的是，由於我國發行特別股的情況較少，法院判決也較少，特別股股東的權利範圍為何，例如能否行使股東提案權、股東會召集權、資訊權、代位訴訟請求權、董監候選人提名權等，並不明確。為免日後發生爭議，應於發行契約中明白約定其權利之內容與範圍。另一方面來說，考量特別股權利範圍可能有不明確之情況，若從保障股東的角度出發，由一般股東取得一表決權之普通股應是較好的雙層股權結構安排。

此外，參考美國實務運作上，採用雙層股權結構之公司，常搭配表決權較高的股份於發生觸發事件時，將自動轉換為表決權較低的股份。常見的觸發事件，例如持有人死亡或轉讓持股，或上市後一定期間屆至（例如五年或七年）。此種股份表決權狀態並非永久存在的性質，與特別股之屬性較為相合。

綜上，從投資人之接受度，權利內容的明確性，以及特別股於我國公司法下的特性來說，以複數表決權股架構的雙層股權結構應是較適合我國的模式。

二、上市櫃公司（含興櫃公司）採用雙層股權結構之相關規範

(一)分階段實施

建議可參考新加坡交易所作法，先允許採用雙層股權結構的外國公司，可申請於我國第二上市／上櫃，使國內投資人了解與熟悉雙層股權結構之風險與效益。再觀察鄰近新加坡與香港的作法，逐步擴大到興櫃、上櫃或上市公司[130]。

---

[130] 我國交易所是否允許採用雙層股權結構之公司，申請第二上市櫃？經於2017年7月31日電詢證交所上市二部詢問，其回覆為：「目前無論是外國公司第一上市或第二上市，交易所都沒有明確禁止雙層股權結構申請上市之規定，但也沒有明確允許可以上市的規定。所以目前究竟是否開放，沒有明確的答案。先前交易所內部曾經有

(二)適用主體

僅新申請上市櫃之公司可採用雙層股權結構，已經上市櫃的公司不可。

建議參考其他國家作法[131]，僅允許於新申請上市櫃的公司採用雙層股權結構，若已上市櫃的公司則不可採用。這主要是考量上市櫃公司股東在購買該公司股份時，是本於一股一表決權的基本假設進行評估投資，為保護這些股東之權益，已上市櫃的公司不能再發行比現有股東表決權高的股份。

(三)配套措施

OECD研究報告建議，為控制雙層股權結構所生的代理成本與公司治理問題，可採取以下作法[132]：

1. 健全的公司治理機制。
2. 防制管理層奪取私人利益之法規範。
3. 具流通性與充分揭露的資本市場，以使外部投資人可正確評估雙層股權結構所造成之影響。
4. 適當的執行機制，包括快速且可負擔的法律救濟措施。

美國實務運作上常見採用雙層表決權結構之公司自願性地採用限制性措施（restrictions），以強化投資人信心。香港與新加坡在徵詢公眾意見報告中，則是將諮詢重點置於應採用那些措施。

以下彙整美國實務、學者建議與新加坡、香港諮詢報告所提出的配套措施，並分為幾類，逐一分析各類措施於我國實施的必要性與可行性。

討論是否未來要開放，但因為目前完全沒有雙層股權結構的公司申請上市的先例，因此暫緩討論，沒有做出結論。如果未來有雙層股權結構的公司提出上市申請，再討論此一問題。」然就業界慣例來說，如主管機關或交易所沒有明示為可行的事項，即便法規範未禁止，也多半被解讀為不可行。也因此，若無交易所主動發布相關訊息，應可合理預期將不會有公司申請。

[131] NYSE Listed Company Manual, Rule 313(A); Nasdaq Stock Market Rule 5640.

[132] OECD Steering Group on Corporate Governance, *supra* note 68, at 40.

1. 類型一：提高上市櫃門檻

　　美國NYSE與Nasdaq均未提高採用雙層股權結構的公司之上市門檻，但香港與新加坡交易所均就此徵詢公眾意見。

(1) IPO達到一定市值之公司

　　香港與新加坡於徵詢公眾意見提到，可考慮僅允許IPO後達到一定市值的公司採用雙層股權結構，換言之，只有在上市前或上市時已募得相當資金的公司，才能採用。此一建議應係考量投資人之投資需求與上市後流通性。新加坡提案5億新幣[133]，香港總結報告則建議「非常高市值」的公司，但未提出具體數字[134]。香港證監會則指出，高市值對於市場與投資人影響大，且會影響到指數型基金或被動投資人選股上之自由[135]。

(2) 專業投資人持股達一定比例

　　新加坡徵詢意見時提案，可以考慮要求申請上市之公司必須已經自專業投資人（sophisticated investors）募得資金。蓋專業投資人於投資前，會對發行人進行實地查核以及評估，此一措施可用來確保發行公司之品質。SGX建議，在公司申請IPO時，專業投資人持有公司股份成數，應達到外部人持股數（public float requirement）的90%[136]。

(3) 採用雙層股權結構之充分理由（compelling reason）

　　新加坡上市諮詢委員會（LAC）建議，使用雙層股權結構的公司，應提出必須採用的充分理由。例如公司有強烈策略導向或有仰賴管理層的管理，以領導公司的發展。有些公司則是因為必須經過較長期間才能開始獲利或取得市占率（market share），又或者如公司屬綠能產業等因素，有

---

[133] SGX, *supra* note 12, at 11-12.

[134] HKEx, *Conclusions to Concept Paper on Weighted Voting Rights* 44 (June 19, 2015), https://www.hkex.com.hk/eng/newsconsul/hkexnews/2015/150619news.htm (last visited 2017.08.06).

[135] SFC Statement on the SEHK's Draft proposal on Weighted Voting Rights, *supra* note 102.

[136] 根據新加坡上市規則之定義，所謂外部持有人，係指除發行人的董事、執行長（CEO）、主要股東（substantial shareholders）、控制股東或其子公司，或上述之人的關係人以外之人，http://rulebook.sgx.com/en/display/display_main.html?rbid=3271&element_id=4831 (last visited 2017.08.21).

強烈倚靠策略進行發展的傾向，在此類情形中，如由管理層保有控制權將有助於公司的成長。LAC建議SGX應對上市申請者進行整體評估（holistic assessment），始可做成決定[137]。

SGX則指出，尚無其他交易所以此條件做為是否允許雙層股權結構公司上市之要件。有論者認為，交易所應避免過於主觀的判斷，以免造成不確定性，如此將降低造成公司選擇SGX作為上市地的誘因[138]。

香港交易所也建議應審查申請上市公司是否有採取雙層股權結構之必要性，包括該上市公司之經營與創辦人對公司貢獻等[139]。但香港證監會則認為，此一標準可能過於主觀且模糊，將增加申請之不確定性，也可能造成上市審查的不公平[140]。

就提高上市櫃門檻這三項配套措施來說，本文認為，專業投資人持股達一定比例應是比較可行的措施，至於公司採行雙層股權結構的理由若由交易所審查與准駁，因標準不明確，不易操作，本文建議不宜採行，而應由公司詳細說明採行雙層股權結構之必要性，輔以要求公司採行其他限制性措施的方式為宜。

2. 類型二：資訊揭露

資訊揭露為促進市場交易、維護交易秩序的基本前提，本文建議，可包括以下內容：公司股權與表決權結構、持有表決權較多股份的持股人身分、其投票內容、持股轉讓之情況等事項[141]。此外，可比照第一上市與第二上市的F股公司，將採用雙層股權結構公司之股票代號作明顯識別，協助投資人辨識與搜尋，避免誤解與糾紛。

---

[137] SGX, *supra* note 12, at 12.

[138] *Id.* at 12-3.

[139] HKEx, *supra* note 65, at 44.

[140] SFC Statement on the SEHK's Draft Proposal on Weighted Voting Rights, *supra* note 100.

[141] 有學者認為，現行法已允許閉鎖性公司採用複數表決權股，但資訊揭露顯有不足，建議應於閉鎖性公司專區公告公司關於特別股發行的情況、種類與條件等內容。參見張心悌，同註58，頁560。

3. 類型三：自動轉換機制

自動轉換機制係指，當某一事件發生時，管理層所持有的較高表決權股即自動轉換為較低的表決權股（例如複數表決權股轉換為一表決權股）。由於相關安排涉及特別股之發行條件，特別股權利之內容應載明於發行契約與章程中。

根據美國學者研究，美國實務運作上，採取自動轉換機制的公司有逐漸增加的趨勢[142]。自動轉換的觸發事件，大致可分為以下幾類：

(1) 落日條款

落日條款係指，持有較高表決權股之管理層於上市後一定年限（例如7年），其所持有之股份將自動轉換為較低表決權股。相較於其他類型的自動轉換機制，落日條款因為明確，是最受機構投資人歡迎的配套措施[143]。根據研究，採用落日條款的公司有逐年增加的趨勢，且多為科技公司，年限從5年至28年不等，以7年為最多[144]。

亦有學者研究指出，雙層股權結構所帶來的效益，將隨著時間而遞減，其成本與風險亦隨之增加[145]，理由之一是原於上市時適任的創辦人，隨著商業環境快速變化與年紀增長，未必適任；其次，創辦人所持有之較高表決權股可能轉讓予其未必適合管理公司的子嗣時，甚至創辦人逐漸降低其持股比例，都將導致代理成本的擴大。同時，管理層有誘因繼續維持雙層股權結構，即便此一結構已無效率。因此學者提出，可利用落日條款解決雙層股權結構因為時間經過所產生的成本[146]。

落日條款雖然在適用上十分明確，且可對管理層的掠奪私益進行有效管制，但此一提案亦可能遭到質疑。例如有認為應由市場決定是否接受

---

[142] 根據美國學者分析123間採用雙層股權結構的樣本公司中，於2000年以前上市者，採用自動轉換機制的公司有36%，2000年以後上市者，採用自動轉換機制者增長為61%。See Winden, *supra* note 1, at 17.

[143] *Id.* at 17-18.

[144] *Id.* at 18.

[145] Bebchuk & Kastiel, *supra* note 59, at 590.

[146] *Id.* at 592.

永久性的雙層股權結構（通常係指到管理層死亡或不再擔任管理職），不宜強制規定；且如此可能降低創業家們上市之意願[147]。亦有論者認為，落日條款不是最佳的配套措施，因其無法確保當期限屆至時，雙層股權結構是否已經發揮其效益，也因此，有學者建議，若公司係以無表決權股上市，才有採用落日條款之必要，但如一般投資人有選任少數董事的權限時（例如一般股東持有類別股可選出25%之董事），由於已有董事可進行監督並提供意見，落日條款的必要性自然降低[148]。

(2) 死亡或喪失工作能力（incapacity）

　　雙層股權結構產生效益的基本假設在於，管理層控制公司可不受市場與投資人短期獲利的壓力，對公司長期發展有所助益。也因此，當持股的管理層死亡、解任或喪失工作能力時，雙層股權結構即無存在之價值，自應回復一表決權原則。

　　依美國實務運作情況，以死亡與喪失工作能力為觸發條件的，多為科技公司，類型上有以持有人之死亡與喪失工作能力為觸發自動轉換的條件，也有以創辦人為觸發條件，或者兩者兼有[149]。

　　管理層之死亡或不再適任，特別是創辦人，將減損雙層股權結構設立之目的，故有學者建議，此一觸發事件應適用於所有雙層股權結構之公司，但考量受讓股份之繼承人或其他家族成員，有可能因為長期與創辦人共事，而培養出與創辦人相同或類似之願景或經營能力，故在條款設計上，也可以規定經股東同意，豁免觸發自動轉換[150]。

(3) 股份轉讓或不再擔任管理職

　　美國實務上常見約定管理層轉讓其所持較高表決權股或不再擔任管理職時，將觸發自動轉換機制。這類自動轉換機制的核心問題是：何人可持

---

[147] SGX, *supra* note 12, at 18.

[148] *See* Winden, *supra* note 1, at 58-59.

[149] 根據美國學者分析，就123間採用雙層股權結構的樣本公司中，有37家公司採用此類自動轉換機制，且多餘2009年以後上市。*See* Winden *supra* note 1, at 21-23. Bebchuk & Kastiel, *supra* note 59, at 590.

[150] *See* Winden, *supra* note 1, at 21-23.

有較高表決權股？未擔任管理職者能否持有？法人能否持有？

　　根據學者統計，美國採用此類自動轉換機制的公司數量多，並且多集中在2000年以後上市之公司[151]。採用此類自動轉換機制的公司，絕大部分會設計例外豁免自動轉換的情況。這些例外豁免自動轉換的情況很多元，例如持有人轉讓給親屬、轉讓給其他創辦人、轉讓給其他持有人、轉讓給受持有人控制之公司、法律主體，或者慈善團體等[152]。2000年以前上市的公司，多半允許轉讓給親屬而不觸發自動轉換。

　　新加坡上市諮詢委員會的建議跟前述美國實務作法有些不同，原則上規範較為嚴格，該委員會建議，採用雙層股權結構的公司申請上市時，應於公司章程中載明以下的限制條款[153]：

A. IPO時，若公司僅有單一管理層持有複數表決權股，則該人必須擔任執行董事長（executive chairman）或執行長（chief executive officer, CEO）或同等層級的職位；若公司有一組人持有複數表決股，則至少必須有一名擔任執行董事長或CEO或同等層級職位，其餘之人必須擔任執行董事或CEO或同等層級職位。因為，這些職位為最能影響公司經營決策之人[154]。

B. 公司上市後，若管理層出售或移轉部分或全部的複數表決權股予其他亦持有複數表決權之管理層或其他第三人，該股份將自動轉換成為一表決權股份，除非經股東會決議同意，複數表決權股於此議案僅有一表決權。此外，如取得複數表決權股之人為第三人，其亦必須為公司的執行董事或執行經理人。

---

[151] 根據美國學者分析，就123間採用雙層股權結構的樣本公司中，44家在2000年以前上市的公司中，以股份轉讓作爲觸發門檻的只有14家，79家在2000年以後上市的公司中，以股份轉讓作爲觸發門檻的公司增加到62家。*See* Winden, *supra* note 1, at 21-23.

[152] *See* Winden, *supra* note 1, at 28.

[153] SGX, *supra* note 12, at 16-17.

[154] 依新加坡上市規則的定義，管理層（executive officers）包括CEO、CFO、COO，以及無論職稱爲何，(a)執行或負責相類似職務之人，或(b)確保發行人遵守交易所上市規則之人。

C. 管理層必須持續地擔任公司管理階層的重要職位，否則複數表決權股將自動轉換為一表決權股：

    (A) 如公司僅有一名持有複數表決權股之管理層時，當該名管理層不再擔任執行董事長或CEO時，除非經股東會決議同意外，其所持有的複數表決權股將全數轉換為一表決權股。

    (B) 如公司有一組持有複數表決權股之管理層時，至少必須有一名管理層擔任執行董事長或CEO或其他同等職位，否則全部的複數表決權股（包括其他管理層所持有者）將轉換成為一表決權股，除非經股東會決議同意。換言之，如果其中一位持有複數表決權股之管理層不再擔任執行董事或CEO時，除經股東常會透過表決權強化機制的方式同意外，僅該人所持有的複數表決權股會自動轉換為一表決權，其餘管理層所持有的複數表決權股不受任何影響。

考量雙層股權結構存在的價值與風險，本文建議可以考慮以下設計：

A. 複數表決權股的原始持有人應具有管理層身分，不可以是其他人，這樣，除符合雙層股權結構建構之目的外，也有助於建立權責相符的機制，並可降低雙層股權結構可能產生的代理成本。因此，當持有人不再具有管理層身分時（無論原因為辭職、解職、任期屆至），其所持有之股份，即應自動轉換為一表決權股。

B. 如持有人股份轉換給其他原始持有人或其他非原始持有人之管理層，應觸發自動轉換，除非經股東會之同意（此一股東會決議應以一表決權計算）。

C. 持有人原則上應是自然人，例外可以是法人，但必須是該具有持有人身分之人可以100%控制與收益者。

本文認為，投資人在投資時，其係基於對於某一位或某一群管理層之信賴而願意接受雙層股權結構所帶來的效益與成本，若此一結構有所變動，宜轉換為一表決權，但亦保留經股東會同意可豁免自動轉換的彈性。此外，較嚴格的轉讓限制，也可以避免公眾投資人擔心管理層利用雙層股

權結構獲取控制權後，透過控制權交易獲取私人利益。

(4) 違法行為

由於雙層股權結構下，對於管理層違法行為的監控成本較高，為控制代理成本，有學者建議，可將管理層違反受託義務等行為列為觸發自動轉換之事由[155]。

本文建議，複數表決權之持有人，若因犯詐欺、背信、侵占、偽造文書、洗錢防制、證券交易法等罪，或違反公司法第23條第1項，經一審受有期徒刑一年以上有罪判決或損害賠償或歸入權判決時起，其複數表決權股應暫時轉換為一表決權，除非經股東會決議（此一股東會決議應以一表決權計算）；如經三審定讞確定無罪或無違反受託義務之責任，即恢復行使複數表決權。

此一建議主要參酌我國公司法第30條與第23條之規定，並且為避免訴訟時日較長，使本條規定形同具文，並建議於一審判決後，可暫時轉換為一表決權，另為增加彈性，亦賦予經股東會決議可豁免轉換的情況。

(5) 持股低於一定成數

香港與新加坡交易所均提議並徵詢公眾意見，當管理層持股低於一定比例時，複數表決權股將自動轉換為一表決權股，但皆未提出具體比例。

依美國實務運作情況，以管理層持股成數作為觸發轉換的事由，可分為兩類：一類是以複數表決權股數為計算基礎，例如，管理層持股若未達複數表決權股份數的5%，則複數表決權股自動轉換為一表決權股[156]；另一類是以已發行股份總數為計算基礎，例如管理層持股低於公司已發行股份總數的30%。前者持股比例的變化，是因為管理層個人轉讓持股所致，後者則可能是公司發行新股以引進新資金，或者獎勵員工等情況，與管理層個人之行為無關，就此類自動轉換而言，美國學者統計，較多公司採用

---

[155] See Winden, *supra* note 1, at 69-70.

[156] 根據美國學者分析，就123間採用雙層股權結構的樣本公司中共有15家公司採用此一措施，2000年以前上市者有7家，2000年以後上市者有8家。*See* Winden, *supra* note 1, at 17.

10%為觸發門檻[157]。

　　若以已發行股份總數作為計算基礎，可能會降低管理層引進必要資金或獎勵員工等行為，未必對公司有利；若是以複數表決權總數為計算基礎，則管理層降低持股，將可能觸發自動轉換機制，而管理層較低持股可能使代理成本增加，故以複數表決權股數為計算基礎的自動轉換條款，較能減緩雙層股權結構所產生的問題，應是比較好的作法。

　　香港與新加坡均未提出比例，可見比例擬定之不容易，本文認為，當管理層持股下降時，其可行使之表決權與控制力亦隨同下降（搭配本文前述較嚴格的自動轉換機制的設計），故未必要將持股比例成數作為自動轉換的觸發事件。

4. 類型四：公司治理之強化

　　香港交易所於2015年雙層股權結構初步總結報告提到，「應採用較高標準的公司治理架構，例如獨立董事，公司治理委員會之設置，法遵顧問之角色，以及與投資人之溝通。」[158]但具體應如何執行，則未進一步說明。新加坡諮詢報告則對公司治理的強化有較多的著墨，其上市諮詢委員會建議可採取以下措施[159]：

(1) 強化董事會與委員會之獨立性

　　LAC建議，應強制採用雙層股權結構公司之董事會，其提名委員會、薪酬委員會、審計委員會過半數之成員，包括各委員會的主席（chairman），應具有獨立性。其次，若董事會主席不具獨立性，則董事會半數以上的成員必須為獨立董事，並由首席獨立董事（leading independent director）任命之。若委員會主席具備獨立性，則至少三分之一的成員具備獨立性即可。

---

[157] 根據美國學者分析，就123間採用雙層股權結構的樣本公司中共有31家公司採用此一措施，2000年以前上市者有8家，2000年以後上市者有23家，也有增長趨勢。*See* Winden, *supra* note 1, at 17.

[158] HKEx, *supra* note 65, at 44-5.

[159] SGX, *supra* note 12, at 19-20.

(2) 強化獨立董事選任機制

獨立董事可提供制衡管理層之功能，以強化公司治理。考量雙層股權結構的公司中，公司控制權集中於持有少數管理層之手，因此LAC建議，這類公司於股東會選任獨立董事時，管理層所持有之複數表決權股應僅有一表決權。

(3) 風險管理委員會（risk committee）

採用雙層股權結構的公司應於董事會下設立風險委員會，可制衡因控制權集中所產生管理層濫用權力的風險。儘管董事會本身即有義務監控風險，但透過風險委員會之設置，更有助於針對特定風險與法律遵循的控管。委員會成員應至少有三名董事，過半數之成員包括主席，可要求應具備獨立性。

SGX亦同時指出，有論者質疑，公司採用雙層股權結構之目的，在於使經營團隊有更大的彈性空間進行決策，如法規範要求其應強化董事會之獨立性，可能降低公司採用雙層股權結構之誘因。且有研究指出強化獨立董事的選任機制並不代表獨立董事必然可達到預期的效果，蓋獨立董事源自西方國家，在亞洲社會的氛圍下，有時難以期待獨立董事可完整行使其職權。此外，亞洲國家中的股東通常較為消極，且多數公司存在有控制股東，其對董事會具有一定程度的影響力，因此即便強化獨立董事的選任，其究竟能否達到預期目標，仍有待進一步研究[160]。

本文認為，強化公司治理應屬可行方向，且應結合我國的法規與情況研擬之。就我國情況而言，由於一般認為雙層股權結構容易產生管理層利益衝突交易與薪酬過高的情況，針對這兩個問題，我國上市規則可要求採行雙層股權結構之公司，無論規模大小，均應設置審計委員會，並由其審議公司與複數表決權股持有人之交易（範圍大於現行證券交易法第14-5條涉及董事自身利害關係之事項）；薪酬委員會成員均應為獨立董事；亦可

---

[160] Centre for Banking & Finance Law, Faculty of Law of National University of Singapore, *The Future of a Dual-Class Shares Structure in Singapore Roundtable Discussion Report* 5 (Dec. 2016), http://law.nus.edu.sg/cbfl/pdfs/reports/CBFL-Rep-MD2.pdf (last visited 2017.08.21).

要求採用雙層股權結構之公司，應設置公司治理專（兼）職單位或人員，負責公司治理相關事務，該人應具備律師、會計師資格，或於公開發行公司從事法務、財務或股務等管理工作經驗達10年以上者[161]。

　　至於獨立董事之選任，是否以一表決權計算？本文認為應屬可行。我國證券交易法規定審計委員會應由三名以上獨立董事組成，管理層仍能透過雙層股權結構取得多數董事席次，不致影響公司的經營決策，且讓管理層以外之股東有機會透過獨立董事進行監督，亦有助於市場投資人對於管理層之信心。雖然我國自實施獨立董事至今，對於獨立董事於公司治理的效果仍有不少質疑[162]，但本文認為，獨立董事為公司外部人，資訊落差造成獨立董事的決策品質無法提升，若能搭配公司治理人員的設置，使獨立董事取得關鍵資訊，對於促進獨立董事之職能定有助益。

　　此外，配合前述自動轉換機制的設計，持有複數表決權股者，都必須是公司董事（非獨立董事）或高階經理人。換言之，這些人都是我國公司法第8條第1項與第2項下的公司負責人，負有第23條的忠實義務與注意義務。如此，將使公司控制結構更透明，並可解決現行法下認定第8條第3項下實質控制人不易的問題[163]，建立權責相符的治理架構。

　　以上配套措施，例如複數表決權股於選舉獨立董事時，以一表決權計算，此涉及特別股權利內容，依照我國公司法第157條規定，應載明於章程；又如審計委員會審議的關係人交易範圍，除證交法第14-5條所規定的董事與公司的交易外，亦應包括持有複數表決權股之人、其近親屬與受其控制的法人，此一措施除規定於上市規則，且要求公司在採用雙層股權結構期間不能變更外，交易所亦應要求公司載明於章程。如此，若公司違反

---

[161] 參照上市上櫃公司公司治理實務守則第3-1條的規定，惟該條規定，公司治理人員「應具備律師、會計師資格，或於公開發行公司從事法務、財務或股務等管理工作經驗達三年以上者」，其中「於公開發行公司從事法務、財務或股務等管理工作經驗達三年以上者」，與同條具律師、會計師資格者較有差距，為確保專業性，建議提高其工作年限，以符合本條規範的一致性。

[162] 劉連煜，同註58，頁316。

[163] 朱德芳，實質董事與公司法第223條——兼評最高法院103年度台再字第31號民事判決，月旦民商法雜誌，第49期，頁126，2015年9月。

此一措施，不僅交易所可進行適當處置，關係人交易也將因為違反章程而使效力受有瑕疵，將可強化公司遵守相關措施的誘因。

5. 類型五：限制股份發行之內容

(1) 表決權差異倍數上限

新加坡上市諮詢委員會建議，將複數表決權股與一表決權股之表決權差異比例之上限，訂為10：1，亦即公司所發行之複數表決權股最多可擁有10個表決權。在最高比例的10：1下，管理層只要持有9.1%的股份，即可控制公司50%的表決權。公司亦可發行低於10：1的表決權差異股份，但其比例應於IPO時確定，且嗣後不可再為變更[164]。SGX特別指出，從美國與歐洲經驗來看，實務上常見的表決權差異比例為10：1。此外，瑞典公司法亦規定，股份表決權之差異不得超過10倍[165]。

本文認為，為降低管理層透過雙層股權結構取得控制權，但股權太少所產生的代理問題，建議法規可以10倍表決權差異為預設規定，但考量表決權差異涉及公司控制權安排與籌資規劃，10倍未必適合所有公司，若公司的雙層股權結構高於此一比例，應為說明（comply or explain）。

(2) 無表決權或限制表決權發行股數

有些國家或交易所對於複數表決權股、無表決權股與限制表決權股之發行，設有特別規定。例如，日本公司法規定，公開發行公司發行無表決權與限制表決權股，不得超過已發行股份總數的一半[166]；韓國規定無表決權與限制表決權股之發行，不得超過已發行股份總數的25%[167]；義大利

---

[164] SGX, *supra* note 12, at 15.

[165] Swedish Companies Act, Chapter 4, Section 5, http://law.au.dk/fileadmin/www.asb.dk/ omasb/ institutter/erhvervsjuridiskinstitut-skjultforgoogle/EMCA/NationalCompanie sActsMemberStates/Swe den/THE_SWEDISH_COMPANIES_ACT.pdf (last visited 2017.08.13).

[166] 日本公司法第115條。

[167] Korea Financial Investment Services and Capital Markets, Article 165-15, https://www. fsc.go.kr/eng/ new_financial/securities.jsp?menu=0203&bbsid=BBS0087 (last visited 2017.08.13).

則規定無表決權與限制表決權股不得超過股份的1/2[168]。

　　如前所述，本文認為，就我國公司法有關特別股之特性以及股東權益保護來說，以複數表決權所建構的雙層股權結構較適合我國，因此建議，不允許採用無表決權或限制表決權股之公司，申請上市櫃。

(3) 表決事項之安排

　　美國實務上不少採用雙層表決權結構之公司，限制持有較高表決權股份者於某些股東會決議事項時，只能行使一表決權，例如於公司合併決議、管理層薪酬，或者公司解散清算時[169]。本文認為，在董監薪酬與管理層薪酬方面，可以採取較為嚴格的規定，蓋雙層股權結構的目的，並非在使管理層獲取其個人利益。至於公司合併、解散等事項雖涉及投資人權益的重大事項，但合併也是公司管理層實現其策略的方式之一，若在合併事項上恢復一表決權，則也同時限縮了管理層管理公司的權限，將降低雙層股權結構之價值。然另一方面，雙層股權結構具有強大防禦企業併購能力的工具，採用雙層股權結構之公司被敵意併購的可能性大幅降低，欠缺控制權市場的監督機制，因而會有管理層掠奪的擔憂。本文建議可考慮將合併列為自動轉換的事由，但由於利弊互見，亦可考慮就本議題徵詢公眾意見。

　　另外，美國實務上也有公司給予股東一定比例或席次的董事選舉權（例如約定某一類別股可選出25%之董事席次）。有論者認為，此一措施比落日條款更為適合，蓋落日條款雖然簡單明瞭，但與雙層股權結構存在的核心價值並無直接的關連性，給予公眾股東一定的董事席次，則雖然公司控制權仍在管理層手中，但公眾股東有機會透過選任少數董事，進行監督與強化公司治理。

　　就此，本研究認為，此一建議適用上可能過於複雜，涉及獨立董事與非獨立董事席次比例與選舉問題，未必適合我國。可如本文前述建議，雙層股權結構的公司於選舉獨立董事時皆採一表決權制，如此即可確保公眾

---

[168] Italian Civil Code, Article 2351(2). *See* HKEx, *supra* note 9, at III-8.

[169] 例如News Corporations則規定，無表決權股之股東，於公司股東會進行合併決議時，一股均有一表決權。*See* The Council of Institutional Investors, *supra* note 47.

股東有機會透過獨立董事強化公司治理與監督。

捌、結論

關於我國應否允許公開發行以上公司發行複數表決權股，本文從我國法規外國法規與實務運作情況、各國最新發展趨勢，進一步分析我國在決定應否放寬時的各項考量因素。

本文建議可放寬採用雙層股權結構之公司上市櫃，同時規劃相關配套措施時，必須從雙層股權結構的優點與弊害出發，聚焦兩個面向：一是滿足管理層實現願景、創造公司價值之目的，避免短期主義損害公司長期利益；二是控制因雙層股權結構導致市場監控降低所產生的代理問題，包括避免管理層利用雙層股權結構來獲取個人利益，強化關係人交易、薪酬與控制權交易之治理。

此外，各公司情況各異，一體適用亦非良方，相關配套措施之設計與採取，也需要給予一定的彈性空間。

綜上，本文具體建議如下：

一、應修正公司法允許公開發行公司得發行複數表決權股。

二、可考慮原則上禁止無表決權股與限制表決權股的上市，除非有特殊情況。

三、可分階段開放，建議先允許採用雙層股權結構之外國公司可於我國申請第二上市／櫃。

四、觀察新加坡與香港發展情況，逐步放寬採用雙層股權結構之公司可申請上市櫃，但已經上市櫃之公司則不可。

五、採用雙層股權結構之公司應採行必要的限制性措施。

六、本文建議可以採行的限制性措施包括：

（一）資訊揭露。

（二）自動轉換事由：包括股份轉讓或不再擔任管理職；死亡或喪失工作能力；違法行為。

（三）公司治理之強化：包括獨立董事的選任，以一表決權計算；獨立董事與審計委員會之設置；公司治理人員之設置。

（四）至於其餘限制措施之提案，建議交易所提供完整背景說明與利弊分析，並且徵詢公眾意見。

本文建議，可依照前述結論以及徵詢公眾意見結果，將限制性措施依其重要性與共識程度，區分為強制採行、預設採行（default）與選用（opt-in）採行，公司就預設採行與選用採行之事項若不採行，則應予遵循或說明。舉例來說，資訊揭露很重要，原則上應為強制採行，但對於某些資訊揭露的事項，若各方意見仍有分歧，即可考慮採用遵循或說明（comply or explain）的規範方式。

若主管機關仍認為，公開發行以上公司尚不宜採用雙層股權結構，則規範其他強化控制權取得之方式，即刻不容緩。如OECD報告總結，僅是禁止雙層股權結構的採用是沒有意義的，反而將促使管理層繼續採取不透明的方式獲取控制權。

歸根究柢，無論哪一種鞏固控制權的方式，或者是在我國公司普遍存在的控制股東結構下，都可能因為所有與經營的分離，產生價值與效率，但必然伴隨代理成本。這是一體的兩面，也是公司治理的核心問題。

雙層股權結構的論辯，提供了全面檢視我國公司治理制度的機會。雙層股權結構的利與弊，其實普遍存在於我國上市櫃公司中。本文建議應逐步且適度開放採用雙層股權結構，並提出配套措施，以期建構一個架構透明、權責相符的遊戲規則。

後記

本文刊登於月旦法學雜誌第274期，2018年3月。本文完成後，香港交易所於2018年4月24日發布修改主板上市規則，允許採用雙層股權結構之公司於香港上市。採用雙層股權結構的小米集團已於7月9日於香港聯交所上市，成為第一家在香港上市的雙層股權結構公司。

10

獨立董事不同意見之實證研究

張心悌

壹、前言

　　我國獨立董事制度自2006年證券交易法（下稱「證交法」）修正後實施至今已十年有餘，社會大眾對獨立董事角色與功能的發揮，不時有所質疑，而將獨立董事比喻為「門神」或「酬庸」[1]。我國證交法第14-2條第1項要求獨立董事的人數不得少於2人，且不得少於董事席次五分之一。學者實證研究亦顯示至2014年10月，我國上市上櫃公司之董事會中設有獨立董事2人者，占上市上櫃公司總數之35.87%；董事會中設有獨立董事3人或3人以上者，占上市上櫃公司總數之29.43%[2]，以我國公開發行公司董事至少5人[3]的最保守數字估計，應可推論上市上櫃公司董事會中獨立董事席次超過半數者，係相當少數的情形。因此，獨立董事如何能在董事會上以較少席次而達到其「推動公司治理，健全企業經營體質」[4]的興利除弊功

---

[1] 參見「搶當門神？卸任官員民代占上市獨董比例破1成」，中時電子報，2018年4月4日，http://www.chinatimes.com/realtimenews/20180404002177-260410；「獨董制度遭質疑，黃國昌喻：酬庸門神」，www.nownews.com/news/20170620/2571150；「獨立董事假獨立、真門神？2185席獨董人脈大曝光」，財訊，2013年12月2日，https://www.wealth.com.tw/home/articles/1803，最後瀏覽日：2018年4月21日。

[2] Hsin-Ti Chang, Yu-Hsin Lin & Ying-Hsin Tsai, *From Double Board to Unitary Board System—Independent Directors and Corporate Governance Reform in Taiwan*, Chapter 7 of "Independent Directors in Asia-A Historical, Contextual and Comparative Approach", 251 (2017).

[3] 證交法第26-3條第1項。

[4] 我國2006年立法引進獨立董事之目的乃「為加速我國資本市場與國際接軌，提高國際競爭力，以及推動公司治理，健全企業經營體質，引進獨立董事及審計委員會制度，落實專業人員及經營者之責任」行政院(94)年院台財字第0940082600號函。有關

能，實具相當的挑戰性。

著名的美國前德拉瓦州最高法院大法官Justice Holland曾指出：「在美國或是臺灣，有些條文主張要有獨立董事，可以更能保護股東權益，這是因為獨立董事有兩個功能：第一個會發問；第二個會否決[5]。」在我國現行獨立董事制度下，獨立董事雖然無法主導公司的決策，但其仍得在董事會中扮演監督與提供外部獨立意見的角色；再者，獨立董事執行其職務時受限於資訊不足與有限時間，獨立董事對於資訊的掌握，幾乎高度依賴公司經營者所提供之資訊。從經營者控制資訊的角度思考，獨立董事所得到的是經過經營者篩選過的資訊，以支持經營者的意見[6]。因此，獨立董事會發問、會提出不同意見、會保留與會否決，成為其履行受託人義務（fiduciary duty）之重要行為準則。

為評估我國獨立董事制度實行的成效，本文將以上市上櫃（含興櫃）公司獨立董事是否在董事會中提出不同意見（含保留與反對）作為實證研究對象，包括統計與分析獨立董事表達不同意見的數量、分布情形、不同意見的理由、公司因應措施或後續處理，以及獨立董事表達不同意見與其續任之可能關聯性等面向，以嘗試了解獨立董事是否能積極發揮其監督功能。然而，必須說明的是，由於實務上不乏於正式董事會召開前，進行內部「會前會」的非正式溝通，而會前會並無法律要求的會議紀錄或獨立董事不同意見必須公告申報的規定；再加上我國現行法並未要求公司必須將獨立董事在「審計委員會」中表達的不同意見予以公告申報。在此等限制下，本文實證研究所能夠收集到獨立董事之不同意見，僅限於公開資訊觀測站上之公司公告內容，預估應該比獨立董事實際上經由不同場合與

我國移植獨立董事制度之詳細背景與介紹，請參閱賴英照，法制的移植—從公司律到獨立董事，台北大學法學論叢，第84期，頁1以下，2012年12月。

[5] Justice Holland研討會發言，金融研訓院，2008年12月3日。轉引自劉連煜，獨立董事是少數股東之守護神？臺灣上市上櫃公司獨立董事制度之檢討與建議，月旦民商法雜誌，第26期，頁29，2009年12月。

[6] Laura Lin, *The Effectiveness of Outside Directors as a Corporate Governance Mechanism: Theories and Evidence*, 90 NW. U. L. Rev. 898, 914 (1996).

管道表達不同意見的資料為少。惟本文的實證研究結果，應仍可在一定程度上顯示或反應出我國獨立董事在表達不同意見方面所展現的監督功能，而具有相當參考價值。

　　本文之結構如下：第貳部分介紹我國現行法對獨立董事表達不同意見的相關規範，第參部分整理與分析本文實證分析的結果，第肆部分將提出結論與建議。

貳、我國現行法對獨立董事不同意見之規範

　　我國現行法下，獨立董事所承擔的職務主要在董事會、審計委員會與薪資報酬委員會（下稱「薪酬委員會」）[7]。公司法第193條規定：「董事會執行業務，應依照法令章程及股東會之決議。董事會之決議，違反前項規定，致公司受損害時，參與決議之董事，對於公司負賠償之責；但經表示異議之董事，有紀錄或書面聲明可證者，免其責任。」是以獨立董事表明異議的紀錄或書面聲明，對於其是否得主張免責，具有關鍵的影響。關於獨立董事於董事會不同意見的載明，證交法第14-3條第1項規定：「已依前條第一項規定選任獨立董事之公司，除經主管機關核准者外，下列事項應提董事會決議通過；獨立董事如有反對意見或保留意見，應於董事會議事錄載明：一、依第十四條之一規定訂定或修正內部控制制度。……」

　　獨立董事於審計委員會之不同意見，證交法第14-5條第2項規定：「前項各款事項除第十款外，如未經審計委員會全體成員二分之一以上同意者，得由全體董事三分之二以上同意行之，不受前項規定之限制，並應於董事會議事錄載明審計委員會之決議。」而「公開發行公司審計委員會行使職權辦法」（下稱「審計委員會辦法」）第10條第1項規定：「審計委員會之議事，應作成議事錄，議事錄應詳實記載下列事項：……七、

---

[7] 此外，於企業併購或公開收購時，獨立董事必須組成特別委員會或審議委員會，就併購計畫與交易或公開收購之公平性、合理性等進行審議。參見企業併購法第6條及公開收購公開發行公司有價證券管理辦法第14-1條。

討論事項：各議案之決議方法與結果、委員會之獨立董事成員、專家及其他人員發言摘要、依前條第一項規定涉及利害關係之獨立董事成員姓名、利害關係重要內容之說明、其應迴避或不迴避理由、迴避情形、反對或保留意見。八、臨時動議：提案人姓名、議案之決議方法與結果、委員會之獨立董事成員、專家及其他人員發言摘要、依前條第一項規定涉及利害關係之獨立董事成員姓名、利害關係重要內容之說明、其應迴避或不迴避理由、迴避情形、反對或保留意見。」

　　而獨立董事於薪酬委員會之不同意見，「股票上市或於證券商營業處所買賣公司薪資報酬委員會設置及行使職權辦法」（下稱「薪酬委員會辦法」）第十條規定：「薪資報酬委員會之議事，應作成議事錄，議事錄應詳實記載下列事項：……七、討論事項：各議案之決議方法與結果、委員會成員之反對或保留意見。八、臨時動議：提案人姓名、議案之決議方法與結果、委員會之成員、專家及其他人員發言摘要、反對或保留意見。……薪資報酬委員會之議決事項，如成員有反對或保留意見且有紀錄或書面聲明者，除應於議事錄載明外，並應於事實發生之即日起算二日內於主管機關指定之資訊申報網站辦理公告申報。」

　　由此可知，我國現行法僅要求獨立董事於董事會與薪酬委員會中之不同意見必須於公開資訊觀測站中辦理公告申報，至於獨立董事於審計委員會中之不同意見，因為討論事項可能涉及公司營業機密或內部事務等，並未要求應予公告申報。

參、本文實證研究方法與結果

　　本文就獨立董事不同意見之實證研究，乃於公開資訊觀測站，查詢2013年至2017年（近五年）所有上市上櫃（含興櫃）公司依法公告申報的獨立董事不同意見。由於公開資訊觀測站並無獨立董事不同意見項目的單獨統計或報表整理，本文乃以「不同意見」、「保留意見」、「反對意見」、或「獨立董事」為關鍵字加以搜尋。又，同一位獨立董事在同一次

董事會上就兩個不同議案表達不同意見，在本實證研究之統計上則以2人次計算之；同一個議案有兩位獨立董事表達不同意見，以2人次計算之，以此類推。此外，與獨立董事資格相同的薪酬委員會成員，雖未當選為獨立董事，本研究仍將其不同意見計算為獨立董事之不同意見。茲就本文之主要實證研究結果，整理並分析如下：

一、獨立董事不同意見之人次數

本實證研究期間2013年至2017年之五年間，上市上櫃（含興櫃）獨立董事表達不同意見（含保留與反對）的總人次數為161，其中上市公司86人次數、上櫃公司62人次數、興櫃公司13人次數，各年度的分別統計與公司類別的分布情形如表10-1和圖10-1所示。

表10-1　獨立董事表達不同意見各年度統計

年份	上市公司人次／ 當年度總家數[8]	上櫃公司人次／ 當年度總家數[9]	興櫃公司人次／ 當年度總家數[10]	合計
2013	6／838	10／658	0／261	16
2014	0／854	6／685	1／284	7
2015	12／874	2／712	5／284	19
2016	22／892	19／732	3／271	44
2017	46／907	25／744	4／274	75
合計	86	62	13	161

首先，從公司數量觀察，研究期間獨立董事表達不同意見的公司家數共50家，其中上市公司23家、上櫃公司18家、興櫃公司9家（參見〔附

8　臺灣證券交易所，【歷年股票市場概況表】年報，http://www.twse.com.tw/zh/
statistics/statisticsList?type=07&subType=232，最後瀏覽日：2018年4月26日。

9　證券櫃檯買賣中心，歷年上櫃股票統計，http://www.tpex.org.tw/web/stock/statistics/
monthly/monthly_rpt_mkt_info_02.php?l=zh-tw，最後瀏覽日：2018年4月26日。

10　證券櫃檯買賣中心，櫃買市場重要指標，http://www.tpex.org.tw/web/bulletin/statistics/
statistics.php?l=zh-tw，最後瀏覽日：2018年4月26日。

錄〕）。

其次，從時間軸觀察，統計結果顯示，不論是上市、上櫃或興櫃公司，近年來獨立董事表達不同意見的人次數都呈現逐年增加且大幅上揚的趨勢，此應該與獨立董事逐漸意識到其必須善盡受託人義務，並為避免相關民刑事法律責任之間具有高度關聯。

再者，從公司類別觀察，早期（2013與2014年）上櫃公司獨立董事表達不同意見的人次數較上市公司為多，乃因為此期間上櫃公司獨立董事多係以三人共同提出不同意見，因此在統計上人次數較多；惟近期上市公司無論在提出不同意見的絕對人次數（參見圖10-1）和比例上，均較上櫃公司為高。以2016和2017兩年為例，以上市公司獨立董事提出意見的人次數和當年度上市公司總數相比，分別為2.5%（22/892）和5%（46/907）；而上櫃公司則分別為2.5%（19/732）和3.4%（25/744）；興櫃公司則分別為1.1%（3/271）和1.5%（4/274）。由此或可以間接推知，近年來上市公司的獨立董事相較於上櫃公司之獨立董事，更為積極主張其不同意見。

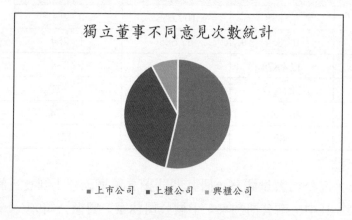

圖10-1　獨立董事不同意見次數統計

最後，從全體獨立董事觀察，立法院預算中心報告顯示，截至2017年7月，全台902家上市公司的獨立董事有2391位；而741家上櫃公司獨立董

事有1832位[11]。則以2017年為例，上市上櫃公司至7月總共有4223位獨立董事，全年提出不同意見之總人次數為71，占獨立董事總人數的1.7%；而以個別人數計算，全年上市上櫃公司提出不同意見的獨立董事共計48位（參見〔附錄〕），占獨立董事總人數的1.1%，即以董事個別人數計算，100位獨立董事中，約僅有1.1位提出不同意見。整體而言，我國獨立董事表達不同意見的比例仍相當低。

二、獨立董事不同意見之主要理由

從本實證研究資料顯示，由於公司管理與監督事務項目繁多，獨立董事表達反對或保留意見的理由亦呈現多樣性的變化，例如，建議提高發放現金股利之比例、建議公司設置提名委員會、主張投資項目風險過高等，林林總總，難以明確歸類。惟本研究發現獨立董事表達不同意見之記載理由中，最常見的即為「資訊不充足」或類似理由，包括「公司未提供若干項目的相關資料」、「公司臨時通知，且未經董事有機會研究本案利弊得失並得以充分討論之情況下倉促決定」、「若干說明應再詳予稽核」、「投資項目沒有經過評估程序、沒有可行性分析」、「未經外部人協助研判」、「未經專業人士列席報告」等。經本文統計，獨立董事以「資訊不充足」或類似理由表達不同意見者，占所有表達不同意見人次數中達16.8%（參見表10-2）。

表10-2 獨立董事以「資訊不充足」理由表達不同意見之統計

	上市公司	上櫃公司	興櫃公司	合計
資訊不充足	15/86 (17.4%)	7 /62 (11.3%)	5/13 (38.5%)	27/161 (16.8%)

有趣的是，此一16.8%的統計結果與學者2009年對上市公司獨立董事進行問卷調查統計的結果相當接近。根據2009年8月臺灣證券交易所對設有獨立董事之上市公司問卷調查結果顯示，獨立董事認為影響其職權行

---

[11] 中國時報，卸任政務官不宜任獨董，2018年4月9日，http://www.chinatimes.com/cn/newspapers/20180409000630-260109，最後瀏覽日：2018年4月25日。

使之關鍵因素中，回答「資訊取得困難，無法有效執行」的比例為18%，高居第二[12]。而以公司種類區分，本實證研究表10-2中上市公司的比例為17.4%，與上述問卷調查統計結果18%更是高度接近。這些數據在在顯示，如何確保獨立董事在決策時擁有足夠的資訊，並強化其資訊請求權，實為獨立董事制度能否有效發揮功能的重要關鍵。

此外，關於獨立董事不同意見理由部分，許多公司在公開資訊觀測站所揭露「說明欄」的資訊均未揭露或說明獨立董事反對或保留該議案的理由，而僅以空白方式處理之，導致資訊公開揭露不完整，投資人或市場無法判斷或解讀，而不能有效達到法規要求於「資訊申報網站辦理公告申報」之公眾監督目的。此種欠缺不同意見說明理由的情況相當常見，占所有表達不同意見人次數中22.4%（參見表10-3）。

表10-3　公司未揭露獨立董事表達不同意見之理由之統計

	上市公司	上櫃公司	興櫃公司	合計
未說明理由	17/86 (19.8%)	13/62 (21%)	6/13 (46.2%)	36/161 (22.4%)

從公司類型觀察，表10-3顯示興櫃公司未充分揭露獨立董事表達不同意見之理由的情況最為嚴重，為46.2%，亦突顯出其資訊揭露的完整度與透明度均有待加強。

三、公司對獨立董事不同意見之後續處理

獨立董事所表達的不同意見，是否能對公司的決議或決策產生實質影響？誠為檢視獨立董事制度能否發揮功能的重要參考指標，亦為吾人關心

---

[12] 問卷發函數585份，問卷回函數276份，回函比率47%。題目內容為「以您擔任獨立董事之經驗，您認為下面哪些事項是影響獨立董事職權之行使之關鍵？(A)資訊取得困難，無法有效執行(18%)。(B)人情因素，致無法有效執行(10%)。(C)報酬太少，沒有誘因(7%)。(D)時間因素，無法全心投入(28%)。(E)專業能力問題，無法有效監督(7%)。(F)期待再被提名，不敢盡力監督(1%)。(G)無任何困難(57%)。請參見劉連煜，同註5，頁36-37。

的所在。

依據公開資訊觀測站之資料，本實證研究將公司回應獨立董事不同意見的處理方式分為「仍由董事會決議通過」、「依法發布重大訊息」、「依照獨立董事意見辦理」、「公司無任何說明」，以及「其他處理」。統計結果如表10-4。

表10-4　對獨立董事不同意見後續處理之統計

	上市公司	上櫃公司	興櫃公司	合計
董事會決議通過[13]	10/86 (11.6%)	10/62 (16.1%)	2/13 (15.4%)	22/161 (13.7%)
發布重訊[14]	46/86 (53.5%)	11/62 (17.7%)	0/13 (0%)	57/161 (35.4%)
依獨董意見辦理	16/86 (18.6%)	11/62 (17.7%)	0/13 (0%)	27/161 (16.8%)
無任何說明	13/86 (15.1%)	27/62 (43.5%)	11/13 (84.6%)	51/161 (31.7%)
其他	1/86 (1.2%)[15]	3/62 (4.9%)[16]	0/13 (0%)	4/161 (2.5%)

從表10-4之統計可知，公司依照獨立董事不同意見辦理者約16.8%，比例並不高，其中又以上市公司對獨立董事不同意見的尊重比例較高，為18.6%，而興櫃公司在統計上竟然沒有任何一件依照獨立董事不同意見辦理的情形。

反觀，上述統計之其他處理方式，不論公司係以「仍由董事會決議通過」、「依法發布重大訊息」或「公司無任何說明」，論其實際，都是未接受獨立董事的不同意見，而以董事會表決優勢通過該決議，再依相關法令規定辦理公告申報程序而已，此三種情形加起來占80.8%。足見獨立

---

[13] 倘公司以「依董事會決議通過並發布重大資訊」處理，則仍以「董事會決議通過」計算之。

[14] 係指公司僅揭露「依規定發布重大訊息」，而無其他處理情形之說明。

[15] 公司處理方式為「獨立董事要求公司依照公司法及某次股東臨時會決議辦理，公司於公告中說明係完全依照公司法與該次股東臨時會辦理」。

[16] 公司處理方式分別為「列入股東會報告事項」、「詢問律師表示無違法」、「說明獨立董事誤解之情形」。

董事經由表達不同意見而實質上能夠影響或改變公司決策的情形，應屬少數[17]。

值得注意的是，在上市公司以「接受獨立董事不同意見」為後續回應之16人次數中，有14人次數是由二位或三位獨立董事共同表達不同意見，僅2人次數是由單一獨立董事表達不同意見。此一數字可以佐證獨立董事「團結力量大」的功效，換言之，倘獨立董事彼此能夠先溝通取得共識而一起對公司提出不同意見，公司將更為重視獨立董事的不同意見而慎重處理，進而達到發揮獨立董事實質影響力之目的。

此外，關於獨立董事不同意見之後續處理，公司在公開資訊觀測站「無任何說明」的情形占31.7%，呈現資訊公開揭露不完整的情形，投資人或市場將難以評估獨立董事角色之實際運作功能。

四、曾表達不同意見的獨立董事之去職情形

作為一個「會發問、會保留、會反對、會否決」的獨立董事，對公司經營者而言，或許是個「麻煩人物」。學者觀察，「獨立董事貴在獨立，不受經營者的操控，但依現行法令，獨立董事的選任，過度依附大股東（經營者），其獨立性比監察人更低[18]。」特別在我國公司普遍多為集中型股權結構（或少數股東控制）的情況下，控制股東（controlling shareholder）對獨立董事的選任，實具有相當的主導力量[19]。因此，曾經或經常表達不同意見的獨立董事，其是否能繼續在職，或於下屆董事會持續獲得經營者或控制股東的支持而續任，即成為一個十分值得探討的有趣

---

[17] 由於公司依法僅須公告申報獨立董事的「反對或保留意見」，倘獨立董事在董事會中表達不同意見後，董事會決議因此而翻盤或實際改變決議結果之情形，公司並不需辦理公告申報，因此無法得知此種「實際翻盤」決議的統計數字，此為本實證研究無法精確判斷「獨立董事表達不同意見實際功效」之缺憾與不足。

[18] 賴英照，最新證券交易法解析，頁204，2014年2月，3版。

[19] 關於獨立董事選任與控制股東的相關重要討論，請參考Lucian A. Bebchuk and Assaf Hamdani, Independent Directors and Controlling Shareholders, 165 U. Pa. L. Rev. 1271, 1291 (2017).

議題。

　　本實證研究統計上市、上櫃與興櫃公司於2013年至2017年表達不同意見的獨立董事人數總計分別為35人、35人與13人，而其中截至2018年7月28日止，經查詢經濟部商業司商工登記公示資料查詢網（http://findbiz.nat.gov.tw）及公開資訊觀測站重大訊息之網站資料，顯示仍繼續登記為獨立董事職位者，分別為23人、16人與7人（如表10-5）。

表10-5　獨立董事曾表達不同意見而仍在職之情形

	上市公司	上櫃公司	興櫃公司	合計
在職人數／不同意見總人數	23/35 (66%)	16/35 (46%)	7/13 (54%)	46/83 (55%)

　　從表10-5可知，上市、上櫃與興櫃公司中曾經表達不同意見的獨立董事，其仍在職者之比例平均約為55%，占一半以上。其中又以上市公司仍在職的比例較高，約66%；而上櫃公司比例較低，約46%。

　　惟必須特別強調本文獨立董事去職情形的研究限制包括：第一，獨立董事於任期中辭任或離職一事必須於公開資訊觀測站之重大訊息中予以公告申報，惟本研究查詢公開資訊觀測站中所公告獨立董事辭任或離職的原因幾乎都是「個人因素」、「工作繁忙」、「個人生涯規劃」、「健康因素」等模糊的說明，而無法判斷該獨立董事的辭任或離職原因是否與該獨立董事曾經或經常表達不同意見具有相當程度的關聯；第二，根據公開資訊觀測站中所揭露的模糊資訊，並無法判斷該獨立董事是「自己主動去職」或者是「被公司去職」；第三，由於本研究橫跨五年的時間，獨立董事任期為三年，於任期屆滿改選時，公司僅需於公開資訊觀測站公布新任獨立董事，並無須說明獨立董事不續任的原因，再加上每家公司改選董事的時間並不相同，因此獨立董事去職的原因亦包含僅是任期屆滿的情形；

第四，其他影響獨立董事去職的因素，例如報酬水準[20]、董事責任[21]、企業文化、工作環境等，均無法從本文研究數據中加以排除或辨識；第五，本研究僅針對在公開資訊觀測站所揭露「曾表達不同意見」的獨立董事去職情形進行分析統計，倘欲更清楚地了解獨立董事表達不同意見對其去職的影響，應該更進一步就「未曾表達不同意見」獨立董事是否去職的對照組，進行研究分析統計。惟本文就2013年至2017年五年間的獨立董事進行研究，曾表達不同意見的獨立董事人數相當少，五年內總共83人，尚在可以追蹤的範圍內；而未曾表達不同意見的獨立董事人數相當龐大，恐非本研究人力所能處理。僅以2017年為例，上市上櫃公司至7月總共有4223位獨立董事，全年上市上櫃公司提出不同意見的獨立董事共計48位，故約有4175位獨立董事未曾表達不同意見；再加上本研究為五年的期間，該期間內獨立董事解任、新任、逝世、辭職、任期屆滿等異動情形難以明確掌握，更增加研究的困難度。因此未就對照組的去職情形進行研究，是為本研究的另一個限制與缺憾。

囿於前述的研究限制，本實證研究並無法準確的辨識曾表達不同意見獨立董事的去職，與其表達不同意見間的直接關聯，但平均45%的去職比例，雖然未超過一半，但或許在某種程度上間接透露出獨立董事表達不同意見與其是否去職間的可能關聯。

---

[20] 學者研究顯示，2007年上市公司設有獨立董事者，其平均每位獨立董事支領酬金，約新臺幣100萬元，而設置審計委員會之上市公司，2007年平均每位獨立董事支領酬金，則高達新臺幣400餘萬元；至於2007年上櫃公司設有獨立董事者，其平均每位獨立董事支領酬金，約新臺幣30萬元左右，而設置審計委員會之上櫃公司，2007年平均每位獨立董事支領酬金亦為新臺幣30萬元左右，兩者可謂無差距，這或許是上櫃公司規模較小，公司基於成本考量使然。劉連煜，現行上市上櫃公司獨立董事制度之檢討暨改進方案——從實證面出發，政大法學評論，第114期，頁117-118，2010年4月。

[21] 從2014年以來，獨立董事辭職人數年年攀升，2014年為55人、2015年為71人、2016年增加至93人。2017上半年也有約53人跟獨董位置說再見，三年半下來累積約272人，引爆「獨董跳船潮」的公司治理危機。王研文，「獨立董事紛紛辭職，3.5年272人跳船，年薪千萬，到底是賺很大還是做功德」，遠見雜誌，https://www.gvm.com.tw/article.html?id=41680，2017年12月26日，最後瀏覽日：2018年7月11日。

如果能否續任成為獨立董事行使職權與履行其受託人義務時的重要考量之一，獨立董事或許可能選擇「避免」表達不同意見的方式以提高其下屆獲得提名與續任的機會，而此將對獨立董事功能的發揮形成負面影響。

肆、結論與建議

本實證研究之重要發現如下：第一，近年來上市櫃（含興櫃）公司獨立董事表達不同意見的人次數均呈現逐年增加且大幅上揚的趨勢。惟以2017年為例，不論從提出不同意見獨立董事的「人數」或「人次數」觀察，相較於我國獨立董事的總人數，大約分別只有1.7%和1.1%，整體而言，我國獨立董事提出不同意見的比例仍相當低；第二，獨立董事表達不同意見的理由呈現多樣性的變化，本實證研究發現其中最常見理由的即為「資訊不充足」或類似理由，顯示如何強化獨立董事在執行職務時能掌握充分資訊，實為當前健全並發揮獨立董事功能的迫切課題；第三，從獨立董事所表達的不同意見能否對公司的決議或決策產生實質影響的角度觀察，本實證研究顯示公司會依照獨立董事不同意見辦理者約占16.8%，其中又以上市公司對獨立董事不同意見的尊重比例較高。又倘獨立董事間能彼此連結共同行動，則其不同意見被公司接受的可能性將會提高；第四，上市、上櫃與興櫃公司中曾經表達不同意見的獨立董事，其仍在職者之比例平均約為55%。本實證研究雖無法辨識獨立董事去職的原因以及是否係主動去職等，惟此一數字，或許可以就獨立董事表達不同意見與其是否能續任間之關聯，提供一個思考方向。

其次，本實證研究指出獨立董事制度之有效運作的核心關鍵，為「充分的資訊」。「無資訊，等同無法監督」[22]，獨立董事在資訊不充分的情況下，僅能以保留或反對意見自保。如何強化獨立董事取得資訊的管道，誠為獨立董事制度有效運作之重要基石。

---

[22] 劉連煜、杜怡靜、林郁馨、陳肇鴻，選任獨立董事與公司治理，頁16，2013年7月。

　　2018年4月25日證交法第14-2條增訂第3項：「公司不得妨礙、拒絕或規避獨立董事執行業務。獨立董事執行業務認有必要時，得要求董事會指派相關人員或自行聘請專家協助辦理，相關必要費用，由公司負擔之。」其立法理由為：「雖明定獨立董事應具備專業知識，然獨立董事之知識畢竟有其侷限，難期全面兼具會計、法律及公司治理專業。而過去法院判決對獨立董事之要求，援引公司法及獨立董事之職權法條，獨立董事往往必須個人同時超越簽證會計師及律師之專業，在事實狀況下並不權責相符。是故，獨立董事若要善盡公司治理之責，對公司事務做出獨立、客觀之判斷，宜另有其他專業評估意見供其審酌，俾厚實其見解，有效監督公司的運作和保護股東權益。然而，獨立董事蒐集相關治理專業意見，必須支付相當金額之費用，雖然獨立董事支領一定薪酬，惟其薪酬乃依據公司經營規模而有所不同，尤其小型上市櫃公司之獨立董事薪資所得，並非全部皆為年薪數百萬千萬，往往僅領取月薪五萬或是三萬，不可能自行另聘請律師、會計師。鑑此，為強化獨立董事之專業監督能力，並避免獨立董事執行職務受到不當干擾，爰參考現行『○○股份有限公司獨立董事之職責範疇規則參考範例』第7條規定，增訂本條第3項，明定『公司不得妨礙、拒絕或規避獨立董事執行業務。獨立董事執行業務認有必要時，得要求董事會指派相關人員或自行聘請專家協助辦理，相關必要費用，由公司負擔之。』以健全公司治理，落實獨立董事對公司事務為獨立判斷與提供客觀意見之職責與功能」[23]。

　　證交法此一修正，正視獨立董事資訊充分的重要性，公司不得妨礙、拒絕或規避獨立董事執行業務，應包含賦予獨立董事資訊取得權與查閱權，並得聘請專家協助其履行受託人義務，值得高度肯定。

　　再者，2017年行政院送立法院版本之公司法修正草案[24]第193-1條規定：「董事為執行業務，得隨時查閱、抄錄或複製公司業務、財務狀況及簿冊文件，公司不得規避、妨礙或拒絕。」該條立法理由為：「依第8條

[23] 立法院網頁https://lis.ly.gov.tw/lglawc/lawsingle?0024627146ED00000000000000001400
0000004000000^01542107040300^00009033001，最後瀏覽日：2018年5月4日。
[24] 2017年12月21日行政院送立法院草案版本。

及第23條規定，董事為股份有限公司之負責人，應忠實執行業務並盡善良管理人之注意義務，如有違反致公司受有損害者，負損害賠償責任；董事如為執行業務上之需要，依其權責自有查閱、抄錄第210條第1項章程、簿冊之權，公司尚不得拒絕之（經濟部76年4月18日商字第17612號函及94年7月5日經商字第09409012260號函釋參照），準此，董事本有查閱、抄錄或複製簿冊文件之權，爰將上開函釋明文化，並參酌修正條文第二百十八條有關監察人調查權之範圍，將董事查閱、抄錄或複製簿冊文件之範圍擴大，爰增訂第一項。」惟2018年7月6日三讀通過修正之公司法，因顧忌中資、市場派鬥爭及營業秘密保護等原因而將該條草案刪除[25]。董事經營公司，卻無適當資訊管道取得公司資訊，如何善盡其受託人義務？且如公司動輒以異常理由拒絕董事查閱，公司治理品質恐難提升[26]。

　　除此之外，在強化獨立董事資訊權方面，學者亦提出其他相關建議，第一，積極建立獨立董事得排除經營階層而與內部稽核、會計師私下見面的機制[27]。目前「公開發行公司審計委員會行使職權辦法」第7條第4項規定：「審計委員會得決議請公司相關部門經理人員、內部稽核人員、會計師、法律顧問或其他人員列席會議及提供相關必要之資訊。但討論及表決時應離席[28]。」上市上櫃公司治理實務守則第3條規範：「上市

---

[25] 刪除的主要理由是企業界擔心一旦通過，中資就可輕易把臺灣企業的營業秘密COPY出去；且若公司派、市場派鬥爭，市場派只要弄一席董事進去查帳、看營業秘密，勒索、每天互告。請參閱「朝野交鋒，普董查閱權未過」，自由時報，2018年7月7日，http://news.ltn.com.tw/news/focus/paper/1214753，最後瀏覽日：2018年7月10日。

[26] 王文宇，公司法仍有改進空間，經濟日報，2018年7月10日，https://money.udn.com/money/story/5629/3243724，最後瀏覽日：2018年7月10日。

[27] 劉連煜，強化獨立董事職能、落實公司治理，工商時報，2016年10月28日，http://www.chinatimes.com/newspapers/20161028000095-260210，最後瀏覽日：2018年5月7日。

[28] 2017年7月28日修正。修正理由：「考量原第四項並未明確規定審計委員會得決議請公司相關部門經理人員、內部稽核人員、會計師、法律顧問等列席會議，為強化公司治理，以及為避免審計委員會會議列席人員，影響審計委員會之討論及表決，爰於第四項增定審計委員會得決議請公司相關部門經理人員、內部稽核人員、會計師、

上櫃公司宜建立獨立董事、審計委員會或監察人與內部稽核主管間之溝通管道與機制。」同時並已納入臺灣證券交易所公司治理評鑑指標之一[29]；第二，建立公司秘書制度，蓋公司秘書對所有董事均有提供一切與公司事務相關之完整資訊的義務[30]。2017年行政院送立法院版本之公司法修正草案第215-1條規定：「公司得依章程規定，置公司治理人員，協助董事、監察人忠實執行業務及盡善良管理人之注意義務。」即為類似公司秘書的制度設計。惟2018年7月6日三讀通過修正之公司法，卻將該條草案刪除，是為可惜之處。但金管會在2018年4月通過的「新版公司治理藍圖」，已經把公司治理人員之制度納入適用，且分為兩階段，第一階段是所有金融業與大型上市櫃（資本額100億元），從明年開始採行；至於第二階段是資本額20億元以上的上市櫃公司[31]；第三，獨立董事（監督者）直接掌握內部稽核與外部稽核，即審計委員會就內稽主管、簽證會計師之選任、解任以及績效評估與薪酬，擁有最終與直接的決定權，如此內部稽核與外部稽核或許才不會只服從執行長或總經理[32]；第四、強化舉報吹哨制度（whistle-blowing），參考英美法制，以審計委員會為內部舉報程序之資訊中心，建立此程序當有助於獨立董事多獲得獨立的資訊獲取管道；藉由保護舉報者之利益，使監督者得以獲取相關不法行為之資訊[33]。

　　此外，為降低董事成員與經營團隊間的資訊落差，美國Netflix公司實

法律顧問或其他人員列席會議，並明定審計委員會進行討論及表決時列席人員應離席。」

[29] 臺灣證券交易所107年度公司治理評鑑指標2.15。

[30] 曾宛如、陳肇鴻，建立公司秘書制度之芻議，月旦法學雜誌，第226期，頁118，2014年3月。

[31] 公司治理人員，金融業先行，自由時報，2018年7月10日，http://ec.ltn.com.tw/article/paper/1215461，最後瀏覽日：2018年7月10日。

[32] 蔡昌憲，省思公司治理下之內部監督制度—以獨立資訊管道的強化為核心，政大法學評論，第141期，頁258-259，2015年6月。

[33] 同前註，頁260-261。關於吹哨者制度的相關介紹，請參考郭大維，沉默未必是金—吹哨者法制之建構與企業不法行為之防範，臺灣法學雜誌，第216期，頁46以下，2013年1月15日。

施一個特殊的做法：即讓董事會成員定期參加公司每月或每季所召開的經
理會議或資深經理會議；參加該等會議的董事會成員僅能觀察，而不能影
響或參與討論，但於會議結束後董事會成員可以就其問題再詢問CEO或其
他經理人，並得自由與其他董事會成員分享其觀察所得[34]。此一創新做法
有助於獨立董事取得更多資訊，並對公司運作有更完整的了解，值得我國
實務參考。

最後，關於資訊揭露方面，本實證研究於資料蒐集過程中，發現公司
就獨立董事不同意見的揭露說明內容並不完整，特別是「獨立董事不同意
見的理由」以及「公司對獨立董事不同意見之後續處理」兩部分，不少公
司多以「空白」方式處理，或者僅「依規定發布重大訊息」；且關於獨立
董事異動原因，多以模糊的理由虛應之。就此等部分，應有強化揭露說明
之必要，否則將無法提供市場與投資人充分的判斷資訊，以了解該公司獨
立董事是否能履行職務發揮其角色功能，並確實評估該公司治理之情形。

---

[34] David F. Larcker and Brian Tayan, Netflix Approach to Governance: Genuine Transparency with the Board, May 10, 2018, available at https://corpgov.law.harvard.edu/2018/05/10/netflix-approach-to-governance-genuine-transparency-with-the-board (last visited 2018.06.01).

[附錄] 獨立董事不同意見整理（2013-2017）

說明：

1. 獨立董事不同意見統計期限自102/1/1起至106/12/31止。
2. 獨立董事去職情形資料統計日為107/7/28。本研究乃依據經濟部商業司商工登記公示資料查詢網及公開資訊觀測站查詢相關重大訊息於該名獨立董事於107/7/28仍登記為獨立董事，即認定該名獨立董事於107/7/28仍登記為獨立董事，仍以其後是否當選為獨立董事，不論其身分者，不論其後是否當選為獨立董事，仍以共於107/7/28是否為登記為獨立董事是否去職的統計。

年度	公司	日期	姓名	發生緣由	[上市公司] 理由	公司因應措施
102	(TWSE 1)	102/04/10	(TWSE ID1)35（薪委會）	審議董監事及經理人薪酬與考核辦法	[反對意見] 修訂後條文第7.11.3.1【集團董事長／總經理／執行董事兼副總經理：……】，表示無修改必要。應維持原條文【集團董事長／總經理／副總經理：……】。	經表決後以超過半數同意通過修改定本條例。
	(TWSE 2)	102/07/01	(TWSE ID2)36	「本公司合併A公司，並以本公司為存續公司，A公司為消滅公司」乙案，提請常務董事會審議	[反對意見] 非屬常務董事會職權範圍。	無。
	(TWSE 2)	102/07/05	(TWSE ID2)	「本公司合併研議及執事」乙小組之成員及執事」乙案，提請常務董事會審議	[反對意見] 非屬常務董事會職權範圍。	無。

35 發布意見時非（TWSE 1）之獨立董事（依（TWSE 1）102年修訂之章程顯示，該公司尚未設有獨立董事）。
36 截至資料整理日（107/7/28，以下同），依據經濟部商業司商工登記公示資料查詢網（下稱「經濟部登記資料」）仍為（TWSE 2）獨立董事。

年度	公司	日期	姓名	發生緣由	理由	公司因應措施
					【上市公司】	
	(TWSE 3)	102/07/26	(TWSE ID3)[37]	公司營運計畫變更	【保留意見】 NCC之行政處處分要求本公司現有之新聞台應完成營運計畫變更為非新聞台，此項要求本對本公司不盡公平，本公司為上市公司，NCC應站在中立的立場，應避免主動影響上市公司之經營決策及公司治理。本公司被動式配合NCC之行政處處分要求，此舉已對本公司全體股東造成不公平。	無。
	(TWSE 2)	102/08/05	(TWSE ID2)、(TWSE ID4)	常務董事會議報告事項、討論事項、備查事項、轉銷呆帳審查事項、授信審查決議之決議案，提請董事會鑑察。	【反對意見】 1. (TWSE ID2)：重申反對「本公司與A公司合併案」及「成立本公司與A公司合併研議小組」兩項議案，並請將反對意見列入本次董事會會議紀錄。 2. (TWSE ID4)：反對「本公司與A公司合併案」及「成立本公司與A公司合併研議小組」議案。	無
104	(TWSE 4)	104/01/06	(TWSE ID5)	考量設備汰舊換新暨營運發展及業務合作關係購置機器設備	【反對意見】 擔心造成公司財務之負擔及影響公司權益。	無
	(TWSE 5)	104/04/23	(TWSE ID6)[38]	討論修訂原第8屆第13次董事會通過之104年股東常會召集事由，其中於本年度股東常會	【反對意見】	

37　截至資料整理日，依據經濟部登記資料仍為（TWSE 3）獨立董事。
38　截至資料整理日，依據經濟部登記資料仍為（TWSE 5）獨立董事。

年度	公司	日期	姓名	發生緣由 [上市公司]	理由	公司因應措施
	(TWSE 2)			提案討論事項內追認101年度股東常會所有承認與討論事項，並追認第7屆補選董事及監察人各一名於其任期內之一切行為等案		
		104/05/04	(TWSE ID7)39	103年度盈餘分派案及盈餘轉增資發行新股案，提請董事會審議	[反對意見]建議提高現金股利發放比例。	無。
	(TWSE 6)	104/08/12	(TWSE ID8)	擬向B銀行申請短期約案 信額度年度續約案 擬向C銀行申請短期約案 信額度年度續約案 擬向D銀行申請短期約案 信額度年度續約案 擬聘請第3屆新資報酬委員案 擬訂定獨立董事之職責範疇規則案 擬訂定董事會報酬辦法案 行使及報酬辦法案	[反對意見](1)同意獨立董事之營運計畫及第2項年度財務報告，但其他依法令、章程規定或經主管機關規定之重大事項仍應由股東決議或提請董事會事項或事項或董事會如有反對意見或意見保留應於記載獨立董事意見，應於董事會議紀錄記載。(2)希望顧問報酬由董事會決議。(3)本公司不宜提報虧損子公司董事會虧損利董事回頭成為子公司董事會監督之責。	依規定發布重大訊息。

39 截至資料整理日，依據經濟部登記資料仍為（TWSE 2）獨立董事。

〔上市公司〕

年度	公司	日期	姓名	發生緣由	理由	公司因應措施
	(TWSE 6)	104/11/10	(TWSE ID8)	擬向E銀行申請中短期授信額度年度續約案		依規定發布重大訊息。
				105年度稽核計劃案		
				本公司委託之F公司提議擬請G公司進行整合XX都市更新案		
105	(TWSE 2)	105/03/18	(TWSE ID7)	配合本公司業務發展需要及相關法令修正、擬修正章程部分條文案、提請董事會審議	【反對意見】反對額定資本額自900億元提高至1,100億元，參照本公司各項資本適足率指標，在今(105)年度尚足夠符合規範，故本案顯然尚無修章之急迫性。目前公股主管機關為看守內閣狀態，期盼本公司懷董事勿在交接期間，提出本案重大變決策，對難方造成更大之傷痕。	無。
	(TWSE 7)	105/04/21	(TWSE ID9)	提名第8屆董事會獨立董事候選人	【反對意見】(1)表明本人反對意見跟我個人續任與否、政黨傾向無關。(2)希望大股東提名獨董之人選，是符合國際標準的公司治理準則，而不是酬庸的工具，並依政黨輪替後大股東安插人士提供之名單，認為獨立董事候選人的專業、相當人之質疑。(3)提議董事會應聘請外部公正人士組成任務編組式的審查小組，針對本人質疑作成調查報告後，再交由董事會討論及決議。(4)建議本公司應盡速修改公司章程，於董事會下設常設之提名委員會，完善公司治理。	依規定發布重大訊息。

【上市公司】

年度	公司	日期	姓名	發生緣由	理由	公司因應措施
	(TWSE 6)	105/06/02	(TWSE ID8)	訂定104年度內部控制制度聲明書案		依規定發布重大訊息。
				104年度合併財務報表及個體財務報表案	【反對意見】召集通知未提供充足資料、未提供資產減損項目相關資料。	
				104年度盈虧撥補案	【反對意見】召集通知未提供充足資料。	
				104年度營業報告書案		
				追認由監察人代表公司對甲提起坊害名譽刑事自訴案	【反對意見】甲董事發言應屬言論自由。	
				修訂章程部分條文案	【反對意見】	
				擬訂105年股東常會時間、地點案及相關之報告與提案事項案	【反對意見】	
	(TWSE 8)	105/08/08	(TWSE ID10)	本公司之境外子公司H公司擬向實質關係人購買其所持有之I公司24.98%股權暨間接持有大陸地區投資事業J公司全部股權案	【保留意見】資料不夠充足，無法判斷交易價格的合理性。	依規定發布重大訊息。
	(TWSE 6)	105/10/24	(TWSE ID8)	修訂章程部分條文	領定資本額內應不用修章增加員工認股權憑證。	依規定發布重大訊息。
				「董事及監察人選舉辦法」部分條文修訂案	文字修訂有誤。	
				擬召集股東臨時會改選本公司董事及監察人	資料不足。	

【上市公司】

年度	公司	日期	姓名	發生緣由	理由	公司因應措施
				擬解除董事及其代表人競業禁止之限制	[反對意見]	
				擬訂105年第一次股東臨時會時間、地點及與相關之報告與獨立董事提名事項	[反對意見]	
	(TWSE 6)	105/10/24	(TWSE ID11)	擬召集股東臨時會全面改選本公司董事及監察人	[反對意見]	依規定發布重大訊息。
	(TWSE 9)	105/11/10	(TWSE ID12)	為貸與轉投資公司K公司與建廠房資金新臺幣二億五仟萬元事	[反對意見]	依規定發布重大訊息。
	(TWSE 6)	105/11/11	(TWSE ID8)	106年度稽核計劃 審議經理人105年終獎金發放標準	稽核計畫尚需調整。 欠缺分配標準附件。	依規定發布重大訊息。
	(TWSE 10)	105/12/23	(TWSE ID13)[40] (TWSE ID14)[41] (TWSE ID15)[42]	多與子公司L公司現金增資認購案	由總經理與合資相對方繼續研議改善營運改善方案。	依董事會決議辦理。
106	(TWSE 11)	106/01/13	(TWSE ID16)	對蘇州投資案或獻資案停損點案及擬透過子公司M公司新增資金與N公司人民幣295萬元議案	[保留意見]	無。

[40] 截至資料整理日，依據經濟部登記資料仍為（TWSE 10）獨立董事。
[41] 截至資料整理日，依據經濟部登記資料仍為（TWSE 10）獨立董事。
[42] 截至資料整理日，依據經濟部登記資料仍為（TWSE 10）獨立董事。

【上市公司】

年度	公司	日期	姓名	發生緣由	理由	公司因應措施
載至資料整理日	（TWSE 12）	106/01/13	（TWSE ID17）[43] （TWSE ID18）[44]	轉投資成立「○公司」案	【保留意見】本案經董事會討論後通過，惟提呈於董事會之研究資料，對於投資市場之競爭態勢與敏感度等之情境分析，以及公司內部評估會議紀錄等相關資料，尚非完整。	經理部門將依董事意見補充相關資料予董事參酌。
載至資料整理日	（TWSE 2）	106/01/24	（TWSE ID7）	同意P公司自106年4月6日起終止股務代理契約，並變更換代辦股務機構為Q公司案，謹提請董事會審議。	【反對意見】本案表決程序違反利益迴避規定，及決議結果違反相關法令及公司治理，鄭董事應依公司法第193條負連帶責任。	無。
載至資料整理日	（TWSE 13）	106/02/09	（TWSE ID19）[45]	支付融資保證手續費予保證人案。	【保留意見】建議擬訂相關辦法並提送股東會通過。	將依獨立董事意見，擬訂相關辦法，董事會通過後提報股東大會。
載至資料整理日	（TWSE 14）	106/03/09	（TWSE ID20）[46]	修改某國投資案	(1)建議應請專業律師、會計師實地調查做出專業意見，並將投資款匯入信託帳戶，而不應該直接匯入乙方帳戶。 (2)合資公司應該加強資金管控，要考慮資金安全的管理機制。	依規定發布重大訊息。

43 載至資料整理日，依據經濟部登記資料仍為（TWSE 12）獨立董事。
44 載至資料整理日，依據經濟部登記資料仍為（TWSE 12）獨立董事。
45 載至資料整理日，依據經濟部登記資料仍為（TWSE 13）獨立董事。
46 載至資料整理日，依據經濟部登記資料仍為（TWSE 14）獨立董事。

[上市公司]

年度	公司	日期	姓名	發生緣由	理由	公司因應措施
	(TWSE 15)	106/03/15	(TWSE ID21)⁴⁷	擬以資本公積發放現金案	【反對意見】	依董事會決議辦理並依規定發布重大訊息。
	(TWSE 2)	106/03/24	(TWSE ID7)	為辦理選舉第25屆董事（含獨立董事）案	【反對意見】董事選任日應完全依照公司法及103年第1次股東臨時會決議旨辦理。	本公司完全依公司法及103年第1次股東臨時會決議旨辦理。
	(TWSE 9)	106/04/13	(TWSE ID12)	辦理現金減資案	【反對意見】本席係於昨日下午接獲臨時增加公司減資案之簡訊通知，本席反對在多數股東與董監事皆於開會前一日下午收到臨時通知之情況下，且在未經董事有機會研究本案利弊得失並得以充分討論之情況下倉促決議通過本案減資案。	依規定發布重大訊息。
	(TWSE 5)	106/04/25	(TWSE ID6)	修正章程部分條文案	【反對意見】審計委員會：本案未先送內部經營管理委員會，提供之方案不夠周延，支付特別股股息仍然超過高額侵犯公司與一般股東權益、建議本案撤回送到經營管理委員會審議。董事會：本案未先送內部經營管理委員會，有利益衝突及迴避之情況，且特別股股息當時股東有失金融情勢已改變，上述方案對一般股東有失公允等，對本案表達反對意見。	1. 於審計委員會上，經充分討論後，本案採決議、表決之方式決議，表決結果以2比1決議通過本案（審計委員會委員共3人，2票同意本案、1票反對本案）。出席委員共3人、2票同意本案、1票反對本案）。最終決議。

47 截至資料整理日，依據經濟部登記資料仍為（TWSE 15）獨立董事。

【上市公司】

年度	公司	日期	姓名	發生緣由	理由	公司因應措施
	(TWSE 16)	106/04/27	(TWSE ID22)	稽核室報告106年3月份稽核報告	【保留意見】請就乙監察人106.4.27書面所提問題，尤其子公司部分，再詳予稽核。	與獨立董事（TWSE ID6)所示意見不同。 2. 於董事會上，經本案採決表決之方式充分討論後，表決結果以6比5決議通過本案（董事共11人，出席董事共11人，6票同意本案，5票反對本案）。最終決議與獨立董事（TWSE ID6)所示意見不同。 3. 特此公告。
	(TWSE 17)	106/05/12	(TWSE ID23)[48]	本公司丙董事長擔任子公司顧問案	【保留意見】	依規定發布重大訊息。
	(TWSE 16)	106/05/23	(TWSE ID22)	稽核室報告106年4月份稽核報告	【保留意見】針對專案報告、子公司應收帳款及存貨，請再詳查。	無。

48 截至資料整理日，依據經濟部登記資料仍為（TWSE 17）獨立董事。

【上市公司】

年度	公司	日期	姓名	發生緣由	理由	公司因應措施
	(TWSE 9)	106/06/08	(TWSE ID12)	子公司－R公司之董事及監察人改派案	【反對意見】R公司資產約占本公司75%強，故兩公司董事席次應該一致，故反對改派。	依規定發布重大訊息。
				子公司－R公司應結合眦縮新S公司所有747地號土地共同開發	【反對意見】關於100%持有子公司資產開發處理事項並無禁止得由母公司監督管理之理由，本案既已提出於母公司董事會，即宜責成子公司提出相較具體資料，包括各種整合面積並進行討論。令本公司董事會做成決議，董事會成員了解於本案後，本席礙難贊同。	
	(TWSE 14)	106/06/19	(TWSE ID20)	擬持續投資國外項目案	【反對意見】(1)土地房產投資與本公司本案有差距。(2)投資T公司的資產沒有經過評估程序。(3)本投資案沒有可行性分析，機會與風險不明。	依規定發布重大訊息。
	(TWSE 5)	106/06/15	(TWSE ID6)	擬維持106年6月16日股東常會與特別股東臨時會排定議程	【反對意見】建議透過股東提案撤銷銷股東會章程修訂一案，並建議交付適且符合主管機關認同之解決方案；另提請表決時應注意利益迴避之問題。	1. 經充分討論後，本案採表決之方式決議，表決結果以6比5決議通過本案（董事共11人，出席董事共11人，6票同意本案，5票反對本案）。最終決議董事獨立(TWSE ID6)所表示意見不同。 2. 特此公告。

【上市公司】

年度	公司	日期	姓名	發生緣由	理由	公司因應措施
	(TWSE 9)	106/06/30	(TWSE ID12)	主張第22屆第1次董事會臨時動議決議無效，召開臨時董事會有關子公司－R公司董事及監察人改派案	【反對意見】書面聲明「R公司為本公司100%持有股權之子公司，其主要之設立目的為代母公司持有重要土地資產，性質上並非一筆業經營使用收益共所持有之公司。主要營業活動為管理使用收益共所持有之土地資產。」R公司係屬本公司童要子公司。站在公司治理角度觀之，R公司實質上屬本公司之一個重要營運部門，應接受本公司指揮監督，有關本公司重要資產管理部門R公司相關經營事務，不應脫離本公司董事會之職權範圍，以符合公司治理原則之良策，今若一致之做法已係符合公司治理原則，資難看出其合法性及正當性，本席站在本公司治理之角度為洽觀念同。	依規定發布重大訊息。
	(TWSE 18)	106/07/14	(TWSE ID24)[49]　(TWSE ID25)[50]	討論子公司S公司應收T公司股東墊款案	【反對意見】(1)本案牽涉多位前後任董事、經理人及相關現任，相關人員應利益迴避，如所迴避，避免落入口實，或衍伸不當行為造成損失。(2)本案發生時間前後達十餘年，除了前獨董提出的查核報告及律師意見函外，相關資料可能散落各處，俟失不全或遺人毀滅，建議公司不管是實體或電子檔文件，應即進行資料保全，責成專人辦理。	依董事會決議辦理並依規定發布重大訊息。

[49] 截至資料整理日，依據經濟部登記資料仍為（TWSE 18）獨立董事。
[50] 截至資料整理日，依據經濟部登記資料仍為（TWSE 18）獨立董事。

[上市公司]

年度	公司	日期	姓名	發生緣由	理由	公司因應措施
					(3)本公司為上市公司，有依法揭露相關重大訊息之義法，公司對外訊息傳遞應有一貫之立場及說法，並請告知員工應恪守內部管理守則，俾免外界因國隊及董事會困擾，若有人士操弄，違成行政團隊及董事會權益，需按相關規定處處。 (4)之前董事會已經多次討論，並已達成相關決議，依法論法，建議公司當局應照董事會決議，盡速委請律師移送檢調單位，一來把握追訴時效，二來盡到維護股東權益之責。 (5)最近國內發生多起違反相關理法規、種種事實，違成公司負責人遠收押的事件，希望公司當局能審慎處理、實事求是、讓正義得以彰顯。	
	(TWSE 13)	106/07/25	(TWSE ID26)[51]（薪委會）	審議民國105年度董監酬勞-個人及員工酬勞-經理人分派案	【保留意見】本提案董監酬勞分配比率與去年差異頗大，建議評估調整比例。	依規定發布重大訊息並擇定召開日召開薪委會。
	(TWSE 19)	106/08/07	(TWSE ID27)[52]	106年第二季合併財務報表案	【保留意見】就財務報部分頁目明細，表示保留意見，請相關部門於會後補充說明。	依規定發布重大訊息。

51 發布意見當見時非（TWSE 13）之獨立董事。
52 截至資料整理日，依據經濟部登記資料仍為（TWSE 19）獨立董事。

[上市公司]

年度	公司	日期	姓名	發生緣由	理由	公司因應措施
	(TWSE 20)	106/08/09	(TWSE ID28)[53] (TWSE ID29)[54] (TWSE ID30)[55]	對U公司資金貸與2.2億案	【反對意見】 審計委員會:(TWSE ID28)表決時對議案表示反對。 董事會:(TWSE ID28)表決時對議案表示反對。 【保留意見】 審計委員會:(TWSE ID29)、(TWSE ID30)表示需請借款人U公司同意帶條件後始可同意資金貸與案。 董事會:(TWSE ID29)、(TWSE ID30)表示請借款人U公司同意帶條件後始可同意資金與借款案。	將請借款人補齊相關資料後再行開會審議。
	(TWSE 14)	106/08/14	(TWSE ID20)	擬持續投資蒙國項目案	(1)投資項目太集中,風險大。 (2)無專人管理土地投資項目,以了解當地土地政策及匯率變動風險。 (3)為公司永續發展,應著重子本業相關產業的發展。	依規定發布重大訊息。
	(TWSE 9)	106/09/13	(TWSE ID12)	子公司-R公司董事及監察人改派案	【反對意見】 (1)本席仍建議基於尊重股東對母公司董事遴任之信任,母公司董事為原股東之股權代表,所以百分之百子公司之董事次與母公司董事一致, (2)與本席人選建議名單不符,所以反對。	依規定發布重大訊息。

53 截至資料整理日,依據經濟部登記資料仍為(TWSE 20)獨立董事。
54 截至資料整理日,依據經濟部登記資料仍為(TWSE 20)獨立董事。
55 截至資料整理日,依據經濟部登記資料仍為(TWSE 20)獨立董事。

【上市公司】

年度	公司	日期	姓名	發生緣由	理由	公司因應措施
	(TWSE 21)	106/10/20	(TWSE ID31)	V銀行資深副總經理丁解任案	【反對意見】因調查過程發生於金控，本人並未參與，無法針對公司單方面提供之文件表達同意之意，故本人反對。	依規定發布重大訊息。
	(TWSE 22)	106/11/07	(TWSE ID32)56	轉投資X公司案	【反對意見】由於未來電動車電池是採用換電池方式或充電方式均未明確，且目前公司境外投資資金回收情況尚不佳，建議資金應運用於較具實用的地方。	獨立董事之反對意見及理由將列入本次董事會議事錄。
	(TWSE 19)	106/11/09	(TWSE ID27)	報告106年第三季合併財務報表	【保留意見】對虧損持保留意見。	依規定發布重大訊息。
	(TWSE 9)	106/11/10	(TWSE ID12)	107年度預算討論案	【反對意見】因現場沒有過去數年預算與實際執行的差異比較數字，致無從逕為判斷，若多年審證結果、預算與實際結果確有相當落差，建議提案單位可委請外部人協助研判與調整以求精進，故本次不同意本次通過預算案。	依規定發布重大訊息。
				覆議審計委員會審戊董事提案	【保留意見】由於本議案的相關內容事實對我們來說還不清楚，建議請提案人可以提出具體說明資料，我們也可以收集相關資料協助董事會了解相關此案，也希望相關方面充分溝通。	

56 截至資料整理日，依據經濟部登記資料仍為（TWSE 22）獨立董事。

【上市公司】

年度	公司	日期	姓名	發生緣由	理由	公司因應措施
	(TWSE 23)	106/11/10	(TWSE ID33)[57] (TWSE ID34)[58] (TWSE ID35)[59]	董事會禁止私人自行錄音臨時動議案	【保留意見】 (1)這種事要表決嗎？ (2)請公司確保錄音內容真實及完整。 (3)各董事有錄音則要求公司提供拷貝員檔，則本席同意不得私下錄音。	
				新增Y公司資金貸與額度案 新增Z公司資金貸與額度案	【保留意見】 請提案及申請單位提供相關補充資料後，再重新提案計委員會審議。	提案及申請單位將於補備安資料後，另行送案。
	(TWSE 9)	106/12/04	(TWSE ID12)	覆議審計委員會送達之百分子公司重大資產交易案（本案應於審計委員會中全票通過）	【反對意見】 (1)本席強調本案應遵守關係人交易相關規定辦理。 (2)建議所有潛在買賣購買意願應向各董事充分揭露。 (3)在前述遵守關係人交易相關規定之前提下，不宜排除任何提出較佳利益條件之潛在買家。應以子公司最佳利益為考量。既然今日董事會面臨收到另一潛在買家所提出書面意向書： (1)225萬／坪(2)節省仲介費755地就土地內容平均不低於220萬／坪」 建議決議案內容不超過220萬／坪及「仲介費不超過2%」之授權方式處理，並	依證券交易法第14-5條，應不適用同法14-3條規定發布重大訊息；因董事希望發布重大訊息，故配合辦理。

57 截至資料整理日，依據經濟部登記資料仍為。
58 截至資料整理日，依據經濟部登記資料仍為。
59 截至資料整理日，依據經濟部登記資料仍為。

【上市公司】

年度	公司	日期	姓名	發生緣由	理由	公司因應措施
	(TWSE 21)				建議將今日提出另一潛在買家所提之購買意向書內容送交子公司依客觀條件擇優原則並遵循關係人交易規定程序處理。	
	(TWSE 21)	106/12/06	(TWSE ID31)	子公司己總經理君調任案	【反對意見】己總經理任內有為有守，雖其業務策略與金控高階主管不同，但應不宜經常調動，且本席對繼任人選任用資格有疑慮，故本席反對。	依規定發布重大訊息。
	(TWSE 14)	106/12/29	(TWSE ID20)	擬持續投資某國項目案	(1)本公司長期資金不是很寬裕。(2)沒有專門部門管理。(3)雖己指定專人負責但是屬於兼職性質。	列入本次董事會議事錄。

【上櫃公司】

年度	公司	日期	姓名	發生緣由	理由	公司因應措施
102	(TPEX1)	102/01/21	(TPEX ID1)[60]	本公司於101/12/04通過董事會聘任新任康總經理案決議請當時新任康總經理提報書面營運計畫，於下次董事會決定是否正式聘任	【反對意見】因新任康總經理新事業部營運計畫無法說服全體董事，且資金尚未造成公司營運負擔增加，負有產生委外代工良率之風險，故反對康總經理正式聘任。	由辛董事暫代總經理職務。

60 截至資料整理日，依據經濟部商記資料仍為（TPEX 1）獨立董事。

【上櫃公司】

年度	公司	日期	姓名	發生緣由	理由	公司因應措施
	(TPEX2)	102/08/07	(TPEX ID2)、(TPEX ID3)、(TPEX ID4)[61]	A'銀行綜合額度申請討論案，附帶條件需有保證人2位	[反對意見] 對於A'銀行綜合額度資款一案，有關附帶條件：保證人2人及暫無資金需求，請財務與銀行再行研議。	請財務部與A'銀行再行研議。
	(TPEX3)	102/09/26	(TPEX ID5)[62]、(TPEX ID6)、(TPEX ID7)[63]（薪委會）	員工職等薪資對照表調整案	[保留意見]	無。
	(TPEX4)	102/12/26	(TPEX ID8)、(TPEX ID9)、(TPEX ID10)[64]	103年度預算案，因考量產業環境變化編列虧損預算	[反對意見] 反對公司編列虧損預算。	經出席11席董事具名表決最後以6票比5票決議通過103年度預算案。
103	(TPEX4)	103/08/01	(TPEX ID8)、(TPEX ID9)、(TPEX ID10)	擬議自103年8月1日起從業人員基本薪給調升2.2%	三位獨立董事主張調薪案應與薪資制度由新級制改為新俸制一併考量。	經出席11席董事表決最後以6票比5票通過調薪2.2%一案。

60 截至資料整理日，依據經濟部登記資料仍為（TPEX 1）獨立董事。
61 截至資料整理日，依據經濟部登記資料仍為（TPEX 2）獨立董事。
62 截至資料整理日，依據經濟部登記資料仍為（TPEX 3）獨立董事。
63 （TPEX ID5）、（TPEX ID6）、（TPEX ID7）發布意見當時均非（TPEX3）之獨立董事（依（TPEX3）102年度年報所示，該公司尚未設置獨立董事。
64 截至資料整理日，依據107/6/26之重訊（TPEX ID10）當選為（TPEX 4）之獨立董事，然（TPEX 4）尚未於經濟部登記資料辦理變更登記。

【上櫃公司】

年度	公司	日期	姓名	發生緣由	理由	公司因應措施
	(TPEX5)	103/08/12	(TPEX ID11)(TPEXID12)65(TPEX ID13)66（薪委會）	103年第一次買回股份轉讓員工事宜	【反對意見】全體薪資報酬委員會認為應待有更完善轉讓制度及時機再行提報，故本案暫不實施。	無。
104	(TPEX4)	104/03/20	(TPEX ID10)	本公司不參加子公司104年度規劃之現金增資並以每股10.6元轉讓24,610,000股予B'公司一案	【反對意見】本次會議有4席董事(2席為獨董)未出席無法充分討論，且本案似魚急迫，希望下次開會，董事全員到齊後，再行審議。	業已依公司法規定於董事會議7天前寄發議程及附件，故仍以出席過半數(6席)董事(已扣除關係公司董事代表人)表決，5票贊成、獨立董事1票反對，表決通過本案。
	(TPEX6)	104/03/24	(TPEX ID14)	擬捐贈新臺幣2百萬元予C'大學做為校務發展之建教基金	【反對意見】捐贈應以有利於公司經營及對企業形象有正面提昇效益為原則。	依獨立董事要求列入股東會報告事項。
105	(TPEX7)	105/03/21	(TPEX ID15)、(TPEX ID16)	擬辦理私募普通股案	【反對意見】公司資金尚屬充裕下強化集團內資金調度即可，及私募募領度過高恐有損及現有股東權益，而否決此一議案。	無。
	(TPEX8)	105/05/04	(TPEX ID17)、(TPEX ID18)	擬於D'公司公開收購董事成後，全面改選董事	【反對意見】基於公開收購尚未執行完成。	無。

65 截至資料整理日，依據經濟部登記資料仍為（TPEX5）獨立董事。

66 （TPEX ID11）、（TPEX ID12）、（TPEX ID13）發布意見當時同時為（TPEX5）之獨立董事；惟（TPEX ID13）發布意見當時並非（TPEX5）公司之獨立董事。

【上櫃公司】

年度	公司	日期	姓名	發生緣由	理由	公司因應措施
	(TPEX7)	105/07/01	(TPEX ID19)	收到持有本公司3%以上股東請求對法人股東E'公司代表監察人提起損害賠償訴訟並向法院申請假處分案	【反對意見】本件並非緊急事項，而且召集通知有問題，請依公司法規定處理，不要悖法而行，請依公司法處理重新召集。	無。
		105/07/21	(TPEX ID19)	105年第2次股東臨時會開會地點及發放紀念品變更案	【保留意見】	無。
		105/08/02	(TPEX ID19)	執行長聘任案　解除總經理人競業禁止限制案	【反對意見】	無。
		105/09/09	(TPEX ID19)	董事長選任案　總經理薪資委任案　執行長調整案	【反對意見】	無。
	(TPEX9)	105/09/18	(TPEX ID20)[67]	財務部協理任命案　　　　　　　　　臨時動議案「變更公司印鑑章案」	【反對意見】因公司由財務部以電子郵件方式寄發之會議通知中僅一頁資訊息及委託書，未附任何財務協理應經歷背景資料，且資訊息方式亦未與本人溝通相關訊息。獨立董事認為本次董事會討論事項案由一之成案，討論與決議無效，表示反對意見。　　　　　　【反對意見】臨時動議案「變更公司印鑑章案」於重大事件，依據公司治理實務守則，重大事項不可以臨時動勤議提案，獨立董事對此案表示反對權。	1. 討論案 第一案「財務部協理任命案」，公司董事會均依過去慣例辦理，作業為過去慣例辦理，並無以獨立董事，所述程序不正義，致疑點及疑慮。會於未來董事會針對董事會議事規則進行檢討。

67　截至資料整理日，依據經濟部登記資料仍為（TPEX 9）獨立董事。

[上櫃公司]

年度	公司	日期	姓名	發生緣由	理由	公司因應措施
	(TPEX9)	105/09/20	(TPEX ID20)	召開第一次股東臨時會案	【反對意見】召開105年第一次股東臨時會案說明一中所提公司擬於105年11月4日召開股東臨時會，與監察人公告召開之105年第一次股東臨時會舉行有所歧異，本人認為本案應與監察人所提召開之105年第一次股東臨時會時間一致。本人特此提醒並表達對此案所列股東臨時會召開時間之反對。	2. 臨時動議案「變更公司印鑑案」，本案經諮詢律師並非重大決議事項，以臨時動議提案，並無違法之疑慮。 依105年9月19日臨時董事會決議通過於105年11月4日召開臨時股東會，均開臨時股東會與決議依法定程序與監察人所辦理，「監察人所自行召開之105年11月2日臨時股東會」，經諮詢法律顧問同意見後，認定並非適法，亦無當性，本公司已決議將依法訴訟或召開臨時股東會之假設分保全程序，故前開臨應獨立董事之意見，應有所誤解」，特此說明。

[上櫃公司]

年度	公司	日期	姓名	發生緣由	理由	公司因應措施
	(TPEX9)	105/10/25	(TPEX ID20)	擬訂定105年度第二次私募普通股之發行價格及其他相關事宜	【反對意見】未出席，但以書面表示反對本次私募案。	除獨立董事未出席，但以書面表示反對外，其餘出席董事無異議照案通過。
	(TPEX9)	105/11/01	(TPEX ID20)	擬延長及變更105年度第二次私募通股繳款期間及增資基準日	【反對意見】未出席，但以書面表示反對此議案。	除獨立董事未出席，但以書面表示反對外，其餘出席董事無異議照案通過。
	(TPEX7)	105/11/07	(TPEX ID19)	有關公司及現有經營團隊不斷接獲不實指控毀損董事，提請董事會進行相關訴權董事訴訟及保全措施	【反對意見】無具體對象表決的意義，表示反對。	無。
	(TPEX7)	105/11/10	(TPEX ID19)	擬投資興建太陽光發電設備案	【反對意見】(1)電廠所要蓋的地點沒有詳細說明。(2)公司並沒有能電廠相關專業經理人為何？並提供過去會績。(3)承包廠商如何？請說明？並有核准函。(4)銀行融資是否有核准函。(5)大陽能板光能能詳能保證。	董事長已於會議中回覆會議書面回覆所提五點。
	(TPEX7)	105/11/10	(TPEX ID19)	關於對前任董事長追償乙案，提請監察人協助本公司救請監察人協助前任董事長提出查報狀況並按月提出查報結果	【反對意見】贊成求償，惟非董事會權限事項，無庸表決。這是爭說問題，而不反對跟前任董事長求償。	無。

【上櫃公司】

年度	公司	日期	姓名	發生緣由	理由	公司因應措施
106	(TPEX10)	106/03/13	(TPEX ID21)68	105年度盈餘分配案	【反對意見】公司應考量未來景氣及市場變化，建議股票股利由每股新臺幣2元減為1元，現金股利由每股新臺幣0.5元增為1元。	依獨立董事建議修改盈餘分配案，經全體出席董事無異議照修正案通過。
	(TPEX11)	106/04/28	(TPEX ID22)	審查獨立董事資格案 審查持有公司已發行股份總額1%以上股東提案	【保留意見】	無。
	(TPEX11)	106/05/11	(TPEX ID22)	擬發行國內第二次有擔保轉換公司債	【反對意見】在第一次公司債尚未執行完成、公司營運績效沒有明顯大幅成長及相關內控制度未稽核查清前，本席不同意本議案。	無
				擬就106年6月7日股東會，委請律師顧問到場	【反對意見】本議案並未提供律師的相關資訊及服務內容，無法審理。委請律師顧問乃是公司重要的事項，應該邀請多位律師，進行律師損害評估，詳述委任律師的內容，並透過公開的方式徵選，才能符合公司的利益。	無
				為維護公司權益，擬委請X法律事務所處理由任X等人所聲請民事定暫時狀態假處分一案	【反對意見】本議案並未提供律師的相關資訊及服務內容，無法審理。	無
	(TPEX12)	106/05/11	(TPEX ID23)、(TPEX ID24)	擬買回本公司已發行之股份	【反對意見】考量公司未來受挑戰，負債比偏高，希望以其他方式來激勵員工。	無

68 截至資料整理日，依據經濟部登記資料仍為（TPEX 10）獨立董事。

【上櫃公司】

年度	公司	日期	姓名	發生緣由	理由	公司因應措施
	(TPEX13)	106/06/21	(TPEX ID25)[69]	F'公司交換債到期處置方案討論案	【不同意見】認為F'公司等已失去誠信，為給其還款壓力，故建議立即主張其交換債到期違約，促其立即解決還款問題。	依規定發布重大訊息。
	(TPEX14)	106/08/10	(TPEX ID26)[70] (TPEX ID27)[71] (TPEX ID28)[72]	子公司G'公司為版圖量限電動車臺灣地區經銷契約案	【保留意見】G'公司為取得H'公司限量版電動車臺灣地區經銷契約案：三位獨立董事表示，應俟子公司與G'公司之經銷契約內容補充完善並完成簽約手續後，另就本公司之經銷契約依法律前述經銷契約內容調整完備后，再行召集董事會議審議之。	依規定發布重大訊息。
				子公司G'公司擬向I'銀行借款案	【反對意見】子公司G'公司擬向I'銀行借款案：三位獨立董事審議後表示，本案因與上述案具備關聯性，故提案與本案一併提請下次開會審議之。	
	(TPEX15)	106/09/20	(TPEX ID29)	香港子公司增資案	【反對意見】增資應在合乎業。	董事會決議香港子公司擬對外辦理增資案及本公司監察人薪酬案兩議案暫緩討論，並依規定發布重大訊息。
				監察人薪酬案	【反對意見】考量公司財務狀況。	

---

69 截至資料整理日，依據經濟部登記資料仍為（TPEX 13）獨立董事。
70 截至資料整理日，依據經濟部登記資料仍為（TPEX 14）獨立董事。
71 截至資料整理日，依據經濟部登記資料仍為（TPEX 14）獨立董事。
72 截至資料整理日，依據經濟部登記資料仍為（TPEX 14）獨立董事。

[上櫃公司]

年度	公司	日期	姓名	發生緣由	理由	公司因應措施
	(TPEX16)	106/11/13	(TPEX ID30)73 (TPEX ID31)74 (TPEX ID32)75	為子公司J'公司取得手遊開發相關授權所提之現金增資案	請公司再提供補充資料，下次會議續行討論。	再行召開審計委員會及董事會討論本案。
	(TPEX17)	106/12/11	(TPEX ID33)76	為保障公司利益及維護股東權益，召開臨時董事會討論召開股東臨時會之事宜	[反對意見] (1)通知時間距開會時日未滿七日，且召集事由並無任何緊急情事。 (2)以臨時董事會討論召集107年1月23日股東臨時會，要求應於停止過戶日前辦法之規定，將遲至過戶日至少12個營業日前申報中心資訊申報作業，致本公司將遭受櫃買中心處罰，顯然違背本公司及股東公司善良管理人注意義務，更損及本公司及股東權益。 (3)本人身為獨立董事，本有監察權行使慶遭阻撓，只得提請股東會處理下，案已於106年12月6日公告召集本公司107年1月23日股東臨時會，完全符合法令規定，本人自將於股東會報告監察權遭遇阻撓之始末，以供股東判斷，本人籲請董事會自行選擇參與之權利。股東自行選擇參與之權利。	依規定發布重大訊息。

73 截至資料整理日，依據經濟部登記資料仍為（TPEX 16）獨立董事。
74 截至資料整理日，依據經濟部登記資料仍為（TPEX 16）獨立董事。
75 截至資料整理日，依據經濟部登記資料仍為（TPEX 16）獨立董事。
76 截至資料整理日，依據經濟部登記資料仍為（TPEX 17）獨立董事。

[上櫃公司]

年度	公司	日期	姓名	發生緣由	理由	公司因應措施
	(TPEX17)	106/12/29	(TPEX ID33)	違反誠信經營守則檢舉辦法討論案	[反對意見] (1)獨立董事(TPEX ID34)為K'事務所首席顧問，據該事務所網站公開資訊顯示，排名第一，位階夜寫主持律師和資深顧問群。 (2)K'事務所於106年10月3日，就本公司於106年8月14日更正除權交易日公告之適法性一事，提供法律意見。 (3)上開行為違反公開發行公司獨立董事設置及應遵循事項辦法第3條第7款。 (4)(TPEX ID34)顯已不適格擔任本公司之審計委員會召集人。 (5)(TPEX ID34)擔任上屆獨立董資L'公司，對於董事長違論審計委員會召集人。 (1)以不合理高價購買資L'公司，(2)賤價售出約120個月新資離職權給關係人，(3)委任經理人合約之提案，並未表示反對意見。本案為違反誠信經營守則檢舉辦法之討論案，縱容以上違反誠信經營行為，理應迴避並接受調查，實不宜擔任召集人。 (6)本案係依據2017年11月14日第4屆第2次審計委員會討論，並送第9屆第3次董事會決議通過之提案辦理。本次會議原訂於11月7日召開。依據2017年12月28日財訊雙周刊報導，本次會議為七億元辜因經營權爭奪議之提案之故。詎料延後延後到14日舉行，主要受到因為找尋合作對象之(TPEX ID34)，竟然是否與賣會，於10月24日發函本公司委求延後召開董事會，然副董事長所陳，本公司應指派法人代表擔任	依規定發布重大訊息。

【上櫃公司】

年度	公司	日期	姓名	發生緣由	理由	公司因應措施
	(TPEX17)	106/12/29	(TPEX ID34)	第4屆第3次審計委員會(TPEX ID34)順立董事之反對意見(4)至(6)表示反對意見	子公司董事乙案，係根據105年度年報公開資訊，證據鑒盤。(TPEX ID34)擔任本公司獨立董事多年，竟以尚未見具體證據為由，建請公司應主動釐清，其用意為何，自有公論。 (7)公司經營者竟然以該案以拒絕本獨立董事行使監察權，多次拒絕本獨立董事行使資訊權，以致本人難以資訊權保護中心再三來函要求，依法行使職權。 (8)本公司將於107年1月23日召開股東臨時會，本人忠實履行獨立董事職責，於臨時董事會中，以書面表達反對意見，冀望公司遵循主管機關附註規定。(TPEX ID34)為著名律師，竟然違背法律專業，默許公司甘冒違反上述辦法，而可能遭致主管機關罰款之後果，實有損股東所託。 (9)本屆審計委員極有可能於107年1月23日遭解任，建議本案留待下屆委員會議決。	無。
	(TPEX17)	106/12/29	(TPEX ID33)	依照達反誠信經營守則檢舉辦法，排定案件之調查順序及調查期日	對於(TPEX ID34)獨立董事就第4屆第3次審計委員會之達反誠信經營法討論案中的反對意見(4)至(6)，(TPEX ID34)獨立董事說明該案已進入司法程序，且與本討論之議案無任何關係，不適合列入會議記錄。 【反對意見】 因該法律已賦予獨立董事行使職權之權利，不需要再經過本案討論。	依規定發布重大訊息。
	(TPEX18)	106/12/29	(TPEX ID35)[77]	民國107年度預算案	【反對意見】 應以前次董事會報告之EPS0.5為目標。	依規定發布重大訊息。

77 截至資料整理日，依據經濟部登記資料仍為（TPEX 18）獨立董事。

[興櫃公司]

年度	公司	日期	姓名	發生緣由	理由	公司因應措施
103	(ES 1)	103/03/13	(ES ID1)[78]（薪委會）	新資報酬委員會ES ID1針對本次績效獎金辦法審議案	[保留意見]	無。
104	(ES 2)	104/03/10	(ES ID2)[79]	擬整併本公司事群，精實組織運作管理	[反對意見] 因現在的公司組織架構，在公司產品發展上具有互補性，所以目前沒有合併產品線的必要性。	無。
	(ES 3)	104/08/11	(ES ID3)、(ES ID4)[80]（薪委會）	董事、監察人及功能性委員出席股東會馬費案	[保留意見]	無。
	(ES 4)	104/12/09	(ES ID5)、(ES ID6)[81]（薪委會）	本次增聘研發部臨床研究處副總、增聘董事長室特助及董事會經理人105年度薪資調整審議案	[保留意見] 需等本公司提出薪資報酬級距表及相關完整文件後，再行研議。	無。
105	(ES 5)	105/03/25	(ES ID7)	105年度預算案	[保留意見] 請檢核每兩個月作成積核報告檢討預算達成狀況、報告核董事會，105年預算再為公司總營收決策依據、當年度績效考核獎金發放多考標準。	無。

[78] （ES ID1）發布意見當時同時為（ES 1）之獨立董事。

[79] 截至資料整理日，依據經濟部登記資料仍為（ES 2）獨立董事。

[80] （ES ID4）發布意見當時同時為（ES 3）之獨立董事；惟（ES ID3）發布意見當時並非該公司之獨立董事。截至資料整理日，依據經濟部登記資料（ES ID4）仍為（ES 2）獨立董事。

[81] （ES ID5）、（ES ID6）發布意見當時同時為（ES 4）之獨立董事。截至資料整理日，依據經濟部登記資料（ES ID6）仍為（ES 4）獨立董事。

【興櫃公司】

年度	公司	日期	姓名	發生緣由	理由	公司因應措施
	(ES 5)	105/03/25	(ES ID8)[82]	配合審計委員會設立、相關法令規範及公司營運所需，修訂公司章程部分條文	【反對意見】設立審計委員會未充分討論不宜倉促實施。	無。
	(ES 6)	105/08/10	(ES ID9)[83]	辦公室擴充案	【保留意見】	無。
106	(ES 7)	106/06/08	(ES ID10)[84]	電視及電影相關投資案每案3,000萬額度內授權董事長全權處理	【保留意見】請財務部計算財務狀況及營收比例後於下次董事會討論決議。	無。
	(ES 8)	106/08/09	(ES ID11)[85]	佣金合約案	【保留意見】增加簽定佣金合約補充說明資料後於下次董事會討論決議。	無。
	(ES 9)[86]	106/12/01	(ES ID12)、(ES ID13)	審計委員會擴資資與孫公司M'公司450萬美金	【保留意見】	將審計委員會資金交與孫公司他案送董事會決議，董事會經調整為250萬美金後經全體經2/3以上同意通過。

82 截至資料整理日，依據經濟部登記資料仍為（ES 5）獨立董事。
83 截至資料整理日，依據經濟部登記資料仍為（ES 6）獨立董事。
84 截至資料整理日，依據經濟部登記資料仍為（ES 7）獨立董事。
85 截至資料整理日，依據經濟部登記資料仍為（ES 8）獨立董事。
86 （ES 9）自107/3/27起公告終止興櫃上與櫃股票櫃買賣事宜，其獨立董事在終止與櫃前皆已辭職。

11

裁判解任董事制度之功能
——從司法實務之發展談起

蔡英欣

壹、前言

本文之目的，係針對公司法上裁判解任董事制度（公司法第200條），在證券投資人及期貨交易人保護法（下稱投保法）賦予財團法人證券投資人及期貨交易人保護中心（下稱投保中心）提起裁判解任董事之訴權後，司法實務近期對此制度之詮釋有所轉變，藉此重新檢視該制度之功能。

回顧裁判解任董事制度之立法沿革，該制度係於1966年公司法修正時所引進。按該次修法之重心，係強化個別股東權，而在立法理由中論及「現行公司法偏重多數決制，對於個別股東權，除臨時股東會召集請求權，違背法令或章程規定之股東會召集或決議請求宣告無效及表冊查閱權外，並無其他規定，殊嫌未足，對於董事監察人選舉之採用多數決方法，及股東會委託出席之不加限制，均足釀成多數操縱之漏弊，為促成投資證券化，一方使公司能順利經營，一方使個別投資者不致受操縱支配起見，爰擬加強個別股東權之行使，以保障個別股東之權利，而增強其投資信念」[1]，而裁判解任董事制度即為強化個別股東權之手段之一。

在1966年公司法修正引進裁判解任董事制度時，係規定「董事執行業務，有重大損害公司之行為或違反法令或章程之重大事項，股東會未為決議將其解任時，得由繼續一年以上持有已發行股份總數百分之五以上之股東，於股東會後三十日內，訴請法院裁判之。」嗣後，分別於1983年

---

[1] 立法院公報，第55卷第37期第13冊，頁166，1966年。

公司法修法，將持股要件降低為百分之3[2]，於2001年公司法修法時，刪除繼續1年以上持股期間之要件[3]。惟在逐步鬆綁提訴股東之資格要件後，裁判解任董事制度之運用，並未因此有重大改變，而學者多將其原因歸咎在提訴要件過於嚴格，亦即，公司法第200條要求須股東會未為決議解任董事，股東始得提訴[4]。而2009年投保法修法時，為加強公司治理機制，外界建議投保機構應為維護股東權益，對於公司經營階層背信淘空或董監事違反善良管理人注意義務等情事，進行相關措施，乃增訂投保中心得訴請法院裁判解任上市櫃公司董監事之規定（投保法第10-1條第1項第2款），而在提訴要件上，則排除適用公司法第200條之要件，亦即股東持股要件及股東會未為決議解任董事之要件，使投保中心得適時訴請法院裁判解任不適任之董監事[5]，而投保中心亦在「為充分督促公司管理階層善盡忠實義務，保護證券投資人權益」之旗幟下，已對多家上市櫃公司之不適任董事，提起裁判解任董事之訴[6]。

[2] 1983年公司法修正之立法理由，係為強化股東訴權之有效行使，乃將提訴股東之持股要件從百分之5降低至百分之3。立法院公報，第72卷第89期第1678號，頁49，1983年。

[3] 2001年公司法修正時，考量公司法第199條在修正後，提高股東會應出席股份數及表決權數，將致使董事解任較為不易，爰配合放寬訴請解任之要件，刪除提訴股東之持股期間須達繼續1年以上之要件，俾於董事確有重大損害公司之行為或違反法令、章程時，小股東仍得訴請法院裁判解任，以資補救。立法院公報，第90卷第51期第3185號，頁259-260，2001年。

[4] 劉連煜，現代公司法，頁397，2018年9月，13版。

[5] 投保法第10-1條增訂時之立法理由，現行公司法第200條股東訴請法院裁判解任之規定，對公司董事或監察人具有一定監督功能，惟其規定之門檻仍高，且依公司法第200條規定訴請法院裁判解任，須股東會未為決議將其解任，而依司法實務見解，應以股東會曾提出解任董事提案之事由，而未經股東會決議將其解任為限，是如股東會無解任董事之提案，股東亦無從訴請法院裁判解任不適任之董事，而具公益色彩之保護機構辦理投保法第10條第1項業務，發現有重大損害公司之行為或違反法令或章程之重大事項，得不受公司法相關規定限制，而有訴請法院裁判解任權，俾得充分督促公司管理階層善盡忠實義務，以達保護證券投資人權益之目的、發揮保護機構之職能。

[6] 投保中心提起裁判解任董事訴訟之案件量，從2010年至2017年為止，已累積44件。有關統計數據，請參照投保中心2017年度年報，https://www.sfipc.org.tw/MainWeb/

另一方面，司法實務向來對公司法第200條之要件採取限縮解釋。首先是對「股東會未為決議將其解任」之要件，在投保法增訂第10-1條的立法理由中，即有言及「依司法實務見解，應以股東會曾提出解任董事提案之事由，而未經股東會決議將其解任為限，是如股東會無解任董事之提案，股東亦無從訴請法院裁判解任不適任之董事」，換言之，倘若股東會因主席故意宣告流會而未作成決議，或董事會惡意未將股東提案列入股東會議程之情形，自當不符合該條項之要件；其次，提訴事由是否得針對董事當次任期前所為之行為，司法實務向來之見解，係限縮於當次任期內之行為[7]。而在投保中心開始對上市櫃公司不適任之董事提起裁判解任之訴後，司法實務仍繼續採取其限縮解釋之見解[8]，但在近期，司法實務對於投保中心所提之裁判解任董事訴訟中，提訴事由是否限於董事當次任期內所為者，在見解上有重大之轉變，而此等轉變或可作為吾人重新檢視該制度之功能的素材。

貳、司法實務近期之發展

如「壹、前言」所述，裁判解任董事制度在投保中心積極利用該制度，作為監督上市櫃公司不適任董監事之手段後，司法實務已累積相當數量之判決，其中絕大多數之判決，因事實發生在投保法第10-1條增訂前，而投保法等相關法令並無得溯及適用之明文，法院均以此為由駁回投保中心之請求，且對於提訴事由亦認為應限於董事當次任期所為者，但近期司法實務對此問題之見解已有所轉變，最高法院106年度台上字第177號民事判決即為一例。

Article.aspx?L=1&SNO=cETUAHMWj7bwkiS59QXNww==，最後瀏覽日：2018年11月12日。

[7] 例如，臺北地方法院90年度訴字第4550號民事判決。

[8] 例如，臺北地方法院104年度金字第71號民事判決。

一、事實概要與原審見解

　　原告／上訴人投保中心以Y1公司及其董事Y2為被告／被上訴人，訴請法院裁判解任Y2之董事職務。投保中心主張，Y1公司為上市公司，其董事Y2自2005年至2010年間擔任董事或董事長，為解決個人擔任訴外人Z1公司連帶保證人，而受銀行追索之財務危機，乃陸續於2005年指示Y1公司之子公司借款予Z1公司，於2007年初指示Y1公司之另一子公司以新臺幣（下同）一元併購Z1公司，藉以承擔Z1公司所有債務，嗣後在2010年再度指示子公司借款予Z1公司，其後以債作股充抵現金增資款。另一方面，Y2於2009年央請訴外人Z2公司認購Z3公司股份，並未經Y1公司董事會同意，擅自以Y1公司名義簽署股東協議，並於2011年簽署股東特別協議，致使Y1公司遭Z2公司提起仲裁請求履行協議。Y2執行董事職務，顯已違背章程及法令，並致Y1公司受有重大損害，投保中心依投保法第10-1條第1項第2款規定，訴請法院解任Y2於Y1公司2014年6月6日至2017年6月5日之董事職務。

　　Y1公司之抗辯為，Y2係經多方考量始決定投資Z1公司，而子公司對Z1公司之投資，亦經該子公司董事會決議；Y2與Z2公司締結之協議，僅為公司內部溝通文件，不具拘束雙方當事人之效力。而前開事實不僅發生在2009年投保法修法施行前，亦發生在Y2過去之董事任期內，而投保法並無溯及既往之規定，且董事任期期滿經改選，係與公司發生新的委任關係，投保中心自不得持過去董事任期發生之事由解除新任董事之職務。一審法院（臺北地方法院102年度訴字第180號民事判決）以投保法第10-1條適用法律不溯及既往原則，而本件事實既發生於投保法修正施行前，自無該條之適用為由，駁回投保中心之請求。對此，投保中心提起上訴。

　　原審法院以下列理由，駁回投保中心之上訴[9]。首先，投保法第10-1條係於2009年增訂，觀諸投保法全文、立法理由等，均無得溯及適用之明文，且上市櫃公司之董監事執行業務，有無重大損害公司之行為或有無違反法令或章程事項，係屬實體問題，而投保法第10-1條第1項第2款規定所

9　臺灣高等法院103年度上字第696號民事判決。

賦予投保中心之裁判解任權，並不以投保中心須持有公司已發行股份總數百分之3以上之股份及股東會未決議解任董事為其要件，亦無提起解任訴訟之期間限制，與公司法第200條規定之行使主體、發生時間均有不同，該條款所定之形成訴權實兼具實體法性質，自應適用法律不溯及既往原則，以兼顧交易安全，並符法治國家法之安定性及既得權益信賴保護之要求。投保中心以Y2於2009年投保法第10-1條第1項第2款施行前執行業務有重大損害Y1公司之行為或違反法令或章程之重大事項，請求解除Y2董事職務，即不應被准許。

其次，觀諸公司法第200條歷次修正過程，均著重降低小股東行使權利之門檻，未曾明文規定少數股東得以董事前一任期之不法行為，做為解任同一董事現任期職務之理由，而公司法第200條並未禁止遭解任之董事於一定期間再重新當選，況公司法第200條之立法目的僅在於使少數股東有權就董事之不法行為訴請裁判解任，至於董事遭解任後若能再行合法當選為董事，亦係股東依法所為之選任，若無公司法第192條第6項準用同法第30條之情形，現行公司法並無使其不能被選任為董事之限制。且由公司法第30條反面解釋，允許特定犯罪紀錄者於刑滿一定期間後，可擔任董事職務；再由公司法第192條、195條、199條規定可知，公司與董事間為委任關係，少數股東若認董事有不法行為，即可訴請法院裁判解任，並無再等到該董事重新被選任為董事時，始以前次任期內之不法行為為由，另行訴請裁判解任之必要；而所謂「解任」，必以董事仍在職者為限，公司法第五章第四節均無就董事橫跨前後任期之情形加以規定，益證公司法第200條賦予少數股東訴請法院裁判解任之董事任期必然是指董事有不法行為當時所餘任期。從原審法院之見解可知，其係延續司法實務向來對於公司法第200條所採取之嚴格文義解釋。亦即，提訴事由僅能針對被告董事當次任期內所發生之不法行為，不容以當次任期前之不法行為作為解任之事由，也因此，自不影響任期屆滿後再被選任為董事之適法性。

投保中心不服原審法院之判決，乃提起上訴，最高法院則以下列判旨，廢棄原判決發回更審。

二、判旨

　　本件判決首先針對投保法第10-1條第1項第2款規定，是否為實體法之規定，進而有法律不溯及既往原則適用之問題，一方面表示該規定雖具有實體法性質，另一方面探究該規定之立法目的以及上市櫃公司對投資人利益及社會經濟發展之影響後，認為並無法律不溯及既往原則之適用。

　　「按保護機構辦理投保法第10條第1項業務，發現上市或上櫃公司之董事或監察人執行業務，有重大損害公司之行為或違反法令或章程之重大事項，得訴請法院裁判解任公司之董事或監察人，不受公司法第200條及第227條準用第200條之限制。投保法第10-1條第1項第2款定有明文。該條款所定之形成訴權雖因兼具實體法性質，而有法律不溯及既往原則之適用。惟其立法理由明載係為加強公司治理機制，維護股東權益，就具公益色彩之保護機構辦理同法第10條第1項業務，發現有重大損害公司之行為或違反法令或章程之重大事項，得不受公司法相關規定限制，而有訴請法院裁判解任權，俾得充分督促公司管理階層善盡忠實義務，以達保護證券投資人權益之目的、發揮保護機構之職能。足見該條款規定具有公益色彩，於解釋該條款意涵時，理應一併斟酌前開立法目的，以符立法意旨。」

　　本件判決在確認投保法第10-1條第1項第2款規定，並無適用法律不溯及既往原則後，即對該規定進行文義解釋，認為投保中心之提訴事由，不限於董監事在任期內所從事之不法行為，縱使是當次任期前所為者，亦可作為提訴事由[10]。

　　「復衡以上市櫃公司資本龐大，其經營狀況之良窳，攸關眾多投資人利益及產業社會總體經濟之發展，自有加強監督之必要。而公司董事或監察人除可能違反忠實義務造成公司重大損害外，亦可能有公司董事或監察人為圖公司私利違反法令致公益受有重大損害之情形發生。倘公司股東

---

[10] 在本件判決之前，已有幾則下級審法院判決採取同樣見解。例如：臺灣高等法院臺中分院105年度金上字第3號民事判決、臺灣高等法院高雄分院105年度金上字第1號民事判決、臺灣高等法院105年度金上字第11號民事判決。

會因受大股東把持，或因囿於公司私利而無法發揮功能，自應藉由保護機構行使裁判解任形成訴權，以確保股東權益及社會整體經濟利益，益徵投保法第10-1條第1項第2款規定具有公益性質。而該條款規定保護機構行使該形成訴權時並不受公司法第200條之限制，且係於『發現』上市或上櫃公司董事或監察人執行業務有重大損害公司行為或違反法令或章程之重大事項時得行使之。我國雖未如英美等國採行由法院宣告董事於一定期間失格之制度，惟投保法第10-1條第1項第2款規定既兼具維護股東權益及社會公益之保護，其裁判解任，應以董事或監察人損害公司之行為或違反法令或章程之事項，在客觀上已足使人認該董事或監察人繼續擔任其職務，將使股東權益或社會公益受有重大損害，而不適任其職務，即足當之。參以該條款係規定保護機構發現有前開行為時得行使裁判解任之形成訴權，發現時點與行為時點本或有時間差異，則裁判解任事由自不以發生於起訴時之當次任期內為限。否則若該行為發生於任期即將屆滿之際，或於該次任期屆滿後始經保護機構發現，或行為人發現後即辭去董事或監察人職務，再經重行選任時，保護機構均不得依投保法第10-1條第1項第2款規定請求法院裁判解任，將致股東權益或社會公益無從依該條款規定獲得保護，而使該規定形同具文，此當非立法本意。原審未究明上訴人主張於投保法施行後之解任事由是否在客觀上已足認Y2不適任Y1公司董事職務，逕以該事由發生於上訴人訴請解任之任期之前，而為上訴人敗訴之判決，自有可議。上訴論旨指摘原判決不當，求予廢棄，非無理由。」

　　本件判決對投保法第10-1條第1項第2款之解釋，在論理上採取與原審不同之觀點。第一，本件判決認為投保法第10-1條第1項第2款此一形成訴權之規定，既然是公司法第200條之特別規定，自然兼具實體法之性質，但在同時，鑑於投保中心此等機構因負有保護上市櫃公司股東權益及社會公益之功能，從立法目的言，該條款並無法律不溯及既往原則之適用；第二，本件判決從保護上市櫃公司之投資人及上市櫃公司對社會經濟之影響力出發，認為投保中心行使此等形成訴權具有高度公益性，投保中心之提訴時點自不受公司法第200條之限制，不僅如此，本件判決更以投保法第10-1條第1項本文之規定，即保護機構辦理前條第1項業務，「發現」上市

或上櫃公司之董事或監察人執行業務，有重大損害公司之行為或違反法令或章程之重大事項，認為投保中心係於「發現」上市櫃董監事有此等行為時，始得行使該訴權，則發現時點與行為時點本有時間差異，裁判解任事由自不限於發生在起訴時之當次任期內；第三，本件判決考量到我國尚未引進英美法上之董事失格制度，無法適時將不適任之董監事，透過司法裁判剝奪其資格，而有必要仰賴投保法之規定作為暫時性措置，防杜不適任董事之再任。假設本件判決對投保法第10-1條第1項第2款所做之詮釋，係司法實務未來對同類案件之審理基準，在此前提下，本文擬就以下兩個議題進行檢討：第一，公司法與投保法上有關裁判解任董事制度間之運用差異化的立論基礎何在；第二，裁判解任董事制度是否足以作為董事失格制度之替代措置。

參、重省裁判解任董事制度之功能

一、制度運用差異化之合理性

如以最高法院106年度台上字第177號民事判決對投保法第10-1條第1項第2款所做之詮釋為前提，投保法及公司法所規範之裁判解任董事制度，在運用上將產生諸多相異之處，惟此等制度運用差異化本身是否有充分之論理基礎，實值檢討。

回歸公司法引進該制度之目的，係為強化個別股東權，使少數股東在多數決之機制下，對多數操縱之流弊作為一監督手段，而投保法上之裁判解任董事制度，係考量現行公司法之規定過於嚴格，而為利於投保中心提起此等訴訟，乃在提訴要件進行調整，亦即刪除持股要件及股東會未通過解任董事之決議的要件，但從本件判決內容可知，除強調投保法之規定為形成訴權之規定，一再重申投保中心所具有之公益性，淡化裁判解任董事制度之規定原具有之實體法色彩，進而推論出無「法律不溯及既往原則」之適用外，更以上市櫃公司對投資人權益及社會經濟發展之影響的重

大性，與投保法第10-1條第1項本文之規定為由，認為投保中心只要「發現」上市櫃公司董監事執行業務有重大損害公司之行為或違反法令、章程之重大事項，縱使董監事從事此等行為係在當次任期前所為者，投保中心均得提起裁判解任董事之訴，此反面意味著，在適用公司法裁判解任董事制度之規定時，因非上市櫃公司相較於上市櫃公司，對於投資人權益及社會經濟發展之影響力，在程度上較為薄弱，因此，在法律解釋上，上市櫃公司以外之公司的少數股東僅能針對董事在當次任期內之不正行為提訴，無法做出與投保中心之提訴事由不限於董事當次任期之不正行為此一相同解釋，而回歸現實面，司法實務向來也對於公司法之裁判解任董事採取限縮解釋。此等制度運用之差異化本身，是否有其合理性？

投保中心具有高度公益性一事，已毋庸置疑，而本件判決以此公益性為由，使一帶有實體法性質之規定，不適用法律不溯及既往原則，此一推論是否合理，學者間已對此問題提出不同見解[11]。在此，姑且不論此一議題，本文擬探討者，係以上市櫃公司對投資人權益及社會經濟發展影響力之重大性，對制度運用進行差異化一事，是否妥當之問題。從健全證券市場之觀點言，為保護上市櫃公司投資人之權益及促進經濟活絡發展，自有必要建構與強化各種配套措置，而投保中心之存在亦為其中一環，投保中心除得提起裁判解任董事之訴外，尚得提起代表訴訟或為投資人提起證券團體訴訟請求損賠（投保法第10-1條第1項第1款、第28條）等，且對於上市櫃公司股東而言，倘若不滿公司經營團隊或經營成效，其可自由選擇轉讓持股退出組織，亦即，上市櫃公司之股東權益實受到較多之保障

---

[11] 有學者主張投保法第10-1條第1項第2款僅為程序性規定，依程序從新之法理，而無法律不溯及既往原則之適用，劉連煜，投保中心對董監事提起解任之訴的性質：東森國際案最高法院100年度台上字第1303號民事裁定及其歷審判決之評釋，法令月刊，63卷4期，頁5，2012年4月；另有學者主張該規定僅賦予投保中心訴權，其所具有之公益性，並無管制濫訴之疑慮，故該規定無法律不溯及既往原則之適用，曾宛如，公司治理法制之改造，月旦法學雜誌，第268期，頁24，2017年9月。相對於此，亦有學者認為該規定應有法律不溯及既往原則，邵慶平，投保中心代表訴訟的公益性：檢視、強化與反省，臺大法學論叢，44卷1期，頁237-240，2015年3月；李禮仲，論證券投資人及期貨投資人保護法第10-1條第1項第2款—兼評論最高法院106年台上第177號判決，萬國法律，第214期，頁97，2017年8月。

及選擇。相形之下,非上市櫃公司之股東(特別是少數股東),為保護自身權益,在公司法有限之救濟措置下,卻須面臨重重關卡,致使此等少數股東權在法執行面之效果上,往往成效不彰[12]。其次,倘若以上市櫃公司對投資人權益及社會經濟發展影響力之重大性,作為差異化制度運作之理由,則投保法第10-1條第4項之規定即失其基礎。按該條項規定「公司因故終止上市或上櫃者,保護機構就該公司於上市或上櫃期間有第1項所定情事,仍有前三項之適用。」亦即,在上市櫃公司因故喪失上市櫃之資格後,投保中心仍得對董事在上市櫃期間所為之不法行為提起此等訴訟,惟上市櫃公司在喪失上市櫃資格後,無異於一般非上市櫃公司,在此情形下,是否仍有必要賦予投保中心此一具有高度公益性之機構,提起此等訴權,實令人匪夷所思[13]。

　　事實上,本件判決以上市櫃公司對投資人權益及社會經濟發展影響力之重大性為由,對於裁判解任董事制度之運用,採取較有利於上市櫃公司之解釋,此等解釋方式,反而使更需要受到保護之非上市櫃公司的少數股東陷於窘境,造成同一制度在運用上之失衡;不僅如此,即使在上市櫃公司之情形,司法實務對於上市櫃公司之股東依公司法第200條所提起之裁判解任董事訴訟,如仍依照其對公司法第200條之解釋方式處理,其結果更能突顯出同一制度運用之差異化的不合理。另一方面,回歸到增訂投保

---

[12] 如同裁判解任董事制度,少數股東礙於未能符合「股東會未為解任董事之決議」,而無法行使該個別股東權,股東代表訴訟制度亦有類似問題,亦即在法制度設計上,未能給予足夠誘因讓股東為公司提起此等訴訟(公司法第214條及第215條)。

[13] 對於投保法第10-1條第4項規定,有下級審判決(臺灣高等法院臺中分院105年度金上字第3號民事判決)認為,該規定之存在更能證明裁判解任董事制度亦有嚇阻及預防董事違反忠實義務之功能,若將裁判解任制度僅限於所欲解任董事任期所生事由為限,則公司利用提前改選方式,規避投保法第10-1條第1項第2款之適用,讓該董事因改選而續任董事,使裁判解任董事之規定形同虛設,無法發揮公司治理之功能。對於下級審法院之見解,本文持保留之態度,蓋裁判解任董事制度對董事違反忠實義務之嚇阻或預防功能,該功能不會因為有無上市櫃公司之資格而有所不同,且由具有高度公益性質之投保中心,對非上市櫃公司之董事提起裁判解任之訴,似有違設立投保中心之初衷。再者,回顧該條項之立法理由可知,該條項僅為避免公司因故終止上市或上櫃,產生保護機關是否仍得提起訴訟或續行訴訟之爭議,始增訂之條項。

法第10-1條第1項第2款時之初衷，係肇因於公司法第200條所設之要件過於嚴格，乃鬆綁持股及股東會未通過解任董事之決議的要件，除此之外，投保法及公司法上所規範之裁判解任董事制度的目的，實無加以區隔之本意，據此，本文認為，本件判決對投保法第10-1條第1項第2款之擴張解釋，實應一體適用於公司法第200條之規定。

　　一旦裁判解任董事制度之適用，對於董事不正行為之發生時點，不再限縮於欲解任之當次任期內，換言之，當次任期前所為之不正行為，亦可作為裁判解任董事之事由時，此等擴張解釋之結果，將賦予司法機關對董事適格與否一事，具有相當之裁量權，亦連帶影響該制度所被期待之功能。

二、作為董事失格制度之替代措置

　　本件判決中針對上市櫃公司之情形，考量到我國尚未引進英美法上之董事失格制度，無法適時將不適任之董監事，透過司法裁判剝奪其資格，而有必要仰賴投保中心之提訴，防杜不適任董事之再任的論述，為投保法第10-1條第1項第2款擴張解釋之基礎之一。惟如上所述，本文認為，本件判決對於投保法第10-1條第1項第2款之擴張解釋，亦應一體適用於公司法第200條之規定，在此前提下，吾人應進一步思考者，倘若將公司法第200條及投保法第10-1條第1項第2款所規定之裁判解任董事制度，定位為董事失格制度之替代措置[14]，考量現行法對於裁判解任董事制度之設計，並未要求司法機關所作之解任董事判決中，對於當事人不得擔任董事一職課予期間之限制，司法機關在行使裁量權之際，亟需高度審慎，否則稍有不慎，即有可能不當剝奪當事人擔任公司董事之權利。

---

[14] 國內有關董事失格制度之介紹，係以英國法上之董事失格制度為主，簡言之，透過該制度之運作，可以使符合一定條件之人，在一定期間內，無法擔任公司之董事。詳請參考：曾宛如，經營者與債權人（一）：有限責任與債權人之保護，載於「公司之經營者、股東與債權人」，頁118-131頁，2008年12月。

(一) 比較公司法上解任董事之相關規定

概觀現行公司法解任董事之相關規定可知，在制度設計上，並無法將不適任董事百分之百排除於公司經營團隊外，當然，在此所指之不適任，並非指董事經營成效不佳的情形，而係指董事從事有損於公司權益之不法行為，不具備擔任受任人資格之情形。

按公司法上對於解任董事之方式，大致分為下列四種：一為股東會決議解任董事（公司法第199條），二為董事依法當然解任，其解任事由計有構成消極資格之情形（公司法第192條第6項準用第30條）、主管機關命限期改選新董事卻屆期未改選（公司法第195條第2項）以及公開發行公司董事因持股轉讓超過當選時持股之二分之一（公司法第197條第1項），三為改選全體董事（公司法第199-1條），四為本文所探討之裁判解任董事（公司法第200條）。其中，股東會決議解任董事之情形，係源於公司與董事間之法律關係為委任關係（公司法第192條第5項），而委任契約為勞務契約之一種，雙方當事人均得隨時終止契約關係，故公司股東會無須任何理由，得隨時解任董事，而在無正當理由之情形下，公司則須對被解任董事負損害賠償責任（公司法第199條第1項）；董事當然解任事由之設計上，則有各種不同之立法政策考量，董事消極資格之設定，主要基於從事特定類型犯罪之行為人，顯然欠缺擔任受任人之資格，故自其確定判決至刑之執行完畢後的一定期間內，禁止其擔任董事一職（公司法第192條第6項準用第30條第1款至第3款），或者是陷於信用不良或欠缺完整之行為能力的情形，客觀上不適於擔任受任人（公司法第192條第6項準用第30條第4款至第7款），而主管機關命董事限期改選而屆期仍未改選之情形，則為防止任期屆滿之董事蓄意拖延股東會改選董事而永保權位（公司法第195條第2項），公開發行公司董事持股轉讓超過當選時持股二分之一的情形，則是立法者期待董事持股有助於公司之經營（公司法第197條第1項），凡此當然解任事由，均有明確之要件為據，無庸透過訴訟方式，即發生解任之法律效果；全面改選董事本身，只要股東會未同時決議董事任期屆滿始為解任，則視為提前解任（公司法第199-1條）；裁判解任董事

之情形，則係透過司法機關對個案進行評價後，始決定是否解任董事，司法機關具有相當之裁量權（公司法第200條）。

　　比較四種解任董事之方式可知，股東會決議解任特定董事或全面改選董事，均屬私法自治領域之事項，只要程序完備，自當尊重多數決之結果；而當然解任之情形，一旦該當法定解任要件，即發生解任董事之法律效果，此等規範明確而具有事前之可預測性，惟並未能將所有董事不適任之可能情形予以明文化；而裁判解任董事制度，則作為解任不適任董事之最終救濟措施，惟其解任與否完全仰賴法院之決定，而在司法實務對投保中心所提起之訴訟中，就提訴事由採取不限於董事當次任期所為之不法行為的見解後，司法機關裁量權之行使實宜審慎，蓋法院一旦做出解任判決，並未禁止任何股東或投保中心未來再以同一事由提起裁判解任董事之訴，故在解釋上，同一事由即有可能一而三再而三地被作為裁判解任事由，某程度等同永久剝奪系爭董事擔任該公司董事之權利[15]，而為避免此等不合理之情形發生，實有必要檢討司法機關行使裁量權之界線。

（二）董事不法行為之認定

　　在本件判決對於裁判解任董事事由，採取不限於當次任期所為之不法行為的見解後，倘若司法實務未來以此等見解為前提運用該制度，則為了避免發生永久剝奪當事人擔任某家公司董事之權利，司法機關在判斷系爭董事是否構成公司法第200條或投保法第10-1條第1項第2款之不法行為，進而做出解任判決時，不宜單純以有無不法行為作為唯一之判斷標準。

　　近來下級審法院對於投保法第10-1條第1項第2款所稱「執行業務」之範圍，已不再侷限於與公司經營之商業決策有關者，轉而採取廣義解釋，認為應參酌董事忠實義務意涵，不應採取狹義解釋，否則將弱化該裁判解

---

[15] 本文所介紹之最高法院106年台上字第177號判決的原審判決，即臺灣高等法院103年度上字第696號判決，亦提出類似之疑慮，判決中指出「若允許少數股東得以同一董事前一任期之不法行為於重新當選後之新任期再訴請法院裁判解任，無異與無限期禁止遭解任之董事再重新當選之效果相同，顯非立法原意」。亦有學者基於此等考量，而否定裁判解任董事「跨越任期」之見解，戴銘昇，裁判解任董事得否跨越任期？/高院高雄分院105金上1判決，臺灣法學雜誌，第325期，頁211，2017年8月。

任權之監督機制功能[16]，也因此，對於董事利用執行職務所獲取公司營業資訊而為內線交易或操縱股價之行為，雖非屬過去狹義之「執行業務」行為，然屬董事因執行業務機會獲取相關營業資訊，始得完成內線交易或操縱股價，故與董事職務密切相關，法院亦將之認定為投保法該條項所稱之「執行業務」行為，司法實務此等擴大業務執行行為之認定方式，有助於將不適任董事排除公司經營團隊之外。

在司法實務一方面擴大對董事執行業務範圍之認定的同時，在搭配對解任事由之發生時點不再限縮於當次任期之見解，如此一來，司法機關審理之空間，相較於過去僅能針對當次任期之不法行為進行判斷的情形，更為寬廣[17]，藉以改善裁判解任董事制度運用不佳之現狀。本文認為，如要將公司法及投保法之裁判解任董事制度，某程度帶有董事失格制度之功能，則司法機關之審查密度即有相對提高之必要，亦即司法機關在認定董事是否適任時，不再僅是單純考量董事之業務執行行為是否造成公司重大損害或者是違反法令或章程之重大事項，而須進一步審究、斟酌董事從事不法行為後，其是否已對公司進行所有之損賠，或者是從事證交法上之不法行為後，是否已盡其證交法上應盡之所有責任，或者是投保中心或股東曾以同一不法行為提起裁判解任董事，而該董事經解任後，再度被選為公司董事時，投保中心或股東是否適於以同一不法行為，再次提起裁判解任董事之訴等，均應綜合考量後始得判斷是否有解任之必要性。

---

[16] 臺灣高等法院臺中分院105年度金上字第3號民事判決、臺灣高等法院105年度金上字第2號民事判決。過去採取狹義解釋之下級審法院判決，例如：臺灣高等法院101年度金上字第19號民事判決。

[17] 已有學者指出，董事前任期發生之事由是否作為當次任期之裁判解任事由，應允許法院依個案判斷，其理由在於，董事前任期之不法行為，如未能即時發現，或改選後始發現，法院仍應綜合考量其是否適合繼續擔任董事，林仁光，裁判解任董事及董事長，月旦法學教室，第114期，頁50，2012年4月；另有學者從擴大裁判解任董事制度矯正股東會不當決議之功能出發，認為董事之不法行為不以本次任期發生者為限，周振鋒，裁判解任董事之規範——以實務見解為討論中心，華岡法粹，第57期，頁119，2014年12月。

肆、結語代結論

　　最高法院近期對於投保法第10-1條第1項第2款規定所做之闡釋，即裁判解任董事之事由不限於當次任期所為者之見解，從司法造法之角度言，此等見解實已大幅提升裁判解任董事制度所能發揮之功能。若此等見解為司法實務未來之既定趨勢，本文認為此等見解亦應適用到公司法第200條有關裁判解任董事之規定。其理由在於，上市櫃公司之股東相較於非上市櫃公司之股東，在法制上受到較多之保護，且有投保中心此一高度公益性之機構代為伸張正義，則在此前提下，對於非上市櫃公司之股東言，其權益保護之措置有限，對於裁判解任董事制度之運用，更有必要做出有利於非上市櫃公司股東之解釋，以利於將不適任董事排除於公司經營團隊外。除了擴大認定董事執行業務之範圍外，不法行為之發生時點，不再限縮於當次任期內之見解，應一併適用到公司法第200條之解釋上，但應注意者，透過司法機關決定解任董事一事，如賦予該制度類似董事失格制度之功能時，則司法機關裁量權之行使自宜審慎。司法機關在審理個案時，不宜僅就董事是否有不法行為，更應進一步審究系爭不法行為所造成之損害，董事是否已進行填補或履行法律上應盡之責任，或是否曾以同一事由提起此等訴訟並獲有解任董事之判決等情形，進行綜合考量，否則司法機關裁量權之行使將有可能不當侵害董事擔任「董事」之權利。

12

簡析投保法及2018年修正公司法之股東代位訴訟制度及實務爭議

許美麗

壹、前言

公司法第214條以下雖設有股東代位訴訟之規定，對執行職務時，造成公司損害之董監事究責請求損害賠償之制度，但因公司法有關少數股東之持股數及持股期間之規定，及公司法未另設訴訟程序之相關規定，致少數股東難以依公司法之相關規定對董監事起訴，而對於此部分起訴門檻問題，我國在2018年8月1日之前並未採修改公司法相關規定，而係在民國（下同）98年8月1日修正「證券投資人及期貨交易人保護法」（以下簡稱投保法）增訂第10-1條，並增列股東代位訴訟之相關規定。該規定對我國股東代位訴訟法制有重大變革，該修訂規定施行迄今已有司法實務案例出現，但也產生部分爭議問題，本文擬以2018年8月1日公布之公司法修正條文及投保法股東代位訴訟制度司法實務近年來發生之問題，加以簡析與檢討，最後並參考日本法制提出相關建議，以供各界參考。

貳、公司法上股東代位訴訟之規定及問題

一、2018年8月1日之前公司法之規定（以下簡稱舊法）

2018年8月1日之前公司法第214條規定：「繼續一年以上，持有已發行股份總數百分之三以上之股東，得以書面請求監察人為公司對董事提起訴訟（第1項）。監察人自有前項之請求日起，三十日內不提起訴訟時，

前項之股東，得為公司提起訴訟；股東提起訴訟時，法院因被告之申請，得命起訴之股東，提供相當之擔保；如因敗訴，致公司受有損害，起訴之股東，對於公司負賠償之責（第2項）。」另同法第215條現定：「提起前條第二項訴訟所依據之事實，顯屬虛構，經終局判決確定時，提起此項訴訟之股東，對於被訴之董事，因此訴訟所受之損害，負賠償責任。提起前條第二項訴訟所依據之事實，顯屬實在，經終局判決確定時，被訴之董事，對於起訴之股東，因此訴訟所受之損害，負賠償責任。」又同法第227條規定：「第二百十四條及第二百十五條之規定，於監察人準用之。但第二百十四條對監察人之請求，應向董事會為之。」

二、2018年8月1日公布修正公司法之規定（以下簡稱新法）

2018年8月1日公布之修正公司法有關股東代位訴訟條文僅修正第214條第1項，並增訂第3項及第4項[1]。公司法第214條規定：「繼續六個月以上，持有已發行股份總數百分之一以上之股東，得以書面請求監察人為公司對董事提起訴訟（第1項）。監察人自有前項之請求日起，三十日內不提起訴訟時，前項之股東，得為公司提起訴訟；股東提起訴訟時，法院因被告之申請，得命起訴之股東，提供相當之擔保；如因敗訴，致公司受有損害，起訴之股東，對於公司負賠償之責（第2項）。股東提起前項訴訟，其裁判費超過新臺幣六十萬元部分暫免徵收（第3項）。第二項訴訟，法院得依聲請為原告選任律師為訴訟代理人（第4項）。」原第215條及第227條並未修正。

三、原告股東之資格

公司法舊法規定股東須繼續持有公司股份達1年以上，新法則修正股東須繼續持有股份達6個月以上。原告於起訴後至訴訟終結時均須具有股東身份，此為原告股東之條件限制。另舊法規定原告股東須是持有已發行

---

[1] 107年8月1日華總一經字第10700083291號總統令公布。107年10月26日行政院院臺經字第1070037184號令，定自107年11月1日施行。

股份總數百分之3以上之股東，新法則修正原告股東須是持有已發行股份總數百分之1以上之股東。原告於訴訟中均須維持該持股比例，如訴訟中轉讓股份致喪失股東身份，或股份數額不足，則為原告之不適格。

我國公司法不論舊法規定限持有百分之3或新法規定限持有百分之1股份之股東始得提起代位訴訟，此為少數股東權，在公開發行公司，尤其對上市櫃公司而言，要持有已發行股份總數百分之3或百分之1以上股數之股東，幾可稱之為大股東，故此項原告股東資格之限制可說是相當嚴苛，幾乎不可能起訴[2]。

四、股東代位訴訟裁判費之計算

我國公司法並未對於股東代位之訴訟程序為特別規定，舊法亦未規定相關裁判費之徵收，故相關訴訟程序包括訴訟費用（裁判費）均適用民事訴訟法之規定，關於訴訟費用之計算在財產權訴訟係採訴訟標的金額或價額之累減比例計算並徵收[3]。提起訴訟時原告若未繳納裁判費者，法院裁定命原告補繳，未補繳者則起訴程序不合法。但期待原告股東為了縱使勝訴亦毫無所得之訴訟，先行墊支龐大裁判費，此種期待毫無道理。公司法之股東代位訴訟採依民事訴訟法之裁判費訴額計算制及預先繳納制，可以說是造成幾乎禁止提起代位訴訟之效果[4]。新法為改善前開原告股東起

---

[2]　許美麗，股東代位訴訟制度之研究，國立政治大學法律學系博士論文第三章，頁3-1至3-39，1998年9月。

[3]　民事訴訟法第77-13條：「因財產權而起訴，其訴訟標的之金額或價額在新臺幣十萬元以下部分，徵收一千元；逾十萬元至一百萬元部分，每萬元徵收一百元；逾一百萬元至一千萬元部分，每萬元徵收九十元；逾一千萬元至一億元部分，每萬元徵收八十元；逾一億元至十億元部分，每萬元徵收七十元；逾十億元部分，每萬元徵收六十元；其畸零之數不滿萬元者，以萬元計算。」
　　民事訴訟法第77-16條：「向第二審或第三審法院上訴，依第七十七條之十三及第七十七條之十四規定，加徵裁判費十分之五；發回或發交更審再行上訴者免徵；其依第四百五十二條第二項為移送，經判決後再行上訴者，亦同。於第二審為訴之變更、追加或依第五十四條規定起訴者，其裁判費之徵收，依前條第三項規定，並準用前項規定徵之。提起反訴應徵收裁判費者，亦同。」

[4]　許美麗，同註2，股東代位訴訟制度之研究，國立政治大學法律學系博士論文第四章，頁4-1至4-27，1998年9月。

訴之困境，增訂股東提起股東代位訴訟其裁判費超過新臺幣60萬元部分暫免徵收[5]。新法有關股東代位訴訟裁判費之計算雖仍採訴訟標的價額之累減比例計算制，但在裁判費超過新臺幣60萬元部分原告股東則可暫免繳納[6]，稍可緩解股東之起訴門檻。

五、法院為原告選任訴訟代理人

　　新法增設第214條第4項規定股東提起代位訴訟時，法院得依聲請為原告選任律師為訴訟代理人，惟立法上並未說明何以增訂此項規定之立法理由。按民事訴訟法上「法院得依聲請為原告選任律師為訴訟代理人」者僅在第44-4條有關公益社團法人在其章程所定目的範圍內之起訴，或公害、交通事故、商品瑕疵之多數人選定當事人之訴訟等有此規定，但該條對於聲請選任訴訟代理人之限制「以伸張或防衛權利所必要者為限」，其立法理由認為該等訴訟多與公害、交通事故或商品瑕疵有關且其法律關係較為複雜，舉凡蒐集訴訟資料、主張法律關係乃至舉證證明待證事實，非具有較高法律專業知識之人實難勝任，且此等事件之被害人多係一般社會大眾或經濟上常居於弱勢地位，為期兩造程序上之實質對等，爰規定法院得依聲請為原告選任律師為訴訟代理人，但為防止濫用，爰規定其選任以伸張或防衛權利所必要者為限，以求其公平[7]。然股東代位訴訟可否與該等公害訴訟比擬等視，實值質疑。再者新法之增設並無規定聲請之條件限制，是否會遭濫用，亦待觀察。又法院為原告選任訴訟代理人，可否比照為公司選任檢查人由公司負擔檢查人之費用[8]，而解釋應由公司代墊律師之選

5　訴訟標的價（數）額若為6685萬元，則第一審之裁判費為60萬零280元；若為6680萬元，裁判費則為59萬9840元。所以一審裁判費若為60萬元者，原告之訴訟標的價額約為6685萬元。

6　民事訴訟法第77-22第3項：「依第一項或其他法律規定暫免徵收之裁判費，第一審法院應於該事件確定後，依職權裁定向負擔訴訟費用之一造徵收之。」

7　立法理由請見立法院法律系統，引自：https://lis.ly.gov.tw/lglawc/lawsingle?007940D64B8C0000000000000000001400000000400FFFFFD00^01629098042800^001F9001001，最後瀏覽日：2018年8月2日。

8　非訟事件法第174條：「檢查人之報酬，由公司負擔；其金額由法院徵詢董事及監察人意見後酌定之。」

任費用？抑或終局是由原告負擔？若由原告負擔，則在徵收無效時，可否比照為受訴訟救助人選任律師之酬金，在徵收無效時，應由國庫墊付之規定？[9]此些問題仍待實務運作後之司法解釋釋疑。

參、投保法股東代位訴訟之規定

　　投保法98年修正時，增訂第10-1條第1項關於股東代位訴訟之規定，「保護機構辦理前條第一項業務，發現上市或上櫃公司之董事或監察人執行業務，有重大損害公司之行為或違反法令或章程之重大事項，得依下列規定辦理：一、請求公司之監察人為公司對董事提起訴訟，或請求公司之董事會為公司對監察人提起訴訟。監察人或董事會自保護機構請求之日起三十日內不提起訴訟時，保護機構得為公司提起訴訟，不受公司法第二百十四條及第二百二十七條準用第二百十四條之限制。保護機構之請求，應以書面為之。二、訴請法院裁判解任公司之董事或監察人，不受公司法第二百條及第二百二十七條準用第二百條之限制。」、「公司已依法設置審計委員會者，前項所稱監察人，指審計委員會或其獨立董事成員。」、「第三十四條至第三十六條規定，於保護機構依第一項規定提起訴訟、上訴或聲請保全程序、執行程序時，準用之。」、「公司因故終止上市或上櫃者，保護機構就該公司於上市或上櫃期間有第一項所定情事，仍有前三項規定之適用。」，該規定所稱之保護機構，係指依同法第7條規定依投保法由主管機關指定設置之保護機構，目前財團法人證券投資人及期貨交易人保護中心（以下簡稱投資人保護中心）即屬依投保法設置之保護機構。

　　投保法前開規定，增訂保護機構得依該規定為公司對董事或監察人提起訴訟及訴請法院裁判解任董事或監察人，其理由為：

　　「（一）為加強公司治理機制，外界建議保護機構應該為維護股東權

9　民事訴訟法第114條第2項規定。

益，對於公司經營階層背信掏空或董事、監察人違反善良管理人注意義務等情事，進行相關措施，以保障股東權益。

（二）現行公司法第二百十四條股東代表訴訟權及公司法第二百條股東訴請法院裁判解任之規定，對公司董事或監察人具有一定監督之功能，惟其規定之門檻仍高，且依公司法第二百條規定訴請法院裁判解任，須股東會未為決議將其解任，而依司法實務見解，應以股東會曾提出解任董事提案之事由，而未經股東會決議將其解任為限，是如股東會無解任董事之提案，股東亦無從訴請法院裁判解任不適任之董事。

（三）參考日本商法第二百六十七條（現公司法第八百四十七條第一項）及美國法精神就股東代位訴訟權並無持股比例之限制，我國股東訴請法院裁判解任董事、監察人之持股門檻及程序要件較前揭外國法制規定嚴格。為發揮保護機構之股東代表訴訟功能及適時解任不適任之董事或監察人，以保障投資人權益，爰增訂本條，就具公益色彩之保護機構辦理第十條第一項業務，發現有重大損害公司之行為或違反法令或章程之重大事項，得不受公司法相關規定限制，而有代表（位）訴訟權及訴請法院裁判解任權，俾得充分督促公司管理階層善盡忠實義務，以達保護證券投資人權益之目的、發揮保護機構之職能[10]。」

另依證券交易法第14-4條規定，依證券交易法發行股票之公司，應就審計委員會或監察人擇一設置。但主管機關得視公司規模、業務性質及其他必要情況，命令設置審計委員會替代監察人，所以有部分上市或上櫃公司係設置審計委員會，並無監察人，所以投保法第10-1條第2項規定第1項所稱之監察人在未設置監察人，但設置審計委員會公司係指審計委員會或獨立董事成員。

公司法規定之股東代位訴訟制度，在實際運作上，難以發揮功能原因之一在於股東起訴時，須先行繳納高額裁判費，造成有意對董監事起訴之股東，放棄對違法造成公司損害之董監起訴。投保法第10-1條第3項基於

---

[10] 關於投保法該次修法理由，請見立法院法律系統，引自：https://lis.ly.gov.tw/lglawc/lawsingle?007940D64B8C00000000000000000001400000000400FFFFFD00^01629098042800^001F9001001，最後瀏覽日：2018年6月14日。

保護機構為公司對董事或監察人提起訴訟及訴請法院裁判解任董事或監察人，與該法第28條證券期貨事件團體訴訟之性質相似，同具公益性，應有適用第34條至第36條就相關裁判費及執行費之徵收、保全程序免供擔保規定之必要，所以增訂準用同法第34條及第36條之規定。依該項規定準用同法第35條規定，保護機構提起股東代位訴訟或上訴時，其訴訟標的金額或價額超過新臺幣3千萬元者，超過部分暫免繳裁判費[11]。他造當事人提起上訴勝訴確定者，預繳之裁判費扣除由其負擔之費用後發還[12]。暫免繳之裁判費，第一審法院應於該事件確定後，依職權裁定向負擔訴訟費用之一造徵收。但就保護機構應負擔訴訟標的金額或價額超過新臺幣3千萬元部分之裁判費，免予徵收。此發還規定及超過新臺幣3千萬元部分之裁判費免予徵收規定，與一般民事訴訟勝訴者所預納之裁判費，應向敗訴之一造追償有所不同，亦與暫免部分應向負擔訴訟費用者一造追徵之規定不同。

　　另為避免公司因故終止上市或上櫃，產生保護機構是否仍得提起投保法第10-1條第1項訴訟或續行訴訟的爭議，同條第4項規定：公司因故終止上市或上櫃者，保護機構就該公司於上市或上櫃期間有第1項得提起代位訴訟之情事者，仍得依法提起股東代位訴訟，以避免公司之董監事以此規避相關之訴訟究責。

肆、投資人保護中心股東代位訴訟運作實況

　　除依投保法第10-1條第1項第1款有關上市或上櫃公司股東代位訴之特

---

[11] 依民事訴訟法第77-13條之規定（條文內容詳前開註3），訴訟標的金額或價額3千萬元者，一審之裁判費為27萬6千元。

[12] 立法理由：為避免他造當事人對於訴訟結果不服提起上訴而保護機構敗訴時，保護機構反需負擔全額訴訟費用之不利情形，爰規定他造當事人提起上訴勝訴確定者，預繳之裁判費扣除依民事訴訟法第80條至第82條規定應由其負擔之費用後，發還之。請見立法院法律系統，引自：https://lis.ly.gov.tw/lglawc/lawsingle?007940D64B8C00000000000000000140000000400FFFFFD00^01629098042800^001F9001001，最後瀏覽日：2018年8月2日。

別規定外，投資人保護中心為執行股東代位訴訟之規定而訂有「財團法人證券交易人及期貨投資人保護中心辦理證券交易人及期貨投資人保護法第十條之一訴訟事件處理辦法」（以下簡稱訴訟事件處理辦法），作為辦理投保法第10-1條規定之依據。依訴訟事件處理辦法第3條規定，就上市或上櫃公司之董事或監察人執行業務有下列情形之一者，得依投保法第10-1條規定辦理：

一、依檢察官起訴之犯罪事實，違反證券交易法第二十條第一項、第二項、第一百五十五條第一項、第二項、第一百五十七條之一第一項、期貨交易法第一百零六條、第一百零七條或第一百零八條第一項之規定，足認公司受有損害者。

二、依檢察官起訴之犯罪事實，以直接或間接方式，使公司為不利益之交易，且不合營業常規，致公司遭受重大損害者。

三、依察官起訴之犯罪事實，意圖為自己或第三人之利益，而為違背其職務之行為或侵占公司資產，足認公司受有重大損害者。

四、依檢察官起訴之犯罪事實，違反法令、章程或逾越董事會授權之範圍，將公司資金貸與他人、或為他人以公司資產提供擔保、保證或為票據之背書，致公司遭受重大損害者。

五、依主管機關、相關單位提供或由本中心自行蒐集之事證資料，足認公司之董事或監察人執行業務，有重大損害公司之行為或違反法令或章程之重大事項，基於公益目的，有提起訴訟之必要者。

另該訴訟事件處理辦法第4條規定，有下列情形之一者，投保中心得不提起第10-1條第1項第1款規定之股東代位訴訟，其所列情形包括：

一、該事件之損害請求權已罹於時效者。

二、該事件造成公司損害在新臺幣五百萬元以下者。

三、該事件造成公司損害未達最近年度公司決算營業收入淨額百分之一以上者。

四、該事件造成公司之損害未達百司實收資本額百分之五以上者。

五、由投保中心起訴不符公益者。

依前開關於投保法股東代位訴訟處理辦法之規定，可發現投資人保護

中心依投保法第10-1條第1項第1款規定提起之股東代位訴訟，原則上是以檢察官對董事、監察人違反證券交易法等對公司造成損害提起公訴之刑事案件為主，且限於對公司造成重大損害之事件，投資人保護中心始會依投保法之前開規定提起股東代位訴訟。截至2018年6月為止，投資人保護中心依投保法規定提起股東代位訴訟，或在公司對董事及監察人提起損害賠償訴訟後參加訴訟之案件，共有33件[13]。

伍、投保法股東代位訴訟當事人

一、原告

依投保法第10-1條第1項第1款之規定，保護機構辦理同法第10條第1項之業務時，發現上市或上櫃公司董事或監察人，執行職務有重大損害公司行為，或違反法令章程之重大事項，請求監察人對董事提起訴訟，或請求董事會對監察人提起訴訟，如監察人或董事會接受投資人保護中心請求後30日不提起訴訟者，投資人保護中心即得為公司起訴，不受公司法第214條股東應繼續6個月以上（舊法為1年以上）持有已發行股份總數百分之1以上（舊法為百分之3以上）始得起訴之限制。

按投保法於91年7月17日經總統公布，於92年1月1日開始施行後，投資人保護中心係於92年1月22日依投保法設立之財團法人保護機構[14]。又依投保法第19條第2項規定保護機構所設置之保護基金投資上市或上櫃有價證券，投資每家上市上櫃公司股票之原始投資股數不得超過一千股，是保護機構為上市上櫃公司之股東，其持股數（原始投資股數）最多為一千

---

[13] 關於投保中心股東代位訴訟案件統計表，請見該中心網站，引自：https://www.sfipc.org.tw/MainWeb/Article.aspx?L=1&SNO=nqyPLeqa/JqLKKYGlFPn7Q==，最後瀏覽日：2018年6月14日。

[14] 投保中心簡介引自https://www.sfipc.org.tw/MainWeb/Article.aspx?L=1&SNO=I6M+rmmp+ncCQmZoO7Z28g==。

股[15]。故依投保法前開規定得提起訴訟之原告，目前僅有投資人保護中心，一般股東並不能援引投保法前開規定提起股東代位訴訟，即一般股東如要提起股東代位訴訟，持股數應符合公司法第214條規定，且就裁判費部分，亦不能依投保法第28條規定減免。

二、被告

　　投資人保護中心依投保法提起股東代位訴訟時，依投保法第10-1條第1項第1款規定，其請求之對象係「董事」、「監察人」，而所稱董事、監察人依公司法第8條第1項、第2項之規定為公司負責人，但依該第2項規定，公司之經理人或清算人，股份有限公司之發起人、檢查人在執行職務範圍內，雖也是公司負責人，但並不是公司法及投保法所規定股東代位訴訟之適格被告。故在股東代位訴訟中應受究責者是否應涵蓋公司法第8條所規定之所有公司負責人，包括新法所增訂之臨時管理人，而非僅限於「董事」、「監察人」之範圍，實值檢討。惟在本次公司法修正第214條股東代位訴訟規定時，亦未加以修改。

　　對照與我國法制相近的日本公司法制，依日本公司法第847條規定，股東代位訴訟之被告除怠於執行職務之董事及監察人外，尚包含發起人、執行幹部（執行役）及清算人等，且依日本公司法制，股東代位訴訟之被告除現任董監及清算人等外，亦包括曾任董事、監察人及清算人，其理由係認發生損害責任原因既係在其任期中，縱使離職後，因對公司仍負損害賠償責任，故得為股東代位訴訟之被告[16]。

---

[15] 證券投資人及期貨交易人保護機構管理規則第9條規定，保護機構為保護投資人，應依本法第19條規定持有上市上櫃公司之股票，以行使股東權益。

[16] 參見新谷勝，会社訴訟・仮処分理論與實務，頁376，平成23年。

陸、投保法股東代位訴訟之爭議問題

一、股東代位訴訟與刑事附帶民事訴訟程序

因犯罪而受損害之人，於刑事訴訟程序得附帶提起民事訴訟，對於被告及依民法負賠償責任之人，請求回復其損害。前項請求之範圍，依民法之規定。提起附帶民事訴訟，應於刑事訴訟起訴後第二審辯論終結前為之。刑事訴訟法第487條、第488條定有明文。在公司董監事對公司涉犯背信罪之刑事訴訟中，公司股東是否為刑事訴訟法第487條所規定之因犯罪而受損害之人？

按投資人保護中心依投保法所提起之股東代位訴訟，依前開投保中心所制訂之股東代位訴訟處理辦法之規定，主要是以檢察官起訴董事、監察人違反證券交易法等刑事犯罪事實為據，在我國司法實務，投資人保護中心依投保法所提起之股東代位訴訟事件之起訴，主要是在刑事訴訟程序中為公司提起刑事附帶民事訴訟之方式為之。然投資人保護中心是否為刑事訴訟法第487條所規定之因犯罪而受有直接損害之人？

以投資人保護中心在刑事訴訟程序中對元京證券董事長及董事提起刑事附帶民事訴訟之股東代位訴訟為例，臺灣高等法院在102年度重訴字13號判決中認定：「原告係投保法所規定之保護機構，固得依投保法第10-1條第1項第1款規定，代表元大證券公司對被告提起訴訟，已如前述，惟原告並非其主張被告等犯罪行為之被害人，核與刑事訴訟法第487條規定之要件不符，故原告不得於被告等違反證券交易法等案件之刑事訴訟程序中提起附帶民事訴訟。是原告於刑事訴訟程序中提起本件附帶民事訴訟，其起訴不備刑事訴訟第487條第1項規定之要件，核屬民事訴訟法第249條第1項第6款規定之情形，自應以裁定駁回原告之訴[17]。」按依前開高等法院之見解投資人保護中心僅係公司股東，並非刑案被告犯罪行為之直接被害人，直接被害人是公司。故投資人保護中心雖得依一般民事訴訟提起股東

---

[17] 本文相關判決均查自司法院法學檢索系統，該系統網址：judicial.gov.tw/Index.htm。

代位訴訟，但不得提起刑事附帶民事訴訟。此乃一般刑事案件之司法實務見解[18]。

　　但對前開高院判決之見解，最高法院104年度台抗字第487號裁定中則為不同認定，其認為投保法第10-1條第1項第1款之規定「乃基於保障證券投資人及期貨交易人之權益，並促進證券及期貨市場之健全發展，所賦予專業保護機構關於代行訴訟之特別規定，性質上為法定之訴訟擔當，故只須保護機構所代行訴訟之人為因犯罪而受損害之人，保護機構即得本於法律所授與之訴訟遂行權，於刑事訴訟程序中提起附帶民事訴訟，以回復被害人所受之損害。本件依上揭刑事案件被訴之犯罪事實為：相對人杜○莊、林○義均為元京證公司之董事，於元京證公司增購元大投信公司股權之前，明知元大投信公司處理部分結構債已產生重大損失，其餘結構債未來處理時亦有可能產生損失，一旦為增購交易，元京證公司將因增購之股權而增加分攤損失之比例，竟未揭露而予隱瞞，使元京證公司董事會無從就增購元大投信公司股權之必要性或時機選擇判斷，亦無從就增購股權交易設下可免除增加分攤損失比例之交易條件，而逕予通過增購案，致元京證公司因該增購案受有損害計4億44,803,252元，相對人因而犯證券交易法第171條第1項第3款、第2項之董事、經理人背信而犯罪所得超過1億元之罪等情，有原法院99年度金上重訴字第42號及本院103年度台上字第2194號判決書可稽。似見元京證公司乃因相對人犯罪而受損害之人，且原法院復認定：抗告人得依投保法第10-1條第1項第1款之規定，代表元大證券公司對相對人提起損害賠償訴訟云云。果爾，則抗告人依前揭投保法第10-1條及公司法第23條等相關規定，為元大證券公司提起附帶民事訴訟請求相對人連帶賠償該公司之損害，即難謂與刑事訴訟法第487條之規定有

---

[18] 最高法院99年度台抗字第869號裁定要旨：
　按得於刑事訴訟程序附帶提起民事訴訟者，以因犯罪而受損害之人為限。所謂因犯罪而受損害之人，係指因犯罪行為直接受損害之人而言，至其他因犯罪間接或附帶受損害之人，在民事上雖不失有請求賠償損害之權，但既非因犯罪而直接受其侵害，即不得認係因犯罪而受損害之人。又刑事被告縱有因背信或侵占而侵害公司財產之情事，其直接被害人仍為公司本身，該公司股東僅係基於股東之個人地位間接被害而已，並非犯罪之直接被害人，自不得於刑事訴訟程序附帶提起民事訴訟。

違。」

依最高法院該裁定見解，投資人保護中心依投保法第10-1條第1項第1款定提起之股東代位訴訟，係「法定之訴訟擔當」，只須投資人保護中心所代行訴訟之人為因犯罪而受損害之人，即得本於法律所授與之訴訟遂行權，於刑事訴訟程序中提起附帶民事訴訟，以回復被害人所受之損害。按最高法院若僅以投資人保護中心所提之股東代位訴訟係「法定之訴訟擔當」之理由即認其得代公司提起附帶民事訴訟，則任何股東所得提起之股東代位訴訟，甚或債權人代位債務人之訴訟，在訴訟法上均係「法定之訴訟擔當」，則一般股東或債權人是否亦應准其於刑事案件之訴訟中提起刑事附帶民事訴訟？故若認投資人保護中心在刑事案件中代位公司提起附帶民事訴訟為公益目的所必要，自應在投保法另行規定而讓投資人保護中心有其法源依據，否則依前開最高法院之見解，則將會產生法定之訴訟擔當人即得提起刑事附帶民事訴訟，而混淆刑事附帶民事訴訟僅限直接被害人始得提起之規定或司法實務之見解。

二、投保法規定股東代位訴訟之被告董事

如前開說明，投保機構依投保法第10-1條第1項第1款規定，提起股東代位訴訟時，應以上市或上櫃股份有限公司董事或監察人為對象，關於該規定之董事等（含監察人）之意義，我國司法實務發生爭議問題有二：即是否包含曾任董事之人；與是否含公司法第27條第1項規定之法人董事代表人。

(一) 是否包含卸任董事

我國司法實務有見解認為：「依投保法第10-1條第1項第1款賦予財團法人證券投資人及期貨交易人保護中心訴訟實施權，既以書面定期請求監察人為公司對董事提起訴訟而不提起為要件，自須以監察人得為公司提起訴訟為前提，依上說明，倘非屬公司與董事間之訴訟，監察人不得依公司法第214條規定代表公司提起訴訟，自亦無由財團法人證券投資人及期貨交易人保護中心依投保法上開規定取得訴訟實施權。至於上訴人雖

稱實證上董事與其他董事間之情誼、利害關係不會因卸任而消失，如投保法第10-1條第1項第1款之「董事」不含卸任董事，不足以保障投資人權益云云，然如同上述，不論是公司法第213條、第214條或投保法此部分規定，均係例外行使原屬公司董事之代表權，與公司治理間存有須經平衡之關係，如認對於已非公司董事之卸任董事訴訟，公司董事代表權亦應予以剝奪或代替，自以經由立法程序透過民主機制，於利害權衡後立法明確規範為宜，上訴人上開主張已踰越投保法第10-1條第1項第1款之規範射程[19]。」依該案高等法院之見解，股東得為公司對董事提起股東代位訴訟，並不包括已卸任之董事。惟按日本之公司法股東代位訴訟之被告除現任董監、清算人、發起人及執行幹部（執行役）等外，並包括已卸之董事、監察人及清算人、發起人及執行幹部（執行役）等人，其立法理由係認發生損害責任原因既係在其任期中，縱使離職後，因對公司仍負損害賠償責任，故為股東代位訴訟之被告[20]。

(二) 是否包含公司法第27條第1項法人董事代表人

最高法院在103年度台上字第486號判決認為：「上訴人依投保法第10-1條第1項第1款規定，僅係取得為公司請求董事、監察人損害賠償之訴訟實施權，倘造成公司損害之被告，並非公司之董事或監察人，上訴人即不得依上開規定，提起訴訟為公司請求該非公司董事或監察人之被告賠償損害。而依公司法第27條第1項、第2項規定，法人為股東時，得自己或其代表人當選為董事或監察人。前者係由法人股東自己當選為董事或監察人後，再指定自然人代表行使職務，該董事或監察人與公司間權利義務關係，存在於法人股東本身而非該代表行使職務之自然人；與後者乃由法人股東之代表人以個人身分當選為董事或監察人，該董事或監察人與公司間權利義務關係，存在於該代表人個人而非法人股東本身迥然不同。又公司法第8條於101年1月4日增訂第3項前段規定：公司之非董事，而實質上

---

[19] 臺灣高等法院106年度金上字第5號民事判決。

[20] 同註16。

執行董事業務或實質控制公司之人事、財務或業務經營而實質指揮董事執行業務者，與本法董事同負民事、刑事及行政罰之責任，係課原非公司董事而實質執行董事業務或實質指揮董事執行業務者，應與公司董事同負責任，擴大應負公司董事責任『人』之範圍，核屬權利義務事項之實體規定，公司法施行法既無溯及既往規定，則在該條項規定施行前，非董事而實質上執行董事業務或實質上指揮董事執行業務者，與公司尚無董事委任關係，自無須依公司法第23條及民法第544條規定，對公司負損害賠償責任。張○坐於上訴人主張飛○公司受損害期間，為飛○公司法人董事皇家公司之代表人，為原審所確定事實，其個人既非當時飛○公司董事，復無溯及適用公司法第8條第3項規定之餘地，原審因以上述理由認上訴人不得自為原告，請求張○坐賠償飛○公司損害，於法尚無違背。」係認公司法第27條第1項法人董事代表人與公司間並無董事委任關係，故不得投保法第10-1條第1項第1款規定股東代位訴訟之被告。

　　但最高法院在105年度台上字第2060號判決，則採取與前開103年判決不同見解，認為：「按因故意或過失不法侵害他人之權利者，應負損害賠償責任，民法第一百八十四條第一項定有明文，而不法行為人不因其與被害者間有無一定身分關係而有不同，凡其不法行為對被害人造成損害者，即須負損害賠償之責。經查，林○義係由兆○公司依公司法第二十七條第一項規定，指派至元京證券之法人董事代表，為原審確認之事實，則林○義既已任元京證券之法人董事代表，即有行使該公司董事之職權，除應盡公司董事善良管理人之注意義務外，其行使職權如有不法侵害元京證券之權利者，亦應依侵權行為法律關係負損害賠償責任，不因其是否係形式上為其他法人之董事代表而有不同。上訴人既併依侵權行為法律關係為請求，乃原審以林○為兆○公司之代表董事，係履行輔助人，其委任關係存在於兆○公司與元京證券間為由，認上訴人不能依投保法第十條之一第一項第一款規定，向林○義為請求，而恝置侵權行為法律關係不論，於法自有違誤」。此最高法院判決表示法人董事代表人既已任公司之法人董事代表，即有行使該公司董事之職權，除應盡公司董事善良管理人之注意義務外，其行使職權如有不法侵害公司之權利者，亦應依侵權行為法律關係

負損害賠償責任，不因其是否係形式上為其他法人之董事代表而有不同，廢棄高等法院之原判決認投資人保護構不能依投保法第10-1條第1項第1款規定，為公司向法人董事代表人起訴請求損害賠償之見解。有關公司法第27條第1項及第2項之法人董事代表及法人代表人董事之法制爭議，原在2018年公司法修法過程中經多方提出修正法案，並經多次立法討論，惟正式三讀通過公布之修正公司法對此部分並未有任何修正。

三、投保法股東代位訴訟與裁判費減免

依投保法第10-1條第3項之規定，投保機構依同條第1項第1款規定提起股東代位訴訟時，準用該法第34條及第36條之規定。而依第35條第1項之規定，投保機構提起股東代位訴訟時，其訴訟標的金額或價額超過新臺幣3千萬元者，就超過部分暫免繳裁判費，故保護機構依投保法第10-1條第1項第1款規定提起股東代位訴訟時，就其請訴訟標的金額超過3千萬元以上者暫不予徵收，但保護機構為公司起訴或上訴，請求金額就未超過3千萬元部分仍應繳納裁判費。

又投保法第35條第2項復規定，前開暫免繳之裁判費，第一審法院應於該事件確定後，依職權向負擔訴訟費用之一造徵收。惟若係保護機構敗訴而應負擔裁判費，對於訴訟標的金額超過3千萬元部分之裁判費，免予徵收。另第35條第1項後段規定保護機構所提股東代位訴訟之他造當事人提起上訴勝訴確定者，他造當事人上訴時所預繳之裁判費扣除由其應負擔之費用後，由法院發還之。然一般民事訴訟他造當事人提起上訴勝訴確定者，他造當事人上訴時所預繳之裁判費，應向敗訴之原告追償而非由法院發還。

然依前開投資人保護中心辦理第10-1條訴訟事件處理辦法之規定，保護機構依投保法所提起之股東代位訴訟，多係以檢察官對董事或監察人提起刑事訴訟後，在審判中依刑事附帶民事訴訟方式請求，因我國刑事訴訟程序並未採收費制，故在刑事訴訟程序中提起附帶民事訴訟並不需繳納裁判費，所以保護機構須繳納裁判費之情形，僅在保護機構係依民事訴訟法提起之股東代位訴訟，或就刑事庭已將附帶民事賠償事件移送至民事庭，

而由民事庭判決後，對民事訴訟判決提起上訴時始須繳納裁判費。

四、公司起訴後投保機構訴訟參加

　　民事訴訟法第58條第1項規定，就兩造之訴訟有法律上利害關係之第三人，為輔助一造起見，於該訴訟繫屬中，得為參加；同法第60條第1項規定，當事人對於第三人之參加，得聲請法院駁回。所謂有法律上利害關係之第三人，依我國司法實務見解係「指本訴訟之裁判效力及於第三人，該第三人私法上之地位，因當事人之一造敗訴，將受不利益，或本訴訟裁判之效力雖不及於第三人，因當事人之一造敗訴，依該裁判之內容或執行結果，第三人私法上之地位，將受不利益者而言[21]。」又民事訴訟法第58條第1項所謂該訴訟繫屬中，係指「自該訴訟開始時起，至因確定裁判等原因而終結時止，該訴訟繫屬於上級審時，亦不失為訴訟繫屬中[22]。」就公司對董監事所提起民事損害賠償訴訟，股東或投保中心是否為有法律上利害關係之第三人而得參加訴訟？

　　臺灣臺北地方法院在99年度重訴第439號案件中，就原告對其公司原董事及監察人提起之損害賠償訴訟中，准許投資人保護中心依事訴訟法第58條第1項規定參加訴訟，其理由係認為：「就兩造之訴訟有法律上利害關係之第三人，為輔助一造起見，於該訴訟繫屬中，得為參加，民事訴訟法第58條第1項定有明文。查本件參加人財團法人證券投資人及期貨交易人保護中心係依證券投資人及期貨交易人保護法設立之保護機構，其為履行證券投資人及期資交易人保護法第10-1條第1項第1款規定職責，保護證券投資人權益，而聲明參加訴訟，應認參加人就本件訴訟有法律上之利害關係，依上揭民事訴訟法第58條第1項規定，其參加訴訟即屬合法。」該院在同一原告對該公司原董事長，主張在其董事長期間，執行職務有重大損害公司之行為及違反法令或章程之重大事項，請求損害賠償訴訟案件中，在該院100年度重金字第37號判決中亦採相同理由，准許投資人保護

---

[21] 參見最高法院104年度台聲字第269號民事裁判。

[22] 最高法院32年聲字第113號民事判例。

機構依民事訴訟法第58條第1項之規定，輔助原告參加訴訟。

　　臺北地方法院前開2件准許投資人保護中心參加訴訟之案件，經被告上訴後，二審臺灣高等法院在102年度重上字第53號判決（一審為臺灣臺北地方法院99年度重上字第439號判決）中，就投資人保護中心參加訴訟部分認為：「按第三人為輔助當事人一造起見為參加後，如未撤回其參加，亦未受法院駁回其參加之確定裁定，則在該訴訟未因確定裁判或其他原因終結前，隨時得按參加時之訴訟程度，輔助當事人為一切訴訟行為，並不以參加時之一審級為限，故在第一審為參加者，上訴至第二審時其效力仍然存續，第二審法院應通知其於言詞辯論期日到場而為辯論（最高法院96年度台上字第1574號、97年度台上字第360號判決參照）。參加人財團法人證券投資人及期貨交易人保護中心（下稱投保中心）為輔助被上訴人，於原審依民事訴訟法第58條第1項規定聲請參加本件訴訟（原審卷六第25頁）。上訴人向本院提起上訴後，投保中心為輔助被上訴人仍陳明參加訴訟（本院卷一第137頁），且未受法院駁回其參加，則其參加之效力仍然存續，當無疑義」；另高院在104年度金上字第19號判決（一審為臺北地方法院100重金字第37號）在當事人欄中將投資人保護中心列為參加人，且在判決中之兩造陳述，亦列有投資人保護中心之陳述內容，惟判決理由中對於准許投資人保護中心參加訴訟部分，並未有任何理由之說明，但從判決當事人欄中將投資人保護中心列為參加人，顯見該判決就投資人保護中心參加訴訟部分，亦採與一審判決相同之准許參加之見解。惟從投資人保護中心係公司之股東觀之，股東就公司對董事及監察人提起之損害賠償訴訟中是否具有法律上之利害關係，實值質疑。按股東當非為本訴訟之裁判效力及於第三人，且股東亦不會因公司之敗訴，而依該裁判之內容或執行結果，使股東私法上之地位將受不利益，故股東在公司對董事及監察人所提起之損害賠償訴訟中應非前開民事訴訟法所規定之利害關係人而不得參加訴訟。果依前開實務見解，則公司之所有股東均得在公司對董事及監察人所提起之損害賠償訴訟中參加訴訟，而非僅限投資人保護中心。

柒、股東代位訴訟制度之檢討（代結論）

一、投保法提訴原告採單獨股東權應適用於一般股東代位訴訟

　　股東代位訴訟之提訴權係少數股東權中相當重要之權利，如能適當及妥善運用，得經由股東監督使董事不致隨性而為，公司之業務得以正常運作，而董事對公司應負責任時，亦唯有經由代位訴訟始得有效追訴。股東此項提訴權性質上屬共益權，而我國公司法新法規定須持有已發行股份總數百分之1（舊法為百分之3）以上之股東，始為適格之原告，然投保法之原告（投資人保護中心）並無持股數額之限制，以投資人保護中心原則上僅持有上市公司一千股（一張股票）股份觀之，投保法上股東代位訴訟係採單獨股東權，相對地容易提訴。是我國之公司法新法雖將原告之持股數由持有已發行股份總數百分之3降為百分之1，但在已公開發行之股份有限公司或上市櫃公司而言，仍屬高門檻之限制。而依日本公司法及美國之法制股東代位訴訟係採單獨股東權[23]，我國的投保法亦是如此。是公司法上之股東代位訴訟改採單獨股東權制度，亦是可考量的法制。

二、刑事附帶民事訴訟與股東代位訴訟之結合

　　依我國刑事訴訟法第487條規定因犯罪而受損害之人，於刑事訴訟程序得附帶提起民事訴訟，對於被告及依民法負賠償責任之人，請求回復其損害。前項請求之範圍，依民法之規定。在公司董監事對公司涉犯背信罪之刑事訴訟中，公司股東是否為刑事訴訟法第487條所規定之因犯罪而受損害之人？得否為公司提起股東代位訴訟？依目前司法實務見解，就公司因侵權行為受有損害之情形，股東並非直接被害人[24]，故不得提出刑事之告訴或自訴，自亦不得提起刑事附帶民事賠償。而股東代位訴訟之訴訟標

---

[23] 許美麗，同註2，股東代位訴訟制度之研究，國立政治大學法律學系博士論文第四章，頁3-38至3-39，1998年9月。

[24] 同註18，最高法院99年度台抗字第869號裁定要旨。

的權利係屬於公司，在公司董監事對公司涉犯背信罪之刑事訴訟，公司為
直接被害人，在刑事訴訟程序中公司自得對被告之董監事提起刑事附帶民
事賠償，然其所屬之損害賠償請求權是否准許股東在刑事訴訟程序中得提
代位訴訟？果認此部分為法律所未明確規定者，自當修法而以法律明定，
至少亦應由司法實務之統一解釋而一體適用於所有之股東代位訴訟，而不
僅僅在投保法之股東代位訴訟有適用。若認刑事訴訟程序之附帶民事訴訟
係依刑事訴訟法之相關規定，而應嚴格解釋得提起附帶民事訴訟之原告，
僅限直接被害人本人而不得有代位訴訟之情形，但投資人保護中心有公益
目的或公益之必要性，則自應於投保法中為例外之相關規定，包括得在公
司董監事對公司涉犯背信罪之刑事訴訟程序中為公司提起代位訴訟，或在
公司對董監事所提起之損害賠償訴訟中參加訴訟，給予保護機構明確之法
律依據，避免產生實務爭議。

三、股東代位訴訟應降低裁判費

　　我國公司法之股東代位訴訟原告應繳納之裁判費係適用民事訴訟法之
相關規定，而採訴訟標的價額之累減比例計算制徵收，並於起訴訟時即應
由原告預納之，但期待原告股東為了縱使勝訴亦毫無所得之訴訟，必須先
行支付龐大裁判費，此種期待毫無道理。縱公司法新法為改善前開原告股
東起訴之困境，增訂股東提起股東代位訴訟其裁判費超過新臺幣60萬元部
分暫免徵收。但在裁判費超過新臺幣60萬元部分原告股東則僅是暫免繳納
而已，雖稍可緩解股東之起訴門檻，但起訴原告之負擔亦屬不輕，將來亦
可能面臨再被追繳暫免繳之裁判費。

　　另投保法雖有相關減輕保護機構之起訴裁判費負擔，但在3千萬元之
訴訟標的價額上限，其裁判費為27萬6千元，就保護機構而言亦屬不輕之
負擔。按股東代位訴訟裁判費如何計算，涉及公平性及是否濫訴之問題，
此應由代位訴訟之目的觀之，究係重視損害賠償目的，抑重視適當糾正不
適法行為之目的，或兼具二者。在日本公司法對股東代位訴訟係認定為非

財產權訴訟，其訴訟標的價額視為160萬元日幣之定額制[25]，故其裁判費僅為1萬3千日幣（約為新臺幣3600元）。而我國投保法對於保護機構所提起之代位訴訟則採訴訟標的價額限額繳納裁判費，在訴訟標的價額超過3千萬元部分係採暫免繳，但縱其敗訴亦不負擔訴訟標的價額超過3千萬元部分之裁判費，換言之，其負擔之裁判費總額為一審之裁判費為27萬6千元。相較於日本公司法之規定，我國投保法或公司法上代位訴訟之原告裁判費之負擔相對高出非常多。故是否再降低股東代位訴訟原告之起訴負擔，並設負擔裁判費總額上限，或採日本公司法規定採定額訴訟標的價額之方式，是將來修法可考量之方向。

四、增列投資人保護中心得對子公司董監之股東代位訴訟制度

我國公司法雖無多重代位訴訟之規定，司法實務亦無相關案例，但學界就母公司股東得否對子公司董事提起股東代位訴訟之規範必要曾有討論[26]。惟時至今日，本文認為至少應於投保法中增訂多重（或二重）代位訴訟，讓投資人保護中心有法源依據得以提起多重（或二重）代位訴訟，其理由如下：

(一)落實關係企業公司治理

我國前開股東代位訴訟法制，僅賦與股東、投資人保護中心得對其所持有股份之公司董事提起代位訴訟，對該公司之子公司董監事，如有對子公司應負損害賠償責任之行為時，僅能期待母公司以身為子公司股東之身分，以一般股東代位訴訟方式請求子公司對該董事起訴請求，然參照日本公司法之多重代位訴訟立法時之討論[27]，可能發生母公司不願提出請求之狀況，致應負損害賠償責任者，可能因此而逃避其應負之責任，對子公司

---

[25] 詳見日本公司法第847條第6項、民事訴訟費用法第4條第2項之規定。

[26] 王志誠，二重代位訴訟之法制建構—兼顧實體法與程序法的思考，東吳法律學報，23卷1期，頁1-37，2011年7月。許美麗，控制與從屬公司（關係企業）之股東代位訴訟，政大法學評論，第63期，頁401-446，2000年1月。

[27] 許美麗，日本2015年多重代位訴訟法制之簡析，賴來焜教授六秩華誕祝壽論文集。

之公司治理可能產生負面影響。是以，就我國股東代位訴訟法制言，似有必要考量增訂多重代位訴訟制度。

(二) 無濫行起訴問題

日本公司法多重代位訴訟法制立法時，就多重代位訴訟規定少數股東權、對重要子公司之董事等人始得為被告、原告若意圖為不正利益或加損害母公司者不得起訴等要件，其立法理由之一係在於防止濫訴。但在我國情況並不相同，投資人保護中心依證券投資人及期貨交易人保護法第10-1條，取得較公司法前開規定更寬鬆之代位訴訟要件，基於該法人係投資人保護機構，起訴目的在於保障投資人，較無濫訴之可能，是以在我國現況增訂多重（或二重）股東代位訴訟法制，相較日本公司法而言，如係限定以投資人保護中心為原告，則無濫訴爭議，應可建立較日本公司法更易於執行之規範。

五、結語

公司法修正之新法於107年（2018年）8月1日公布，行政院於107年10月26日以院臺經字第1070037184號令，定自107年11月1日施行。新法修正第214條第1項，雖降低股東代位訴訟原告之限制條件，但仍採少數股權權而非單獨股東權。另新法增訂第3項設定原告起訴時應先預繳裁判費之上限，但上限60萬元仍屬高額，應再檢討降低起訴之裁判費。再者新法增訂第4項得聲請法院為原告選任訴訟代理人，惟何人得為聲請人？選任之訴訟代理人之費用應如何負擔？無法負擔時是否國庫先墊繳？等等，實務運作為何仍待觀察。又投保法之實務運作上所產生之疑義及法制上之不完整，似應再檢討投保法有關股東代位訴訟之規定而為修法，以避免實務上之爭議，並讓投資人保護中心發揮基於保障證券投資人及期貨交易人之權益，並促進證券及期貨市場之健全發展之設立目的。

13

代表訴訟可否對已卸任之董監事提起？

劉連煜

壹、問題的說明

我國公司法代表訴訟之制度，於2018年修訂時因代表訴訟能帶來正面之公司治理效果，為降低少數股東提起代表訴訟之障礙，已於第214條增訂相關文字。其中，第1項前段改為：「繼續六個月以上，持有已發行股份總數百分之一以上之股東」。亦即新法放寬提起代表訴訟的資格，此一修法方向值得肯定；另外，也同時增訂第214條第3項、第4項：「股東提起前項訴訟，其裁判費超過新臺幣六十萬元部分暫免徵收（第3項）。第2項訴訟，法院得依聲請為原告選任律師為訴訟代理人（第4項）。」其修法目的亦無非冀望代表訴訟制度更加完整。

然而，應注意者，我國公司法第214條、第215條及第227條分別規定對董監事提起代表訴訟的程序要件。惟最高法院103年度台抗字第603號民事裁定意旨謂：「按股份有限公司之董事係以合議方式決定公司業務之執行，於公司與董事間訴訟，為避免董事代表公司恐徇同事之情，損及公司利益，故公司法第213條規定，應由監察人或股東會另選之人代表公司為訴訟。而該為訴訟當事人之董事倘已不具董事資格，既不復有此顧慮，且非屬公司與董事間訴訟，自無適用上開規定之餘地，亦不生對其起訴是否應經股東會決議之問題[1]。」準此，依前開最高法院之見解，有關公司法

---

[1] 最高法院103年度台上字第1764號民事判決亦同此見解，認為：「按公司與董事間訴訟，除法律另有規定外，由監察人代表公司，股東會亦得另選代表公司為訴訟之人，公司法第213條雖定有明文，惟商○祥已於101年4月23日經被上訴人解任其董事職務，上訴人於同年月27日對被上訴人提起本件訴訟，即非公司與董事間之訴訟，……」請一併參考。

第214條規定之代表訴訟，似僅係針對「現任」之董監事，才得提起，而對於「已卸任董監事」，是否將因其於訴訟時不具備董監事資格，基於無利害衝突的問題，致無公司法第213條、第214條、第215條、第227條之適用。果真如此？不無疑義。

另「財團法人證券投資人及期貨交易人保護中心」（下稱投保中心）依證券投資人及期貨交易人保護法（下稱「投保法」）第10-1條第1項第1款辦理代表訴訟之業務時，係先發函催告上市、櫃公司監察人或董事會，請其於30日內為公司對董監事提起訴訟，而在經投保中心催告請求後，若上市、櫃公司監察人或董事會怠於訴究其董事或監察人之責任時，投保中心得以自己名義為原告，為公司對董監事提起損害賠償訴訟。

然而，近來有下級法院（如下述之臺灣高等法院106年度金上字第5號民事判決[2]）以最高法院103年度台抗字第603號民事裁定為基礎，認為提起訴訟時，若被告已不具董事資格，則非屬「公司與董事間訴訟」，公司之監察人即無依公司法第213條對被告提起訴訟之權限，投保中心自無從依投保法第10-1條第1項第1款規定取得訴訟實施權，投保中心所提起之訴訟不具當事人適格，從而判決駁回投保中心之訴訟。是以，同樣的，投保中心得否對「已卸任之董監事」提起代表訴訟？亦生疑義。事實上，上述議題與公司法少數股東行使第214條代表訴訟是同一件程序爭議，因為實無可能將投保法第10-1條跟公司法第214條脫勾處理。而且，前述爭議關乎公司法代表訴訟功能之發揮，公司法、證券法學界及最高法院以下之各級法院應嚴肅面對，否則稍有不慎，差之毫釐失之千里，公司法之代表訴訟功能將毀於一旦。以下分述之，以供參考。

---

[2] 針對本案，最高法院106年度台上字第2420號民事判決，於2018年10月31日判決駁回投保中心之上訴，惟其論述認定投保中心無訴訟實施權的理由為何？按至本文截稿（2018年11月2日）為止，因最高法院尚未公布判決全文，仍不得而知。其理由如何？他日再行分析。

貳、臺灣高等法院106年度金上字第5號民事判決 內容

臺灣高等法院106年度金上字第5號民事判決略謂：上訴人主張：被上訴人於民國95至98年間擔任上市公司吉祥全球實業股份有限公司（下稱吉祥公司）董事長，為公司法第8條所定之公司負責人，受吉祥公司委任處理事務。因訴外人恆通股份有限公司（下稱恆通公司）自96年起有意購買吉祥公司所有之新北市○○區○○街○○號廠房（下稱系爭廠房），屢與吉祥公司洽談價格未成，訴外人即吉祥企業集團總裁羅○助認有利可圖，乃與被上訴人及其掌控之人頭即訴外人吳○衛，共同基於意圖為自己及他人不法利益與使吉祥公司為不利益交易之犯意聯絡，先於97年4月29日以新臺幣（下同）4億8,000萬元之低價，將系爭廠房出售予擔任吳○衛人頭之訴外人毛○國，並於翌日（即30日）在公開資訊觀測站公告此一交易資訊，以營造系爭廠房已出售予毛○國及吳○衛之外觀。嗣恆通公司與羅○助洽談買賣系爭廠房相關事宜，並於97年9月11日約定以5億5,500萬元出售系爭廠房予恆通公司，復於同年月16日及10月8日簽立買賣契約，使吉祥公司為不合營業常規交易，僅能以4億8,000萬元之低價出售系爭廠房，致吉祥公司受有7,000萬元價差之重大損害（下稱系爭不利益行為）。又被上訴人於95至98年擔任吉祥公司董事長期間，有系爭不利益行為而損害吉祥公司利益，伊係依證券投資人及期貨交易人保護法（下稱投保法）設立之保護機構，已依投保法第10-1條第1項規定於100年9月23日以存證信函分別函請吉祥公司監察人及董事會對被上訴人提起訴訟，惟吉祥公司之董事會與監察人皆未對被上訴人提起訴訟，伊自得依上開規定提起本件訴訟，不受公司法第214條及第227條準用第214條之限制，即有訴訟代表權。又投保法第10-1條第1項第1款之「董事」，因實證上董事間之情誼與利害關係不會因董事已卸任而消失，且目前實務上亦逐漸肯認「跨任期解任訴訟」，故應包含已卸任之董事，始足保障投資人之權益。

爰依公司法第23條第1項、民法第544條、第184條第1項前段、後段規定，請求被上訴人賠償吉祥公司7,000萬元及法定遲延利息等語。

三、被上訴人未於本院準備程序、言詞辯論期日到庭，亦未提出書狀作何陳述或聲明，惟據其於原審之答辯略以：投保法第10-1條係於98年5月20日增訂，同年8月1日施行，本件上訴人主張伊之行為發生於該法施行前，依法律不溯及既往原則，自無該規定之適用，故上訴人依投保法第10-1條第1項第1款對被上訴人提起損害賠償訴訟，洵屬無據。又因吉祥公司亟需改善其財務狀況，而於96年3月間授權伊出售系爭廠房換取現金，伊基於其經營上之商業判斷及綜合多方比價結果，而於97年4月29日將系爭廠房售予提出條件最為優渥之毛○國，並於翌日（即30日）經董事會追認同意系爭廠房之買賣契約，伊自無使吉祥公司受有損害之意圖。況系爭廠房於97年2月21日之鑑價結果為市值3億91,586,058元，出售予毛○國之金額則為4億8,000萬元，顯高於市場行情，故伊並無非常規交易之行為等語。

四、原審為上訴人敗訴判決，上訴人不服提起上訴，其上訴聲明為：

（一）原判決廢棄。

（二）被上訴人應給付吉祥公司7,000萬元，及自刑事附帶民事起狀繕本送達之翌日起至清償日止，按年息5%計算之利息。被上訴人則未於本院為答辯聲明。

五、兩造於原審不爭執事項：

（一）被上訴人於95年7月間以訴外人人仲公司法人代表身分出任吉祥公司董事長，迄98年2月5日辭去董事長職務。

（二）恆通公司自96年間起即向吉祥公司表示欲購買其所有位於新北市○○區○○街○○號廠房。

（三）嗣吉祥公司於97年4月29日以4億8,000萬元之價格，將系爭廠房出售予以毛○國為買方名義之吳○衛，吳○衛亦當場交付面額4,800萬元之支票作為定金，吉祥公司於翌日（即30日）將此公告於公開資訊觀測站，且公告此筆交易對象非關係人之訊息，有買賣房屋契約書、吉祥公司

提供之重大訊息資料可稽。

（四）97年6、7月間，恆通公司負責人即訴外人張○寧與羅○助見面洽談買受系爭廠房事宜，雙方於同年9月11日約定由賣方吳○衛出售系爭廠房予恆通公司，買賣價金為5億5,000萬元，張○寧並當場支付定金5,500萬元支票乙紙予羅○助簽收，有定金收據乙紙可考。

六、上訴人主張其為依投保法設立之保護機構，被上訴人於95年至98年擔任上市公司吉祥公司董事長期間有系爭不利益行為，致吉祥公司受有7,000萬元之重大損害，其於100年9月23日依投保法第10-1條第1項規定分別以存證信函請求吉祥公司監察人及董事會對被上訴人提起訴訟未果，乃依上開規定代表吉祥公司對被上訴人提起本件訴訟，依公司法第23條第1項、民法第544條、第184條第1項前段、後段規定，請求被上訴人賠償吉祥公司之損害7,000萬元及法定遲延利息等語，然為被上訴人所否認，並以前詞置辯。經查：

（一）按「當事人之適格為訴權存在要件之一，原告就為訴訟標的之法律關係如無訴訟實施權，當事人即非適格，其訴權存在之要件亦即不能認為具備，法院自應認其訴為無理由予以駁回。」最高法院27年上字第1964號判例參照。又「上訴人為第一審之原告，其對被上訴人起訴是否有訴訟實施權，即當事人適格之要件是否具備，為法院應依職權調查之事項。」亦有同院29年上字第1237號判例可參。是關於訴訟實施權之具備與否，即其當事人是否適格之要件，不問其訴訟程度，乃法院應依職權調查事項，不待當事人提出爭執，先予敘明。

（二）查股份有限公司負責人之董事，如有違反忠實執行業務並盡善良管理人之注意義務，或監察人執行職務違反法令、章程或怠忽職務，致公司受有損害者，均應對公司負賠償責任，公司法第8條第1項、第23條第1項及第224條，於投保法第10-1條公布施行前本即設有規範；且於公司法第212條至214條、第225條、第227條準用第214條，並就公司代表訴訟、少數股東為公司代位訴訟及其程序要件，分別定有明文。惟有鑑於公司代表訴訟或少數股東為公司代位訴訟之門檻及程序限制過高，為加強公司治理機制，杜絕公司經營階層背信、掏空或董事、監察人違反善良管理

人注意義務等情事發生，並發揮保護機構為公司代位訴訟功能，以保障股東（投資人）權益，投保法乃於第10-1條第1項第1款增訂：「保護機構辦理前條第一項業務，發現上市或上櫃公司之董事或監察人執行業務，有重大損害公司之行為或違反法令或章程之重大事項，得依下列規定辦理：請求公司之監察人為公司對董事提起訴訟，或請求公司之董事會為公司對監察人提起訴訟。監察人或董事會自保護機構請求之日起30日內不提起訴訟時，保護機構得為公司提起訴訟，不受公司法第214條及第227條準用第214條之限制。保護機構之請求，應以書面為之。」使具公益色彩之保護機構於辦理投保法第10條第1項業務時，就上市或上櫃公司之董事或監察人執行業務違反法令或章程，發現其重大者，得不受公司法上開規定之限制，即得以自己名義為原告，為公司對董事或監察人提起損害賠償之訴。該條款之規定，與上述公司法所定少數股東為公司對董事、監察人代位提起訴訟，**性質上同屬法律賦予訴訟實施權之規範**。而按「繼續1年以上，持有已發行股份總數3%之股東，得以書面請求監察人為公司對董事提起訴訟。監察人自有前項之請求日起，30日內不提起訴訟時，前項之股東，得為公司提起訴訟；股東提起訴訟時，法院因被告之申請，得命起訴之股東，提供相當之擔保；如因敗訴，致公司受有損害，起訴之股東，對於公司負賠償之責。」，為公司法第214條所明定，上開關於少數股東權行使門檻之限制，如若太高，恐使少數股東權難以實現，如若太低，又難避免少數股東權權利濫用，致干擾公司治理及其穩定，不利於公司經營，進而害及其他股東權益，因此，90年11月12日大幅修正公司法時，將公司法第214條第1項已由10%降低至5%之持股門檻，再度降低至3%，以求其平衡。參照投保法第10-1條第1項第1款之立法理由，係在彌補公司法第214條股東代表訴訟權規定之門檻仍高所設，**堪認其本質上仍在處理公司與董事間之訴訟**，此觀該規定與公司法第214條規定同有先以書面定期請求公司監察人對董事提起訴訟而不提起之要件即明，而公司法第214條第1項之所以規定向監察人請求，乃因追究董事責任若向董事會請求，會產生利害衝突，參照同法第213條公司與董事間訴訟，除法律另有規定外，由監察人代表公司之規定而來，**惟上述利害衝突情況，多以現任董事為追究對象**

時才會發生，於董事卸任後，該等利害關係通常已不存在，甚且由**繼任董事積極追究卸任董事責任者，亦所在多有，此際自應回歸原則，由董事長代表公司提起訴訟，該訴訟已不屬公司與董事間之訴訟**（103年度台上字第1764號判決要旨參照），自無由監察人例外行使董事長代表權之必要。

（三）依投保法第10-1條第1項第1款賦予財團法人證券投資人及期貨交易人保護中心訴訟實施權，既以書面定期請求監察人為公司對董事提起訴訟而不提起為要件，自須以監察人得為公司提起訴訟為前提，依上說明，倘非屬公司與董事間之訴訟，監察人不得依公司法第214條規定代表公司提起訴訟，自亦無由財團法人證券投資人及期貨交易人保護中心依投保法上開規定取得訴訟實施權。至於上訴人雖稱實證上董事與其他董事間之情誼、利害關係不會因卸任而消失，如投保法第10-1條第1項第1款之「董事」不含卸任董事，不足以保障投資人權益云云，然如同上述，不論是公司法第213條、第214條或投保法此部分規定，**均係例外行使原屬公司董事之代表權，與公司治理間存有須經平衡之關係，如認對於已非公司董事之卸任董事訴訟，公司董事代表權亦應予以剝奪或代替，自以經由立法程序透過民主機制，於利害權衡後立法明確規範為宜**，上訴人上開主張已踰越投保法第10-1條第1項第1款之規範射程，本院尚難憑採。

（四）本件上訴人於100年11月7日對被上訴人起訴，有刑事附帶民事訴訟起訴狀上所蓋原法院收文戳章可稽，而被上訴人於98年2月5日即已辭去吉祥公司董事長職務，亦為兩造所不爭執，如前揭五、（一）所述，且依吉祥公司變更登記表所示，吉祥公司於100年7月19日經經濟部商業司准予登記董事長為陳○華、董事為劉○祺、黃○立、楊○潔、籃○元，任期均自99年6月18日起至102年6月17日止，有公司變更登記表1份可按，足見上訴人對被上訴人提起本件訴訟時，被上訴人已非吉祥公司董事，揆諸上開說明，自無公司法第213條、第214條規定之適用。又吉祥公司之監察人既無依公司法第213條對被上訴人提起訴訟之權限，上訴人自無從依投保法第10-1條第1項第1款規定取得訴訟實施權，則依首開說明，上訴人提起本件訴訟不具當事人之適格，其訴自為無理由。

七、從而，上訴人依投保法第10-1條第1項第1款規定，以自己名義代

表吉祥公司對被上訴人提起訴訟,並依公司法第23條第1項、民法第544條、第184條第1項前段、後段規定,請求被上訴人賠償吉祥公司之損害7,000萬元,及自刑事附帶民事起狀繕本送達之翌日起至清償日止,按年息5%計算之利息,為無理由,應予駁回。是則原審所為上訴人敗訴之判決,並無不合。上訴論旨指摘原判決不當,求予廢棄改判,為無理由,應駁回其上訴。又本件事證已臻明確,兩造其餘之攻擊或防禦方法及所用之證據,經本院斟酌後,認為均不足以影響本判決之結果,爰不逐一論列,附此敘明。

　　八、據上論結,本件上訴為無理由,爰判決如主文。

參、公司法第213條、第214條(及第215條)、第227條及投保法第10-1條有關對董監事之訴訟,非由公司董事長代表係屬例外、補充之情形

　　其實,本案法院見解主要論點認為,「倘非屬公司與董事間之訴訟,監察人不得依公司法第214條規定代表公司提起訴訟,自亦無由財團法人證券投資人及期貨交易人保護中心依投保法上開規定取得訴訟實施權。」因為本案法院之推理過程是:「利害衝突情況,多以現任董事為追究對象時才會發生,於董事卸任後,該等利害關係通常已不存在,甚且由繼任董事積極追究卸任董事責任者,亦所在多有,此際自應回歸原則,由董事長代表公司提起訴訟,該訴訟已不屬公司與董事間之訴訟,自無公司法第213條、第214條規定之適用。」另外,本案法院更進一步謂:「不論是公司法第213條、第214條或投保法此部分規定,均係例外行使原屬公司董事之代表權,與公司治理間存有須經平衡之關係,如認對於已非公司董事之卸任董事訴訟,公司董事代表權亦應予以剝奪或代替,自以經由立法程序透過民主機制,於利害權衡後立法明確規範為宜。」從而,法院

認為，投保中心對卸任董事提起本件代表訴訟因不具當事人之適格，其訴自為無理由。一言以蔽之，本案法院強調的是，公司董事長行使公司法第208條第3項代表權是原則，例外的情況僅是公司法第212條，第213條、第214條（及第215條）、第227條有關對董監事之訴訟。落在例外的代表訴訟，其訴訟對象董事如已卸任，是否應重回原則規定由公司董事長對已卸任董事提起訴訟，而非由監察人或少數股東或是投保中心提起？

按公司經營階層、董事會甚至董事長可否主動決定（由董事長為代表）對董監事提起訴訟？最高法院69年度台上字第1995號判決略謂：「公司法第213條規定：『公司與董事間訴訟，除法律另有規定外，由監察人代表公司，股東會亦得另選代表公司為訴訟之人』，同法第227條本文及但書復規定：『……第二百十四條……之規定於，於監察人準用之。但第二百十四條對監察人之請求，應向董事會為之』。查公司法第二百十三條規定：『公司與董事間訴訟，除法律另有規定外，由監察人代表公司，股東會亦得另選代表公司為訴訟之人』。所謂公司與董事間之訴訟，當指同法第212條所定股東會決議對於董事提起訴訟而言，蓋股東會為公司最高權力機關，惟其有權決定公司是否對董事（或監察人）提起訴訟。至監察人行使監察權，如認董事有違法失職，僅得依同法第220條召集股東會，由股東會決議是否對董事提起訴訟。同法第213條所稱除法律另有規定外，則指如同法第214條所定不經股東會決議之例外情形而言。」最高法院本號判決這一句「蓋股東會為公司最高權力機關，惟其有權決定公司是否對董事（或監察人）提起訴訟。」令人納悶。

如果是因董監事職務上的「懈怠事由」而控告，在此情形下「要求」（或是最佳實務作法）由公司股東會決議是否對之訴訟，尚稱有理。蓋董監事係由股東會選任以執行董監之職務，其有無違反委任之本質，當由股東會決定是否對之訴訟。尤其在監察人部分，被監督的業務執行機關如能很輕易地對監督者提起訴訟，可能會形成監察人有所忌憚，造成監察權執行之障礙。至於其他之事由，例如董事或監察人與公司有私人之債權債務關係或對公司不法侵權行為，難道也絕對須經股東會決議始得對之進行訴追？例如董事對公司有欠款，是否須等待每年一次之股東會決定始能

對之訴訟？前述較舊之最高法見解似較含混、有誤解，似應重新檢討、辨明。

事實上，在我國公司法制，對董事責任之訴追，正解應是並非均應經股東會之決議。對此，學說及實務見解亦有謂得由現任董事會自行決定[3]。至於最高法院前所論及公司法第212條：「股東會決議對於董事提起訴訟時，公司應自決議之日起三十日內提起之。」乃係避免監察人之怠惰而有30日期限之規定。換言之，公司法第213條在性質上乃係第212條之後續規定，而非賦予監察人主動代表公司對董事提起訴訟職權之獨立規定。此由第213條後段「股東會亦得另選代表公司為訴訟之人」的文字，亦可窺知[4]。至於第214條及第215條之代表訴訟則應由少數股東或投保中心（投保法第10-1條參照）為之。當然，由董事長代表公司進行之違法董事責任追訴之基本訴訟原則，是否應由董事會先行決議，然後再由董事長對外為法定代表人進行訴訟程序？對此，法律並無規定。有人可能訴諸於公司法第202條為依據，認為應先經董事會決議始能為之。然而，追訴董事責任是否為公司法第202條所稱之「公司業務之執行」？恐有爭議。況且，法律並無明文應先經董事會決議始能追究董事責任，且公司法第208條第3項又明定董事長對外代表公司。因此，只要董事長代表公司起訴，當事人適格即無疑義。至於公司董事會有無決議進行追訴董事責任乃為公司內部之問題，並非對外起訴之要件。要言之，依照現行公司法之制度，追究公司董監事責任，原則上應由董事長對外代表，僅例外在依據公司法第212條、第213條、第214條（及第215條）、第227條所為對董監事之訴訟則由監察人或少數股東（或投保中心）代表進行。

---

[3] 參閱洪秀芬，公司對董事責任之探討—以股份有限公司董事之民事責任為研究對象，輔仁法學，第36期，頁98，2008年12月；臺灣臺北地方法院92年度訴字第4844號民事判決。

[4] 參閱林國全，監察人對董事提起訴訟及常務董事之解任，月旦法學教室，第6期，頁28-29，2003年4月；劉連煜，現代公司法，頁591-592，2018年9月，增訂13版。

肆、代表訴訟是否包含對「已卸任之董監事」進行？

　　以本文討論之焦點代表訴訟而言，監察人或審計委員會（公司法第214條、證交法第14-4條第3、4項參照）於收到少數股東或投保中心之書面請求後，監察人或審計委員會之獨立董事得考慮是否提起訴訟，前述人員或審計委員會未於30日內部提起訴訟時，該請求之少數股東或投保中心，即得為公司提起訴訟，而為適格之當事人（公司法第214條、投保法第10-1條第1項第1款參照）。現有疑義者，卸任董監事是否仍為代表訴訟之對象？抑或應回歸公司法原則由董事長代表以追訴違法董監事？本文認為卸任董監事仍為代表訴訟之對象。因為：首先是公司法第214條是公司法代表訴訟之程序性規範，受害公司之損害賠償請求權基礎，其實體法依據，主要是公司法第23條第1項、第193條第2項及企業併購法第5條第2項等。從而，公司是請求權人，股東只是代位請求而已。而公司得否向被告董監事請求損害賠償？應以董監事「違法行為時」作為判斷依據，以論斷其是否違反受任人義務（受託義務；fiduciary duty）而負損害賠償責任[5]。簡言之，亦即違法的行為時，有具備董監事身分即足，當然不能因其嗣後喪失董監事身分而有所差異[6]。前述臺灣高等法院的解釋，可能思慮較未周全，只拘泥在公司法第213條及第214條的文字上，認為系爭案件應僅是公司跟董事間的訴訟而已，少數股東或投保中心並無訴訟實施權，導致架設少數股東等請求路障，可能實質架空公司法第23條第1項等請求權規範

---

[5] 在美國法上，多數的代表訴訟均根據董事違反受託義務中之注意義務或忠實義務而提起。例如主張董事有重大過失（gross negligence）、浪費公司資產（waste of corporate assets）、自己交易（basic self-dealing）、領有過多的報酬（excessive compensation）、奪取公司機會（usurpation of a corporate opportunity）等等。See Robert Clark, Corporate Law, 1986 Ed., at 662-663.

[6] 參閱張心悌，對卸任董事提起代表訴訟之限制——評臺灣高等法院106年度金上字第5號民事判決，月旦裁判時報，第66期，頁49，2017年12月。

的情形，似有不妥。

其次，從代表訴訟是公司治理之外部機制中「監督董事會怠惰的利器」而言[7]，亦應肯認卸任董監事仍為代表訴訟的訴追對象。否則只要逾越董監事任期，或者是董監事主動辭職以規避代表訴訟追究，成為卸任董監事，即可逃避積極股東、投保中心等的訴追，此當非公司法第214條本條之規範意旨，代表訴訟也將因之全然喪失其功能。

另本案法院亦認為，「利害衝突情況」多以現任董事為追究對象時才會發生，於董事卸任後，該等利害關係通常已不存在，故該訴訟已不屬公司與董事間之訴訟，自無公司法第213條、第214條規定之適用。惟這樣之見解是否符合經驗法則及論理法則？因為人際的關係並不是只有存於在任之時，卸任後也會繼續存在，否則為什麼會有公務員旋轉門條款之規範[8]？事實上，卸任之董事，與目前尚在位之其他董事間之情誼與利害關係仍然存在，世所常見，毋庸贅論。法院前述的推理解釋是很特異、不符合經驗法則與論理法則，是純粹一個很表面的文義解釋。況且公司法第214條及投保法第10-1條第1項第1款規定之「董事」，法律文字上並未區分「現任董事」與「卸任董事」，故即便是文義解釋，也在文義射程範圍內，適用上自應全部涵蓋。再者，外國之代表訴訟案例亦是允許對卸任董事（former directer）提起，並無特別疑慮[9]。

然而，持反對說者可能以為，卸任董事之情形，因與現任董事已無利害衝突或已無情誼糾葛，自應回歸由董事長代表起訴之原則。如該董事長

---

[7] 相關討論，參閱劉連煜，論董、監事之裁判解任—以投保法第10-1條為中心，臺灣法學雜誌，第337期，頁75-106，2018年2月14日。

[8] 公務員服務法第14-1條規定：「公務員於其離職後三年內，不得擔任與其離職前五年內之職務直接相關之營利事業董事、監察人、經理、執行業務之股東或顧問。」另外，有關在華人社會文化下，董事（特別是獨立董事）之社會連結、情誼（social ties）如何影響企業公司治理之討論，參閱Yu-Hsin Lin, *Do Social Ties Matter in Corporate Governance? The Missing Factor in Chinese Corporate Governance Reform, 5:1 GEO. MASON J. INT'L COM. LAW 39, 63-64, (2013).*

[9] *See* E.g., Allen v. Wilkerson, 396 S.W.2d 493 (Tex. App. 1965).本案被告卸任董事主張代表訴訟之請求權已罹時效消滅，但此抗辯不為法院所接受。

怠於追訴，自可由股東追訴該現任董事長或（及）其餘董事，以為平衡救濟。按此一見解，看似合乎邏輯。但問題是如現任董事會或董事長不願對卸任董事進行違反受任人義務之責任追償，是否即構成公司法第23條第1項之賠償責任，可由股東追償該董事長或（及）其餘董事？此項法律問題牽涉第23條第1項請求權成立要件中之因果關係認定、損害賠償之計算等等舉證問題，確實相當困難。尤其，是否以請求權已時效消滅為追償現任董事長之前提要件？如是，請求權消滅時效長達十五年，哪一任董事長甚或董事會應負其責？各任期擔負多少比例？在在成為棘手問題。

至於反對說者也可能從體系解釋認為，公司法各條文同樣稱「董事」難道都解釋涵蓋卸任者在內？例如，公司法第209條董事競業禁止規定，也應擴張解釋涵蓋卸任董事？其實，這項答辯並不能成立。因為董事競業禁止規範本質上就是以現任者為限。蓋已卸任董事，其對公司並無忠實義務（duty of loyalty）自然並無不競業之義務。從而，公司法第209條本條解釋上既不包含卸任者，立法上也不包括監察人在內[10]，因之，董事競業禁止規定就無包含卸任董事之必要。然而，同樣的，如董事在任內違反競業禁止規定，即使其已卸任，仍然可以依公司法第209條規定之程序對之行使歸入權，自不待言。

按主張對卸任董事應由公司董事長對外為訴訟代表者，可能認為由董事長所為之代表訴訟，如少數股東或投保中心擔心公司或董事長會有放水、不積極訴訟之虞，自可以依民事訴訟法為訴訟參加（民事訴訟法第58至67-1條參照）。然而，訴訟參加仍屬輔助之性質，其責任追訴訴訟之進行，對於公司如欲袒護違法董事之情形，恐仍有不逮。

事實上，對卸任董監事可否提起代表訴訟，司法實務見解也曾採投保中心可合法提起之見解。例如，臺灣高等法院107年3月20日105年度重訴更(二)字第2號民事判決，遞依投保法第10-1條第1項第1款之立法背景、立法理由，及嚇阻不法之公益功能，認為解釋該條款之董事，無庸限縮解釋

---

[10] 監察人依公司法第227條並不準用同法第209條之規定，因而，監察人依法並無競業禁止義務。

僅指現任董事，亦應涵蓋已卸任之董事，以期達其立法意旨，並避免產生公司或監察人均不願究責，致股東權益無法受保障之情事，茲摘錄上開臺灣高等法院105年度重訴更(二)字第2號民事判決之見解如下，以供參考：

「按公司得否對被告董事請求損害賠償，應以違法行為做成時被告是否具有董事之身分為斷，不因嗣後喪失董事身分而有差異。而投保法第10-1條之立法背景固係因我國少數股東依公司法214條提起代表訴訟訴追董事責任幾無案例可循，故賦與具有公益色彩之財團法人證券投資人及期貨交易人保護中心（即上訴人）於辦理投保法第10條第1項業務時，得以自己名義為原告，為公司對董事或監察人提起損害賠償訴訟，冀以解決少數股東對董事責任訴追功能嚴重不彰之問題，除可填補投資人之損害，更可收嚇阻不法之效。惟立法理由亦明載該條制定目的係為加強公司治理，對於公司經營階層背信或董事違反善良管理人注意義務等情事，進行相關措施，以保障股東權益，自條文以觀，並未限制僅限針對現任董事，且保護機構具公益色彩，尚無少數股東濫訴之疑慮。則投保法第10-1條第1項第1款所規定之董事或監察人，似無庸限縮解釋僅指現任董事之理，而應認亦涵蓋已卸任之董事，以期達該條文立法意旨，並避免產生公司或監察人均不願究責，致股東權益無法受保障之情事。」

關於上述爭議，本文認為，投保中心與一般少數股東針對卸任董監事可否提起代表訴訟是同一件事的爭議，因為法理上不應將投保法第10-1條與公司法第214條做區分處理，因為其實二者均是實現公司治理的外部機制，只是投保中心更具公益性而已，蓋投保中心此時係為上市上櫃公司之廣大股東提起。另外，關於公司法第213條、第214條是否應脫勾分開處理的問題？這也是一個值得研究的議題，本文對此採肯定見解認為應予脫鉤處理。蓋依據前揭最高法院103年度台抗字第603號民事裁定之意旨，近來臺北地院以103年度金字第50號民事判決特別指出：「經查：（一）稽諸投保法第10-1條第1項第1款明載原告取得訴訟實施權之前提為『監察人於期限內不為公司對董事提起訴訟』，而監察人為公司對董事提起訴訟，係明定於公司法第213條，考其立法目的，係因公司提起訴訟，本應由公司之董事長代表公司為之，為恐董事長代表公司對董事起訴，有循私之舉，

損及公司利益，乃特別規定公司與董事間訴訟，除法律另有規定外，由監察人或股東會另選代表公司為訴訟之人代表公司。故倘原告提起訴訟時，被告已不具董事資格，即無董事長代表公司對被告起訴可能循私之顧慮，自非屬『公司與董事間訴訟』，而無由監察人依公司法第213條代表公司對被告提起訴訟之餘地。……（二）原告對被告提起本件訴訟時，被告已非A公司董事，揆諸上開說明，自無公司法第213條規定之適用。又A公司之監察人既無依公司法第213條對被告提起訴訟之權限，原告自無從依投保法第10-1條第1項第1款規定取得訴訟實施權，則依首開說明，原告提起本件訴訟不具當事人適格，其訴要無理由，應予駁回。」事實上，公司法第214條與同法第213條並無關係，因為公司法第214條之監察人係受少數股東或投保中心之請求而為訴訟，自然與公司法第212條、第213條係因股東會決議而由監察人代表公司訴追董事責任之情形迥異，其處理的問題不同，規範功能亦不相同，萬萬不可相提並論。況且，公司法第214條第1項之監察人提訴程序，亦未明定應準用同法第213條或第212條之規定。

伍、結論

　　有關前述臺灣高等法院解釋適用公司法第214條代表訴訟所稱之董事不含卸任者，學者於研討會上曾認為，「其實這有一點荒謬，例如，就好像承租人與出租人一樣，我是出租人，承租人欠我租金，租賃期間已到，我叫他還錢，可是他卻說，因為租賃期間已到，所以我不是承租人，你也不是出租人，所以你不可以依據租賃關係向我請求。因此，這應該是要看請求權發生的時間有沒有具備承租人與出租人的身分，依照契約關係來走，而不是說訴訟當時還要具備承租人與出租人的身分。[11]」雖然學者這一比喻不能與本件代表訴訟之爭點完全吻合，比喻卻是相當傳神有趣，故

---

[11] 張心悌教授發言，「對已卸任之董監事提起代表訴訟法律問題」諮詢會議議題及紀錄，投保中心，2017年6月7日。

錄於此處供讀者參考。本文認為所不相合者,僅是本案法院關心的是何人有權出面代表以控訴違法之董監事?是公司董事長乎?或是少數股東或投保中心?實際上,本案法院並非認為請求權不存在,而是認為在董事已卸任之情形下應由董事長為代表而已。少數股東或投保中心則均無權代表,否則即當事人不適格。惟法院如此解釋顯然忘了董監事雖已卸任,其利害關係及情誼仍會猶存。按情誼的在與不在,事實上不會隨董監事任期屆滿嘎然而止,否則其認定即違反經驗法則與論理法則。

　　另外,法院之前述見解,雖非無的放矢,卻也製造了不少難以克服的難題。例如,現任董事長怠於追訴違法董事時,少數股東或投保中心如何轉頭追訴現任董事長?另現任董事長縱使已進行追訴違法董監事,但卻以放水、交差了事的態度進行,不認真追究違法董事責任。此時股東或投保中心即使訴訟參加也可能無法真正發揮追究功能。因之,本文認為,我國法院真應再三思考代表訴訟之功能而作適當、正確的解釋。

PART 2

證券與期貨法之現代課題

14

證券交易法上不確定法律概念之解釋及適用爭議

王志誠

壹、前言

　　法律明確性係指立法者制定法律時，法律之文義應使受規範者能夠預見。因此，立法者應追求法律用語與其法律思想之和諧一致，力求法律用語得明確、完整地洞悉法律規定之內容，方為上策。應注意者，法律雖以抽象、籠統概念表示，苟其抽象構成要件之意義非難以理解，且為受規範者所能預見，並可經由司法審查加以確認者，即不得謂與法律明確性相違[1]。法律明確性之要求，非僅指法律文義具體詳盡之體例而言，立法者於立法定制時，仍得衡酌法律所規範生活事實之複雜性及適用於個案之妥當性，從立法上適當運用不確定法律概念或概括條款而為相應之規定[2]。其中關於概括條款，係指立法者於立法時，盡可能依列舉原則為規範，並遺留若干暫時無法解決之漏洞問題，為濟立法之窮而輔以概括規定，且於

---

[1] 參閱最高法院100年度台上字第3047號刑事判決：「法律明確性之要求，非僅指法律文義具體詳盡之體例而言，立法者於立法定制時，仍得衡酌法律所規範生活事實之複雜性及適用於個案之妥當性，從立法上適當運用不確定法律概念或概括條款而為相應之規定（司法院釋字第432號解釋）。苟其抽象構成要件之意義非難以理解，且為受規範者所能預見，並可經由司法審查加以確認者，即不得謂與法律明確性相違。」

[2] 參閱司法院大法官解釋第432號：「法律明確性之要求，非僅指法律文義具體詳盡之體例而言，立法者於立法定制時，仍得衡酌法律所規範生活事實之複雜性及適用於個案之妥當性，從立法上適當運用不確定法律概念或概括條款而為相應之規定。有關專門職業人員行為準則及懲戒之立法使用抽象概念者，苟其意義非難以理解，且為受規範者所得預見，並可經由司法審查加以確認，即不得謂與前揭原則相違。」

該概括規定中常使用不確定法律概念為構成要件，屬於需價值補充構成要件性質之法律條款，具有承接規範之功能；其本於輔助（補充）性原則，尚有填補結構規範遺漏之功能[3]。例如證券交易法第155條第1項第7款所規定之「直接或間接從事其他影響集中交易市場有價證券交易價格之操縱行為」，即屬之。基本上，不確定法律概念之使用，必須其意義可為一般人理解，且為受規範者所得預見，並可經由司法審查加以確認，始無悖於法律明確性原則[4]。

　　本文擬對於證券交易法第20-1條及第32條所規定之「主要內容」、第155條第1項第4款及第5款所規定之「連續」、「高價」、「低價」及「交易活絡」、第171條第1項第2款「不合營業常規」等概念，整理實務見解之發展及爭議關鍵，並提出管窺之見，以供參考。至於證券交易法第157-1條所使用之「重大影響其股票之價格消息」及「重大影響其支付本息能力之消息」，因同條第4項、第5項已授權主管機關訂定，則不在本文討論之範圍。此外，證券交易法第155條第1項第7款所規定之概括條款，因業有專文分析[5]，亦不在本文論述之列。

---

[3] 參閱李震山，行政法意義下之法律明確性原則，月旦法學雜誌，第57期，頁15，2000年1月。應注意者，法律明確性的另一個面向是規範密度的要求，即要求法律要件及法律效果應以法律一一詳盡、完整規定，其審查標準基本上就是重要性理論，換言之，對基本權的影響愈嚴重，越須嚴格審查，要求在合理、可能範圍內，對影響基本權的重要事項，須以列舉方式，一一詳盡、完整規定；列舉完整有困難，或擔心掛一漏萬，至少要詳盡例示，再輔以概括規定；反之，跟基本權關係越遠、越輕微，越有理由寬鬆審查，此時無妨允許概括規定。參閱許宗力，論法律明確性之審查：從司法院大法官相關解釋談起，國立臺灣大學法學論叢，41卷4期，頁1738，2012年12月。

[4] 參閱司法院大法官解釋第432號。另參閱司法院大法官解釋第491號：「又懲處處分之構成要件，法律以抽象概念表示者，其意義須非難以理解，且為一般受規範者所得預見，並可經由司法審查加以確認，方符法律明確性原則。」

[5] 關於證券交易法第155條第1項第7款規定之分析，參閱王志誠，直接或間接操縱市場行為之構成要件，臺灣法學雜誌，第238期，頁126-136，2013年12月。

貳、不確定法律概念之解釋或認定

一、證券交易法上不確定法律概念之類型

　　法律中有許多條文之用語所含之概念具多義性，適用時往往須進一步解釋者，學理上稱為不確定法律概念。法律之用語若屬不確定法律概念，一則可由法律明文授權主管機關訂定法規命令，明定其判定標準以供個案認定參考，例如證券交易法第157-1條第5項之「有重大影響其股票價格之消息」、第6項之「有重大影響其支付本息能力之消息」，其範圍及公開方式等相關事項，即授權主管機關訂定法規命令。二則應由法院於審理具體個案中形成其內容，進行法理註解及評價。觀諸證券交易法第20-1條、第32條第1項、第43-4條準用第32條、第157-1條、第171條第1項第2款所使用之「主要內容」、「重大影響其股票價格之消息」、「重大影響其支付本息能力之消息」或「不合營業常規」等，即屬於評價性之不確定法律概念。雖有授權主管機關訂定法規命令，供司法機關於個案中參考[6]；又若僅係行政機關之解釋或訂定之行政規則，雖亦可供法院認定事實之參考，得為審判所引用，但均無絕對之拘束力。

　　此外，若犯罪類型之設計採用開放性構成要件，其構成要件之性質屬於概括性構成要件，其構成要件亦不明確，其犯罪判斷應進行違法性判斷，將不具有違法性之構成要件該當行為，排除於犯罪之處罰範圍之外[7]。因此，若使用概括性構成要件之法律用語時，在此種不確定法律概

---

[6] 參閱臺灣高等法院臺中分院99年度金上易字第3號民事判決：「修正前證券交易法第157-1條第4項後段授權主管機關訂定重大消息之範圍及其公開方式等相關事項，乃因重大影響其股票之價格消息，屬不確定法律概念，或不免發生如何認定個案事實有無內線交易存在及成立困擾，是以，授權主管機關訂定重大消息之範圍及其公開方式等相關事項以供個案認定參考，惟主管機關所公告之重大消息範圍僅供司法機關於個案中參考，就個別訊息，如足以使一般理性之投資人咸認該消息足以影響其買賣股票之意願，縱未經主管機關所公告之重大消息範圍，仍不影響其屬重大消息之性質。」

[7] 參閱林山田，刑法各罪論（上冊），頁194，2004年1月，增訂4版。

念之認定上，應特別注意其行為是否具備違法性。觀諸證券交易法第155條第1項第4款及第5款之操縱市場行為類型，性質上係採用若干開放性構成要件，例如「連續」、「高價」、「低價」及「交易活絡」等概念，屬於構成要件不明確之犯罪類型。

二、不確定法律概念之解釋原則

法律用語若使用不確定法律概念，該法律規定屬於有瑕疵之狀態，無法從法律文字直接認知該法律規定所欲表達之完整法律思想，必須透過解釋以呈現其規定內容之內在價值[8]，予以明確化。

傳統上法律解釋之方法，一般包括文義解釋、體系解釋、歷史解釋及目的解釋，但對於不確定法律概念，顯然無法依條文之文義進行解釋。觀諸國內司法實務上對於不確定法律概念之解釋，似首重目的解釋，強調立法者之規範目的，且就其定義、界限及判斷，尚應隨時代之演變、風俗之變易而有所不同。例如有認為解釋不確定法律概念之意涵，應本於立法初衷，參酌時空環境變遷及社會發展情況而定[9]。

此外，亦有採取體系解釋中之限縮解釋。例如有認為在解釋及適用抽象、籠統之不確定法律概念時，對於整體要件有所模糊、未明時之情況，有條件地加以排除，雖有可能限縮法條適用之空間，惟本於刑法謙抑思

---

[8] 關於不確定法律概念之解釋及其他輔助工具之討論，參閱吳從周，2016年民事法發展回顧：方法論與釋義學之實務觀察，臺灣大學法學論叢，第46卷特刊，頁1404-1405，2017年11月。

[9] 參閱最高法院99年度台上字第6731號刑事判決：「八十九年修正之證券交易法第一百七十一條第二款規定，已依本法發行有價證券公司之董事、監察人、經理人或受僱人，以直接或間接方式，使公司為不利益之交易，且不合營業常規，致公司遭受損害者，處七年以下有期徒刑，得併科新臺幣三百萬元以下罰金。此規定中所稱之『不合營業常規』，為不確定法律概念，因利益輸送或掏空公司資產之手段不斷翻新，所謂『營業常規』之意涵，自應本於立法初衷，參酌時空環境變遷及社會發展情況而定，不能拘泥於立法前社會上已知之犯罪模式，或常見之利益輸送、掏空公司資產等行為態樣。」其他類似之司法實務見解，參閱最高法院98年度台上字第6782號刑事判決、臺灣高等法院99年度金上重訴字第6號刑事判決。

想，似認應採嚴格、限縮之解釋，不應任意擴張適用範疇[10]。

惟當無法直接從法律所使用之不確定法律概念，認知其所欲表達之完整法律思想時，從立法理由中探求立法者之規範目的固然重要，但仍應注意法律體系之整體關聯，以及解釋結果所顯示出來之內在價值，以評價所採用解釋方法之妥適性。

三、開放性構成要件之認定方法

所謂開放性構成要件（der offene Tatbestand），並沒有完全之不法內涵[11]，其構成要件該當不能逕自推定違法，其違法性尚需從正面判斷，審查其法益侵害構成嚴重程度，始能是否認定違法。亦即，若屬於開放性構成要件之犯罪類型，其構成要件該當後，不產生當然「推定」違法性之效果，仍須再正面地審查行為之手段與目的間是否具有可非難性[12]。亦即，對於開放性構成要件之犯罪類型，因其構成要件不明確，即使有構成要件該當性，尚應認定違法性是否具備，方能論以行為人罪責。至於違法性之審查標準，依國內學說及司法實務之見解，則主張應以「手段、目的關係的社會可非難性」為標準，審查行為人之行為是否為社會倫理之價值判斷上可責難者[13]。所謂「手段、目的關係」須予以整體考量，並非手段或目

---

[10] 參閱臺灣高等法院臺南分院104年度上訴字第156號刑事判決：「按行為人係以每日台股期貨指數之漲跌為標的向下注之客戶收取費用係與顧客對賭，並無收取保證金及向期貨交易所（不論本國或外國）實際下單或撮合完成交易之情事，均以台股期貨指數之漲跌作為賭博勝負賠付之依據，與買賣標的物即『台股股價指數期貨契約』之合意不相當，勘認非屬股價指數期貨契約交易。又『經營期貨交易所或經營期貨交易所業務』、『期貨結算』之行為，畢竟是一抽象、籠統之不確定法律概念，於整體要件有所模糊、未明時，有條件地加以排除，雖有可能限縮期貨交易法該條適用之空間，惟本於刑法謙抑思想，認應採嚴格、限縮之解釋，不應任意擴張適用範疇。」

[11] 在開放性構成要件之情形，即或是有構成要件該當性，但並無違法性之表徵。參閱陳志龍，開放性構成要件理論－探討構成要件與違法性之關係，臺大法學論叢，21卷1期，頁143，1991年1月。

[12] 參閱陳志龍，同註11，頁151-152；呂秉翰，刑法構成要件問題研析，頁200-201，2014年7月。

[13] 參閱盧映潔，刑法分則新論，頁534，2011年8月，4版；林山田，同註7，頁195。另

的其一合法，或其內在之關聯性合法，該行為即合法，祇要其中有一為非法者，該行為即有可能為非法而構成犯罪[14]。

　　針對屬於構成要件不明確之犯罪類型，司法者有義務藉具體個案，建立具體明確之要件，以補充其構成要件要素。亦即，法院進行實質認定時，應正面審查法益侵害之程度，論斷行為人之行為是否為社會倫理之價值判斷上可責難者。

參、「主要內容」之認定爭議

　　依證券交易法第20-1條第1項規定：「前條第二項之財務報告及財務業務文件或依第三十六條第一項公告申報之財務報告，其主要內容有虛偽或隱匿之情事，下列各款之人，對於發行人所發行有價證券之善意取得人、出賣人或持有人因而所受之損害，應負賠償責任：一、發行人及其負責人。二、發行人之職員，曾在財務報告或財務業務文件上簽名或蓋章者。」其中「主要內容」有虛偽或隱匿之情事，即為財務報告及財務業務文件不實民事責任之客觀歸責要件。

　　其次，證券交易法第32條第1項規定：「前條之公開說明書，其應記載之主要內容有虛偽或隱匿之情事者，左列各款之人，對於善意之相對人，因而所受之損害，應就其所應負責部分與公司負連帶賠償責任：一、發行人及其負責人。二、發行人之職員，曾在公開說明書上簽章，以證實其所載內容之全部或一部者。三、該有價證券之證券承銷商。四、會計師、律師、工程師或其他專門職業或技術人員，曾在公開說明書上簽章，以證實其所載內容之全部或一部，或陳述意見者。」其中「主要內容」有虛偽或隱匿之情事，亦為公開說明書不實民事責任之客觀歸責要件。

　　司法實務上亦採取相同見解者，臺灣高等法院106年度上易字第1139號刑事判決、臺灣高等法院106年度上訴字第2258號刑事判決、臺灣苗栗地方法院96年度易字第1052號刑事判決。

[14] 參閱臺灣高等法院106年度上訴字第2258號刑事判決。

一、法院對於「主要內容」之認定

關於證券交易法第20條第2項之「內容」及第20-1條規定之「主要內容」，應如何認定，最高法院近來有明確宣示。亦即，反詐欺條款設計的目的，在於提供社會投資大眾公開、透明、正確的資訊，以便其從中判斷、決定如何投資買賣證券，則何種資訊必需提供，當以客觀上作為一個理性投資人通常會認為必須揭露，否則勢將影響其判斷者，作為基準，亦即如非重大，客觀上不會影響於理性投資人的判斷者，即不在上揭反詐欺條款嚴禁之列[15]。又關於重大性之認定，則開始採取「量性指標」與「質性指標」作為判斷標準[16]，其發展應值肯定。

---

[15] 參閱最高法院106年度台上字第278號刑事判決：「按證券交易法第20條第2項、第20-1條規定，係課以證券發行相關人員一定的責任，學理上稱為『反詐欺條款』，違反前者，具刑事責任，構成同法第171條第1項第1款的財報不實罪，後者為民事責任，應賠償他人損害，依一般法律原則，前者限於故意，後者兼及過失。又反詐欺條款設計的目的，在於提供社會投資大眾公開、透明、正確的資訊，以便其從中判斷、決定如何投資買賣證券，則何種資訊必需提供，當以客觀上作為一個理性投資人通常會認為必須揭露，否則勢將影響其判斷者，作為基準，亦即如非重大，客觀上不會影響於理性投資人的判斷者，即不在上揭反詐欺條例嚴禁之列。次按法院於具體個案就行為人所為財務報告『虛偽或隱匿』的『內容』，是否具備『重大性』之要件，應綜參立法沿革、體系及目的等，本諸確信法律的演繹、解釋及適用，及就行為人主觀不法要件之有無，為事實的認定，並於判決理由中，詳為說明，以為論擬的依據，否則即屬判決理由欠備。」

[16] 參閱最高法院106年度台上字第278號刑事判決：「又行為時證券交易主管機關訂頒之證券發行人財務報告編製準則（下稱編製準則）第13條第13款（即現行編製準則第15條第17款）及第16條，暨財團法人中華民國會計研究發展基金會所訂制之財務會計準則公報第6號，均提示『關係人交易』應予揭露、附註。尤其，上揭編製準則第15條第1款第7目（即現行編製準則第17條第1款第7目）規定之達1億元或實收資本額百分之二十以上之交易者，『應』予揭露，學理上稱前者為『量性指標』門檻，而與其他諸如美國證券管理委員會「第九九號幕僚會計公告」所列舉之不實陳述是否掩飾收益或其他趨勢、使損失變成收益（或收益變成損失）、影響發行人遵守法令之規範、貸款契約或其他契約上之要求、增加管理階層的薪酬、涉及隱藏不法交易等『質性指標』，祇要符合其一，即屬『重大』應揭露，避免行為人利用『量性指標』的形式篩檢，而為實質脫法、規避行為，俾維護證券市場的誠信，避免投資人因不實資訊而做成錯誤的投資決定。從而，法院於具體個案就行為人所為財務報告『虛偽或隱匿』的『內容』，是否具備『重大性』之要件，自應綜參立法沿革、

　　就財務報告之主要內容而言，司法實務上有認為財務報告所列之資產、營收狀況，因有將寄銷列為一般銷售，而未將未售出存貨金額扣除，及重複提列移轉予大陸子公司使用充為出資之設備金額，與子公司應付帳款差額等項，致主要內容有重大誤差，即屬不實[17]。相對地，亦有認為虛偽或隱匿之金額大小，並非證券交易法第20條第2項之構成要件，自不得以此作為有無違反該項規定之判斷標準[18]。

體系及目的等，本諸確信為法律的演繹、解釋及適用，及就行為人主觀不法要件之有無，為事實的認定，並於判決理由中，詳為說明，以為論擬的依據，否則即屬判決理由欠備。」另參閱最高法院106年度台上字第65號刑事判決：「復審酌實務上公開發行公司經營規模大小差異甚大，有營業額上千億者，亦有營業額僅數千萬者，如僅以1億元或實收資本額百分之二十為標準，恐有過於僵化之嫌，不利投資人了解公司交易資訊，是上開編製準則第15條第1款第7目所規定之達1億元或實收資本額百分之二十以上之交易係『應』揭露，但非指只有交易金額達到1億元或實收資本額百分之二十以上之交易始須揭露等情，於理由欄貳、一之（七）、（八）就重大交易之判斷，說明：關係人間進、銷貨交易是否重大而應於財務報告附註揭露之標準，應同時考量證券交易法施行細則第6條第1項關於『應重編財務報表』之『量性指標』門檻，以及審計準則公報第51號第2條第2款、第6條第2項關於查核規劃及執行重大性之『量性指標』及『質性指標』。查核人員不宜將金額低於所設定重大性之未更正不實表達（個別金額或其彙總數）均評估為不重大。某些不實表達之金額雖低於重大性，但經查核人員考量相關情況後，仍可能將其評估為重大。查核人員除依上述『量性』因子進行查核外，尚須審酌其他『質性』因子是否存在，不可固執或偏廢一端，資為判斷『重大性事項』參考等旨。」

17 參閱臺灣士林地方法院96年度金字第8號民事判決：「公司所公布、申報經會計師查核或核閱財務報告所列之資產、營收狀況，因有將寄銷列為一般銷售，而未將未售出存貨金額扣除，及重複提列移轉予大陸子公司使用充為出資之設備金額，與子公司應付帳款差額等項，致主要內容有重大誤差，即屬不實。」

18 參閱臺灣高等法院台中分院99年度建上字第18號民事判決：「證券交易法第14條授權訂定之『證券發行人財務報告編製準則』，已就包括資產負債表、損益表、股東權益變動表、現金流量表等在內之財務報告應記載內容詳予規範，凡虛偽或隱匿該準則所定內容者，即誤導投資人對公司真實財務及營運狀況之認知及評估，而屬證券交易法第20條第2項規定之違反，例如：虛增營業額、未揭露關係人交易或背書保證資訊、隱匿重要訴訟案件之進行或終結等；至於虛偽或隱匿之金額大小，並非證券交易法第20條第2項之構成要件，自不得以此作為有無違反該項規定之判斷標準，否則即與法條文義相悖，亦無法達到其為『確保公開發行公司財務業務資料之正確性，以維護證券市場之公正性並保障投資人權益』之立法目的。故實務上在認定時，亦從未以虛偽或隱匿之金額大小作為判斷標準……再者，被上訴人業經刑事法

　　另就公開說明書之主要內容而論，司法實務上則曾認為財務預測乃對未來之預估，財務報表則係就歷史資訊之陳述，故財務預測僅供參考，而非公開說明書之主要內容[19]。此外，尚有認為更新財測，並非證券交易法第32條所定公開說明書之主要內容[20]，應值注意。

二、國內學說之見解

　　關於證券交易法第20-1條第1項所規定「主要內容」有虛偽或隱匿之認定，國內學說上普遍認為，係指該虛偽或隱匿之資訊應具有「重大性」，亦即應以是否影響投資人之投資決策而定[21]。如無關宏旨之繁雜瑣碎事項，不足以影響投資人之決定者，應不在規範之範圍。此外，關於重

院認定違反證券交易法第20條第2項規定而判決有罪，倘可因虛偽或隱匿之金額數據高低，而免於該條所定之民事賠償責任，則該條文對投資人權益之保障、證券市場公正性之維護等功能形同虛設，除變相鼓勵其他經營者循相同手法詐騙投資人，刑事法院與民事法院就同一不法行為適用同一法條時，出現南轅北轍之解釋及認定，亦嚴重打擊投資人尋求司法作為最後救濟途徑之信心。」

[19] 參閱最高法院95年度台上字第2385號民事判決：「按證券交易法第31條第1項規定之說明書，係指募集有價證券向認股人或應募人交付之公開說明書，以保護自發行人直接認股或應募之人，而發行人應對認股人或應募人交付公開說明書，自應擔保內容正確，以免誤導認股人或應募人，致發行人得利。另財務預測乃對未來之預估，財務報表則係就歷史資訊之陳述，故財務預測僅供參考，而非公開說明書之主要內容。又有價證券之募集、發行、私募或買賣，不得有虛偽、詐欺或其他足致他人誤信之行為，發行人申報或公告之財務報告及其他有關業務文件，其內容亦不得有虛偽或隱匿之情事。所謂虛偽、詐欺或其他足致他人誤信之行為，均係出自於故意。至財務預測，每人參考資料不同，背景及經驗亦不同，除重要基本假設之參考資料有造假情事外，尚不得因預測錯誤，而推論其係虛偽或詐欺。」

[20] 參閱臺灣高等法院96年度金上字第5號民事判決：「本件系爭更新財測非證交法第32條所定公開說明書之主要內容，已如前述，惟因同法第20條所規定之虛偽、隱匿之用語，與證交法第32條所規定者相同，自應作相同之解釋，而依前述證交法第32條修正之立法理由觀之，可認虛偽、隱匿、詐欺及其他足致他人誤信之行為，均限於故意，不包括過失行為在內。」

[21] 參閱王志誠、邵慶平、洪秀芬、陳俊仁，實用證券交易法，頁460，2018年3月，5版；賴英照，股市遊戲規則—最新證券交易法解析，頁790，2009年10月，再版。

大性之認定,則採取「量性指標」與「質性指標」作為判斷標準[22]。

至於證券交易法第32條第1項所規定「主要內容」有虛偽或隱匿之認定,國內學說上亦認為,意指虛偽或隱匿之部分必須具有重大性,而會影響投資人之投資決策[23]。如某項記載單獨觀察,並無左右投資判斷之重要性,但如數項記載合併觀察足以產生重要影響力者,應屬主要內容。至於何等事項之記載構成主要內容,應依具體情形而為判斷[24]。

肆、「不合營業常規」之認定爭議

證券交易法第171條第1項第2款規定設有不合營業常規罪。亦即,已依證券交易法發行有價證券公司之董事、監察人、經理人或受僱人,以直接或間接方式,使公司為不利益之交易,且不合營業常規,致公司遭受重大損害,處三年以上十年以下有期徒刑,得併科新臺幣一千萬元以上二億元以下罰金。

一、真實交易或虛假交易之爭議

依最高法院早期之見解,即認為所謂「不合營業常規」,只要形式上具有交易行為之外觀,實質上對公司不利益,而與一般常規交易顯不相當,其犯罪即屬成立。申言之,所謂「使公司為不利益之交易,且不合營業常規」,只要形式上具有交易行為之外觀,實質上對公司不利益,而與一般常規交易顯不相當,其犯罪即屬成立。以交易行為為手段之利益輸送、掏空公司資產等行為,固屬之,在以行詐欺及背信為目的,徒具交易形式,實質並無交易之虛假行為,因其惡性尤甚於有實際交易而不合營業

---

[22] 參閱王志誠,財務報告不實罪之判定基準:以重大性之測試標準為中心(下),臺灣法學雜誌,第200期,頁113-121,2012年5月。

[23] 參閱王志誠、邵慶平、洪秀芬、陳俊仁,同註21,頁427;賴英照,同註21,頁840。

[24] 參閱賴英照,同註21,頁840。

常規之犯罪，自亦屬不合營業常規之範疇[25]。

其後，最高法院竟然有數則判決一反早期之見解，而認為證券交易法第171條第1項第2款乃規範真實交易但屬不合營業常規的情形，至於同條項第3款係規範意圖為自己或第三人之利益，為違背職務或侵占公司資產之行為，尤其是當中若涉及交易情形，則應指非真實之虛假交易，且要件上不包括受僱人，故兩者適用上應有所區別[26]。亦即，將證券交易法第171條第1項第2款之規範範圍加以限縮，僅包括不合營業常規之真實交易，而不包括不合營業常規之虛假交易[27]。

---

[25] 參閱最高法院100年度台上字第3285號刑事判決、最高法院100年度台上字第3945號刑事判決、最高法院102年度台上字第1353號刑事判決。

[26] 參閱最高法院101年度台上字第5291號刑事判決、最高法院102年度台上字第3160號刑事判決。另參閱最高法院104年度台上字第1003號刑事判決：「按證券交易法第171條加重使公司為不利益交易罪係以已依證券交易法發行有價證券公司之董事、監察人、經理人或受僱人，以直接或間接方式，使公司為不利益之交易，且不合營業常規，致公司遭受重大損害為要件。倘行為人根本無交易，或伴有交易而虛偽記載內容不實之帳簿、表冊、傳票、財務報告或其他有關業務文件，以虛增公司之帳面營業額及利潤，因屬無真實交易之詐偽，即均無『交易』是否合乎營業常規問題，自難以本罪繩之。」再參閱最高法院104年度台上字第2477號刑事判決：「按證券交易法第171條第1項第2款規定之使公司為不利益交易罪，係指已依證券交易法發行有價證券公司之董事、監察人、經理人或受僱人，以直接或間接方式，使公司為不利益之交易，且不合營業常規，致公司遭受重大損害為要件。是行為人基於使公司帳面獲利能力達成上櫃目標，而與其他公司偽作買賣，以無實際貨物進出之三角貿易或循環交易，提高銷貨業績、虛增營業額及獲利等方式美化財務報表。則行為人究竟有無做實體交易，此部分是否符合使公司為不利益交易，且不合營業常規要件，即有待釐清，尚不得遽為不利行為之判決。」

[27] 有學者認為，第171條第1項第2款應著重在行為人是否使公司為不利益且不合營業常規之交易，進而導致公司遭受重大損害，而非著重於該交易是否為假交易。因行為人掏空公司資產之行為，往往包含數個交易行為且假交易與真實交易常同時並存，如將本款非常規交易限於真實交易但屬不合營業常規之情形，而不合營業常規之假交易、符合營業常規之假交易、符合營業常規之真實交易皆由同項第3款處理，將會嚴重限縮第2款之適用範圍。參閱郭大維，非常規交易與假交易，月旦法學教室，第133期，頁25，2013年11月；林志潔，非常規交易是否包括「假交易」？最高院101台上5291判決，臺灣法學雜誌，第219期，頁219，2013年3月。本文以為，依證券交易法發行有價證券公司之董事、監察人或經理人，意圖為自己或第三人之利益，透過符合營業常規之虛假交易或符合營業常規之真實交易，而為違背其職務之行為或

356 賴源河教授八秩華誕祝壽論文集

所幸依最高法院近來則回歸早期之見解，認為所謂使公司為不利益之交易，且不合營業常規，只要形式上具有交易行為之外觀，實質上對公司不利益，而與一般常規交易顯不相當，其犯罪即屬成立。除了以交易行為為手段之利益輸送、掏空公司資產等行為外，在以行詐欺及背信為目的，徒具交易形式，實質並無交易之虛假行為，其惡性尤甚於有實際交易而不合營業常規之犯罪，自亦屬不合營業常規之範疇[28]。

基本上，當公司經營決策者之交易決策程序不符合公司法、證券交易法、相關法規命令或業界所發展出針對特殊交易類型之交易踐行程序等禁止或程序性規範，則該決策便可能為經營決策者之瀆職或濫權之結果，符合證券交易法第171條第1項第2款所規定之「不合營業常規」要件[29]，而不論其交易方式為真實交易或虛假交易。

二、認定基準：重實質而非形式

依最高法院之見解，尚認為考量利益輸送或掏空公司資產手法日新月異，於解釋該罪「以直接或間接方式，使公司為不利益交易，且不合營業常規」要件時，應重其實質內涵，不應拘泥於形式[30]。亦即，應參酌時空環境變遷及社會發展情況而定，不能拘泥於立法前社會上已知之犯罪模

侵占公司資產，致公司遭受損害達新臺幣五百萬元，似僅能落入證券交易法第171條第1項第3款特別背信罪或特別侵占罪之規範範疇。

[28] 參閱最高法院104年度台上字第1365號刑事判決、最高法院104年度台上字第1614號刑事判決、最高法院105年度台上字第2728號刑事判決、最高法院106年度台上字第205號刑事判決、最高法院106年度台上字第3330號刑事判決。

[29] 參閱林志潔，同註27，頁219。

[30] 參閱最高法院105年度台上字第2368號刑事判決：「證券交易法第171條第1項第2款非常規交易罪所指之『公司』，固指已依該法發行有價證券之公司而言。然依該罪之立法、修法背景，著眼於多起公開發行公司負責人及內部相關人員，利用職務為利益輸送、掏空公司資產，嚴重影響企業經營，損害廣大投資人權益及證券市場安定。考量利益輸送或掏空公司資產手法日新月異，於解釋該罪『以直接或間接方式，使公司為不利益交易，且不合營業常規』要件時，應重其實質內涵，不應拘泥於形式。」其他採取類似見解者，例如最高法院98年度台上字第6782號刑事判決、最高法院99年度台上字第6731號刑事判決。

式，或常見之利益輸送、掏空公司資產等行為態樣。又該規範之目的既在保障已依法發行有價證券公司股東、債權人及社會金融秩序，則除有法令依據外，舉凡公司交易之目的、價格、條件，或交易之發生，交易之實質或形式，交易之處理程序等一切與交易有關之事項，從客觀上觀察，倘與一般正常交易顯不相當、顯欠合理、顯不符商業判斷者，即係不合營業常規，如因而致公司發生損害或致生不利益，自與本罪之構成要件該當。此與所得稅法第43-1條規定之「不合營業常規」，目的在防堵關係企業逃漏應納稅捐，破壞租稅公平等流弊，稅捐機關得將交易價格調整，據以課稅；公司法第369-4條、第369-7條規定之「不合營業常規」，重在防止控制公司不當運用其控制力，損害從屬公司之利益，控制公司應補償從屬公司者，迥不相同，自毋庸為一致之解釋[31]。

伍、「連續」之認定爭議

所稱「連續」，最高法院之見解略重大更迭[32]。依最高法院1985年時之早期見解，有認為所謂連續，必須於特定期間內，「逐日」買入[33]，其後，最高法院亦曾認為僅有一次，不構成連續[34]，但未表明是否必須「逐日」。承繼上開1985年時之見解，最高法院其後亦有多次認為所謂「連續

---

[31] 參閱最高法院98年度台上字第6782號刑事判決。

[32] 關於美國及日本連續買賣行為規範之介紹，參閱王志誠，連續交易之認定基準及實務爭議，月旦民商法雜誌，第19期，頁5-34，2008年3月。

[33] 參閱最高法院74年度台上字第5861號刑事判決：「證券交易法第171條所定違反同法第155條第4款規定對於在證券交易所上市之有價證券不得有意圖影響市場行情，對於某種有價證券連續以高價買入或以低價賣出之罪，必須行為人主觀上有影響市場行情之意圖，客觀上有對於某種有價證券連續以高價買入或低價賣出之行為，始克成立。所謂『連續以高價買入』，係指於特定期間內，逐日以高於平均買價，接近最高買價之價格或以最高之價格買入而言。」

[34] 參閱最高法院75年度台上字第3956號刑事判決：「又同條第四款所稱『意圖影響市場行情，對於某種有價證券，連續以高價買入或以低價賣出者』，以有高價買入或低價賣出之連續行為為成立要件之一，如僅有一次該種行為，尚不能論以該罪。」

以高價買入」，必須於特定期間內，「逐日」買入[35]。

　　相對地，最高法院於2009年及2012年則一改早期見解，認為所謂連續，不以逐日、毫無間斷為必要[36]，只要於一定期間內，客觀上認為悖乎常情之多次或集合之多量，且足以造成交易熱絡之外觀。

　　應注意者，觀諸最高法院2015年之最新見解，則認為所謂連續，係指於特定時間內，「逐日」買入而言[37]。

　　綜上所言，最高法院過去雖曾有數個判決認為，所謂連續，不以逐日、毫無間斷為必要，但最近最高法院104年度台上字第36號刑事判決，

---

[35] 參閱最高法院96年度台上字第3387號刑事判決：「又所謂『連續以高價買入』，係指於特定期間內，逐日以高於平均買價、接近最高買價之價格，或以最高之價格買入而言。然依一般通念，行為人若要抬高某公司之股價，自須持續以高價買入，而非持續以低價賣出。雖間或有正常、甚至『低價』掛單之情形，但多為製造交易熱絡之表象，藉資引誘他人買進或賣出，並利用股價落差而圖謀不法利益，惟此仍難謂係持續以低價賣出股票之方式，藉以抬高公司之股價。」另參閱最高法院97年度台上字第2171號刑事判決：「所謂『連續以高價買入』者，指於特定時間內，逐日以高於平均買價、接近最高買價之價格，或以當日最高之價格買入而言。且不以客觀上『因而致交易市場之該股票價格有急劇變化』為必要。故該條文所稱『連續』，係指多次而言；『高價』則指『在一段期間內，逐日以高於委託當時揭示價、接近當日漲停參考價價格或以當日漲停參考價之價格委託買進』而言。」

[36] 參閱最高法院98年度台上字第6816號刑事判決：「而該規定之所謂『連續』，係指於一定期間內連續多次之謂，不以逐日而毫無間斷為必要；所指『以高價買入』，亦不限於以漲停價買入，其以高於平均買價、接近最高買價，或以當日之最高價格買入等情形固均屬之，甚至基於各種特定目的，舉如避免供擔保之股票價格滑落致遭斷頭，或為締造公司經營榮景以招徠投資等，而以各種交易手段操縱，不論其買入價格是否高於平均買價，既足使特定有價證券價格維持於一定價位，以非法誘使他人買賣該特定有價證券之所謂護盤，其人為操縱使有價證券價格維持不墜，即具抬高價格之實質效果，且其雖與其他一般違法炒作，意在拉高倒貨、殺低進貨之目的有異，但破壞決定價格之市場自由機制，則無二致，應亦屬上開規定所禁止之高買證券違法炒作行為。」另參閱最高法院101年度台上字第1422號刑事判決：「所稱『連續』，不以逐日、毫無間斷為必要，祇要於一定期間內，客觀上認為悖乎常情之多次或集合之多量，足以造成交易熱絡之外觀者，即為已足。」

[37] 參閱最高法院104年度台上字第36號刑事判決：「按證券交易法第155條第1項第4款所稱『連續以高價買入』，係指於特定時間內，逐日以高於平均買價、接近最高買價之價格，或以當日最高之價格買入而言。不以客觀上致交易市場之該股票價格有急劇變化為必要。」

則回歸最高法院74年度台上字第5861號刑事判決及最高法院96年度台上字第3387號刑事判決之早期見解，認為所謂連續，係指於特定時間內，「逐日」買入而言。

本文以為，從法條文義而言，所稱連續，應係指多次、緊密而言。亦即，行為人必須基於概括犯意，為多次、緊密以高價買入行為或低價賣出之行為。應注意者，由於我國有價證券集中交易市場，除另有規定外，其交易時間為上午九時至下午一時三十分[38]；櫃檯買賣股票之交易時間，除另有規定外，其交易時間採取等價成交系統者為上午九時至下午一時三十分；採營業處所議價者為上午九時至下午三時[39]。經查自2014年12月29日起，臺灣證券交易所將盤中集合競價撮合循環秒數縮短至5秒，「發行量加權股價指數系列」、「成交及委託統計資訊」及與富時公司、銳聯公司合編之「臺灣指數系列」揭露頻率亦調整至5秒。因此，行為人若非多次、緊密接連大量以高價買入或低價賣出有價證券，並無法達到價量齊揚之效果，進而誘使一般投資人跟進買賣，即難以認定行為人有抬高或壓低某種有價證券交易價格之主觀意圖。

陸、「高價」或「低價」之認定爭議

一、最高法院對於「高價」之認定

關於「高價」之判斷，依我國最高法院之見解，自1985年起大多認為「高價」乃相對概念。所謂高價買入，係指於特定期間內，以高於平均買價，接近最高買價之價格或以最高之價格買入[40]，且未限定應於盤中何時

---

[38] 參閱「臺灣證券交易所股份有限公司營業細則」第3條本文。

[39] 參閱「財團法人中華民國證券櫃檯買賣中心證券商營業處所買賣有價證券業務規則」第40條第1項第1款。

[40] 參閱最高法院74年度台上字第5861號刑事判決：「證券交易法第171條所定違反同法第155條第4款規定對於在證券交易所上市之有價證券不得有意圖影響市場行情，對於某種有價證券連續以高價買入或以低價賣出之罪，必須行為人主觀上有影響市場

或收盤時為之[41]。

　　相對地，最高法院亦曾認為，所謂連續以高價買入或低價賣出之行為，係指行為人基於概括犯意，於一定期間內連續多次以高價買入或低價賣出之行為。並非指每筆委託、成交買賣之價格均係高價，僅需其多數行為有概括之統一性即為已足[42]。

二、最高法院對於「低價」之認定

　　關於「低價」之判斷，最高法院過去並未明示其見解。若對照最高法院過去認定「高價」之多數見解，應解為於特定時間內，以低於平均賣價、接近最低賣價之價格，或以當日最低之價格賣出。

三、國內學說之見解

　　由於「高價」與「低價」係屬不確定法律概念，國內學說有認為，現

行情之意圖，客觀上有對於某種有價證券連續以高價買入或低價賣出之行為，始克成立。所謂『連續以高價買入』，係指於特定期間內，逐日以高於平均買價，接近最高買價之價格或以最高之價格買入而言。」其他採取類似見解者，例如最高法院101年度台上字第1422號刑事判決、最高法院102年度台上字第2529號刑事判決、最高法院104年度台上字第36號刑事判決。

[41] 參閱最高法院102年度台上字第2529號刑事判決：「證券交易法第155條第1項第4款所謂連續以高價買入，係指於特定期間內連續以高於平均買價、接近最高買價，或以當日之最高價格買入而言，且未限定應於盤中何時或收盤時為之。至於所謂之拉尾盤乃指行為人連續以高價買入特定之有價證券之犯罪時點為收盤前而言，此僅係抬高股價操作股票之手段之一，並非指僅有拉尾盤始違反該款規定而構成犯罪。」

[42] 參閱最高法院103年度台上字第2256號刑事判決：「判斷是否有影響市場以操控有價證券價格之主觀意圖，除考量其屬性、動機、交易型態及有無違反投資效率等外，有關高買低賣行為，是否在於創造錯誤之交易熱絡表象，進而誘使投資者跟進買賣以圖謀不法利益，亦為重要判斷因素。然行為人亦可能係基於其他各種特定目的，例如避免供擔保之有價證券價格滑落，或締造公司之經營榮景，亦或利用海外原股與臺灣存託憑證之價差，故此，以人為操縱方式維持價格，並具集中交易市場行情異常變動而影響市場秩序之危險，即屬違法炒作行為。又所謂連續以高價買入或低價賣出之行為，係指行為人基於概括犯意，於一定期間內連續多次以高價買入或低價賣出之行為。並非指每筆委託、成交買賣之價格均係高價，僅需其多數行為有概括之統一性即為已足。」

行證券交易法第155條第1項第4款所規定「高價」、「低價」之認定,應繫於「特定時點」股價之相對高低而言。有關某一股票之歷年最高價,或資產股之資產價值高昂以致於使每股價值遠高於行為人買進價格,應均非認定「高價」、「低價」時所應考慮之點。其規範重點並非在於如何認定「高價」、「低價」之問題上,而是重在連續買進或賣出之行為以誘引他人買賣。因此,證券交易法第155條第1項第4款之規範要件,宜刪除「高價」、「低價」等字樣,以免徒增困擾[43]。

再者,即使行為人特定期間內曾以高於平均買價、接近最高買價之價格或以最高之價格買入有價證券,尚應認定行為人有無影響證券市場行情或引誘他人從事有價證券買賣之主觀意圖,始能以連續交易相繩。按是否構成連續交易之客觀不法構成要件,主要應從行為人是否為價格之主導者、行為人對某種有價證券是否為市場之支配者及行為人若停止其買賣是否導致某種有價證券價格暴跌等因素判斷之,其規範重點不應在於是否以「高價」或「低價」買賣,而在於是否因連續買賣而足以引誘他人跟進買賣,且客觀上不以連續買賣過程是否因而致交易市場之某種有價證券價格有急劇變化為必要[44]。

惟在證券交易法第155條第1項第4款之法條結構下,法院於認定是否構成連續交易或炒作行為時,難免仍必須就「高價」或「低價」進行認定。為避免法院不當擴大具有開放性構成要件之「高價」或「低價」等概念,扭曲資本市場之合理投資行為,法院應對於該當連續以高價買入或低價賣出特定有價證券行為,仍應進行違法性判斷,將不具有違法性之構成要件該當行為,排除於犯罪之處罰範圍之外。例如於認定是否構成連續交易或炒作行為時,一併將其連續以高價買入或低價賣出特定股票行為,如何導致該股票在市場買賣競價上產生異常及影響股價異常納入考量[45]。

---

[43] 參閱劉連煜,新證券交易法實例研習,頁624-625,2016年9月,增訂14版。

[44] 參閱王志誠、邵慶平、洪秀芬、陳俊仁,同註21,頁549。

[45] 觀諸最高法院105年度台上字第2304號刑事判決之見解:「違法炒作股票罪之成立,對於行為人連續以高價買入或低價賣出特定有價證券行為,客觀上是否有致使該特定有價證券之價格,不能在自由市場供需競價下產生之情形,一併考量。因此,行

柒、「交易活絡」之認定爭議

一、法院對於「交易活絡」之認定

按所謂「交易活絡之假象」，本係不確定之法律概念。在證券交易實務上，通常客觀上係以相對成交之方式，以達成誘使或誤導他人為交易之目的。問題在於，不同公司之資本總額不同，其股份發行數往往差異甚大，故不得僅以系爭股票買賣之張數作為判斷市場是否活絡之基準，而應將各該公司發行之股份數納入考量，故系爭股票交易是否活絡，應以該股票之日週轉率為判斷之標準[46]。

就國內司法實務見解之發展而言，首先，依最高法院102年度台上字第3448號刑事判決之見解[47]，即認為若公司股票於查核期間之日平均週轉率僅有3.29%，尚未達臺灣證券交易所「公布或通知注意交易資訊暨處置作業要點」所定10%之注意標準，顯見同開公司股票並無市場交易活絡之情形，且被告交易情形亦未達臺灣證券交易所之「成交價異常」函送偵辦

為人是否違法炒作股票，應就其連續以高價買入或低價賣出特定股票行為，如何導致該股票在市場買賣競價上產生異常及影響股價異常，就其判斷標準，予以說明。」似透過將連續以高價買入或低價賣出特定股票行為，如何導致該股票在市場買賣競價上產生異常及影響股價異常之因素納入考量，合理限縮連續交易或炒作行為之構成要件該當性。

[46] 參閱臺灣高等法院臺中分院100年度金上訴字第764號刑事判決、臺灣高等法院101年度金上訴字第22號刑事判決。

[47] 最高法院102年度台上字第3448號刑事判決：「惟原判決繼又認定，同開公司股票於查核期間之日平均週轉率僅有百分之三點二九，尚未達證交所『公布或通知注意交易資訊暨處置作業要點』所定之百分之十注意標準，顯見同開公司股票並無市場交易活絡之情形，且被告交易情形亦未達證交所之『成交價異常』函送偵辦標準，均難認被告有何欲藉由相對成交以使股票交易活絡來達到引誘他人投資之不法意圖可言（見原判決第20至22頁）。是被告於客觀上縱有相對成交行為，惟其主觀上尚乏不法意圖，仍難為被告有罪之認定，是原判決上開論敘雖屬未周而略有微疵，惟此尚不足以動搖原判決認定被告欠缺不法意圖之事實基礎，於判決結果仍不生影響。」

標準，均難認被告有何欲藉由相對成交以使股票交易活絡來達到引誘他人投資之不法意圖可言。其次，依臺灣高等法院101年度金上訴字第22號刑事判決之見解[48]，亦認為不得僅以相對成交數量占各該日該股總成交量之比率偏高，即認定已有造成該股票交易活絡之表象，尚應將日平均週轉率等要件列入分析。

所謂週轉率，又稱換手率（Turnover Rate），其計算公式為：週轉率（換手率）＝（某一段時期內之成交量）／（發行總股數）×100%。因此，所稱日週轉率即為每日成交量除以發行總股數之百分比。其計算公式為：週轉率（換手率）＝（每日成交量）／（發行總股數）×100%。

二、國內學說之見解

國內學說亦有認為判斷股票交易是否活絡，應以該股票之日週轉率為判斷之標準[49]。至於當日之週轉率是否過高，目前臺灣證券交易所股份有限公司對上市有價證券係以當日週轉率是否超過10%為標準（臺灣證券交易所股份有限公司公布或通知注意交易資訊暨處置作業要點第2條第1項第3款、臺灣證券交易所股份有限公司公布或通知注意交易資訊暨處置作業要點第四條異常標準之詳細數據及除外情形第5條第1項第2款），財團法人中華民國證券櫃檯買賣中心對於上櫃有價證券則依情形不同分別以當

---

[48] 參閱臺灣高等法院101年度金上訴字第22號刑事判決：「原判決所認『證券交易法第155條第1項第5款規定所謂交易市場活絡』係不確定法律概念，蓋不同公司之資本總額不同，其股份發行數往往差異甚大，故不得僅以系爭股票買賣之張數作為判斷市場是否活絡之基準，而應將各該公司發行股份數納入考量，故實務上，就系爭股票交易是否活絡，係以該股票之日週轉率為判斷之標準。所謂日週轉率，係指以日成交總量除以該發行公司實收資本額所得之數值，日週轉率數值越大，表示系爭股票該日之市場流動性越高；交易也越趨活絡』、『足見案發時主管機關上開認定注意異常標準，係以櫃臺買賣公司股票之日週轉率應達10%時，始達注意標準』、『可知有關該各該股票於市場交易是否活絡表象之判斷，分析期間日均成交量進行判斷較為客觀有據』，亦有臺灣高等法院臺中分院100年金上訴字第764號判決可據（被證3），是原判決本於法律確信，依卷內證據資料為上開認定，即非無憑。」

[49] 參閱王志誠，相對成交行為之構成要件，月旦法學教室，第164期，頁63-64，2016年6月。

日週轉率是否超過10%（財團法人中華民國證券櫃檯買賣中心櫃檯買賣公布或通知注意交易資訊暨處置作業要點第2條第1項第3款）或5%（財團法人中華民國證券櫃檯買賣中心櫃檯買賣公布或通知注意交易資訊暨處置作業要點第四條第一項各款異常標準之詳細數據及除外情形第5條第1項第2款）為標準，不失為一妥適之參考標準。

捌、結論

　　對於構成要件不明確之犯罪類型，司法者有義務藉具體個案，建立具體明確之要件，以補充其構成要件要素。國內司法實務上對於「不合營業常規」之解釋，似首重目的解釋，強調應本於立法初衷，參酌時空環境變遷及社會發展情況而定。又當無法直接從法律所使用之不確定法律概念，認知其所欲表達之完整法律思想時，從立法理由中探求立法者之規範目的固然重要，但仍應注意法律體系之整體關聯，以及解釋結果所顯示出來之內在價值，以評價所採用解釋方法之妥適性。例如對於「主要內容」或「重大性」之解釋，則係綜參立法沿革、體系及目的等解釋方法。

　　至於若係具有開放性構成要件性質之犯罪類型，應以「手段、目的關係的社會可非難性」為標準，審查行為人之行為是否為社會倫理之價值判斷上可責難者。因此，法院於認定「連續」、「高價」、「低價」及「交易活絡」等概念時，應審查行為人之手段與目的間是否具有關聯性，實質認定是否有違法性。例如當行為人基於合理投資或取得經營權等合法正當之目的，而緊密、大量購入股票時，因其手段與目的間具有關聯性，應認為不具有違法性。

15

財務報告不實之「重大性」要件

吳盈德[*]

壹、前言

　　我國法上對財務報告不實之規範，主要涉及條文為證券交易法第20條第2項、第20-1條、第171條第1項第1款、第174條第1項第5至6款及第178條第1項第4款；商業會計法第71條。證券交易法第20條第2項規定：「發行人依本法規定申報或公告之財務報告及財務業務文件，其內容不得有虛偽或隱匿之情事。」。所謂「虛偽」係指所提供或記載之資訊與客觀之事實不符，所謂「隱匿」則指對於重要事項或內容本應揭露而不揭露，致有欠缺。不論係虛偽或隱匿，從學說上大多肯認以故意為要件[1]，理由在於：「一、從文義解釋，『虛偽』、『隱匿』通常係指故意行為；二、第20條第2項列於第20條第1項之後，而第20條第1項為美國法上之反詐欺條款，該等行為於美國法制上或實務上乃認為係故意責任而不包括過失責任，故依體系解釋或比較法觀之，第20條第2項應係屬故意責任；三、證券交易法第20條第2項係於1988年時增訂，在立法理由指出本項參照美國證券交易法第18條增訂，而該條文亦僅限於不法行為人之故意責任；四、由於證券交易法第171條並未明定處罰過失犯，故應以故意為主觀構成要件，同理，證券交易法第171條第5款或第6款，亦未明文處罰過失犯，自應以故意為主觀構成要件。」

　　另外，2006年1月11日修正公布證券交易法第157-1條第4項，增訂授

---

[*] 本文初稿發表於證券交易法適用疑慮與修法芻議學術研討會，作者已增修部分內容，收錄本文於賴源河教授八秩華誕祝壽論文集。藉此之際，對賴源河教授無私奉獻法學教育，不吝提拔後學，謹表達崇高之敬意。

[1] 賴英照，證券交易法解析（簡明版），頁326，2016年，第3版。

權主管機關訂定重大消息之範圍及其公開方式等相關事項，參酌金融監督管理委員會發布之證券交易法第157-1條第5項及第6項重大消息範圍及其公開方式管理辦法第2條規定：「本法第一百五十七條之一第四項所稱涉及公司之財務、業務，對其股票價格有重大影響，或對正當投資人之投資決定有重要影響之消息，指下列消息之一：……其他涉及公司之財務、業務，對公司股票價格有重大影響，或對正當投資人之投資決定有重要影響者。」、同辦法第3條規定：「本法第一百五十七條之一第四項所稱涉及該證券之市場供求，對其股票價格有重大影響，或對正當投資人之投資決定有重要影響之消息，……[2]。」

由證券交易法第157-1條可知，重大消息係指「公司之財務、業務」或「公司股票的市場供求或公開收購」之消息，其具體內容對其股票價格有重大影響，或對正當投資人之投資決定有重要影響；所謂有重大影響其股票價格之消息，指「涉及公司之財務、業務或該證券之市場供求、公開收購，其具體內容對其股票價格有重大影響，或對正當投資人之投資決定有重要影響之消息[3]。」由此可知，重大消息之意涵包括，涉及公司財務、業務之消息；或涉及該證券市場供求或公開收購之消息。且不論前者或後者，該等消息之具體內容對公司股票價格須有重大影響，或對正當投資人之投資決定須有重要影響，始足當之。

---

[2] 本條修正理由：「按所謂重大消息應係以消息對投資人買賣證券之影響程度著眼，衡量其發生之機率及對投資人投資決定可能產生的影響做綜合判斷，而不以該消息確定為必要，爰將『其他足資確定之日』修正為『其他依具體事證可得明確之日』，以避免外界錯誤解讀重大消息須確定始為成立。」

[3] 最高法院96年度台上字第2453號判決意旨參照。

貳、案例基礎事實[4]簡析

一、事實摘要

　　科風股份有限公司（下稱A公司）係上市公司，張○○為董事長（下稱甲）、陳○○為財務協理（下稱乙），民國97年第4季發生全球金融風暴，各國減少對太陽能產業之補助，該公司轉投資設立8家電廠，卻未將此關係人交易、資金貸與等事項，於98、99年度財務報告中揭露；復為美化該公司財報，明知A公司設立於荷蘭的Furness Logistics倉庫（下稱B倉庫）並非A公司之銷貨客戶，為圖虛增銷貨收入，接續於98年至100年間，利用塞貨（亦即未有客戶訂貨之情形下，預先製造生產大量出貨至發貨倉庫存放，再依市場實際需求銷貨）之方式，大量出貨予B倉庫，虛增A公司營業額，未待貨物實際銷售，即違反一般公認會計原則，提前於各該年度內認列營收；另於100年間，在無實際進、銷貨情形下，虛增銷貨收入，致該公司應依證券交易法規定申報、公告之98年度、99年度、100年度前三季財務報告、財務業務文件，發生虛偽記載情事。足生損害於證券交易市場投資人之正確判斷及主管機關對於A公司財務報告查核之正確性。案經科冠公司告訴及檢察官提起公訴。第一審全部判罪，第二審判決除認虛增出貨予B倉庫的銷貨收入部分，犯罪不能證明，而不另為無罪之諭知外，餘認事證明確，撤銷第一審此部分科刑判決，改判仍分別論甲、乙以共同法人之行為負責人犯證券交易法第171條第1項第1款之申報及公告不實罪，並各宣處有期徒刑4年、3年4個月。

　　惟最高法院認為原審之判決就證券交易法第171條第1項第1款之財報不實罪，其虛偽或隱匿財務報告之「內容」，為何需要通過「重大性」的檢視？又判準的「量性指標」、「質性指標」，應如何解釋？原審均未充分釐清、說明，理由欠備，難昭折服。最高法院因而發回高等法院更審。

---

[4] 本文討論之案例事實，係以最高法院106年度台上字第278號刑事判決所認定之事實為基礎。

二、高等法院裁判意旨[5]

（一）被告甲、乙二人另辯稱關於銷貨收入科目登載縱有瑕疵，惟經會計師查核後損益影響數並未達財報上之重大性標準，且被告二人主觀上並無登載不實之故意等語。是就被告二人是否違反財務會計準則相關規定，並達重大不實之情況，分析如下：1.按證券交易法第14條第1項、第2項規定：「本法所稱財務報告，指發行人及證券商、證券交易所依法令規定，應定期編送主管機關之財務報告。前項財務報告之內容、適用範圍、作業程序、編製及其他應遵行事項之財務報告編製準則，由主管機關定之，不適用商業會計法第四章、第六章及第七章之規定。」另按證券發行人財務報告編製準則（98年1月10日修正）第1條規定：「本準則依證券交易法第十四條第二項規定訂定之。」又同準則第10條第1項規定：「營業收入：係本期內因經常營業活動而銷售商品或提供勞務等所獲得之收入，包括銷貨收入、勞務收入等。營業收入之認列應依財務會計準則公報第三十二號規定辦理。」而科風公司係於76年4月24日成立，於91年8月6日，經證期局審查通過，在證券交易所上市，為公開發行買賣股票之公司，是科風公司定期編送主管機關之財務報告內容，有關營業（銷貨）收入之認列應依財務會計準則公報第32號規定辦理甚明。復按財務會計準則公報第32號「收入認列之會計處理準則」第4項規定：「收入通常於已實現或可實現且已賺得時認列。下列四項條件全部符合時，方宜認為收入已實現或可實現，而且已賺得：(1)具有說服力之證據證明雙方交易存在；(2)商品已交付且風險及報酬已移轉、勞務已提供或資產已提供他人使用；(3)價款係屬固定或可決定；(4)價款收現性可合理確定。」又依同公報第27項規定：「銷售商品應於符合下列所有情況時認列收入：(1)企業將商品之顯著風險及報酬移轉予買方；(2)企業對於已經出售之商品既不持續參與管理，亦未維持其有效控制；(3)收入金額能可靠衡量；(4)與交易有關之經濟效益很有可能流向企業；(5)與交易相關之已發生及將發

5　本文以財務報告不實之重大性要件為題，因此，此處摘要之要旨，以臺灣高等法院104年度金上重訴字第15號刑事判決中與財務報告不實之重大性要件有關部分為主。

生之成本能可靠衡量。」另依同公報第13項規定：「企業交付商品後若仍須承擔顯著風險，則此交易並非銷售，不宜認列收入。例如：(1)若買方不滿意企業之商品，企業負有超出一般合約保固條款之義務；(2)特定商品之銷貨須俟買方將該商品再出售時方能收款者；(3)商品已運送但未完成安裝，而商品之安裝係交易之重要部分；(4)買方有權依銷售契約中所載之原因取消交易，而企業無法評估退回之可能性；(5)買方非為真正之經濟個體，亦即買方係由賣方所創造之紙上（空頭）公司，用以安排虛偽之銷貨。」

（二）綜上，並無證據證明被告二人有刻意誤導查核人員B倉庫為海外客戶之情，而B倉庫銷貨均係基於客戶訂單或預估訂單，嗣所銷售貨物大部分之所有權和風險亦已移轉，並無塞貨之情事，而於會計科目先記載為銷貨收入屬會計作帳之一種方式，縱科風公司未於年終製作回轉分錄，惟經會計師查核後損益影響數並未達財報上之重大性標準，且被告二人主觀上並無登載不實之故意，本件檢察官所舉之證據，尚不足證明被告甲、乙二人就此部分，構成證券交易法第20條第2項、第171條第1項第1款之犯罪，此等部分應屬不能證明其犯罪。惟公訴意旨認此等部分與被告二人前揭論罪科刑之申報不實財務報告之犯行間，有裁判上一罪關係，爰不另為無罪之諭知。

三、最高法院裁定意旨

原審雖於理由內，肯認前揭財務報告不實罪，其中所謂虛偽或隱匿的「內容」，尚需通過「重大性」的檢視，並臚列眾多檢視財務報告「內容」是否具備「重大性」的判準，並以學理上所稱的「量性指標」、「質性指標」加以區分，然對於該財務報告虛偽或隱匿的「內容」何以需通過「重大性」的檢視？原審未能說明其理由，致檢察官得以執為指摘其理由不備的上訴第三審理由；又原判決以編製準則關於財務報表附註應揭露事項，其所例示之重大交易事項相關資訊，涵括：「（一）資金貸與他人；（二）與關係人進、銷貨之金額達新臺幣1億元或實收資本額20%以上」，乃認科風公司與關係人YUR POWER 8家電廠的交易，及與子公司

科國公司間的資金貸與等事項,係屬重大交易,應予揭露,然此等例示規定目的及性質為何?得否逕援引為「重大性」要件之「量性指標」的判準,原審無充分說明,逕予援用,仍屬理由欠備;尤以,原判決所揭示的「重大性」判斷標準,與前揭例示事項,尚屬有間,其彼此間之關係如何,究竟係衹要符合例示事項之一者,即具備「重大性」要件?抑或需再經過「質性指標」為重層性的檢視,始足當之?又「質性指標」是否係屬「量性指標」的補充性規定,以補證券詐欺行為捕捉網之缺漏?此外,甲既身為公司董事長,衡情似未親自參與財務報告的製作,其究竟如何與乙間,具有犯意聯絡、行為分擔?凡此,原審均未充分釐清、說明,遽為甲、乙共同犯罪的認定,致其等不服,而具有可資非難的指摘。

四、小結

由上開最高法院撤銷發回理由可知,針對確定前高等法院判決有關財報不實以及重大性適用之認定理由,最高法院並未具體表達意見,當然前高等法院判決理由也因最高法院撤銷發回而成為待釐清之確定見解。

參、財務報告不實之構成要件

依證券交易法第14條第1、2項規定,財務報告係指發行人及證券商、證券交易所依法令規定,應定期編送主管機關金融監督管理委員會之財務報告。財務報告之內容、適用範圍、作業程序、編製及其他應遵行事項之財務報告編製準則,由主管機關金融監督管理委員會定之,不適用商業會計法規定。據此,金融監督管理委員會訂有「證券發行人財務報告編製準則」,此準則第3條規定「發行人財務報告之編製,應依本準則及有關法令辦理之,其未規定者,依一般公認會計原則辦理。前項所稱一般公認會計原則,係指經本會認可之國際財務報導準則、國際會計準則、解釋及解釋公告。」由上述規定可知,財務報告範疇大於財務報表,並且包含財務報表。所謂財務業務文件,證券交易法並未如財務報告訂有基本之定

義，從證券交易法第20條第2項規定之法條結構，因將財務報告及財務業務文件並列，依文義上看來，係將二者視為不同概念或客體，學者認為財務業務文件解釋上除財務報告以外，發行人依法令申報或公告之文件，均可能包括在內[6]。

證券交易法第20條第2項規定：「發行人依本法規定申報或公告之財務報告及財務業務文件，其內容不得有虛偽或隱匿之情事。」所謂「虛偽」係指所提供或記載之資訊與客觀之事實不符；又所謂「隱匿」則指對於重要事項或內容本應揭露而不揭露，致有欠缺。然不論係虛偽或隱匿，在學說上大多肯認以故意為要件[7]，又證券交易法第20條第2項係於1988年時增訂，在立法理由指出本項參照美國證券交易法第18條增訂[8]，而該條文亦僅限於不法行為人之故意責任。首先，從文義解釋上，「虛偽」、「隱匿」通常係指故意行為[9]。再者，第20條第2項列於第20條第1項之後，而第20條第1項為美國法上之反詐欺條款，該等行為於美國法制上或實務上乃認為係故意責任而不包括過失責任，故從法條規範的文字觀察很難認為此為規範詐欺行為之條文，第20條第2項應係屬故意責任[10]。另外，由於證券交易法第171條並未明定處罰過失犯，故應以故意為主觀構成要件，同理，證券交易法第171條第5款或第6款，亦未明文處罰過失

---

[6] 賴英照，同註1，頁326。

[7] 劉連煜，新證券交易法實例研習，頁397，2016年9月，增訂14版。

[8] 參閱立法院法律系統網站，立法院議案提案關係文書，http://lis.ly.gov.tw/lgcgi/lgmeetimage?cfcec8c6cfcccfcfc5ccced2c7c7，最後瀏覽日：2018年6月10日。

[9] 參閱最高法院83年度台上第4931號刑事判決：「按證券交易法第171條因違反同法第20條第1項成立之罪，須有價證券之募集，行為人有虛偽、詐欺、或其他足致他人誤信之行為。所謂虛偽係指陳述之內容與客觀之事實不符；所謂詐欺，係指以欺罔之方法騙取他人財物；所謂其他足致他人誤信之行為，係指陳述內容有缺漏，或其他原因，產生誤導相對人對事實之了解發生偏差之效果。無論虛偽、詐欺或其他使人誤信等行為，均須出於行為人之故意，否則尚不為罪。」

[10] 參閱洪令家，論證券交易法財報不實之刑事責任，中正財經法學，第12期，頁133-135。

犯，自應以故意為主觀構成要件[11]。

　　此外，證券交易法第20條第2項並未明訂應負刑事責任之行為主體，從本條項所規定之文義觀之，係以「發行人申報或公告之財務報告或其他有關業務文件」為主語，而非以「發行人」為主語，故其責任主體自不以發行人為限。亦即除了包括財務報告上簽名蓋章之董事長、經理人及會計主管外，尚應包括對財務報告簽證之會計師，乃至於雖未簽名而實際參與製作財務報告之其他負責人或職員[12]。國內司法實務見解，有認為證券交易法第20-1條第1項係違反第20條第2項相關人員（包括負責人及相關製作人員等）所應負擔責任之規定，若該相關人員尚無須負擔任何民事責任，舉輕以明重，自無復行對該等人員依同法第171條第1項科以刑罰，縱立法者於修法時並未針對發行人所公告申報之財務報告及財務業務書件相關製作人員之刑事責任範圍一併做明確之規定或限制，應僅屬立法疏漏，其刑事責任範圍自不應大於其於民事責任所應賠償之範圍，始屬正當[13]。

肆、財務報告重大性之檢視要件

　　按證券交易法第157-1條第5項及第6項重大消息範圍及其公開方式管理辦法第2條列舉「涉及公司財務、業務之重大消息」，包括喪失債信、公司辦理重大募資或減資、併購及投資計畫、重整、破產、解散、發生災難、集體抗議、罷工、環境污染、公司發生重大內控舞弊、掏空公司資產、主要客戶停止往來、財務報告有未依規定公告、重大變動及會計師出具非無保留意見、財務預測（更新）與實際數（原預測數）有重大差異、公司營業損益產生重大變動、公司實施庫藏股、進行或停止公開收購、

---

[11] 參閱王志誠，財務報告不實罪之判定基準：以重大性之測試標準為中心（上），臺灣法學雜誌，第198期，頁48，2012年4月。

[12] 參閱王志誠，財務報告不實罪之判定基準：以重大性之測試標準為中心（下），臺灣法學雜誌，第200期，頁117-118，2012年5月。

[13] 參閱臺灣臺南地方法院98年度金重訴字第1號刑事判決。

取得或處分重大資產、發行海外有價證券有應依規定公告或申報之重大情事……等17款，又因重大消息具有高度事實認定之性質，必須依據個案事實認定，爰訂有概括性條款，以將所有應予規範之態樣納入。另第3條列舉「涉及該證券之市場供求之重大消息」，包括被進行或停止公開收購、公司或其控制公司股權重大異動、有價證券有標購、拍賣、重大違約交割、變更原有交易方法及檢調人員至公司、控制公司或重要子公司執行搜索等4款，同樣訂有概括性條款。上開辦法，雖試圖就重大消息範圍及類型加以規範，惟仍未將「重大性」概念予以具體化。

　　證券交易法第174條第1項，本項條文文字為財務報告及財務業務文件之「內容」有虛偽或隱匿之情事，雖亦僅以其「內容」有虛偽之記載為要件，但鑒於其本質上亦屬對理性投資人從事證券詐欺之行為，故從其規範目的而言，解釋上應以所虛偽記載者屬於其重要內容或主要內容為限，而不應與證券交易法第20條第2項所規定「內容」一詞為不同之解釋[14]。倘單以文義觀之，本項責任之成立，是否以財務報告及財務業務文件之資訊內容有重大不實為前提？誠有疑義。國內司法實務上尚有認為本項條文並無「重大」內容及「非重大」內容之區分，舉凡發行人申報或公告之財務報告及財務業務文件，內容有虛偽或隱匿之情事，均規範在內之見解[15]。從體系解釋，本項所規定之財務報告及財務業務文件，亦應與證券交易法第20-1條規定以「主要內容」有虛偽或隱匿之情事為相同解釋，爰本項資訊不實亦應以具重大性為限[16]。從目的解釋，本項立法理由為保障投資，增強發行人之職責，因此證券交易法第20條第2項之可罰性，亦應以具重大性，足以侵害投資人權益者為限[17]，學說見解大多數均肯認本項應具有「重大性」要件[18]。

---

[14] 參閱劉連煜，同註7，頁336。

[15] 參閱臺灣高等法院臺南分院101年度金上重訴字第284號刑事判決。

[16] 參閱王志誠，公司或內部人違反持股資訊揭露義務之責任－評最高行政法院94年度判字第1269號判決，月旦裁判時報，第23期，頁48，2013年10月。

[17] 參閱劉連煜，同註7，頁397。

[18] 參閱賴英照，同註1，頁302。

又對於公開發行公司取得或處分資產、從事衍生性商品交易、資金貸
與他人、為他人背書或提供保證等重大財務業務行為，主管機關訂有「公
開發行公司取得或處分資產處理準則」、「公開發行公司資金貸與及背書
保證處理準則」等規定，要求公開發行公司自訂其處理程序，經董事會通
過並提報股東會同意，並且於重大財務業務行為事實發生日2日內於公開
資訊觀測站辦理公告申報[19]。此外，在每季及每年定期公開的財務報告中
附註揭露報導期間內公司發生重大交易事項彙整資訊，使投資人可以從多
方面管道了解公司財務業務經營狀況，進而作成其投資決策。惟如違反上
揭登載之義務或內容不實是否有相關責任？由目前實務見解觀之，於公開
資訊觀測站所為虛偽記載不得逕認違反證券交易法第20條第2項、第179條
第1項、第171條第1項財務報告不實罪[20]，惟仍可能適用證券交易法第155
條第1項第6款的相關規定[21]。

然何謂「重大性」？其實無量化認定標準，消息重大性與否之判
斷，具有高度事實認定之特性，必須依個案具體事實認定，而且並非以單
一事件作為衡量基準，而應綜合各項因素作整體之判斷[22]。關於重大性之
定義，臺灣高等法院102年度金上訴字第56號刑事判決認為：「此『重大
性』之刑罰要件雖為法律條文所無，然基於該條立法目的，於解釋上自應

---

[19] 參閱金融監督管理委員會民國99年12月8日金管證發字第0990041685號令，公開發行
公司依「公開發行公司取得或處分資產處理準則」及「公開發行公司資金貸與及背
書保證處理準則」規定應公告或申報事項，向金融監督管理委員會指定之資訊申報
網站（目前為公開資訊觀測站）進行傳輸，於完成傳輸後，即視為已依規定完成公
告申報。

[20] 參閱臺灣高等法院103年度金上重訴字第29號刑事判決。

[21] 最高法院105年台上字第1596號刑事判決略謂：「按證券交易法第155條第1項第6款
規定為『非交易型』之操縱證券交易方式，最典型即為『資訊型』操縱行為，藉由
資訊之發布，影響證券價格而遂行操縱之目的。是行為人將不實之新聞稿資料，公
告在公開資訊觀測站上，並經由報紙登載報導，致公司股票收盤價格因利多消息之
揭露而大幅上漲，即構成上開規定之散布不實資訊，影響證券市場行為。」

[22] 參閱林國全，證券交易法第157-1條內部人員交易禁止規定之探討，政大法學評論，
第45期，頁289-290。林國全教授認為消息之重要性有三個認定基準：「重大性、具
體性以及確實性。」

以此客觀處罰條件限縮刑罰之範圍，此亦為學說上普遍接受之見解。」惟影響股價漲跌因素甚多，一項利多或利空消息對公司之影響程度，投資人解讀亦可能有所不同，實不宜僅以事後單純之股價漲跌表現，據以論斷是否屬「重大影響股票價格之消息」[23]。因此，實務上常借重於美國司法實務之標準，即當該未經公開的消息是理性投資人知道後會對其投資決定造成重要影響時，就算是重大消息[24]。美國學說與司法實務上皆認為，由於任何重大消息都有形成之過程，應以特定消息在其形成過程中，依其具體情形，是否對投資人的投資決定具有重大影響做為判斷標準[25]。

　　當消息有其不確定性或僅是推測的時候，實務上採用美國法所衍生的判斷標準，若某一事件本身屬於「或許會，或許不會發生」或「尚未確定發生，僅是推測性」之性質，則應適用*Basic Inc. v. Levinson*案所採用之「機率和影響程度」判斷基準；如果某一事件對於公司之影響係屬「清楚而確定」者，應適用*TSC v. Northway*案之測試基準[26]。綜言之，此「重要

---

[23] 臺灣高等法院92年上重訴字第66號刑事判決略謂：「調降財測之後，股價表現漲跌與否？實涉及投資大眾如何評價其財測之影響，並非以事後單純之股票漲跌表現，據以論斷是否違法？此因財測調降，對於投資者而言，是否為投資學上之『利空出盡』或『長空攢壓』？應交由市場機制運作決定，不能謂財測調降之事實公布後，股票價格未發生明顯變動之結果，而謂非屬『重大影響股票價格之消息』。又依股市實務觀察，重大消息發布後，內線交易行為早已於前一段時期陸續完成，致股票價格並未明顯變動。因此所謂『重大影響股票價格之消息』，應指實質有可能改變投資人對原股票投資價格判斷之消息而言，不應以調降財測後，股價表現漲跌與否，來判定是否屬『重大影響股票價格之消息』」。

[24] 張心悌，企業併購時內線交易消息「明確」之判斷—最高法院101年度台上字第1420號刑事判決，月旦裁判時報，第25期，頁87，2014年2月。

[25] 劉連煜，內部人交易規範中內部消息「重大性」之認定基準，政大法學評論，第45期，頁214-218，1996年12月。劉連煜教授認為資訊內容具重大性是責任成立要件，並謂：「違反證交法第20條第2項資訊不實之法律責任，雖然該項規定本身並未明定必須資訊之重要內容或主要內容不實等字眼，但從外國立法例及我國證券交易法相關規定之體系解釋觀察，應解為：以有關資訊之重大事項之虛偽或隱匿，足以生損害於投資人為限，始合乎本項規範之功能。」

[26] 最高法院104年度台上第78號刑事判決：「依照美國聯邦最高法院兩件案例TSC案與Basic案所建立之判斷基準：1.若某一事件對公司影響，係屬『確定而清楚』，此際應適用TSC案界定『重大性』之判斷基準（即『理性的股東極可能認為是影響投

性」內涵之解讀係理性投資人應會決定是否將此未決事件或資訊納入自己投資判斷決策過程，是依前述「事件發生可能性」及「對公司或理性投資人投資判斷之預期影響程度」二因素綜合權衡[27]。一般而言，重大消息於達到最後依法應公開或適合公開階段前，往往須經一連串處理程序或時間上之發展，之後該消息所涵蓋之內容或所指之事件才成為事實，其發展及經過情形因具體個案不同而異。故於有多種時點存在時，認定重大消息成立之時點，自應參酌上揭基準，綜合相關事件之發生經過及其結果，為客觀上之整體觀察，以判斷何者係「某特定時間內必成為事實」，資為該消息是否已然明確重大（成立）之時點。是以，證券交易法第157-1條第5項及第6項重大消息範圍及其公開方式管理辦法[28]，旨在界定重大消息之成立時點，以符合「法律安定性」以及「預見可能性」之要求，作為司法機關於具體個案裁判之參考，故尚在審理中之案件，均有其適用[29]。

　　就本案資訊之「重要性」，究應為如何之判斷始符於規範目的？證券交易法第20條第2項之解釋自應僅限於財務報告之「主要內容」有虛偽或

資決定的重要因素』，或『一項消息如單獨考量未能產生重大影響，但如連同其他可獲得的資訊綜合判斷，可能影響理性投資人的決定時，亦符合重大性質之要件』）。2.若某一事件本身屬於『或許會，或許不會發生』或『尚未確定發生，僅是推測性』之性質，則應適用Basic案所採用之『機率和影響程度』判斷基準。一般而言，重大消息於達到最後依法應公開或適合公開階段前，往往須經一連串處理程序或時間上之發展，之後該消息所涵蓋之內容或所指之事件才成為事實，其發展及經過情形因具體個案不同而異。」

[27] 參閱賴英照，內線交易的紅線－重大消息何時明確？，中原財經法學，第36期，頁4，2016年6月。有關理性投資人決定所考量的要素，國外學者有認為有二：一是誤述或隱匿資訊的實質內容，二是該實質內容的可靠性。

[28] 金融監督管理委員會訂頒「證券交易法第157-1條第4項重大消息範圍及其公開方式管理辦法」（99年12月22日修正為「證券交易法第157-1條第5項及第6項重大消息範圍及其公開方式管理辦法」，於第4點（修正後為第5點）就重大消息之成立時點，規定「事實發生日、協議日、簽約日、付款日、委託日、成立日、過戶日、審計委員會或董事會決議日或其他足資確定之日（修正後為「其他依具體事證可得明確之日」），以日期在前者為準。」係採取「多元時點、日期在前」之認定方式，其意旨無非在闡明同一程序之不同時間，均有可能為重大消息成立之時點，亦即強調消息成立之相對性。

[29] 最高法院104年度台上字第78號刑事判決參照。

隱匿，及虛偽或隱匿之財務報告內容具有「重大性」始足該當證券交易法第171條之刑事責任[30]。考量證券交易法之的立法目的及刑法謙抑性，應以「目的性限縮」來限制證券交易法第174條第1項第5款的處罰範圍[31]，也就是行為人登載或記載財報不實之內容為發行人依本法規定申報或公告之財務報告及財務業務文件，且詐偽資訊必須係「與投資判斷形成過程相關之重要事實」，亦即係與一般投資人之「投資判斷形成過程」具有重要關連之事項，而足以影響投資判斷之形成過程之事實，方具重大性[32]。

伍、量性指標及質性指標

財務資訊不實的刑事責任，除須以上開重大性作為客觀要件上的限縮，另須採用量性指標與質性指標為判斷。1999年，美國證券管理委員會（SEC）發布幕僚會計公告第99號（Staff Accounting Bulletin No. 99）以闡明SEC在會計及重大性議題之立場，在此號公告中，SEC提出可採量性與質性指標，以評估財務報告不實陳述是否具備重大性。在量性指標方面，「幕僚會計公告」承認一個經驗法則，認為採用量性指標可以提供一個初步假設的基礎來評估重大性，如果不實陳述低於5%，可以初步假設該虛偽陳述不具重大性。另外從一般公認會計原則（Generally Accepted Accounting Principles，簡稱GAAP），實務運用上來說，有一項重要例外

---

[30] 參閱郭土木，財務報告虛偽隱匿刑事責任重大性認定之再探討－兼評臺南高分院101年度金上重訴字第284號刑事判決，臺灣法學雜誌，第278期，頁11-12，2015年8月。郭土木教授認為：「證券發行人財務報告編製準則並非證券交易法第20條第2項之授權子法，故證券發行人財務報告編製準則之訂立目的，乃係行政機關針對財務報告細節性之內容項目、編制程序等行政規範、行政管理措施，其與證券交易法第20條第2項之關聯性，充其量僅可作為證券交易法第20條第2項財務資訊是否具有重大性之衡量標準之一，至於資訊是否具有重大性，仍應於具體個案中加以審認。」

[31] 曾淑瑜，經濟犯罪之事實認定與證據取捨－兼論財務報表虛偽隱匿之處罰，臺灣法學雜誌，第196期，頁62，2012年3月。

[32] 參閱林國全，財報不實之民事責任，月旦民商法雜誌，第48期，頁10-11，2015年6月。

情況是被允許的，當一項會計資訊在財務報表中是否允當表達並不重大時，編製財務報表的公司可以權宜處理，並不一定要依照GAAP的規定編製。考量公司在適用GAAP上有其複雜性，因此允許這樣的例外被認為是必要的[33]。不過，SEC認為量化標準只是分析重大性的開端，而仍然必須對所有相關因素作全面性分析，始能符合*Basic*案所要求的整體資訊測試（total mix test）[34]。

　　相對於量性指標，質性指標的重大性是一種主觀的判斷，並且比量性指標的重大性判斷要困難許多，必須從質量（quality）、種類（kind）、基本特質（essential character）或行為（conduct）等方面來作為判斷的基準，有些屬於財務報表上數量較小的錯誤可能被認定具有重大性，其考量因素包括：「(a)不實陳述是否來自能夠經精確衡量的一個項目，或者源於估計產生，如果源於估計，則該估計本身即先天上有其不精確程度；(b)不實陳述是否掩飾收益或其他趨勢之變化；(c)不實陳述是否隱藏著一個未能符合分析師對一家企業的預期；(d)不實陳述是否使損失變成收益，反之亦然；(e)不實陳述是否涉及發行人的一個部門或其他部門之業務，而該部門對發行人之營運或獲利扮演重要角色；(f)不實陳述是否影響發行人遵守法令之規範要求；(g)不實陳述是否影響發行人遵守貸款契約或其他契約之要求；(h)不實陳述是否增加管理階層之薪酬，例如發放獎金或其他形式之獎酬機制；(i)不實陳述是否隱藏不法交易[35]。」因此，認

---

[33] *See* James J., Park, Assessing the Materiality of Financial Misstatements, 34 J. Corp. L. 513, 524 (2009).

[34] *See* Basic, Inc. v. Levinson, 485 U.S. 224, 231-32 (1988). As the Supreme Court has noted, determinations of materiality require delicate assessments of the inferences a 'reasonable shareholder' would draw from a given set of facts and the significance of those inferences to him.

[35] 原文為：「Among the considerations that may well render material a quantitatively small misstatement of financial statement item are – a. whether the misstatement arises from an item capable of precise measurement or whether it arises from an estimate and, if so, the degree of imprecision inherent in the estimate; b. whether the misstatement masks a change in earnings or other trends; c. whether the misstatement hides a failure to meet analysts' consensus expectations for the enterprise; d. whether the misstatement changes a loss into

定公司某項經營管理行為，是否遵循法令或管理階層是否誠信，因此，每一個理性的判斷者，對何種資訊在質性指標上係屬重大，看法不一定是一致的[36]。質言之，美國司法實務上對於財務報表不實陳述是否具重大性的判斷，仍然延續採用TSC案所建立的理性投資人實質可能標準，而且認為並非每一項財務上的不實陳述都具重大性，且依據SEC提出的質性與量性標準，仍然以質性標準（即理性投資人實質可能標準）作為最後依歸。

而針對質性指標、量性指標此判斷標準，我國過去實務上即有採取質性、量性指標作為判斷重大性之案例，如臺灣高等法院103年度金上訴字第10號刑事判決略謂：「而審計上之『重大性』之判斷準據，作為我國一般公認審計準則之『審計準則公報第51號－查核規劃及執行之重大性』，或可作為法院判斷之參考依據：（第51號第2條）1.如不實表達（包含遺漏）之個別金額或彙總數可合理預期將影響財務報表使用者所做之經濟決策，則被認為具有重大性。2.對於重大性所做之判斷受查核人員所面對之情況影響，亦受不實表達之『金額』（按：即『量性指標』）或『性質』（按：即『質性指標』）或二者之影響。3.某一事項對財務報表使用者而言是否屬重大之判斷，係以一般使用者對財務資訊之需求為考量依據，而無須考量不實表達對特定個別使用者（其需求可能非常不同）之可能影響；然關於其中所稱不實表達之『金額』或『性質』在如何程度下具有重大性，仍委諸於查核人員之『專業判斷』（第51號第4條）。」復參最高法院106年度台上字第65號刑事判決中咸認，就關係人交易是否重大而應於財務報告附註揭露之標準，肯認二審法院所採取之「量性指標」門檻，

---

income or vice versa; e. whether the misstatement concerns a segment or other portion of the registrant's business that has been identified as playing a significant role in the registrant's operations or profitability; f. whether the misstatement affects the registrant's compliance with regulatory requirements; g. whether the misstatement affects the registrant's compliance with loan covenants or other contractual requirements; h. whether the misstatement has the effect of increasing management's compensation – for example, by satisfying requirements for the award of bonuses or other forms of incentive compensation; i. whether the misstatement involves concealment of an unlawful transaction.」

[36] 參閱戴銘昇，證券市場中資訊「重大性」測試基準之介紹－以美國聯邦法院之重要判決為中心，證交資料，第548期，頁50-51，2007年12月。

以及援引編製準則第15條第1款第7目、審計準則公報第51號第2條第2款、第6條第2項作為量性指標之參考標準。且除依上述「量性」因子進行查核外，尚須審酌其他「質性」因子是否存在，不可固執或偏廢一端，資為判斷「重大性事項」[37]。綜上觀之，我國司法實務與學者見解亦與美國實務見解趨同[38]。由於財務報告不實具有不必然影響公司淨利及資產之特性，除了以量性指標為初步判斷上，更應著重於質性指標之判斷，以財務資訊重大事項不實，足以生損害於投資人為限，使合乎證券交易法第20條第2項及第20-1條規範之目的。

---

[37] 最高法院106年度台上字第65號刑事判決略謂：「復審酌實務上公開發行公司經營規模大小差異甚大，有營業額上千億者，亦有營業額僅數千萬者，如僅以1億元或實收資本額百分之二十為標準，恐有過於僵化之嫌，不利投資人了解公司交易資訊，是上開編製準則第15條第1款第7目所規定之達1億元或實收資本額百分之二十以上之交易係『應』揭露，但非指只有交易金額達到1億元或實收資本額百分之二十以上之交易始須揭露等情，於理由欄貳、一、之就重大交易之判斷，說明：關係人間進、銷貨交易是否重大而應於財務報告附註揭露之標準，應同時考量證券交易法施行細則第6條第1項關於『應重編財務報表』之『量性指標』門檻，以及審計準則公報第51號第2條第2款、第6條第2項關於查核規劃及執行重大性之『量性指標』及『質性指標』。查核人員不宜將金額低於所設定重大性之未更正不實表達（個別金額或其彙總數）均評估為不重大。某些不實表達之金額雖低於重大性，但經查核人員考量相關情況後，仍可能將其評估為重大。查核人員除依上述『量性』因子進行查核外，尚須審酌其他『質性』因子是否存在，不可固執或偏廢一端，資為判斷『重大性事項』參考等旨。」

[38] 王志誠，財務報告不實之「重大性」要件——評高等法院100年度金上重訴字第18號刑事判決及最高法院102年度台上字第485號刑事判決，月旦法學雜誌，第238期，頁244-274，2015年3月。王志誠教授謂：「雖然證券交易法第20條第2項及第171條第1項第1款所規定之財務報告不實罪，乃至於證券交易法第174條第1項第5款或第6款所規定之財務報告及帳冊虛偽記載罪，皆僅以其『內容』有虛偽之記載或隱匿為要件，但參考美國聯邦最高法院於1976年TSC Industries, Inc. v. Northway Inc.案及1988年Basic, Inc v. Levinson案所建立之重大性標準，應解為若非屬重要內容或主要內容之虛偽或隱匿，尚不足影響理性投資人之投資決定，應不構成財務報告不實罪或財務報告及帳冊虛偽記載罪。又對於重大性標準之判斷，美國證券管理委員會所發布之『幕僚會計公告』所提出質性與量性指標做為測試基準，亦具有重要之參考價值。特別是依其所提出之量性指標，即認為若不實陳述低於5%之幅度，基本上假設其資訊不具重大性。觀諸美國實務上就財務報告不實所採取之認定基準，對於我國司法實務之運作，實具有重要之借鑒意義。」

陸、結論

國內多數學者認為證券交易法第20條第2項、第174條第1項第5款即使未明文規定財務報告不實之主要內容，惟仍須經過重大性測試分辨是否影響投資人投資決策後，方能究責，此論點承部分司法實務案例所採。惟因法未明定，適用上迭生爭議，且由於我國案例累積尚未充足，故實務上常發生不同法院容有不同見解之現象。

直言之，對以投資有價證券獲利為目的之一般理性投資人而言，會影響其投資判斷之資訊，無非係與該有價證券市場價格起伏漲跌有關之事項，此即對理性投資人而言具有「重要性」之資訊。惟某些特定之資訊是否具「重要性」及其判斷標準，有實務見解認為應以該資訊係屬「歷史型」抑或「預測型」而加以區分，影響有價證券市場價格之因素大抵有二：一為公司之歷史營運資訊（歷史型資訊），以一般理性投資人之立場觀之，在其形成投資判斷過程中，將有實質可能性會認為該項資訊係屬重要者，亦即該資訊係有實質可能性將會使一般理性投資人可得利用之資訊整體發生顯著改變者，該資訊即具重要性；二為有關於公司之預期未來營運資訊（預測型資訊及有型資訊）該等事件或資訊尚屬未決或僅為預測，是故未來是否確實發生仍屬未定之天，且日後一旦實現亦不必然對公司營運或資產負債狀況或股價起伏產生有意義之影響。但對一般以獲利為目的之理性投資人而言，即使該未決事件之發生可能性不高，然倘日後一旦確實發生時將對公司營運狀況或股價產生有意義之變動者，該等資訊亦會對其投資判斷產生實質影響[39]。

此外，不實之財務報告內容須具有「重大性」始足該當證券交易法第171條之刑事責任。惟重大性判斷須高度仰賴個案事實去認定，難以有一套通用於所有案件之標準，為避免重大性判斷產生涵蓋範圍過廣或過小的問題，在此彈性發展下，亦是留予法院在實務判決上有較大空間據案件事

---

[39] 臺灣高等法院103年金上訴字7號判決參照。

實以判斷其重大性。直言之，財務報告編製內容應以允當表達企業財務狀況及經營成果不致誤導理性投資人決策為已足，倘有編製疏漏之情事，即應詳實認定有何重大事項虛偽或隱匿之情事，如其疏漏內容未具重大性，實不宜以第171條第1項第1款、第174條第1項第5款之刑事責任相繩。證券交易法上重大性概念判斷的核心，在於不實資訊對理性投資人而言可能具有顯著影響，在整體資訊考量下仍然可能影響其投資決策，因此在判斷某項不實資訊是否符合證券交易法重大性要件時，必須根基於理性投資人可能實質改變其投資決策的核心概念下，藉由「量性指標」和「質性指標」全面性的綜合判斷。

　　本案中，最高法院咸認原審之判決就證券交易法第171條第1項第1款之財報不實罪，其虛偽或隱匿財務報告之「內容」，為何需要通過「重大性」的檢視？又判準的「量性指標」、「質性指標」，應如何解釋？原審均未充分釐清、說明，因而發回高等法院更審，見解殊值贊同。惟實務見解開始趨向學說上所介紹之美國實務判斷之彈性標準，對於投資人之保護較為周到，然而我國案例累積尚未充足，故實務上常發生不同法院間有不同見解之現象，對於公司內部人而言，將難以預期實務之認定方式導致觸犯法規，希冀實務見解能盡速確立明確性之認定標準，解決此爭議。

16

財報不實證券持有人交易因果關係之證明
——評最高法院104年度台上字第225號民事判決

郭大維

壹、前言

財報不實是國內外常見的企業弊案，各國無不立法禁止並提供受害投資人救濟管道。我國於1988年證券交易法（以下稱「證交法」）修正時，增訂第20條第2項作為財務資訊不實之專門規範。其後，在2006年新增證交法第20-1條，將第20條第2項之責任主體、主觀要件、責任比例等做出細緻化的規範。2015年進一步修正第20-1條將董事長、總經理之主觀要件修正為推定過失，財報不實之民事損害賠償請求權已大致完備。一般而言，由於現今證券市場主要係採取電腦搓合之非面對面交易型態，要求原告直接舉證因果關係要件的存在，無疑是一項沉重的負擔。目前國內實務界針對原告交易因果關係（transaction causation）之舉證，大多參酌美國實務上所發展出的「詐欺市場理論」（fraud on the market theory），以減輕原告在交易因果關係舉證上所面臨的障礙。因此，本文將以最高法院104年度台上字第225號民事判決為例，探討證交法有關財報不實證券持有人交易因果關係之證明問題。

貳、本案事實概要與歷審判決理由

一、本案事實

宏億公司主要係從事DRAM及DRAM模組測試與買賣業務。95年

DRAM價格逐月上升，至96年初開始下跌，該公司為避免受價格大幅波動影響，並提高獲利能力，遂購進零散晶圓之次級品，而欲以加工測試篩選出良品完成封裝製成DRAM出售，故其帳列存貨包含晶圓次級品（含原料、半成品）及外購之DRAM成品。由於宏億公司於96年第3季已面臨期末應收帳款及逾期應收帳款金額龐大，未能有效控制，致危及財務穩定之重大情事。依96年11月29日修正前之財務會計準則公報第10號「存貨之評價與表達」相關規定，宏億公司編製96年第3季財務報告時，其帳列存貨之晶圓次級品及外購之DRAM成品之存貨成本已高於市價，故須提列備抵存貨跌價損失，且實際上該公司未有任何自行以BGA封裝測試完成之DRAM製成品對外正式銷售之事實，故不得以「淨變現價值」方式來評價晶圓次級品存貨，而應以「重置（製）成本」方式評價。惟其以錯誤之評價存貨方式僅提列存貨呆滯損失1081萬元，但實際應提列5億5887萬3000元之備抵存貨跌價損失，已造成財務報告中有關存貨評價部分有虛偽不實之情事。

其後，宏億公司於97年3月9日在公開資訊觀測站上公告發生退票之訊息後，造成該公司股價急遽下跌，並自同年4月1日起因財務困難無法支付員工薪資，而全面停工。同年4月18日經櫃買中心停止該公司普通股在證券商營業處所買賣，同日亦經臺灣票據交換所公告為拒絕往來情事，同年6月4日終止上櫃。受害投資人遂依證券投資人及期貨交易人保護法第28條第1項之規定，授與財團法人證券投資人及期貨交易人保護中心（以下稱「投保中心」）訴訟實施權，由投保中心代受害投資人提起團體訴訟。

二、爭點

持有人交易因果關係之證明是否有詐欺市場理論之適用？

三、判決理由

(一) 臺灣新北地方法院98年度金字第3號民事判決

新北地方法院首先指出，「證券損害賠償事件，是近年來新興發展

出來之影響社會、經濟之重大損害案件，不僅損害情節重大，損害人數眾多，若由被害人負舉證責任，實有違正義原則，亦顯失公平，故應由被告依民事訴訟法第277條但書之規定負舉證責任。」新北地方法院乃參酌美國聯邦最高法院有關詐欺市場理論之見解，放寬證券損害賠償有關「信賴」要件，藉由被告對證券市場之詐欺，導出客觀上原告信賴要件之推定，原告毋須再就「信賴」之有無，負積極舉證之責任，而由法官造法，改採「信賴」要件「推定」之見解，至於原告是否曾信賴被告之不實陳述，則在所不問，除非被告可舉證證明其虛偽詐欺行為與投資人之損害間無因果關係，否則被告仍不得免除其責任。

　　新北地方法院進一步認為「有關財報不實證券求償團體訴訟，在整體交易市場之運作下，任何以不實資訊公開於股票交易市場之行為，應均可視為對參與股票交易之不特定對象為詐欺，並進而推定任何參與股票交易之善意取得人或出賣人，均有信賴該資訊之真實性，而不須舉證證明其有如何信賴財務報告之事證，亦即因果關係係被推定。況依民事訴訟法第277條但書規定，如將舉證責任責由原告為之，將產生舉證其信賴財務報告而交易上之重大困難，且違反公開資訊者應確保其資訊真實性之原則。因此，原告如依證交法第20條為其請求權基礎，有關因果關係之證明，僅須舉證證明財務報告內容不實、被隱匿之資訊具有重要性等，即可推定已就因果關係部分盡其舉證責任。」在本案中，由於系爭財務報告內容既有不實，且被隱匿之資訊具有相當重要性，則原告等授權人因信賴被告宏億公司股價，而為錯誤判斷買進宏億公司股票受到損害，故原告等授權人之損害與被告之行為間顯有相當因果關係。

(二) 臺灣高等法院101年度金上字第7號民事判決

　　臺灣高等法院指出「證券市場法則，係建立在企業內容公開之前提，因股票之價值認定與一般商品不同，無從依外觀認定其價值，在一個有效率市場下，往往參酌公司過往經營績效、資產負債、市場狀況等，藉由企業內容資訊之揭露，提供市場上的理性投資人得以形成自己投資之判斷；如企業未揭露正確、及時並完整之資訊，理論上即影響投資人因不實

資訊而形成之買賣判斷。蓋在效率市場中，所有影響股票價格之資訊都將被市場所吸收，且將充分反映於股票價格上，證交法第36條乃規定發行有價證券之公司應定期或不定期揭露其企業經營及財務資訊，提出月報、季報、半年報、年報及重大資訊。而財務報告之可靠性、正確性，應屬公司管理階層之責任，公司管理階層不僅掌握公司之營業、財務及資金調度，並可利用其專業知識及公司之資訊，提供不實之財報，使原本應依市場機能自然形成之股價受到無形干預與影響；因此，倘若證券發行公司公開之財報資訊失真、造假，一般投資人根本無從由公開市場得知真相，亦不具抗衡之能力。是審酌證券市場之交易型態、資訊之傳遞與公開有賴財務報告，及財務報告之公布足以影響股價漲跌等特性，倘仍如一般之民事事件要求投資人舉證證明係因閱覽財務報告內容始做成投資之買賣即損害與不實財務報告間具有因果關係，客觀上不僅困難，且屬過苛，故依民事訴訟法第277條但書之立法精神，並參考美國法之詐欺市場理論，基於保護善意投資人之原則，因認只要善意投資人能證明證券發行公司所為之財務報告不實足以影響股價，且善意投資人因不知財務報告不實而投資買入股票，其後受有股價下跌之損害，即應推定二者間有因果關係，並應由不法行為人就其二者間無相當因果關係之抗辯負反證推翻之責任，以符公平趣旨。」

高等法院並將授與訴訟實施權之投資人分為兩類，第一類授權人是在系爭財報公告後至不法情事揭露日善意買入宏億公司股票者；第二類授權人則是在系爭財報公告日前買入因誤信系爭財報而繼續持有該股票，至系爭財報不實訊息揭露日後，始賣出持股或無法賣出而受有損害之人。高等法院表示「系爭財報內容既有不實，依一般客觀情形判斷，第一類授權人若知悉宏億公司真實之財務及業務狀況，而有隱匿鉅額備抵存貨跌價損失之情形者，應無任何買入宏億公司股票之意願，顯見第一類授權人係受宏億公司系爭財報訛詐，誤信宏億公司獲利良好，並無任何虧損狀況，而買入宏億公司股票；迨宏億公司於短短不到一個月之時間內，陸續退票後立即停工倒閉，造成第一類授權人受有股價下跌之損失，自應推定第一類授權人之損失與系爭財報不實之間存在因果關係。而上訴人……未能反證第

一類授權人所受股價下跌之損失，係由於國內外政經情勢、金融局勢、大盤表現或其他非經濟因素所致，而非導因於系爭財報，自無從推翻上開因果關係之推定，遽認渠等就二者間無因果關係之抗辯為可採。是第一類授權人受有宏億公司股價下跌之損失與系爭財報不實間存在因果關係乙節，洵堪認定。至第二類授權人買入宏億公司股票之際，系爭財報尚未公告，尚不能經由美國法之詐欺市場理論，遽予推定第二類授權人買入宏億公司股票與系爭財報不實間存在交易因果關係；而投保中心復未能舉證證明第二類授權人係因誤信系爭財報，仍持有宏億公司股票致受有股價下跌之損失，顯難認第二類授權人所受股價下跌之損失與系爭財報不實間有何因果關係存在。」因此，高等法院認為投保中心主張第一類授權人得就宏億公司股價下跌之損失請求損害賠償，洵屬有據；至其主張第二類授權人亦得請求股價下跌之損失云云，尚無可採。

換言之，高等法院認為僅有第一類授權人符合詐欺市場理論推定交易因果關係之適用，第二類授權人則無適用，必須自行舉證證明交易因果關係之存在。

(三) 最高法院104年度台上字第225號民事判決

最高法院亦將受害投資人分成第一類授權人與第二類授權人。針對第一類授權人，最高法院表示「依證交法應公告或申報之財務報告及財務文件或依同法第36條第1項公告申報之財務報告，其主要內容有虛偽或隱匿之情事，有價證券之善意取得人、出賣人或持有人就其因而所受之損害，得依同法第20-1條第1項至第3項之規定，向應負賠償責任之發行人、負責人、曾於財務報告或財務業務文件上簽名或蓋章之發行人職員及簽證會計師請求賠償，其性質為侵權行為損害賠償。請求權人原應證明因信賴不實財報而陷於錯誤，因此一誤信而為投資之決定（買進、賣出或持續持有），並因該投資決定而受有損害。關於買賣投資行為與不實財報間之因果關係，基於股票價值之認定與一般商品不同，無從依外觀認定其價值，往往須參酌公司過往經營績效、公司資產負債、市場狀況等資訊之揭露，使市場上理性之投資人得以形成判斷；於投資人買進或賣出時，此不實消

息已有效反應於股價上，故依『詐欺市場理論』，不論投資人是否閱讀此不實財報均推定其信賴此財報而有交易因果關係。」因此，最高法院認為第一類授權人符合詐欺市場理論而建立證券詐欺損害賠償之交易因果關係。

　　就第二類授權人部分，最高法院則認為「按不實財報公告前已取得有價證券之持有人，就其因而所受之損害，依證交法第20-1條第1項至第3項規定，為損害賠償請求者，須證明其損害及與不實財報間有因果關係。原審認第二類授權人不能依『詐欺市場理論』推定其買入股票與財報不實間有交易因果關係，投保中心復未能舉證證明第二類授權人係誤信系爭財報，仍持有宏億公司股票致受有跌價損失，難認其損失與系爭財報不實間有因果關係。爰就第二類授權人部分為投保中心敗訴之判決，於法並無違誤。」換言之，最高法院認為第二類授權人並無詐欺市場理論之適用，同時亦認為詐欺市場理論僅在處理交易因果關係，投資人仍須證明損害與不實財報間之損失因果關係[1]。

參、判決評析

一、交易因果關係之認定－詐欺市場理論之適用

（一）美國實務界有關詐欺市場理論之發展

　　由於現代的證券市場有別於以往面對面的交易型態，投資人做成買賣決策之主觀心態難以從案件的客觀事實中推敲，從而美國實務界遂經由一系列的案例發展出所謂的「詐欺市場理論」，以減輕原告在交易因果關係之舉證所面臨的障礙。

---

[1] 本文因篇幅有限，將僅就本案涉及交易因果關係部分進行討論。

1. *Basic Inc. v. Levinson*[2]案

　　美國聯邦最高法院在*Basic Inc. v. Levinson*乙案首次肯認「詐欺市場理論」。在本案中，Basic公司與Combustion Engineering公司自1976年9月起，即就公司併購事宜私下進行磋商。在1977年至1978年間，Basic公司曾三度公開否認有任何併購之協商正在進行。直到1978年12月18日，Basic公司向紐約證交所（NYSE）申請停止交易其股票，並發表聲明指出該公司已幾乎與另一公司達成併購協議。同月19日，該公司的董事會通過建議其股東接受Combustion Engineering公司以每股46美元收購該公司之普通股。並於隔日，公開聲明支持Combustion Engineering公司的公開收購案。本案原告皆為原Basic公司的股東，但在Basic公司於1977年10月21日第一次公開聲明否認有併購之協商至Basic公司之股票於1978年12月停止交易這段期間，以較低之價格將其股票賣出。原告提起集體訴訟，主張Basic公司及其董事上述三個否認併購之協商正在進行的公開聲明，係不實且誤導，因而違反了1934年證券交易法（Securities Exchange Act of 1934）第10條第b項和Rule 10b-5[3]。

　　在本案中，聯邦最高法院認為信賴要件是Rule 10b-5的構成要件之一，但其證明的方式並非只有一種。因此，依據「詐欺市場理論」的學理，聯邦最高法院採取「推定信賴」（a rebuttable presumption of reliance）的方式，成就其直接信賴的要求[4]。聯邦最高法院在判決中明確指出「詐欺市場理論」之原理乃是在一個開放且成熟的證券市場，公司股價乃是由所有可得關於該公司的重要資訊所決定，縱使受害投資人並未直接信賴該不實的陳述，仍會因該誤導性的陳述而受害。本案以間接的方式，藉由原告購買股票之行為與被告詐欺行為間所建立的牽連關係之效果等同於直接信賴被告的不實陳述[5]。根據聯邦最高法院的見解，投資人所

---

[2]　485 U.S. 224 (1988).

[3]　*Id.* at 226-28.

[4]　*Id.* at 243-45.

[5]　*Id.* at 241-42.

信賴者乃是市場價格的正直性（integrity of the market price）。同時，聯邦最高法院亦認為被告仍可藉由證明其不實陳述與股價的變動無關，或者即使原告知悉該不實陳述仍會買進該檔股票，以推翻「詐欺市場理論」所建立的推定信賴[6]。聯邦最高法院採取推定信賴的方式以建立交易因果關係要件的考量在於現代的證券市場，每日交易量極大且買賣雙方可能沒有直接接觸。若要求每個原告均須直接證明信賴要件，則團體訴訟（class action）勢必無法維持，因此，交易因果關係要件的舉證方式自應有所調整[7]。在Basic乙案後，「詐欺市場理論」即廣為美國法院所採用。

2. 晚近實務發展

由於Basic乙案後，美國法院在決定投資人能否適用「詐欺市場理論」，多聚焦於系爭證券之交易市場是否為一效率市場。惟近來聯邦最高法院於Halliburton Co. v. Erica P. John Fund, Inc.[8]乙案（Halliburton II）表示，Basic乙案對於市場效率並非單純採取「有」、「無」二分法，而應屬程度問題。法院從未以特定之經濟理論來建構「詐欺市場理論」，只要假設大部分已公開的重大資訊將對市場價格產生影響，此時即可認為該市場具有一般性效率而足以支持「詐欺市場理論」之成立[9]。此外，聯邦最高法院進一步指出，在適用「詐欺市場理論」時，要求原告必須證明具備四個前提要件：被告公開為不實陳述、不實陳述具重大性、系爭證券之交易市場具有效率、原告在不實陳述公開後與正確資訊揭露前進行交易。其中前三個前提要件（公開不實陳述、重大性、效率市場）之證明得以推定不實陳述影響證券價格（第一個推定）；第四個前提要件（投資人在不實陳述公開後與正確資訊揭露前進行交易）之證明得以推定投資人對被告的不實陳述具有信賴（第二個推定）。由此可見，若缺乏價格衝擊，「詐欺市場理論」及信賴推定將會隨之崩塌，價格衝擊乃「詐欺市場理論」信賴

---

[6] *Id.* at 248.

[7] *Id.* at 243-45.

[8] 134 S.Ct. 2398 (2014).

[9] *Id.* at 2410.

推定機制的基礎，故原告得選擇證明價格衝擊以觸發「詐欺市場理論」，同時被告亦得於認證階段以「價格未受到衝擊」來推翻信賴推定[10]。

申言之，聯邦最高法院於本案認為原告得選擇證明「效率市場」或「價格衝擊」以觸發「詐欺市場理論」。在「效率市場」的證明上，則認為只要具有一般性效率即足，不再要求須為半強式效率市場[11]。

(二) 從「效率市場」到「價格衝擊」

從Basic乙案觀察，「詐欺市場理論」係架構在「市場反應所有資訊於證券市價上」且「投資人信賴市價之公正性而為買賣」之基礎上。其中「投資人信賴市價之公正性而為買賣」乃不證自明之理，蓋如同明知詐賭將不會有人願意參加賭局一樣，投資人如果知道市價並未公正地反應股票價值，將不願意買賣，從而既然投資人願意根據市場價格買賣證券，即得以推論投資人信賴市價之公正性。至於「市場反應所有資訊於市價上」Basic乙案並無說明，通說認為必須借重「效率市場假說」（Efficient Capital Market Hypothesis）予以闡明。所謂「效率市場假說」乃指在一效率的市場中，股價會反映所有已知的相關資訊，即使股價偏離基本價值，也是因為資訊的不對稱或資訊的解讀點時間上的差異所致。在效率市場假設中，假設投資人均為理性的，可以對市場上的資訊作出正確的判斷[12]。

美國學者Eugene Fama依據市場反應資訊的不同，於1970年提出三種不同層次的效率市場：(1)弱式效率市場（weak form）：係假定目前的證券價格已充分反映所有歷史的資訊，投資人無法利用該證券過去的歷史表現預測出其未來的走向；(2)半強式效率市場（semi-strong form）：指證券價格除了反映歷史資訊外，還包括現在已公開的資訊。由於這些公開的

---

[10] *Id.* at 2413-2414.

[11] *See* Eric Alan Isaacson, *The Roberts Court and Securities Class Actions: Reaffirming Basic Principles*, 48 Akron L. Rev. 923, 960-62 (2015).

[12] *See e.g.* Paul A. Ferrillo et al., *The "Less Than" Efficient Capital Markets Hypothesis: Requiring More Proof from Plaintiffs in Fraud-on-the-market Cases*, 78 St. John's L. Rev. 81, 102-03 (2004).

資訊已廣泛流傳在市場之上,投資人已迅速對該等資訊作出反應。因此,
證券價格已根據這些資訊作出調整;(3)強式效率市場(strong form):即
現行的股價充分反映出所有的關於該證券的資訊,包括已公開與未公開的
資訊。因此,即使投資人利用內線消息來從事證券交易,亦無法獲取超
額報酬。然而這種假設在現階段似乎並不存在[13]。如前所述,在Basic乙案
中,聯邦最高法院於判決中指出:「詐欺市場理論」的原理乃是在一個開
放且成熟的證券市場中,公司的股價乃是由所有可得關於該公司的重要資
訊所決定。由此可知,聯邦最高法院所接受者乃是半強式效率市場。藉由
效率市場假設的運用,假如在一個效率市場中有不實陳述或隱匿存在的
話,股價將無法反映出其真實價格,從而投資人將因此受害[14]。

　　Basic乙案後,美國法院在決定投資人能否適用「詐欺市場理論」,
多聚焦於系爭證券之交易市場是否為一效率市場。惟在Halliburton II乙
案,聯邦最高法院則釐清效率市場假說與詐欺市場理論之關係,並認為原
告得選擇證明「效率市場」或「價格衝擊」以觸發「詐欺市場理論」。在
「效率市場」的證明上,亦認為只要具有一般性效率即足,不再要求須為
半強式效率市場。

(三)詐欺市場理論於我國實務界之運用

　　我國近年來實務上採納詐欺市場理論以推定交易因果關係的判決不
在少數。惟實務是否認為詐欺市場理論奠基於效率市場假說中的半強式市
場或原告應否先證明效率市場以觸發詐欺市場理論,則有疑義。根據實證
研究,國內法院於適用詐欺市場理論以推定交易因果關係時,雖有提及效
率市場之概念,但似乎並不要求原告證明系爭交易市場係一效率市場,多
數判決亦未明確說明詐欺市場理論與效率市場假說之關聯性[15]。換言之,

---

[13] *See* Eric Alan Isaacson, *The Roberts Court and Securities Class Actions: Reaffirming Basic Principles*, 48 Akron L. Rev. 923, 944 (2015).

[14] *See id.*

[15] 連琪匀,財報不實民事責任之實證研究—以證券交易法第20條第2項及第20條之1為中心,輔仁大學法律研究所碩士論文,頁158-159,2016年6月。

我國多數實務在適用「詐欺市場理論」時，皆將之與效率市場假說脫鉤處理，此與美國*Halliburton II*判決見解一致。此外，我國多數實務似乎亦認為集中交易市場是一具有效率的市場[16]，基於集中交易市場通常具有高流通性及高成交量的特質，此一認定結果與*Halliburton II*判決所謂的一般性效率相符，顯見兩國實務界在效率市場之認定上相去不遠。

在本案中，高等法院並未要求原告證明效率市場之存在，而係從財報所揭露之不實資訊足以影響股價（即價格衝擊）以觸發「詐欺市場理論」之適用。惟最高法院於論及詐欺市場理論時，似乎並未就系爭股票之交易市場是否為一效率市場或不實資訊是否足以影響股價進行探討。

二、持有人交易因果關係之舉證

依證交法第20-1條規定，賠償請求權人包括善意之「取得人」、「出賣人」及「持有人」。其中特別賦予「持有人」損害賠償請求權之依據為立法理由中所述：「為使投資人之保護更形周延，除對於善意信賴財務報告及財務業務文件而積極為買賣行為之投資人明定其損害賠償之請求權外，對於該有價證券之持有人，亦明定其損害賠償請求權。」

誠如前述，新北地方法院於本案就詐欺市場理論之適用，並未區分取得人及持有人而有所不同。然而，高等法院與最高法院則認為只有在不實財報公告後至不法情事揭露日期間內買入股票之人，始有詐欺市場理論推定交易因果關係之適用，持有人則無適用。本文接下來將透過對美國法之探討，檢視最高法院之見解是否適當。

（一）美國法

美國有關財報不實之案件，受害投資人大多依聯邦證管會（Securities and Exchange Commission，SEC）依據1934年證券交易法第10條第b項之授權所頒布的Rule 10b-5尋求救濟[17]。基本上，原告欲依Rule 10b-5獲得

---

[16] 同前註，頁158。

[17] 美國有關財報不實之民事責任規定，主要是1934年證券交易法第10條第b項及第18條第a項。雖然原告依1934年證券交易法第18條第a項提起訴訟，只須證明文件中就重

救濟，必須具備下列要件：(1)原告必須有買賣有價證券之行為；(2)被告為重大不實陳述或隱匿；(3)被告具備詐欺行為的故意；(4)原告對被告之詐欺行為有信賴之事實；(5)原告之損害與被告之行為間具有因果關係存在；(6)原告必須受有損害。因此，民事損害賠償訴訟之原告適格限於證券的買方或賣方，俗稱「購買人－出賣人原則」（purchaser-seller rule）。

實務上，此一原則早先是聯邦第二巡迴法院在1952年的*Birnbaum v. Newport Steel Corp.* [18]乙案中所建立。其後，因Rule 10b-5訴訟蓬勃發展，1970年起聯邦最高法院開始一連串限縮適用Rule 10b-5的動作，在1975年

大事實有虛偽或隱匿，即可推定被告有故意，除非被告能證明其爲善意不知情。然原告必須舉證因信賴該不實陳述而爲交易並受有損失，亦即原告必須舉證信賴要件及因果關係，且實務上對信賴要件採取「眼見原則」（eyeball test），即原告必須證明其眞的閱讀系爭文件，而產生所謂眞正的信賴。相較之下，1934年證券交易法第10條第b項雖要求原告必須證明被告具備故意（scienter），但實務上原告得透過「詐欺市場理論」以推定信賴的方式，成就其直接信賴的要求。因此，第18條第a項除主觀要件較第10條第b項寬鬆外，在信賴、因果關係要件上均較嚴格，對於原告而言較爲不利，從而美國實務上較少投資人援引本條請求損害賠償，而大多以第10條第b項及Rule 10b-5爲請求依據。*See* THOMAS LEE HAZEN, THE LAW OF SECURITIES REGULATION 524-25 (7th ed. 2016).

[18] 193 F.2d 461 (2d Cir. 1952). 本案上訴人是Newport公司的一群股東，其主張董事長Feldmann及其他受其控制的董事，在Newport公司與Follansbee公司與合併事宜中，以其等職權拒絕Follansbee公司的合併邀約（此一合併有利於全體股東），董事長Feldmann並將其各人持股高價賣出給Wilport公司賺取暴利，此外以信件方式對原告做出若干虛偽陳述（聲稱因不確定的國際情勢而中止合併、未揭露董事長出售持股之價格及隱匿Newport將成Wilport子公司的事實），有違受託人義務及Rule 10b-5。第二巡迴法院以立法沿革、立法目的及文義說明，國會制定證券交易法第10條b項意在將出賣人納入證券交易法反詐欺條款的保護範圍內（本條項增訂之前只能依賴第17條a項的反詐欺規定，惟其僅保護被詐欺的購買人，而未及於出賣人），因而仿效第17條a項文字，並以「任何人」（any person）取代「購買人」（purchaser）並增加「與證券買賣有關」（in connection with the purchase or sale of any security）之文字而已，無意將保護對象擴張至「非出賣人或買受人」（如本案之股東），即法院認爲本條不適用於內部人違反受託義務而使「非出賣人或買受人」受到詐欺之情形。本案之後的判決多認爲本案藉由「與證券買賣有關」的文字來劃定Rule 10b-5的「原告資格」。

的*Blue Chip Stamps v. Manor Drug Stores*[19]乙案中，聯邦最高法院確立了*Birnbaum*乙案所建立「購買人─出賣人原則」。

在*Blue Chip Stamps*乙案中，聯邦最高法院自政策面考量認為，Birnbaum原則雖可能將潛在股份購買者、股東及債權人等潛在原告排除在1934年證券交易法第10條第b項救濟之外，然其仍具有許多優點。因倘無Birnbaum原則將會擴張原告的範圍，而可能造成濫訴的風險。一旦訴訟成立，訴訟程序的進行（尤其事證開示程序的濫用），可能阻撓或拖累與該訴訟毫無關聯的被告正常商業活動，並迫使被告與原告和解，而Birnbaum原則可以避免此種不必要的訴訟。從舉證面言，若允許潛在證券買賣者得以提起訴訟，因其並無實際證券買賣之行為，從而許多要件的舉證（如因果關係、損害等），只能依賴原告的口頭證詞或主觀認定，而無其他任何書面或電子紀錄佐證，或得以任何實際買賣數量推估。如此將使事實審判者暴露在許多相當模糊的歷史爭點之中，尤其審判前程序，更是困難。若無Birnbaum原則，未真正參與證券市場的旁觀者，將可以不帶風險的在場邊等候證券市場的發展，一旦股價下跌，即宣稱因未正確揭露導致他未能賣出；一旦股價上漲，則宣稱發行人過分悲觀的預期，使其錯失買入的良機。準此，採納Birnbaum原則是利大於弊[20]。

*Blue Chip Stamps*乙案最高法院將原告限縮於證券的買方或賣方，而不包含潛在購買者或出賣者，而自此之後「購買人─出賣人原則」即廣受後續判決所採納。

---

[19] 421 U.S. 723 (1975).本案被告之一Blue Chip公司（簡稱BC）受到美國政府對其提起民事反托拉斯訴訟，嗣後BC與美國政府達成和解，同意進行公司重組計畫，將BC併入新成立的Blue Chip Stamps公司（簡稱BCS），減少BC主要股東的股份，並且BCS必須提供股份及公司債給過去未持有BC股份之BC客戶進行認購。嗣後，一位BCS股份的潛在認購者（即BC的客戶）對BC、BCS、BC主要股東及BCS董事提起訴訟，主張被告等提供的公開說明書內容虛偽不實，對於被告公司的現狀與未來預期，提供過度悲觀的評價，以誤導原告等潛在認購者之投資決策，其目的在於使重組計畫認購者不為購買，而這些股份將可以在公開市場賣得更高價錢。本案爭點在於，原告並未認購被告公司股份，得否依據Rule 10b-5提起訴訟？

[20] *See* John C. Coffee, Jr. & Hillary A. Sale, Securities Regulation: Cases and Materials 1034-1038 (12th ed., 2012).

(二) 證交法第20-1條請求權人包括持有人之妥適性

誠如前述，我國證交法第20-1條賠償請求權人除發行人所發行有價證券之善意取得人與出賣人外，亦包括持有人。而最高法院在本案中就交易因果關係之舉證，認為只有在不實財報公告後至不法情事揭露日期間內買入股票之人始有詐欺市場理論推定交易因果關係之適用，持有人則無適用，必須自行舉證證明交易因果關係之存在。

相較我國，美國法對於財報不實民事案件之原告限縮於證券的買方或賣方，從而在交易因果關係之舉證上，「原告須有買賣證券之行為」乃適用詐欺市場理論之前提，而持有人並不符合此一前提，故無法援引為舉證責任導置之法理依據。本文認為持有人因其並無實際證券買賣之行為，從而許多要件的舉證（如因果關係、損害等），只能依賴原告的口頭證詞或主觀認定，而無其他任何書面或電子紀錄佐證，或得以任何實際買賣數量推估，如此將使得舉證及審判變得相對困難。同時，亦可能擠壓購買人或出賣人所分得之賠償金額，從而將持有人列為請求權人之立法，並非妥適。因此，最高法院在本案中針對持有人無詐欺市場理論推定交易因果關係之適用，實質地限縮第20-1條規定之損害賠償權利主體，應是現階段較為適當之作法。

肆、結論

在我國現今證券市場買賣雙方通常並無直接接觸，而係透過證券經紀商以電腦撮合的方式成交，而且證券市場上影響股價的因素甚多。受害投資人在不實財報案件中欲證明交易因果關係存在，實屬不易。晚近國內實務界多援引詐欺市場理論推定交易因果關係之方式，以解決原告舉證上的困難。惟證交法第20-1條賠償請求權人除發行人所發行有價證券之善意取得人與出賣人外，亦包括持有人。而持有人交易因果關係之證明是否有詐

欺市場理論之適用，國內實務見解並不一致[21]。最高法院在本案中則明白表示只有在不實財報公告後至不法情事揭露日期間內買入股票之人，始有詐欺市場理論推定交易因果關係之適用，持有人則不適用，仍必須自行舉證證明交易因果關係之存在。本文對此表示肯定。然而，最高法院並未就適用詐欺市場理論之前提要件予以釐清，則較為可惜。

---

[21] 例如士林地方法院103年度金字第1號民事判決以及士林地方法院99年度金字第10號民事判決認為同樣得以詐欺市場理論推定持有人之交易因果關係。

17

自美國法觀點論我國內線交易罪重大消息之公開

周振鋒

壹、前言

　　為避免發行公司內部人、準內部人以及消息受領人（以下合稱內部人）藉取得資訊優勢與外部投資人進行有價證券交易之不公平情事，證券交易法（以下稱證交法）禁止內線交易行為，依第157-1條第1項之規定，內部人實際知悉發行股票公司有重大影響其股票價格之消息時，在該消息明確後，未公開前或公開後18小時內，不得對該公司之上市或在證券商營業處所買賣之股票或其他具有股權性質之有價證券（以下合稱股票），自行或以他人名義買入或賣出，否則即構成內線交易行為，違反者將負同法第171條之刑事責任。

　　但內線交易實務常出現的困擾莫過於，內部人買賣股票時其所知悉之消息是否為重大消息？若肯定時，該重大消息是否已成立？依證交法第157-1條第5項之規定，所稱有重大影響其股票價格之消息，指涉及公司之財務、業務或該證券之市場供求、公開收購，其具體內容對其股票價格有重大影響，或對正當投資人之投資決定有重要影響之消息；其範圍及公開方式等相關事項之辦法，由主管機關定之。現行法將重大消息分類為涉及公司之財務、業務之消息（以下稱財務業務消息），以及涉及該證券之市場供求、公開收購之消息（以下合稱證券市場供求消息），且二者之具體內容對公司股票價格或對正當投資人之投資決定有重要影響，始足當之。有鑑於上述不確定法律概念使內線交易於司法實務上難以認定有無重大內線消息之存在或成立，證交法於2006年1月修正時即授權主管機關訂定重

大消息之範圍及其公開方式等相關事項，主管機關遂制定了「證券交易法第157-1條第5項及第6項重大消息範圍及其公開方式管理辦法」（下稱重大消息管理辦法）以符合罪刑法定原則、法律安定性以及預見可能性之要求[1]。

　　由於我國內線交易規定原係參考美國立法例制定，故美國司法實務上對於重大性之判斷即可作為我國解釋上之參考。在TSC v. Northway一案[2]中以系爭消息是否非常可能會影響「合理的投資人」其投資之決定作為判斷重大性之基準。另外，在Basic v. Levinson案[3]中進一步認為，即若某一事實對公司之影響是確定而清楚的，可直接適用前述TSC案之基準；惟若事件本身性質上係屬「或許會、或許不會發生」或「推測性」的情形，重大性之判斷則以「依一特定時間衡量事件發生之可能性及該事件在整個公司活動中所占之影響程度」，亦即所謂的「可能性／影響程度」作為判斷基準[4]。透過此種判斷基準能真實反應某一消息對於一般理性投資人之投資判斷是否具有重要影響[5]。而對於前揭認定基準，學者認為可作為我國法下之輔助判斷基準[6]。

---

[1] 對重大消息管理辦法制訂與修正說明，可參閱劉連煜，新證券交易法實例研習，頁540、541，2016年9月，14版。另參考本項2006年1月修正理由：「為將內線交易重大消息明確化，俾使司法機關於個案辦理時有所參考，並鑑於重大消息內容及其成立時點涉及刑事處罰之法律構成要件如明訂於本法，恐過於瑣碎且較僵化，同時難以因應未來市場之變化。故為即時檢討重大消息內容，以維持彈性，並符合市場管理需要，爰修正本項，授權主管機關訂定重大消息之範圍。另考量『罪刑法定原則』，重大消息公開方式宜予明定，爰參酌美國、日本規定，併入本項修正，授權主管機關訂定重大消息之範圍及公開方式等相關事項，以符合『法律安定性』以及『預見可能性』之要求。」

[2] TSC Industries, Inc. v. Northway, Inc., 426 U.S. 438 (1976).

[3] Basic v. Levinson, 485 U.S. 224 (1988).

[4] 參閱劉連煜，同註1，頁555-558。應特別說明者，消息之重大性並非本文所欲討論之重心，故不擬深入討論，合先說明。

[5] 參閱郭大維，內線交易中有關「內線消息」與消息「公開」之認定─評最高法院104年度台上字第376號刑事判決，月旦裁判時報，第44期，頁17-18，2016年2月。

[6] 參閱劉連煜，同註1，頁560。

　　於確認消息具重大性後，知悉公司重大消息之內部人依法於消息「未公開前或公開後十八小時內」不得買賣該公司股票，否則即違反內線交易規定，換言之，上開知悉重大消息之內部人需等待重大消息「公開」18小時後始得買賣公司股票。因此，重大消息是否已公開、於何時公開，亦有可能影響行為人是否成立內線交易罪之關鍵。依前述證交法第157-1條第5項與重大消息管理辦法第2條、第3條規定，重大消息可區分為公司之財務業務消息、證券市場供求消息，另外該辦法對於消息的類型有不同的公開方式。按重大消息管理辦法第6條第1項規定，涉及公司之財務業務消息之公開方式，係指經公司輸入公開資訊觀測站。由此可知，主管機關認為公司輸入公開資訊觀測站為公司公開該類重大消息之唯一方式，而縱使消息經由其他管道或方式由投資大眾知悉並非此指之公開。根據該條制定說明可知，主管機關認為由於涉及公司之財務業務消息係指公司所能決定或控制者，考量資訊公開平台「公開資訊觀測站」僅供公開發行公司發布重大訊息，且該平台業已行之有年，投資人已習於該平台查詢公司之重大消息，爰明定應經公司輸入公開資訊觀測站作為公開方式。相較於財務業務消息，涉及證券市場供求消息之公開方式則較具彈性，依重大消息管理辦法第6條第2項可知，透過下列方式之一者即屬公開：(1)公司輸入公開資訊觀測站；(2)臺灣證券交易所股份有限公司基本市況報導網站中公告；(3)財團法人中華民國證券櫃檯買賣中心基本市況報導網站中公告；(4)兩家以上每日於全國發行報紙之非地方性版面、全國性電視新聞或前開媒體所發行之電子報報導。有疑問者，何以此類消息公開方式較多？蓋主管機關認為該類消息非屬公司所能決定或控制，因此不強求以公司輸入公開資訊觀測站為唯一公開方式。例如公司遭檢調機關搜索時影響公司證券市場供求，但此類消息顯然非公司所得控制，甚至公司（被搜索對象）獲悉消息時間往往落後於報章媒體，故不強求其以輸入公開資訊觀測站為唯一消息公開之方式。

　　雖然現行法規將重大消息分類並要求不同的公開方式有其理由，但理論上仍有值得討論之處，國內不少學者即認為有關公司之財務業務之重大消息僅能以輸入公開資訊觀測站作為唯一之公開方式，固然有明確之優

點，但完全排除其他方式恐有過於僵化之問題[7]，且以「消息乃公司所能
決定或控制」作為是否強制以公司輸入公開資訊觀測站為唯一公開方式之
理由，實屬牽強[8]。事實上，重大消息管理辦法雖有法律授權且已有具體
規定，但司法實務於評斷系爭重大消息是否公開時，並非絕對以該辦法為
認定依據，此也致使行政實務與司法實務於公開重大消息時間點認定可能
產生落差之情況。更有甚者，司法實務本身對於如何認定重大消息已公開
此點亦尚未發展出統一之見解。惟重大消息是否公開涉及內部人是否該當
內線交易之構成要件，宜有明確之判斷基準，如此亦能給予行為人較佳之
預測功能，而能符合刑法明確性之要求。本文藉探討近期發生之優盛案高
等法院判決（臺灣高等法院102年度金上訴字第34號刑事判決，以下稱高
等法院判決）、最高法院判決（最高法院104年度台上字第376號刑事判
決，以下稱最高法院判決）出發，點出司法實務見解歧異之處，並就此議
題介紹美國法就消息公開之立法例，以為後續評析前開兩判決之基礎，最
後，於本文結論就現行法規對重大消息公開規範模式進行反思，並提供本
文幾點規範上之建議，作為未來法規調整之參考。

貳、優盛案案件事實、爭點與法院判決理由

一、案件事實與爭點

　　本案被告葉○庠（以下稱被告）係股票上櫃公司優盛公司董事長兼總
經理，並擔任未公開發行之盛○投資公司之董事長，而盛○投資公司則為
被告對優盛公司控股之私人投資公司。因優盛公司所生產之電子血壓計，
約有半數銷往美洲市場，依據美國食品藥物管理法令，美國食品藥物管理
局（以下簡稱FDA）得派員前往生產廠商進行查廠，而查廠後FDA並分別
提列缺失報告交予優盛公司，優盛公司接獲後，即透過快遞將改善說明信

---

[7]　參閱賴英照，股市遊戲規則—最新證券交易法解析，頁465，2017年9月，3版。

[8]　參閱劉連煜，同註1，頁546。

函紙本文件回覆予FDA。惟於民國（下同）97年3月28日（美東時間），FDA針對前開查廠結果對優盛公司發布警告信（即Warning Letter），並公布於FDA官方網站，且於97年3月31日遞送上揭警告信之書面文件至優盛公司。

本案被告於97年4月2日進入優盛公司董事長辦公室後，得知上揭FDA警告信，因而知悉FDA認為優盛公司的醫療器材在方法，或製造、包裝、倉儲、安裝等程序的設備或控制已「嚴重」違反相關法規；且FDA人員認為優盛公司之改善說明信函回覆仍不充分，對於優盛公司銷美產品FDA可能會採取「未經檢查即行留滯」行動拒絕該等產品銷美。如此將對優盛公司之營收及淨利影響程度重大，足以左右公司之營運，被告為規避股票跌價損失，於97年4月10日前後某日大量出售盛○投資公司持有之優盛公司股票，藉此規避股價下跌之損失。其後美國海關旋於97年6月11日逕行留滯優盛公司出口至美國之電子血壓計產品。優盛公司則於隔日（即97年6月12日）將此一遭留滯消息揭露於公開資訊觀測站，其股價因而劇烈下跌。經檢察官提起公訴，認被告所為係犯證交法第157-1條第1項之禁止內線交易罪嫌，應依同法第171條第1項第1款規定處罰。

本案爭議問題在於系爭消息（即FDA警告優盛公司產品不符法規與未來可能遭受留滯）是否已於97年3月31日FDA公告警告信內容於其官方網站即屬公開，或以同年6月11日美國海關留滯優盛公司產品後隔日優盛公司將此消息輸入於公開資訊觀測站始構成公開？

二、高等法院判決見解

高等法院針對上開明確之重大消息於被告行為時是否屬於「未公開」進行審究，從結論上而言，高等法院認為本件優盛公司收受FDA警告信此一涉及公司財務業務消息（並將此消息公告FDA官網），於被告行為時，該消息已置於不特定人或特定多數人可共見共聞之情形，已屬公開。主要理由在於高等法院認為在解釋內線交易罪「未公開」之構成要件時，不能過度限縮公開方式以行政機關所訂之「經公司輸入公開資訊觀測站」作為唯一標準。

就法律位階而論，高等法院認為重大消息管理辦法「只不過係規定『公司』公開重大消息之方式而已，倘消息係公司『以外』之人或機關、單位自行公開，而置於不特定人或特定多數人可共見共聞之狀態，此並非公司所得控制或約束，原非上開重大消息管理辦法所得規範，故涉及內線交易罪之犯罪構成要件的『未公開』消息之認定，自不能劃地自限地圈於上開辦法針對『公司』公開方式之反面解釋，而限縮證券交易法第157-1條第1項內線交易罪中之『未公開』此一犯罪構成要件的認事用法空間，亦即，公開與否，尚得以我國實務向來針對刑事處罰要件之『公開』的認定標準加以判明。」

另一方面，高等法院認為基於刑法謙抑性（最後手段性）原則，在認定內線交易此一「重罪」之犯罪構成要件中消息的「公開」與否，應更具彈性，避免因圈於行政機關所發布上開辦法之限制，產生隧道視野（tunnel vision）而造成法院判斷上之偏狹，輕易使人罹於重罪，導致刑法之過苛。故而高等法院最後認定本件優盛公司收受FDA警告信之消息（即產品有可能遭受海關滯留之消息），早已在97年3月28日同步公告於FDA網站，已置於不特定人或特定多數理性投資人得以共見共聞之狀態，係屬公開消息。

值得說明者，由於系爭消息登載於國外網頁且以英文述，如此是否能使國內投資人共見共聞，似乎有待釐清，就此高等法院採理性投資人之標準，認為「倘一般理性之投資人均可由公開之資訊中得知公司上開明確之重大消息，則即使公司未依上開管理辦法規定輸入『公開資訊觀測站』，然仍不能否認該消息早已為理性投資大眾所可得而知之客觀存在事實。要言之，所謂消息之知悉與否，並非專以上揭盲目跟從之菜籃族（mom and pop investors）為基準，而應以『一般理性投資人』（即正當投資人）可得知悉為據，蓋現今一般理性之股票投資人，除了聽聞市場傳聞資訊外，往往必會參照公司定期公布之營收、財務狀況、任何網路或傳播媒體已公開之資訊等等，綜合評估該公司之經營績效、獲利能力、財務、業務及將來之發展性，作為是否進場投資之依據故也。析言之，為了促進前揭股票市場之效率（按如前所述，無論是健全市場理論或私取理論，均係以禁止

內線交易可以提升證券市場效率以健全市場為基本假設），證券市場之理性投資人，必會藉其專業及敏感度，努力蒐集、研究及分析任何足以影響股票價格之公司內部或市場訊息，綜合判斷是否進場投資，故若相關資訊早經公布在公開網站上，已置於不特定或特定多數理性投資人可得共見共聞之狀態下，則獲取資訊之機會相等，不致使不特定或特定多數投資人相較於公司內部人而言有明顯資訊不對等之情況發生，則應認該消息已屬『公開』」。由此可知，高等法院係以「理性投資人」而非一般散戶投資人為標準。

三、最高法院判決見解

　　關於重大消息之公開，最高法院認為為使一般投資人具有獲得資訊之可能性，貫徹資訊取得之公開及平等，乃有重大消息管理辦法制定，「立法理由以涉及公司之財務、業務或支付本息能力之消息，為發行公司較能決定或控制者，且證券交易所設立之網站『公開資訊觀測站』，僅供公開發行公司發布重大訊息，該平台已行之有年，投資人已習於該平台查詢公司之重大消息，將此等重大輸入公開資訊觀測站，最能達到資訊公開、公平交易之目的；至於涉及證券市場供求之消息，因非屬公司所能決定或控制，其公開方式，參酌日本立法例，應經公司輸入公開資訊觀測站，或於證交所、櫃買中心之基本市況報導網站中公告，或透過兩家以上平面媒體、電視、電子媒體報導。故而其認為此規定係主管機關依據法律授權所頒訂，自應遵守，始能達維護證券市場交易制度之公平性及健全性之目的。」

　　又關於重大消息應由何人或何種方式公開？最高法院認為「自證券交易法及管理辦法等相關法條文字、法規文義解釋及禁止內線交易之立法目的觀之，參以美國、日本、歐盟等相關法令或實務案例，應認重大消息須由發行公司公布，始屬上述法規所指之公開。發行公司以自己名義公布，或公司之董事、經理人、發言人或其他代表公司之人，代公司發布重大消息，始得認發行公司已依法令盡其公告或申報之義務。如果重大消息非發行公司所公布，而係其他人（例如消息事件之相對人、關係人、非代表公

司之人員、記者等）因故予以公布、報導、揭露時，亦應經發行公司或足以代表公司之人對外為有效之證實、說明或澄清後，始可認為重大消息已經公開。否則縱然證券市場傳言、媒體網路轉載，終究仍屬傳聞，發行公司既未出面證實、說明或澄清，一般投資人仍難判斷真偽而作成投資決定，反之，內部人卻可加以利用，造成市場之公平性遭到質疑，其資訊取得仍非平等，如認為該重大消息已屬公開，對投資人顯欠公平。要之，對於重大消息之公開，發行公司應有適當而有效的積極作為，始能認已盡公開之責任。」

　　基於上開標準，最高法院進一步認為「（本案）被告大量賣出優盛公司股票前，公司似未主動將FDA寄發警告信警告輸美產品可能遭留滯之重大消息，依法輸入公開資訊觀測站，亦未以任何方式對外作有效之公開揭露，且未就FDA官網登載之內容以任何方式加以證實、說明或澄清，難謂優盛公司已盡其公開重大消息之責任。且FDA之官網乃公布美國管理食品藥物等相關行政流程之用，係以英文敘述，而我國產業以外銷世界各國為主，產業類別甚多，如認FDA之官網公布為證券交易法第157-1條規範之『公開』，則一般股票投資人需到多少國家之多少官方網站上蒐尋，才能獲得投資所需的資訊？不熟悉或不習慣上外國網站的投資人如何能取得此等資訊？不能閱讀各種外文的投資人如何能懂得外國官網內容之真意？遑論係有關醫療器材之專業知識？一般投資人如何可得接觸並隨時更新不同專業領域發行公司之近況？」據此，最高法院認為原判決並未說明該警告信之內容如何已得使一般投資人接觸知悉之依據與理由，逕謂FDA既公告在其官網上，不特定人或特定多數「理性投資人」得以共見共聞，有心買賣優盛公司股票之理性投資人，將能透過該網路知悉此明確之重大消息，作為是否進場投資之依據，遽認該重大消息已經公開，而為本案被告有利之認定，其判斷證據證明力之職權行使，難謂合於經驗與論理法則，並有判決理由不備之違失，故最高法院將原判決撤銷發回[9]。

---

[9] 另需補充說明者，本案發回更審後由臺灣高等法院審理，作成臺灣高等法院104年度金上更（一）字第2號刑事判決，由於所持法律見解大致與最高法院相同，故本文不再另文贅述。

參、美國法重大消息公開方式與時點認定

　　美國法院判斷重大消息是否已公開可分為兩種方法，一為公眾公開方法（public access approach），即以重大消息是否向投資大眾散布（disseminated）且已被吸收（absorbed）為認定基準，此時該消息即進入公共領域（public domain or public realm）。申言之，將重大消息置於廣泛傳遞訊息之媒體加以轉載，並且等待合理時間使投資人可以消化此一訊息作出知情決定（informed decision）時[10]，內部人即無資訊優勢可言。此方法為多數法院所採。在SEC v. Texas Gulf Sulphur Co.案[11]，Texas Gulf Sulphur公司（以下稱TGS公司）意外發現礦產之重大利多消息，而該消息於1964年4月16號9點40分由安大略省礦業主管機關首次向加拿大新聞媒體宣布，該消息經由媒體轉載零星流向美國之投資公司，又在同日公司於10點再對美國媒體召開記者會公布該消息。聯邦第二巡迴法院認為重大消息之公開，應須以有效揭露且足以確保投資大眾得以取得該消息為要件[12]。因而，於加拿大向新聞媒體揭露時並非公開，原因為無法確保美國投資大眾能取得該消息。尤其，TGS公司曾在之前新聞稿承諾對媒體召開正式公告說明，內部人應等待正式公告（即前指在美國召開之記者會）後始能交易[13]。惟另有疑義者，是否於TGS公司正式召開記者會時即構成公開？本案被告之一Coates於公司10點記者會召開後隨即於10點20分下單

---

[10] *See* Robert A. Prentice, *The Internet and Its Challenges for the Future of Insider Trading Regulation*, 12 Harv. J. Law & Tec 263, 269 (1999).

[11] SEC v. Texas Gulf Sulphur Co., 401 F.2d 833 (2d Cir. 1968).

[12] "Before insiders may act upon material information, such information must have been effectively disclosed in a manner sufficient to insure its availability to the investing public." *Id.* at 854.

[13] "Particularly here, where a formal announcement to the entire financial news media had been promised in a prior official release known to the media, all insider activity must await dissemination of the promised official announcement." *Id.*

交易[14]，因而產生爭議。法院認為被告行為時消息仍未公開，而應等待該消息能合理地出現於快速流通訊息的媒體（在本案為the Dow Jones broad tape），始足當之[15]。換言之，在重大消息未能轉化為投資決定前，內部人不得利用此資訊優勢，亦即不得於消息散布之當下便立即行動[16]。準此，所謂消息公開除應使投資大眾能有機會取得該消息外，亦應經過合理時間使投資人能消化該訊息後，始能稱重大消息業已公開[17]。但應以何種媒體或方法散布消息較為合適，美國證券主管機關聯邦證券交易管理委員會（U.S. Securities and Exchanges Commission,下稱SEC）並無明確指示，故僅能透過案件分析推論出以何種方式或符合如何條件較「有可能」構成公開。

第二種判斷方式係建立在效率市場假說（efficient market hypothesis）之上，認為不問重大消息是否對投資大眾公開，應改探詢重大消息是否已反應於股價而消除不法獲利之機會為基準[18]，此時，既然認為重大消息已完全反應於股價，利用該消息買賣股票之行為即無詐欺之嫌或對其他投資人有不公平之虞[19]。但認定重大消息完全反應於股價，法院傾向從嚴認定。應注意者，重大消息縱使已由媒體報導且事後證明內容為真正並非定

---

[14] 應注意者，內部人是否能合法交易係以下單時間（placing orders）而非為執行交易（executing）時間為判斷基準。*See* Louis Loss, Joel Seligman & Troy Paredes, Fundamentals of Securities Regulation (Vol. 2) 1301 (2011).

[15] "[A]t the minimum Coates should have waited until the news could reasonably have been expected to appear over the media of widest circulation." *See* Texas Gulf, 401 F.2d at 854.

[16] "[W]here the news is of a sort which is not readily translatable into investment action, insiders may not take advantage of their advance opportunity to evaluate the information by acting immediately upon dissemination." *Id.* at 854 n.18 (dictum).

[17] 參閱賴英照，誰怕內線交易，頁368，2017年10月。

[18] *See* James D. Cox, Robert W. Hillman & Donald C. Langevoort, Securities Regulation: Cases and Materials 911 (2013).

[19] 關於美國法國內文獻相關討論，另可參閱賴英照，同註17，頁367-370。

然得構成公開[20]。例如,在United States v. Libera案[21],被告主張在購買系爭股票時消息已被媒體(Inside Wall Street)專欄揭露,且股票交易開始價量俱增,故認為消息已公開[22]。聯邦第二巡迴法院認為系爭消息亦可能被認為公開,即使該消息並未對外公告(public announcement)且只有少數人知悉該消息之情況[23]。本案爭點並非知悉消息的人數多寡,而係是否渠等知悉人士所為之交易已使該消息完全反應於股票價格。蓋因系爭消息完全反應股票價格時,行為人即無法濫用該消息而獲利[24]。採此說之合理基礎在於,重大消息並非僅能倚靠公司透過正式公告散布予投資大眾,亦有其他型態。但此方法仍重視所謂資訊平等(informational parity)概念,若投資大眾認為併購是可能發生而已,但內部人確信會發生時,兩者間即存在資訊不平等之情形,此時消息即非公開[25]。另在SEC v. Mayhew案[26],財經媒體報導Rorer公司將被收購,被告Mayhew推測Rorer公司將被收購

---

[20] *See* Bradley J. Bondi & Steven D. Lofchie, *The Law of Insider Trading: Legal Theories, Common Defenses, and Best Practices for Ensuring Compliance*, 8 N.Y.U.J.L & Bus. 151, 173 (2011).

[21] United States v. Libera, 989 F.2d 596 (2d Cir. 1993).

[22] 另早在SEC v. Monarch Fund案中,法院認為系爭消息已在OTC市場流傳,故認消息已公開。"[T]he evidence indicated that rumors of possible financing were circulating throughout the over-the-counter community." See SEC v. Monarch Fund, 608 F.2d 938, 943 (2d Cir. 1979).但論者指出,法院後續的案例對於被告對於傳聞消息若有較市場具體的資訊時則將從嚴認定消息是否公開。See Stuart Sinai, Rumors, Possession v. Use, *Fiduciary Duty and Other Current Insider Trading Considerations*, 55 Bus. Law. 743, 766–68 (2000).

[23] "We agree that information may be considered public for Section 10(b) purposes even though there has been no public announcement and only a small number of people know of it." Libera, 989 F.2d at 601.

[24] "The issue is not the number of people who possess it but whether their trading has caused the information to be fully impounded into the price of the particular stock. Once the information is fully impounded in price, such information can no longer be misused by trading because no further profit can be made." *Id.*

[25] *See* Cox et. al, supra note 18, at 911.

[26] SEC v. Mayhew, 121 F.3d 44 (2d Cir. 1997).

而收購該公司股票，惟其推測乃基於友人Piccolino源自於職業獲悉Rorer
公司之重大非公開消息而確信，其中Piccolino透露Rorer公司總裁向其表
示公司已準備被收購且正積極尋找合作夥伴。被告係於1989年11月買進
Rorer公司股票，最終Rorer公司於1990年1月表示公司正與他人協商公開
收購。Mayhew主張從Piccolino獲得之消息已公開，但法院認為已公開消
息係指普遍地揭露予投資大眾至廣泛散布之程度，且揭露並未使特定人或
團體取得優勢地位[27]，或雖僅少數人知悉，但該等人交易已使該消息完全
反應至股票價格中[28]。

肆、優盛案法院判決評析

　　關於重大消息的公開方式與時點，乃本案高等法院與最高法院見解出
現分歧之處。本案高等法院認為本件優盛公司收受FDA警告信此一涉及公
司財務、業務之重大消息，因已於美國FDA之官網上公開，而置於不特定
人或特定多數人可共見共聞之情形，故已屬公開消息。且其認為在解釋內
線交易罪「未公開」之構成要件時，不能過度限縮公開方式於行政機關所
訂之「經公司輸入公開資訊觀測站」作為唯一標準。

　　惟本案最高法院判決則認為，「發行公司以自己名義公布，或公司
之董事、經理人、發言人或其他代表公司之人，代公司發布重大消息，始
得認發行公司已依法令盡其公告或申報之義務，否則縱然證券市場傳言、
媒體網路轉載，終究仍屬傳聞，發行公司既未出面證實、說明或澄清，一
般投資人仍難判斷真偽而作成投資決定，如認為該重大消息此時已屬公
開，對投資人顯欠公平。」而本件優盛公司未主動將FDA寄發警告信警告
輸美產品可能遭留滯之重大消息，依法輸入公開資訊觀測站，亦未以任何

---

[27] "Information becomes public when disclosed to achieve a broad dissemination to the investing public generally and without favoring any special person or group" *Id.* at 50.

[28] "[W]hen, although known only by a few persons, their trading on it has caused the information to be fully impounded into the price of the particular stock" *Id.*

方式對外作有效之公開揭露，且未就FDA官網登載之內容以任何方式加以證實、說明或澄清，難謂已盡其公開重大消息之責任。且如認FDA之官網公布屬於「公開」，則一般股票投資人需到多少國家之多少官方網站上搜尋，才能獲得投資所需的資訊，對於不熟悉或不習慣上外國網站的投資人又該如何能取得此等資訊？因此最高法院認為不得僅以FDA已公告在其官網上，而不特定人或特定多數「理性投資人」得以共見共聞，即認重大消息已公開[29]。

　　本案高等法院使用類似於刑法上「公然」概念認定消息是否公開，係指消息置於不特定人或特定多數人可共見共聞之狀態[30]，因而既然消息已載於網路空間且可為不特定人或特定多數人所取得，自屬公開。惟本文認為，刑法上「公然」乃指行為時之情狀（如公然侮辱需侮辱他人行為時處於不特定人或特定多數人共見共聞之情狀），但重大消息是否已公開係指該消息資訊之品質而論，亦即，行為人是否可利用此一非公開消息的資訊優勢地位為交易而獲利。由於兩者各有不同的規範目的，應無法比附援引。例如，公司在某公眾場合用廣播方式宣告重大消息僅為行為時情狀處於不特定人或特定多數人所共見共聞，但如此並無法使該消息品質上由非公開轉變為公開，持有該消息之人仍能利用資訊優勢交易而獲利。由於網際網路所載訊息通常得由不特定人或特定多數人所共見共聞，甚至得不受地域與時間限制相當輕易地由他人引述與轉傳，但網頁資訊如茫茫大海，投資人是否真能取得其訊息，則不無疑問。為此，本案高等法院認為重大消息是否公開應以「理性投資人」可得知悉為據，認為「理性投資人，必會藉其專業及敏感度，努力蒐集、研究及分析任何足以影響股票價格之公司內部或市場訊息，綜合判斷是否進場投資，故若相關資訊早經公布在公

---

[29] 國內學說關於本案相關討論，可參閱賴英照，同註17，頁379-383；郭大維，同註5，頁14-22。

[30] 論者即明確指出，早期由於法律未有明定，對於消息公開司法實務採刑法上「公然」的要件。參閱林孟皇，內線交易實務問題之研究─以我國刑事責任規定的解釋適用取向為中心，法學叢刊，第210期，頁59，2008年4月。但此見解被批評有過於寬鬆之缺失，參閱李開遠，證券犯罪刑事責任專論，頁146、147，2014年6月。

開網站上，已置於不特定或特定多數理性投資人可得共見共聞之狀態下，則獲取資訊之機會相等，不致使不特定或特定多數投資人相較於公司內部人而言有明顯資訊不對等之情況發生，則應認該消息已屬『公開』」。

　　然本文仍對前揭高等法院見解持不同意見。重大消息登載於網頁上雖使內部人與理性投資人「形式上」獲取資訊之機會相等，但非當然能導出「實質上」兩者無資訊不對等之結論，而應於法院審理個案時實質探究內部人是否有資訊優勢之地位，以之作為判斷基礎。於本案中，雖然FDA寄警告信給優盛公司並將該訊息刊載於其官網，自形式觀之，任何人皆可輕易接觸與取用該網頁訊息，被告並無任何資訊優勢可言。實際上，被告乃因FDA警告信而「明確」知悉重大消息，而該訊息刊載於國外網頁且以英文撰寫，國內投資大眾未必能知悉此一消息，縱然依高等法院所持之理性投資人標準，亦難期待國內理性投資人就資訊掌握應至如此完整與即時[31]。另外，FDA警告信僅傳遞若優盛公司再不改善其產品時該國海關將留滯其產品，但公司是否有能力改善其產品進而導致其產品被留滯，外界似未能確定，相反地，被告基於公司董事長職務，能綜合公司其他內部資訊更有能力掌握與判斷消息未來發生之或然率，此點優勢縱使係理性投資人亦無法相提並論。參酌前揭美國聯邦第二巡迴法院判決所採之資訊平等概念，若投資大眾認為併購是可能發生而已，但內部人確信會發生時，兩者間即存在資訊不平等之情形，此時該消息即不能稱已公開。準此，縱使市場投資人可能已知悉FDA警告信之消息，相較市場其他理性投資人而言，被告仍取得相當程度的資訊優勢地位，更何況系爭消息並未普遍被市場所知悉，更應認定消息並非公開。

　　結論上，本文贊同本案最高法院之見解，認為於FDA之官網公告寄發警告信並非公開。如同最高法院所言，外國官方網站眾多且投資人對內容未必能加以理解，如何期待一般理性投資人得以知悉該重大消息？從比較

---

[31] 國內亦有學者認為，由於本案系爭消息在國外網頁公布，於通常情形國內投資人無法方便取得該消息，故不應認為公開。參閱郭大維，同註5，頁21。另有學者主張，公開應以本國人得親近之語言與媒體。參閱陳彥良，內線交易相關爭議問題—以重大消息為中心，載：證券交易法律風險探測，頁220，2018年10月。

美國法的角度觀察，若美國上市公司之重大消息於美國以外國家並以英文以外文字公告，應不算公開。因而學者認為，FDA於官網公告警告信未以國內投資大眾方便取得方式公告，且該消息亦未反應於股價，故不構成公開[32]。另外，被告知悉重大消息，得參酌公司其他非公開資訊，較其他投資人更有資訊優勢，因此應認為前開FDA網頁公告警告信並非公開。

惟有疑問者，若該FDA官網公告之消息，已經我國新聞媒體轉載或報導而使國內理性投資人知悉之情形，是否構成公開？針對市場傳聞或媒體報導，學者認為並非即構成公開，而應由公司或有權公開消息之人主動證實、說明或澄清，始應構成公開[33]。惟本案最高法院卻認為，除非「發行公司以自己名義公布，或公司之董事、經理人、發言人或其他代表公司之人，代公司發布重大消息」證實、說明或澄清外，縱然證券市場傳言、媒體網路轉載之訊息對投資人而言仍難以判斷真偽，故不應構成公開，如此似以公司或有權代表公司之人證實、說明或澄清，作為消息已公開之條件。但學者同時質疑重大消息並非全由公司所得控制，故應不限「發行公司或其他代表公司之人」代公司發布重大消息，始能公開[34]。本文以為，最高法院之所以持此見解，係其將系爭消息定位於財務業務消息，再循重大消息管理辦法規範邏輯，認為優盛公司對該消息具有控制力，故而認為優盛公司或有權代表之人應對該消息澄清或說明後始能構成公開。但從上開語句，似無法推論若為影響該證券市場供求等消息，是否僅能由「發行公司或其他代表公司之人」加以說明或澄清。在本案中，針對FDA官網所載警告信消息，性質上雖然較接近公司財務業務消息，且優盛公司對此消息應得以控制，但優盛公司並非唯一能控制或證實該消息之管道，倘若系

---

[32] 參閱賴英照，同註17，頁383。

[33] 參閱林國全，證交法第一五七條之一內部人交易禁止規定之探討，政大法學評論，45期，頁291、292，1992年6月；郭大維，同註5，頁22；劉連煜，同註1，頁298。另有論者認為我國證券市場散戶居多，易受媒體報導影響，而媒體亦有可能基於時間或其他因素限制而無法完整或詳實地報導，故認為應以公司或相關人士證實的報導，始稱公開。參閱林孟皇，同註30，頁59。

[34] 參閱郭大維，同註5，頁21。

爭消息經由媒體轉載或報導後，再經他人（如媒體）進一步至FDA官網或向該管之人員查證，即可確認消息之真偽，並無絕對需優盛公司說明或澄清之必要，如此解釋不僅符合內線交易規範目的，亦不致對投資人有不公平之處[35]。前開最高法院之見解應有再補充之必要。

伍、結論與建議

一、公司輸入公開資訊觀測站僅為公開方式之一

雖然重大消息管理辦法將公司財務業務消息以公司輸入公開資訊觀測站為唯一公開方式，如前所述，理論上仍有諸多不合理之處，因此國內不少學者即持反對立場，在本案無論高等法院與最高法院似亦持相同看法。依重大消息管理辦法規定，公司已正式召開記者會發布重大消息，雖然該消息已於投資大眾可取得之狀態，甚至已反應於公司股價，但僅因公司未輸入公開資訊觀測站而不被認為公開，內部人買賣股票即因此違反內線交易罪，就內線交易規範目的係以確保資訊平等、保護投資人而論，將產生不合理之結果。即便輸入公開資訊觀測站有諸多優點，如將公告管道單一化以降低投資人蒐集與查證資訊成本，而電子化、數位化後能輕易且快速地將消息轉載，但對於不熟悉或不慣用網路的投資人而言，或許以傳統媒體方式（如電視、廣播或報紙）反而較有機會接收到重大消息（惟網路發布消息當然也能經由傳統媒體散布）。但本文以為，就內線交易規範目的

---

[35] 有學者以英國法為基礎，認為若資訊得經由公眾得檢視的紀錄，或者網際網路之資訊中取得，皆可能構成公開。參閱曾宛如，公司法制基礎理論之再建構，頁281，2017年8月；陳春山，證券交易法論，頁324，2012年10月，11版。歐盟市場濫用規則（Market Abuse Regulation）第17條規定，公司應確保大眾迅速取得，並能完整、正確且及時對資訊進行評估的方式公開資訊，亦不限僅一種公開資訊管道。參閱賴英照，同註17，頁370-371。但另有學者主張，投資人與公司本處於資訊不平等地位，要求公開應遵守法定方法並無不妥，明確公開方式可降低投資人之資訊劣勢，始能有效對抗內線交易，且此要求對於公司而言並不致有沈重負擔，不算過苛。參閱陳彥良，同註31，頁220、221。

與資訊公平角度而論,重大消息公告的管道與方式不應是判斷該消息是否已公開之重心,不論以何種方式公告,得參考美國法所建立之標準,僅要能確認該公告採取投資大眾普遍能接收到訊息的方式,即為已足。惟對於重大消息之公告是否足以使投資大眾取得消息有疑慮時,可以另行檢驗系爭消息是否已完全反應於股價中,判斷消息是否已公開,不過對此應從嚴認定。

　　申言之,內線交易本為防止公司內部人基於職位之便取得非公開重大消息進而進入證券市場買賣所造成之不公正情事,但若市場已有知悉該等消息之管道,甚至該消息已反應於公司股價時,僅以公司未輸入公開資訊觀測站為由,即認為消息未公開,不免過於僵化。堅持以輸入公開資訊觀測站為方法或許認為,公司財務業務消息為公司所能決定或控制,若消息由其他管道(如媒體)披露,在未經公司證實前,投資人無法判斷消息之真偽,該消息自無法反應(或確實反應)於股價,此情形與消息未公開時相當。然公司主動揭露或澄清、證實其他管道揭露之消息似不需侷限於輸入公開資訊觀測站之方式,如公司經營高層或發言人正式接受採訪,甚至以召開記者會的形式說明[36],對消息之公開與傳遞實與公司輸入公開資訊觀測站有相同效果。雖然網頁資訊可方便、快速、廉價地傳遞,且利用公開資訊觀測站,可使得投資人方便查證消息是否正確,但此似無法成為應排除其他媒體作為傳遞消息管道之正當化理由。更何況學者指出重大消息管理辦法第2條將某些事項例如「發生災難、集體抗議、罷工」定性為財務業務消息,但此類消息並非公司所得決定或控制,以公司輸入公開資訊觀測站為唯一方式,即不合適[37]。本文認為,在現今資訊傳輸快速成本低廉的社會,無論以網頁公布、接受採訪、媒體報導、網路社群媒體等,皆能快速有效地傳遞,甚至能以數種不同型態分別加以轉載,投資人亦能迅速地求得資訊來源與查證內容是否屬實。亦即,隨著時代與科技演變,堅

---

[36] 例如,依「臺灣證券交易所股份有限公司對有價證券上市公司重大訊息之查證暨公開處理程序」、「財團法人中華民國證券櫃檯買賣中心對有價證券上櫃公司重大訊息之查證暨公開處理程序」規定所召開之記者會。

[37] 參閱劉連煜,同註1,頁545、546。

持輸入公開資訊站為唯一公開方式之合理性應不復存在[38]。

因此，吾人不應對特定消息公開管道持有偏見，僅要消息能有效傳遞、能查證消息來源與內容真偽時，即應可認為已公開。或有人質疑若捨棄輸入公開資訊觀測站為唯一方式恐有遭有心人利用之空間，但由於資訊傳遞快速的今日此種情形似毋庸過度憂慮。現行法規定重大消息公開後知悉重大消息之內部人仍須等待18小時始能合法買賣股票，更使得利用空間有限。不過於此亦應注意者，電子媒體儘管有快速散布消息的功能，但並無法確保投資人能公平的取得資訊[39]，然而此原理不論是公開資訊觀測站或是其他媒體皆然。因而，公司不應以優惠特定人或團體散布消息，以求資訊公平，否則不應認為消息公開。又，輸入公開資訊觀測站具有類似安全港作用（詳後述說明），公開後可合法交易時間在計算上極為明確，理論上對行為人最為有利，捨此方式不用而改以其他管道公開即有面臨刑事調查或追訴的不確定風險，似難想像有心人士會如此安排。退步言，縱然允許其他公開方式，但公開與否仍需通過法院（或犯罪偵查機關）的實質審查，而以一般投資人可普遍接收、消息真實性可驗證為前提，並無太多可利用空間。

若認不以輸入公開資訊觀測站為唯一方法，吾人應如何看待重大消息管理辦法之定位。本文以為，重大消息辦法係在提供明確的公開重大消息之管道，有提供行為人預測行為後果之作用，得以補充內線交易構成要件過度抽象之缺點，但不應反面推論立法者有授權主管機關對於構成要件具有決定權力。因而當論及重大消息是否公開時，仍應回歸內線交易規範之本質，個案判斷行為人是否有濫用資訊優勢之可能。否則，若以輸入公開資訊觀測站為唯一方式時，將可能出現重大消息已完全反應於股價但行為

---

[38] 惟國內反對學說則主張在公司有決定、控制能力時，財務業務消息之公開仍應以輸入公開資訊觀測站為唯一方法，但對於證券市場供求消息，則認爲可「例外」允許重大消息管理辦法規定之四種方法以外之公開方式，但僅得「在已完全符合資訊機會平等之情形且投資人已足資做正確判斷時」之情形，方能爲之。參閱陳彥良，同註31，頁221。

[39] See Prentice, *supra* note 10, at 281.

人仍被論罪之不合理情況。此際，重大消息管理辦法認可之公開方式或可理解係一安全港（safe harbor）條款，亦即，若按主管機關規定公開時，法院（或犯罪偵查機關）應予以尊重而認為重大消息已為公開，不再個案實質判斷消息是否公開。由於公開資訊觀測站於實務上已為投資人取得公司訊息之主要管道，且此乃依主管機關規定輸入重大消息之方式，此時認為消息已為公開應無疑問，司法實務亦未有挑戰之先例。惟當重大消息未經輸入公開資訊觀測站時，行為人即無法受到安全港的保護，而須以個案相關事實判斷消息是否已公開。易言之，由於內線交易行為人應受刑事處罰，在法律授權下，重大消息管理辦法即可填補抽象的法律構成要件，提供行為人較可預測之行為準則。重大消息管理辦法明確揭示公開方法，不但可減輕法院事後個案認定公開時點之負擔（但並非每件個案皆有公開時間點之爭議），對內部人而言亦可提供何時能合法交易自家股票簡易之判斷依據[40]。

　　若依本文建議輸入公開資訊觀測站不應為重大消息公開唯一方式，是否意謂現行法規有修正空間。本質上，重大消息管理辦法屬法規命令位階，法院判決雖應予尊重，但是否完全受其拘束，仍有解釋空間。但目前規範有使法院誤解之可能，而便宜地僅以公司輸入公開資訊站作為判斷是否公開之唯一基準。如本案最高法院所言「重大消息管理辦法係主管機關依據法律授權所頒訂，自應遵守，始能達維護證券市場交易制度之公平性及健全性之目的」，即為一例。本文以為，該辦法制訂目的或有提供法院較明確判斷基準之功能，但不應具完全的拘束效力，法院亦不應自我侷限，放棄個案判斷之權力。具體言之，系爭消息若按重大消息管理辦法之方式公開，法院即無由變更公開方法。但此非謂公開方式僅能由主管機關決定，法院亦可按照個案判斷系爭消息是否公開。事實上，法院亦非完全遵照重大消息管理辦法認定公開時點。如前所述，本案最高法院表示「公司似未主動將FDA寄發警告信警告輸美產品可能遭留滯之重大消息，依

---

[40] 國內學者亦認為，內線交易何時屬於明確、何時公開，型態甚多，證交法授權主管機關提供較具體之列舉或例示，並賦予一定之法律效力，對內部人與法院均有所助益。參閱曾宛如，同註35，頁281。

法輸入公開資訊觀測站，亦未以任何方式對外作有效之公開揭露，且未就FDA官網登載之內容以任何方式加以證實、說明或澄清，難謂優盛公司已盡其公開重大消息之責任」，亦認為除公司輸入公開資訊觀測站外，公司若就系爭消息作有效揭露、或對FDA官網登載內容加以證實、說明或澄清時，即可認為消息已公開，而未完全遵守重大消息管理辦法之規定。

　　由於重大消息管理辦法相關規定並非合理，自然無從協助司法實務建立認定公開方式與時點之基準，因而也不難理解，該辦法即便已發布與施行數年，法院就報載消息是否為公開，仍存在分歧見解[41]。既然如此，重大消息管理辦法即有修正之需要，不論是財務業務消息或有價證券供求消息，公司輸入公開資訊觀測站應認為僅為其一之公開方法，而其他方法於現在資訊科技發展之當代，實難以用有限抽象文字完全包括各種型態之公開管道，故本文認為宜另立「概括條款」較為合適，亦即參考美國判例法所建立之精神，包含「其他可供投資人普遍得以接受消息的方法」，如召開記者會、全國性媒體報導、發言人正式接受採訪、甚至網際網路訊息等皆包括在內，但以所公告之訊息「有公開事實或來源可供投資人合理驗證內容真偽」為前提。以具體適用於本案說明，FDA官網並非國內投資人普遍接受消息的方法，故刊載於該官網之消息並非公開，惟一旦經國內媒體大幅報導後，投資人即得立即地、直接地以公開網頁資訊驗證消息真偽，即能構成公開。另外關於等待時間部分，由於我國法條文已明定公開後18小時的等待時間，顯已將投資人消化重大消息時間納入考量[42]，故美國判例法認為應待市場消化重大消息後（等待時間）始構成公開，在現行法未修正前，在我國法下無另外再引用之餘地。

　　就消息已反應股價部分，在我國法下似應可作為個案被告抗辯之理由，換言之，若無證據顯示系爭消息已經合理之散布方法公開時，程序上

[41] 參閱賴英照，同註7，頁468。

[42] 證交法第157-1條之等待時間於2010年修正時將原規定12小時延長為18小時，其理論基礎即在提供效率市場更長且合理的時間消化重大訊息。參閱曾宛如，新修正證券交易法—資訊揭露、公司治理與內線交易之改革，臺灣法學雜誌，第155期，頁28，2010年7月。

應容許被告舉證系爭消息已完全反應於股價而免責，若能證明系爭消息已充分反應於股價，此時消息自已公開，依法即無處罰之必要，蓋此時對投資人無資訊不公平之情事，被告亦無藉此獲利之可能。不過如前所述，法院應從嚴認定之[43]。

二、重大消息分類與區分公開方式不合理

如前所述，重大消息管理辦法主要將重大消息分類為「財務業務消息」與「證券市場供求消息」兩者，並分別規定消息如何「公開」。雖然重大消息管理辦法有其理論與規範之基礎[44]，但強將重大消息分類，進而再規定其公開方式，實際上恐會產生缺失。誠如學者所言，重大消息種類繁多，如何「定性」消息究屬於「財務業務消息」或「證券市場供求消息」亦為可能之爭議[45]。又，除「財務業務消息」公開方式過窄外，「證券市場供求消息」又有過寬之問題。例如，公司股權重大異動消息係被歸類為「證券市場供求消息」，雖經兩家全國性媒體報導但未經公司或相關當事人證實前，投資人似乎無從判斷消息真偽[46]，相似地，亦有學者指出友善的公開收購經媒體披露仍需相關當事人之證實，始能構成公開，否則法規則有規範漏洞產生[47]。自美國法的觀點而論，經媒體報導之消息未必會構成公開，仍需探究消息是否有使投資大眾普遍接受的可能，抑或該消息是否已反應於股價。因而學者主張經媒體報導之消息，應附加適當的條

---

[43] 應說明者，當重大消息已完全反應於股價並非意謂內部人毋庸揭露，僅係重大消息已經其他方式揭露於市場而已。

[44] 美國學者亦認為重大消息可區分為二類型，其一公司內部事務如營收與獲利，其二為外部或市場資訊如公開收購。*See* William Wang & Marc Steinberg, Insider Trading 109 (2010).但美國法並未因此認為不同消息種類應不同的公開方式。

[45] 參閱劉連煜，內線交易重大消息的範圍及其公開方式的認定，臺灣本土法學雜誌，第87期，頁304，2006年10月。

[46] 參閱賴英照，同註17，頁390、391。

[47] 參閱劉連煜，同註1，頁549。但倘司法實務不完全採重大消息管理辦法，而以個案實質審查重大消息是否公開時，或許即無學者所稱法規漏洞情形。

件，才能構成公開[48]。換言之，經媒體報導之重大消息在公司或相關當事人未證實前不論是屬於「財務業務消息」或「證券市場供求消息」，皆不宜認為經媒體報導即已「公開」，亦即，經媒體報導並無本文前述之安全港作用，但公司輸入公開資訊觀測站即無此疑慮。由此可見，重大消息管理辦法以「形式」方式而非「實質」認定重大消息是否已公開，實無法貼切體現非公開消息（non-public）之本質與符合內線交易規範之目的，實有重新檢討之必要。

三、未來修正建議

綜合前述觀點，本文建議廢除證交法第157-1條第5項將重大消息分類之規定，即不將消息分類，所稱有重大影響其股票價格之消息，泛指其具體內容對其股票價格有重大影響，或對正當投資人之投資決定有重要影響之消息。惟鑑於修法有其難度，短期仍可透過修正重大消息公開管理辦法達到目的，即不論是歸類為「公司之財務、業務」、「該證券之市場供求」、「公開收購」等消息，應統一公開方式，不再區分消息種類而異其公開方式。如本文前述，保留現行輸入公開資訊觀測站為公開方式之一，且行政與司法實務亦能肯認具安全港作用，如此即可促使內部人更有意願使用該種方式發布重大消息。另外，再增訂「概括條款」，公開方式包括「其他可供投資人普遍得以接受消息的方法」，但以該公告之訊息「有公開事實或來源可供投資人合理驗證內容真偽」為限。當適用此類公開方式時，即須以個案事實審查是否公開，即內部人是否能利用資訊優勢交易股票。倘若系爭消息已經合理之散布方法公開有爭議時，程序上應容許被告舉證系爭消息已完全反應於股價而免責，惟應從嚴認定之。增訂「概括條款」實益在於不再僵化認定重大消息公開時點，被告若無利用內線交易獲利之可能時，本無處罰之合理性與正當性可言。

最後應強調者，縱然如本文前所建議擴大公開方式，但行為人應自負採「公司輸入公開資訊觀測站」以外公開方法所可能衍生之法律風險，

---

[48] 參閱賴英照，同註17，頁391。

因而「公司輸入公開資訊觀測站」雖非唯一，但仍應為重大消息公開之主要方法。另外，由於依法規定重大消息公開18個小時後內部人始能買賣股票，此段等待時間亦能和緩有心人士濫用其他公開方式而保留其資訊優勢之疑慮。司法實務現狀本就未完全遵守重大消息管理辦法認定消息是否公開，本文建議並非實際上變更現行法規之狀態，而係欲借助美國法之觀點，促使重大消息公開認定之規則更明確化而已，期待藉明確規則之制訂促使未來司法實務能逐漸形成較細緻的審查標準，最終使內線交易構成要件更加明確與可預測，符合刑罰規範之基本精神。

18

連續買賣罪構成要件之實質認定

陳盈如[*]

　　證交法第155條第1項第4款中反操縱市場關於連續買賣之規定，在2015年7月1日修法以前，依照文義，只要行為人主觀上有要拉抬或壓低特定有價證券價格之意圖，而以連續買入或賣出方式，買賣該特定有價證券，理論上即使只有買賣少數一兩張股票，也有可能成立本款之罪，惟證交法所要保護者是投資人之權益以及交易之公平與安全，在行為人未有詐害他人意圖，且在極少數量幾乎肯定不會造成市場或其他投資人影響時，是否有需要以刑事處罰加以規範？此不無疑義。因此2015年時，修正內容在原條文最後加上「而有影響市場價格或市場秩序之虞」，即連續買賣必須有影響市場機能之可能性才構成犯罪。換言之，修法後，連續買賣操縱價格，其交易規模必須達到可能干擾市場，才有犯罪之可能性，學者認為就法理而言，此一新修正確實平衡了行為人之投資自由與投資人不受詐害之權利，應值肯定[1]。惟上述修法是否解決了所謂預見可能性以及刑罰明確性之問題，則不無疑問，蓋實務上對於該款規定之主觀意圖以及客觀要件中之連續、高價、低價等要件，皆仍欠缺明確之標準。而所謂可預見性，或明確之標準並非要將各種犯罪態樣或規模標準一一列出，而是藉由構成要件將立法背後所欲保護之權利，加以明確化，配合法院之判決累積，使人民得以預見何種行為將可能違反法律之規定，而不會有無所適從、動輒得咎之問題。以下將以一最高法院近年判決探討操縱市場中連續買賣之構成要件問題。

[*]　本文原刊登於臺灣法學雜誌，第337期，作者修訂部分內容，收錄於賴源河教授八秩華誕祝壽論文集。藉此出版之機會，表達對賴教授多年來對法學教育之無私奉獻與對後輩提攜之崇高敬意。
[1]　劉連煜，新證券交易法實例研習，頁625，2016年9月，增訂14版。

壹、最高法院105年度台上字第2304號刑事判決－事實與下級法院判決

　　上訴人林某為上市公司南港輪胎股份有限公司（下稱「南港輪胎公司」）派往大陸江蘇省子公司之工廠秘書室主任，且林某自民國92年間擔任元瑞、智凱、元鴻、詮曄四間投資公司之實際負責人，其中元鴻與詮曄兩家公司又分別係南港輪胎公司之法人董事。詹某自90年5月起擔任南港輪胎公司法務組課長。下級法院認定林某與詹某共同基於意圖抬高或壓低集中市場南港輪胎公司股票價格而不法炒作套利之犯意聯絡，於96年7月1日至97年1月23日間，由林某指定詹某為授權買賣人，由林某於特定交易日則下達買賣指令（價格、數量）予詹某，再由詹某以元鴻與詮曄投資公司證券帳戶，以電話透過不知情證券商營業員下單。林某指示詹某下單購買南港輪胎公司股票後，詹某每日會注意庫藏數量，並審閱買賣南港輪胎公司股票資金庫存對帳表或融資、融券餘額表，而連續以高價買入或連續以低價賣出南港輪胎公司股票，造成抬高或壓低南港輪胎公司股票於集中交易市場之交易價格，使南港輪胎公司股票之市場價格以異於正常供需方式而變動，而有影響集中交易市場南港輪胎公司股票交易價格之虞。下級法院並認定，在前開時間元鴻與詮曄投資公司等證券帳戶連續在集中市場炒作南港輪胎公司股票時，共計14個營業日明顯影響南港輪胎公司股票之市場價格[2]。

---

[2] 最高法院105年度台上字第2304號刑事判決。

貳、證交法第155條第1項第4款連續買賣操縱市場之構成要件

　　證券交易法第155條為「反操縱行為」（anti-manipulation）之規定，其立法意旨係為使有價證券市場之價格能以供需決定，不應因操縱行為而扭曲市場價格機制，而淪為炒作有價證券價格，坑殺投資人之工具。而同條第1項第4款「意圖抬高或壓低集中交易市場某種有價證券之交易價格，自行或以他人名義，對該有價證券，連續以高價買入或以低價賣出，而有影響市場價格或市場秩序之虞」之規定，即為連續買賣操縱股價之禁止規定。若有違反者，依照證券交易法第171條第1項，處三年以上十年以下有期徒刑，得併科新臺幣一千萬元以上二億元以下罰金。

　　本款之構成要件，可分為主觀意圖要件及客觀要件，解釋上應為行為人主觀上有影響或操縱某特定有價證券價格之意圖，客觀上以自己或他人名義連續以高價買入或低價賣出某一特定有價證券，而有影響市場價格或市場秩序之虞者，始構成連續買賣罪。

　　而美國法上關於連續買賣操縱市場之禁止規定主要規範於Securities Exchange Act of 1934 Section 9 (a)(2)，其構成要件包含：(1)連續買賣創造交易活絡表象，或提高或壓低該證券的價格；(2)實施上述行為具有主觀上惡意；(3)以達成誘使他人買賣該有價證券之目的[3]。同樣，根據Section 10(b)和Rule 10b-5規定之操縱市場，原告必須通過人為影響市場活動，例如有沖洗買賣、相對成交，操縱價格或其他操縱行為，以誤導投資者[4]。實際上，從美國法院判決觀察得知，所謂操縱行為之認定，其係證券詐欺行為之一種，法律所要避免者係行為人，主觀上意圖詐害市場上投資人，而以客觀上之行為，例如沖洗買賣、相對成交，操縱價格或其他操縱行

---

[3] *Sharette v. Credit Suisse Int'l*, 127 F. Supp. 3d 60, 78 (S.D.N.Y. 2015); see also *Chemetron Corp. v. Bus. Funds, Inc.*, 682 F.2d 1149, 1164 (5th Cir.1982).

[4] *Santa Fe Indus. v. Green*, 430 U.S. 462, 476 (1977).

為，創造交易熱絡之假象，誘使他人買賣特定有價證券。其主要為懲罰的是行為人有詐害他人擾亂市場之惡意，而因為意圖之心理狀態難以證明，所以必須藉由客觀行為證明其企圖以操縱行為，誘使他人買賣特定有價證券，而遂行其詐欺之本意。同樣地，證明行為人有「自行或以他人名義，對該有價證券，連續以高價買入或以低價賣出，而有影響市場價格或市場秩序之虞」，皆係為了以相關客觀事實，證明行為人有操縱價格以詐害他人之意圖。因此，所謂「自行或以他人名義，對該有價證券，連續以高價買入或以低價賣出，而有影響市場價格或市場秩序之虞」，若沒有操縱詐害之意圖，則不會成立連續買賣罪；但要成立連續買賣罪，則必須以「自行或以他人名義，對該有價證券，連續以高價買入或以低價賣出，而有影響市場價格或市場秩序之虞」等客觀行為，去證明主觀操縱意圖之存在。

一、主觀意圖要件

「逢低買進、逢高賣出」是眾所周知之投資法則，而證券交易市場即是買方與賣方對於特定證券之應有價值在對立的角度上，形成交會點時而成立之交易。因此法律所要處罰的並非因投資決定「連續高價買入」或「連續低價賣出」的手法操作有價證券。蓋投資人看好或看壞特定有價證券，連續高價買入或低價賣出，其本即為投資之一般操作方式。因此，連續買賣要處罰者，實為利用連續買入或賣出之手段，企圖不當影響股價之意圖，以及維護交易市場之公平，避免其他投資人因不知此連續買賣之情形，而誤信該有價證券交易熱絡，價格攀升或下跌，而做出錯誤之投資決定，造成損害[5]。因此，不能僅以有連續高價買入或低價賣出有價證券之客觀行為，即遂行推定行為人具有主觀不法意圖。對於不法意圖在連續買賣中，應係行為人具有操縱市場之意圖。此意圖除抬高或壓低某種有價證券價格者，是否包含以誘使他人買賣有價證券，學說上見解有異。美、日立法例均規定「以誘使他人買賣有價證券之目的」（for the purpose

---

[5] 何曜琛，證券市場操縱行為之認定與要件－簡評最高法院96年臺上字第1044號判決，臺灣本土法學雜誌，第97期，頁231-232，2007年8月。

of inducing the purchase or sale of such securities by others）為主觀構成要件[6]，我國卻未有相同之規定。通說認為應加入此一要件，或有認為此一要件必須以立法方式加入，未修法前，仍應不加入此一要件。惟亦有學者認為，應不以誘使他人買賣為限，只要有操縱市場抬高或壓低有價證券之意圖，即可成立連續買賣罪[7]。

美國法上，法院在認定主觀意圖時，其認為所謂主觀惡意係指被告為不法行為時，其主觀上必須有意圖要去欺騙、操縱或詐害他人[8]。亦即，操縱之主觀意圖係指通過控制或人為影響證券價格來詐欺投資者之故意[9]。而如何證明詐欺主觀意圖存在，則原告必須主張能夠強烈推斷欺詐意圖的事實[10]。這個要件可以藉由證明被告有動機和機會從事欺詐，或其有強烈的間接證據證明被告係有意識的從事不法行為[11]。亦即，操縱者以連續交易炒股等操縱行為，以達成詐欺市場投資者，使投資人對於特定有價證券之價值有錯誤認定[12]。所謂「有力推論」，原告必須特別聲明：事實表明被告有動機和機會進行欺詐，或者事實構成強烈的間接證據，證明

---

[6] Securities Exchange Act of 1934 Section 9 (a)(2) "It shall be unlawful for any person, directly or indirectly, by the use of the mails or any means or instrumentality of interstate commerce, or of any facility of any national securities exchange, or for any member of a national securities exchange—To effect, alone or with 1 or more other persons, a series of transactions in any security other than a government security, any security not so registered, or in connection with any security based swap or security-based swap agreement with respect to such security creating actual or apparent active trading in such security, or raising or depressing the price of such security, for the purpose of inducing the purchase or sale of such security by others." 另參閱賴英照，股市遊戲規則－最新證交法解析，頁595，2014年2月。

[7] 林國全，操縱行為之案例分析，證券暨期貨月刊，22卷12期，頁54-57，2004年12月。

[8] *Ernst & Ernst v. Hochfelder*, 425 U.S. 185, 193 n. 12 (1976).

[9] *Id.* at 199.

[10] *Acito v. IMCERA Group, Inc.*, 47 F.3d 47, 52 (2d Cir.1995).

[11] *Id.*

[12] *ATSI Commc'ns, Inc. v. Shaar Fund*, Ltd., 493 F.3d 87, 100 (2d Cir. 2007).

被告為有意識的不當行為或重大過失[13]。美國法院實務上會被認定有主觀
上不法意圖之情形可能有，被告(1)以具體而私人的方式從所謂的欺詐行
為中受益的時候；(2)從事故意違法行為；(3)明知或可得而知其公開聲明
之內容不正確者；(4)沒有檢驗行為人有義務監督之資訊[14]。亦即，主觀不
法意圖，是行為人之心理狀態（state of mind），因此必須要經由其他客
觀構成要件之操縱行為去綜合認定之。惟美國法院亦認為，要將違法操縱
市場行為與合法之證券交易活動分開可能有認定上困難，因為操縱行為之
成立，必須證明被告「操縱股票價格的目的」。當交易涉及大型上市公司
的公開交易時，此之認定將更為困難，因為操縱股價是違法的，但積極投
資則是合法行為。法院在要求原告證明操縱行為時，常要求原告證明被告
行為對證券價格產生重大影響，因而誤導投資者[15]。

　　我國實務上，若遇有下列事證，法院可能認定被告具有抬高或壓低股
價之意圖，包括在短時間內連續大量買賣特定股票，使其成交量、值占當
日該股票總成交值相當高之比率；以相對委託或沖洗買賣或其他方式，連
續大量買賣股票，製造交易熱絡之假象；以高於平均價格之方式逐步提高
委託買進價格以拉抬股價，又或是炒作小型或冷門股等方式[16]。惟實務上
亦有認為，若係為維護公司股價之護盤行為，避免公司被併吞或破壞[17]、

---

[13] *Kalnit v. Eichler*, 264 F.3d 131, 138 (2d Cir.2001).

[14] *Employees' Ret. Sys. of Gov't of the Virgin Islands v. Blanford*, 794 F.3d 297, 306 (2d Cir.2015).

[15] *Fezzani v. Bear, Stearns & Co. Inc.*, 777 F.3d 566, 571-572 (2d Cir. 2015).

[16] 賴英照，前揭註6，頁598-599。

[17] 臺灣高等法院高雄分院95年度上更（一）字第165號刑事判決：「本件上訴人係因
燦坤公司之刻意打壓，始被迫採取防禦行動，對於燦坤公司之「意圖壓低櫃檯買
賣市場關於順發公司股票之交易價格，以他人名義，對該有價證券，連續以低價
賣出」之行為施以反制，顯然係對於外力之侵害，不正常下跌之情況下，基於維
護順發公司之股價，使之回歸至正常之股價而為。……可見上訴人甲○○上開行為
之目的不僅不是「以人為操作因素導致集中交易市場行情發生異常變動，影響市場
秩序。」，反而係「以人為操作因素使得集中交易市場行情正常化，使之不影響市
場秩序，以保護一般投資大眾」，對股票市場交易秩序及投資人之保護有正面之影
響，依上開最高法院判決，尚難認上訴人在主觀上是否有抬高集中交易市場上順發

取得公司經營權[18]，或是考量公司業績認為獲利高或值得投資等因素而買
進股票者[19]，因行為人主觀上未有抬高集中交易市場上特定公司股票價格
之意圖，則應不符操縱股價之主觀意圖要件。實務上對於是否要將誘使他
人買賣做為主觀意圖之要件尚無定論。最高法院近年有以判決新增「以誘
使他人買賣有價證券為目的」為主觀意圖之另一要件[20]，若行為人雖有壓
低股價之意圖，惟並無「以誘使他人買賣有價證券為目的」之主觀意圖，
故並不當然構成「連續買賣」禁止之違反。管見以為，證交法上規定操縱
市場應處以刑事處罰，在認定上，行為人主觀上應有詐害他人，始應受最
嚴重之刑事處罰。亦即，行為人主觀上認知其連續買賣行為將使其他投資
人錯誤認知該特定有價證券交易熱絡，而進一步有誘使其他投資人買賣該
有價證券之意圖，始符合操縱市場乃反證券詐欺之立法目的。因此，加入
以誘使他人買賣有價證券為目的之一要件應為必要。此即如同美國法上，
操縱股價既為證券詐欺之一種態樣，自然應認定具有詐害他人，誘使他人
買賣有價證券之意圖，始為該當。

　　最高法院於本案中，首先再次肯認連續買賣之主觀構成要件應包含
「誘使他人買賣特定有價證券之意圖」，此雖非法律上明文之規定，但考
量反操縱股價之背後立法目的，係為維持市場公平秩序，保障交易安全，
最高法院以判決方式，補充現行法之不足，應值肯定。同時，最高法院判
決指出下級法院判決內容相互矛盾之處：「原審判決就行為人誘使投資大
眾跟進買賣或圖謀不法利益，是否屬證券交易法第155條第1項第4款之操
縱股票價格罪之主觀構成要件，一方面認定：『證券交易法第155條第1項
第4款規定，……，判斷行為人是否有影響或操縱市場以抬高或壓低某種
有價證券價格之主觀意圖，除考量行為人之屬性、交易動機、交易前後之
狀況、交易型態、交易占有率以及是否違反投資效率等客觀情形因素外，

公司股票價格之意圖。（按上訴人此種行為僅係一種自力救濟，否則如燦坤公司之
違法行為須待櫃檯買賣中心移送，順發公司可能已遭燦坤公司併吞或破壞。」

[18] 最高法院88年度台上字第1143號刑事判決。

[19] 最高法院94年度台上字第1043號刑事判決。

[20] 最高法院96年度台上字第1044號刑事判決。

行為人之高買、低賣行為,是否意在創造錯誤或使人誤信之交易熱絡表象、誘使投資大眾跟進買賣或圖謀不法利益,固亦為重要之判斷因素,但究非本條成罪與否之主觀構成要件要素。』等語;另一方面又謂:『……於查核期間連續於盤中以高價大量委託買入南港輪胎公司股票或低價大量委託賣出南港輪胎公司股票,並為相對成交,扭曲市場價格機能,以達南港輪胎公司股票交易活絡之假象,對市場供需之自然形成加以干擾,足以使其他投資人誤解集中交易市場某種有價證券之交易狀況,渠等主觀上有以此誘使其他投資人買賣該檔股票,而期能坐收差額利益之意圖甚明。』等語。」亦即,最高法院認為「誘使他人買賣特定有價證券之意圖」應被包含於主觀構成要件之內,而下級法院之看法卻自相矛盾,前認誘使他人買賣特定有價證券法無明文,因此非本罪之主觀構成要件要素,而後又認為相關交易事實證明行為人有誘使他人買賣該檔股票以其收差額利益之意圖,判決理由前後矛盾違法。

二、客觀構成要件－自行或以他人名義

所謂「自行或以他人名義」所為之操縱股價行為,其行為主體並不限於一人,若數人有犯意之聯絡,而共同為本款所定之行為,則將構成本罪之共同正犯。

惟何謂犯意之聯絡,本案當中法院認為,借貸與操縱股票價格並無直接關連,且陳某(本案另一上訴人)、林某係各自下單買賣南港輪胎公司股票,並無使用相同帳戶下單,能否僅憑陳某借款予林某,即能推知其等就炒作南港輪胎公司股票必有犯意聯絡?而詹某若僅係單純接受林某指示下單買賣南港輪胎公司股票,其並無自行喊盤、下單之事實,能否僅因此即謂其參與操縱南港輪胎公司股票價格犯行之構成要件行為?又詹某每日審閱買賣股票資金庫存對帳表或融資、融券餘額表,究係為買賣股票後交割而為或係為下一次股票交易所準備?若僅係為交割股票,則詹某於買賣後之交割行為與違法操縱股票價格有何關連?如何基此即認定其與林某等有炒作股票之犯意聯絡?最高法院認為原判決未予以說明及釐清,即遽行判決,難謂適法。

　　上述最高法院之判決中提出這些疑問由下級法院進一步釐清，應值贊同。欲對行為人處以刑事處罰，其行為是否符合構成要件之規定，法院若未能表明行為與構成要件間之合理關聯性，則法院心證之形成可能將有違經驗、論理法則之問題。惟學者有認，行為人之間是否有犯意聯絡，及證據如何取捨之問題，即便原審法院有所不當，至多亦屬「事實認定不當」而已；此類爭議似應止於事實審級，不宜再由法律審法院（最高法院）判斷之，否則將使法院審級劃分的功能受到減損[21]。

三、客觀構成要件－連續以高價買入或以低價賣出，而有影響市場價格或市場秩序之虞。

　　學者認為，所謂「高價、低價」之認定，應以某特定時間，市場對該特定股價之相對高低而言。學者認為連續買賣規範之重點不在於如何認定高價或低價之問題上，而係應著重於防止行為人連續買入或賣出，以抬高或壓低某種證券價格，或造成交易活絡之假象，以買進或賣出之行為引誘他人買賣該特定股票。因此將來修正時，宜刪除「高價、低價」等字，以免徒增困擾[22]。美國法上亦未規定須有高價買入或低價賣出，而係其以連續買賣，造成市場熱絡之表象，而誘使受誤導之投資人買賣特定有價證券，有影響市場價格或市場秩序之虞而言。

　　本案中，最高法院認為，「證券交易法第155條第4款違法炒作股票罪之成立，除應考量上開法條所定構成要件外，對於行為人連續以高價買入或低價賣出特定有價證券行為，客觀上是否有致使該特定有價證券之價格，不能在自由市場供需競價下產生之情形，亦應一併考量。亦即本罪之成立，固不以該特定有價證券價格是否產生急遽變化之結果，或實質上是否達到所預期之高價或低價為必要。但仍須考量其行為客觀上是否有致該特定有價證券之價格，不能在自由市場因供需競價而產生之情形存在，始符合本罪之規範目的。」此段殊值贊同，蓋法院在認定行為人行為是否構

[21] 何曜琛，前揭註5，頁231-232。

[22] 劉連煜，前揭註1，頁624-625。

成特定刑事犯罪時，應考量其行為是否違反法律所欲保護之利益，證交法禁止操縱有價證券價格之原因，係為維持證券交易市場之供需機制，保護投資人之安全。因此，是否成立本款罪責，最主要即應考量其行為客觀上是否有致該特定有價證券之價格，不能在自由市場因供需競價而產生之情形存在，誤導投資人該特定有價證券之價值而為買賣，做為法院判斷之標準。因此，本案中最高法院進一步說明，「行為人是否成立本罪，自應就其連續以高價買入或低價賣出特定股票行為，如何導致該股票在市場買賣競價上產生異常及影響股價異常，就其判斷標準，予以說明。」此即為有影響價格與市場秩序之虞的構成要件。法院應說明其連續買賣，如何導致市場供需變化，進而影響股價，而有影響市場價格與秩序之可能情形。

此外，最高法院認為下級法院之原判決僅於其附表三就上訴人等買賣南港輪胎公司股票之日期、時間、買賣名義人、委託、相對成交情形、合計當日市場成交比例、影響股價（即上漲或下跌幾檔）、當日漲跌幅等情予以論列，但對於如何認定上訴人等之股票交易行為已有異常，足以影響股市價格或秩序，而有操縱股價之意圖，並未予以說明或提出任何參考之標準及依據。且上訴人辯稱係依據證交所揭露之「五檔買賣價量資訊」進行本件股票買賣。如確係參考上開資訊買賣，何以能認為操縱股票價格？最高法院認為下級法院對於炒作股價之判斷，原判決未詳加認定，並說明憑已認定之依據，有違法之嫌。最高法院在此之判決亦值贊同，蓋行為人之行為是否符合本罪之構成要件，應判斷該行為與立法所欲保護之權利或目的受破壞間有何關連性存在，下級法院若僅列出股票交易時間、交易價額、交易量與影響股價之情形，但未說明其如何操縱股價以及如何造成市場供需機制受到破壞，影響投資人權益之情形，則難認為構成要件已該當。而以下就實務與學說上關於客觀要件之實質認定問題，做一簡單探討：

1. 五檔買賣價量資訊

本案中有提及「五檔買賣價量資訊」，而該制度實施之目的與揭露之內容，係指「為使資訊更透明、交易更公平，以提供投資人更充分的資作為買賣決策參考，證交所自92年元月2日起，實施揭露未成交的最佳五檔

買賣委託價量措施。所謂未成交的最佳五檔買賣委託價量資訊，就買方而言，係撮合後未成交委託買單中的最高至第五高有買單的檔位價格與未成交張數；就賣方而言，即撮合後未成交委託賣單中的最低至第五低有賣單的檔位價格與未成交張數[23]。」有高等法院認為，交易人於委託買進時，因無法知悉其他交易人同時參與市場之情形，僅能依揭示價量資訊（五檔價量）判斷委託價格，故在不考慮其他交易人新增減之委託買賣交易前提下，交易人在依五檔價量判斷下，確定可以買進一張之委買價最高為漲停價，最低為委賣五檔最低價（即「最佳賣價」，以下均稱最佳賣價）[24]。高等法院認為被告利用連續高價下單買進逐檔墊高成交價或者利用連續低價賣出逐檔壓低成交價之情形甚為頻繁，造成股價之上沖下洗，顯然已有影響市場之虞，使市場供需之自然形成受到人為干擾，無法反映股市之真實合理價格。更甚者，由被告高價買進拉升股價過程中，甚至可見被告先以一個不能立即成交之高價先行掛出委賣單後，再以相同價位掛出委買單之方式，以「虛賣虛買」之相對成交方式將股價墊高之情形，於上午10時59分34秒以高於當時揭示賣價75.5元之高價76.60元委託賣出，再接續於11時03分15秒時以同樣76.60元之價位委託買進，利用相對成交方式成功將股價由76元往上跳檔拉升至76.6元；其後於同日11時04分10秒，又以高於當時揭示賣價76.7元之高價76.90元委託賣出，並接著再以另一帳戶於11時08分18秒以同樣76.90元之價位再行委託買進，利用相對成交方式成功將股價再往上拉升至76.9元，其等利用「虛掛」「跳檔」之高價賣單，在掛同價位買單吃掉賣單之方式，達到迅速墊高股價之結果，更證被告是有目的有計畫的誘使或誤導他人對於股市價格之判斷，其操縱股價之意圖甚明[25]。被告於上揭交易日開盤前或盤中高價大量掛單買入，且有顯然高於當時市場尚未成交之委賣價格甚多之情形，卻又於前後或同一交易日為相反之賣出交易，更相對成交，徒然耗費證券商手續費及證券交易稅等成

---

[23] 臺灣高等法院106年度金上訴字第1號刑事判決（臺灣證券交易所股份有限公司106年5月18日臺證監字第1060008098號函）。

[24] 同上註。

[25] 同上註。

本，顯然不是一般投資人之看好買入、看壞賣出之「動機」而已。是以，被告明知該等資訊將揭露於「最佳五檔買賣價量資訊」予市場投資人，猶以上開方式掛單買入，其欲造成一般市場投資人經由該資訊之揭露，誤認當時該股高價買盤甚大，進而追高、惜售，而達到其抬高股價之目的甚明[26]。

我國上市櫃交易市場設有漲跌幅限制，實務上一般認為以漲停價下單並不當然構成操縱市場，不得直接認定係高價買入行為。本文認為，是否參考五檔買賣價量資訊下單，並非行為人是否為操縱股價之判斷。是否成立操縱市場罪應以行為人是否有操縱價格，誘使他人買賣特定有價證券，詐害投資人之意圖作為最重要之判斷標準，而其它之客觀事實，皆係作為證明此意圖是否存在之間接證據，畢竟行為人心理狀態除他本人外，其他人無從得知。因此，行為人是否依據證交所揭露之「五檔買賣價量資訊」進行本件股票買賣，僅係做為證明行為人是否有操縱股價意圖之客觀事實證明。如同上揭判決，被告很明顯係利用「五檔買賣價量資訊」此一公開揭露之資訊，藉由相對成交之行為逐步拉抬特定股票價格，使其他市場投資人因受行為人故意之拉抬股價之操縱行為，而從證交所之「五檔買賣價量資訊」獲知錯誤之資訊，進而可能作成錯誤之投資決定。被告在上揭判決中，可藉由其利用「五檔買賣價量資訊」進行相對委託抬高股價之客觀事實行為，而得知其主觀上有操縱詐欺之意圖，而成立操縱市場罪。如先前美國法院判決中所提到，原告必須要證明被告有「動機或機會」進行詐欺，若被告以連續買賣或相對成交等方式拉抬股價，但其動機並非係因看好該檔股票，而係為了誘使投資人追高股價，此之炒作意圖明顯，應可證明主觀操縱意圖存在。因此，有問一般投資人要如何進行投資始不會觸法，此一問題實為倒果為因，證券詐欺要處罰的是行為人詐欺之意圖與行為，並非處罰積極投資行為。

2. 有影響市場價格或市場秩序之虞

證券交易法第155條第1項、第2項關於對上市上櫃有價證券禁止行為

---

[26] 同上註。

之規定，其目的在使上市上櫃有價證券之價格能在自由市場正常供需競價下產生，避免遭受人為操控，以維持證券價格之自由化，藉此維護證券市場之交易秩序及健全發展，並保障投資大眾之利益。因此，是否成立操縱股價，在修法後，行為人之操縱行為，應在客觀上考量其行為是否有致使該特定有價證券之價格，不能在自由市場供需競價下產生之情形，而有影響市場秩序之虞，始符合本罪之規範目的。亦即，在證券交易法第155條第1項第4款於104年7月1日修正公布前後，雖都不以該特定有價證券價格是否產生急遽變化之結果，或實質上是否達到所預期之高價或低價為必要，但均仍須考量其行為客觀上是否有致該特定有價證券之價格，不能在自由市場因供需競價而產生之情形存在，始符合本罪之規範目的[27]。惟觀察美國法院判決，其並未將有影響市場秩序之虞明文關定於法條當中。美國法院判決上著重於認定行為人之主觀詐欺意圖，蓋操縱市場為證券詐欺之態樣之一，其主要係為維護交易市場安全，避免投資人受詐害，因此，是否因為行為人之操縱行為而使交易市場秩序受影響，其亦為證明行為人操縱詐欺意圖之客觀事實。換句話說，應係以行為人之連續買賣行為是否有影響市場價格或秩序之虞，作為證明行為人是否有操縱意圖之客觀事實之一。

至於成交量占比是否會影響認定成立操縱股價與否，最高法院認為「按證券市場自由化，投資人欲購買多少股票，厥屬自由權利，且其購買時尚未收盤，盤中如何知悉收盤後其買賣股票之百分比，而股票成交量差別性甚大，集中市場之某些『飆股』或『大型股』，因其股本龐大，每日成交量往往數萬仟股即數萬張，個別投資人買賣所占百分比甚小，但若『小型股』或店頭市場之股票，因其股票小或交易量少，有時投資人單日買入數張，即占百分之百，故客觀情形之單日買賣百分比評斷，應僅係供審酌行為人有無抬高或壓低交易市場價格意圖之參考，非可據為審斷其有操縱行為主觀違法要件之唯一依憑[28]。」高等法院有認，若疑似被炒作公

---

[27] 臺灣高等法院102年度重金上更（一）字第1號刑事判決。

[28] 最高法院92年度台上字第4613號刑事判決。

司係屬中小型股，且股票交易量非多，則被告因看好該股股價短線後勢發展，而於下單委託買入較多股數時，其等之委託買入或成交股票張數占單一時段或單日比例較高，亦屬當然之結果。在撮合機制下其中12筆成交，分別占當日該股成交總量之25.24%、27.80%、32.24%，實不足為奇。在無其他積極佐證下，自難僅以上開委託買入或買入成交交易之成交比重數據，遽論被告於上開交易行為時具有抬高該公司公司股價，造成股票市場交易活絡表象，以誘使他人買進國眾公司股票之意圖[29]。又被告於98年9月28日、29日、30日總計盤前委託買入訊利公司股票數量占該股可成交總委買數量比例既僅介於20.71%至23.46%之間，既未為法所不許，實際上交易市場上尚有百分之50以上之投資者影響力超過被告2人，自難認被告2人於開盤前之委託買進行為，客觀有影響訊利公司上開日期之開盤股價或市場秩序之虞[30]。惟法院以百分比之方式，認定連續買賣之交易量未達50%，因此沒有影響市場秩序之虞之說法，應有待商榷，蓋操縱市場所要處罰者，係行為人詐害其他投資人，導致市場公司失序之情形，若僅因未達50%，即認為其未有影響市場秩序之可能，此似乎有因果倒置之虞。

就操縱市場之客觀要件認定，美國法院有認為，大量拋售股票，與股票價格下降之關聯，這種指控只是「推測性」的，不足以提起訴訟[31]。而是必須要特別指出被告做了什麼樣的操縱行為，是否有沖洗買賣、相對成交或炒作股價行為等，並且必須要詳細指出操縱行為如何影響特定有價證券之市場秩序[32]。

因此，比較合理之解釋係，當行為人買賣之價量內容較小，若難認有誤導其他投資人產生該股票交易活絡假象而為買賣行為，進而影響市場價格或市場秩序之虞者，難被認定其主觀上有誘使他人買賣而為操縱行為，因此應不構成操縱市場罪。

---

[29] 臺灣高等法院105年度金上重訴字第8號刑事判決。

[30] 同上註。

[31] *ATSI*, 493 F.3d at 102-03.

[32] *Id.* at 104.

參、結論

　　連續買賣操縱股價規定，其主觀要件的成立，除法定的「抬高或壓低」之意圖外，最高法院在近年判決常以「法官造法」之方式，增加證券交易法原無的要件——「誘使他人買賣」，以補充現行法之不足，增加此一要件將有助於保障證券市場之健全。惟因我國學說實務素來主張罪刑法定，亦即刑罰，涉及人民權利之限制，其刑罰之構成要件，應由法律定之，若要增加法律所無之要件，則應修法為之。惟由本案中亦可得之，雖然我國主張罪刑法定，但法院在部分判決中亦常以法官造法方式增加法律原本所無之要件，而增加要件之結果亦非所有法院都加以遵循，因而造成人民對於司法之不信賴。蓋同一事實，因我國並無判決拘束原則，案件會因法官解釋法律與得心證方式而有不同之結果，人民自然對司法就難產生信賴。實務或學說就連續買賣罪之主客觀要件，包括不法意圖與客觀要件之「連續」、「高、低價」如何認定，目前未有一致見解，如同前述，行為人之行為是否符合本罪之構成要件，應判斷該行為與立法所欲保護之權利或目的受破壞間有何關連性存在，法院在判斷時，應指出股票交易時間、交易價額、交易量與影響股價之情形，並說明其如何操縱股價以及如何造成市場供需機制受到破壞，影響投資市場之情形。而審級制度之所以存在，即是避免訴訟案件判斷有疏漏錯誤，以及經由審級制度，可使下級法院之裁判經由上級法院再作審查，以統一法律見解，增加法律的安定與明確性。惟終審法院見解不一時，下級法院能參考遵循者即不一致，使人民對判決結果難以預見，增加對司法之不信賴。此外何謂有影響市場價格或市場秩序之虞、何謂連續、何謂高價低價，這些皆無法就字面意義解釋得知，而係應就整體市場當時之情狀加以分析。因此，專家參審或專家證人制度，亦應加以考慮。雖然構成要件符合與否，會隨個案事實之不同而對於是否謂有影響市場價格或市場秩序之虞、是否連續、是否符合高價低價而有不同之認定，但其立法背後所保護者，係市場之交易秩序與安全，以及避免投資人受詐害，因此法院在解釋與適用法律時，應在判決中使人

民理解，不法行為如何破壞市場秩序，其論證基礎和論證依據為何？是否有經過專業判斷，專業判斷所依據之數據或是資料是否通過檢驗？如此一來，即使案件事實不同，但若可透過理解何謂不法行為破壞市場秩序，以及法院判斷之基礎與依據，將可增加司法判決之可預見性。

　　操縱價格之行為，其主要目的在於避免行為人藉由操縱行為，意圖使他人誤認特定有價證券交易熱絡，而有使他人買賣該特定有價證券，詐害他人。其主要處罰者係行為人破壞市場秩序，影響交易安全之詐欺意圖與行為。因此，在操縱價格中，原告必須證明行為人有操縱之意圖，而單純操縱意圖亦不違法，亦需有其他操縱行為，例如連續買賣，相對成交等存在，因此，其他客觀構成要件皆係為證明行為人主觀操縱意圖之存在。單純滿足客觀要件，但未證明其行為人主觀操縱詐害意圖間之關聯者，亦未滿足操縱市場之要件。因此，若無積極證據足以證明行為人主觀上具有操縱價格之意圖情形下，若行為人僅係於同一或相近交易日，有多次以高於前一盤揭示價格委託買進或賣出特定有價證券，而致該有價證券價格產生波動，應難認定構成操縱市場連續買賣罪之要件。

19

從市場操縱之本質檢視操縱市場禁止規定之概括條款

洪秀芬

壹、禁止操縱市場之立法目的

　　證券交易法（下稱證交法）第1條規定：「為發展國民經濟，並保障投資，特制定本法。」亦即證券市場為國民儲蓄與生產資金相互結合的樞紐，從而證券市場的發達與否，對企業競爭力及一國經濟活動之發展占有重要地位。一方面，企業得藉由證券發行市場發行有價證券來取得生產資金，有助於企業之成長與競爭力之加強，且藉由企業之股票發行可分散股權，使投資大眾有機會認購而得以共享企業經營成長之成果；另一方面，證券流通市場則提供已發行之有價證券得以繼續流通再轉讓，提高其變現性與流動性，從而可吸引一般大眾樂於將儲蓄資金投入證券市場參與投資，不但可使經濟資源有效率的被分配，並可協助發行市場的發達，間接促進國民經濟之均富目標的實現[1]。惟若要達成前述目標，則有賴證交法之管理規範來促進其功能之實現以及維護其健全運作，例如，證交法第28-1條規定，公開發行股票公司原則上應提撥發行新股總額之一定比率對外公開發行，以強制股權分散；第36條規定，企業資訊應進行定期或不定期公開，藉此使投資人得以了解公司之現狀與未來，以為投資人投資有價證券之參考依據，而敢於進場投資；第155條規定，禁止操縱有價證券市場價格，使投資人能信賴證券市場的價格形成；第157-1條規定，禁止內

---

[1] 參閱王志誠、邵慶平、洪秀芬、陳俊仁合著，實用證券交易法，頁2，2018年2月，修訂5版；賴英照，股市遊戲規則─最新證券交易法解析，頁10，2014年2月，3版；廖大穎，證券交易法導論，修訂4版2刷，頁34，2010年3月，修訂4版。

線交易，使投資人能在資訊平等的基礎上進行投資等。

在證交法管理規範中，對證券市場健全發展相當重要的因素即是，使投資人得以信賴證券市場的價格形成，蓋若市場證券價格得被人為實際或企圖操縱，將使投資人對證券市場的信賴產生嚴重影響，輕者使證券市場萎靡不振影響交易量，重者可能致使投資人蒙受巨大損失，甚至導致實體經濟被扭曲，從而對證券市場的運作管理，需要明確具體規範，以確保證券市場不被操縱，而證交法第155條即是對此加以規定[2]。本條規定旨在對於在證券市場交易的有價證券，禁止以相對委託、連續交易、沖洗買賣、散布流言、散布不實資料或其他可能的手段，直接或間接方式影響其市場價格，亦即防止證券價格受到外力操縱，避免本因以自由供需關係來決定市場價格受到影響或演變為有計畫的人為價格，以維持證券價格的自由化，而使證券市場能在公平、公開的情況下充分發揮供需的價格機能，以維護證券市場的正常運作，從而得以保護投資大眾。而證交法第155條第1項第7款乃所謂概括條款，其係避免本項第1款至第6款規定之操縱手法掛一漏萬，畢竟證券市場操縱手法推陳出新，目前已具體規定的行為態樣恐難以涵蓋，故為避免須隨時修法之困擾，有必要以概括條款承接各種適於操縱市場的行為手段，以茲因應。本文即係從市場操縱的本質來探討第155條第1項禁止市場操縱之概括條款。

貳、現行規範

一、證交法規定

證交法第155條第1項規定自1968年4月30日公布施行以來，先後歷經四次修正[3]，現行規定內容如下：「（第1項）對於在證券交易所上市之有

---

[2] 參閱洪秀芬，操縱股價的犯罪行為類型，收錄於謝哲勝主編，「內線交易與操縱股價法律與政策」，頁56，2017年8月。

[3] 分別在1988、2000、2006、2015年修正。

價證券，不得有下列各款之行為：一、在集中交易市場委託買賣或申報買賣，業經成交而不履行交割，足以影響市場秩序。二、（刪除）三、意圖抬高或壓低集中交易市場某種有價證券之交易價格，與他人通謀，以約定價格於自己出售，或購買有價證券時，使約定人同時為購買或出售之相對行為。四、意圖抬高或壓低集中交易市場某種有價證券之交易價格，自行或以他人名義，對該有價證券，連續以高價買入或以低價賣出，而有影響市場價格或市場秩序之虞。五、意圖造成集中交易市場某種有價證券交易活絡之表象，自行或以他人名義，連續委託買賣或申報買賣而相對成交。六、意圖影響集中交易市場有價證券交易價格，而散布流言或不實資料。七、直接或間接從事其他影響集中交易市場有價證券交易價格之操縱行為。」本項之禁止操縱市場規定（反操縱條款），不僅適用於上市有價證券，依同條第2項規定，尚適用於證券商營業處所買賣之有價證券，亦即上市有價證券、上櫃有價證券、興櫃股票及管理股票[4]等，皆為反操縱條款之規範客體。第1項規定之各款操縱行為，依其操縱手法分別被稱為：第1款不履行交割、第3款相對委託或稱相對成交、第4款連續交易或稱連續買賣、第5款沖洗買賣、第6款散布流言或不實資料、第7款其他操縱市場行為即係概括條款。

違反禁止操縱市場規定者，具有民、刑事責任，其行為人依證交法第155條第3項規定，對於善意買入或賣出有價證券之人所受之損害，應負賠償責任；依證交法第171條第1項第1款，處三年以上十年以下有期徒刑，得併科新臺幣一千萬元以上二億元以下罰金，如其因犯罪獲取之財物或財產上利益金額達新臺幣一億元以上者，依同條第2項規定，處七年以上有期徒刑，得併科新臺幣二千五百萬元以上五億元以下罰金。

二、反操縱規範之犯罪型態

由於反操縱條款所要保護之法益，主要係證券市場的健全運作及投資

---

[4] 依「財團法人中華民國證券櫃檯買賣中心證券商營業處所買賣有價證券審查準則」第3-1條規定，上市、上櫃公司於終止上市、上櫃時，得向櫃檯買賣中心申請其股票為櫃檯買賣管理股票。

人對證券市場的信賴，以避免發生危害證券市場交易及干擾證券市場秩序之違法行為，亦即所要保護之法益係「超個人法益」，而對此類法益，立法者通常以抽象危險犯的立法模式來對法益作前置性的保護，亦即只要被檢視的行為符合構成要件所描述之事實，即被擬制對法益具有危險，而無須於個案上判斷實際有無實害或具體危險發生[5]。然觀察證交法第155條第1項各款操縱之犯罪型態規定，並非皆以抽象危險犯定之。

證交法第155條第1項第1款係規定，在集中交易市場委託買賣或申報買賣，業經成交而不履行交割，足以影響市場秩序，因此，不履行交割包括投資人委託證券經紀商買賣而不履行交割、證券經紀商以行紀方式代客申報買賣或自營商申報買賣而不履行交割等態樣，由於本款要求不履行交割須足以影響市場秩序，亦即行為人違約不履行交割行為有造成市場交易秩序受到影響之危險性，但不以實際發生損害為必要，從而本款之犯罪型態似應定位為具體危險犯[6]。第3款（相對委託）、第5款（沖洗買賣）、第6款（散布流言或不實資料）及第7款（其他操縱市場行為），則從其構成要件觀之，應均屬於抽象危險犯性質，只要行為符合各該款所描述之事實，不論是否確實損及證券市場的健全運作或破壞投資人對證券市場的信賴，犯罪即可成立[7]。第4款之連續交易規定，則要求其行為「有影響市場價格或市場秩序之虞」[8]的結果，則行為除須符合構成要件所描述之事實外，尚須所要求之危險狀態出現，從而實務運作上應於具體個案中審查危險結果是否因此出現，故此款之操縱行為似應為具體危險犯的性質[9]。

---

[5] 參閱洪秀芬，前揭註2，頁57-58；林書楷，資本市場刑法—以內線交易及操縱市場罪為中心，月旦財經法雜誌，第23期，頁59，2010年12月。

[6] 參閱洪秀芬，前揭註2，頁57-58。

[7] 同上註。

[8] 本款之「有影響市場價格或市場秩序之虞」係於2015年7月1日增訂之內容。

[9] 參閱洪秀芬，前揭註2，頁58；林書楷，前揭註5，頁59。

參、市場操縱之本質

一、市場操縱之意涵

　　「操縱」一詞並未於證交法條文中加以定義，僅在第155條第1項第7款概括條款中出現：「不得有直接或間接從事其他影響集中交易市場有價證券交易價格之『操縱』行為」，由於第7款係補充前6款規定，從而應可從前面6款之操縱行為及反操縱之立法目的來探詢操縱的意涵，並進一步作為判斷概括條款構成要件之用。

　　如本文前述，從證交法第155條第1項之禁止操縱市場規定的立法目的，及依第7款概括條款中之其他「影響集中交易市場有價證券交易價格」之操縱行為的規定觀之，反操縱規定旨在對於在證券市場交易的有價證券，禁止以直接或間接方式影響其市場價格，防止證券價格受到操縱，以維持證券價格的自由化，使交易市場在公平、公開的情況下充分發揮供需的價格機能，故操縱行為必須「具備足以影響市場價格自然形成的特質」，所以縱使某行為在形式上符合第1項各列舉條款構成要件的描述，但自始欠缺影響市場價格自然形成的特質時，則應對該危及證券市場行為之構成要件作目的論限縮，而排除其構成要件之該當性[10]。亦即判斷行為是否該當市場操縱行為者，應從行為本質來判斷，其是否「具備足以影響市場價格自然形成的特質」，至於是否須實際造成市場功能之損害結果或產生具體危險結果，應從例示列舉之各款行為構成要件的要求來進一步檢驗之，例如第1款即要求發生「足以影響市場秩序」之具體危險。

　　反操縱列舉條款之第1款不履行交割之操縱行為於比較法上較罕見，從條文文義觀之，未要求行為人須有操縱未被履行交割之證券價格的意圖，但在2006年1月11日證交法修正之立法理由中謂：「本款之立意係為防範惡意投資人不履行交割義務，影響市場交易秩序，至於一般投資人若

---

[10] 參閱林書楷，論操縱市場罪—資本市場價格形成真實性的觀點，興國財經法律學報，第1期，頁72-73，2011年5月。

非屬惡意違約，其違約金額應不致足以影響市場交易秩序，不會有本款
之該當，自不會受本法相關刑責之處罰。」似有意限縮本款之適用，僅針
對惡意違約不交割且影響市場交易秩序者，方受處罰[11]。蓋若行為人成交
後，因突無資力無法履約交割，應只是單純民事之債務不履行，實無須動
用刑事處罰手段，於實務上即有判決認為：「以該違約之情形『足以影響
市場秩序』為必要，且就規範目的而言，證券交易法第155條所禁止者，
係以人為操縱方法影響股市交易，扭曲市場機能，倘僅單純不履行交割，
並無藉此影響市場秩序的意圖者，應非屬操縱市場的範疇。是投資人倘被
告主觀並無影響市場交易秩序而有不履行交割之故意，客觀上其違約交割
亦無影響市場交易秩序之疑慮，自不得論以該罪[12]。」亦即行為人利用不
交割手段來遂其操縱市場價格之目的，其主觀上對不履行交割行為及足以
影響市場秩序具備故意，而客觀上必須導致對市場秩序的具體危險，方該
當之[13]。至於如何判斷是否足以影響市場秩序而產生具體危險，於實務上
有認為違約後成交量明顯萎縮且成交價格明顯下跌認定足以對證券市場交
易秩序產生重大影響[14]，有認為應視實際報價數量、金額之多寡，視其具
體情形，並參酌證券主管機關之意見，以為認定[15]。

　　第3款相對委託、第4款連續交易及第5款沖洗買賣均係指經由證券交
易之進行或買賣之委託，而能對該證券之供需或市場價格產生錯誤或誤導
信號，或造成人為價格的形成，亦即行為人係藉由在證券市場之交易行
為而達到操縱目的，此類操縱手法被稱為交易型（handelsgestützte；trade-

[11] 在立法院1997年審查證券交易法修正草案時，亦曾於會議中說明：「本款之刑事可罰性，依刑法之基本原則，仍須有主觀不法構成要件，故如行為人原有資力，後因突發事故致喪失資力無法履行交割之行為，應認無此故意，不構成本款犯罪。」參閱立法院公報，第89卷第39期，頁238、254。

[12] 臺灣高等法院103年金上訴字第14號刑事判決；持相同觀點者，賴英照，前揭註1，頁586。

[13] 參閱林書楷，前揭註10，頁75。

[14] 參閱最高法院101年台上字第4269號、99年台上字第811號刑事判決。

[15] 參閱最高法院94年台上字第1036號刑事判決、臺灣高等法院103年金上訴字第49號刑事判決。

based）操縱[16]，而此類操縱又可分如下二類：虛偽（表象）交易、真實交易。虛偽交易係指該交易對交易人沒有實質經濟上的影響性，如相對委託，其交易目的係為了抬高或壓低證券交易價格而進行覆蓋面一致的匹配交易[17]，非意在移轉或取得證券之所有權；如沖洗買賣，其係行為人以其本人名義或借用人頭戶之他人名義開設二個以上不同帳戶，利用此等帳戶，基於製造交易活絡的表象，連續委託買賣或申報買賣而進行相對買賣之成交，此雖具買賣形式，實為同一投資人左進右出之空頭買賣，從經濟面相觀之，無所有權移轉情事。虛偽交易係在利用虛假交易「作價」、「作量」以欺騙市場，而交易人最終經濟狀況並沒有任何改變[18]。至於真實交易之操縱行為則是指，意圖影響證券價格而進行有實質疑轉所有權之交易，導致被交易之證券價格不符合其實際業務上的經濟情況，如連續以越來越高價格提出多個購買委託、股市收盤前提出較大買進或賣出的委託以影響收盤價（marking the close）等[19]。第3款連續交易即屬真實交易之操縱行為，本款旨在防止人為操控證券價格，導致證券市場行情發生異常變動，不利市場之自由公開決定價格，致足生影響市場價格或市場秩序之危險。第3款、第4款及第5款均係使用交易手段來進行操縱，由於操縱本質乃「具備足以影響市場價格自然形成的特質」，從而若是行為人之交易

---

[16] Vgl. Fleischer, in: Fuchs (Hrsg.), Wertpapierhandelsgesetz, 2016, Vor. Zu § 20a Rn. 4; Diversy/Köpferl, in: Graf (Hrsg.), Wirtschaft- und Steuerstrafrecht, 2. Aufl., 2017, WpHG § 38 Rn. 14-17, 90-94; Trüg: in: Leitner/Rosenau (Hrsg.), Wirtschafts- und Steuerstrafrecht, 1. Aufl., 2017, WpHG § 38 Rn. 5-12, 43-44, 57.

[17] 於本款條文中所稱之「同時」，解釋上並非要求時間完全相同，只要行為人與約定人於交易當日之委託買賣具有相對成交可能性之時間存在，即使委託買賣之時間有所差距，亦可成立；條文中所稱之「約定價格」，因證券交易之競價制度，依「價格優先、時間優先」原則撮合成交，故解釋上指買賣雙方之委託價格具有相對成交可能性之範圍即可，而不以同一價格為必要；；而在數量上亦不需完全一樣，只要在重要範圍內一致即可。參照臺灣高等法院103年金上訴字第14號刑事判決；林書楷，前揭註5，頁70，2010年12月；王志誠、邵慶平、洪秀芬、陳俊仁合著，前揭註1，頁532。

[18] Vgl. Wehowsky, in: Erbs/Kohlhaas (Hrsg.), Strafrechtliche Nebengesetze, 2016, WpHG § 20a Rn. 23.

[19] 同上註。

行為雖符合各該條款構成要件的描述，但其交易量顯然不足以影響市場價格的自然形成者，則宜認為不具備操縱本質，而不構成操縱罪。又第1款之不履行交割於限縮適用於行為人有操縱價格意圖者，應亦可歸類為交易型之操縱行為。

第6款散布流言或不實資料屬資訊型（informationsgestützte；information-based）之操縱行為，其不以行為人有參與交易為必要，且不以意圖影響「某種」有價證券交易價格為限，亦可影響某類或整體市場之證券價格，而此類操縱之行為態樣必須有「散布流言或不實資料」。由於散布流言或不實資料會對於證券市場所應具有之「公平」要素產生侵害，故有以刑罰加以規制之必要性，而處罰此一行為之目的，在於確保社會大眾進入證券市場交易的最低限度安全性，避免投資人在交易的決定過程中受到過多不實消息之干擾，而必須要付出過高且不必要的成本，讓投資者皆能在合理的基礎上作出交易決定[20]。又散布流言或不實資料同時亦會對發行人有害，因為它降低了投資人對與其相關之可用資訊的信任，而缺乏市場信任可能反過來危及發行人發行新證券或從其他市場獲得資金以協助其業務成長的能力，且流言或不實資料對投資者和發行人的損害可能持續相對比較長的時間，直到能被發現是虛假的或誤導性的，方得以由發行人或相關負責人更正之，有鑑於此，因此有必要將虛假或誤導性資訊，包括流言和虛假或誤導性新聞在內之散佈，視為違反禁止市場操縱規定[21]。

從現行反操縱規定之各種態樣綜合觀之，應可得出，操縱行為須具有足以影響市場價格自然形成之特質，而其手段可能是透過各種方式致能影響市場交易秩序、造成證券人為價格的形成或干擾投資人交易決定，或者是意圖對證券供需或市場價格產生錯誤、誤導信號之行為等，均係可符合操縱意涵之行為，而構成操縱行為。一旦符合操縱本質之行為，首先應檢驗是否得符合證交法第155條第1項列舉條款之構成要件，若不符合，再以第7款之其他操縱行為相繩之，例如行為人為遂行操縱股價目的而利於其

[20] 參閱最高法院105年台上字第1596號刑事判決；洪秀芬，前揭註2，頁77。
[21] Regulation (EU) No 596/2014, L173/9, Nr. 47. 洪秀芬，前揭註2，頁77。

先前之融券交易的事後回補，做出損害公司利益之行為（如對上市飲料公司市售流通飲品下毒、炸毀上市航空公司之遠程飛機），以促使該公司股價下跌，此係行為人藉由積極行動而人為改變公司股票內在價值以達操縱價格目的，造成人為價格的形成，此行為即得以第7款處罰之，而此類操縱不屬於交易型或資訊型，而應歸為行動型（Handlungsgestützte；action-based）之操縱行為[22]。另依歐盟2014年第596號濫用市場規則（market abuse regulation）第12條1(a)[23]規定，操縱行動包括，會產生或可能產生供需或價格的錯誤或誤導性信號、或確保或可確保異常或人工水準價格所進行之交易、下單或任何其他行為，除非這些交易、下單或行為是出於正當理由（legitimate reasons）進行，且符合本規則第13條所設置被認可之市場慣例（accepted market practices），方不屬之；第12條2(a)[24]規定，當個人或共同行動者之行為，用以確保供需之支配地位，而有或可能有直接或間接固定購買或出售價格的效果，或創造或可能創造其他不公平交易條件

---

[22] 對資訊型、交易型及行動型（Handlungsgestützte；action-based）操縱行為之介紹，可參閱Diversy/Köpferl, aaO. (Fn. 16), WpHG § 38 Rn. 14-17, 90-94；Trüg, aaO. (Fn. 16), WpHG § 38 Rn. 5-12, 43-44, 57。

[23] Article 12 Market manipulation: "1. For the purposes of this Regulation, market manipulation shall comprise the following activities: (a) entering into a transaction, placing an order to trade or any other behaviour which: (i) gives, or is likely to give, false or misleading signals as to the supply of, demand for, or price of, a financial instrument, a related spot commodity contract or an auctioned product based on emission allowances; or (ii) secures, or is likely to secure, the price of one or several financial instruments, a related spot commodity contract or an auctioned product based on emission allowances at an abnormal or artificial level; unless the person entering into a transaction, placing an order to trade or engaging in any other behaviour establishes that such transaction, order or behaviour have been carried out for legitimate reasons, and conform with an accepted market practice as established in accordance with Article 13;"

[24] Article 12 Market manipulation: "2. The following behaviour shall, inter alia, be considered as market manipulation: (a) the conduct by a person, or persons acting in collaboration, to secure a dominant position over the supply of or demand for a financial instrument, related spot commodity contracts or auctioned products based on emission allowances which has, or is likely to have, the effect of fixing, directly or indirectly, purchase or sale prices or creates, or is likely to create, other unfair trading conditions;"

之行為時，亦視為操縱行為。藉由濫用市場規則第12條1(a)除外規定及第12條2(a)規定，應可更明確操縱之意涵，亦即操縱應係足以影響市場交易價格或條件自然形成之行為，且係基於不正當意圖或不符合市場慣例之市場交易行為或干擾投資人決定之行為。

二、操縱與詐欺之關聯性

　　觀察操縱本質，其是否須以詐欺為構成要件？顯有疑義。證交法將證券詐欺與操縱市場分別規定於第20條及第155條，兩者為獨立的犯罪類型。若就第155條第1項之第3款相對委託、第4款連續交易、第5款沖洗買賣及第6款散布流言或不實資料之不法行為觀之，其皆具有欺罔性質，蓋第3、4、5款乃利用證券交易之進行或買賣之委託，而對該證券之供需或市場價格產生錯誤或誤導表象，或造成人為價格的形成，因而存有欺罔之性質，而第6款更是以不實資訊之散布來達到價格操縱目的，即是使用欺騙性手段來進行操縱，而為欺罔行為[25]。惟第1款不履行交割及第7款其他操縱市場行為並不必然含有欺騙性質，因此，反操縱條款似不以詐欺為操縱之構成要素[26]。

　　在德國法界[27]有將證券市場之操縱行為，依其操縱手法分為以下四類行為態樣：1.引起交易活動假象的交易行為；2.基於先前取得之壟斷地位進行的操縱；3.透過交易行為之實施影響交易價格的形成；4.涉及資訊的行為[28]。反操縱條款之沖洗買賣係屬前述第1類型，相對委託及

[25] 參閱賴英照，前揭註1，頁630。

[26] 同上註。

[27] 德國法原將市場操縱行為規定於其證券交易法（WpHG）第20a條，但為配合歐盟法規2014年第596號濫用市場規則之直接適用，因此於2016年7月2日修法刪除第20a條，現歐盟所有會員國，包括德國在內，適用一致性之內線禁止行為及反操縱行為的市場濫用行為規範。

[28] Vgl. Wehowsky, aaO. (Fn. 18), WpHG § 20a Rn. 3; Frank M. Peter, Die Kurs- und Marktpreismanipulation (§ 20a WpHG) aus strafrechtlicher Sicht, 2016, available at: https://www.anwalt.de/rechtstipps/die-kurs-und-marktpreismanipulation-a-wphg-aus-strafrechtlicher-sicht_079923.html.

連續交易屬前述第3類型，而散布流言或不實資料則合屬前述第4類型。至於第2類型，依德國法界觀點，在由聯邦財政部所發布之「禁止市場操縱具體化行政規則」（Verordnung zur Konkretisierung des Verbotes der Marktmanipulation；MaKonV）[29]中第4條第3項第1款規定，操縱行為包括，個人或協同行動人藉由金融工具之供需確保市場主導地位，以產生直接或間接對該金融工具交易價格之決定或非市場基礎交易條件之創造的結果，即屬第2類型。對此種類型，其是否也可歸類為市場操縱行為之概括條款中，誠有疑問，即使在德國法界也對此類型提出質疑，一方面，在自由交易市場，若交易價格已因行為人先前取得之壟斷或主導地位而受影響，致不知情之投資人依市場供需形成價格判斷，此本應可歸於第1或第3類型；反之，若投資人明知行為人已具壟斷地位，則難以構成欺騙行為，此時行為人是否仍亦構成操縱，不無疑問[30]。蓋德國原證券交易法（WpHG）第20a條[31]第1項第1句第3款[32]之反操縱概括條款規定為，進行任何其他可影響國內證券市場價格，或可影響歐盟其他成員國或歐洲經濟區協議其他簽署國受組織規範市場之證券價格的欺詐行為，亦被禁止，亦即德國法界對操縱本質的認定係建立在欺騙本質上，導致不具欺騙性質之壟斷而控制交易價格或條件者，被質疑是否構成操縱。然而依據歐盟濫用市場規則第12條2(a)[33]規定，當個人或共同行動者之行為，用以確保供需之支配地位，而有或可能有直接或間接固定購買或出售價格的效果，或創

---

[29] 為配合直接適用歐盟濫用市場規則，德國已於2016年7月刪除證券交易法（WpHG）第20a條之市場操縱規定及廢止MaKonV。

[30] Vgl. Wehowsky, aaO. (Fn. 18), WpHG § 20a Rn. 33; Fleischer, in: Fuchs（Hrsg.）, Wertpapierhandelsgesetz, 2016, § 20a Rn. 65.

[31] 本條已於2016年7月2日修法刪除，其說明，參閱前揭註27。

[32] Section 20a Prohibition of market manipulation: "(1) It is prohibited…3. to execute any other deceptive act that has the potential to influence the domestic stock exchange or market price of a financial instrument or the price of a financial instrument on an organised market in another member state of the European Union or another signatory to the Agreement on the European Economic Area."

[33] 其條文原文內容，參閱前揭註24。

造或可能創造其他不公平交易條件之行為時，亦視為操縱行為觀之，則操縱行為應非僅侷限須具備欺罔性質者，而是只要客觀上其行為足以影響市場交易價格或條件者，應即得視為操縱行為。

　　又若是操縱行為具詐欺性質者，是否同時構成證交法第20條第1項之證券詐欺罪，有實務判決認為：「證券交易法第20條第1項成立之罪，須有價證券之買賣，行為人有虛偽、詐欺、或其他足致他人誤信之行為，所謂虛偽係指陳述之內容與客觀之事實不符，所謂詐欺，係指以欺罔之方法騙取他人之財物，所謂其他足致他人誤信之行為，係指陳述內容有缺漏，或其他原因，產生誤導相對人對事實之了解發生偏差之效果，無論虛偽、詐欺或其他使人誤信等行為，均須出於行為人之故意，否則不為罪，依該條全文以觀，並須有被害之相對人存在，且該相對人須因行為人之虛偽、詐欺或其他行為，陷於錯誤，始為該當，與同法第155條第1項各款僅係『行為犯』，而非『結果犯』之規定不同[34]。」亦即若依前述判決觀點，操縱市場罪不一定有被害相對人之存在，而證券詐欺罪則須有被害相對人，且操縱市場罪之行為須足以影響市場秩序或有意圖影響市場價格，而證券詐欺罪不以影響市場秩序為必要，但被害相對人須因行為人之詐欺行為而有陷於錯誤，方構成之[35]，從而具欺罔性質之操縱行為不一定會同時構成第20條之證券詐欺罪；反之，構成證券詐欺罪者亦不一定會成立操縱行為罪，蓋證券詐欺行為不一定具備足以影響市場供需或價格自然形成的特質或能對市場秩序產生影響。

---

[34] 高等法院101年金上重更（五）字第16號刑事判決。

[35] 惟亦有判決對證券詐欺罪不採結果犯之觀點，例如最高法院94年度台上字第3110號刑事判決。

肆、適用概括條款之操縱行為的判斷

一、反操縱概括條款之法制演變及作用

　　第155條第1項第7款之概括條款於1968年4月30日訂定證交法時，原係規定於第6款，其內容為「直接或間接從事其他以影響市場行情為目的之行為者」之後於1988年1月29日修正為「直接或間接從事其他影響集中交易市場某種有價證券交易價格之操縱行為者」其修正之立法理由指出，將「市場行情」修正為「集中交易市場某種有價證券交易價格」，並作文字修正。2006年1月11日證交法修正時，以操縱行為者對有價證券交易價格之操縱，應不只限於個股，尚包括同時影響多種股票、類股或整體市場之行為，故刪除「某種」二字，並將本款原有末字「者」刪除，同時配合第5款沖洗買賣之增訂，而改列第7款。

　　操縱市場罪為經濟犯罪行為的一種，而經濟犯罪之特徵在於，行為人於經濟活動中，破壞經濟制度本身、經濟制度之機能運作或經濟秩序之行為，使經濟交易無法正常運作，進而可能侵害在經濟制度中為交易之各個人的財產，故經濟犯罪動態上保護經濟制度與經濟秩序，靜態上保護傳統財產法益，其所侵害者係超個人法益，雖然同時會侵害個人財產法益之保護，然其通常非經濟犯罪所直接侵害之對象[36]。又經濟犯罪，具有專業性、複雜性的特徵，且因其隨著產業發展及經濟情勢的變遷，立法者於立法時無法為未來層出及多變之犯罪手法預先為通盤、全面的立法，從而其立法構成要件之設計上，必須保留一定之彈性空間以為因應，故於構成要件之抽象化上有其必要，而可能運用不確定概念或概括條款來加以規範之。惟應注意，即使使用不確定概念或概括條款之立法技術，仍須無違法律明確性原則，依大法官釋字第432號：「專門職業人員違背其職業上應遵守之義務，而依法應受懲戒處分者，必須使其能預見其何種作為或不

---

[36] 許純菁，現代經濟犯罪之研究—以經濟刑法之包裹立法為中心，中興大學法律學碩士班碩士論文，頁53-54，1999年。

作為構成義務之違反及所應受之懲戒為何，方符法律明確性原則。對於懲戒處分之構成要件，法律雖以抽象概念表示，不論其為不確定概念或概括條款，均須無違明確性之要求。法律明確性之要求，非僅指法律文義具體詳盡之體例而言，立法者於立法時，仍得衡酌法律所規範生活事實之複雜性及適用於個案之妥當性，從立法上適當運用不確定法律概念或概括條款而為相應之規定。有關專門職業人員行為準則及懲戒之立法使用抽象概念者，苟其意義非難以理解，且為受規範者所得預見，並可經由司法審查加以確認，即不得謂與前揭原則相違。」亦即依本號解釋，大法官認為不確定法律概念及概括條款，應符合三個要件方符法律明確性之要求：1.規範內容之意義非難以理解；2.可為受規範者所得預見；3.得由司法審查加以確認。

由於證券市場操縱手法推陳出新，目前已具體規定之操縱行為態樣難以涵蓋，為避免須隨時修法因應，從而有實際需求以概括條款承接各種適於操縱市場的行為得被認定構成操縱，以避免掛一漏萬。同樣的立法思維亦體現在歐盟的濫用市場規則中，於規則之立法理由第38點即表示，本規則應提供有關市場操縱的措施，以適應新形式的交易或可能濫用的新策略；為了反應金融工具交易越來越自動化的事實，市場操縱之定義最好提供可經由任何能使用之交易手段（包括演算法和高頻交易）來進行之具體濫用策略的例子；在此所列舉之例子既非打算詳盡無遺，亦無意表示同樣策略以其他方式進行不會也是濫用[37]。又操縱市場之概括條款同樣應符合法律明確性的要求，故有必要對其進行檢視，是否其所規定之違法內容非難以理解、行為人可得預見，且得由司法審查加以確認。證交法就市場操縱規定的構成要件是混合使用概括條款與列舉條款的「例示性方法」，列

---

[37] (38) This Regulation should provide measures regarding market manipulation that are capable of being adapted to new forms of trading or new strategies that may be abusive. To reflect the fact that trading in financial instruments is increasingly automated, it is desirable that the definition of market manipulation provide examples of specific abusive strategies that may be carried out by any available means of trading including algorithmic and high-frequency trading. The examples provided are neither intended to be exhaustive nor intended to suggest that the same strategies carried out by other means would not also be abusive.

舉條款是由立法者列舉出特別嚴重的情形或立法者已認知的情況來規範，而解釋後續之概括規定必須參照列舉規定之立法精神，認為「其他操縱行為」應包含例示規定的重要特徵，以使其適用範圍更清楚，緩和其構成要件不明確的疑慮。有學者質疑，由於證交法第155條第1項列舉條款之例示規定，對於各種市場操縱行為所規定之構成要件分別設有不同特徵及構成要素，似難以直接從前開各款規定中，建立概括條款所應具備之構成要件及其具體內涵，不符合法律明確性之要求，從而主張刪除本概括條款[38]。惟本文以為，由於操縱行為之本質在於「具備足以影響市場價格自然形成的特質」，而列舉條款所例示之操縱行為，係從立法者已知之具有操縱本質的犯罪手段來預為規範，因此，只要新型態之犯罪手段在操縱方式上也同樣具有操縱本質之特徵，即可能在法律評價上被認定為操縱行為，法官於裁判時，應就個案具體審酌，是否被檢視之行為「具備足以影響市場價格自然形成的特質」，至於是否尚須實際造成市場功能之損害結果或產生具體危險，由於概括條款未如第1款要求「足以影響市場秩序」，亦未如第4款要求「有影響市場價格或市場秩序之虞」的結果，則似可認為概括條款未要求有影響市場秩序之危險結果發生，故第7款之操縱行為應為抽象危險犯的性質。

　　由於概括條款係在彌補列舉條款具體規定之不足，因此，其僅立於補充地位，從而若操縱行為已合於列舉條款之操縱情形者，即不再論以本款之責[39]。

二、概括條款之操縱行為的主觀構成要件

　　第7款本身未明定操縱行為之主觀構成要件，然而例示之第3款、第4款、第5款及第6款規定均設有「意圖」之主觀構成要件，至於第1款雖亦未明定操縱意圖，但於實務上即有判決認為：「以該違約之情形『足以

---

[38] 參閱王志誠，直接或間接操縱市場行為之構成要件，臺灣法學，第238期，頁127、135，2013年12月。同樣對概括條款抱持高度質疑態度者，如林國全，操縱行為之案例分析，證券暨期貨月刊，22卷12期，頁62，2004年12月16日。

[39] 參閱最高法院97年台上字第5036號刑事判決。

影響市場秩序』為必要，且就規範目的而言，證券交易法第155條所禁止者，係以人為操縱方法影響股市交易，扭曲市場機能，倘僅單純不履行交割，並無藉此影響市場秩序的意圖者，應非屬操縱市場的範疇[40]。」從而第1款行為人主觀上對不履行交割行為及足以影響市場秩序應具備故意，而客觀上必須導致對市場秩序發生具體危險者，始該當本款規定[41]。由於第7款須依列舉條款規定之精神解釋之，因此，概括條款之操縱行為亦應如同列舉條款具備操縱意圖之主觀構成要件，此亦獲實務界之普遍認可，如最高法院100年台上字第1313號刑事判決：「對於在證券交易所上市之有價證券，不得有直接或間接從事其他影響集中交易市場某種有價證券交易價格操縱行為之禁止規定，乃指『意圖』以人為方式影響證券市場價格，誘使或誤導他人為交易，使某種證券之市場價格以異於正常供需方式而變動者而言；考其立法意旨在防止證券價格受操縱，其中對於在證券交易所上市之有價證券，不得有直接或間接從事其他影響集中交易市場某種有價證券交易價格之操縱行為，目的在維持證券價格之自由化，使交易市場在公平、公開的情況下充分發揮供需的價格機能，避免因人為操縱的投機行為影響市場價格而誤導投資人，致影響市場交易秩序，亦即為使有價證券之價格，能在自由市場正常供需競價下產生，避免由自由供需關係決定價格演變為有計畫之人為價格，以保護一般投資大眾，所作對特定人經濟權之限制[42]。」

　　至於如何判斷行為人主觀上之操縱意圖，實有困難，蓋其係存於行為人之內心，因而須從行為人之交易或行動及涉案時之市場客觀情況來加以認定[43]。有法院判決曾對行為人之連續交易是否具有抬高或壓低集中市場證券交易價格之意圖為如下判斷：「行為人主觀上是否具有上開意圖，應綜合行為人於買賣股票期間：(1)股票之價、量變化是否背離集中市場走

---

[40] 高等法院103年金上訴字第14號刑事判決。

[41] 參閱林書楷，前揭註10，頁75。

[42] 採相同觀點者，如最高法院98年台上字第2659號、97年台上字第5036號、97年台上字第2012號、高等法院105年金上重訴字第8號刑事判決等。

[43] 參閱林國全，前揭註38，頁54。

勢？(2)股票之價、量變化是否背離同類股股票走勢？(3)行為人是否有以高於平均買價、接近最高買價或以漲停價委託或以拉尾盤方式買入股票？(4)行為人有無利用拉抬後之股票價格賣出系爭股票獲得鉅額利益？(5)行為人介入期間，曾否以漲停價收盤？(6)有無變態交易之情形？等客觀之事實，予以判斷之[44]。」亦有實務界人士對此類操縱之主觀意圖，建議應就「交易行為之異常性」、「炒作題材之輔助配合」、「公司派可能的終極目的」等三大方面來進行檢驗[45]。對於前述就連續交易之主觀意圖的判斷標準或建議，可供概括條款操縱行為於判斷意圖時之參考。

　　若是行為人之交易行為或任何其他行為是出於正當理由（legitimate reasons）進行，主觀上並無意圖操縱市場證券價格，則應屬合理、正當之行為，不能僅因其大量買賣股票或其他行為，會影響市場交易價格即被認定為操縱市場，此亦可從歐盟濫用市場規則第12條1(a)[46]規定得出同樣的觀點。

三、概括條款之操縱行為的客觀構成要件

　　由於操縱行為的本質須「具備足以影響市場價格自然形成的特質」，因此在判斷直接或間接從事其他影響集中交易市場有價證券交易價格之操縱行為時，應檢視其行為客觀上是否具備此特質，若自始即欠缺影響市場價格自然形成的特質，如所進行之市場交易行為微不足道，從整體市場觀之，無影響供需及價格形成之可能，則該交易行為欠缺操縱本質，而不應落入操縱行為的判斷。

　　適用概括條款之例，如最高法院104年台上字第1223號刑事判決：「證券交易法於89年間修正前，其第155條第1項第2款原規定對於在證券交易所上市之有價證券，不得『在集中交易市場，不移轉證券所有權而偽作買賣』（下稱偽作買賣行為），89年間立法機關以證券交易已全面電腦

---

[44] 最高法院100年台上字第597號刑事判決。

[45] 參閱張益輔，證券交易法第155條第1項第4款「連續交易」操縱行為之探討，證交資料，第600期，頁68-76，2012年5月。

[46] 條文內容，參前揭註23。

化，證券所有權資料悉皆存檔，證券交易實務上不致再有『不移轉證券所有權』之買賣為由，刪除上開規定，然非基於偽作買賣之『相對成交』不具有可罰性而予以除罪化之考量，故刪除後，迄95年1月間上開第5款規定增訂前，同一投資人大量既買又賣操縱市場行情而偽作買賣之相對成交行為，核屬行為時同法第155條第1項第6款具補充概括規定所禁止之『其他影響證券交易價格之操縱行為』，而應依上開處罰規定論處罪刑。」本判決涉及之操縱行為即是現行第5款之沖洗買賣，此類型原規定於第2款，其內容為「意圖影響市場行情，不移轉證券所有權而偽作買賣者。」之後於2000年7月19日證交法修正時，將第2款刪除，立法委員提案刪除理由之一為：「第一項第二款乃對於不移轉所有權而偽作買賣者之禁止，因目前證券之交易皆透過電腦來進行，相關資料均入檔，並不致有空頭買賣之顧慮。而實務上，透過融券制度，投資人可先賣再買，並可當日沖銷，此交易方式廣為證券交易者所用，行之已久並未有不合理或不當之批評，故此款規定實不符現實所需[47]。」另一提案之刪除理由則謂：「（一）本款之立法目的原在規範同時作買進和賣出之相反交易，通稱為『沖洗買賣』（WASH SALE），但在現行交割制度上，本款現行條文所稱『不移轉證券所有權』，無適用餘地。因為投資人在賣出股票後，即將股票交付證券商完成交割，所有權即告移轉；在買進股票後，由證券商取得股票，也完成另一次所有權的移轉，因此，同時買進和賣出股票必經過二次所有權移轉，不可能不移轉證券所有權。而且在交割時間上，買進之股票，於成交後之第三日取得，賣出之股票須於成交日之次日交付，更足以說明『不移轉證券所有權』規定的不適用。（二）本款所稱之『偽作買賣』，在現今電腦自動撮和交易制度下，由於買賣雙方之交易係由電腦自動配對，當事人並無選擇之自由，且各筆買賣之委託一經撮和成交，買賣契約即告成立，故無發生之可能[48]。」惟在2006年1月11日證交法再次修法時，又植回沖洗買賣，改列第5款，而植回之沖洗買賣規定調整內容為「意圖

[47] 參閱立法院公報，第89卷第39期，頁308。
[48] 參閱立法院公報，第89卷第39期，頁310-311。

造成集中交易市場某種有價證券交易活絡之表象，自行或以他人名義，連續委託買賣或申報買賣而相對成交」，不再強調不移轉證券所有權而偽作買賣，以因應交易制度的特性，而植回沖洗買賣之立法理由乃謂，因應市場發生之操縱行為態樣及監理實務需要，增訂禁止製造交易活絡表象之行為，以有效遏止市場不法操縱行為。所以在植回沖洗買賣規定前，實務上對此類型操縱行為係以概括條款處罰之。

實務上亦有發生利用股友社或投資聯誼會通知各會員買賣推介之股票，藉以拉抬或影響股價，而適用本款之規定[49]。惟對此，應檢驗是否可構成列舉條款之操縱行為，例如拉抬過程中可能產生連續交易，則應以連續交易論斷，如推介係利用散布不實資訊，則構成散布流言或不實資料操縱行為，於此不應再以概括條款論責。

另一種與推薦有關的操縱手法，乃股市名嘴推薦投資人其先前已大量買入之股票，以達其後續倒貨出脫之目的（推薦後倒賣股票，scalping），在此若行為人引用真實資訊進行推薦而後倒賣，是否仍是構成操縱行為，應視行為人是否有揭露自己持有該股票之資訊而定，亦即是否有揭露利益衝突而定，蓋操縱市場罪保護之法益係資本市場價格形成之真實性，而真實價格的形成必須以投資人對事實的完全認知為前提[50]。類似操縱認定亦可見於歐盟濫用市場規則第12條2(d)[51]之操縱市場規定。

---

[49] 參閱最高法院94年度台上字第5742號刑事判決。

[50] 參閱林書楷，前揭註10，頁93-94；Vogel, Scalping als Kurs-und Marktpreismanipulation, NStZ 2004, 255。

[51] Article 12 Market manipulation: "2. The following behaviour shall, inter alia, be considered as market manipulation: (d) the taking advantage of occasional or regular access to the traditional or electronic media by voicing an opinion about a financial instrument, related spot commodity contract or an auctioned product based on emission allowances (or indirectly about its issuer) while having previously taken positions on that financial instrument, a related spot commodity contract or an auctioned product based on emission allowances and profiting subsequently from the impact of the opinions voiced on the price of that instrument, related spot commodity contract or an auctioned product based on emission allowances, without having simultaneously disclosed that conflict of interest to the public in a proper and effective way;"

　　常被討論的其他操縱行為亦有鎖籌碼推升股價（擠壓；squeeze），其係利用特定資產的短缺，控制其供給面，以營造人為價格；鎖籌碼軋空（軋空；cornering），係指取得支配地位，控制價格，迫使融券放空者在股價高點回補，甚至遭融券業者強制斷頭[52]回補股票，促成買盤推升股價，行為人即可出脫股票獲取高額利潤。這些操縱手段係利用市場供需法則，運用壟斷地位來創造不公平交易條件或制訂市場價格[53]，類似操縱認定亦可見於歐盟濫用市場規則第12條2(a)[54]之操縱市場規定。若對擠壓或軋空之操縱手段，於取得控制地位或推升股價過程中產生連續交易者，則以連續交易之操縱罪論斷。

　　除上述外，尚有多種可能操縱市場的行動或交易，例如：2016年發生之樂陞股票公開收購破局案，由於就公開收購股票而言，其係屬對被收購股票價格有重大影響且對投資人之投資決定有重要影響的消息，故一旦宣布公開收購時，則被收購股票之價格一定會上漲，故若是此公開收購案一開始即是不實收購案，則知情參與人士將可能涉及買賣詐欺及操縱被收購股票市場價格之不法行為；或是行為人藉由積極行動做出損害公司利益行為（如對上市飲料公司市售流通飲品下毒造成恐慌、炸毀上市航空公司遠程飛機導致鉅額虧損），而人為改變公司股票內在價值，以達操縱股價目的，而利於其先前之融券交易的事後回補；股市收盤前提出較大買進或賣出的委託以影響收盤價（臨收作價；marking the close）等。

伍、結語

　　證券市場的順利運作和大眾對市場的信心是經濟成長和財富增加的先決條件，但市場操縱行為會因人為操縱的投機行為，危及市場供需機能

---

[52] 所謂「斷頭」，指質押之股票因跌破擔保維持率而遭質權人期前處分。

[53] 參閱林書楷，前揭註10，頁92。

[54] 條文內容，參前揭註24。

或使市場證券價格無法以自由、公開方式形成,影響市場交易秩序,從而可能導致投資大眾失去對證券市場的信賴,因此,各國無不越來越完善其相關法令。而操縱市場罪為經濟犯罪行為的一種,具有專業性、複雜性的特徵,且因其隨著產業發展及經濟情勢的變遷,立法者於立法時無法為未來層出及多變之犯罪手法預先為通盤、全面的立法,從而於其立法構成要件的設計上,必須保留一定之彈性空間以為因應,故證交法就市場操縱規定的構成要件是混合使用概括條款與列舉條款的「例示性方法」來立法。由於操縱行為之本質在於「具備足以影響市場價格自然形成的特質」,因此,只要列舉規定外之犯罪手段具有操縱本質之特徵,即可能在法律評價上被認定為操縱行為,且由於第7款須依列舉條款規定之精神解釋之,則概括條款之操縱行為亦應如同列舉條款具備操縱意圖之主觀構成要件。

20

期貨交易強制沖銷機制與期貨交易人權益保護之探討

郭土木

壹、前言

　　每當股票現貨市場遇到劇烈震盪時，通常就會伴隨期貨市場產生強制沖銷之斷頭與違約重大災難事件發生，2004年3月19日總統大選兩顆子彈事件[1]、2011年8月5日美國債務上限危機震撼全球股市事件[2]、2018年2月6日美股發生黑色星期一之股市崩跌事件等[3]，2018年2月5日美國聯準會可能加速升息等訊息再加上北韓嗆聲試射飛彈，引發美股大跌；臺股現貨開盤前，期貨市場已先行大亂，追蹤臺股大盤的臺指選擇權出現多檔相對應之商品暴漲暴跌[4]，在股票現貨市場崩跌之際，牽動著期貨市場之股價指

---

[1] 2004年3月19日槍擊案，3月22日起2天內股市從6815點急跌到6020點，臺股重挫795點。

[2] 美國國會對於舉債上限問題，由於兩黨無法在最終期限前在債務上限問題上達成一致，以致2011年8月5日晚，標普宣布調降美國的3A主權評級，當天道瓊指數跌512點，臺股收盤下跌464點，跌幅達到5.58%。

[3] 美國因勞工薪資上升、通膨率攀高及聯準會可能加速升息等訊息，再加上道瓊指數2018年2月6日盤中崩跌，收盤大跌1175.21點，跌幅4.6%；臺股2月6日一開盤就下跌185.24點，盤中一度大跌破紀錄的645.85點，收盤重挫542.25點，收於10404.0點，成交量爆增至新臺幣2408.82億元，市值一天縮水新臺幣1兆6200億元。參閱網站：https://www.msn.com/zh-tw/news/other/，最後瀏覽日：2018年7月30日。

[4] 不同於股票價值以每股多少元為單位，選擇權是以點來計算。舉例來說，前一天收盤價僅10幾點的買權或賣權，當天盤中跌停，但所謂的跌停10%，並不是以選擇權前一天收盤價（例如價值10點只能漲跌1點）為基礎，而是以前一天現貨大盤的價格

數期貨與選擇權強制沖銷與巨額違約事件之爆發，之後在很短之時間內，股市與期貨市場又急遽長停，期貨交易人被斷頭之後，又只能望穿整體市場之上漲，以致期貨交易人被斷頭之後，被逐出市場損失回復無望，期貨商與期貨交易人產生超額損失與違約案件之爭議叢生，主管機關在今年（2018年）2月6日之期貨選擇權強制沖銷事件發生後，一再要求期貨交易所、期貨商業同業公會及期貨商檢討期貨與選擇權交易與交割制度之缺失，同時合理處理與期貨交易人間之紛爭，其中包括強制沖銷後造成期貨交易人違約之超額損失（Over Lose）之處理與承擔問題，為健全強制沖銷機制與釐清其相關法律關係及責任，本文擬進一步以外國立法例及實務運作，加以分析比較來探討期貨交易強制沖銷機制之損失承擔與期貨交易人權益保護之爭議，以此敬獻恩師賴源河教授八十大壽華誕快樂，感謝老師的諄諄教悔與不辭勞苦之培育，並祝老師壽比南山！福如東海！同時也期盼能藉此就教於各界前輩先進。

貳、期貨交易保證金與權利金之繳交及強制沖銷

一、期貨交易保證金與權利金繳交之目的及其功能

期貨交易為依照期貨交易所或其他期貨市場之規則或實務，從事衍生自商品、貨幣、有價證券、利率、指數或其他利益等契約之交易，其契約種類包括期貨契約、選擇權契約、期貨選擇權契約及槓桿保證金契約[5]，期貨交易之特性之一在於以保證金及權利金之交易為主，可以以較少之保證金（Margin）及權利金（Premium）博取較大期貨交易契約相對應現貨之交易與履行[6]，發揮財務槓桿（Leverage）之功能，由於財務工程之運

為基礎，例如2月5日大盤收在10,946.25點，跌停10%的跌點就是1,094點，因此前一天價值只有10點的選擇權，就具有跌破1,100點的潛力。

[5] 期貨交易法第3條規定。

[6] 保證金分為原始保證金（Initial Margin：亦稱Original Margin）、變動保證金

作具有風險與報酬相對應之基本效果，對於高報酬者往往具有高風險，故可發揮最大的投資、投機與避險效果，使避險者、投機者、套利者等各參與者（Participants）可依其交易之預期規劃達到所需經濟上目的與功能。

　　集中交易市場之期貨交易契約設計一般為標準化及定型化之契約規格，期貨交易所將契約交易標的物之品質、數量、交割日期與地點等要件加以明訂，以符合交易、交割之方便性與時效性。因此期貨交易僅須支付契約價值一定百分比之保證金或權利金，以小搏大的高槓桿特性可使獲利放大，但同時也可能造成損失倍增，為控制可能之風險（Risk），因此必須每日結算洗價（Marked to Market），核算客戶之保證金或權利金是否達到規定之額度[7]。期貨交易具有相當之投機性與風險性，為使期貨交易人能確實履行其交易與交割義務，如果一經洗價後發現保證金低於維持保證金之標準，期貨交易人必須依規定於期貨商規定的時間內補足保證金，未經補足保證金之額度，期貨商有權結清或強制沖銷（Offset）交易人的部位，除用以降低期貨市場可能之違約風險擴大所產生之衝擊外，並減除期貨商與期貨交易所之損失風險[8]。

（Variation Margin）與維持保證金（Maintenance margin），原始保證金為履約誠意之保證，所以期貨交易的買賣雙方都須繳交保證金，而不須繳交整個期貨交易契約之全部價金，當價格漲跌時，保證金成為遭遇損失之後能夠交付差價的證明。期貨契約之交易其買方與賣方都須繳交保證金，而選擇權則只有賣方須繳交保證金。交易人必須於交易前繳交原始保證金至期貨商指定之銀行帳戶，如果行情不利於交易人，致使保證金水位低於維持保證金，則交易人必須補足保證金至原始保證金水準。詳參拙著，期貨交易管理法規，頁27-32，2017年3月23日，再版。

[7] 期貨交易之選擇權契約賣方以及期貨契約之買賣雙方因均負有履約之義務，故應依規定繳交保證金以為履約之保證，通常保證金額度之設計多以涵蓋一日最大損失為限，由於金額較低，所以必須每日進行結算，於保證金額度低於一定程度時即須補繳保證金，以擔保交割之順利履行。

[8] 期貨交易人若違約交割，在行紀與委任之契約關係下，可能導致期貨商之違約，為擔保期貨市場之順暢運作，法令上設有促使交割財務安全之機制，依期貨交易法第49條規定，期貨結算機構於其結算會員不履行結算交割義務時，依下列順序支應：
一、違約期貨結算會員繳存之結算保證金。
二、違約期貨結算會員之交割結算基金。
三、其他期貨結算會員之交割結算基金。

選擇權契約與期貨選擇權契約之買方應支付權利金（Option Premium），賣方收取權利金，但賣方為了保證到期履約的義務需要繳交保證金[9]，權利金為選擇權契約交易之買權或賣權的買者必須支付給賣方，作為將來買進或賣出現貨或期貨契約的權利對價，依民法第208條規定選擇之債之規定，於數宗給付中，得選定其一者，若無約定者其選擇權屬於債務人。但法律另有規定或契約另有訂定者不在此限；同法第210條規定選擇權定有行使期間者，如於該期間內不行使時，其選擇權移屬於他方當事人，此一選擇權係針對債之標的物而作規定。選擇之債除非無行使之利益而放棄之外，有其選擇權行使之利益存在。

準此以解，對選擇權（Options）而言，選擇權為一種權利而非義務，買方為取得此權利，必須支付相當報酬與代價，另外賣方提供權利並負擔履約的義務，當然要收取一定的報酬與代價，此報酬與代價即為選擇權之權利金（Premium）。選擇權之權利金額度經期貨交易所依契約規格及風險係數設計，上市後之選擇權其權利金價格和一般現貨市場的報價一樣，隨著買方願意付出與賣方願意接受的情況，形成市場上的供需，當價格達到買賣雙方均能接受的條件時便可成交，價格也就因而決定[10]。

二、期貨交易契約保證金與權利金之設計

期貨契約保證金為履約之擔保，其金額為各契約之價格或期貨指數乘

四、期貨結算機構之賠償準備金。

五、其他期貨結算會員依期貨結算機構所定比例分擔。

前項第五款期貨結算機構所定分擔之比例，應先報經主管機關核定。

依第一項第三款至第五款之支應，均得向違約期貨結算會員追償。

[9] 期貨交易法第3條第1項第2款規定，選擇權契約係指當事人約定，選擇權買方支付權利金，取得購入或售出之權利，得於特定期間內，依特定價格及數量等交易條件買賣約定標的物；選擇權賣方於買方要求履約時，有依約履行義務；或雙方同意於到期前或到期時結算差價之契約。賣方為擔保能依約履行義務，故須繳交保證金。

[10] 權利金的價格係由市場供需所決定，而買賣雙方決定權利金價格時，則受到包括現貨價格、履約價格、存續期間、波動率、利率、以及現金股利等因素需所影響。參考網站：臺灣期貨交易所股份有限公司，https://www.taifex.com.tw/chinese/，最後瀏覽日：2018年8月4日。

以指數每點價值再乘以風險價格係數，風險價格係數係參考一段期間內期貨契約之股價指數變動幅度，估算至少可涵蓋一日股價指數變動幅度百分之九十九信賴區間之值[11]。至於選擇權契約權利金之設計，基於選擇權之特性，對買方而言，選擇權既為一種權利而非義務。我國期貨市場在期貨交易所建置選擇權契約之初，其權利金之訂定係依據相對應標的物之現貨價格、履約價格、存續期間、波動率、利率、以及現金股利等因素需之影響所作之決定，掛牌上市後，選擇權契約之期貨交易權利金價格和一般現貨市場的報價一樣，隨著買方願意付出與賣方願意接受的情況，形成市場上的供需，當價格達到買賣雙方均能接受的條件時便可成交，買賣雙方對權利金的出價係參考現貨價格、履約價格之高低、存續期間、相對應標的物價格波動率、利率之變化、以及其他客觀環境等因素之影響由期貨交易人所作之主觀決定[12]。

三、期貨交易保證金與權利金之繳交

期貨交易為預繳保證金及權利金之交易，因此期貨商受委託進行期貨交易時，應向期貨交易人收取交易保證金或權利金，並設置客戶個別之明細帳，逐日計算其餘額[13]。因此期貨商除法令另有規定者外，應依各期貨交易所規定之保證金或權利金數額先向期貨交易人收足，始得接受期貨交易之委託[14]，交易過程中期貨交易人之保證金或權利金權益數低於各

---

[11] 依臺灣期貨交易所股份有限公司結算保證金收取方式及標準第4條規定，股價指數類期貨契約結算保證金金額為各契約之期貨指數乘以指數每點價值乘以風險價格係。所稱風險價格係數，係參考一段期間內期貨契約之股價指數變動幅度，估算至少可涵蓋一日股價指數變動幅度百分之九十九信賴區間之值。第4條之1規定，股價指數類選擇權契約之結算保證金之計，除權利金外，其風險價格係數係參考一段期間內標的股價指數波動及其他可能因素，估算至少可涵蓋一日權利金變動幅度百分之九十九信賴區間之值。其計算方式，由期貨交易所另訂之。

[12] 拙著，同註6，頁32。

[13] 期貨交易法第67條規定。

[14] 期貨經紀商除了因客戶之信用狀況不同可調整原始保證金外，對避險交易（Hedge Trade）、當日沖銷交易（Day Trade）、價差交易（Spread Trade）等三種交易策略，也可以收取較低的保證金。拙著，同註6，頁30-31。

期貨交易所規定之維持保證金數額者，期貨商應即辦理催繳通知（Margin Call）。期貨商未依規定收足各期貨交易所規定之保證金數額者，除沖銷原有契約部位者外不得再接受期貨交易人之交易委託[15]。由於期貨交易客戶買賣期貨交易契約係以高槓桿效果之保證金或權利金為之，因此在漲跌價格較劇烈變動時，客戶若未依照期貨經紀商通知補足保證金，則其所持有部位有可能被強制沖銷（或稱平倉、砍倉、斷頭），對於超額之損失（Over Lose），期貨經紀商必須支付結算機構，再列為必要費用向客戶請求，也由於沖銷之時間點決定與掌握非常重要，往往牽涉客戶必須支付金額大小的權益，期貨經紀商與期貨交易人往往因此產生爭議。

四、期貨交易保證金權利金不足之追繳

（一）期貨交易保證金權利金不足之追繳通知

　　期貨交易過程中由於高財務槓桿與高風險之特性，為擔保期貨商及期貨交易輔助人之財務運作安全，對期貨交易人保證金、權利金及未沖銷部位之風險控管顯得特別重要，依現行期貨交易所之規定[16]，期貨商應建置期貨交易人持有部位之風險控管系統及即時查詢機制，並設置專人管理，隨時注意所屬期貨交易人部位及保證金狀況。就該期貨交易帳戶於期貨集中交易市場之交易時間內或結帳後之權益數低於維持保證金水準時，應加強對交易人說明風險狀況並提醒其儘早備妥相關因應措施。對於高風險帳戶應於每日交易時段，隨時執行風險控管系統，除於盤後交易時段，若期貨交易人保留有期貨交易所指定豁免辦理代為沖銷商品之未平倉部位之情形外，應依控管系統警示，對權益數低於未沖銷部位所需維持保證金之期貨交易人辦理高風險帳戶通知作業（Margin Call）。期貨商就一般交易時段結束後發出盤後保證金追繳通知之期貨交易人，遇盤後交易時段權益數低於維持保證金且留有非期貨交易所指定豁免辦理代為沖銷商品之未平倉部位者，期貨商仍應辦理高風險帳戶通知，該通知有效期間至盤後交易時

---

[15] 期貨商管理規則第49條規定。
[16] 臺灣期貨交易所股份有限公司2017年04月13日台期結字第10603002750號函。

段收盤止。該通知應以當面、電話、簡訊、電子郵件或其他期貨交易人指定方式，通知期貨交易人儘速將權益數補足至未沖銷部位所需原始保證金，並請期貨交易人隨時注意價格之變化，當風險指標低於期貨商控管標準，期貨商將開始執行代為沖銷作業。就盤後保證金追繳作業而言，期貨商於每日一般交易時段收盤結算後，列印追繳明細報表，對權益數低於未沖銷部位所需維持保證金之期貨交易人，以當面、電話、簡訊、電子郵件或其他期貨交易人指定方式通知期貨交易人追繳狀況。期貨商使用電子郵件方式寄送，須符合電子簽章功能，若期貨商以不具電子簽章功能之電子郵件對期貨交易人發出盤後保證金追繳通知者，應於同一營業日再以電話或簡訊通知期貨交易人。期貨交易人帳戶於一般交易時段收盤結算後，因盤後交易時段行情變化或期貨交易人自行沖銷部位，致其權益數不低於未沖銷部位所需維持保證金時，亦不得免除當日之盤後保證金追繳[17]。

(二) 追繳未補足之處理予強制沖銷

　期貨交易於開盤前、期貨集中交易市場之交易時間內及與期貨交易人約定盤後保證金追繳之補繳時限，期貨商及期貨交易輔助人應檢視遭追繳及高風險帳戶通知之期貨交易人是否已將未沖銷部位所需原始保證金補足，期貨交易人未補足保證金額度前，期貨商或期貨交易輔助人原則上不得接受新增部位委託[18]。期貨交易人屆盤後保證金追繳之補繳時限若仍未補足追繳款項，惟因行情變化或期貨交易人自行沖銷部分部位等，致期貨交易人之權益數等於或大於未沖銷部位所需原始保證金時，或於補繳時限前期貨交易人前一一般交易時段之未沖銷部位已全數沖銷，盤後保證金追繳得予解除等情形外；倘期貨交易人之權益數仍小於未沖銷部位所需原始保證金，期貨商或期貨交易輔助人應開始執行代為沖銷作業。換言之，一般在客戶帳戶風險指標低於期貨商風險控管規定（期貨商規定之風險指標不得低於25%），或屆盤後保證金追繳之補繳時限仍未解除盤後保證金追

---

[17] 同前註，臺灣期貨交易所股份有限公司函。
[18] 沖銷原有契約部位者，不在此限。

繳等情形時,期貨商應開始執行代為沖銷或強制沖銷作業[19]。

五、超額損失及違約之處理

期貨交易人委於期貨商依受託契約之約定,全部了結期貨交易契約後,期貨交易人之保證金專戶權益數為負數,經通知後,未能於三個營業日內,依通知之補繳金額全額給付者,除已辦理領取並處分委託人繳交之有價證券抵繳作業,或國內外突發重大政經事件,致國內期貨市場喪失流動性等情形外,不履行期貨交易契約到期交割義務者,應由期貨商依規定以電腦傳輸或函報方式申報違約[20]。當發生超額損失及違約時,由期貨商通知期貨交易人及處理後續帳務追討作業,若係期貨交易輔助人招攬之期貨交易帳戶,得由期貨交易輔助人協助通知及處理帳務追討作業,惟申報交易人違約事項,仍應由期貨商依相關規定辦理。期貨商及期貨交易輔助人對超額損失及違約處理情形相關資料彙整後,應送相關權責主管批示並歸檔備查。當發生超額損失及違約時,由期貨商通知期貨交易人及處理後續帳務追討作業,若係期貨交易輔助人招攬之期貨交易帳戶,得由期貨交易輔助人協助通知及處理帳務追討作業。

---

[19] 代為沖銷原則:

  1.期貨集中交易市場之交易時間內,期貨交易人帳戶風險指標低於定豁免辦理代為沖銷之商品,期貨商無須執行代為沖銷。交易人帳戶之未平倉部位留有已進入盤後交易時段之指定豁免代為沖銷商品,當風險指標低於約定比率時,期貨商須同時檢視權益數是否低於未平倉部位所需維持保證金,若權益數未低於未平倉部位所需維持保證金,期貨商無須執行代為沖銷作業。

  2.期貨交易人屆盤後保證金追繳之補繳時限仍未解除盤後保證金追繳,依與交易人約定之沖銷順序,沖銷部位至期貨交易人之權益數等於或大於未沖銷部位所需原始保證金。

[20] 臺灣期貨交易所股份有限公司業務規則第58條規定。

參、期貨商是否有期貨交易強制沖銷之權利或義務

依前述期貨經紀商受期貨交易人託從事期貨交易時，除法令另有規定外，客戶必須有充足之保證金與權利金始得為之，然期貨交易由於市場價格之變動，可能使原來的交易保證金低於維持保證金之最低要求，期貨經紀商有義務通知客戶補繳；這是期貨交易與期貨經紀商財務業務風險控管重要的一環，惟客戶在所約定的期間內未補繳或補繳未達原始交易保證金之標準時，期貨經紀商是否有強制沖銷（或稱斷頭、平倉）之權利或義務，前開2018年2月6日及之前發生之強制沖銷之多起案例，關於期貨經紀商之強制沖銷，其間就通知補繳保證金權利金之時點、沖銷時間點、沖銷之數量與沖銷之價格等，由於法令並無一致之標準，以致產生期貨交易人之盈虧不同之迥異情況，遂引發其為權利或是義務在理論上存在有相當之爭議，本文在1998年6月完成之博士論文曾有進一步論，茲將強制沖銷之權利說與義務說之內容再次分析如下[21]。

一、期貨商是否有期貨交易強制沖銷之權利或義務之學說

（一）權利說

主張是權利者認為在行為之法律關係下，期貨商是以自己名義為客戶進行買賣，客戶若無法承擔超額損失時，勢必先由期貨經紀商承擔，為避免因承擔期貨交易人之交易虧損，須透過強制沖銷來保護自己的權益，從期貨交易法原為禁止在法律無特別規定時，應依客戶之委託及指示條件下單，其取得為客戶強制沖銷之權利，是因為客戶未依通知期限繳足保證金，所以客戶未繳足保證金是取得沖銷權利之一種附停止條件法律行為。從期貨商之立場而言，期貨商認為強制平倉為權利而不是義務，主要是其為控制風險的一種手段。現行法律、法規沒有明確規定強制沖銷的法律性

---

[21] 拙著，論期貨交易參與者之民刑事責任，國立政治大學法律學系博士論文，頁81，1998年11月。

質，但期貨商與其期貨交易人之間的受託契約都將強制沖銷規定為權利。依期貨業商業同業公會訂定之期貨交易受託買賣契約（參考範本及所謂之開戶契約）的規定，委託人應自行計算維持保證金之額度與比例，並負有隨時維持受託人所訂足額保證金之義務，無待受託人之通知。且委託人受受託人通知繳交追加保證金時，盤中應立即補足，盤後應於乙方發出通知當日繳交全額追加款項。倘委託人之權益總值，已低於維持保證金時；或委託人未於期限內繳交追加保證金時，受託人得不通知甲方而自由選擇是否沖銷甲方交易之部分或全部部位。對於期貨商來說，強制平倉有助於控制風險，維護期貨商的利益。如果期貨商不及時強制沖銷，任由客戶進行透支交易而不制止，那麼一旦出現超額損失（Over Lose）的狀況，即客戶買賣期貨交易契約後，若因部位的虧損而導致客戶保證金的權益總值變成負數時的風險狀況，客戶不僅將帳戶上的保證金全部虧掉，而且還倒欠期貨商債務，期貨商就必須動用自有資金對結算機構承擔責任。客戶透支的愈多，期貨商墊付的資金就愈多。如果不能從客戶獲得賠償，期貨商將要自己承擔客戶透支交易造成的損失。

(二) 義務說

　　認為強制沖銷是期貨經紀商之義務，由於期貨經紀商收受客戶佣金及手續費之報酬，在受託契約與委任之法律關係下應為客戶權益之保護盡到忠實與善良管理人之注意義務，協助客戶控制交易風險為期貨經紀商之責任，故為防止客戶交易之風險超出資金之範圍，造成客戶損失之擴大，故有義務強制沖銷其現有之交易部位。此一論點認為，強制平倉是期貨商之義務。普通的期貨交易人無法取得資格成為期貨交易所的會員或與其直接簽約，不能直接參與期貨交易，只能委託期貨商進行交易。期貨商對客戶的交易情況由於經過徵信之程序應屬最為了解，所以主動權掌握在期貨商，期貨商既有能力又有義務維護客戶的利益。準此，當期貨交易人知保證金或權利金不足維持之標準時，期貨商就應該通知期貨交易人追加保證金，如果期貨交易人既不追加保證金，且不自行沖銷降低風險，期貨商就應該履行強制沖銷之義務。如果不履行強制平倉義務，任期風險擴大，產

生超額損失（Over Lose）時再強制沖銷，此際期貨交易人將遭受巨大損失。期貨商明知或可得而知期貨交易人所面臨損失卻未加適當防範，已違反與期貨交易人委任與受託之善良管理人注意義務。

(三) 權利義務並存說

亦有認為強制沖銷是一種權利也是一種義務。強制沖銷是期貨商在期貨市場行情對期貨交易人在處於不利的情況下，為了防止行情惡化對期貨交易人造成更不利的後果，而採取的一種保護性之防範措施。因此從實務運作而言，期貨商所採取的強制沖銷措施外觀上雖為行使權利，但其實質內容卻是在踐行保護期貨交易人之義務。

(四) 權利轉義務說

此說論點認為，在不同的階段強制沖銷具有不同的法律性質。如果期貨交易人的保證金餘額低於客戶與期貨商所簽訂之受託買賣契約中規定的最低餘額，但高於期貨交易所規定的最低餘額，強制沖銷是期貨公司的權利。當期貨交易人之保證金餘額達到了期貨商與期貨交易人簽訂契約規定的風險控制線的時候，期貨商就應該通知期貨交易人追加保證金，如果期貨交易人既不及時追加保證金也不自行沖銷控制風險，期貨商就可以行使強制沖銷之權利。如果期貨交易人之保證金餘額低於期貨交易所規定的最低餘額，強制沖銷就從期貨公司的權利轉化為義務。

二、強制沖銷是權利或義務之本文觀點

期貨商之交易強制沖銷是權利或義務之學說雖有前述之不同看法，日本司法判決及學者共通之見解採行權利說之看法[22]，大陸期貨交易法學者許彤及錢曉紅在其論著強制平倉問題之法律分析中，認為強制平倉是期貨經紀商之權利也是義務，採行折衷綜合之看法[23]，依現行臺灣期貨交易所

---

[22] 竹内昭夫編，新證券、商品取引判例百選第32則，頁70，1987年。

[23] 許彤、錢曉紅，強制平倉問題之法律分析，期貨與法，頁35，1997年。

股份有限公司業務規則第57條第1項規定，期貨商受託從事期貨交易應逐日計算每一委託人之保證金專戶存款餘額及有價證券抵繳金額合計數，其低於受託契約約定之維持保證金時，應即通知委託人於限期內以現金補繳其保證金專戶存款餘額及有價證券抵繳金額合計數與其未了結部位原始保證金總額間之差額。同條第2項規定，委託人未能依前項規定之限期內補足差額者，期貨商得了結其期貨交易契約。文義解釋「得」了結其期貨交易契約，應採權利說。

另依期貨交易受託契約參考範本第10條代為沖銷交易之條件及相關事項規定，明定期貨交易人之權益總值，已低於維持保證金時、期貨交易人未於期限內繳交追加保證金時、期貨交易人未於最後交易日之前一日，提出交割之履約保證與財力證明、期貨交易人於法律上或事實上難以履行本契約時，期貨商得不通知期貨交易人而自由選擇是否沖銷期貨交易人交易之部分或全部部位，在上述情況下之期貨商未採取任何行動不得視之為期貨商放棄於往後得以隨時採取必要行動之權利，期貨商仍得以於往後隨時採取必要之行動，俾使期貨交易人之保證金符合要求。而期貨商在上述情況下若未採取任何行動也不對期貨交易人擔負任何責任及義務。期貨商代為沖銷之交易，其盈虧由期貨交易人負責。依據前開規定，期貨交易人應自行計算維持保證金之額度與比例，並負有隨時維持所訂足額保證金之「義務」；期貨交易人對於期貨商在規定情況下之未採取任何行動不得視之為期貨商放棄於往後得以隨時採取必要行動之「權利」，該範本對於強制沖銷應採權利說尚非義務說。

又基於在期貨經紀商基於委任契約具有善良管理人注意義務之立場言，期貨經紀商本有防止損害擴散之義務，其看法值得肯定，但強制沖銷有可能造成客戶損失減少，可是亦有可能因行情反轉造成客戶應賺而未賺之情況，其與客戶之糾紛無窮，甚且客戶可主張期貨經紀商為強制沖銷導致之虧損為未盡義務而為不負責任之藉口，所以本文贊同日本通說之看法，認為亦應以權利說為妥，至於期貨經紀商疏於專業之注意義務而造成對於客戶之損失，則另依契約或侵權行為責任之規定來追償，如此法律關係才能有效加以釐清。

三、日本實務案例解析

日本最高法院昭和43年3月20日之民事判決，就有關因強制沖銷請求歸還墊款案之爭議，其中涉類似我國現行對強制沖銷法律關係與責任情節之討論，為方便參考謹提出介紹並就其事實案例與法院之見解等進一步加以分析如下[24]：

(一) 事實摘要

Y為被告及第二、三審之上訴人，X期貨經紀商為原告及第二、三審之被上訴人，Y於昭和31年12月中三次委託福井人造絲交易所會員之X，共買進昭和32年5月到期之人造絲期貨契約三十口，X要求Y應繳存該期貨契約交易保證金三十萬日元，Y僅於昭和32年1月20日繳存其中之十六萬元而已，X遂於昭和32年1月29日以郵件通知Y，若未於該星期內即至昭和32年2月3日前繳存餘額時，將處分Y所委託買進之期貨契約予以賣出平倉，Y未依期限繳交，X於等候三個月以上，到期貨契約最後到期日之昭和32年5月28日前仍未予平倉處理，X於到期日了結處理後請求Y應返還結算差價所生之買賣損失及手續費，於扣減前已繳交之16萬日元後之103萬日元，而提起本訴訟。Y對於X之主張，提出以下之抗辯，首先為X之通知於本星期內未繳存交易保證金時，即予以平倉買進之期貨契約，而Y確實未於上述期限內繳存，故X理應於期限屆滿之日即昭和32年2月3日平倉該五十口期貨契約，而以同日市價結算，其次X未在同年5月28日以前予以了結處分應負有過失責任，故Y認為並無支付差價損失之義務。原第一審對於Y之抗辯認為不能因其X有上述之通知即認定X有應予了結處理的義務，另福井人造絲交易所在受託契約準則上規定，未於指定時日前繳存委託保證金時，期貨經紀商得任意處分未了結期貨之契約，其規範意旨在防止期貨經紀商遭受損失。X基於上述權限之處分，並非為履行委託契約所產生期貨經紀商之義務，故應不構成因過失導致不履行義務之情形，而為駁回Y之抗辯。

---

[24] 竹內昭夫編，同註23，頁70。

　　Y對於第一審之判決不服，認為期貨經紀商對於客戶為本案催繳之通知，客戶未於所指定之期間內繳存保證金時，期貨經紀商已於上開期日取得處分未了結期貨契約之權利，其無相當理由而遲延作上述處分時，不得讓委託人負擔因而增加之損失，爰提本案之上訴。

(二)本案判決－上訴駁回

　　日本最高法院認為本案福井人造絲交易所之受託契約準則第十九條規定，已訂有委託人之客戶未於期貨經紀商所指定期日前繳存委託交易保證金時，期貨經紀商得任意處分受託買進期貨契約，而此一規定主要在防止委託人不履行繳存交易保證金時，導致期貨經紀商受有損害，因而賦予之處分權利，並非對貨經紀商課予處分之義務，準此，不能認為期貨經紀在通知催繳期限屆滿日未為了結期貨契約即認為應負損害之責任，同時，若勉強解釋期貨經紀商未於該催繳期限後即行處分就不得向客戶請求因此所生之差價損失亦不妥當，故本案認許X請求之原判決屬正當。

(三)本案解析

　　本案除了客戶於該期貨交易之前未繳存原始保證金之效力問題已如前述之外，就交易保證金之不足時應予補繳，在期貨經紀商催繳屆滿時，是否負有即為了結客戶期貨交易契約之義務，以及在追繳期限屆滿後之期貨交易契約市場行情變動之風險是否應由期貨經紀商來負擔，甚至對於在了結期貨交易契約之同時若因行情反彈而有盈餘時是否應歸還給客戶等問題，不無疑義。本案由於在期貨交易所之受託契約準則已有規定在此一情形下得任意處分受託買賣未了結之期貨交易契約，而此一處分是權利並非義務，此為日本司法判決及學者共通之見解[25]，而賦予期貨經紀商此一裁量處分之權利基礎，除了防止因客戶不履行繳存交易保證金而使期貨經紀商蒙受損害外，期貨交易之客戶本得隨時不須具備任何理由地指示對存在

---

[25] 實戶善一，委託證據金預託場合商品仲買人建玉處分義務，新證券、商品取引判例百選—第32則，頁71，1987年。

之期貨交易契約沖銷了結，故縱使期貨經紀商不被認為有處分之義務，亦不致損害客戶之利益[26]，茲進一步分析如後：

1. 期貨經紀商若未於追繳期限屆滿後即為處分了結客戶所交易之期貨契約，由於期貨市場行情變動之結果有漲有跌，跌時可能加劇客戶之損失，漲時行情回揚可能保住買賣後未了結之期貨契約，而因這些偶發不可預測之事件導致行情波動所造成之損益風險，若全數歸由期貨交易之客戶來承擔則無疑義，惟在行情復甦時，若處分結果之差價有盈餘時，是否歸客戶所有，由於期貨經紀商與客戶間為委任之契約關係已如前述，依民法第541條之規定，對於受任人因處理委託事務，所收取之金錢物品及孳息，應交付於受任人；受任人以自己之名義，為委任人取得之權利，應移轉於受任人，準此即使因處分未追繳保證金客戶契約有淨賺之差價時，應返還客戶，然而此一作法是否允當亦生爭議，在證券交易實務上曾發生違約客戶因證券商處分之結果有盈餘之價差時，由於考量避免投資人在無資力時仍浮濫嘗試委託買進，導致虧損時無力清償，但在有盈餘時則主張應交付之不合理情形，增加證券商之經營風險及擾亂市場交易秩序，故認為以其違約不法原因之行為，不得主張返還，惟在期貨交易是否做相同之解釋，期貨交易與證券交易在交易秩序之管理上道理相同，為消除客戶在無資力時輕易交易釀成違約案件，似應持相同之看法，至於在追繳期限屆滿後至期貨契約到期日前這段期間，期貨經紀商是否有義務去注意對客戶最有利的價位從事平倉了結，此點若解釋了結處分為期貨經紀商之權利，則應無再進一步去注意價位時機之義務，而且何時為最有利之價位，其牽涉經濟及非經濟之因素甚多，難以掌握，更無理由因此課予期貨經紀商之責任。

2. 本案X對Y客戶之通知，會不會使客戶產生X將於屆滿時即予處分未了結期貨交易契約之期待，這要看X與Y在本案中誰具有較高之

---

[26] 竹內昭夫編，商法判例研究第32則，頁157，1959年。

買賣主導權，在前開判決中宣示主導權存在於委託人授予受託人之受託契約，也由於受託契約文辭上仍有欠明確之處[27]，所以會產生爭議，在期貨交易之實務上，期貨經紀商對於客戶，尤其是非專業之客戶，其在買賣或無法補繳保證金的事後處分上，仍然具有相當大的影響力[28]，故主導權之歸屬尚不很清楚，因此就類似之權利或義務劃分宜有明確之規定，而此一明確之區分標準應在法令或買賣受託契約中加以規範為妥。

肆、強制沖銷後之損害賠償計算

期貨商進行強制沖銷了結契約後，伴隨著期貨交易人損失或盈餘計算之法律效果，期貨交易人因期貨商強制沖銷產生之實質的虧損，若市場再連續下跌，期貨商之強制沖銷防止了期貨交易人損失之擴大，本應值得嘉許，但強制沖銷之結果可能因各期貨商之處理方式、沖銷之時間點而有所不同，2018年2月6日之強制沖銷有的期貨商以電腦處理時間早又迅速，反之有的期貨商以人工處理，分單沖銷又以人工下單，沖銷完成速度遲緩，由於2018年2月7日市場價格漲停反彈，因此產生期貨交易人在不同之期貨商交易，有的期貨商因沖銷下單慢尚未沖銷完成而大賺，因禍得福；有的期貨商因沖銷下單快期貨交易人之部位早已了結出場而大虧之後之上漲無福享受。因此強制沖銷處理行使方實與時機，例如期貨商代為強制沖銷的方式、價格、時機及速度皆會影響盈餘或虧損，如何認定正確與不正確的強制沖銷，由於很難訂定一套客觀之標準，自然會引起崩盤後之症候群，包括期貨交易損害賠償之糾紛如何解決，因此對於崩盤式之市場價格變化引發之強制沖銷的後法律責任有進一步探討之必要。

就期貨商進行強制沖銷了結契約後，期貨交易人保證金權利金不足

---

[27] 神崎克郎，民商法雜誌，第59卷2號，頁329。
[28] 千種秀夫，法曹時報，第26卷6號，頁130。

產生之超額損失，基於期貨交易人與期貨商間之委任契約自應由期貨交易人承擔，期貨交易人負有清償之義務，期貨交易人違約或期貨商無力清償時，依期貨交易法第49條規定順位追償[29]，期貨交易人對於期貨商之強制沖銷若認為不當，例如沖銷之時間點及方法過於遲緩或太過急促，以致損失擴大或可回補降低損失甚至獲利等，可否主張損害賠償請求，其損害賠償請求之基礎為何，依民法債編之規定，就證券期貨交易行為之民事賠償責任，解釋上有契約說、侵權行為說、獨立類型說三種不同看法如下[30]：

1. 契約說

　　認為參與期貨交易市場者，包括相關業者及期貨交易人在內，皆為期貨交易法規範之義務主體，即可能因交易之結果而為受害之對象，期貨交易人繳交交易保證金或權利金，而為應買或應賣所持有之期貨契約部位，其間有對價關係存在，所以求償權利人與義務人間有契約關係為前提，故有認為是契約間之損害賠償類型。期貨交易為集中競價市場，此說對於期貨交易人與第一次之應買人，或其後之買賣雙方當事人確定對象時，不致有爭議，但是在應買人再次為平倉或出售其所持有部位後，其善意取得人之請求則有疑義，尤其是期貨交易為透過集中交易市場交易後，由於期貨經紀商是以行紀名義受託買賣，在集中競價之結果，其買賣雙方當事人契約關係，已經是傳遞了幾手，再加以該期貨契約若採行集中競價撮合成交之方式，取得人或出賣人為何人更是無從追索，所以契約說在實務上有相當多的問題存在[31]。然就類似本案發生之強制沖銷情形而言，期貨商及期貨交易人為基於契約關係固無疑義，但沖銷之過程牽涉到期貨交易所與結

---

[29] 有關期貨交易結算履約之財務安全機制，依期貨交易法第49條規定，期貨結算機構於其結算會員不履行結算交割義務時，依下列順序支應：一、違約期貨結算會員繳存之結算保證金。二、違約期貨結算會員之交割結算基金。三、其他期貨結算會員之交割結算基金。四、期貨結算機構之賠償準備金。五、其他期貨結算會員依期貨結算機構所定比例分擔。期貨結算機構所定分擔之比例，應先報經主管機關核定。詳參拙著，同註7，頁82-84。

[30] 參見賴英照，證券交易法逐條釋義－總則，頁315，1984年。劉連煜，論證券交易法上之民事責任，國立中興大學碩士論文，頁37，1986年。

[31] 詳參拙著，同註6，頁482。

算機構之參與，期貨交易所與結算機構之交易與結算機制及運作，亦影響到期貨交易人之盈虧，期貨交易人與期貨交易所、結算機構間並無直接之契約關係存在，因此契約說之立論有其盲點。

2. 侵權行為說

前述契約說，除了以交易或參與市場之每一份子相互間為對象之複雜情形外，對於期貨交易流程之各個行為，如果並不是由契約當事人所造成者，由於主張契約說者認為該行為者並不一定是賠償義務人，將無法達到追償之功能，因此有認為應將本條之規定在解釋上歸類於侵權行為責任較妥，依民法第184條第1項規定，因故意或過失，不法侵害他人之權利者，負損害賠償責任。故意以背於善良風俗之方法，加損害於他人者亦同。民法之侵權行為損害賠償係以故意或過失為構成要件，故應認為不論行為人是否是交易之當事人，皆可構成侵權行為之損害賠償。然此一論點與前述之強制沖銷為權利或義務說相關，強制沖銷若屬期貨商之權利，何來侵權行為，因此僅能就其強制沖銷之作為不當造成之損害負賠償責任。

3. 獨立類型說

違反保護他人之法律，致生損害於他人者，負賠償責任。但能證明其行為無過失者，不在此限。此為獨立類型說，本說係就期貨交易法立法之目的來加以探討，認為期貨交易法旨在健全發展期貨交易市場，並維護市場之秩序，所以對於維繫市場之公平、公正、公開原則，是整個法律規範保護之中心，而強制沖銷亦是達成此一立法目的方法之一，投資人或交易人也因此才能控管風險權益獲得保障，故認為本條之民事責任規定，可納入民法第184條第2項之規定，而認為是一種獨立類型之侵權行為責任[32]。

以上三種學說，我國在證券交易法有關反詐欺相類規定之討論中，

---

[32] 期貨交易法之規定是否為民法第184條第2項保護他人之法律？實務有肯定說（參臺灣高等法院民事判決95年上字第3號、臺灣高等法院民事判決97年上易字第716號）及否定說（參臺灣高等法院高雄分院民事判決98年上易字第192號）。參見郭土木、楊偉文、詹庭禎，司法院司法智識庫99年度期貨交易法資料整編，頁19，2011年2月20日。至於所謂保護他人法律，係以其是否以保護個人的權益為判斷標準，此項個人權益的保護得與一般公益並存，但專為以維護國家社會秩序的法律則不屬之。參見王澤鑑，侵權行為法第一冊，頁349，2003年10月。

學者早期大部分主張以契約說為妥，認為證券交易法所規範者，無論募
集、發行或買賣行為，都存在有契約關係，當事人間所發生之糾紛，可依
契約規定加以解決，甚至有認為要以侵權行為之規範，擴張賠償義務人之
範圍，而打破契約關係之要件，依現行法文義上似有困難。本文認為期貨
交易法與證券交易法相類，其間依契約關係加以維繫者不少，以上三說雖
各具其理由，但以獨立責任類型說較為合理，就如前面說明，行為人之虛
偽詐騙行為時，對於受損害者之損害造成，可能無法預知，甚至於對於何
人可能造成損害並未預見，即使有的話，舉證也相當困難，而且其間更無
直接之契約關係，若堅持契約說，將無以使受害人得到損害之填補，影響
市場參與者之意願，更阻礙期貨市場設立及扮演經濟上功能之發揮，而主
張契約說者，是導源於英美默示民事責任（Implied Civil Liability）之立
法例，認為「成文法之規定係為保護特定層級之人而禁止為某一特定行為
或要求特定行為，但就其違反並無提供私法救濟者，法院如認為私法救濟
於促進立法之目的為適當，且於確保該成文規定之有效性有其必要，得准
許該受保護特定層級之人於受侵害時，以合適之既存侵權行為訴訟或類似
於既存之侵權行為訴訟之新訴訟原因，提起侵權行為訴訟，而請求為訴訟
救濟」[33]，美國期貨交易法規定，並無有關默示民事責任及隱含訴權之明
文，但曾為實務上所採行。

　　我國期貨交易法雖無明示賠償責任之規定，且民法所定契約關係之主
張，在無明示或默示意思表示成立契約關係前，亦不可能由法院授予默示
隱含訴權，用以主張損害賠償請求之權利，故本文認為不宜援引美國之案
例來解釋我國期貨交易法之民事責任規定，否則將使受害人求償無門。至
於若依民法第184條第1項之侵權行為類型規定，其前段所規定之故意或過
失行為，對於證券交易法所定之募集、發行、買賣或期貨交易法所定之交
易行為等，有虛偽、詐騙之情事，其對象可能直接有關之應募、應買、應
賣或交易之參與者，甚或另有其詐騙對象之第三人，在認識上被害人可能

---

[33] 參見司法院、國立政治大學法律研究所合譯，美國法律整編侵權行為法
　　（Restatement of The Law, Second Torts），頁707-708，1986年4月。

為無法預知造成侵權行為之間接第三人，因此欲舉證行為人對其損害有主觀之故意或過失困難，故仍以民法第184條第2項之規定，就違反保護他人之法律者，推定其有過失，從期貨交易法第1條立法目的之立場言，健全發展期貨市場，維護期貨交易秩序即在保護各參與者享有公平、公正之權益，屬於保護他人之法律，此在解釋上較妥[34]。

由於強制沖銷在民事損害賠償責任分配上是基於期貨商與期貨交易人間之契約關係，期貨交易人與期貨交易所、結算機構間並無直接之契約關係存在，期貨交易所、結算機構若有制度或運作之不周延造成期貨交易人之損害，基於獨立類型說依民法第184條第2項之規定，亦得依其過失責任負損害賠償責任。因此應該按照各自的過失大小來承擔責任。在過失的認定上，依期貨商、期貨交易所、結算機構是否盡善良管理人的注意義務與強制沖銷造成的損失之間存在何種因果關係。準此，期貨商在進行強制沖銷時已依規定，盡善良管理人的注意義務，不需對強制沖銷所造成期貨交易人之損失承擔法律責任，損失由期貨交易人自行負擔。期貨交易人本有關注自己交易保證金與權利金的義務，保證金與權利金不足規定之標準時，如果不依規定補繳保證金或自行平倉，須就此不作為而導致的損失負責。期貨商若未依契約約定的通知追繳或強制沖銷，其豁商違規或違約行為直接導致期貨交易人損失，就其過失程度承擔損害賠償的責任。

伍、選擇權契約之強制沖銷與損害賠償

依前所述由於美股在2018年2月5日再度重挫，引起臺股投資人恐慌，2月6日開盤前臺股指數期貨下殺，部分期指選擇權的賣方因保證金淨值不足，帳戶內不管看多或看空操作的交易，均被期貨商強制沖銷，讓受損期貨交易人不滿的其中之一是帳戶內商品不論賺賠均被強制沖銷，以

---

[34] 拙著，同註6，頁485。

致看對方向可能賺錢的交易，反而也受重損[35]；但期貨商指出，整戶平倉不應成為爭議點，因在各類規範中均有明定，且在2017年4月期交所也曾再發函給期貨商，要求針對保證金之追繳及代為沖銷應確實按規定辦理，在帳戶風險指標低於期貨商規定（不得低於25%）時，期貨商應開始執行代為沖銷作業。若在期貨集中交易市場之交易時間內，期貨交易人帳戶風險指標低於規定者，期貨商亦應代為沖銷期貨交易人盤中商品之全部部位[36]。2018年2月6日期指選擇權價格大幅波動，強制沖銷結果導致違約交割達新臺幣14.4億元與受損期貨交易人之爭議，期貨交易人在參與期貨交易前，其與期貨商簽執之期貨交易風險預告書時，已經閱讀或經期貨商說明期貨交易具低保證金、權利金之財務槓桿特性，在可能產生極大利潤的同時也可能產生極大的損失，期貨交易人應審慎考慮本身的財務能力及經濟狀況是否適合於這種交易。期貨商除徵信作業與要求符合規定之保證金、權利金外，尚可進行盤中高風險通知、盤後保證金追繳及盤中代為沖銷等，當交易人帳戶淨值低於未沖銷部位所需維持保證金時，期貨商應對交易人發出高風險帳戶通知，盤後保證金追繳後權益總值未達約定標準，或風險指標低於25%，期貨商自然都會依規定代為沖銷。

然同一期貨交易人在不同之期貨商開戶交易，2018年2月6日在依期貨商通知尚未來得及補繳前即被期貨商強制沖銷，因期貨商之作業方式與時間快慢不一，確產生有大賺與大虧之不同境遇，因此就虧損之期貨交易人會認為沖銷價格不合理，然是否合理價格之存在，期貨及選擇權有理論價格、評價模型，似乎可估算與現貨關係，但每日的交易價格都不符合模型理論之定價，市場上有正價差，也有負價差，在集中交易市場，價格是由買賣雙方共同決定，所以理論價之推算是否得做為期貨交易人對期貨商、期貨交易所與期貨結算機構追償之依據，不無商榷之餘地。期貨商

---

[35] 2月6日臺灣加權指數下跌527點跌幅4.8％，估計當日市場損失超過新臺幣40億，違約金額新臺幣高達13億元，創臺灣史上最大違約交割案件，散戶哀鴻遍野，期權交易人喊冤。

[36] 魏錫賓，依規定操作成箭靶—期貨商有話說，自由時報電子報，參考網站：http://news.ltn.com.tw/news/weeklybiz/paper/1190727，最後瀏覽日：2018年8月7日。

業同業公會依主管機關之要求，嘗試算出理論價，以設定好之參數代入Black-Scholes選擇權評價模型，希望得出在2月6日當日期貨商砍倉時點之理論價，並以砍倉價高過理論價差距金額，不計算砍倉價低於理論價的差距金額，代表期貨商應補償的金額。例如：因買方委託量過多，當時市況委賣量不足，而導致期貨商的砍倉價是1000點，而依當時參數所計算的理論價是300點，共有100口要砍，一點50元，則計算方式為：(1000點-300點)*50元*100口＝3,500,000元。代表期貨商砍倉價較理論價高了700點，應補償給顧客。公會版的計算方式與真實市場交易有落差，實務上市場的價格是透過供需決定成交的價格，無所謂合理價，用理論價代表的意義是在市況正常時，選擇權可能的成交價格。為此一公式在多方無法協調出解決爭議時，主管機關希望能提出供各方參考。為能平息爭議，以下擬就選擇權契約之定義與定價為基礎，再進一步探究本案爭議之解決方案。

一、選擇權契約之定義

由於選擇權契約，其買方有權利但沒有義務，在未來的特定日期或之前，以特定的價格購買或出售一定數量的標的物。選擇權所表彰的是一種權利，選擇權買方支付權利金，取得買權CALL或賣權PUT，於特定期間內，依特定價格及數量等交易條件買賣現貨之契約；選擇權之賣方，於買方要求履約時，有依選擇權約定履行契約之義務[37]。由於選擇權價格是選擇權契約中唯一隨市場供需變化而改變的變數，故而它的高低將會直接影響到買賣雙方的損益金額，這也正是選擇權交易的核心問題。

二、選擇權契約之定價

選擇權契約之定價模型早在1900年法國金融專家─勞雷斯‧巴舍利耶就發表了第一篇關於選擇權定價的文章。此後，各種經驗公式或計量定價模型紛紛面世，但因種種局限難於得到普遍認同，1970年代以來，伴隨著期權市場的迅速發展，期權定價理論的研究才取得了較為明顯的突破性進

---

[37] 期貨交易法第3條第1項第2款、第3款規定。

展。正因為期權定價是所有金融應用領域數學上最複雜的問題之一，然而第一個完整的期權定價模型乃是由Fisher Black和Myron Scholes創立，並於1973年公之於世，這也就是俗稱的BSModel，且這模型發表的時間和芝加哥期權交易所正式掛牌交易標準化期權合約幾乎是同時。不久，德儀就推出裝有根據這一模型計算期權價值程式的計算器，幾乎所有從事期權交易的經紀人都持有各家公司出品的此類電腦，利用按照這一模型開發的程式對交易估價，這項工作對金融創新和各種新興金融產品的面世起到了重大的推動作用。選擇權定價模型基於對沖證券組合來出發，也就是報酬必須可以得到無風險利率，其中投資者可建立期權與其標的股票的組合來保證確定報酬。在均衡時，此確定報酬必須得到無風險利率，這一個定價思想與無套利定價的思考方向是一致的，然正所謂無套利定價就是說任何零投入的投資只能得到零回報，任何非零投入的投資，只能得到與該項投資的風險所對應的平均回報，而不能獲得超額回報（超過與風險相當的報酬的利潤），故而從Black-Scholes期權定價模型的推導中，不難看出期權定價本質上就是無套利定價。

三、選擇權影響價格因素

　　選擇權價格受標的物商品價格的變動影響，其一為現貨價格影響，買權必跟著現貨水漲船高，而賣權價格則降低，這是隨著行情而改變；其二為履約價格影響，履約價低的買權其權利金必然高，因為買方有以較低價格買進的權利；反之一個賣權則在履約價高時較昂貴；其三為無風險利率影響，利率越高，履約價格經折現後價值會愈低，因此對買權的影響是正向的，即價格變高；而對賣權是負向的影響。至於權利期間和現貨價格波動兩項因素所生之影響，就到期期間影響而言，則不論買權和賣權此兩種權利可行使的期限加長，權利金自然要多付，因此皆為正向的關係；另就價格波動影響方面分析，通常用價格差來衡量，波動性愈大的期貨商品其選擇權的價格愈高。以向上波動而言，買權獲利無限而賣權損失有限；以向下波動來說，買權損失有限而賣權獲利無限。

四、選擇權價位乖離

　　由於2018年2月6日的前一天北韓嗆試射飛彈，引發美股大跌；2月6日臺股現貨開盤前，期貨市場已先行大亂，追蹤臺股大盤的臺指選擇權（簡稱臺指選）出現多檔商品暴漲暴跌，不同於股票價值以每股多少元為單位，選擇權是以點來計算。舉例來說，前一天收盤價僅10幾點的買權或賣權，當天盤中飆到漲停，但所謂的漲停10%，並不是以選擇權前一天收盤價（例如價值10點只能漲跌1點）為基礎，而是以前一天現貨大盤的價格為基礎，例如2月5日大盤收在10,946.25點，漲停10%的漲點就是1,094點，因此前一天價值只有10點的選擇權，就具有漲破1,100點的潛力。

　　選擇權價格若從最極端的例子觀察，若某檔臺指選的賣權，最低價0.1點，最高價1,090點；盤中價差高達一萬倍，然這會導致賣方帳戶的保證金不足，立刻被期貨商強制沖銷，這也是市場紛爭的開始，單就從前一天價值只有0.1點的賣權，飆到1,090點，一般即使只飆到10點，價值就是原本的100倍，因為假設站在賣方的期貨交易人，其本來就負有買回的被履約義務，一旦商品飆一百倍，他就必須準備更多倍的資金，才可以證明有能力履約，否則期貨交易人就要在市場平倉，這時在沒有足額的保證金下，期貨商在本身的風險控管制度下，就會站出來替期貨交易人強制沖銷，也因為當天的事情發生太快，也使得投資人想補錢都來不及，且期貨商只要發出追繳簡訊，可以不用等投資人回覆，就可依風險控管機制（低於25%）來執行強制砍倉，也傳出市場有很多投資人兩秒鐘就被斷頭之情形。

五、選擇權價格的連鎖效應

　　現貨市場大盤跌5、600點，讓人疑惑不解的就是臺指選的賣權、甚至部分的買權卻飆出漲停，經歸類主因有冷門商品的流動性低、有意沒意的追價單、程式交易的追漲殺跌、投機者的高掛賣單（芭樂單）、期貨商因風控的強制砍倉，這都是吸引市場價格乖離飆高的關鍵，尤其是部分賣方帳戶的保證金淨值立刻跌到原始保證金25%以下，這原是期貨交易人與期

貨商契約規定的底限，期貨商有權可以將期貨交易人的賣權以「市價」直接沖銷。「市價」的意義是：如果有人掛5點賣出，期貨商可用5點買回，但如果全市場的最低委賣價是1,000點，期貨商就以1,000點買回，如此一來原先設計的風控機制就演變成助漲助跌的效果。

從期貨交易損益計算之角度言，用5點、1000點的價格買回，差別在虧損是否有控，然選擇權一點為新臺幣50元，以5點買回，一口要付250元，投資人若賣10口，期貨商只要付2,500元買回；但若期貨商在1,000點買回，則1口要付5萬元，10口就是50萬元，這與代價相差200倍，外加上引發全市場的「連鎖效應」，比如若假設某賣權的合理價位是5點，該選擇權在20點被沖銷，然這個成交價讓賣權的市價瞬間拉高，同時導致另一位保證金很充足的期貨交易人，也因保證金不足而被砍倉，配合整個的惡性循環下，市價持續被拉高，下一批資金更充裕的期貨交易人又被砍倉，就像骨牌效應般地，其價格嚴重乖離，因此期貨交易人損之損失將是不言可喻。單就連環砍倉上，同時也使得看對、看錯方向都大虧，其中賣權飆高也就認了，因與大盤大跌的方向一致；但買權也漲停，是最讓期貨交易人有爭議之處。例如2月臺指選11,700點的買權，當天它的價值居然從0.1點飆到1,090點，這是因為部分期貨商砍倉時，原則上是採無差別式的斷頭（整戶全砍），情況就像賣權一樣，連續推高買權價格，使價格飆到漲停。這些選擇權交易之特性，在計算損害賠償時應加以一併考量。

陸、結論與建議

強制沖銷本旨在於避免期貨交易人可能發生超額損失與擴大，做為期貨市場風險控制之必要方法，期貨交易所在考量交易與交割風險控管及期貨交易人資金運用效率之原則下，將股價指數選擇權保證金標準採估算至少可涵蓋1日權利金變動幅度99%信賴區間之值，及採用浮動金額方式收取保證金，在大多數之市況下，可有效涵蓋價格波動風險。然無論是期貨或選擇權交易低於維持保證金之處置及強制沖銷，所衍生之違約與損害賠

償問題爭議不斷，期貨交易法對於因期貨交易而發生之民事責任並未作進一步規範，或謂留待以契約去填補或者回歸民法之適用，但期貨交易契約之設計與開放交易，對民法傳統觀念已產生巨大衝擊，例如對買空賣空禁止之挑戰，同時期貨交易係以權利及債權作為買賣之標的等，為順應此一劃時代的衍生性金融商品交易與理財工具，民法的規定或有不能完全解決與適用之地方，譬如對於消滅時效之規定，期貨交易產生之債權債務關係或侵權行為損害賠償請求權，為求有效解決爭議宜有具體之規定；期貨交易之流程中不乏定型化契約及類似侵權行為存在，其是否有民法相關規定適用之餘地，不無商榷之處，而這些爭議本應以法律訂定為宜，可惜期貨交易法在制定時過於倉促，未能予以明定，因此祇有留待於往後修正時參考或於司法實務運作時依解釋、習慣或法理等加以解決。

PART 3

金融法之現代課題

21
資本的國際移動與外資企業之形成
——臺灣篇*

廖大穎

前言

　　國際間資本移動，這是國際經濟學上一個很大的議題。從國際經貿往來活動的實務觀察，舉凡國際間的直接投資、證券買賣，乃至於透過銀行間的相互借貸等等商業行為，諸多跨國間長期性、短期性的資金移動現象，均屬之。針對如此龐大又複雜的問題，本論文僅就公司法的觀點，即商業組織的範圍為核心，探討國際間資本移動所引發的公司法議題，尤其是企業併購的商業行為，在臺灣、在日本，甚至在其他國家，在經貿國際化、全球化的前提下，全世界各國似乎無法避免的經貿議題。

　　因此，今天就以臺灣面臨國際資金移動的法律議題上，報告我國在企業併購法制設計的因然面與企業運作的應然面，讓與席的諸位各國嘉賓，掌握臺灣財經法制的實務現況。

壹、外國公司與外資企業

　　外資企業，或稱外資公司者，並非公司法上的專有名詞，而僅屬社會

---

* 本文係2018年3月17日作者受邀參加日本東京2018年度國際經貿法學會（The Japanese Association of International Business Law，国際取引法学会）的年會報告之一，並蒙該學會一橋大學阿部博友教授、獨協大學高橋均教授的提點，受益良多。

上的泛稱，這意指在我國境內，由外國人或外國法人出資的公司。這「外國人出資的公司」，法律上並非必然是「外國公司」，反而多屬本國公司之謂。這「外國公司」的概念，乃公司法上的專有名詞；易言之，外國公司即「謂以營利為目的，依照外國法律組織登記，……在中華民國境內營業之公司」（公司法第4條）。因此，外國公司依外國法律組織登記之公司，相對於公司法第1條「依本法（筆者按：臺灣公司法）組織、登記、成立……者」，不屬外國公司之範疇學理上，稱為內國公司，即社會通念的「本國公司」[1]。就此公司法所定本國公司、外國公司之別，其簡單的認定在於準據法，本國公司依我國法組織、設立、登記者，具有本國籍，而外國公司之所以不具本國籍者，乃因外國公司依外國法組織、登記，在我國境內營業之公司，俗稱「外商」。

外國公司之依外國法組織、登記、成立構成元素與本國公司間，這是法律上的國籍歸屬的議題，其概念不同於外資公司；簡言之，外資企業或外資公司，即由外國人或外國法人出資者，這乃屬「國際資本移動」定義下的概念。通念上，外國公司多屬外國人或外國法人出資者，這雖是常態，但內國公司亦不乏外國人或外國法人出資，即本國公司之股份結構，屬外國人或外國法人跨境之國際資本移動；反之，內國公司多屬本國人或本國法人出資，而外國公司亦如上，亦不乏本國人或本國法人跨境出資之國際資本移動現象[2]。

---

[1] 相對於日本公司法第2條第2款的外國公司，定義上亦採行準據主義，請參閱河村博文，商法外国会社規定の逐條解説，載：国際会社法論集，頁55，2002年。注釋書部分，例如江頭憲治郎、森本滋編輯代表，会社法コンメンタール—總則／設立(1)，頁24，2008年；酒巻俊雄、龍田節編輯代表，逐条解説会社法(1)—總則設立，頁40，2008年。

[2] 龍田節，国際化と企業組織，載：現代企業法講座(2)—企業組織，頁26，1985年。

貳、國際間資金移動與臺灣法制

　　承上所述，相關國際間資金的移動，各國政府基於平等互惠之原則，本國提供外國資金跨國進出的管道，但各國對資金跨國進出的移動管制，亦不盡然相同；就此，以臺灣為例，我國政府對跨國資金移動的管制，尤其是來臺投資的外國人或外國法人部分，其重點不在公司法，而是經濟部所轄的外國人投資條例。在民國43年所頒布的外國人投資條例（本文簡稱外投），經歷年數次修正，最新規定係民國86年修正的版本，明訂外國人來臺相關投資、保障、限制及處理，均依本條例之規定[3]。另，相對於本國人的對外投資部分，我國政府亦有相關的管制規範，依相關事業各主管機關之不同，例如經濟部的公司投資國外管理辦法與審議程序外，尚有證券管理機關有關買賣外國有價證券管理規則等等。

一、形式管制的外國人投資

　　外國人投資條例所稱的外國人投資，指持有臺灣公司的股份或出資額，或在臺灣境內設立分公司、獨資或合夥事業，甚至是對上述投資事業提供一年期以上的貸款，均屬之（外投第4條）。

　　目前在程序上，外國人來臺投資應填具投資申請書，並檢附投資計畫及有關證件，向主管機關經濟部，申請核准程序（外投第8條第1項）外，針對下列事業，外國人投資條例明訂外國人禁止投資：（一）對國家安全、公共秩序、善良風俗或國民健康有不利影響之事業；（二）法律禁止投資之事業（外投第7條第1項）；至於外國人如申請投資的對象於法律或基於法律授權訂定行政命令所限制之投資事業，依規定應取得目前事業所屬主管機關之許可或同意，始得為之（外投第7條第2項）。因此，相關外國人投資禁止或投資限制之事業別，外國人投資條例第7條第3項明訂授權行政院訂之，並定期檢討；如下表1，乃民國102年最新版〈僑外投資負面

---

[3] 外國人投資條例，立法院法律系統https://lis.ly.gov.tw。另，外國人之華僑身分者，依華僑回國投資條例規定，適用相關回國投資的鼓勵、保障及處理。

表列——禁止及限制僑外人投資業別項目〉，請參閱附件資料2。

另，依外國人投資條例第8條第4項明文「投資人投資證券之管理辦法，由行政院定之」，此即華僑及外國人投資證券管理辦法，特別規範僑外資與有價證券投資部分。

二、外國人投資申請之核定

承上，外國人來台投資之申請，外國人投資條例第8條第3項明訂「主管機關對於申請投資案件，應於其申請手續完備後一個月內核定之；牽涉到其他相關目的事業主管機關權限者，應於二個月內核定之。」此即經濟部投資審理委員會，為促進國內經濟發展，吸引華僑及外國人投資由經濟部所成立負責僑外投資、技術合作即對外投資之審核業務（外投第2條第2項）[4]。

參、資金移動的M&A

相關企業併購與外國資金來臺的議題，除依外國投資條例申請核准之程序外，其餘均悉公司法、企業併購法及證券交易法之規定，完成外國公司企業併購之目的：

一、形式規範

（一）公司法[5]與企業併購法[6]之併購方式

1. 合併：包括吸收合併、新設合併之類型，企業併購法提供存續公

---

[4] 經濟部投資審議委員會議，委員分別是國安局、行政院所屬的內政部、外交部、國防部、財政部、經濟部、交通部、勞動部、衛福部、文化部、科技部、國發會、陸委會、金管會、僑委會、審查各部會及環保署、中央銀行各機關副首長及台北、高雄市政府經濟發展局長等組成。

[5] 公司法制訂於民國18年12月7日，民國20年7月正式施行，民國104年6月15日最新修正，民國104年7月施行。相關資料，請參閱立法院法律系統https://lis.ly.gov.tw/。

[6] 企業併購法制訂於民國91年1月15日，民國91年2月正式施行，民國104年6月15日

司或新設公司得以現金、存續公司或新設公司之股份或其他公司股份、或其他財產做為對價。

2. 收購：包括營業或財產的資產收購及股份收購之類型，企業併購法亦允許公司取得他公司之股份、營業或財產，以股份、現金或其他財產做為對價。至於股份交換的併購方式，不僅公司法明文公司間的股份交換類型外，企業併購法亦承認形塑完全親子公司的股份轉換制度。

3. 分割：包括吸收分割、新設分割之類型，企業併購法提供公司得將其獨立營運之一部或全部的營業讓與給他公司，做為他公司發行新股之對價。

(二) 證券交易法[7]之併購方式

在交易所進行集中市場買賣有價證券外，另亦依證券交易制度之拍賣、標購及盤後鉅額交易，取得有價證券，且證券交易法的公開收購股權（TOB）與私募（private placement），均屬於外國人資金來台，完成企業併購目的之手法。

二、實質決定—外國人投資事業與市場壟斷

對外國人投資事業的限制，如涉及國家安全、公序良俗或國民健康有不利影響之事業及其他法律明文禁止投資的事業外，公平交易法亦針對企業併購與因此的市場占有率達一定比值部分，明定事前向公平交易委員會提出申請之義務[8]。此即，民國91年3月6日公壹字第0910001985號函，針

最新修正，民國104年7月施行。相關資料，請參閱立法院法律系統https://lis.ly.gov.tw/。

[7] 證券交易法制訂於民國57年4月16日，民國57年4月正式施行，民國105年11月18日最新修正，民國105年12月施行。相關資料，請參閱立法院法律系統https://lis.ly.gov.tw/。

[8] 依公平交易法第11條之規定，有下列情形之一者，應向公平會提出申請，事業因結合使其市場占有率達三分之一以上者參與結合之一事業，其市場占有率達四分之一以上者參與結合之一事業，其上一會計年度之銷售金額，超過公平會公告之金額者。

對經濟部於受理依「華僑回國投資條例」第8條及「外國人投資條例」第8條之專案合併案時，依公平交易委員會與經濟部之協調結論⋯⋯請加列公司合併如有公平交易法第11條第1項第1至第3款情事之一者，應依規定先向公平交易委員會提出申報。

肆、案例介紹—凱雷私募基金與日月光收購案

一、轟動一時的合意併購

　　這是10年前的一樁企業併購案。2006年秋國際私募基金凱雷集團（Carlyle Group）傳出將收購全球排名第一大半導體封裝測試廠日月光半導體股份有限公司（以下簡稱日月光）的訊息，震撼了臺北的金融圈。就此併購案的序幕，乃日月光財務副總經理在11月24日的記者會上，公開宣布凱雷集團將以每股新臺幣39元價格，公開收購日月光全部流通在外的股份，而日月光亦將儘速召開董事會，評估凱雷集團提出的股權收購案。雖然本案終因價格談不攏，凱雷集團收購日月光破局[9]，但國內電子廠近來購併案頻傳，尤其是對被視為市場上晶片封測龍頭的日月光而言，其所凸顯出的問題與意義，當然格外不同，特別是這起堪稱臺灣史上最大併購案，據稱總金額高達1791億元（新臺幣），在此同時，國內的新聞報導亦指出「市場認為日月光被收購以後下市，成為外商公司，將可以跳脫政府法令限制，光明正大的前進（中國）大陸市場，並且尋求在香港掛牌」之謂[10]。

---

[9] 民國96年4月18日「價格談不攏，凱雷收購日月光破局」自由時報，http://news.ltn.com.tw/news/business/paper/125879，民國96年4月18日「凱雷收購破局，日月光拒賤賣」蘋果日報，https://tw.appledaily.com/headline/daily/20070418/23404603。The Carlyle Group官方網頁，請參閱https://www.carlyle.com/。

[10] 民國95年11月25日「臺灣史上最大併購案，外資凱雷收購日月光」大紀元，http://www.epochtimes.com/b5/6/11/25/n1533981.htm。

(一)併購當事人雙方的需求

就凱雷購併日月光事件而言，這對臺灣的資本市場與投資環境，究竟是一項利多，還是一大利空？各種看法，有認為凱雷之所以要購併日月光，確實是因為他們肯定臺灣的科技能力與條件，也可藉由與臺灣業者的合作，轉進中國大陸。當然，亦有認為這對日月光言之，他們所需要凱雷的資金外，日月光也希望藉此有市場，以提升公司的發展與強化國際競爭力，這似乎是臺灣企業所面臨的宿命。因此，這合併案，雖是雙方各取所需的賽局，但面臨同樣的困境，這是國內高科技產業無可奈何的選擇，尤其是在政府遲遲不能鬆綁登陸投資限制，企業是否藉由外資轉進中國大陸市場；再者，亦有認為若從另一角度觀之，這似乎何嘗不是外資對臺灣企業的期待，即政府如能鬆綁兩岸政策，外資根留臺灣的可能性。就此，論者亦期許政府思考「如何屏除政黨（筆者註：對中政策的）包袱，把企業接連出走（筆者註：臺灣）的危機化為轉機，從政策實質面尋求解套，讓合併案成為持續的利多，而不是變成無法挽回的一連串利空[11]。」

(二)併購的法律布局

就一般企業併購的效益與期待，當然面臨法規及稅務面的規劃考量；因此，當時新聞媒體亦有所報導這件臺灣境內最鉅額、最具代表性的併購案發展，推測凱雷私募基金，如何跨國併購日月光？又如何規劃併購的資金運用與稅務成本，而於企業整併後取得最高的獲利？例如民國95年11月下旬經濟日報所載凱雷併購日月光一案與當時金管會立委於立法院的答詢，即「金管會主委施俊吉於立委質詢時（，）並透露……未來凱雷基金可能將會在臺灣成立子公司，逐步將日月光吸收合併，子公司仍叫日月光，還是臺灣的公司，受臺灣法律規範，但因為目前都還沒向經濟部投審會申請，也未正式公開收購，還不確定……[12]」；的確，藉由操作類似三

---

[11] 許志煌「投資銀行對凱雷投資日月光這件併購案的評論」臺灣新生報報導，https://tw.answers.yahoo.com/question/index?qid=20061219000016KK09086。

[12] 民國95年11月25日「每股39元，凱雷現金收購日月光」經濟日報，民國95年

角合併（triangle merger）的介面平台，這似乎是跨國間進行企業併購的最佳方式之一。

　　當然，外界推測凱雷私募基金與日月光的企業併購模式，同時在創造稅賦效果的綜合考量下，凱雷或許宜選擇與臺灣互簽租稅協定的國家，先成立控股的母公司後，再於臺灣成立子公司，由在臺子公司完成併購日月光的第一階段，在日月光併入在臺子公司後，再由控股的母公司與在臺子公司間的簡易合併，使日月光在公司形態上，搖身一變，從本國公司成為外國公司，這種公司型態的法律身分轉換[13]，讓原本受制於臺灣政府轉投資（中國）大陸政策（限於淨值40%的內國公司，因身分轉變為外國公司之緣故，得以突破[14]；其次，又因與臺灣間存在的租稅協定，在臺子公司的股利所得，匯回該國母公司時，亦享有賦稅上之優惠。甚且，財政部亦明確指出私募基金來臺投資的企業併購，操作方式相當多，但因我國稅制規範確有不及之處，不諱言……若藉由向銀行舉債進行所謂的融資收購（LBO），在施作將債權、債務移轉的過程，可產生投資與被投資雙方均享有「避稅」的效果[15]。

二、意外破局的國際併購案

（一）雙方互補的合意併購

　　當時我國半導體IC設計代工從與歷史資料觀察，日月光在民國95年的營業額突創立以來1000億新臺幣關卡，依報載這屬日月光最風光的時期，國際客戶占營收比重近5成，但日月光卻欣然接受凱雷私募基金併購

11月27日「日月光效應登陸上限可能加速鬆綁」經濟日報報導，http://city.udn.com/54543/1961136。

[13] 方嘉麟、林進富、樓永堅，凱雷－日月光併購案，載：企業併購個案研究（1），頁473，2006年。

[14] 臺灣地區與大陸地區人民關係條例第35條授權經濟部制定「在大陸地區從事投資或技術合作審查原則」，請參照。

[15] 民國95年11月28日「舉債併購避稅私募基金高招」經濟日報，http://city.udn.com/54543/1965715。

的決定,令人深思其關鍵何在[16]。然,問題的另一核心在於日月光是否蒸發的議題。經併購程序後,日月光不論是納入凱雷私募基金旗下公司的子公司,甚至是臺灣分公司,雖仍實際存在於南臺灣－高雄地區的科技公司之一,但因合併而公司法人格消滅,日月光的原本公司地位與證券市場的微妙變化,不僅日月光被併購後,順理成章是外國公司,在我國境內營業,不適用本國公司西進中國大陸的投資限制,而對日月光的上市股票部分,如前金管會施俊吉所言「日月光的下市,原因與企業投資(中國)大陸不得超過公司淨值40%的限制有關。若……因而導致日月光因美商凱雷基金收購70%以上股權而強迫下市時,就代表2,000億元(新臺幣)的籌碼下市,約占臺灣股市規模的1%,投資人也少了一個封測族群投資標的,……,此恐也將影響外資布局臺股規模」;惟出乎意料,日月光與凱雷私募基金的併購案,於半年後,因「價格談不攏,凱雷收購日月光破局」收場[17]。

(二) 被併購方不考慮下市與破局

2007年春,凱雷私募基金收購日月光一案,突然宣告破局。在本案宣布破局前,日月光董事長接受《天下雜誌》的獨家專訪,而張董事長當時表示「我的出發點是,假如不考慮下市對臺灣整個金融市場的影響,這是一樁好的事情」,同時亦提到日月光與臺灣證券市場的立場,「唯一的缺

---

[16] 依中央社民國95年11月25日所報導「日月光董事長張虔生也已經同意在一定條件下,將名下所有日月光股權轉換為凱雷旗下控股公司股權」之謂。方嘉麟、樓永堅,前揭註13,頁466。分析可能促成併購案的動機:(一)政府對(中國)大陸投資限制之政策,削弱日月光在產業之競爭力;(二)訂單流失,且競爭者加速擴充;(三)在半導體產業鏈中,封測屬於勞力密集產業,於(中國)大陸設廠可減省成本;(四)臺灣上市企業本益比偏低等諸多因素,讓凱雷私募基金塊海來臺灣併購日月光一案,一拍即合。

[17] 民國96年4月18日「價格談不攏,凱雷收購日月光破局」自由時報,http://news.ltn.com.tw/news/business/paper/125879。經濟部82年3月1日經(82)投審字第06817號令發布施行在大陸地區從事投資或技術合作審查原則,民國95年當時相關投資中國大陸的限額規定:……參、投資人對大陸投資累計金額不得超過主管機關所定投資金額或比例上限(如附表)。

陷是要下市，這是臺灣政府心裡不樂於見到。所以他們（筆者註：證券主
管機關）一直希望我們能再恢復上市，這是一個問題的癥結」；當然，最
後破局的關鍵是在商言商的價格問題，收購價格無法讓雙方滿意。

　　就此，張董事長亦不諱言表示「雖在凱雷與日月光談判後，對方只願
意在原先39元的收購價上，再添五毛成為39.5元，與國內第二大封測廠矽
品現在70元左右的股價相較，低出許多。……但更重要的問題癥結，在於
日月光下市的問題，這收購案告吹，日月光不用下市，主管機關可鬆一口
氣，……然「凱雷也買了我們上游的公司，像摩托羅拉、飛思卡爾、飛利
浦等等，他在半導體已經形成蠻大的影響力，有他的協助，我在生意面各
方面都還蠻好的，管理面也是他來支持我，讓我管理面不受影響，還更穩
定。……唯一的缺陷是我在股票市場變成要下市，對臺灣會造成影響，這
是臺灣政府心裡不樂於見到的，所以他們一直希望我們能再恢復上市，這
是問題的癥結。……我的出發點是假如不考慮下市對臺灣整個金融市場造
成的影響，這是一樁好的事情，假如下市對臺灣市場有造成一些影響，我

類別		淨值或合併淨值	對大陸投資累計金額或比例上限
（一）個人及中小企業			八千萬元
（二）實收資本額逾新臺幣八千萬元之企業		五十億元以下者	淨值或合併淨值之百分之四十或八千萬元（較高者）
		逾五十億元，一百億元以下者	五十億元部分適用百分之四十，逾五十億元部分適用百分之三十
		逾一百億元者	五十億元部分適用百分之四十，五十億元以上未逾一百億元部分適用百分之三十，逾一百億元部分適用百分之二十

惟上述現行規定，依經濟部97年8月29日經審字第09704604680號令最新修正，相關
投資中國大陸的限額：……參、投資人對大陸投資累計金額不得超過下列投資金額
或比例上限。但經經濟部工業局核發符合營運總部營運範圍證明文件之企業或跨國
企業在臺子公司，不在此限：一、個人：每年五百萬美元。二、中小企業：新臺幣
八千萬元，或淨值或合併淨值之百分之六十，其較高者。三、其他企業：淨值或合
併淨值之百分之六十，其較高者。

也不樂見。……整體來講，這（筆者按：國際間企業併購）是一個世界的
大趨勢，只是這個世界級的趨勢對臺灣的衝擊會不會太大？開始，我是想
的比較單純，我們一個小公司。……可是，我還是覺得臺灣應該要開放，
不要怕，其實愈放開來，臺灣才走得出去」[18]。

伍、代結語

　　國際間的資金移動是國際經貿往來的自然現象之一，在全球化的時
代，跨國投資與跨國企業的形成，似乎更是一種時勢所趨，擋也擋不掉；
惟這趨勢也正是臺灣與中國大陸間，經貿往來的一種寫照。若再加上戰後
臺灣與中國大陸間，特殊的歷史關係——政治因素的敵對關係，一個13億
人口、具有磁吸效應的大國與周邊僅人口2000萬的小國，其經貿發展與存
續，基於「戒急用忍」的（中國）大陸政策，讓我國企業投資中國大陸市
場，採相對保守的態度。這是不爭的事實，但這似已非法律問題、亦非經
濟問題，而是政治的議題。當然，如日月光執行長於事後接受採訪的凱雷
併購日月光案，張董事長雖證實價格是這次併購案成敗的關鍵，但也不難
發現對中政策的枷鎖、下市併購所衍生的政治議題，似乎是不可承受的壓
力，相關主管機關的官員頻頻在國會殿堂之備受垂詢，併與不併？政治效
益似乎凌駕了理性的商業活動與法律規範。

　　今日，就公司法與國際資本移動的議題而言，這凱雷私募基金與日月
光的個案，不難理解，這在全球化的市場趨勢下，私募基金將其產業整併
的版圖拓寬到世界各角落，雖私募基金所追求的是經濟上獲利，但不置可
否，如論者指摘，產業整併是一個自然且持續性的發展過程，且可因幾個
因素的匯集而加速進行，尤其是在中小型企業為主的市場，策略上為減少
市場參與者，產業整併往往也就變得不可避免。然，問題在於日月光已是

---

[18] 日月光董事長張○生2011年4月接受新聞採訪時的內容，請參閱「日月光，破局之後
的新佈局」天下雜誌，第370期，https://www.cw.com.tw/。

半導體產業的龍頭廠商，為何還願意成為被整併的對象，除上述的特殊條
件，私募基金所選取的投資標的通常是在國際產業價值鏈的關鍵性公司，
並具備規模大、營運穩健，及該企業短期無法獲致新的成長契機，這如日
月光即屬之；簡言之，在國際產業整併，居半導體產業價值鏈重要一環，
但又急需布局全球的日月光，自然而然，變成產業整併的對象，似乎也是
見怪不怪。惟在國際間企業併購的議題，影響所及的，當然衝擊到一國的
資本市場，激起一圈又一圈的漣漪，多元、雜化、富變化的劇本，引人入
勝。

　　惟令人側目的是在凱雷併購日月光事件5年後，即2011年我國亦爆發
美國私募基金KKR（Kohlberg Kravis Roberts & Co. L.P.）跨海收購國巨電
子案，也是轟動一時[19]；簡言之，國巨電子董事長與KKR共同成立遨睿投
資公司，再藉由遨睿收購國巨股權一案，這表面上是一件典型的經營階層
收購案，但卻撼動證券市場的主管機關，同時預留修改企業併購法的「下
市收購」個案素材[20]。

---

[19] 劉俞青、林宏文、賴筱凡，開陳泰銘將國巨下市內幕／大老闆的野蠻金錢遊戲，今
周刊747期，http://www.businesstoday.com.tw/，民國100年6月23日「遨睿收購國巨案
破局」自由時報，http://news.ltn.com.tw/news/business/paper/502905。Kohlberg Kravis
Roberts & Co. L.P.官方網頁，請參閱http://www.kkr.com/。

[20] 民國104年企業併購法部分條文修正草案與說明，請參閱立法院公報，第104卷第54
期，頁166。

《資料1》外國人來台投資

一、外國人投資型態

外國人至臺灣投資可分為設立獨立公司、成立分公司或投資現有公司股份，若僅為調查、研究臺灣市場不涉及營業活動，可成立辦事處。

外國人投資型態比較

項目	分公司	有限公司／股份有限公司	辦事處
目的	營業活動	營業活動	調查、研究臺灣市場或聯絡處。不得涉及營業活動
股東人數	在海外設有公司	有限公司—1人以上股東／股份有限公司—2人以上自然人股東或1人以上政府、法人股東	在海外設有公司
人員需求	代表人、經理人（可兼任）	有限公司—董事1-3人／股份有限公司—董事3人、監察人1人以上	1位代表人
法人資格	無	有	無
法律責任	由總公司承擔	以出資額或股份為限	由總公司承擔
資本額	無最低需求	無最低需求	不適用
所得稅	公司為獨立個體，稅務獨立，每年5月申報，稅率為17%	同左	不適用
營業稅	一般加值型營業人為5% 特種飲食業為15%或25%	同左	不適用
未分配盈餘加徵稅額	無	10%	不適用
股利分配稅額	無	20%	不適用

項目	分公司	有限公司／股份有限公司	辦事處
員工薪資	核實認定	核實認定	核實認定
借款利息	公司向股東借款所支付的利息在不超過財政部規定的利率標準內可以核實認定	同左	不適用
投資收益免稅	公司組織之營利事業投資於國內其他營利事業，所獲配之股利淨額或盈餘淨額，不計入所得額課稅，其可扣抵稅額，應依第66-3條規定，計入其股東可扣抵稅額帳戶餘額	同左	不適用
盈虧互抵	公司符合所得稅法第39條但書規定要件者，得將其經稽徵機關核定之前10年虧損，自本年純益額中扣除，減輕有盈餘年度之稅負	同左	不適用
租稅獎勵	符合各項租稅獎勵要件之公司，可申請租稅抵減	無租稅獎勵	不適用
購置財產	可	可	不可
年度之所得稅結算申報	需要	需要	不需要
各類所得之扣繳及申報	需要	需要	需要
帳簿之維持及記錄	需要	需要	不需要

二、外國人投資現有公司

外國人投資現有公司可分為投資上市櫃或興櫃股票及未上市櫃股票兩種。外國人若投資上市、櫃或興櫃公司股票，單次投資取得投資事業未達10%股權，應依據「華僑及外國人投資證券管理辦法」辦理；如單次投資取得投資事業10%以上股權，應依據「外國人投資條例」規定辦理。投資人依身分別可分為個人或法人及是否在臺居留或在臺灣是否設有據點。

投資標的區分

上市櫃或興櫃＞10%未上市櫃	上市櫃或興櫃＜10%
外國人投資條例	華僑及外國人投資證券管理辦法

投資人所在地區分

地區	境外	境內
法人	在其他國家有登記之公司、組織或團體	在臺灣境內設有分支機構或據點之外國法人
個人	滿20歲以上之成年人	取得臺灣居留權且滿20歲以上之外國人
代理人身份	稅務代理人	投資代理人

資料來源：亞洲會計師事務所，http://www.asiaone.tw/foreigner.html。

《資料2》僑外投資負面表列─禁止及限制僑外人投資業別項目

民國102年6月17日院臺經字第1020033527號令最新修正

一、禁止僑外人投資業別

中類編號	中類業別	細類業別	項目	目的事業主管機關	備註
18	化學材料製造業	1810 基本化學材料製造業	軍用之硝化甘油製造（屬供火炸藥柱涉及公共安全等硝化甘油者）	國防部	
			水銀法鹼氯	經濟部	國民待遇
			聯合國禁止化學武器公約列管化學物質甲類化學品者	經濟部國防部	國民待遇
			CFC、海龍、三氯乙烷、四氯化碳	行政院環境保護署	國民待遇
19	化學製品製造業	1990 其他化學製品製造業	軍用之火藥引信、導火劑、雷汞	國防部	

中類編號	中類業別	細類業別	項目	目的事業主管機關	備註
24	基本金屬製造業	2499 未分類其他基本金屬製造業	金屬鎘冶煉工業	經濟部	國民待遇
29	機械設備製造業	2939 其他通用機械設備製造業	軍用之火器、武器製造、槍械修理、彈藥、射控（不含軍用航空器）	國防部	
49	陸上運輸業	4931 公共汽車客運業	含市區汽車客運、公路汽車客運	交通部	華僑不禁止
		4932 計程車客運業			
		4939 其他汽車客運業	遊覽車客運業		
54	郵政及快遞業	5410 郵政業		交通部	國民待遇
60	傳播及節目播送業	6010 廣播業	無線廣播業 無線電視業	國家通訊傳播委員會	
		6021 電視傳播業			
		6022 有線及其他付費節目播送業			
64	金融中介業	6415 郵政儲金匯兌業		交通部 金融監督管理委員會	國民待遇
69	法律及會計服務業	6919 其他法律服務業	民間公證人服務	司法院	華僑不禁止
93	運動、娛樂及休閒服務業	9323 特殊娛樂業		經濟部	

資料來源：經濟部投資審議委員會，https://www.moeaic.gov.tw/chinese/index.jsp。

二、限制僑外人投資業別

中類編號	中類業別	細類業別	項目	目的事業主管機關	備註
01	農、牧業	0111 稻作栽培業		行政院農業委員會	
		0112 雜糧栽培業		行政院農業委員會	
		0113 特用作物栽培業		行政院農業委員會	
		0114 蔬菜栽培業		行政院農業委員會	
		0116 食用菌菇類栽培業		行政院農業委員會	
		0119 其他農作物栽培業		行政院農業委員食	
		0121 牛飼育業		行政院農業委員會	
		0122 豬飼育業	種豬飼育	行政院農業委員會	
		0123 雞飼育業	種雞飼育	行政院農業委員會	
		0124 鴨飼育業	種鴨飼育	行政院農業委員會	
		0129 其他畜牧業		行政院農業委員會	
02	林業			行政院農業委員會	華僑不受限制
03	漁業			行政院農業委員會	
10	菸草製造業			財政部	國民待遇

中類編號	中類業別	細類業別	項目	目的事業主管機關	備註
18	化學材料製造業	1810 基本化學材料製造業	硝化甘油製造（不屬供火炸藥柱涉及公共安全等硝化甘油者）	國防部	
27	電腦、電子產品及光學製品製造業		軍事儀器設備	國防部	
31	其他運輸工具及其零件製造業	3190 未分類其他運輸工具及其零件製造業	軍用航空器製造、修配	國防部 經濟部	
33	其他製造業	3399 其他未分類製造業	象牙加工	農委會	國民待遇
35	電力及燃氣供應業	3510 電力供應業	輸電業、配電業	經濟部	
		3520 氣體燃料供應業	導管供應氣體燃料業	經濟部	
36	用水供應業	3600 用水供應業	自來水事業	經濟部	
50	水上運輸業	5010 海洋水運業	船舶運送、船舶出租	交通部	華僑不受限制
		5020 內河及湖泊水運業			
51	航空運輸業	5100 航空運輸業		交通部	華僑不受限制
52	運輸輔助業	5260 航空運輸輔助業	航空站地勤、空廚業者	交通部	一、華僑不受限制 二、因條約或協定另有規定者不受限制。

中類編號	中類業別	細類業別	項目	目的事業主管機關	備註
60	傳播及節目播送業	6010 廣播業	有線廣播電視系統經營、衛星廣播電視事業	國家通訊傳播委員會	
		6021 電視傳播業			
		6022 有線及其他付費節目播送業			
61	電信業	6100 電信業	第一類電信事業	國家通訊傳播委員會	
69	法律及會計服務業	6912 地政士事務服務業	土地登記專業代理服務	內政部	

備註：1.社會保險業、學校、醫院等性質爲公益法人，非營利事業，爰不列入僑外投資負面表列。

　　　2.本表行業分類方式係依據行政院一百年三月一日實施之「中華民國行業標準分類（第九次修訂）」。

資料來源：經濟部投資審議委員會，https://www.moeaic.gov.tw/chinese/index.jsp。

22
監理科技之發展、解決方案及其應用

施建州

壹、前言

網路經濟的活絡，讓電子商務蓬勃發展，科技對金融服務的影響，來自於行動通訊、社群媒體、雲端服務、大數據分析等服務在內的多個面向，金融科技改變了原本金融服務的商業經營模式，帶來突破性的創新。由於行動裝置及感測器技術發展迅速，加上物聯網金融應用日益增加，使得金融活動及交易更加便利，帶動消費行為的改變，資本市場、銀行及保險業正在劇烈變動。而網路科技的日新月異，傳統金融機構面臨非金融業者之激烈競爭，例如：亞馬遜、大陸阿里巴巴、大陸眾安保險等業者透過網路或行動電話提供消費者金融服務，並且將服務帶到傳統金融機構無法普及的角落。如此劇烈的變化，帶給主管機關極大的挑戰，除了必須開始了解科技發展情況外，也需要認知既有的監理架構已難以因應這些改變[1]。

就此以言，金融科技性質上是一種「破壞式創新」（disruptive innovation），此固然提供不同客層消費者新的選擇並促進競爭，但其對既存的監理法規卻產生挑戰。破壞式創新而開發出的產品、科技或商業模式，可能屬於某一政府機關應該管轄的範圍，但該機關依現有的監督管理法規架構，卻未必可以無礙適用於破壞式創新的商品、服務或商業模式上，以致該機關依據既存的監理法規，難以對破壞式創新加以有效的監督管理。於此狀況之下，究竟主管機關應以何種方式進行監理，方能在法規

---

[1] 參閱張宜眞，出席APEC金融監理人員訓練倡議—金融科技在資本市場之應用：以市場為基礎的金融發展與金融包容性之新生態圈研討會出國報告，頁4，2016年10月。

秩序與破壞式創新所表彰的「普惠金融」（financial inclusion）間取得平衡，誠屬非常需要探究的問題。確切而論，在金融科技的發展上，應同時兼顧「鼓勵金融創新」、「穩定既有金融體系」、「增進金融資源的普及性及公平性」等多重監理目的之平衡，如何在金融業與金融科技新創業間建立一個正向且特殊的「互動共生」模式，結合二者間的能量與優點，共同推動並實踐典範移轉與金融服務轉型[2]，目前在先進國家已有明確方向產生並與日俱進。

若由破壞式創新的金融監理角度而言，英國、新加坡、澳洲等國家是採取結合協作式（collaborative）與迭代創新式（iterative）的監理途徑，在一個風險規模已受相當程度控制的半監管真空市場環境下，讓業者盡情測試創新的產品、服務乃至於商業模式，並與監管者高度互動、密切協作，共同解決在測試過程中所發現或產生的監理與法制面議題。這樣的過程可以稱之為「監理沙盒」（Regulatory Sandbox）[3]。但是相對於此，若由傳統監理角度而言，在一個發展迅速與隨時進化的數位環境中，監理機關應採取何種方式，使其在依其職掌創構大量新形態規範的情況下，能隨時掌握市場動向、回應並即時監控金融市場的各種行為，亦屬重要問題，此即所謂「監理科技」（或譯「法遵科技」，Regtech）的發展問題。本文認為未來金融監理的發展方向，將是此二元概念的角力或是推移，因此以此為問題認知之基礎，進行以下的討論。

貳、金融科技監理架構的類型

面對金融科技的發展趨勢，各國政府目前正積極調整監理策略，與時

---

[2] 參閱臧正運，「形塑全球金融科技監理標準的關鍵語彙」，風傳媒，http://www.storm.mg/article/165779，最後瀏覽日：2018年10月28日。

[3] 參閱臧正運，「FinTech在臺灣創新與監理的平衡思維」，天下雜誌獨立評論，http://opinion.cw.com.tw/blog/profile/52/article/3762，最後瀏覽日：2018年10月28日。

俱進地摸索出適應本國金融科技發展的監理方式。主要有三大類[4]：

第一類，以美國為代表的限制性監理（Restricted Regulation）：美國的人才優勢和優越的資本環境，形成了以技術創新為主要驅動力的金融科技業態。針對此種特性，美國採用功能性監理，即不論金融科技以何種形態出現，抓住金融科技的金融本質，將金融科技所涉及的金融業務，按照其功能納入現有金融監理體系。例如2012年時，歐巴馬總統簽署《創業企業融資法案》（Jumpstart Our Business Startups Act，簡稱「JOBS法案」），填補了美國股權與債權群眾籌資的監理空白。其中最典型的案例為LendingClub，在2008年金融海嘯後尚無明確法律規範可資遵循，但於「JOBS法案」後，有關P2P之監理規範問題，因涉及資產證券化，目前已明確將此部分之業務歸屬於SEC掌管。這種監理的有效性，取決於現有監理體系的成熟度。美國金融體系歷史悠久，經歷百年來多次金融風暴的洗禮，金融法規和監理相對成熟，有豐富的經驗。對於現有法律法規無法覆蓋到的金融科技新領域，政府也能及時適當調整立法。總體以言，美國對金融科技監理是相對比較嚴格的，監理以穩定為主。對於具有強大的創新力的美國金融科技，適當偏嚴的監理有利於平衡發展。

第二類，以英國、澳洲、新加坡及香港為代表的主動型監理（Active Regulation）：有別於美國，這類國家共同特點是沒有技術和市場的優勢，但是金融體系成熟，有完善的徵信體系，金融人才較為專業，資訊基礎雄厚等等。為了發展金融科技，發揮後發優勢，這些國家或者地區的政府挺身而出成為主導力量。以現況而論，英國的倫敦及新加坡均致力於打造世界金融中心，因此在監理金融科技上不斷推陳出新。其中最有代表性者為英國。英國金融業務監理局（Financial Conduct Authority, FCA）開展了一項金融「創新工程」（Project Innovate），旨在促進金融創新，並於2015年11月開創性提出對金融科技實施「監理沙盒」（Regulatory Sandbox）計畫，籌劃6個月後，正式於2016年5月推出。再者，新加坡金融管理局（Monetary Authority of Singapore, MAS）也在研究英國FCA的計

[4] 參閱蔡凱龍，「各國是如何監管金融科技的？」，https://kknews.cc/finance/5mg6x32.html，最後瀏覽日：2018年10月28日。

畫後，於2016年6月推出新加坡版的監理沙盒。澳大利亞聯邦政府、香港及我國目前也躍躍欲試，正在積極籌備各自版本的監理沙盒，緊追英國和新加坡。監理沙盒本質上就是一個金融科技的監理試驗區，其原理是由主管機構專責創造出一個隔離的安全試驗區（safe harbor）。在這個試驗區內，放寬監理條件，降低准入門檻，激發創新活力，對篩選過的產品，服務和商業模型，進行隔離環境下的檢測和評估，最終投入市場運行。

　　第三類，以中國為代表的被動型監理（Passive Regulation）：與美國及實施「監理沙盒」的國家相反，中國的金融科技以市場和商業模式為驅動。中國的巨大市場需求及未臻完善的金融服務體系，為金融科技的發展提供了廣闊的應用空間。另一方面，中國法律屬於大陸法系，對金融科技的監理依靠成文的法律法規，因此靈活性和時效性相對不足。例如目前行業內詬病的按行業屬性主管部門的監理，不符合金融科技發展需要。而監理的實質成果，都是經過無序的發展試錯後，在各界的壓力下才「迫使」主管機關研議出有效的監理措施或法規，開始有針對性地加強專項監理及行政指導。最明顯者為2015年下半年發生的P2P風險事件，引起社會各界關注。對此，「中國銀行業監督管理委員會」於2016年8月24日頒布《網絡借貸信息中介機構業務活動管理暫行辦法[5]》，就是整頓P2P亂象的重要監理規範。反面言之，此種監理的不成熟性，反而給中國金融科技提供了發展的灰色地帶。再者，目前中國政府鼓勵金融科技創新的整體戰略，監理初期採取較為寬鬆的「黑名單」策略，即採取負面表列方式，明文規定何種情形不得為之，除卻上開規定之外者則容許嘗試創新。實際上，中國的金融科技，自2013年起的三年之內，迅速蓬勃發展，已成為全球金融科技的重要組成部分，在第三方支付及P2P部分的規模已在世界名列前茅，孕育出如「螞蟻金服」、「陸金所」及「京東金融」等大型金融科技公司。總體以言，現行的中國的金融監理處於「摸石頭過河」的探索階段，屬於被動型與相對寬鬆的發展為主的類別。

---

[5]　「網絡借貸信息中介機構業務活動管理暫行辦法」全文，請參照：http://www.miit.gov.cn/n1146295/n1146557/n1146624/c5218617/content.htm，最後瀏覽日：2018年5月12日。

參、金融監理之監理科技（Regtech）

一、監理科技的定義與特質

「監理科技」（RegTech），為Regulation Technology的縮寫，是為了應付目前金融環境所衍生出來的服務。因為現今金融科技（Fintech）的蓬勃發展，企業開始利用科技為金融市場創造更便捷的服務，但由於金融創新可能會與法律牴觸而受罰，監理科技就是解決這個問題而出現的解方。監理科技結合了規章和技術，利用新科技監理市面上的各項服務是否合乎法律。透過監理科技管理快速變動的市場，將原先的監理制度加入技術後，就可以利用監理科技管理各家公司是否合規。監理科技公司可以利用機器學習、人工智慧等科技來管理各金融公司，運用科技來管理資安、交易安全、法令遵循等等問題，並且有助於提升公司透明化[6]。

利用監理科技，監理者可以實時監測業者的營運活動，並且協助業者隨時做到法令遵循。監理科技的導入將大幅降低原先的監理成本以及業者為了要配合法令遵循所產生的成本，故監理科技又稱為「法遵科技」[7]。監理（法遵）科技的應用可望降低各國政府、國際監管單位與全球金融服務業者的監管成本，可謂為金融科技生態系統的關鍵里程碑。監理（法遵）科技同時具有靈活、快速、整合與分析的特性，能迅速且廣泛地蒐集各國監理機制與法規的更新，並針對分析結果自動產生報表。如此，金融業者方可於第一時間因應法規更新、降低營運成本與管控風險。

應說明者是，監理科技並非當下的發明，而是有其歷史的演進過程。本文參考相關文獻，將其發展過程區分為三個階段，並論述不同階段所涉及與衍生的相關問題。

6　參閱【硬塞科技字典】，「什麼是監理科技（Regtech）？」，https://www.inside.com.tw/2018/05/12/what-is-regtech，最後瀏覽日：2018年10月28日。

7　參閱勤業眾信，「金融科技的關鍵下一步—法遵科技」，https://www2.deloitte.com/tw/tc/pages/financial-services/articles/regtech-the-new-fintech.html，最後瀏覽日：2018年10月28日。

二、監理科技的發展過程

（一）Regtech 1.0

　　傳統金融機構特別是大型的全球性銀行是後2008監理科技發展的重要先驅者，此是起源於其等對於能有效處理大量新型與複雜金融監理與法令遵循要求的工具，有強烈之需求所致[8]。由1990年代起，由於監理機關設置高規格的「信賴監管機制」（trust and reliance system）[9]的結果，金融機構開始密集地使用科技來處理風險管理與法令遵循的問題。然而，2008年之全球金融危機全面改變此種典範，之後全世界的監管機關開始進行大範圍與密集的的監理改革，特別是關於法令遵循的部分，此不僅驅使相關資訊科技大幅進化，並且相當程度影響到全球性金融機構對於風險管理與法令遵循問題的態度。為了有效因應此種轉變，此種金融機構發展出全球性中心化的系統（globally centralized system），藉以有效處理此種問題[10]。

　　由金融機構的觀點來看，由1960年代末期至2008年全球金融危機這段時期是持續增長的時期，而在全球金融機構整併時達到最高峰，此現象透過系統性的成長以及更重要地，透過金融機構併購的方式不斷發生，例如1999年時旅行家保險公司（Traveller's）與花旗銀行（Citibank）的整併成為花旗集團（Citigroup）之案例即為適例[11]。當金融機構跨領域或跨部門地擴張其範圍與幅度時，勢必同時亦會遭逢不斷增加的內部運作與金融監理上的挑戰，此導致1990年代與2000年代的風險管理與法令遵循活動

[8] *See* Douglas W. Arner, Janos Barberis, Ross P. Buckley, *Fintech, Regtech and the Reconceptualization of Financial Regulation*, Northwestern Journal of International Law and Business, https://papers.ssrn.com/sol3/papers.cfm?abstract_id=2847806, p. 18.

[9] *See* Douglas W. Arner, Janos Barberis, Ross P. Buckley, *id.*.

[10] *See* EY, Centralized Operations-The Future Of Operating Models For Risk, Control And Compliance Functions (Feb. 2014).

[11] *How 37 Banks in 1990s Became 4 Banks in 2009, Mega Consolidation in US*, LET'S TALK PAYMENTS, https://letstalkpayments.com/37-banks-1999-2009-became-4-banks-today-mega-consolidation/, citing Federal Reserve; GAO.(last visited 2018.10.20)

大幅擴張。由於1980年代起財務金融領域朝財金計量方向不斷更新發展，以及IT產業的興起，這使得金融機構的風險管理相當程度必須仰賴金融科技之運用，始能有效成就其預定效果[12]。在主要的金融機構中，財金計量與IT的整合可反映在財務工程（financial engineering）與風險評估系統〔Value at Risk（VaR）system〕的產生上[13]，這些系統是2008年全球金融危機發生前轉變金融領域的主要因素，但由於其存在著固有瑕疵與太高的不確定性，導致其亦成為金融危機內含的重大風險與金融機構經營失敗的原因[14]。

　　簡單以言，在21世紀初期，金融產業，特別是全球化的金融機構、其經營層與內部人員，包含股東在內，對於財金計量與IT能夠管控系統風險均懷抱過度自信[15]。而監理機關亦同樣對於計量IT結構能夠有效管控風險存在過度自信，例如過度信賴巴賽爾協定（Basel II）中，關於主要全球性金融機構資本一致性（Capital Accord）的內部量化風險管控系統[16]。在此時期，監理機關將金融規範的主要面向外包（outsource）於金融產業的參與者與其內部的風險控制系統。金融產業以及監理機關對於量化的風險管理系統的信賴，可被理解為是監理科技的第一階段（Regtech 1.0）。但很不幸的，在全球金融危機前，二者以此為基礎的合作關係，卻提供了錯誤的安全感與信心感，在全球金融危機後被完全破壞[17]。

---

[12] *See* Douglas W. Arner, Janos Barberis, Ross P. Buckley, *supra note 9*, at 20.

[13] *See* Joe Nocera, *Risk Management-What Led to the Financial Meltdown*, NEW YORK TIMES (Jan. 2, 2009), http://www.nytimes.com/2009/01/04/magazine/04risk-t.html. (last visited 2018.10.20)

[14] *See* Douglas W. Arner, Janos Barberis, Ross P. Buckley, *supra note 9*, at 20.

[15] *See* Andreas Krause, *Exploring the Limitations of Value at Risk: How Good Is It in Practice?*, 4 J. RISK FIN., 19 (2003).

[16] *See* Harald Benink & George Kaufman, *Turmoil Reveals the Inadequacy of Basel II*, FINANCIAL TIMES, (Feb. 28, 2008), https://www.ft.com/content/0e8404a2-e54e-11dc-9334-0000779fd2ac (last visited 2018.10.20)

[17] *See* Douglas W. Arner, Janos Barberis, Ross P. Buckley, *supra note 9*, at 21.

（二）Regtech 2.0

1. 監理科技於金融服務業：2008年全球金融危機的衝擊

截至今日，傳統的金融機構及其風險管理與法令遵循一直是監理科技發展的源頭與市場。由於金融服務業長久以來始終是自動化報告（報表）以及法令遵循工具的主要使用者，自2008年後，不斷增加的監管成本迫使其必須快速轉變為採用數位化以及自動化程序作為符合監管義務的啟動方式（介面）。全球金融危機後，全球性的金融監理方式轉變為複雜、非常零散且不斷進化的特性，監理科技乃因此應蘊而生[18]。依據學者的研究顯示，其具有以下的四大特性[19]：

第一，對於監理機關與被監理者而言，高度遵守此種複雜且冗長的後金融危機規範會導引出可觀的法令遵循與監控成本。以監理機關而言，為實施金融監理，其必須仰賴監理科技以取得更佳的資料報導、整合及分析的詳盡度（granularity）、清晰度（precision）與效度（frequency）[20]。以被監理者而言，法令遵循成本的大幅增加使其必須使用創新科技以有效降低成本負擔（據推估，2015-2016年度的法令遵循成本已超過70億美元）[21]。

第二，於不同市場所呈現的法規零散程度日趨擴大，亦使金融機構必須額外增加一層法令遵循的負擔。即便全球性金融政策制定者致力於推動後金融危機的法規一致性整合與改革，但是不同市場之間針對此種改革所落實的法令及其要件，卻依舊存在著些許或是顯著的差異性。此種法令上

---

[18] *See* Institute of International Finance, Regtech In Financial Services: Technology Solutions For Compliance And Reprting, at 5-8.

[19] *See* Douglas W. Arner, Janos Barberis, Ross P. Buckley, *supra note 9*, at 22-24.

[20] James Eyers, *Welcome to the New World of RegTech*, FINANCIAL REVIEW (June 20, 2016), http://www.afr.com/technology/welcome-to-the-new-world-of-regtech-20160619-gpmj6k (last visited 2018.05.20)

[21] Kate, *A Report on Global RegTech: A $100-Billion Opportunity–Market Overview, Analysis of Incumbents and Startups*, LET'S TALK PAYMENTS (April 18, 2016), https://letstalkpayments.com/a-report-on-global-regtech-a-100-billion-opportunity-market-overview-analysis-of-incumbents-and-startups/ (last visited 2018.05.20)

的重疊性、差異性與矛盾性促使金融機構必須導入監理科技以最佳化其法令遵循管理[22]。

第三，後金融危機的監管地貌（regulatory landscape）具有快速演進的性質，未來的監理規範呈現高度不確定性，此導致金融機構必須額外增加費用以強化其法令遵循的適應程度[23]。使用監理科技或可教授金融機構如何在快速變遷的環境中，透過敏捷性的迭代模型與測試方法（iterative modeling and testing），找到最佳的法令遵循方式[24]。

第四，監理機關本身逐漸有動機去開展監理科技，以確保金融機構有確切回應並遵循相關法令的要求。透過監理科技，監理機關可即時監控市場上之創新商品、複雜的交易型態、操縱市場以及金融機構內部之詐欺行為與風險管理等等事項[25]。

根據西班牙國際銀行BBVA之定義，金融產業的監理科技應致力於：「(1)人工程序的自動化；(2)分析與報告程序步驟的連結性；(3)數據資料品質的提升；(4)數據資料整體視野的創造；(5)開發數據資料自動分析軟體，得於程序中自動判讀數據資料意義並產生有意義的報告，提供於監理機關或做為企業內部訂定關鍵決策或改善決策之參考。」[26]換言之，監理科技體現了以科技方式改善監理程序與相關的法令遵循。除此之外，新型態的科技發展（例如AI人工機器人與機器學習等）也使得新的市場監控或報告程序成為可能。實際上，英國銀行更進一步觀察監理科技的演進，並表示：「企業對應於既有監控方法的限制，例如使用簡單的統計工具偵測不當的交易活動等，再透過使用新科技與新分析方式之後，已有長足的

---

[22] *See* Eleanor Hill, *Is RegTech the Answer to the Rising Cost of Compliance?*, FX-MM (June 13, 2016), http://www.fx-mm.com/50368/fx-mm-magazine/past-issues/june-2016/regtech-rising-cost-compliance/ (last visited 2018.05.20)

[23] *See* Eleanor Hill, id..

[24] *See* Douglas W. Arner, Janos Barberis, Ross P. Buckley, *supra note 9*, at 23.

[25] *See* Hannah Augur, *Regtech: The 2016 Buzzword is Turning Heads*, DATACONOMY (May 3, 2016), http://dataconomy.com/regtech-the-2016-buzzword-is-turning-heads/ (last visited 2018.05.20)

[26] *See* Institute of International Finance, *supra note 19*, at 11-14.

進步……。」[27]

　　監理科技的典型案例包含「反洗錢防制」（anti-money laundering, AML）與「知道你的客戶」（know-your-client, KYC）的監理規範與審慎監理報告與壓力測試之法令遵循等，茲分別說明如下。

2.「反洗錢防制」（AML）與「知道你的客戶」（KYC）

　　1989年時由OECD會員國所召集成立的FATF創建了對付國際洗錢與恐怖分子金融的國際軟性法標準，亦即FATF的四十個建議案，目前已在國際金融體系中被具體落實於大部分會員國的本國法律體系內[28]。由於FATF並無正式的國際條約架構，所以其並無任何國際法上之效力；即使如此，其內容仍具有廣泛的影響性，例如非遵循FATF建議案的主權國家或是金融機構有意進入主要市場如美國或是歐盟等FATF會員國時，將遭逢重大風險。此外，聯合國亦經常主動發布違反或限制之國家、企業及個人的制裁名單[29]。與FATF建議案不同者是，聯合國的制裁名單有正式的國際法基礎與效力。

　　不論是FATF的建議案或是聯合國的制裁，此對於全世界金融機構運作的影響是非常廣泛的，大型金融機構為操作反洗錢防制，通常會在內部設置專責部門處理反洗錢防制的法令遵循，與研究其實際有業務營運之不同國家的制裁機制（例如美國）[30]。

　　即使FATF的四十個建議案具有協調國際規範一致性的功能，其仍有賴於個別法領域本國法律體系的落實。但其結果是，即便標準是共通的，但是個別、不同的法領域落實標準的細節仍有差異；或是個別法領域中，不同的監理機關（例如銀行與證券主管機關）就國際標準落實的細節亦存

---

[27] *See* Institute of International Finance, *supra note 19*, at 14.

[28] FATF, INTERNATIONAL STANDARDS ON COMBATING MONEY LAUNDERING AND THE FINANCING OF TERRORISM & PROLIFERATION: THE FATF RECOMMENDATIONS (Feb. 2012).

[29] UN COUNTER-TERRORISM IMPLEMENTATION TASK FORCE, TACKLING THE FINANCING OF TERRORISM (Oct. 2009).

[30] *See* Douglas W. Arner、Janos Barberis、Ross P. Buckley, *supra note 9*, at 25.

有差異。

由法令遵循的觀點來看，產生以下許多問題：

第一，所有金融機構的客戶以及潛在客戶均應依據反洗錢防制規範之相關要件進行審查，此即所謂的「知道你的客戶」（KYC）。此為一種較審查表面資訊更強化的程序，必須更質化的審查個人身分辨識的基礎資料、收入、資金來源等資訊。對於大型的、具有大量客戶的跨國性金融機構而言，此種吃重的程序通常必須仰仗企業內部的IT、風險管理與法令遵循系統來加以完成[31]。

第二，由於個別法領域的規範要求不同，跨國性金融機構必須以IT系統有效處理：(1)全球性規範要求；(2)個別法領域或市場的特定規範要求；(3)個別法領域或市場中，不同監理機關之規範要求[32]。

第三，在911之後，美國對於其境內的本國金融機構與外國金融機構執行反洗錢防制非常積極，已有為數極多的大型金融機構因違反上開規定，而遭美國聯邦政府或紐約州監理機關開罰鉅額罰金[33]。應注意者是，上開處罰大多以「緩起訴協議」（deferred prosecution agreements）收場，最常見的情形是，該協議會要求金融機構於落實全球性反洗錢防制與制裁之法令遵循時，對於該金融機構的全球分處，均應符合美國法所設定的標準[34]。

第四，反洗錢防制規範的核心面向為通報可疑交易，此種規範包含兩個層面，即主觀要件（例如不平常的帳戶行為等）與客觀要件（例如通報任何超過既定金額的現金交易等）[35]。在大型的金融機構中，傳統以來，此種調查以及通報程序於實際運作上必須依賴人力與IT共同協力始得完成。

---

[31] *See* Institute of International Finance, *supra note 19*, at 10.

[32] *See* Institute of International Finance, id..

[33] *See* Eleanor Hill, *supra note 23*.

[34] *See* Douglas W. Arner, Janos Barberis, Ross P. Buckley, *supra note 9*, at 26.

[35] FATF, ANTI-MONEY LAUNDERING AND TERRORIST FINANCING MEASURES AND FINANCIAL INCLUSION [117]-[120] (June 2011).

　　上開要素的結合意義在於，「反洗錢防制」（AML）與「知道你的客戶」（KYC）已成為監理科技的核心面向，金融機構、IT產業、法令諮詢機構與新創事業等均投入巨額資金研發法令遵循工具[36]。

3. 審慎監理報告與壓力測試

　　如同「反洗錢防制」（AML）與「知道你的客戶」（KYC）法規，審慎監理報告（prudential regulation report）的要求於2008年全球金融危機前，亦為金融監理與法令遵循的要角，其係嵌入於資本與交易的法規之中[37]。其中資本法規是著重於個別金融機構的安全性、資本適足程度、具有清償能力與健全度，交易報告法規則是著重於交易行為本身及處理市場行為問題（特別是操縱市場與內線交易等）[38]。

　　資本法規自1980年代起即已成為跨國性金融監理合作的重要項標，例如Basel I資本協定是在1980年開發中國家爆發債務危機時所發展出來，用以處理國際性金融機構資本適足性不足之問題。此協定於制定時規範內容很簡單，但是於1990年代之後，該協定歷經數次修正而逐漸增加其複雜程度並使其法令遵循成本增加[39]。其中將信貸風險架構擴大及於市場風險的修正，以及認定衍生性金融商品契約餘額交割（netting）或可認定為是形成其後Basel II的重要因素[40]。

　　與反洗錢防制同，審慎監理要求全球性的金融機構應了解、監控及報告其活動的所有面向於其所營運之國家或地區之監理機關。這些要求持續增加，金融機構每日均有數以千計的資料報告於不同法領域的監理機關，此及意謂著金融機構有能力遵循監理機關所要求的形式與頻率產生需要的資料回應於監理機關[41]。此於整體性的部分得以整合並無疑問，但是細節

---

[36] *See* Eleanor Hill, *supra note 23*.

[37] *See* Institute of International Finance, *supra note 19*, at 6-9, 11.

[38] *See* Douglas W. Arner, Janos Barberis, Ross P. Buckley, *supra note 9*, at 27.

[39] *See* Institute of International Finance, *supra note 19*, at 11.

[40] *See* Douglas W. Arner, Janos Barberis, Ross P. Buckley, *supra note 9*, at 28.

[41] *See* Delloite, Forward Look: Top Regulatory Trends for 2016 in Banking (2015).

性的部分則不一定[42]。自2008年後，為落實上開要求而產生的法令遵循研發團隊與IT系統，已成為主要核心，這是由於個別法領域法規持續進化所致[43]。與金融危機發生的狀態不同，監理機關現在已不再仰賴個別金融機構內部的風險管理系統來評估其經濟、監理與會計目的的適當資本程度，而是架構一套複雜的法則來建置資本、槓桿與流動性有充分之程度以保護其財務之穩定性，此稱之為壓力測試（stress testing）[44]。此種改變已增加金融產業對於監理科技處理方式的需求。

如同前述第三部分所言，此種監理上的要求也使監理機關有需要利用監理科技以管控大量送入的數據資料。所有對於監理科技的需求都正給予已設立的顧問或科技事業或新創事業一個絕佳的機會[45]。其案例如下：

(1)「反洗錢防制」（AML）與「知道你的客戶」（KYC）的要求：由FATF與巴賽爾委員會所架構的「反洗錢防制」（AML）與「知道你的客戶」規範，以及世界各國為落實上開規範要求，此已成為驅動監理科技發展的重要動力，特別是以科技簡化及自動化跨國企業之流程以及確保遵循全世界不同法領域的相關法規，包含可疑交易之辨識與報告等等[46]。此已觸動IT產業、顧問事業與新創事業未來發展的契機。

(2)報告與資料傳輸架構（例如Basel III與美國的Dodd Frank法案）[47]：如前所述，金融危機後的監理改變已大幅增加金融產業的報告要求，特別是針對大型金融機構，是以監理科技對應於此已發展出大型的策略平台整合所有數據資料以遵守壓力測試的要

---

[42] *See* Institute of International Finance, *supra note 19*, at 10.

[43] *See* Douglas W. Arner、Janos Barberis、Ross P. Buckley, *supra note 9*, at 29.

[44] *See* Douglas W. Arner、Janos Barberis、Ross P. Buckley, *id.*.

[45] *See* Chappuis Halder & Co, *FCA-RegTech: Call for Input: Supporting the Development and Adoption of RegTech* 9 (Jan. 2016), http://www.slideshare.net/NicolasHeguy/chco-supporting-the-development-and-adoption-of-regtech (last visited 2018.11.02).

[46] *See* Institute of International Finance, *supra note 19*, at 6.

[47] *See* Institute of International Finance, *supra note 19*, at 6-8.

求。而更進階者則是，提供即時的資訊分析以及客製化的報告（customized report）[48]。

(3)資本評估與壓力測試：於此部分，監理科技高階的分析能力，能用以設計新的模型以及評估數千種變數影響金融機構的程度[49]。

(4)交易資料的風險管理：於此部分，監理科技所發展出來的演算法，能用以控制每筆交易的邊際要求（margin requirements）以及管理交易者投資組合的市場風險[50]。

(三) Regtech 3.0

經學者的研究顯示，新世代的監理科技具有如下的規範特性[51]，茲摘要引述如下：

1. 從KYC（Know Your Customer）到KYDC（Know Your Digital Customer）：金融監理中消費者保障與洗錢防制的兩大核心任務，於Regtech 2.0時代，必須透過金融業者嚴格遵守並執行認識客戶（KYC）的作業程序方能具體實踐，而KYC也是金融業者評估客戶風險承受能力以及實現風險管控的重要機制。傳統的KYC透過業者與客戶間的「真實人際互動」來達成，而金融科技服務下的客戶身份核實、信用紀錄與償債能力查核以及風險取向等，則必須透過「數位方式的互動」方能實踐；因此KYC將變成KYDC（Know Your Digital Customer／認識你的數位客戶）[52]，其成敗關鍵將在於金融業者對其客戶乃至潛在客戶之包含消費行為模式在內的各種數據資料蒐集及有效分析的能力，而非單純的臨櫃問答或問卷式的資料蒐集。

---

[48] *See* Douglas W. Arner, Janos Barberis, Ross P. Buckley, *supra note 9*, at 30.

[49] *See* Institute of International Finance, *supra note 19*, at 8-9.

[50] *See* Institute of International Finance, *supra note 19*, at 11.

[51] 參閱臧正運，「Fintech領潮航向金融監理新境界」，天下雜誌獨立評論，http://opinion.cw.com.tw/blog/profile/52/article/3778，最後瀏覽日：2018年11月2日。

[52] *See* Douglas W. Arner, Janos Barberis, Ross P. Buckley, *supra note 9*, at 40.

2. 從「系統性風險集中」到「系統性風險去中心化及網路化」：行動網路科技以及商業模式的創新，實踐了點對點（Peer-to-Peer）式的金融服務去中介化（Financial Disintermediation）。在可預見的未來，可以想像系統性風險將從原本集中在少數幾間超大型金融機構（如銀行、集中交易對手等）身上的情形，慢慢演變成集中在如螞蟻金服等巨型網路金融服務集團之上，最後則漸漸分散移轉到各個去中心化的節點（node），而各個節點彼此之間又交織而成一個極為複雜的網絡系統。這個可能的發展對於監理的啟示在於，系統性風險的控管由於去中心化（decentralization）的結果，將比以往更為困難；而傳統以超大型銀行為首要及高密度監理對象的監理建制（Regulatory Regime）也勢必將有所調整[53]。

3. **從金融產業內分業監理整合**（intra-financial service integration）**到跨產業之監理整合**（inter-industry integration）：傳統金融監理雖然亦需要高度的跨業監理協調與整合，但其層面多在於同屬金融產業內的多種不同分業間的監理整合。雖然在產金不必分離的時代或市場中，金融監管者亦有跨產業監理之任務，但仍不若金融科技發展下，由於金融服務的提供者除了以銀行為首之外，亦有可能以行動網路運營商（Mobile Network Operators）為主體，故而產生的高強度與密度的跨產業監理整合需求來得重要。以多數非洲國家或南太平島國目前所發展的Mobile Money而言，許多服務的提供主體皆為行動網路運營商或電信業者（如肯亞的M-PESA）；又以臺灣幾年前電信業者、電子票證業及銀行業紛紛開始投入建制TSM（Trusted Service Management）信託服務管理平台以開拓行動支付市場為例，這中間在在都涉及了金融業與電信業，乃至於與科技業間跨業監理的協調與整合問題[54]。

4. **從金融機構跨國界到金融服務無國界**：金融業是高度全球化的產

---

[53] 參閱臧正運，前揭註52文。

[54] 參閱臧正運，前揭註3文。

業，而全球的金融市場也有極為緊密與複雜的互動與連結。但傳統的跨國監理議題，大都環繞在因為金融機構的跨國經營所產生的相關監理協調需求。而在金融科技的發展下，網路的無疆界特性導致了金融服務本身可以輕易的穿越國界，舉凡比特幣的交易與使用、網路眾籌，乃至於P2P網路借貸等，只要法律不予設限，這些金融產品與服務的使用及提供完全可以不受國界或地理疆域的限制，這勢必將為跨國監理帶來全新的挑戰。

5. 從被動的顧客權益保障（Customer Protection）到以消費者為中心（Customer Centricity）的金融消費者保護架構（Consumer Protection Frameworks）：金融科技產品與服務的即時性、行動性及互動性除了讓金融服務無所不在，並使傳統上較不易接近金融資源的群體得以透過全新的方式來使用金融服務外，也同樣讓使用者得以在第一時間將使用經驗反饋予服務提供者。因此顧客體驗成為金融服務提供者最在意的部分，而金融消費教育的持續深化也成為促進消費者保護的最重要環節。消費者保障監理的重中之重不再只是提供一個完善有效率的爭議解決機制，而是如何以消費者為中心（Customer Centricity），徹底了解消費者的經驗與行動誘因，透過更多的行為研究（Behavioral Research）來作為制定金融消費者保護架購的基礎。

肆、監理科技的解決方案及其應用

一、監理科技的解決方案

(一) 國際金融協會

國際金融協會（Institute of International Finance, IIF）於2016年的研究

報告[55]中明確指出，監理科技之解決方案有助於解決金融機構法規遵循之傳統問題如下：

1. 風險資料整合（Risk data aggregation）、管理及監理報告：隨著監理機關需要更細微性及更高頻率資料，金融監理越來越受到資料驅動。該等被視為須遵循大多數審慎監理所需資料類型為「風險資料」，通常屬量化且需高品質者（如結構化、定義明確、準確和完整性）[56]。

2. 模型建立、情境分析及預測（Modeling, scenario analysis and forecasting）：為遵循資本適足和流動性架構（如Basel III或Solvency II），建立相關內部或授權模型以估計風險和資本需求。流動性要求在極短時間範圍內針對法規要求的資料分析和建模。壓力測試和風險評估需要評估潛在不利外部衝擊事件（例如經濟增長的衝擊、通貨膨脹），對機構的可持續性、償付能力和流動性的影響。例如，英格蘭銀行依據Basle III第二支柱，對金融部門執行模擬情境分析及壓力測試、IMF執行金融部門評估計畫（FSAPs）總體壓力測試，及歐洲保險和職業養老金管理局（EIOPA）執行歐盟保險部門進行壓力測試[57]。

3. 即時付款交易監測、報告及攔截（Monitoring payments transactions particularly in real-time）：賦稅法規遵循洗錢防制／打擊資恐／制裁及賦稅法規要求向監理機關提供交易及監測交易報告，並讓銀行根據交易中之後設資料（metadata）辨識及標記可疑交易。銀行對交易進行事後檢查（從貸款、貨幣市場、支付及銀行同業系統

---

[55] IIF, <*Regtech in Financial Services: Technology Solutions for Compliance And Reporting*>，2016/Mar.， https://www.iif.com/system/files/regtech_in_financial_services_-_solutions_for_compliance_and_reporting.pdf(last visited 2018.06.12)

[56] 參閱黃淑君，金融科技與監理科技之發展與應用：兼論IFRS 9對銀行預期信用損失評估之影響，參加香港中文大學「第6屆央行監理人員進階研習班」會議心得報告，頁22。

[57] 參閱黃淑君，前揭註文，頁22。

中輸入資料），並即時監控、標記及阻止或舉報非法交易[58]。

4. 身分確認機制（Identification of clients and legal persons）：洗錢防制／打擊資恐／制裁及賦稅法規要求「客戶盡職調查」（Customer Due Diligence, CDD）。「了解您客戶」（KYC）係金融法規對CDD之關鍵領域之一，必須藉由分析不同客戶及商業夥伴（包括自然人和法人在內）來辨識不同語言或定義之公共及個人資訊來源。KYC標準通常由全球性金融行動工作小組（FATF）制定，並根據國內法加以管理及調整。然而，KYC因涉及跨境執行，因此受到各國法令釋義複雜度與差異，及其與附屬條例相互關係影響[59]。

5. 監控行為與組織文化（Monitoring a financial institution's internal culture and behavior）：內部文化和行為監測之規範在於防範不當交易並違反其他金融犯罪規定，特別是在英國、歐盟和美國。客戶保護程序為金融機構內勞力密集工作，主要在於避免錯誤銷售及處理客戶投訴，以符合相關法規或內部規定。在監控金融機構內部文化與行為，以及遵守客戶保護程序中，通常需要分析傳遞個人行為之質化資訊，如電子郵件及口述（spoken words）。自動化解釋該等來源將大幅提升法規遵循之效率與能力[60]。

6. 即時交易任務（Trading in financial markets）：金融市場交易要求參與者進行一系列監控任務，如計算報酬率、選擇交易地點、選擇集中交易對手，以及評估交易對該金融機構曝險之影響。在金融市場上進行有效和有效的交易，需要能夠即金融科技與監理科技之應用與發展時處理該等任務系統。在交易中，該即時系統可計算出每筆交易保證金及資本要求，並選擇一個集中交易對手與其進行交易。自動化這些任務除可符合企業風險偏好及遵守內

[58] IIF, *supra note 56*, at 3.

[59] 參閱黃淑君，前揭註57文，頁23。

[60] IIF, *supra note 56*, at 3.

部風險管理規定外，亦可確保法規遵循性，及提高交易速度和效率[61]。

7. 使金融機構更清楚地認識到內部管理發展（Identifying new regulations）：確定金融機構適用新法規及降低其潛在影響，並責成相關單位定期陳報法規遵循情形，對金融機構而言，不僅工作繁複且需要投注大量專業能力與人力資源進行法規釋義。特別是同時在不同管轄區域跨境經營之大型金融機構面臨地方、區域與全球法規不斷更迭問題。特別是在監理機關以不同形式發佈新法規時，金融機構追蹤立法中之各種法規，對不同法規進行相互比較，並找出其共同性後，且在金融機構內以連貫的方式遵循，將是一大挑戰[62]。

(二) 英國FCA

為滿足金融危機後更為嚴格的監理要求，FCA鼓勵金融機構創新科技手段以降低法令遵循成本，監理科技乃由此催生。依據英國金融業務局所頒布的「金融監理指導手冊」（FCA Handbook）顯示[63]，監理科技主要包括以下領域[64]：

一是技術加速器（technics accelerator）：推出措施鼓勵、培育和資助科技金融和金融服務公司利用新技術達到監理要求。雲端平臺和雲端技術為金融科技企業家、金融服務企業和監理機構提供了更加靈活、成本更低的選擇。

二是實時、系統嵌入式法令遵循與風險評估工具（Risk and compliance monitoring）：採用創新技術對金融犯罪風險、反洗錢、客戶分析和行為

---

[61] IIF, *id.*.

[62] 參閱黃淑君，前揭註57文，頁24。

[63] FCA，*<Project Innovate-Regtech>*，https://www.fca.org.uk/firms/regtech (last visited 2018.11.02)

[64] FCA，*<Call for input on supporting the development and adopters of RegTech>*，2016/04，https://www.fca.org.uk/publication/feedback/fs-16-04.pdf (last visited 2018.11.02)

風險進行監測，提高金融服務企業的運營效率與效益。

　　三是大數據技術及軟件集成工具（Big data analytics）：利用大數據技術簡化數據收集整理過程，降低企業向監理機構提供數據的成本。將現有會計及法令遵循的軟體接入監理報告系統，減少人工數據輸入，提高監理報告準確性，降低企業法令遵循成本。

　　四是可視化自動回復工具（Modelling/visualisation technology）：為金融服務企業提供更有效、高效、便利的監理建議和指導，幫助企業更好地了解監理法規與個體責任。

二、監理科技的應用

　　針對金融業者面臨之各項前揭問題，透過監理科技的應用方式如下[65]：

1. 風險資料整合與管理

　　·採加密、單元級安全、資料擷取及資訊共享技術，並可能以區塊鏈改進金融機構及與監理機關間之資料管理、安全及彙整。

　　·採機器學習及進階分析（含量子運算），以改進結構化與非結構化數據。

　　·開放平臺和網絡系統，協助建構穩健之跨業標準數據字典。

　　·強化監理機關線申報資料之自動化及安全性，並運用法規遵從性API。

2. 建模、情景分析和預測

　　·以機器學習、進階分析及新進模型改進建模及資料分析。

　　·以機器學習、進階分析及新進模型提升資料儲存、取得、分享及彙整技術。

　　·採現代資料視覺化技術，改進資料詮釋性及進階資料分析效果。

3. 即時付款交易監測、報告及攔截

　　·區塊鏈有可能取代現有階層式支付系統。

---

[65] IIF, *supra note 56*, at 11-18.

‧機器學習解釋支付系統之非結構化資料輸出，例如識別付款受益人。

4. 身分確認

‧區塊鏈已被用作數位身份驗證之機制，未來可能會發展成為安全資訊共享系統。

‧將資料探勘、自然語言處理和視覺化分析用於非結構化資料之處理與分析，可為用戶端入門提供可行解決方案。

‧特別是在新興市場，鼓勵使用生物統計學、社會驗證或其他新的身分驗證方法。

5. 監控行為與組織文化

‧非結構化資料分析結合語音到文字功能，以改進僅靠通信監控及識別資料中行為模式之不足，例如快速決定消費者之適用性。

6. 即時交易任務

‧市場交易監控的機器學習與預測分析。

‧提供即時獲利率運算、集中交易對手選擇和風險管理引擎、法規遵循性監控、所有交易之日終調節及衍生性商品交易報告。

‧區塊鏈可能發展取代目前交易平臺。

7. 使金融機構更清楚地認識到內部管理發展

‧採認知運算／深層學習技術，使「監理雷達」軟體能夠理解法規。

‧主要國際金融監理機關可採用安全之檔案移轉機制，做為全球智慧金融科技與監理科技之應用與發展通信系統（JWICS）10模式之一[66]。

三、小結

綜合上述研究及法令發展趨勢顯示，監理（法遵）科技係利用資訊科技廣泛蒐集各國金融監理制度與法規要求，提供分析與管理的工具，自動協助金融機構遵守法規要求，以降低作業風險。風險管理的未來會根據新型態服務及資訊安全的發展趨勢，適時調整監理措施，並督促業者建立自律規範及管控措施，關注風險管理和消費者保護，建立金融資安資訊分享

---

[66] 參閱黃淑君，前揭註57文，頁24-26。

與分析中心。根據Deloitte在本年（2016）所發表的研究報告中指出，其應用之領域如下[67]：1.法令遵循與治理；2.網路風險與監控；3.防範金融犯罪；4.資料管理與智慧分析。

　　該研究報告亦指出，監理（法遵）科技關鍵特性主要有四，分別為敏捷、速度、整合和分析，先將複雜的資料集合透過擷取、轉換和載入[68]，也就是以相關技術重新組織為敏捷的特性，接著報表會被快速設定與產生，再來短期間內解決整合的特性，最後使用分析工具針對已存在的大數據資料進行智慧分析或學習。所以相較於傳統解決方案，其主要是針對穩健與被設計於交付特定需求的應用，無法有彈性地進行加強與變更的同時，監理（法遵）科技使用敏捷的方式探索如何在符合法規的前提之下進行資料分析，例如透過資料分析或學習等，協助預測詐欺或使用者行為，並進一步支援自動化評估目前法規對於企業所帶來的影響[69]。

伍、結論

　　金融科技（Fin Tech）將傳統金融服務產業與科技產業結合，透過電子化功能、新的平台環境，提供客戶更即時、更便利或更有效率的金融相關服務，不僅改變整體金融服務環境，更突破傳統金融產業發展。許多創新服務功能因應而生，不僅挑戰金融機構獲利版圖，亦提升各項金融服務在法規遵循上的複雜性。在快速改變的法令環境中，法令諮詢者需比過去更加迅速調整與適應，特別是透明度要求的考量。為配合金融科技發展趨

---

[67] Deloitte, <*RegTech is the new FinTech-How agile regulatory technology is helping firms better understand and manage their risks*>, https://www2.deloitte.com/content/dam/Deloitte/ie/Documents/FinancialServices/IE_2016_FS_RegTech_is_the_new_FinTech.pdf (last visited 2018.11.02)

[68] Id.

[69] 參閱Leo Yeh's Blog，「資料分析—Fintech (5)」，http://leoyeh.me:8080/2016/05/25/%E8%B3%87%E6%96%99%E5%88%86%E6%9E%90-Fintech-5/，最後瀏覽日：2018年11月2日。

勢，近年世界各先進國家為因應金融科技創新而不斷進行法令設計或調整，本文以此為基礎，蒐集與整理其法規之建置、布局、調整、開放程度與影響，以此對照我國現行相關法規進展，希能提供金融法規未發展或修正之建言或政策建議。

傳統以來，我國金融監理機關或囿於金融產業係屬特許產業，為執行金融政策之穩定性與保護市場機制，不免有權力過大、強勢干預或指導，以及流於官僚形式的溝通審批機制，非常容易造成金融機構因動輒得咎而缺乏投資新技術與開創新業務的誘因[70]。在此前提下，當近年金融科技發展日新月異，且許多國家均開始使用監理沙盒做為金融監理的試行工具時，我國主管機關的監理態度便因此備受批評。實際以言，問題的核心仍然來自監管政策目標與策略的選擇[71]。如果監管機構除了維護金融秩序之外，亦能認識到資訊科技與金融業態的快速演變，已經使得監管政策必須從「金融機構為主」的舊思維轉型到以「金融交易為主」的新思維，金融監理機關與金融政策制定者必須認識，全球金融資本的競爭，不只是高端人才及優質客戶的競爭，更是金融體系綜合能力提升速度的競爭。政府若把提升金融綜合能力與拓展數位金融版圖為施政優先要項，則受高度監理的大型金融機構，因其既有的信用、規模與風險控管調動資源的實力，應負起部分利己利人的創新之責，政策設計應考慮金融機構「私有化利益，社會化損失」的動機，透過適當的合約設計予以制衡[72]。但是與此相對的，本文亦認為監理機關有發展監理科技（Regtech）以強化金融監理之高度必要性。

前已論及，在Regtech 2.0的時代，此是使法令遵循與報告呈現有效率與自動化的一種模式，於數位環境較為單純的年代，其操作並無重大疑問；但是時至今日，當數位環境特別是資訊科技如區塊鏈、生物辨識、大

---

[70] 參閱胡一天，「金融科技監理與共創開發環境」，源鉑情報，http://kyberintel.com/?p=2270，最後瀏覽日：2018年11月2日。

[71] 參閱臧正運，「形塑全球金融科技監理標準的關鍵語彙」，風傳媒，http://www.storm.mg/article/165779，最後瀏覽日：2018年11月2日。

[72] 參閱胡一天，前揭註71文。

數據、雲端服務、行動金融等已發展並進化至無遠弗屆時，監理科技不能再是墨守成規，而是必須要有更為前瞻性的思考，因此乃有Regtech 3.0的產生。舉例以言，英國政府目前正在嘗試提升監理架構的設計，亦即應透過Regtech 3.0的輔助，使其得以有效因應不斷更新的法規並大幅降低法令遵循的成本。對於監理機關與金融機構而言，其均得因此而受益。以金融機構而言，Regtech 3.0能使其更佳控制風險與費用；對於監理機關而言，其因取得更有效率的監控工具以及模擬系統（simulation system），可對於未來修法改革之結果預做評估。

如詳細觀察Fintech與Regtech的操作實境，會發現此二者並非二元完全不能並存的概念，實際上二者仍具有高度的共通性，例如Fintech與Regtech 3.0演進的過程均必須以數據資料為中心（data-centricity）分享資訊〔前揭有關KYC（Know Your Customer）到KYDC（Know Your Digital Customer）的轉變可為適例〕，由此可知，如果未來能設計並落實合比例的以及以數據資料為導向的監理法規或工具時，對於積極而主動的監理機關而言，其監理方式將會由「監控數位身分」（digital identity minitoring）轉向到「監控數據資料主權」（data sovereignty monitoring），其金融監理效果將極為顯著。對於監理機關而言，確保數據資料的安全性將遠比先前的消費者保護更重要；審慎監理將著重於「資料演算法的遵循」（algorithm comliance），而金融安定性則將著重於金融與資訊網路的安全性上。換言之，Regtech 3.0所代表者是一種「泛市場的監理」（market-wide regulation）。

相對於此，新創的金融科技公司，在Regtech 3.0的概念下，應該有不同階段的思考：

1. 有使用監理沙盒：監理沙盒在此應被理解為是一種過渡階段，此是由於Regtech 3.0之發展尚未完全成熟到足以「泛市場的監理」。在此階段，伴隨著廣泛使用監理沙盒，其可做為Regtech 3.0的試行者（pilot），監理機關得觀察其試行效果，隨時彈性修正其監理模式。

2. 除去監理沙盒：嚴格以言，新創事業於沙盒中進行測試時，其

實即有扭曲市場競爭的可能。為避免產生此種瑕疵，合理之道應為，當Regtech 3.0發展至成熟時，應除去監理沙盒；但基於扶持新創事業之必要，仍應導入「最低法規義務」（Minimum Regulatory Obligations or Requirements, MRO / MRR）[73]或「復原與處理計畫」（Recovery Resolution Plans, RRP）[74]以為因應。

---

[73] *See* FCA, Industry Guidance Criteria and Process, 2016/06, https://www.fca.org.uk/about/handbook-and-guidance/industry-guidance-criteria-and-process (last visited 2018.05.20).有關此義務之細部內容，限於篇幅因素，未來將撰文繼續探討。

[74] See FCA, Consulting Paper, Recovery Resolution Plans, 2011/08, https://www.fca.org.uk/publication/consultation/cp11_16.pdf (last visited 2018.06.02). 查其內容，所謂「復原與處理計畫」（RRP）係指，金融監理機關於處理新創事業於發生財務或經營危機問題時，得利用此計畫所具備的明確選項，協助其恢復健全活力。其內容應包括：(1)配合金融機構特有的與全市場的壓力情境，提供可靠的選項；(2)因應資本不足與流動性壓力的情境；(3)在不同的壓力情境下，確保能及時執行復原計畫的流程等。

23

論網路借貸平台在我國的光與影

莊永丞

壹、前言

　　網路借貸平台起源於2005年英國的ZOPA和2006年美國的Prosper，藉由此二平台，資金需求者與資金貸與者間不需透過銀行，直接透過平台完成借貸交易[1]。網路借貸平台的運作模式為資金需求者於網路借貸平台完成註冊並申報相關信用訊息及借款申請表，網路借貸平台業者再予以分析評價借款人之信用等級後，將此貸款申請的訊息以匿名的方式發布於網路借貸平台，吸引資金貸與者借出資金，若借貸雙方順利媒合後，平台業者即可從借貸雙方收取一定成數之服務費，皆大歡喜[2]。

　　由於網路借貸平台業者的資金貸與人多為民間個人而非傳統的金融機構，基於資金貸與人與資金需求者有資訊不對稱的交易成本，因此各國主管機關對於網路借貸平台業者是否應予監管而聚訟盈庭，莫衷一是。惟2008年11月24日美國聯邦證券交易管理委員會（Securities and Exchange Commission，以下簡稱美國證管會）則明白表示應予監管之決心，並對Prosper發布停業命令（Cease-and-Desist Order）[3]主張Prosper和其他營利的網路借貸平台業者所為的行為，該當吸金者與被吸金者之投資契約（證

---

[1] *See* Alistair Milne & Paul Parboteeah, *The Business Models and Economics of Peer-to-Peer Lending* 3 (ECRI, Research Report No. 17, 2016), *available at* https://ssrn.com/abstract=2763682 (last visited 2018.06.30).

[2] *See* Benjamin Lo, *It ain't Broke: The Case for Continued SEC Regulation of P2P Lending*, 6 HARVARD BUSINESS LAW REVIEW 87, 88 (2016).

[3] *See* SEC, Securities Act Release No. 8984, *available at* https://www.sec.gov/litigation/admin/2014/34-73263.pdf. (last visited 2018.06.30).

券）募集行為，因此網路借貸平台業者吸金前，應向美國證管會申報。雖然規範較大的Prosper和Lending Club不得不依法完成募集申報程序，然而對於其他小型網路借貸平台業者則因證券交易法過高的遵法成本而紛紛退場，例如：Loanio、Virgin Money、Pertuity等業者[4]。

過往，資金需求者每每需要透過金融中介機構（銀行）以達到融資之目的，但銀行授信條件門檻相當高，資金需求者不一定能順利取得銀行之貸款[5]。事實上，自2008年金融風暴以來，由於中小企業規模較小、難以提供足額擔保之擔保品，中小企業侷向來不易取得銀行之授信。然而，近年由於金融科技（Fintech）的崛起，網路借貸平台如雨後春筍般的興起，提供給中小型企業、新創企業一個新興的融資管道，成為新創事業之重要資金奧援[6]。

網路借貸平台於國外已行之有年，我國亦有網路借貸平台業者（例如鄉民貸、信用市集），但主管機關對於借貸平台業者之監管立場仍屬曖昧不明，金融監督管理委員會（以下稱金管會）曾於2016年4月14日發布新聞稿[7]表示網路借貸平台非屬金融監理法令所規範之特許業務，提供服務之平台業者，亦非金管會監理之金融機構，雖有意識到可能衍生之風險、問題，但仍未有具體明確之監理動作。爾後，金管會又發布新聞稿[8]表示

[4]　*See* Andrew Verstein, *The Misregulation of Person-to-Person Lending*, 45 U.C. DAVIS L. REV. 445, 475-76 (2012).

[5]　*See* Christopher K. Odinet, *Consumer Bitcredit and Fintech Lending*, 69 ALA. L. REV. 781, 783-84 (2018).

[6]　*See* Mark Fenwick, Joseph A. McCahery & Erik P. M. Vermeulen, *Fintech and the Financing of Entrepreneurs: From Crowdfunding to Marketplace Lending* 7 (TILEC Discussion Paper No. 2017-25), *available at* https://ssrn.com/abstract=2967891 (last visited 2018.06.25).

[7]　參閱金管會新聞稿，金管會對於國內網路借貸平臺發展現況之說明，2016年4月14日，https://www.fsc.gov.tw/ch/home.jsp?id=96&parentpath=0,2&mcustomize=news_view.jsp&dataserno=201712070001&aplistdn=ou=news,ou=multisite,ou=chinese,ou=ap_root,o=fsc,c=tw&dtable=News，最後瀏覽日：2018年6月25日。

[8]　參閱金管會新聞稿，金管會備查銀行與網路借貸平臺業者合作自律規範，2017年12月7日，https://www.fsc.gov.tw/ch/home.jsp?id=96&parentpath=0,2&mcustomize=news_view.jsp&dataserno=201712070001&aplistdn=ou=news,ou=multisite,ou=chinese,ou=ap_root,o=fsc,c=tw&dtable=News，最後瀏覽日：2018年6月25日。

「鼓勵銀行與網路借貸平台業者合作」模式，並督導銀行公會於尊重市場機制前提下，訂定自律規範，並於新聞稿表示網路借貸平台屬於民法上之借貸契約，從而我國金管會似乎將網路借貸平台之業務定性為單純之私人借貸契約。然而這樣的規範立場是否妥適？網路借貸平台有無涉及我國投資人之保護，甚至「不法吸金」？

基於上述之問題意識，本文將先介紹網路借貸平台之運作商業模式；其次，則討論美國聯邦證券法規有關投資證券之判準，分別援引美國聯邦最高法院之Howey Test審查標準以及Reves Test審查標準；進而剖析網路借貸平台是否應為證券交易法所規範，綜上之論證成果，闡述網路借貸平台在我國應如何規範。文末，總結本文之論點。

貳、網路借貸平台之特色與商業模式

一、網路借貸平台之特色

Peer-to-Peer一詞是指雙方特定人間的互動，不需要透過中介機構（第三人），此一用語是源自於電腦網路科學領域，在網路領域任何一台電腦皆可當作客戶端或伺服器連接至網路上的其他電腦，而不需要先連接至中央伺服器。由於網路的發展使得使用者不需要透過中央伺服器，便可直接透過網路連接到其他使用者，因而產生一系列的P2P項目，一開始最廣泛被使用的P2P項目是檔案的分享，透過電腦及網路連接到其他使用者，使得照片、音樂、文件得以迅速地共享[9]

銀行金融中介機構的功能，確實有助於降低資金供給者與資金需求者雙方間交易成本[10]。若無金融中介機構，資金需求者須花費大量的成本尋找資金供給者，再者，每一筆的借款都必須經過資金供給者的嚴格審查，資金供給者因嚴重資訊不對稱的情況，亦需承擔資金需求者違約之高度風

---

[9] *See* Milne & Parboteeah, *supra* note 1, at 2.

[10] *See* Charles K. Whitehead, *Reframing Financial Regulation*, 90 B.U. L. REV. 1, 8 (2010).

險，然而，金融中介機構之介入則可適度降低雙方資訊不對稱之交易成本[11]。傳統銀行將銀行存款戶存入銀行的存款，貸款給資金需求者，支付存款戶利息作為回報，銀行必須承擔貸款之違約風險，但其收益來自於收取資金需求者所支付利息與支付予存款戶利息間之價差[12]。因此，以我國銀行法為例，銀行法第1條明文指出，銀行法之制定係為健全銀行業務，「保障存款人權益」，適應產業發展以及使銀行信用配合國家金融政策，所以其重心在於確保銀行金融機構不能倒，需要接受銀行法之高密度之行政監督以及管制[13]。

　　然而，在2008年金融風暴後，造成許多的資金需求者資產與信用不足，導致傳統銀行貸款意願降低，融通資金門檻提高[14]，致經濟景氣低迷不振。從而，網路借貸平台因應而生，適時解決資金需求者之融資問題。網路借貸平台之概念最早源自於諾貝爾和平獎得主穆罕默德·尤納斯（Muhammad Yunus），尤納斯於西元1983年創立了孟加拉鄉村銀行（Grameen Bank，又名為格拉明鄉村銀行），專門貸款給無法提供擔保品之窮人以及婦女，其後此種小額貸款之理念與金融科技結合，便逐漸發展成現今之網路借貸平台[15]。網路借貸平台乃是促成資金供給者與資金需求者各自達到投資與融資目的之仲介平台，縱使網路借貸平台之使用者必須倚賴平台為媒合，但最終仍係由資金供給者直接將資金供給予資金需求

[11] *See* Verstein, *supra* note 4, at 451.

[12] *See* Odinet, *supra* note 5, 787.

[13] 參閱莊永丞，論我國銀行法第29條之1之規範妥適性，載：財經法制新時代：賴源河教授七秩華誕祝壽論文輯，頁438，2008年10月。

[14] *See* Yannis Pierrakis & Liam Collins, *Banking on Each other: The Rise of Peer-to-Peer Lending to Businesses* 7-8 (2013), *available at* https://www.fundingcircle.com/docs/Nesta_P2P_Lending_to_Business.pdf (last visited 2018.06.25).

[15] *See* Shen Wei, *Designing Optimal Regulation for Financial Innovation in Capital Raising - Regulatory Options for China's Peer-to-Peer Lending Sector* 3 ((2016) 31(3) Banking & Finance Law Review 539-572), *available at* https://ssrn.com/abstract=2827356 (last visited 2018.06.25).

者，而無須任何金融中介機構介入擔保其風險[16]。平台為使資金供給者願意將其資金貸款給資金需求者，不僅利用傳統的信用評等分數機制，更發明一套高度複雜的數學公式和機器學習程式以分析資金需求者之信用分數[17]，讓資金供給者可以有更加完整的資訊以評估其風險以及投資收益，並且更加多元化資金供給者之投資組合，能夠更有彈性地控制其風險，降低雙方之交易成本[18]。

　　網路借貸平台具有幾項特色，包含(1)網路交易；(2)進入門檻低；(3)中介者角色；(4)風險分散特性。首先，網路借貸平台乃是結合資金貸款與網路科技而生之產物，故其資訊、資金、契約以及貸款的所有步驟均利用網路而完成之。其次，任何人都能夠成為網路借貸平台的使用者，可以輕鬆地以低成本以及高效率之方式參與貸與過程，進入門檻低。再者，網路借貸平台往往擔任中介者的角色，僅為媒合資金供給者和資金需求者之業務，由此可知雙方具有極高之自主性。最後，網路借貸平台會創造一套風險管理系統，為達到分散風險之目的，資金需求者經常不只向一個資金供給者為媒合，而是將需求金額拆成許多小額貸款，每位資金供給者僅提供小額資金以共同承擔風險，最大限度地分散風險。[19]

二、網路借貸平台之商業模式

　　網路借貸平台模式最初為單純的「點對點」之方式，平台原則上僅擔任媒合之角色，爾後亦有平台共同參與放款者之角色，更甚者則與傳統銀行業合作以擴展放款業務。本文以下將就網路借貸平台之商業模式為說明：

---

[16] *See* Verstein, *supra* note 4, at 452.

[17] *See* Odinet, *supra* note 5, at 787-88.

[18] *See* Fenwick, McCahery & Vermeulen, *supra* note 6, at 24-25.

[19] *See* Shen Wei, *supra* note 15, at 3.

（一）純借貸模式

此種平台商業模式是透過「點對點」的模式為經營。個別的資金供給者和資金需求者透過平台媒合，雙方直接訂立借貸契約，在此模式下，網路借貸平台之參與程度較低。縱使平台倒閉、破產，借貸雙方契約仍然成立，契約當事人之權利義務仍不受影響[20]。為促進交易，許多平台會提供不同的服務以促成資金供給方與需求方之媒合，依據不同的服務而有不同層級之收費，包含自動化服務、信用審查、風險評估、管理費、提供投資建議等，更甚者平台創設之次級市場，使資金供給者可得再出售其債權契約，交易完成後，平台便向借貸雙方收取手續費做為營利手段[21]。

以我國為例，我國LendBend蘊奇科技線上公司即屬於純借貸模式之網路借貸平台，該業者主打其經營模式為直接媒合資金需求者與資金供給者，資金需求方可以較低的利率獲得成本較低的資金，資金供給方可獲得比一般理財商品更好的投資報酬率，並提供協助借貸雙方媒合、信用評分、風險管理控制等服務，平台獲利來源則為手續費之收取[22]。另外，我國鄉民貸更是主打由平台打造次級市場以增加資金供給者之投資意願，就初級市場方面，由會員一次性全額放款給資金需求方，此時債權之持有人可選擇持有至到期日取回本金加利息，又或是可將該債權於平台所建立之「債權轉讓市場」之次級市場轉手，平台則是以收取手續費為營利。

---

[20] *See* Eleanor Kirby & Shane Worner, *Crowd-funding: An Infant Industry Growing Fast* 17 (Staff Working Paper of the IOSCO Research Department, 2014), *available at* https://www.iosco.org/research/pdf/swp/Crowd-funding-An-Infant-Industry-Growing-Fast.pdf (last visited 2018.06.25).

[21] *See* Robin Hui Huang, *Online P2P Lending and Regulatory Responses in China: Opportunities and Challenges* 70 (European Business Organization Law Review, (2018) Vol 19(1), 63-92), available at https://ssrn.com/abstract=2991993 (last visited 2018.06.25).

[22] 參閱LendBend蘊奇線上，https://www.lendband.com/about-us，最後瀏覽日：2018年6月26日。

表23-1 純借貸模式[23]

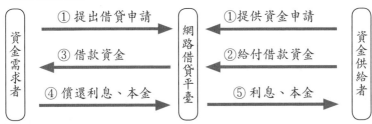

(二)直接籌資模式

直接籌資模式是指資金需求者先登入網路借貸平台填入其所需的信用產品、自己的相關資訊,後續的貸款流程皆是透過借貸平台的運算法則(Algorithmic)、機器學習(Machine Learning)自動化完成。借貸平台並不會將此貸款長期記錄在其資產負債表上,借貸平台會透過平台將此貸款賣給平台的資金貸與者,資金貸與者可取得平台票券(Platform Notes),使其有權取得資金需求者所支付的利息和本金。在此過程中資金需求者所簽署的本票(Promissory Note)和平台發行的平台票券是以電子化的方式給予,並且透過電子分類帳冊(Electronic Ledger)記錄借貸平台上所有票券的所有權人。網路借貸平台藉由提供上述之服務,抽取服務費或佣金(Commission)[24]。

表23-2 直接籌資模式[25]

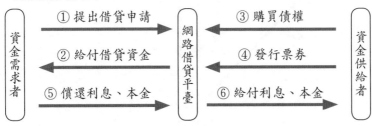

---

[23] See Kirby & Worne, *supra* note 20, at 17.

[24] See Odinet, *supra* note 5, at 790.

[25] See *id.* at 789.

(三) 銀行合作模式

　　網路借貸平台與銀行簽署合作協議，將銀行所擁有之資訊加入運算法則的資料庫內。資金需求者先透過網路借貸平台填寫相關資訊，網路借貸平台利用運算法則評估資金需求者所提交的資訊、信用，若資金需求者的信用通過審核，銀行會直接撥款至資金需求者的帳戶，之後銀行會將此債權以貼現價格賣給網路借貸平台，網路借貸平台之所以能夠購買債權，是因為其從避險基金（Hedge Fund）、創業投資基金（Venture Capital Fund）、機構投資者（Institutional Investor）獲得資金[26]。網路借貸平台向銀行購買債權後，其會發行平台票券給予上述投資者，投資者從資金需求者償還的本金、利息內獲得其投資的回報[27]。如同其他模式，在此過程中，網路借貸平台會收取服務費用。

表23-3　銀行合作模式[28]

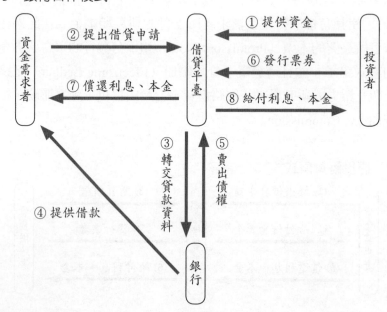

---

[26] 參閱經濟日報，P2P可借道銀行取得聯徵資料，2018年11月3日，https://money.udn.com/money/story/5613/3458413?from=ednappsharing，最後瀏覽日：2018年11月3日。

[27] *See* Odinet, *supra* note 5, at 792.

[28] 表23-1、表23-2、表23-3為作者自行繪製。

網路借貸平台購買債權的資金是來自於投資者，投資者透過平台票券承擔資金需求者不履行債權之違約風險，網路借貸平台並不需要承擔信用風險（Credit Risk），從而其不需要保留資本準備金（Capital Reserves）以保障其投資者，此即為網路借貸平台之優點，不需受到資本充實原則之限制，因此網路借貸平台可以為資金需求者提供利率更低的產品[29]。

三、網路借貸平台之優勢與風險

網路借貸平台所帶來的影響包含資金供給方、資金需求方以及傳統銀行，因為經濟上成本相對於傳統銀行較為低廉，使得資金供給方更有誘因將其資金投入於網路借貸平台，資金需求方能夠更容易達到融資之目的。然而，相較於傳統銀行有金融中介機構作為擔保以及較為完整之法規範，網路借貸平台亦具有一定程度風險，本文以下將就網路借貸平台之優勢與風險為討論。

(一) 網路借貸平台之優勢

不同於透過傳統銀行完成之間接金融模式，在去除金融中介機構後，網路借貸平台得以提供更低的借貸利率以及回饋予資金供給者更高之報酬。然而，須注意者，提供如此誘人之利率需仰賴網路借貸平台之風險管控機制，若是未有良好的風險管控，導致違約率之上升，縱使提供再好的利率作為誘因，但是過高的違約率亦將使資金供給者卻步[30]。為保障存款戶之權益，傳統銀行之監理在於確保金融機構不能倒，需受銀行法之高密度監管，因此傳統銀行業所需之遵法成本相當高昂，然而，網路借貸平台之業務經常以純借貸之模式或是債權轉移之方式，不若銀行有吸收存款，因此風險準備金要求較低，所以網路借貸平台業者以相對較低成本進行放款，故平台可得將其收益轉換成資金供給者之回饋利率以吸引資金供

---

[29] *See id.*

[30] *See* Verstein, *supra* note 4, at 457.

給者投入資金[31]。

其次，良好的網路借貸平台所為之信用評分、風險管控可能相較於傳統銀行更加具可信度。有鑑於電子數位化的時代，資金需求者比起以往所遺留之數位記錄更加廣泛，利用這些數位記錄，網路借貸平台可以蒐集不同來源之資訊，以這些資訊分析加以控制風險，相較於傳統銀行如孤島般僅使用其本身既有資訊所為之分析，網路借貸平台對於債務人之信用評分，往往更為精準與即時[32]。另外，網路借貸平台之交易過程幾乎由網路上即可完成，利用網路之便利性有助於降低時間、金錢之成本，網路借貸也更能專注於網路平台之維護、風險管控等以提高效率[33]。網路之便捷性更是降低傳統銀行可能發生之歧視性問題，尤其是種族、性別，於傳統銀行為貸款時經常受到阻礙，但是在網路借貸平台上之影響相對弱化，對於某些群體，如單身者、女性、離婚等而言成為相對友善之資金來源[34]。

此外，由於網路借貸平台之數據分析非僅來自於固有資訊，而是以大數據之方式加以分析，因此讓資金供給者更願意貸款予在傳統銀行無法取得資本之資金需求者，也因為信用評分之資訊來源更加多元，不但可降低利率亦可使得違約率隨之降低，如此的良性循環，資金需求者得以較低之利率獲取資金，大幅度降低違約率，在風險不高又比起銀行存款利率高之情形下，資金供給求者更樂意將其資金投入至網路借貸平台[35]。更有論者指出，在投資同時亦可幫助弱勢，促進了資金供給者之投資意願[36]，以美國Kiva網路借貸平台為例，其成立宗旨在於以「貸款」之方式取代「捐款」達到幫助弱勢之目的，資金需求者多為經濟較為弱勢之族群，透過網路借貸平台得以更有尊嚴地獲取金錢上援助，資金供給者除可投資獲利更

---

[31] *See id.* at 458-59.

[32] *See* Odinet, *supra* note 5, at 802.

[33] *See* Verstein, *supra* note 4, at 457.

[34] *See* Paul Slattery, *Square Pegs in a Round Hole: SEC Regulation of Online Peer-to-Peer Lending and the CFPB Alternative*, 30 YALE J. ON REG. 233, 244 (2013).

[35] *See* Odinet, *supra* note 5, at 803.

[36] *See* Slattery, *supra* note 3, at 244.

可達到日行一善之目的，可謂兩全其美[37]。

　　除了讓資金需求者更有效率以及低成本獲取資金外，網路借貸平台更是創造了借貸雙方之自由度。以ZOPA為例，資金供給者可得利用該網站之「貸款計算機」設定金額、利率、期間以尋找各種資金需求者之組合，雙方自行找尋到最佳的組合模式，利率、貸款時間等等參數均主要係由貸款人自由設定[38]。高自由度的設置，讓資金供給者可得更加彈性地控制其風險，且平台經常會將需求金額拆成許多小額貸款，每位資金供給者僅提供小額資金以共同承擔風險，最大限度地分散風險，也因此可以更低成本以及高利率之方式完成交易，這樣的優勢下使得資金供給者更願意投入資金。最後，網路借貸平台的崛起重要原因在於規範密度及強度相對不足，金融科技的發展日新月異，法規範並無法同步為修正或立法，因此許多網路借貸平台利用監管之漏洞免除許多法遵成本，更甚者開發出更具優勢之金融服務[39]。然而，須注意者，金融科技之創新金融服務，是否真的無法可管？本文將於後探討之。

(二) 網路借貸平台之風險

　　在未有傳統的金融中介機構為信用審查、擔保，網路借貸平台的資金供給者不太可能能夠充分理解網路借貸之箇中風險。再加上網路借貸平台的資金需求者與資金供給者間經常是素未謀面的陌生人，透過平台得以連接，因此資金需求者可能會以詐欺之方式以獲取更佳的利率以及更多的資金[40]。再加上有些網路借貸平台可能所取得之資訊較為不足或風險管控不良，導致資金需求者更能利用網路借貸平台以詐欺獲取資金，以美國Prosper網路借貸平台為例，Prosper通常不會調查資金需求方之背景、職業、貸款以及還款計畫，且平台通常會聲明網站上資金需求方所提供之

---

[37] See Kiva, https://www.kiva.org/about (last visited 2018.06.26).

[38] 參閱林子渝，共享經濟下的P2P借貸模式，臺灣經濟研究月刊，38卷8期，頁45，2015年8月。

[39] See Odinet, *supra* note 5, at 803.

[40] See Verstein, *supra* note 4, at 467.

資訊，平台不負任何責任；據此，使得資金供給者有時必須承擔較大的風險[41]。此外，雖然網路借貸平台所建立之資料庫來源與以往之傳統銀行業不同，然而，因為這些平台蒐集的數據有限，加上平台審核資訊相對機制不完整，因此無法確定資金需求者之實際還款能力，加上平台以及資金需求者經常未提供擔保，以致於資金供給方需承擔更高之違約風險[42]。

此外，網路借貸平台對於個人資料隱私之保護亦是存在不足之風險，因他們為建立風險控管機制，必須蒐集大量資金供給者與資金需求者之個人資料以建立資料庫，然而，若是網路借貸平台將這些個資用於不法用途或是沒有足夠的防護系統導致被駭客攻擊，都將可能造成個資外洩之風險[43]。另外，當資金需求者有違約之情形，資金供給者經常須仰賴網路借貸平台以收取違約金及追討借款，然而這些平台的收取違約金方式並無擔保，導致收回還款之風險即相對提高[44]。再者，由於許多貸款的期限為三到五年，因此該債權的流動性明顯低於其他種類的金融商品。最後，平台破產時，借貸雙方應如何處理債權，事實上仍未有明確規範；以我國而言，目前對於網路借貸平台之監管仍處於高度不確定性，未來將如何演變將影響網路借貸之發展，亦成為資金供需雙方之風險[45]。

參、美國聯邦證券法投資契約之意義

美國1933年證券法對於證券之定義，規定於該法第2條第1項：「本法所稱證券，除上下文義另有他指外，謂任何本票、股票、貯藏股、債

---

[41] *See* Slattery, *supra* note 34, at 248.

[42] *See* Eric C. Chaffee & Geoffrey C. Rapp, *Regulating Online Peer-to-Peer Lending in the Aftermath of Dodd–Frank: In Search of an Evolving Regulatory Regime for an Evolving Industry*, 69 WASH. & LEEL. REV. 485, 505-06 (2012).

[43] *See* Slattery, *supra* note 34, at 245.

[44] *See* Chaffee & Rapp, *supra* note 42, at 506.

[45] *See id.* at 506.

券、無擔保債券、債權證明、任何分享利潤協議之證書或參與、擔保品信託證書、公司成立前之認股證、可轉讓之股份、投資契約、投票信託證書、證券提存之證書（存託憑證）、石油、天然氣或其他礦產未分割部分利益、任何賣出、買入，買入及賣出之選擇權或證券上特權、存單、證券的集合或指數，包括其上的利益或價值，或在全國性證券交易所有關外國貨幣之賣出、買入，買入及賣出之選擇權或特權，或一般所謂之證券，或對以上所有項目之參與或利益證書、臨時證書、收據、保證或認購權。[46]」觀察本條之規定，大約列舉30種金融商品，其中投資契約（Investment Contract）之解釋，由於國會並未定義投資契約，遂留由法院以合於法規範目的之方法（保護投資人）加以解釋[47]。透過討論投資契約抽象概念之意涵，可使得法規架構趨於彈性化以因應日新月異之金融商品[48]。

1946年，美國聯邦最高法院在*SEC v. W.J. Howey*[49]案中，發展出著名的Howey Test審查標準，以審查系爭金融商品是否屬於投資契約，若係屬於投資契約者，即為有價證券，則應以證券交易法予以規範。美國聯邦

---

[46] Section 2 (a) of the Securities Act of 1933 defines a security as follows: When used in this title, unless the context otherwise requires—(1) The term "security" means any note, stock, treasury stock, security future, security-based swap, bond, debenture, evidence of indebtedness, certificate of interest or participation in any profit-sharing agreement, collateral-trust certificate, preorganization certificate or subscription, transferable share, investment contract, voting-trust certificate, certificate of de posit for a security, fractional undivided interest in oil, gas, or other mineral rights, any put, call, straddle, option, or privilege on any security, certificate of deposit, or group or index of securities (including any interest therein or based on the value thereof), or any put, call, straddle, option, or privilege entered into on a national securities exchange relating to foreign currency, or, in general, any interest or instrument commonly known as a "security", or any certificate of interest or participation in, temporary or interim certificate for, receipt for, guarantee of, or warrant or right to subscribe to or purchase, any of the foregoing. 參閱余雪明，認識證券交易法（二）有價證券之概念，月旦法學雜誌，第16期，頁85，1996年9月。

[47] 參閱莊永丞，同註13，頁441。

[48] *See* James D. Cox et al., Securities Regulation Case and Materials 118 (1997).

[49] *See* SEC v. W. J. Howey Co., 328 U.S. 293 (1946).

最高法院所提出的Howey Test審查標準，闡明投資契約所應具備的四個要件：(1)投資金錢（a Person Invest His Money）；(2)投資於共同企業（in a Common Enterprise）；(3)投資人期待獲利（is Led to Expect Profits）；(4)獲利主要係仰賴發起人或第三人的經營努力（Expect Profits Solely From the Efforts of the Promoter or a Third Party）[50]。此四個要件即所謂的Howey Test審查標準，凡通過Howey Test檢驗者，即為投資契約，而該當證券法之有價證券[51]。

一、金錢之投資

Howey Test審查標準投入金錢之要件，須投資人以投資為目的，自願地移轉現金（Cash）、財產或勞務（Goods & Service）[52]，以換取投資證券之對價，且投資人因此項投資尚須承擔某種程度之財務損失風險[53]。換言之，若移轉現金、財產或勞務行為係100%可以獲利，完全沒有風險存在，當非屬投資行為。事實上，大部分的投資計畫均不難該當本要件，一般而言，投資金錢並非爭議之所在，而「風險」之有無，則可作為是否該當投資行為之判準[54]。

二、投資於共同企業

在Howey案中，美國聯邦最高法院提出的第二個要件為投資於共同企業，此要件之重點在於描述投資人之投資與發起人之經營努力或財富

---

[50] *See id.* at 298-99.

[51] 參閱劉連煜，新證券交易法實例研習，頁41，2014年，增訂12版；賴英照，股市遊戲規則：最新證券交易法解析，頁15-18，2017年，3版。

[52] *See* International Broth. of Teamsters, Chauffeurs, Warehousemen and Helpers of America v. Daniel, 439 U.S. 551, 560 (1979).

[53] *See* Maura K. Monaghan, *An Uncommon State of Confusion: The Common Enterprise Element of Investment Contract Analysis*, 63 FORDHAM L. REV. 2135, 2147 (1995).

[54] 參閱莊永丞，論保單貼現金融商品是否為證券交易法之有價證券，法令月刊，58卷3期，頁64，2007年3月。

間所呈現的共同關係[55]。然而,該共同關係之具體內容,美國聯邦最高法院對此隻字未提,致使下級法院間發展出判定共同企業要件之三套標準:(1)水平共同關係(Horizontal Commonality);(2)廣義垂直共同關係(Broad Vertical Commonality);(3)狹義垂直共同關係(Strict Vertical Commonality)。基本上,美國聯邦第3、6、7上訴巡迴法院採取水平的共同關係,而美國聯邦第9上訴巡迴法院採取狹義垂直共同關係,美國聯邦第5、11上訴巡迴法院採取廣義垂直共同關係[56]。

水平共同關係,係指投資人間是否一同享有利潤以及承擔風險,因此,投資人之水平共同關係,即係聚集投資資金、分享利潤與分擔損失[57]。須注意者,水平共同關係乃判斷共同企業要件最多限制之標準,因要求聚集投資人挹注資金,並按比例分享利潤與分擔損失,投資人間財富相互連繫,從而,依循水平共同關係標準者,即排除僅有單一投資人的交易型態[58]。

有別於水平共同關係,垂直共同關係將單一投資人的交易型態亦涵蓋其中[59]。考量一對一的交易型態,均無須要求存有多數投資人與資金聚集之要件。又美國聯邦第2上訴巡迴法院將垂直共同關係區分為兩大態樣,亦即「狹義垂直共同關係」以及「廣義垂直共同關係」[60]。所謂狹義垂直共同關係,投資人財富與發起人財富間須相為連繫,並要求投資人之損益須與發起人損益間,成正相關,垂直共同關係始能成立[61]。其次,廣義垂

---

[55] *See* John Coffee Jr. et al., Securities Regulation: Cases and Materials 263-66 (2012).

[56] *See* Christopher L. Borsani, *A "Common" Problem: Examining the Need for Common Ground in the "Common Enterprise" Element of the Howey Test*, 10 DUQ. BUS. L.J. 1, 7 (2008).

[57] *See* Michael R. Davis, *Unregulated Investment in Certain Death: Sec v. Life Partners, Inc.*, 42 VILL. L. REV. 925, 938 (1997).

[58] *See* Monaghan, *supra* note 53, at 2152-53.

[59] *See* Davis, *supra* note 57, at 939.

[60] *See* Revak v. SEC Realty Corp., 18 F.3d 81, 87 (2d Cir. 1994).

[61] *See* Marc G. Alcser, *The Howey Test: A Common Ground for the Common Enterprise Theory*, 29 U.C. DAVIS L. REV. 1217, 1228 (1996).

直共同關係乃以狹義垂直共同關係作為基礎，投資人財富與發起人財富間亦須相為連繫，但最大的不同在於，僅須審視投資人與發起人之專業知識能力是否相關，具有某種程度的關聯性，即可成立垂直共同關係[62]。總之，垂直共同關係與水平共同關係最大的區別在於，垂直並不以複數投資人存在為必要，即使一位投資人，亦得該當垂直共同關係，水平則強調複數投資人存在之必要性。

三、投資人之獲利期待

投資人獲利期待要件之判準，美國法院多遵循美國聯邦最高法院 *United Housing Foundation, Inc. v. Forman*[63]案的見解。Forman案法院以目的解釋方法闡明此要件，並以系爭標的對於經濟實質面之衝擊作為審查基準，而非採以純文義的形式解釋方法。從而，法院提供兩個面向以觀察系爭標的是否滿足獲利之要件：其一為因投資行為而致投入資本升值，其二則為投資人得參與因投資獲利所為之盈餘分配[64]。

在Forman案，即使系爭標的名為「股票」，由於原告並沒有預期藉「股票」之購入而獲投資之報酬，反而，原告從Riverbay公司購買「股票」之目的，究其實質乃為換取未來得以居住使用之空間，與進入資本市場購買股票期待投入資本之本金升值或預期未來股利之分派，顯不相同，因此判決原告敗訴[65]。是以，獲利之真正意涵在於投資人之預期報酬，須來自於投資行為所致之投入本金升值或投資人得參與因投資獲利所為之盈餘分配。若付出之金錢，係為了消費目的所為之對價給付，即與預期報酬概念有違，自不該當「獲利」之概念[66]。

---

[62] *See* Borsani, *supra* note 56 , at 10-11.

[63] United Housing Foundation, Inc. v. Forman, 421 U.S. 837 (1975).

[64] *See id.* at 852; Coffee Jr. et al., *supra* note 55, at 272-73.

[65] *See id.* at 853.

[66] *See* Davis, *supra* note 57, at 934-35.

四、獲利主要係仰賴發起人或第三人的經營努力

　　為避免讓有心人士有可乘之機，美國法院並非嚴格解釋獲利的產生必須「完全的」（Solely）來自於發起人或第三人的努力。基於美國聯邦最高法院在證券法解釋靈活性的堅決要求，美國聯邦第9上訴巡迴法院在 *SEC v. Glenn W. Turner Enterprises, Inc.*[67]案，拒絕對「完全」（Solely）採取嚴格的文義解釋，否則文義解釋之方法將使法院無法評價某些計畫歸類為有價證券，而這樣的文義解釋將可能造成許多案例產生荒謬之結果，易促使有心人在某些計畫中設計增加投資人參與計畫並付出簡單的行政努力以作為利益實現的先決條件，以此來逸脫證券法之規範，排除Howey Test審查標準「完全」明亮的界線（"Solely" Bright Line），以此作為一救濟途徑，因此在美國聯邦證券法應保持其彈性原則，以發揮提供投資人最適切之保護架構[68]。Turner案法院考量發起人或第三人之經營努力若為重要性之經營努力，即屬於會影響企業失敗或成功的必要經營努力，則將符合本要件[69]。在*SEC v. Koscot Interplanetary, Inc.*[70]案，法院提出努力的概念應是發起人是否有經營（Manage）、控制（Control）或管理（Operate），發起人的努力是否為關鍵性之地位。總而言之，目前美國實務見解，均將「完全的」（Solely）一詞，改為「主要的」（Predominantly）意涵[71]。

　　此外，美國聯邦第5巡迴上訴法院在Williamson v. Tucker[72]案，針對Howey Test第四個要件，亦提供相當卓越的判準，審酌的重點應考量：(1)出資人原則上不得或有限制的參與業務之經營，地位如同隱名合夥人；(2)出資人欠缺系爭事業經營之專業知識與經驗，以致於無法該行業之經營能力；(3)出資人須仰賴發起人之商業經營能力，出資人無法取代該發

---

[67] *See* SEC v. Glenn W. Turner Enterprises, Inc., 474 F.2d 476 (9th Cir. 1973).

[68] *See* Davis, *supra* note 57, at 942-43.

[69] *See* SEC v. Glenn W. Turner Enterprises, Inc., 474 F.2d at 482.

[70] SEC v. Koscot Interplanetary, Inc., 497 F.2d 473 (5th Cir. 1974).

[71] *See* Coffee Jr. et al., *supra* note 55, at 263.

[72] *See* Williamson v. Tucker, 645 F.2d 404 (5th Cir. 1981).

起人而獨力經營該事業[73]。是故,本要件之真諦在於強調出資人之被動性與消極性,出資人須高度仰賴發起人之專業經營努力,投資契約方能水到渠成,換言之,關於共同的企業經營,投資人之涉入越少,就越有可能滿足期待利潤是主要來自於發起人或第三人的努力。

肆、貨幣市場金融商品規範之判準

　　貨幣市場下之任何金融商品,不論其為何種名稱,其本質就如同通用貨幣一般,為信用支付工具,代替實體現金之支付。換言之,即此等商品之特性在於自償性高,易於變現。按我國法制規劃上,依據票券金融管理法第4條第1款之規定,短期票券係指在一年期限內之下列短期債務憑證:(一)國庫券;(二)可轉讓銀行定期存單;(三)公司及公營事業機構發行之本票或匯票;(四)其他經主管機關核准之短期債務憑證。據此,短期債務憑證乃貨幣市場之金融工具,非證券交易法所欲規範之客體。

　　基本上票據或票券,均為發票人之信用證券或支付證券,意謂票據主債務人自己承諾,於指定之到期日或見票時,無條件支付與受款人或執票人之商業票據,但就某程度而言,亦可視為票據債權人對於發票人信用之投資行為,故美國聯邦1933年證券法與1934年證券交易(所)法,立法技術上先將票券(Notes)納入投資證券之定義範圍中,同時亦明文排除短期票券與不具投資性質之票據。因此,並非所有的票券皆為投資證券,其判準依票據到期日為區分外(美國為九個月),隨後亦發展「家族類似性法則」(Family Resemblance Test)與Reves Test,以判斷票券究係適用證券法規,抑或適用貨幣市場之法規範。是故,透過此等判準以確立貨幣市場之金融商品範圍與界限,同時亦可說明為何普通公司債應由證券交易法所規範。以下茲就該等判準逐一介紹之。

---

[73] *See id.* at 424.

一、到期日概念

首先，以商業票據到期日的概念為區分之審查方法，如美國係以「九個月」[74]，我國則以「一年」為短期金融商品之到期日（Maturity）。簡言之，以是否超過該到期日作為短期債務憑證之判斷標準。該當短期債務憑證者，即為貨幣市場流通之支付證券或信用證券，即無證券交易法規之適用；反之，到期日超過該期限之中長期債務憑證，若不具消費融通之性質，即有受證券交易法規範之可能。

二、家族類似性法則（Family Resemblance Test）

美國聯邦第2上訴巡迴法院發展所謂的「家族類似性法則」（Family Resemblance Test），提供審視商業票據之標準，以豁免證券交易法之適用。換言之，凡與下列7種商業票據，實質功能相似者，即非屬證券交易法之證券[75]。即(1)因消費金融所給付之票據（the note delivered in consumer financing）；(2)存有以住家作為擔保的票據（the note secured by a mortgage on a home）；(3)存有以小型營業或其某些資產作為質押的短期票據（the short-term note secured by a lien on a small business or some of its assets）；(4)銀行因融資所給予顧客之票據（the note evidencing a character loan to a bank customer）；(5)以應收帳款讓與權作為擔保的短期票據（short-term notes secured by an assignment of accounts receivable）；(6)表徵平常經營業務範圍內所產生之帳上債務（a note which simply formalizes an open-account debt incurred in the ordinary course of business）[76]；(7)因公司業務需要，而向商業銀行融資所得之票據（notes evidencing loans by commercial banks for current operations）[77]。上述商業票據之共同特色在於

---

[74] 參閱美國1934年聯邦證券交易法§3(a)10。The Exchange Act §3(a)10, 15 U.S.C. §78(c)(a)(10).

[75] 參閱劉連煜，同註51，頁43。

[76] *See* Exchange Nat'l Bank of Chicago v. Touche Ross & co., 544 F.2d 1126, 1138 (2d Cir. 1976).

[77] *See* Chemical Bank v. Arthur Andersen & Co., 726 F.2d 930, 939 (2d Cir. 1984).

具備貨幣金融之性質，以取代現貨之使用而流通於貨幣市場之有價證券，執票人或票據權利人並非證券交易法之投資人。凡票券該當上述7種票據之一者或與前述7種票據之一具有強烈相似性，即非屬證券；反之，則推定為證券交易法之證券。

三、Reves Test審查標準

1990年，美國聯邦最高法院於*Reves v. Ernst & Young*案[78]，對於新型票券之發行，是否應受證券交易法之規範，提出其判斷標準，嗣後對該判準即稱之為Reves Test。本案中所涉及之爭點為Reves農業產銷合作社所發行見票即付之票券是否該當證券交易法之有價證券。

首先，美國聯邦最高法院肯認前述之「家族類似性法則」，以作為排除商業票據成為證券之第一階段判準，經「家族類似性法則」反面推定為證券之票券，尚須再經過第二階段Reves Test審查，方可終局確定為證券交易法之有價證券。Reves Test揭櫫之審查要件為：(1)當事人有無金錢投資之動機。倘若票券發行人之動機在於募集中長期營運所需之資金，而非短期融通資金之調度，該票券即為高度可能為證券；(2)票券配銷流通之計畫。若該配銷流通之計畫，是對不特定多數人為募集，該票券即有成為證券之可能；若僅為對特定人為銷售，由於影響層面有限，便較無可能成為證券；(3)投資大眾之合理期待。若投資大眾承購票券之目的在於期待獲取中長期報酬，而非貼現之利益，該票券則有成為證券之可能；(4)該票券有無其他規範體系存在，若無其他規範得加以適用，則意謂該票券持有人之投資風險增加，即有受證券交易法保護之必要[79]。

須注意者，在Howey Test與Reves Test均有買受人期待獲利之要件，但細究其內涵，仍有差異。Howey Test之獲利，係指投資人期待參與盈餘之分配或投資本金之升值者，而Reves Test之獲利，係指投資人期待固定利息之收入，公司債之債息收入，即為明例。從而，Howey Test係用以判

---

[78] *See* Reves v. Ernst & Young, 494 U.S. 56 (1990).

[79] *See id.* at 66-67.

段是否為具股權性質之有價證券，而Reves Test則是用來檢驗是否為普通公司債之投資證券。因此，任何吸金行為，若能確定符合Howey Test或是Reves Test之要件者，即應受到證券交易法之規範。

伍、網路借貸平台是否為證券交易法規範之客體

一、以Howey Test審查標準審查網路借貸平台

（一）肯定見解

　　美國聯邦證管會於2008年對Prosper發布停業命令（Cease-and-Desist Order）[80]，主張Prosper和其他營利的網路借貸平台所為的行為是販售證券，因此網路借貸平台應向美國聯邦證管會申報生效後，始得對外募集資金。[81]

　　關於第一個要件，金錢之投資，美國聯邦證管會認為當資金供給者提供貸款時，即為投入金錢購買網路借貸平台所發行之債權憑證，並且需承受無法取回該筆資金之風險[82]。再者，第二個要件，投資於共同事業，美國聯邦證管會認為，在網路借貸平台的經營模式下，資金供給方、資金需求方與借貸平台間具有共同企業之關係，舉例而言，資金供需雙方均須倚靠網路借貸平台以撮合完成交易，顯然資金供給者之財富與網路借貸平台之專業經營能力間具有一定程度之關聯性，符合廣義垂直共同關係之要件，且資金需求者所獲取之貸款經常是由許多資金供給者共同提供，可知具有聚集投資資金之現象、並且資金供給者間共同分享利潤與分擔損失，符水平共同關係之判準[83]。另外，美國聯邦證管會更指出，平台與資金供

---

[80] *See* SEC, *supra* note 3.

[81] *See* Carl E. Smith, *If it's not Broken, Don't Fix it: The SEC's Regulation of Peer-to-Peer Lending*, 6 BUS. L. BRIEF (Am. U.) 21, 22 (2009).

[82] *See* SEC, *supra* note 3, at 4.

[83] *See id.*

需雙方存有共同企業無疑，因資金需求者必須向平台支付借款總額1%至3%手續費、資金供給者每年必須支付未償還本金餘額之1%服務費，可見平台與資金供需雙方間具有共同企業之關係[84]。

　　至於投資人之獲利期待之要件，美國聯邦證管會認為，資金供給方之所以願意提供借款予資金需求方，原因在於資金供給者期待以此方式獲取高於存款之利息收入，且平台為吸引資金供給者，會在網站上主打該獲利優於股票等其他金融商品，可見資金供給者投入資金時，並非以為消費目的所為之對價給付，係以獲取高額利息收入之目的，故自應符合投資人獲利期待之要件[85]。最後，第四要件，獲利主要係仰賴發起人或第三人的經營努力，由於若是未有平台協助提供資訊、管理，資金供需雙方是難以完成交易的，他們主要係倚賴於平台之經營努力方得實現，且還款程序之處理以及逾期還款之催繳，均需仰賴平台所建立之程序，以減低資金供給者因資金需求者違約而所受之損失，因此，應可認平台所發放之債權憑證符合獲利主要係仰賴發起人或第三人的經營努力之要件[86]。

(二) 否定見解

　　否定見解認為，網路借貸平台難以通過Howey Test審查標準之第四個要件「獲利主要係仰賴發起人或第三人的經營努力」。反對見解認為，美國聯邦證券交易委員會過於誇大平台於債權憑證銷售前之行政努力，平台審查資金需求者之信用評等、協助資金供需雙方之撮合以及還款程序之處理以及逾期還款之催繳，均僅是一般的行政管理努力，並非高度仰賴於平台所為之經營努力[87]。以*SEC v. Life Partners Inc.*[88]此案為例，在*SEC v. Life Partners Inc.*此案中，該事實為1994年美國最大的保單貼現公司LPI公司，會與被保險人簽訂保單貼現契約，並取得該保單之受益權，之後再將所取

---

[84] *See id.*

[85] *See id.* at 3.

[86] *See id.* at 4.

[87] *See* Verstein, *supra* note 4, at 479-80.

[88] *See* SEC v. Life Partners, Inc., 87 F.3d 536 (D.C. Cir. 1996).

得之保單受益權對外轉讓予投資人，當被保險人死亡時，投資人即可取得保險人給付之保險金。原則上在保單貼現契約簽訂前，LPI會透過其團隊就被保險人之生命預期、身心狀態與保險公司之評等進行縝密之評估，經研究查證具有投資實益者，LPI公司方可能為保單貼現契約之議定[89]。就獲利主要係仰賴發起人或第三人努力之要件為判斷，美國聯邦哥倫比亞特區上訴巡迴法院認定投資人獲利關鍵在於被保險人之生存其間之長短，LPI公司僅有在出售前有尋找以及審查保單之努力，雖不可否認其重要性，但若是被保險人實際生存期間超出LPI公司事前之生命評估，LPI購買前之努力充其量僅是一般行政管理之努力，在投資人於購買後之服務，例如確認被保險人是否存活、對保險公司提出保險金給付之請求、將保險金分配給投資人等，此亦均屬與投資人獲利無關之「行政管理」行為，LPI公司並無法控制被保險人之死亡時點，故顯與Howey Test審查標準所要求之發起人之經營努力要件未合[90]。

同理，網路借貸平台之交易關係觀之，資金供給者之獲利幾乎完全是取決於資金需求者之還款意願以及能力。換言之，資金需求者之持續工作、努力存款以及按時還款等因素才是資金供給者之獲利關鍵，而非仰賴於網路借貸平台業者之企業經營[91]。因此，既然資金需求者之獲利關鍵在於資金需求者之努力，自然應將資金需求者認定為發起人而非網路借貸平台本身，但若將資金需求者視為發起人，將造成資金需求者需負擔龐大的法律遵循成本，這是這些資金需求者所無法承擔且將扼殺網路借貸平台之發展，因此美國聯邦證券交易委員會便將網路借貸平台視為發行人課予其證券法上之相關義務，但這樣的適用結果是相當荒謬的[92]。因此，否定見解認為，網路借貸本質上應僅為一種私人間之民法借貸關係，實非該當投資契約之要件[93]。

---

[89] *See id.* at 538-39.

[90] *See id.* at 545-48.

[91] *See* Verstein, *supra* note 4, at 480.

[92] *See id.* at 481-82.

[93] *See* Shen Wei, *supra* note 15, at 3.

(三) 本文對於否定見解之回應

　　綜上可知，肯定見解與否定見解所爭執之重點在於Howey Test審查標準之第四要件。肯定見解認為網路借貸平台所為之信用評等、風險管理、還款程序之處理以及逾期還款之催繳等均係發起人之經營努力。反之，否定見解則認為平台此些努力僅屬於與投資人獲利無關之「行政管理」行為，欠缺投資人投資後之經營努力，獲利仍需仰賴於資金需求者之還款意願以及能力。否定見解對此之質疑，初視之，似言之有理，惟幾經思索後仍不難發現該論理違誤之處。首先，資金需求者之還款意願、能力對於投資人之獲利的確是極為重要，然而，真正的關鍵仍在於網路借貸平台對於資金需求者之還款能力之精確估算，申言之，平台對於資金需求者之信用評等越精準，投資人之預期報酬也就越高。因此，當發起人於投資人購買前之經營策略以及布局攸關整體網路借貸平台發展之成敗，則區別投資人進場前後實無實益[94]。在 *SEC v. Mutual Benefits Corp.*[95]案，法院認發現到投資契約通常涉及購買前與購買後的經營管理行為之組合，於判定Howey Test審查標準是否符合時，應當整體考量到購買前與購買後之行為，職是，法院不同意以交易時點作為經營努力的區分界線，重要的是，應探究發起人經營努力之核心價值，而非汲汲於經營努力之起訖時點，故發起人企業經營努力要件審查應集中於企業家經營之經濟實質面，將帶給投資人如何的預期報酬，以整體、全面之方式加以觀察為宜，因此，秉持著廣泛解釋證券法規，以涵攝所有企圖使用他人資金並允諾獲利之計畫，方可發揮證券法保障投資人以及健全證券市場之規範目的[96]。

　　因此，雖有主張平台僅係供資金供需雙方提供資訊，平台提供借貸雙方高度自由性，資金供給者可自行設定金額、利率、期間以尋找各種資金需求者之組合，雙方自行找尋到最佳的組合模式，但事實上平台為促成

---

[94] *See* Dave Luxenberg, *Why Viatical Settlements Constitute Investment Contracts Within the Meaning of the 1933 & 1934 Securities Acts*, 34 WILLAMETTE L. REV. 357, 372-74 (1998).

[95] *See* SEC v. Mutual Benefits Corp., 408 F.3d 737 (11th Cir. 2005).

[96] *See id.* at 743-44.

交易之成功，會協助資金供給者之身分驗證、信用評分，更甚者為降低風險將需求金額拆成許多小額貸款，每位資金供給者僅提供小額資金以共同承擔風險，最大限度地分散風險，也因此可以更低成本以及高利率之方式完成交易，這些風險系統之設置、縝密評估貸款之風險、利率，均屬企業家之經營努力，若未有平台之審慎評估，將可能使資金供需雙方難以完成貸款，因此，交易之所以能夠完成，完全是在平台的專業經營管理規畫之下，是以，資金供給者之獲利主要係仰賴於網路借貸平台業者之經營努力無疑，自該當Howey Test審查標準之第四要件，符合投資契約之概念，自應以證券法加以規範之。

二、以Reves Test審查標準審查網路借貸平台

(一) 肯定見解

美國聯邦證券交易委員會於2008年對Prosper發布停業命令（Cease-and-Desist Order）除以Howey Test審查標準認定網路借貸平台所發行之債權憑證為證券法之有價證券外，更是援引Reves Test審查標準認定為票券（Notes），應以證券法加以規範之。

以票券到期日概念為審查，一般而言網路借貸平台之債權憑證期限為三到五年[97]，可知不論以美國之「九個月」標準或是以我國之「一年」短期票券標準，均非短期之債務憑證而屬於貨幣市場流通之支付證券或信用證券。另再以「家族類似性法則」判準審查之，網路借貸平台所發行之債務憑證亦與美國聯邦第2上訴巡迴法院所列舉之七種票券無家族類似性，故自不得將其排除於證券之規範外。

美國聯邦證管會以Reves Test審查各要件後，認為平台所發行之債務憑證應屬證券法所規範之票券。首先，在當事人投資金錢之動機要件，資金供給者乃是基於獲得比起存款更佳之利率而為購買債權憑證，因此可認當事人之投資金錢之動機乃為獲取中長期利潤而非消費或商業目的之支付

---

[97] *See* Chaffee & Rapp, *supra* note 42, at 506.

行為[98]。其次,票券配銷流通之計畫要件,從網路借貸平台之經營模式以觀,債權憑證均是在網路上向公眾不特定人為銷售,且購買債權憑證的人不需要具有財金專業知識,這樣地向不特定人為廣泛銷售之行為,應屬對資本市場不特定人募集資金之行為[99]。再者,在投資大眾之合理期待要件,平台會在網站上主打該獲利優於存款或股票等其他金融商品,可知資金供給者購買債權憑證之行為具有合理之中長期獲利期待[100]。最後,美國聯邦證管會就現行法制為觀察,並不存有適當之監管規範以保護資金供給者,例如資金需求者以及平台不得對於貸款之目的、工作、收入以及身分等事項欺詐誤導資金供給者之相關規範。綜上,美國聯邦證管會認為網路借貸平台所發行之債權憑證符合Reves Test審查標準,故應以證券法加以規範之。

(二) 否定見解

就Reves Test審查標準四要件中之第一個要件:當事人投資金錢之動機要件係強調「買賣」雙方之動機[101],對於資金供給者而言,購買以獲取利潤之動機的確有可能讓該債權憑證符合第一個要件,但在美國聯邦證券交易委員會之停業命令中事實上並未闡明賣方之動機,而平台販售債權憑證之目的為本身之業務,而非以募集資金為目的,故無法符合第一個要件[102]。

其次,有關票券配銷流通之計畫,應審查該計畫係為投資之目的抑或是消費之目的,若該票券配銷流通計畫乃以投資為目的者,則將向公眾不特定人為發行並可得為次級市場流通,據此,平台在發行債權憑證時無次級市場可得流通者,則難以符合本要件。因此,在欠缺次級市場的流通性情形下,實難認網路借貸平台所發行之債權憑證符合Reves Test審查標準

---

[98] *See* SEC, *supra* note 3, at 5.

[99] *See id.*

[100] *See id.*

[101] *See* Reves v. Ernst & Young, 494 U.S. at 66.

[102] *See* Verstein, *supra* note 4, at 485.

之第二要件，故自非證券法下之有價證券之概念[103]。

(三) 本文對於否定見解之回應

否定見解認為，Reves Test審查標準之第一要件應觀察「雙方」當事人之動機要件，買方係屬投資為目的購買者，賣方係屬籌措資金為目的方可符合Reves Test審查標準之第一要件。對此，本文認為，投資者係為賺取利潤之目的而申購無疑，發行人之動機之目的乃為籌措資金需求者之借款，其中，平台經常將該借款分割為小額借款以籌措資金，據此可知，雙方當事人之動機並非為支付之動機，而係包含投資之成分在內，故符合Reves Test審查標準之第一要件。

另外，否定見解認為，有關配銷流通計畫之要件，平台在發行債權憑證時無次級市場可得流通者，在欠缺次級市場的流通性情形下，實難認網路借貸平台所發行之債權憑證符合Reves Test審查標準之第二要件。對此，本文認為，事實上網路借貸平台為促使資金供給者願意投入資金，更是於平台中開發次級市場以增加其流通性，以我國鄉民貸為例，平台打造次級市場以增加資金供給者之投資意願，債權之持有人可選擇持有至到期日取回本金加利息，又或是可將該債權於平台所建立之「債權轉讓市場」之次級市場轉手，平台則是以收取手續費為營利。因此，否定見解主張平台所發行之債權憑證無流通性而不該當Reves Test審查標準之第二要件並無道理。綜上，網路借貸平台所發行之債權憑證，亦符合Reves Test審查標準，自應以證券法加以規範之。

陸、對我國法制之啓示

依據我國證券交易法第6條之規定：「本法所稱有價證券，指政府債券、公司股票、公司債券及經主管機關核定之其他有價證券。新股認購權

---

[103] *See id.* at 486.

利證書、新股權利證書及前項各種有價證券之價款繳納憑證或表明其權利之證書，視為有價證券。前二項規定之有價證券，未印製表示其權利之實體有價證券者，亦視為有價證券。」，又依據證券交易法第22條第1項之規定：「有價證券之募集及發行，除政府債券或經主管機關核定之其他有價證券外，非向主管機關申報生效後，不得為之。」，可知有價證券之募集與發行，須向主管機關申報生效後，完成公司資訊之公開揭露，始得為之；違反者，即依同法第175條，違反第22條者，處二年以下有期徒刑、拘役或科或併科新臺幣180萬元以下罰金。

　　而就目前經我國主管機關核定之有價證券，提及「投資契約」者為財政部76年10月30日（76）台財政（二）第6934號公告，其內容為：「華僑或外國人在臺募集資金赴外投資所訂立之投資契約，與發行各類有價證券並無二致，投資人皆係給付資金而取得憑證，係屬證券交易法第六條之有價證券，其募集發行應經本會核准始得為之。又其募集資金之行為，如係募集基金投資於外國有價證券，則涉從事證券交易法第18-2條證券投資信託基金管理辦法所規定之業務範圍，亦應經本會核准。」因此，投資契約原則上應為我國證券交易法之有價證券，應無疑義。惟或有論者認為，財政部所核定之「投資契約」，範圍僅限於，華僑或外國人在臺募集資金赴外投資所訂立之投資契約，發起人主體須限縮至華僑或外國人，而且該投資契約所投資之地區，亦限於外國地區始足當之，換句話說，本國人在臺所募集之投資契約非屬我國證券交易法之有價證券。對此本文並「不」贊同此解釋方法，蓋與證券交易法之規範目的顯有未洽，主管機關核定投資契約為有價證券之目的乃為貫徹證券交易法第1條之立法目的，以發揮保障投資人、發展國民經濟、健全證券市場之目的，故發行人國籍為何，實風馬牛不相干，焉有華僑或外國人在臺募集之投資契約，我國資本市場始受證券交易法之規範，至於本國人募集之投資契約，投資人反而不受證券交易法保障之理。

　　惟我國主管機關雖核定投資契約屬於我國之有價證券，然而關於有價證券之定義為何，國內法令、法院實務見解均付之闕如，本文認為，參酌比較法之法律解釋方法，我國實務可得參酌美國聯邦最高法院在Howey一

案所揭櫫之Howey Test審查標準藉以充實我國投資契約之內涵，且就我國
證券交易法之立法沿革，基本上係沿襲美國聯邦1933年證券法與1934年證
券交易（所）法而制定，即使至今仍受美國法制以及實務見解之影響，使
得我國之證券交易法如同美國證券法規，深具規範之彈性特徵，以發揮證
券交易法之立法目的。

　　我國金管會目前對於網路借貸平台之管理，考量資金供需雙方之法
律關係乃為成立民法之借貸契約，因此金管會研判既然民間金錢借貸及撮
合金錢借貸之行為，係屬民法規範之事項，在我國法律未禁止民間金錢借
貸，亦未禁止針對民間金錢借貸提供媒合中介服務，且我國網路借貸平台
服務尚在發展初期，於兼顧金融科技創新、消費者保護及風險控管前提
下，對於新興業務及產業之發展，可適度保留業務發展空間之彈性[104]。
可知我國對於網路借貸平台之監管仍係以民法以加以監管。另一方面，金
管會責令銀行公會訂定平台業者與銀行合作之自律規範，俾明確兩者得以
合作之項目與內容。然而，本文認為，就網路借貸平台之經濟實質面所帶
來之衝擊，實不應以此作為監管之手段，因不論係以Howey Test審查標準
或是Reves Test審查標準，網路借貸平台所發行之債權憑證均為證券交易
法所規範之範疇，又我國已將投資契約核定為有價證券，故實不應以民法
之方式加以規範，應以證券交易法規範之為宜。

　　然而，網路借貸平台目前已經成為新創企業、中小企業等之新興融資
管道，若是予以公司資訊之揭露與反詐欺條款加以規範之，勢必對於新興
的金融科技（Fintech）產生莫大之遵法成本與衝擊。不可否認投資人之保
護固然重要，但若以高密度之規範可能將造成反效果而扼殺新創企業、中
小企業之融資管道，以至於影響國民經濟之發展，此亦非本文所樂見，因
此，在投資人之保護與保障新興融資管道間尋求平衡更顯格外重要。參照
美國2012年有關群眾募資法案（Jumpstart Our Business Startups Act, JOBS
Act）對於群眾募資有豁免申報之規定，資金需求者若在12個月內募集金
額在100萬美元以內，又單一投資人有投資金額之上限，且該平台仍有一

---

[104] 參閱金管會新聞稿，同註8。

定的財務揭露義務，則網路借貸平台作為中介機構，亦為豁免申報生效之
規定，但未豁免證券詐欺之情形[105]。然而，目前我國證券交易法對於網
路借貸平台尚未如美國般將其豁免規定予以明文化，在未有立法明文豁免
前，網路借貸平台業者均須依照證券交易法之規定完成相關申報生效之程
序，藉此保障投資人。然而，以投資人保護與新創企業興利之間尋求平衡
點之考量出發，實效上似可鼓勵網路借貸平台業者申請我國金融監理沙盒
之實驗與主管機關尋求未來最適之豁免法制。

柒、結論

　　網路借貸平台所發行之債權憑證完全符合Howey Test審查標準四個
要件之檢驗：(1)投資金錢（a Person Invest His Money）；(2)投資於共同
企業（in a Common Enterprise）；(3)投資人期待獲利（is Led to Expect
Profits）；(4)獲利主要係仰賴發起人或第三人的經營努力（Expect Profits
Solely From the Efforts of the Promoter or a Third Party）。且除Howey Test
審查標準外，若投資人透過平台之獲利內涵不涉及本金之增值或盈餘之分
派，即可依Reves Test審查標準之四個要件予以檢驗：(1)當事人有無金錢
投資之動機；(2)票券配銷流通之計畫；(3)投資大眾之合理期待；(4)該票
券有無其他規範體系存在，若無其他規範得加以適用，即有受證券交易法
保護之必要。網路借貸平台所發行之債權憑證即該當Reves Test之審查標
準，故自應為我國證券交易法所規範之範疇。

---

[105] *See* Lo, *supra* note 2, at 94.

24

當信託與保險相遇
——受託人爲受益人之利益投保保險之權限、風險及監控[*]

王志誠、何曜琛

壹、楔子

　　保險制度係為確保經濟生活之安定，使被保險人發生事故時得以保險理賠金照顧保險受益人。由於重大意外事故發生後，保險受益人領有鉅額保險理賠金，間有發生被監護人挪用、或被保險受益人濫用、或被第三人詐騙等情事，顯示為達到真正照顧保險受益人之目的，應對於保險受益人之保險理賠金加以適度管理。為貫徹被保險人照顧保險受益人之初衷，信託業遂開發將保險結合信託之保險金信託業務，期能透過保險與信託制度之結合，而使保險理賠金之管理運用更為安全，並落實保障保險受益人（同時為信託受益人）之目的，維護保險受益人權益。

　　就我國保險金信託業務之發展階段而言，在初期階段，對於保險金信託需求較為殷切者，多為經濟上較非強勢或有身心障礙者子女之家庭，父母希望其身故後，可透過保險金信託之保險理賠金照顧未成年或身心障礙之子女，直到他們長大成人獨立自主，或被照護安養。在當前階段，搭配長期照護保險之保險金信託更符合老人財產信託規劃之需求，達到委託人照顧受益人之目的，包含照顧委託人本人、或年長父母、或未成年或身心

[*] 本文部分於2018年4月21日在中國鄭州，由河南財經政法大學所承辦之「第三屆民法與商法的對話」研討會中發表。作者們十分感謝兩位匿名審查人的寶貴意見，惟所有的文責仍由作者們自負。

障礙之子女，使其得以經濟生活無虞。保險金信託具有照顧遺孤、遺老、安養、安定社會之功能，實有積極推動之必要性。

　　為達到保險金信託照顧無法自行處理保險金之未成年人或身心障礙者目的，我國曾於2007年7月18日修正保險法增訂第138-2條及第138-3條等規定，開放保險業得經營保險金信託業務，明定要保人（兼被保險人）於保險事故發生前得就屬死亡或殘廢之保險金部分預先洽訂信託契約，由保險業擔任該保險信託之受託人，以保險契約之受益人為信託契約之受益人，但受益人以被保險人、未成年人、心神喪失或精神耗弱之人為限（保險法第138-2條第2項）；且若發生保險事故，因信託受益人取得之信託給付本金部分即為原保險給付，基於同一給付標的，明定信託受益人取得之該信託給付屬本金部分，視為保險給付（保險法第138-2條第3項），以配合保險法第112條及第135條等規定，使信託受益人所取得之信託本金部分仍有免徵遺產稅之效果。

　　雖然因增訂保險法第138-2條規定，開放保險業得辦理保險金信託，並得約定保險金分期給付，然迄今未有保險業者辦理。事實上，民眾對於保險金信託雖有強烈需求，但信託業若採用他益信託架構，信託給付屬本金部分，無法比照保險業者辦理保險法第138-2條條第3項規定視為保險給付，而讓搭配長期照護保險之保險金信託無法發展。有鑑於此，目前實務上多採用由保險受益人擔任信託委託人之自益信託架構，亦即在信託架構上是由保險契約之受益人（未成年子女）自己擔任保險金信託契約之委託人，並同時成為保險金信託契約之受益人，而成立自益信託。問題在於，依信託法第15條及第63條等規定，自益信託之委託人（兼受益人）得隨時變更信託財產之管理方法，甚或隨時終止信託契約，在法律架構之設計上可能導致無法達成要保人成立保險金信託來照顧未成年子女之初衷。

　　鑑於目前並無保險業者辦理保險法第138-2條規定之分期給付業務，信託業又不適用保險法第138-2條規定[1]，而信託業辦理保險金自益信託又

---

[1] 參閱行政院金融監督管理委員會民國98年4月23日金管保三字第09800051850號令：「二、按保險法第138-2條第2項規定：『人身保險契約中屬死亡或殘廢之保險金部分，要保人於保險事故發生前得預先洽訂信託契約，由保險業擔任該保險信託之受

因委託人（兼受益人）得隨時變更信託財產之管理方法或終止信託契約，致無法以穩定的信託契約關係達成要保人長期照顧保險受益人之目的。

　　針對目前信託業者所辦理之保險金信託，囿於法令及稅務考量，實務上多採用由保險受益人擔任信託委託人之自益信託架構，其中關於保險信託契約之機制與現行實務落差甚大，難利於保險事故發生前或發生後之保險受益人（即信託受益人）之保障。有鑑於此，立法院委員賴士葆等18人擬具「保險法增訂第16-1條條文草案」規定：「未成年人、心神喪失或精神耗弱之人之父或母依本法第一百三十八條之二第二項規定為被保險人時，信託受託人得依委託人於信託契約之指示，為該保險契約之要保人。」[2]明定受託人得依委託人於信託契約之指示為保險契約之要保人，為信託受益人之利益投保人身保險，以落實長期照顧信託受益人之目的。

　　本文擬先從我國受託人投保保險之風險及解釋爭議出發，再從比較法之觀點，分析應否開放信託業依委託人之指示擔任要保人，為信託受益人之利益投保人身保險之重大議題。其次，並探討信託業為受益人利益投保人身保險時所可能產生之道德風險及監控機制，最後則提出簡要之結論及建議。

貳、我國受託人投保保險之風險及解釋爭議

一、道德風險之監控機制

　　依我國現行保險法第13條第1項規定，保險可分別為財產保險與人身

託人…』，已明定由保險業擔任保險信託之受託人，且保險法係以保險業為規範對象，信託業者因非於保險法規定之範圍內，爰信託業者並不適用保險法第138-2條之規定。」

2　參閱立法院第9屆第2會期第11次會議議案關係文書，院總第464號，委員提案第19865號，2016年11月18日印發，委1-委3；立法院第9屆第5會期第6次會議議案關係文書，院總第464號，委員提案第19697、19865號之1，2018年3月28日印發，討235-討241。

保險，兩者因其承保標的之不同，以致其在性質上亦因而有異。財產上保險利益（Insurable Interest）為金錢可得估計之經濟利益；人身上保險利益並無法以金錢客觀估計，縱使基於經濟上切身利害關係或債務關係而得，亦僅能作主觀上之估定，而不能以金錢作精確之計算。

我國保險法為控制財產保險之道德風險，要求要保人對於保險標的應有保險利益。相對地，我國保險法為控制人身保險之道德風險，主要採取下列二層機制。其一，即要求要保人對於被保險人應有保險利益；其二，尚規定由第三人訂立之死亡保險契約，應經被保險人書面同意，並約定保險金額。

二、財產保險之保險利益

就財產保險之保險利益而言，一般認為，依保險法第14條、第15條及第20條等規定，可區分為下列四種：（一）財產上之現有利益；（二）財產上之期待利益；（三）財產上之責任利益；（四）基於有效契約而生之利益[3]。

因此，就受託人對信託財產之管理或處分而言，由於受託人負有保全信託財產價值之職責，應解為對信託財產之所有權具有保險利益。此外，受託人若因管理不當致信託財產發生損害，委託人、受益人或其他受託人得請求以金錢賠償信託財產所受損害或回復原狀，並得請求減免報酬（信託法第23條），故解釋上受託人對信託財產亦具有責任利益。簡言之，受託人對於信託財產不僅具有積極保險利益，亦具有消極保險利益。因此，若信託契約或信託文件中規定受託人得以信託財產為保險標的，投保財產保險，應屬合法、可行。

---

[3]　參閱林群弼，保險法論，頁129-135，2003年，2版。

三、人身保險之保險利益

(一) 保險法第16條規定之適用及解釋

1. 保險法第16條規定之文義

　　我國保險法兼採英美法系與大陸法系之立法，其中關於人身保險利益之規定，則係繼受英美法之結果[4]。就人身保險之保險利益而言，依保險法第16條規定：「要保人對於左列各人之生命或身體，有保險利益。一、本人或其家屬。二、生活費或教育費所仰給之人。三、債務人。四、為本人管理財產或利益之人。」訂立人身保險契約，固以有保險利益為前提，但保險利益之有無，應就要保人或被保險人而為判斷，而非就受益人為判斷[5]。受託人雖係為受益人之利益而管理或處分信託財產，構成保險法第16條第4款所稱「為本人管理財產或利益之人」，但從保險法第16條規定之文義而言，解釋上僅係指受益人對於受託人之生命或身體，有保險利益。換言之，依保險法第16條第4款規定之文義而言，並非指受託人對受益人之生命或身體，有保險利益。

---

[4]　參閱張冠群，臺灣保險法關於人身保險利益諸問題之再思考，月旦法學雜誌，第215期，頁119，2013年4月。雖然保險法第16條規定已明文要求人身保險契約必須具有保險利益，但學說對於人身保險利益存在之必要性，仍有持否定見解者，其主要論點認為，保險利益概念可決定誰有將保險利益投保，而無需他人同意之權，但若將此原則貫徹於人身保險，則主觀危險發生可能之對象為人之生命身體，極為不道德。故若第三人對他人（被保險人）之生存與否具有利益，而欲以該他人之生命為保險事故發生之對象，須他人之書面同意，然後由被保險人以其自由意思，指定其為受益人。因此，只要該被保險人同意以其生命為保險標的，則要保人是否對之具有保險利益之規定，並無實質之意義可言。參閱江朝國，保險法基礎理論，頁88-90，2012年，5版；葉啓洲，保險法實例研習，頁76-77，2015年，4版。

[5]　參閱臺灣高等法院臺中分院103年度保險上字第20號民事判決：「訂立保險契約，固以有保險利益為前提，但保險利益之有無，應就要保人或被保險人而為判斷，而非就受益人為判斷。次按受益人經指定後，要保人對其保險利益，除聲明放棄處分權者外，仍得以契約或遺囑處分之。且要保人更換受益人之處分權行使，非經通知，不得對抗保險人，無須得到保險人之同意。惟為能客觀確定要保人是否行使更換受益人之處分權，要保人與保險人於保險契約約定要保人更換受益人須履行一定之程序，而該約定內容又不違反保險法第111條之規定，要保人自須履行該約定程序後，始能發生更換受益人之效力。」

2. 主管機關之解釋現況

依金融監督管理委員會保險局之解釋[6]，則認為：「按保險法第22條第1項雖明定信託業依信託契約有交付保險費義務者，保險費應由信託業代為交付之，同法第115條亦規定，利害關係人均得代要保人交付保險費，爰信託業交付保險費之義務，性質上係依信託本旨『代要保人交付保險費』，信託業並不因此而取得保險契約當事人地位；信託業若就財產信託人之生命、身體為保險標的，投保人身保險，則由於信託業對於財產信託人之生命、身體並無因保險事故發生而有遭受損害之可能，故無保險法第16條所規定之保險利益，依現行規定尚難以信託業擔任信託客戶人身保險契約之要保人，向保險人投保，而使保險契約成為信託財產。」因此，信託業對於信託財產之信託人（委託人）並無保險利益，故不得擔任信託客戶人身保險契約之要保人，使保險契約成為信託財產。

申言之，信託業若以信託財產委託人之生命、身體作為保險標的，而投保人身保險，則由於信託業對於信託財產委託人之生命、身體並無因保險事故而有遭受損害之可能，故無保險法第16條所規定之保險利益，依現行規定尚難以信託業擔任信託客戶人身保險契約之要保人[7]。同理，信託業對於信託之受益人亦無保險利益，亦不得以信託之受益人為被保險人，為其投保人身保險契約。

---

[6] 參閱金融監督管理委員會保險局102年1月23日保局（壽）字第10102140090號函。另參閱金融監督管理委員會保險局99年6月7日保局（理）字第09902555110號函：「三、另查委託人與信託業雖簽訂有信託契約，惟受託之信託業對於信託客戶之生命、身體如無因保險事故發生而有遭受損害之可能，則與保險法第16條所規定之保險利益有別，尚難擔任信託客戶人身保險契約之要保人。」

[7] 參閱金融監督管理委員會95年7月13日金管保三字第09400145181號令：「（三）『受託銀行得依信託契約約定，擔任保險要保人為其信託關係人投保』之建議，本會意見如次：1.按保險法規定要保人對於保險標的須有保險利益之目的，除為了防止道德性危險外，亦以保險利益之有無來區別賭博行為與計算損害之額度。2.受託銀行若就財產信託人之生命、身體為保險標的，投保人身保險，則由於受託銀行對於財產信託人之生命、身體並無因保險事故而有遭受損害之可能，故無保險法第16條所規定之保險利益，依現行規定尚難以受託銀行擔任信託客戶人身保險契約之要保人。3.金融機構若有為其信託客戶洽辦人身保險之業務需要，可依據本會95年4月25日金管保三字第09502002630號函釋辦理，檢附上函影本乙份。」

　　應注意者，依主管機關之解釋，尚認為保險法第110條並未限制信託業不得擔任受益人，故人身保險契約得約定以信託業擔任受益人[8]。惟若保險契約受益人與信託契約受益人並非同一人，則保險金匯入信託帳戶時，可能涉有遺產稅或贈與稅之課徵問題[9]。

3. 從信託導管理論重新認定保險利益之存否

　　依信託法第1條規定：「稱信託者，謂委託人將財產權移轉或為其他處分，使受託人依信託本旨，為受益人之利益或為特定之目的，管理或處分信託財產之關係。」易言之，信託關係成立後，信託財產名義雖屬受託人所有，實質上非受託人自有財產，受託人係依信託本旨，包括信託契約之內容及委託意欲實現之信託目的，管理或處分信託財產[10]。因此，當委託人將其財產權移轉或為其他處分給受託人後，受託人即成為信託財產之名義所有權人，如委託人指示受託人（信託業者）擔任要保人，為被保險人（委託人本身或與其有保險利益之人）購買人身保險，從形式上看受託人若擔任要保人，似與被保險人間並無保險法第16條規定之保險利益存在。就信託導管理論觀之，由於自益信託之受託人僅為名義上之要保人，

---

[8] 參閱金融監督管理委員會保險局102年1月23日保局（壽）字第10102140090號函：「查保險法第110條並未限制受託銀行不得擔任受益人，且案經壽險公會調查得知，現行保險業者大多並未限制受託銀行不得為受益人，是以，並無貴協會指陳保險公司不准受託銀行擔任保險受益人情事。」

[9] 參閱金融監督管理委員會103年1月22日金管保壽字第10300900720號令：「請保險業及信託業於有保險法第22條第1項之情形，應於簽訂相關契約時，檢核保險契約受益人是否與信託契約受益人為同一人，並提醒要保人或信託委託人，上揭2契約之受益人非同一人者，保險金匯入信託帳戶時，可能涉有遺產稅或贈與稅之課徵。」

[10] 參閱法務部99年3月9日法律字第0999005722號函：「按信託法第1條規定：『稱信託者，謂委託人將財產權移轉或為其他處分，使受託人依信託本旨，為受益人之利益或為特定之目的，管理或處分信託財產之關係。』同法第24條第1項前段復規定：『受託人應將信託財產與其自有財產及其他信託財產分別管理。』是以，信託係以當事人間之信託關係為基礎，受託人既係基於信賴關係管理他人之財產，自須依信託行為所定意旨，積極實現信託之目的。又信託財產雖在法律上已移轉為受託人所有，但仍受信託目的之拘束，並為實現信託目的而獨立存在。易言之，信託關係成立後，信託財產名義雖屬受託人所有，實質上並不認屬受託人自有財產，受託人仍應依信託本旨，包括信託契約之內容及委託人意欲實現之信託目的，管理或處分信託財產（本部97年5月27日法律字第0970016198號函意旨參照）。」

實質上之要保人仍為委託人，爰信託委託人與被保險人間既存在保險利益，則受託人與委託人間即應被視為存在保險利益，方為信託導管理論之真諦。

職是之故，若信託業依委託人之指示或信託文件之要求，購買以委託人本人或與其具有保險利益者為被保險人之人身保險，因信託業係受主管機關高度監理之行業，且信託業於處理信託事務時，依信託法第22條及信託業法第22條等規定，本應善盡善良管理人之注意義務及忠實義務，並進而確認信託之委託人與被保險人是否存在保險利益，實則無須擔心遭不法之徒利用信託契約之管道，為自己圖謀不法利益，致生道德風險。

至於非營業信託之受託人，因未受主管機關之高度監理，或可能因受託人個人之素質良莠不齊或為圖謀不法利益之動機，而產生道德風險。因此，主管機關若對受託人依委託人指示或信託本旨，以委託人本人或信託之受益人為被保險人，投保人身保險時，應可從金融監理之角度，限制人壽保險業者於辦理由受託人為要保人之人身保險時，應嚴格控管道德風險，以避免非營業信託之受託人為委託人本人或與其具有保險利益者投保人身保險時產生不當之道德風險。

(二) 保險法第20條規定之適用範圍

依保險法第20條規定：「凡基於有效契約而生之利益，亦得為保險利益。」關於保險法第20條規定之適用範圍是否僅限於財產保險，抑或尚得適用於人身保險，誠有疑義。有學者認為本條係參考外國立法例時，不當省略對於該契約之履行標的一詞所造成之爭議，實則本條僅能適用於財產保險[11]。

反之，亦有學者認為，保險法第20條係對財產保險及人身保險之共同規定，其在人身保險，因有效契約之存在而符合配偶、家長家屬……等身分者，例如夫妻、養父母子女……等，其彼此間互負撫養義務，具有保險

---

[11] 參閱林建智、彭金隆、林裕嘉，論團體保險當事人之法律問題及示範條款之修訂建議，保險專刊，25卷1期，頁81-82，2009年6月。

利益；然亦有契約有效存在，縱未取得配偶、家長家屬…等身分，其彼此間無扶養義務，但亦具有保險利益者，例如未婚夫妻間，彼此間有保險利益[12]。

　　依目前司法實務之見解，則認為保險法第20條規定，係專就「財產保險」而為規定[13]。此外，依主管機關之解釋，似亦認為保險法第20條規定不適用於人身保險[14]。

　　本文以為，從體系解釋之觀點，因保險法第14條及第15條係規定在財產保險之保險利益，而保險法第16條係規定人身保險之保險利益，保險法第20條係規定在其後，因此解釋上，保險法第20條之適用對象並非不可能同時包括財產保險及人身保險。亦即，似應將保險法第16條所規定人身保險利益之類型，解釋為僅屬例示規定，而非列舉規定，以淡化或限縮其規範功能，並擴大保險法第20條之規範功能，將人身保險納入其適用範圍。

四、被保險人之書面同意及約定保險金額

　　固然人壽保險契約、健康保險及傷害保險，得由第三人訂立之（保險法第104條、第130條準用第104條、第135條準用第104條），但如屬死亡

---

[12] 參閱劉宗榮，新保險法，頁127，2007年。

[13] 參閱最高法院93年度台上字第495號民事判決：「保險法總則章計有四十二條，除於第三十五條至第三十八條設有複保險之規定外，尚於第十條、第十三條第二項、第十四條、第十五條、第十八條、第十九條、第二十條、第二十一條、第二十三條、第三十三條專就『財產保險』而為規定，具見編列總則之條文未必當然適用於人身保險。原審未依保險法第三十五條至第三十八條所定複保險之意涵，以定其適用之險種，逕依其為總則之編列而立論，亦有未合。」另參閱最高法院92年度台上字第1403號民事判決：「所謂保險利益，在財產保險，乃要人或被保險人對於保險標的之安全與否具有經濟上之利害關係者，即為有保險利益，而保險法第20條規定：『凡基於有效契約而生之利益，亦得為保險利益』，是以祇需當事人所締結之有效契約，係以某種財產為履行之對象，而該財產之毀損滅失影響當事人一方因契約而生之利益者，契約當事人即得就該財產投保。」

[14] 參閱財政部83年11月17日台財保字第832062022號函：「傷害保險業務除應切實依照本部81年8月28日台財保第811763950號函及82年11月11日台財保第821729599號函辦理外，另因旅行社對其旅客不具保險法第16條之保險利益，人壽保險業不得辦理以旅行社為要保人，旅客為被保險人之旅行平安保險業務。」

保險契約，依保險法第105條規定：「由第三人訂立之死亡保險契約，未經被保險人書面同意，並約定保險金額，其契約無效。（第1項）被保險人依前項所為之同意，得隨時撤銷之。其撤銷之方式應以書面通知保險人及要保人。（第2項）被保險人依前項規定行使其撤銷權者，視為要保人終止保險契約。（第3項）」以控制保險道德風險之情形。又關於由第三人訂立之健康保險及傷害保險，亦應經被保險人書面同意，並約定保險金額（保險法第130條準用第105條、第135條準用第105條）。反之，若屬生存保險契約，則無保險法第105條規定之適用。亦即，由第三人訂立之人身保險契約，其性質上屬「生存保險」契約者，並無未經被保險人本人簽名，契約自始無效之顧慮。反之，若由第三人訂立之人身保險契約，其性質上屬「死亡保險」契約者，則須以被保險人之同意（如為未成年人，應經其法定代理人之同意），始生效力。

應注意者，依司法實務之見解，倘要保人以自己為被保險人，僅委託第三人以自己名義訂定契約，自己仍為保險契約之當事人，負有繳納保費之義務及請求保險給付之權利，自非保險法第105條所謂由第三人訂立之保險契約，其代理訂約之行為，縱未經被保險人書面同意，自無不生效力之情形[15]。

---

[15] 參閱臺灣桃園地方法院100年度保險字第15號民事判決：「依保險法第一○五條，由第三人訂立之死亡保險契約，未經被保險人書面同意，並約定保險金額，其契約無效。惟所謂由第三人訂立之保險契約，係指保險契約之要保人即契約當事人，與被保險人為不同人之情形，倘要保人即為被保險人，自不生由第三人訂立契約，需審酌保險利益，以控制保險道德風險之情形，而無該條之適用。又倘要保人以自己為被保險人，僅委託第三人以自己名義訂定契約，自己仍為保險契約之當事人，負有繳納保費之義務及請求保險給付之權利，自非該條所謂由第三人訂立之保險契約，其代理訂約之行為，縱未經被保險人書面同意，自無不生效力之情形。」

參、受託人投保保險之權限及發展趨勢

一、外國法制經驗

(一) 美國

在美國保險法下，人身保險之要保人於投保時，原則上應具有保險利益[16]。關於信託之受託人是否具有人身保險利益之爭議，在2005年*Chawla ex rel. Giesinger v. Transamerica Occidental Life Insurance Co.*判決中[17]，美國維吉尼亞州東區聯邦地方法院適用當時之馬里蘭州法律，認定信託之受託人對於委託人並無人身保險利益後，受到各界之廣泛關注。其後，促使馬里蘭州修改保險法規定，明訂受託人具有人身保險利益之適用要件[18]。亦即，美國已有許多州之保險法，除定義何謂保險利益外，亦明定信託關係下之受託人對於委託人或受益人具有保險利益，而得依信託文件之要求，為受益人之利益投保人身保險。茲舉加州「保險法」之相關規定為例說明之。

---

[16] *See generally,* Robert H. Jerry, II & Douglas R. Richmond, Understanding Insurance Law, §§ 40, 43, 273-77, 293-98 (New York: LexisNexis Publishing, 2007).

[17] *See* Chawla *ex rel.* Giesinger v. Transamerica Occidental Life Insurance Co., 2005 WL 405405 (E.D. Va. 2005), *aff'd in part, vac'd in part*, 440 F.3d 639 (4th Cir. 2006). For more discussions, *see also,* Mary Mahala Gardner, *Notes, Trust, We Have a Problem: Chawla ex rel. Geisinger v. Transamerica Occidental Life Insurance Company, Its Revelation of a Problem in Insurable Interest Statutes and the Subsequent Effect on Irrevocable Life Insurance Trust*s, 62 Okla. L. Rev. 125, 125-143 (2009); also *available at* https://digitalcommons.law.ou.edu/olr/vol62/iss1/4 (last visited 2018.04.06).

[18] *See* Section 113 of the Uniform Trust Code (2010 Version) (Insurable Interest of Trustee), comment; http://www.uniformlaws.org/shared/docs/trust_code/utc_final_rev2010.pdf, at 39-45. *See also*, Insurable Interest Amendment to the Uniform Trust Code Summary, http://uniformlaws.org/ActSummary.aspx?title=Insurable%20Interest%20Amendment%20to%20the%20Uniform%20Trust%20Code (last visited 2018.04.06).

1. 美國加州「保險法」第10110.1條

首先，依加州「保險法」第10110.1條第(a)項規定[19]：「所謂人身保險之保險利益，係指對於他人生命之繼續、健康或身體之安全具有金錢上合理期待之利益，或是對他人之死亡或失能具有金錢上合理期待之不利益；或是在血緣上或法律上有密切關係之人，因對他人具有愛或感情而產生之實質上利益。」又依加州「保險法」第10110.1條第(f)項規定[20]：「保險利益應於關於生命或失能之契約生效時存在，但無須於損失發生時存在。」

其次，加州「保險法」並明定下列三種情形，具有保險利益：(1)第10110.1條第(b)項規定[21]：「自然人對自己之生命、健康、身體安全具有無限之保險利益，且得合法地為自己之生命、健康或身體之安全來投保保險，且得任意指定受益人，無論該受益人是否具有保險利益。」(2)第10110.1條第(c)項後段規定[22]：「…僱主之受託人，或是年金、福利計畫或

---

[19] *See* California Insurance Code Section 10110.1 (a): An insurable interest, with reference to life and disability insurance, is an interest based upon a reasonable expectation of pecuniary advantage through the continued life, health, or bodily safety of another person and consequent loss by reason of that person's death or disability or a substantial interest engendered by love and affection in the case of individuals closely related by blood or law.

[20] *See* California Insurance Code Section 10110.1 (f): An insurable interest shall be required to exist at the time the contract of life or disability insurance becomes effective, but need not exist at the time the loss occurs.

[21] *See* California Insurance Code Section 10110.1 (b): An individual has an unlimited insurable interest in his or her own life, health, and bodily safety and may lawfully take out a policy of insurance on his or her own life, health, or bodily safety and have the policy made payable to whomsoever he or she pleases, regardless of whether the beneficiary designated has an insurable interest.

[22] *See* California Insurance Code Section 10110.1 (c): The trustee of an employer or trustee of a pension, welfare benefit plan, or trust established by an employer providing life, health, disability, retirement, or similar benefits to employees and retired employees of the employer or its affiliates and acting in a fiduciary capacity with respect to those employees, retired employees, or their dependents or beneficiaries has an insurable interest in the lives of employees and retired employees for whom those benefits are to be provided. The employer shall obtain the written consent of the individual being insured.

由僱主為其或關係企業之受僱人或已退休受僱人提供生命、健康、失能、退休或類似福利等信託之受託人，於行使關於受僱人、已退休受僱人或受其扶養之人或受益人之權能時，對於受僱人及已退休受僱人之生命，具有保險利益。僱主應取得被保險人之書面同意。」(3)第10110.1條第(d)項規定[23]：「用來為投資人申請投保之信託或是特殊目的個體，當其受益人中有一位或多位對被保險人之生命不具有保險利益時，即違反保險利益之規定及違反禁止將人命作為賭注之規定。」

　　由此觀之，依加州「保險法」10110.1條第(d)項規定，受託人對委託人具有保險利益，得以委託人為被保險人投保人身保險。亦即，信託之受託人得本於信託文件之要求，以委託人為被保險人投保人身保險，且僅於該人身保險之受益人對被保險人之生命不具有保險利益時，該保險始失其效力，以控制道德風險。因此，若信託之受託人以委託人為被保險人投保人身保險，依加州「保險法」第10110.1條第(b)項規定，若受益人對委託人之生命、健康、身體安全具有無限之保險利益，則該人身保險即為有效，並得約定由受託人擔任保險契約之受益人。

　　就美國人壽保險信託之實務而言，不僅受託人得擔任要保人，亦得擔任保險契約之受益人。人壽保險信託依委託人是否得撤銷信託，分為可撤銷之人壽保險信託（Revocable Life Insurance Trust）及不可撤銷之人壽保險信託（Irrevocable Life Insurance Trust）。所謂不可撤銷之人壽保險信託，係指要保人將保險單所有權所附隨之權利（Incidents of Ownership）移轉給受託人－包含放棄持有保險單、保險單受益人之變更、保險單之解約權、保險單之轉讓權、保險借款權等。凡人壽保險保單置於不可撤銷之人壽保險信託之下，則保險單得以移轉，但須載明保單所有人及受

---

[23] *See* California Insurance Code Section 10110.1 (d): Trusts and special purpose entities that are used to apply for and initiate the issuance of policies of insurance for investors, where one or more beneficiaries of those trusts or special purpose entities do not have an insurable interest in the life of the insured, violate the insurable interest laws and the prohibition against wagering on life.

益人[24]。惟移轉人於移轉後三年內死亡,雖保險金給付予保險契約之受益人,但該筆保險金仍將被計入移轉人之遺產。因此,在美國購買保險時,律師會建議委託人成立不可撤銷保險信託,再由受託人擔任要保人購買保單,成為保單所有人(Owner),同時亦為保單受益人(Beneficiary),而要照顧之對象列為信託關係之受益人,該筆保單自始至終不屬於委託人,但透過信託機制安排,得以讓委託人之家屬受到該筆保險金之照護。

又美國之人壽保險信託,依是否預先籌措支付保險費之財源,又可區分為附基金之人壽險信託與不附基金之人壽保險信託。若為附基金之人壽險信託,受託人應依信託文件之約定,代要保人支付保險費。反之,若為不附基金之人壽保險信託,則必須由要保人自行支付保險費[25]。

2. 美國「統一信託法典」第113條

美國統一州法委員全國會議(National Conference of Commissioners on Uniform State Laws, NCCUSL)於2010年7月提出統一信託法典(Uniform Trust Code)關於保險利益之修正案[26],而於第1章一般性規定與定義新增第113條有關受託人之保險利益,將信託受託人是否具有人身保險利益之

---

[24] 參閱潘秀菊,人壽保險信託所生問題及其運用之研究,頁65-66,2001年。

[25] *See* Robert L. Mennell, Wills and Trusts 269-270 (West Publishing Co., U.S.A., 1979).

[26] *See* Section 113 of the Uniform Trust Code (2010 Version) (Insurable Interest of Trustee): (a) In this section, "settlor" means a person that executes a trust instrument. The term includes a person for which a fiduciary or agent is acting. (b) A trustee of a trust has an insurable interest in the life of an individual insured under a life insurance policy that is owned by the trustee of the trust acting in a fiduciary capacity or that designates the trust itself as the owner if, on the date the policy is issued: (1) the insured is: (A) a settlor of the trust; or (B) an individual in whom a settlor of the trust has, or would have had if living at the time the policy was issued, an insurable interest; and (2) the life insurance proceeds are primarily for the benefit of one or more trust beneficiaries that have[: (A)] an insurable interest in the life of the insured [; or (B) a substantial interest engendered by love and affection in the continuation of the life of the insured and, if not already included under subparagraph (A), who are: (i) related within the third degree or closer, as measured by the civil law system of determining degrees of relation, either by blood or law, to the insured; or (ii) stepchildren of the insured].]

法律爭議，提供一個解決方案。經查目前已有七個州接受其立法建議[27]。

依「統一信託法典」第113條第b項第1款第A目規定，信託之受託人對於委託人具有人身保險之保險利益。又信託之委託人既然得為自己投保人身保險並創建信託去持有該人身保險單，同理受託人若為委託人具有保險利益者投保人身保險，應與信託之委託人具有相同之保險利益。因此，並於「統一信託法典」第113條第b項第1款第B目規定信託受託人若以委託人對其具有保險利益者為被保險人投保人身保險契約時，受託人亦具有保險利益。

此外，依「統一信託法典」第113條第b項第2款規定，並針對為信託受益人之利益所成立之不可撤銷人壽保險信託（Irrevocable life insurance trusts, ILITs）設有特別設計。其中第2款括號內之文字，旨在提供各州立法者可採取不同之立法設計。亦即，各州可選擇將第2款括號內所有文字刪除，則信託之受託人以第1款規定之人為被保險人投保人身保險契約時，必須信託之受益人依各該州法對於該被保險人亦具有人身保險利益，始得為之。相對地，亦可選擇保留第2款括號內文字，以減少該款對於信託之受益人對被保險人必須具有人身保險利益之限制。換言之，除信託之受益人依各該州法對被保險人具有人身保險利益，信託受託人得投保人身保險契約之情形外，若信託之受益人對於被保險人依各該州法不具有人身保險利益，但信託之受益人基於愛情、親情而對被保險人生命之延續具有重大利益時，例如被保險人為信託之受益人三親等內之血親、姻親或養子女，信託之受託人亦得以該委託人為被保險人，據以投保人身保險[28]。

(二)日本

日本之生命保險信託，係指要保人在投保人壽保險之際，同時以委託人之地位與信託公司簽訂生命保險信託，將生命保險債權（保險事故發生

---

[27] *E.g.*, Colorado, Kansas, Michigan, North Carolina, North Dakota, New Mexico and Wyoming.

[28] *See* Section 113 of the Uniform Trust Code (2010 Version) (Insurable Interest of Trustee), comment.

時之保險金請求權）作為信託財產移轉給信託公司，並交付保險單，受託
人即成為保險金之受領人[29]。因此，當保險事故發生時，保險公司應將保
險金交付給信託公司。至於生命保險信託之受益人，通常為委託人之繼承
人，性質上屬於他益信託。因此，於保險公司給付保險金給信託公司時，
視為繼承人因繼承取得財產或因遺贈取得財產[30]。

　　又日本之生命保險信託，依是否附有支付保險費之財源，又可區分為
附財源之生命保險信託與不附財源之生命保險信託二種[31]。其中，如為附
財源之生命保險信託，受託公司不只是保險金受領人，亦為代理要保人。
但若將保險契約之解約或保險金受領人之變更權屬於受託公司，對於受託
公司執行信託事務應較為便利。就附財源之生命保險信託而言，固然保險
金之支付義務移轉由受託公司承擔，但委託人對於保險金支付不可將全部
資金預設限制[32]。

(三) 新加坡

　　依照新加坡「受託人條例」第21條規定，受託人基於信託財產之損失
或損害風險，得將信託財產投保，並得以信託資金支付保險費[33]。當信託

---

[29] 參閱日本プルデンシャル生命與三井住友信託銀行共同研發之「安心サポート
信託」（生命保險信託型）。資料來源：プルデンシャル生命保險株式会社網
站，http://www.prudential.co.jp/insurance/inquiry/feature/feature04.html (last visited
2018.04.06).

[30] 參閱潘秀菊，前引註24，頁100。

[31] 同上註，頁96-97。

[32] 參閱施懿純、林淑慧，我國保險信託概念之探討，2009保險金融管理學術研討會，
朝陽科技大學財務金融系主辦，2009年5月22日，http://ir.lib.cyut.edu.tw:8080/bitstream
/310901800/8767/1/%E8%AB%96%E6%96%873-4%EF%BC%9A%E6%88%91%E5%9C
%8B%E4%BF%9D%E9%9A%AA%E4%BF%A1%E8%A8%97%E6%A6%82%E5%BF%
B5%E4%B9%8B%E6%8E%A2%E8%A8%8E.pdf，最後瀏覽日：2018年4月6日。

[33] *See* Section 21 of Trustees Act (Revised Edition 2005, Singapore) (Power to insure): (1)
A trustee may - (a) insure any property which is subject to the trust against risks of loss or
damage due to any event; and (b) pay the premiums out of the trust funds. (2) In the case
of property held on a bare trust, the power to insure is subject to any direction given by the
beneficiary or each of the beneficiaries - (a) that any property specified in the direction is not

財產發生損失或損害，而由受託人或受益人基於保險單而獲得保險金之理賠時，該保險金應視為係屬信託之本金[34]。固然「受託人條例」明文授予受託人得為信託財產投保財產保險，但受託人得否以委託人為被保險人，為受益人之利益投保人身保險，並未明定於「受託人條例」中，而係在2009年修正之「保險法」加以規範。

　　依新加坡2009年修正「保險法」第57條第(2A)項[35]及第(2B)項[36]之規

to be insured; or (b) that any property specified in the direction is not to be insured except on such conditions as may be so specified. (3) If a direction under subsection (2) is given, the power to insure, so far as it is subject to the direction, ceases to be a delegable function for the purposes of section 41B. (4) For the purposes of this section - (a) property is held on a bare trust if it is held on trust for - a beneficiary who is of full age and capacity and absolutely entitled to the property subject to the trust; or (ii) beneficiaries each of whom is of full age and capacity and who (taken together) are absolutely entitled to the property subject to the trust; and (b) "trust funds" means any income or capital funds of the trust. (5) This section shall apply in relation to trusts whether created before, on or after 15th December 2004.

[34] *See* Section 22 (1) of Trustees Act (Revised Edition 2005, Singapore).

[35] *See* Section 57 (2A) of the Insurance (Amendment) Act (Singapore): Section 5 of the Civil Law Act (Cap. 43) and section 62 shall not apply to a life policy, and a life policy shall not be void, if all of the following conditions are satisfied: (a) the life which is insured is that of the settlor of a trust; (b) the person effecting the insurance is the trustee of the trust; (c) any beneficiary of the trust - (i) has an insurable interest in the life of the settlor at the time the insurance is effected; or (ii) is - (A) the settlor's spouse at the time the insurance is effected; (B) the settlor's child or ward under the age of 18 years at the time the insurance is effected; or (C) any other person on whom the settlor is, at the time the insurance is effected, wholly or partly dependant; and (d) the settlor consents in writing to the effecting of the insurance before it is effected.

[36] *See* Section 57 (2B) of the Insurance (Amendment) Act (Singapore): Section 5 of the Civil Law Act and section 62 shall not apply to a life policy, and a life policy shall not be void, if all of the following conditions are satisfied: (a) the life which is insured is that of a beneficiary of a trust (referred to in this subsection as the relevant beneficiary); (b) the person effecting the insurance is the trustee of the trust; (c) any beneficiary of the trust - (i) has an insurable interest in the life of the relevant beneficiary at the time the insurance is effected; or (ii) is - (A) the relevant beneficiary's spouse at the time the insurance is effected; (B) the relevant beneficiary's child or ward under the age of 18 years at the time the insurance is effected; or (C) any other person on whom the relevant beneficiary is, at the time the insurance is effected, wholly or partly dependant; and (d) the relevant beneficiary consents in

定，即排除新加坡「民法」（Civil Law Act）第5條有關賭博或射性協議無效及「保險法」第62條有關保險利益規定之適用，並明文規定於符合上開二條規定之情形下，信託之受託人得以委託人或受益人為被保險人，擔任人身保險契約之要保人，承認該人身保險契約之效力。因此，實務上即有專為成立人身保險契約而設立之人身保險信託（Life Insurance Trust）。

（四）香港

　　觀諸香港於2013年7月17日修正通過之「受託人條例」（Trustee Ordinance）第21條規定，明文承認受託人可為任何事件對受該信託規限的財產造成的損失或損壞而投保財產保險，亦可從有關信託基金撥付保費[37]。亦即，「受託人條例」允許受託人可就任何風險投保財產保險，且受託人亦可從信託財產中撥付保險費。

　　相對地，香港「受託人條例」雖未明文規定受託人得以受益人為被保險人投保人身保險，但亦未明文禁止受託人在符合信託架構安排之前提下，擔任人身保險契約之要保人[38]。基本上，香港之信託人公司僅須依「受託人條例」註冊，即得在香港提供專業之信託管理服務，實務上可提

---

writing to the effecting of the insurance before it is effected.

[37] 參閱香港「受託人條例」（Trustee Ordinance）第21條：「(1)信託的受託人可─(a)為任何事件對受該信託規限的財產造成的損失或損壞而投保；及(b)從有關信託基金撥付保費。(2)凡財產是以被動信託形式持有，如唯一受益人發出以下指示，或如有多於一名受益人，而每名受益人發出以下指示，則為該項財產投保的權力，受該指示所規限─(a)不得為該項財產投保；或(b)除按該指示指明的條件外，不得為該項財產投保。(3)如財產是以信託形式─(a)代該信託的唯一受益人持有，而該受益人絕對有權享有受該信託規限的財產，且該受益人是─(i)一名已屆成年並有完全行為能力的個人；或(ii)一個法人團體，而其章程並無禁止它根據本條行使有關權力；或(b)代該信託的所有受益人持有，而該等受益人作為一個整體而言，絕對有權享有受該信託規限的財產，且每名該等受益人均是─(i)已屆成年並有完全行為能力的個人；或(ii)法人團體，而其章程並無禁止它根據本條行使有關權力，則就第(2)款而言，該項財產是以被動信託形式持有。(4)如有第(2)款所指的指示發出，則投保的權力在受該指示規限的範圍內，不再就第41B條（委任代理人的權力）而言屬可轉委職能。」

[38] 參閱國際通商法律事務所執行，中華民國信託業商業同業公會委託，信託業辦理境外信託之可行性研究（含自經區），頁84，2014年9月。

供量身訂作之信託服務。應注意者，依香港「已婚者地位條例」第13條（為配偶或子女利益購買保險）規定：「(1)本條適用於以下人壽保單或儲蓄壽險保單：單內述明是為受保人的妻子、丈夫或子女的利益而投保，或其明訂條款的用意是將某項利益授予受保人的妻子、丈夫或子女；(2)該保單須設立一項以單內所指對象為受益人的信託；(3)只要該項信託的任何部分尚未履行，根據該保單須支付的款項不得構成受保人的部分產業或受其債務所規限；(4)如證明令投保生效及繳交保險費是意圖欺詐受保人的債權人，則債權人有權從根據該保單須支付的款項中，收取一筆相等於上述已付保險費的款額；(5)受保人可藉保單，或以其親自簽署的任何備忘錄，委任一人或多人為根據保單所須支付款項的受託人，並可不時委任新受託人及就委任新受託人及根據上述保單須支付款項的投資事宜，作出規定；(6)若無委任上述受託人，則投保生效後，有關權益須立即歸屬受保人及其合法遺產代理人以信託形式執行前述目的；(7)獲正式委任為受託人的收據，若無此委任或若無給予保險商通知，則受保人的合法遺產代理人的收據，對保險商而言，即為保單所保之數或其價值的全部或部分的償付。」由此可知，若父母為要保人時，於購買人壽保單或儲蓄壽險保單，可同時成立信託，作為支付保險費之來源，其性質上即屬於以其配偶或子女為受益人之他益信託。

（五）小結

綜上所言，依加州「保險法」第10110.1條第(c)項、第(d)項、新加坡2009年修正「保險法」第57條第(2A)項及第(2B)項等立法例，均明文規定受託人得擔任人身保險之要保人。

茲就美國、日本、新加坡及香港等地區之受託人，可否擔任要保人之資料及依據，彙整如表24-1所示，以供參考。

表24-1　受託人可否擔任人身保險要保人之比較表

地區	受託人可否擔任人身保險之要保人？	依據
美國	受託人得擔任要保人，亦得約定由受託人擔任保險受益人。	加州「保險法」第10110.1條第(c)項、第(d)項。
日本	受託人得代理要保人簽訂人身保險契約，亦得約定由受託人為保險金之受領人。	日本人壽保險公司與信託銀行之實務運作。
新加坡	受託人得以委託人或受益人為被保險人，擔任人身保險之要保人。	新加坡2009年修正「保險法」第57條第(2A)項及第(2B)項規定。
香港	受託人可依信託文件之約定，為人壽保單或儲蓄壽險保單被保險人之利益，支付保險費。	1. 香港「已婚者地位條例」第13條。 2. 香港「受託人條例」並未明文禁止受託人可擔任人身保險之要保人。

資料來源：本文自行整理

二、我國保險法第16-1條規定之射程範圍

　　經查立法院委員賴士葆等18人擬具「保險法增訂第16-1條條文草案」規定：「未成年人、心神喪失或精神耗弱之人之父或母依本法第一百三十八條之二第二項規定為被保險人時，信託受託人得依委託人於信託契約之指示，為該保險契約之要保人。」其立法理由[39]即明定受託人得依委託人於信託契約之指示為保險契約之要保人，為信託受益人之利益投保人身保險，以落實長期照顧信託受益人之目的。本文以為，上開立法意

---

[39] 參閱立法院第9屆第5會期第6次會議議案關係文書，院總第464號，委員提案第19697、19865號之1，2018年3月28日印發，討238-討239。其立法理由即謂：「依信託之導管理論，信託業依信託契約之記載為委託人或與其具有保險利益者投保人身保險，在本質上與委託人自行擔任要保人並無差異，不會因為透過信託辦理保險而增加道德風險。為利保險金信託之受託人確實掌握保險契約之狀況，維持保險契約之有效性及穩定性，並於保險事故發生時，確保保險給付匯入保險契約上所指定之信託專戶，爰明定信託業依信託契約之記載，為委託人或與其具有保險利益者投保本法第一三八條之二第二項之人身保險契約時，具有保險利益，得依委託人於信託契約之指示為該保險契約之要保人，為信託受益人之利益投保該等人身保險，以落實長期照顧信託受益人之目的。」

旨，雖值肯定，但問題在於，由於保險法第138-2條第2項之適用範圍，限定在要保人成立之人身保險契約，並由其將屬死亡或殘廢之保險金部分，於保險事故發生前預先洽訂信託契約之情形，實易令人誤解立法院委員賴士葆等18人擬具「保險法增訂第16-1條條文草案」僅適用於由保險業擔任該保險信託之受託人之情事。觀諸立法院委員賴士葆等18人擬具「保險法增訂第16-1條條文草案」之規範目的，應在於承認父或母若成立人身保險契約，並代理未成年人、心神喪失或精神耗弱之人與信託業成立保險金信託時，信託業即得依信託契約之要求，以委託人或與其具有保險利益之未成年人、心神喪失或精神耗弱之人投保人身保險，並具有保險利益。因此，該信託之受託人並不以保險業為限，解釋上尚應包括其他信託業為受託人之情形。

應注意者，最終立法院於2018年4月3日通過增訂保險法第16-1條規定：「未成年人或依民法第十四條第一項得受監護宣告者之父、母或監護人，依本法第一百三十八條之二第二項規定為被保險人時，保險契約之要保人、被保險人及受益人得於保險事故發生前，共同約定保險金於保險事故發生後應匯入指定信託帳戶，要保人並得放棄第一百十一條保險利益之處分權。」並未明文揭示信託受託人得依委託人於信託契約之指示，為信託受益人之利益投保人身保險，而僅明定保險契約之要保人、被保險人及受益人得共同約定保險金於保險事故發生後應匯入指定信託帳戶，要保人並得放棄第111條之受益人變更權。

惟從體系解釋之觀點，因增訂保險法第16-1條係緊接於第16條有關人身保險利益規定之後，是否可解為立法者已有意肯認保險實務上可從信託導管理論出發，若由信託業依信託契約之記載為委託人或與其具有保險利益者投保人身保險，在本質上與委託人自行擔任要保人並無差異，可不受保險法第16條有關人身保險利益之限制，以擴大保險法第16-1條規定之規範射程，似為解釋論上值得關注之課題。

肆、人身保險道德風險之監控機制

一、保險利益之實質解釋

我國保險法為控制人身保險之道德風險，主要係要求要保人對於被保險人應有保險利益；且如由第三人訂立之死亡保險契約，則應經被保險人書面同意及約定保險金額。

基本上，從信託導管理論之觀點，由於自益信託之受託人僅為名義上之要保人，若由受託人投保人身保險，應解為實質上之要保人仍為委託人。因此，若信託業係依委託人之指示或信託文件之要求，以委託人本人或與其具有保險利益者為被保險人而投保人身保險時，從信託之實質關係而言，應解為委託人與被保險人間存在保險利益，則信託業以其名義為要保人，即應被視為其與被保險人（委託人本人或與其具有保險利益者）間存在保險利益。事實上，若從信託本質出發，從實質上認定保險法第16條所規定保險利益之存否，並不會提高人身保險之道德風險。

二、被保險人之書面同意及保險金額之約定

若信託業依委託人之指示，以委託人本人或與其具有保險利益者為被保險人投保人身保險，因形式上要保人與被保險人並不相同，則是否應依保險法第105條、第130條或第135條等規定，事先經被保險人之書面同意，並約定保險金額，必須依信託業所投保者係「生存保險」契約或「死亡保險」契約而定。若由信託業以委託人本人或與其具有保險利益者為被保險人而投保「死亡保險」契約，則必須經被保險人之同意，並約定保險金額，始生效力。

三、信託業受主管機關之高度監理

依信託法第60條規定：「信託除營業信託及公益信託外，由法院監督。」因此，營業信託需遵守信託業法之相關規定，受金融監督管理委員

會之監督管理。至於非信託業者擔任受託人，並非信託業法之規管範圍，二者之監督機制明顯不同；且因信託業為特許行業，主管機關對於信託業辦理信託業務係採取審慎監理之態度，是以信託業與非信託業二者所受之監管強度自不相同。

四、告知義務之履行及危險估計

依保險法第64條第1項規定：「訂立契約時，要保人對於保險人之書面詢問，應據實說明。」以確保保險人對危險之估計。當信託業得為信託受益人投保人身保險時，關於保險法第64條第1項之告知義務，應由要保人（信託業）或被保險人（信託受益人）負擔之問題，應認為要保人及被保險人均負誠實告知義務。其理由如下：

1. 依保險法於民國81年2月26日修正第64條之立法理由，即謂：「一、保險契約訂立時，據實告知除要保人外，被保險人亦應據實說明。」
2. 依司法實務見解，亦認為要保人及被保險人同負誠實告知義務[40]。應注意者，縱然認為要保人與被保險人同負告知義務，但同一事實，如其中一人，已為告知，另一人雖未告知，亦不違反告知義務[41]。

---

[40] 參閱臺灣高等法院臺南分院101年度保險上字第5號民事判決：「保險契約為最大誠信契約，為保費公平分擔、契約對價平衡原則，及被保險人對自己之身體健康狀況知之最詳，若不使要保人及被保險人負誠實告知義務，將有礙保險人對危險之估計。而保險業務員之職務為招攬保險，並無代為填寫要保書上詢問事項之義務，如其代要保人或被保險人填寫，亦僅屬其代理人，要保人嗣既已親自審閱系爭要保書並於其上簽名，即不能就違反據實說明義務之效果諉為不知，並因此免除要保人及被保險人依保險法第64條所應負之據實說明義務。」

[41] 參閱72年5月14日司法院第三期司法業務研究會，司法院第一廳研究意見：「按法律所以課保險契約當事人之一方以告知義務係使保險人得依義務人提供有關保險標的之一切資料，正確估定危險發生之可能性，以決定保險責任。故在人壽保險契約，依保險法第104條之規定，得由本人或第三人訂立。如由第三人訂立，則因要保人與被保險人並非相同。此時，要保人依保險法第六四條第一項之規定，應負告知之義務，固無疑問。至被保險人，則因被保險人對自己之生命健康，知之最稔，如不使負告知義務，有礙保險人對危險之估計。故在外國立法例，如日本、德、瑞等均

因此，若信託業依信託契約之記載，依委託人之指示，為委託人或與其具有保險利益者投保人身保險時，由於除信託業應以要保人之地位負保險法第64條第1項規定之告知義務外，且被保險人亦同負告知義務，故應不至於影響保險人對危險之估計。

伍、結論及建議

從保險法上對於保險利益之規範體系而言，因保險法第14條及第15條係規定在財產保險之保險利益，而同法第16條係規定人身保險之保險利益，同法第20條係規定在其後，依體系解釋之方法，同法第20條之適用對象，解釋上並非不可能同時包括財產保險及人身保險。因此，若在道德風險可控制之原則下，主管機關似可透過行政解釋之方法，抑或法院可透過司法解釋之方式，對於信託業依信託本旨，依委託人之指示或信託契約之約定，以委託人或與其具有保險利益者為被保險人，而投保人身保險契約之情形，藉以肯認信託業若依信託本旨，以信託財產為委託人或與其具有保險利益者投保人身保險，亦屬基於有效契約而生之利益，而具有保險利益。

反之，若在謹守要保人對於被保險人之生命或身體應具有保險利益之前提下，信託業似不得以要保人之地位，以委託人或與其具有保險利益者為被保險人投保人身保險。

依我國司法實務之見解，則肯認若要保人以自己為被保險人，僅係委託第三人以自己名義訂定契約，因第三人僅係要保人之代理人，要保人自己仍為保險契約之當事人，不僅具有保險法第16條第1款所規定之保險利益，亦無同法第105條、第130條或第135條所謂應經被保險人書面同意之

明文規定被保險人亦負告知義務。我保險法雖未明文規定，但依前述告知義務之法理，應為當然之解釋。惟要保人與被保險人雖同負告知義務，但同一事實，如其中一人，已為告知，另一人雖未告知，亦不違反告知義務，蓋不影響保險人對危險之估計。」

問題。因此，若信託業經受益人之書面授權，由信託業以代理人之地位，代受益人與保險人簽訂人身保險契約，並依信託契約之約定以信託財產支付保險費，亦屬合法、可行之規劃。

本文以為，若由信託業依委託人之指示或信託契約之要求，擔任人身保險之要保人，為信託受益人之利益投保人身保險，則不僅可確實掌握保險契約之狀況，且因信託業更能了解保險契約之有效性及穩定性，而可於保險事故發生時，確定保險給付匯入保險契約上所指定之信託專戶，以落實長期照顧信託受益人之目的。

一、建議

（一）受託人投保人身保險之可行策略

本文以為，就受託人依委託人之指示或信託文件之要求，為委託人或與其具有保險利益者投保人身保險之可行策略而言，似得採取下列二種解釋方法，由主管機關以行政解釋承認信託業得依信託契約之記載，為委託人或與其具有保險利益者投保人身保險。

1. 主管機關應可本於保險法第20條規定之體系解釋，承認信託業得依信託契約之記載，為委託人或與其具有保險利益者投保人身保險，並具有保險利益。至於信託業於為委託人本人或與其具有保險利益者投保人身保險時，則應先確認其所購買之人身保險是否符合信託本旨或信託契約之約定。其次，因要保人與被保險人非同一人，尚應依保險法第105條規定，經被保險人書面同意，並約定保險金額。

   就立法論而言，立法院委員賴士葆等18人擬具「保險法增訂第16-1條條文草案」雖具有價值，但仍有不足之處。本文以為，應修正保險法第20條規定，而於同條第2項明定：「信託業依信託本旨，依委託人之指示或信託契約之要求，為委託人本人或與其具有保險利益者投保人身保險者，視為有保險利益。」較為妥適。

2. 主管機關亦可本於增訂保險法第16-1條規定之立法精神，擴大其

規範射程。亦即，從信託導管理論出發，重新認定信託業依委託人之指示或信託文件之要求，為委託人本人或與其具有保險利益者投保人身保險時，應以信託之委託人與被保險人間是否具有保險利益。至於信託業於為委託人本人或與其具有保險利益者投保人身保險時，則應先確認委託人與被保險人是否存在保險利益，始得依委託人指示或信託契約之要求，擔任人身保險契約之要保人。其次，因要保人與被保險人非同一人，尚應依保險法第105條、第130條或第135條等規定，經被保險人之書面同意，並約定保險金額。

(二)配套措施

若主管機關本於原增訂保險法第16-1條規定之立法精神，擴大其規範射程，而從信託導管理論出發，則為使保險業可確認信託業係基於委託人與被保險人間具有保險利益而擔任要保人時，信託業於向保險業申請訂立保險契約時，應檢具簡式信託契約或委託人出具之聲明書（指示書），載明或聲明委託人與被保險人之關係，保險人經確認信託契約之委託人與被保險人間具有保險利益後，始同意成立保險契約，以避免不法之徒利用信託契約為自己圖謀不法利益之情事。

又依國內司法實務之見解，倘要保人僅係委任他人代理簽訂人身保險契約，因要保人仍係以自己為被保險人，自有保險法第16條第1款規定之保險利益，且其性質上即非保險法第105條所謂由第三人訂立之保險契約，並無經被保險人書面同意之問題。

25

論銀行法中違法辦理匯兌業務罪犯罪所得計算與沒收之範圍
——兼評臺灣高等法院107年度金上訴字第10號刑事判決

江朝聖

壹、前言與問題之提出

　　2018年2月修法前的銀行法第125條第1項規定：「違反第二十九條第一項規定者，處三年以上十年以下有期徒刑，得併科新臺幣一千萬元以上二億元以下罰金。其犯罪所得達新臺幣一億元以上者，處七年以上有期徒刑，得併科新臺幣二千五百萬元以上五億元以下罰金」。銀行法第29條第1項規定：「除法律另有規定者外，非銀行不得經營收受存款、受託經理信託資金、公眾財產或辦理國內外匯兌業務」。兩個條文合併來看，銀行法第125條第1項可分為「非銀行經營收受存款」（以下簡稱非法吸金罪）、「非銀行受託經理信託資金、公眾財產」及「非銀行辦理國內外匯兌業務」（以下簡稱違法辦理匯兌業務罪）等行為態樣。

　　對於2018年2月修法前的銀行法第125條第1項當中「犯罪所得」如何計算，不論在非法吸金罪或違法辦理匯兌業務罪，司法判決均有不同的見解。對違法辦理匯兌業務罪，司法判決有認為應就被告所經手之款項加計所收取之手續費等名目的收入合併計算（以下簡稱總額說），亦有認為應只計算被告所收取之手續費等名目的收入（以下簡稱手續費說）。2017年10月17日，最高法院作成106年度第15次刑事庭會議決議統一見解，採總額說的觀點。對此，本文作者曾為文主張該決議之理由「不妥適且不

充分」[1]。2017年6月23日行政院函請立法院審議「銀行法部分條文修正草案」，其中包括第125條之修正。修正草案將原條文中之「犯罪所得」修正為「因犯罪獲取之財物或財產上利益」。修正總說明指出：「為避免與修正後之刑法第三十八條之一所定犯罪所得混淆，造成未來司法實務犯罪認定疑義，爰將『犯罪所得』修正為『因犯罪獲取之財物或財產上利益』」[2]。修法之後如何認定「因犯罪獲取之財物或財產上利益」？最高法院前揭決議的見解於新法之下能否妥適地適用？均值得討論。再者，同次的銀行法修正，也將第136-1條之沒收範圍由「因犯罪所得財物或財產上利益」修正為「犯罪所得」，對於沒收之範圍有何影響？又此犯罪所得之概念與修法後銀行法第125條第1項之「因犯罪獲取之財物或財產上利益」關係為何？亦值得研究。

　　臺灣高等法院107年度金上訴字第10號刑事判決係於2018年2月銀行法修正後，對於新舊法適用及銀行法第125條第1項之「因犯罪獲取之財物或財產上利益」與同法第136-1條的「犯罪所得」意義加以闡釋，並以理由詳細說明兩者意義有何不同之判決。該判決就違法辦理匯兌業務罪適用銀行法第125條第1項之「因犯罪獲取之財物或財產上利益」仍採最高法院106年度第15次刑事庭會議決議之總額說見解，此項見解於新法之下是否妥適？再者，該判決對於涉及沒收範圍之銀行法第136條之1的「犯罪所得」採手續費說之看法，然該案之一審判決則採總額說之見解，究竟何項見解正確？凡此，均使本判決饒富研究價值。

　　本文即以臺灣高等法院107年度金上訴字第10號刑事判決之案例為研究素材，先整理該案之事實與歷審判決，接著以法釋義學的研究方法探討2018年2月銀行法修正前、後對於「犯罪所得」與「因犯罪獲取之財物或財產上利益」之概念內容，並討論最高法院106年度第15次刑事庭會議決議於修法後繼續適用的妥當性。之後，再就銀行法第136-1條的「犯罪所

---

[1] 江朝聖，論銀行法中違法辦理匯兌業務罪之犯罪所得計算，存款保險資訊季刊，31卷2期，頁56-73，2018年6月。

[2] 立法院第九屆第四會期第一次會議議案關係文書，院總第801號政府提案第16028號，頁107，2017年9月20日。

得」探究其意義，並討論與同法第125條第1項「因犯罪獲取之財物或財產上利益」之關係，最後再以上述討論為基礎，對臺灣高等法院107年度金上訴字第10號刑事判決加以評釋並提出本文結論。

貳、事實與歷審判決

一、事實

被告甲與真實姓名、年籍均不詳，自稱「賴小姐」於民國100年至102年間，由「賴小姐」負責調度人民幣及新臺幣現金，並提供「賴小姐」所持有位於大陸地區銀行之帳戶，負責在大陸地區收、付客戶款項，甲以其在臺灣某銀行所申設之帳號負責在臺灣收、付客戶款項及轉帳匯款後，甲即為下列行為：乙等以新臺幣匯入甲之上開銀行帳戶後，甲即將乙等匯入之新臺幣交付「賴小姐」，「賴小姐」再依約定匯率計算後之等值人民幣匯入乙等位於大陸地區之中國農業銀行帳戶。此外，「賴小姐」向丙等收受人民幣並依約定匯率計算等值之新臺幣後，旋指示甲將新臺幣匯入丙等所指定之帳戶（對於此等事實，以下簡稱「本案」）。

二、一審判決

對於前揭事實，新北地方法院以甲犯銀行法第125條第1項前段之非法辦理國內外匯兌業務罪，處有期徒刑1年10個月。緩刑3年。未扣案之犯罪所得新臺幣53,780,831元。其判決理由整理如下[3]：

1. 被告行為後，銀行法第125條第1項於107年1月31日修正公布，並於同年2月2日生效。銀行法第125條第1項後段原規定「其犯罪所得達新臺幣一億元以上者，處七年以上有期徒刑，得併科新臺幣二千五百萬元以上五億元以下罰金」，修正為「其因犯罪獲取之財物或財產上利益達新臺幣一億元以上者，處七年以上有期

---

[3] 臺灣新北地方法院106年度金訴字第11號刑事判決。

徒刑，得併科新臺幣二千五百萬元以上五億元以下罰金」，係將「犯罪所得」修正為「因犯罪獲取之財物或財產上利益」，僅文字、文義之修正，揆諸最高法院判決意旨[4]，則非屬刑法第2條第1項所指之法律有變更，自不生新舊法比較之問題，而就被告本件行為，應依一般法律適用原則，適用裁判時法即修正後銀行法第125條第1項之規定。

2. 按銀行法第29條第1項所謂「匯兌業務」，係指行為人不經現金輸送，而藉他地之分支機構或特定人間之資金清算，經常為其客戶辦理異地間款項收付，以清理客戶與第三人間債權債務關係或完成資金轉移之行為。而「國內外匯兌」則係銀行利用與國內異地或國際間同業相互劃撥款項之方式，如電匯、信匯、票匯等，以便利顧客國內異地或國際間交付款項之行為，代替現金輸送，了結國際間財政上、金融上及商務上所發生之債權債務，收取匯費，並可得無息資金運用之一種銀行業務，是凡從事異地間寄款、領款之行為，無論是否賺有匯差，亦不論於國內或國外為此行為，均符合銀行法該條項「匯兌業務」規定。又資金款項皆得為匯兌業務之客體，本無法定貨幣或外國貨幣等之限制，而人民幣為中國大陸地區內部所定之具流通性貨幣，則人民幣係屬資金、款項，並無疑義。查本件被告既係以前揭兌換方式，為事實欄所示之人完成資金之移轉，即具有將款項由甲地匯往乙地之功能，所為自屬於銀行法第29條第1項規定之辦理匯兌業務，該當於銀行法第125條第1項前段之非法辦理國內外匯兌業務罪。是核被告所為，係犯銀行法第125條第1項前段非法辦理國內外匯兌業務

---

[4] 即最高法院100年度台上字第1616號判決意旨：「所謂行為後法律有變更者，係包括構成要件之變更而有擴張或限縮，或法定刑度之變更。行為後法律有無變更，端視所適用處罰之成罪或科刑條件之實質內容，修正前後法律所定要件有無不同而斷。若新、舊法之條文內容雖有所修正，然其修正係無關乎要件內容之不同或處罰之輕重，而僅為文字、文義之修正或原有實務見解、法理之明文化，或僅條次之移列等無關有利或不利於行為人，則非屬該條所指之法律有變更，自不生新舊法比較之問題，而應依一般法律適用原則，適用裁判時法」。

罪。

3. 判決引用最高法院106年度第15次刑事庭會議決議所揭示之計算方法，計算犯罪所得計53,780,831元，依銀行法第136-1條宣告沒收。

三、二審判決

被告指摘原判決關於應沒收犯罪所得之範圍認定有誤，因而提起訴。上訴後，二審法院將原判決撤銷，主刑宣告處有期徒刑1年10個月。緩刑3年，與一審判決相同。然對於宣告沒收之犯罪所得新臺幣24,857元，與一審判決有相當大的差距，此為二審判決與一審判決最大的不同，茲整理二審判決理由如下[5]：

1. 引用最高法院106年度第15次刑事庭會議決議認本案犯罪所得53,805,688元，未達1億元，應依同法第125條第1項前段論處。

2. 被告在臺灣從事非法匯兌時，每次向匯款客戶收取人民幣50元之手續費，業經認定如前，此為被告因犯本案所獲取之報酬，與辦理匯兌之收付款項總額，同屬銀行法第125條第1項後段之「犯罪所得（修正前）」或「因犯罪獲取之財物或財產上利益（修正後）」，事涉被告非法從事匯兌業務之經營規模、惡性及獲利程度。原判決未予詳查而漏未認定，尚有疏漏。

   銀行法第125條第1項後段之「犯罪所得（修正前）」或「因犯罪獲取之財物或財產上利益（修正後）」，屬於加重處罰之構成要件；同法第136-1條「因犯罪所得財物或財產上利益（修正前）」或「犯罪所得（修正後）」，則為不法利得之沒收範圍。兩者之規範目的、概念內涵，均有不同。原判決未察及此，誤引最高法院106年度第15次刑事庭會議關於非法辦理匯兌業務於銀行法第125條第1項「犯罪所得（修正前）」所為之決議意旨，作為本案認定被告應依同法第136-1條不法利得沒收之範圍，亦有未當。

5　臺灣高等法院107年度金上訴字第10號刑事判決。

3. 本案被告違法辦理匯兌業務，就銀行法第125條第1項之「犯罪所得（修正前）」或「因犯罪獲取之財物或財產上利益（修正後）」，計為53,805,688元，固如前述認定。惟銀行法第136-1條不法利得之沒收範圍，因與同法第125條第1項之規範目的不同，概念內涵亦應為不同解釋。理由如下：

(1) 銀行法第125條第1項之罪，在類型上係違反專業經營特許業務之犯罪，屬於特別行政刑法，其後段將「犯罪所得達新臺幣1億元以上者」，資為非法經營銀行業務之加重處罰條件，**無非係基於違法辦理收受存款、受託經理信託資金、公眾財產或辦理國內外匯兌業務所收受之款項或吸收之資金規模達1億元以上者**，因「犯罪所得愈高，對社會金融秩序之危害影響愈大」所為之立法評價。故於非銀行違法經營國內外匯兌業務，其犯罪所得自指所收取之款項總額，縱行為人於收取匯兌款項後，負有依約交付所欲兌換貨幣種類金額至指定帳戶之義務，亦不得用以扣抵。其「犯罪所得」之計算，**解釋上自應同以行為人對外經辦所收取之全部金額或財產上之利益為其範圍，方足以反映非法經營銀行業務之真正規模，並達該法加重處罰重大犯罪規模之立法目的**（最高法院106年度第15次刑事庭會議決議意旨參照）。至於（修正前）銀行法第136-1條關於「犯罪所得」財物之沒收，乃側重在剝奪犯罪行為人從犯罪中取得並保有所有權之財物，將之強制收歸國家所有，使其無法享受犯罪成果，故得為沒收之「犯罪所得」財物，必須是別無他人對於該物得以主張法律上之權利者，始足語焉。細繹兩者「犯罪所得」之規定，同詞異義，概念個別（最高法院103年度台上字第2143號判決意旨參照）；（修正前）銀行法第125-4條第1項前段、第2項前段所定「如有犯罪所得並自動繳交全部所得財物」及同法第136-1條所定「犯本法之罪，因犯罪所得財物或財產上利益，……沒收之」。所稱之「犯罪所得」，各係關於個人刑罰減免事由及沒收之規定，分別側重於各該犯罪行為

人自己因參與實行犯罪實際所取得之財物或財產上利益之自動繳交或剝奪，與銀行法第125條第1項後段所規定之「犯罪所得」，顯屬同詞異義，概念個別，亦不能相提並論（最高法院106年度台上字第58號判決意旨參照）。準此，（修正前）銀行法第125條第1項後段之「犯罪所得」，與同法第136-1條「因犯罪所得財物或財產上利益」之「犯罪所得」，僅係同詞異義，概念內涵並不相同；107年1月31日修正後銀行法第125條第1項之立法說明謂：「犯罪所得」達法律擬制之一定金額時，加重處罰，與刑法係因違法行為獲取利得不應由任何人坐享之考量有其本質區別等語，亦同此旨。遑論前揭最高法院106年度第15次刑事庭會議決議意旨，亦未揭示銀行法第125條第1項關於「犯罪所得」之認定範圍，**必然等同於同法第136-1條應予沒收之不法利得範圍**。再者，修正後銀行法第136-1條將「因犯罪所得財物或財產上利益」修正為「犯罪所得」，依上揭立法說明，係因刑法第38-1條第4項規定之犯罪所得包括「違法行為所得，其變得之物或財產上利益及其孳息」，其範圍較為完整。可見本次修法目的僅在使銀行法第136-1條關於犯罪不法利得之沒收範圍，與刑法沒收新制之沒收範圍相互一致。準此，銀行法第125條第1項後段之「犯罪所得（修正前）」或「因犯罪獲取之財物或財產上利益（修正後）」，屬於加重處罰之構成要件；同法第136-1條之「因犯罪所得財物或財產上利益（修正前）」或「犯罪所得（修正後）」，則為不法利得之沒收範圍。彼此立法目的既不相同，**解釋上自無須一致，應依具體個案之犯罪類型（非法吸金或辦理匯兌）、不法利得有無實際支配，而為正確適用**。質言之，最高法院106年度第15次刑事庭會議係針對修正前銀行法第125條第1項後段「加重構成要件」之犯罪所得所為之決議，依上揭說明，與同法第136-1條關於非法辦理匯兌應沒收之不法利得，規範目的並不相同，自不應為同一解釋，始符立法本旨。

(2) 犯罪所得係由財產利益之「不法性」及「支配性」所組成，前者係指違反犯罪構成要件規範目的之財產利益，後者則係行為人或第三人對於財產利益取得事實上之處分地位。而有關共同正犯之犯罪所得，應如何沒收或追徵，最高法院業於104年8月11日之104年度第13次刑事庭會議，決議不再援用、參考先前採取共犯連帶說之判例、決議，改採沒收或追徵應就各人所分得者為限之見解。所謂各人所分得，指各人對犯罪所得有事實上之處分權限，法院應視具體個案之實際情形而為認定。倘若共同正犯各成員內部間，對於不法利得分配明確時，固應依各人實際分配所得沒收；然若共同正犯成員對不法所得並無處分權限，其他成員亦無事實上之共同處分權限者，自不予諭知沒收（最高法院105年度台上字第1984號、第3282號判決意旨參照）。準此，犯罪所得之沒收，應以行為人或第三人對於不法利得「具有事實上處分權限」為前提，當無疑義。

(3) 銀行法所稱之匯兌業務，係指受客戶之委託而不經由現金之輸送，藉由與在他地之機構或特定人間之資金結算，經常為其客戶辦理異地間款項之收付，以清理客戶與第三人間債權債務關係或完成資金轉移之業務。其性質著重於提供匯款人與受款人間異地支付款項需求之資金往來服務，具支付工具功能。依商業實務運作，雙方給付匯兌款項為雙務契約，多於同時或短期內履行給付匯兌款項之義務。非法辦理國內外匯兌業務之犯罪模式，通常是由行為人以提供較銀行牌價優惠之匯率對外招攬客戶，利用匯款、收款兩端之銀行帳戶，直接進行不同貨幣之匯率結算，行為人則從中賺取匯率差額、管理費、手續費或其他名目之報酬等。於此情形下，匯款人僅藉由匯兌業者於異地進行付款，匯兌業者經手之款項，僅有短暫支配之事實，不論多寡，均經由一收一付而結清，匯款人並無將該匯款交付匯兌業者從事資本利得或財務操作以投資獲利之意，除非匯兌業者陷於支付不能而無法履約，其通常並未取得該匯付款項之事實

上處分權。遑論經由一收一付結清後,該匯付款項之實際支配者係約定匯付之第三人,更見匯兌業者並未取得該匯付款項之事實上處分地位。從而,匯兌業者所收取之匯付款項,自非銀行法第136-1條所稱應沒收之「犯罪所得」,此處所稱犯罪所得乃係匯兌業者實際收取之匯率差額、管理費、手續費或其他名目之報酬等不法利得。

(4) 修正後銀行法第136-1條係配合刑法沒收新制而將「因犯罪所得財物或財產上利益」修正為「犯罪所得」,解釋上自應參考刑法第38-1條第1項之立法說明五(三)謂:「依實務多數見解,基於澈底剝奪犯罪所得,以根絕犯罪誘因之意旨,不論成本、利潤均應沒收」,採取總額原則。惟本條關於應沒收之「犯罪所得」,並不等同於同法第125條第1項「犯罪所得(修正前)」或「因犯罪獲取之財物或財產上利益(修正後)」之加重處罰構成要件,已如前述,而應以行為人從事非法匯兌業務所收取且實際支配之匯率差額、管理費、手續費或其他名目之報酬等不法利得,作為應沒收之犯罪所得。故而應在前揭「總額原則」下,不予扣除行為人從事非法匯兌之營運成本(例如:人事費用),以澈底剝奪犯罪所得,根絕犯罪誘因。

參、銀行法第125條第1項及第136-1條的歷次修正

為了解銀行法第125條第1項「因犯罪獲取之財物或財產上利益」及第136-1條「犯罪所得」之意義,以下擬由立法及修法歷程與理由中探尋,茲整理其歷次修正理由如下:

一、銀行法第125條第1項之沿革

(一)1975年立法及2000年11月修法

　　1975年7月4日修正公布的銀行法增訂第125條，對於非法經營銀行業務者課以刑責。1983年11月行政院函請立法院審議銀行法部分條文修正案中，將第125條罰責中的7,000元以下罰金提高為25萬元以下[6]。1989年1月行政院提案修正銀行法，其中第125條之法定刑由原本的5年以下有期徒刑提高為1年以上7年以下有期徒刑，並得併科100萬元以下罰金。行政院提案理由說明：「地下投資公司非法吸收資金之行為，以及不當運用資金，甚或侵占入己。此種行為多已觸犯刑法之詐欺罪、侵占罪。論其惡性，較常業詐欺罪或業務侵占罪，更為重大。為貫徹取締地下投資公司等立法目的，爰參考刑法第336條第1項、第340條有關二罪之刑責，加重罰則規定，將第1項規定修正[7]。」2000年11月修正公布時，又將法定刑提高至3年以上10年以下有期徒刑。

(二)2004年2月修法

　　2003年1月行政院函請立法院審議銀行法、證券交易法等7項法律修正，銀行法修正草案總明指出：「鑒於近年來金融犯罪案件頻傳，其金融犯罪金額動輒數十、甚至數百億元，不僅對國家整體金融環境造成衝擊，更影響金融市場之健全及穩定。然依現行刑罰規定判決結果，犯罪者犯罪所得往往大於受懲代價。另依刑法第四十二條之規定，無力完納罰金者，易服勞役，而易服勞役期限依規定不得逾六個月。致犯罪之人縱被科處巨額罰金，如無力完納時，只需易服勞役六個月，使得刑罰之客觀性與合理性迭遭社會質疑。為提昇金融管理效能及維持金融體系安定，健全金融犯罪查緝法制誠屬不可或緩之要務。金融犯罪案件屬狡猾型犯罪，與一般犯

6　立法院第一屆第72會期第21次會議議案關係文書，院總第801政府提案第2564號，頁17，1983年12月3日。

7　立法院第一屆第83會期第5次會議議案關係文書，院總801號政府提案第3480號，頁132，1989年3月8日。

罪案件相較。有下列特性：複雜性、抽象性、專業性、損害性、傳染性、被害者眾多、隱匿性高、追訴困難及民眾對金融犯罪非難性較低等，使得金融犯罪影響深遠。鑒於其犯罪所得又往往大於犯罪受懲代價，爰參考國際案例及國內外立法例，擬具銀行法部分條文修正草案，以提高相關金融犯罪刑罰及易服勞役期間規定[8]。」其中將銀行法第125條第1項增訂「其犯罪所得達新臺幣一億元以上者，處七年以上有期徒刑，得併科新臺幣二千五百萬元以上五億元以下罰金。」該項之修正理由說明：「鑒於非銀行違法吸金，除侵害人民財產法益外，並對於社會秩序之安定妨礙甚鉅，爰提高罰金刑度為新臺幣一千萬元以上二億元以下罰金。其次，針對違法吸金、違法辦理匯兌業務之金融犯罪而言，行為人犯罪所得愈高，對於金融秩序之危害通常愈大。爰於第一項後段增訂，如犯罪所得達新臺幣一億元以上者，處七年以上有期徒刑，得併科新臺幣二千五百萬元以上五億元以下罰金。」理由說明第二、三點：「所謂犯罪所得包括：因犯罪直接取得之財物或財產上利益、因犯罪取得之報酬、前述變得之物或財產上利益等。犯罪所得之計算標準，例如：依犯罪時、犯罪地之市價、或當時有價證券（股票、債券等）之市值……等可作為法院適用時之參考[9]。」上述修正草案於立法院三讀通過，並於2004年2月4日公布施行。

（三）2018年1月修法

　　行政院於2017年6月23日函請立法院審議「銀行法部分條文修正草案」，其中包括第125條之修正。修正草案將原條文中之「犯罪所得」修正為「因犯罪獲取之財物或財產上利益」。修正總說明指出：「為避免與修正後之刑法第三十八條之一所定犯罪所得混淆，造成未來司法實務犯罪認定疑義，爰將『犯罪所得』修正為『因犯罪獲取之財物或財產上利

---

[8] 立法院第五屆第三會期第二次會議議案關係文書，院總第861號政府提案第8974號，頁7，2003年3月5日。

[9] 同前註，頁9。

益』[10]。」該條修正理由：「查現行第一項後段係考量犯罪所得達新臺幣
一億元對金融交易秩序之危害較為嚴重而有加重處罰之必要，惟『犯罪所
得金額達新臺幣一億元』之要件與行為人主觀之惡性無關，故是否具有故
意或認識（即預見），並不影響犯罪成立，是以犯罪行為所發生之客觀結
果，即『犯罪所得』達法律擬制之一定金額時，加重處罰，以資懲儆，與
前開刑法係因違法行為獲取利得不應由任何人坐享之考量有其本質區別。
鑑於該項規定涉及罪刑之認定，為避免混淆，造成未來司法實務上犯罪認
定疑義，該『犯罪所得』之範圍宜具體明確。另考量變得之物或財產上利
益，摻入行為人交易能力、物價變動、經濟景氣等因素干擾，將此納入犯
罪所得計算，恐有失公允，故宜以因犯罪行為時獲致之財物或財產上利益
為計，不應因行為人交易能力、物價變動、經濟景氣等因素，而有所增
減，爰修正第一項，以資明確[11]。」

二、銀行法第136-1條之沿革

（一）2004年2月增訂

　　銀行法第136-1條係於2004年2月增訂，立法理由：「為避免犯罪者享
有犯罪所得，降低從事金融犯罪之誘因，爰參考洗錢防制法第十二條第一
項、貪污治罪條例第十條及刑法第三十八條規定因犯罪所得財物或財產上
利益，除應發還被害人外，屬犯人所有者應沒收，且不能沒收時，追徵其
價額或以其財產抵償[12]。」

（二）2018年1月修法

　　為配合刑法沒收規定修正，行政院於2017年6月23日函請立法院審議
「銀行法部分條文修正草案」，其中包括第136-1條的修正案。依行政院

---

[10] 立法院第九屆第四會期第一次會議議案關係文書，院總第801號政府提案第16028
號，頁107，2017年9月20日。

[11] 同前註，頁108-109；另參立法院公報，第107卷第9期，頁99-100，2018年1月31日。

[12] 立法院公報，第93卷第2期，頁142-143，2004年1月7日。

提案原主張讓沒收回歸刑法總則的規定，因此提案刪除本條，提案理由：「一百零四年十二月三十日修正施行刑法施行法第十條之三第二項規定，刑法修正施行日前制定之其他法律關於沒收之規定，不再適用。該規定立法意旨在於此次刑法已整體修正沒收規定，自應回歸刑法一體適用，一百零五年七月一日刑法沒收修正之施行日前所制定之其他法律關於沒收之規定，已無獨立存在之必要。依修正後刑法第三十八條之一第四項規定，犯罪所得包括違法行為所得、其變得之物或財產上利益及其孳息，現行條文所定『因犯罪所得財物或財產上利益』範圍較為狹隘；又刑法第三十八條之一除就屬於犯罪行為人之犯罪所得有所規範外，並明定沒收非屬於犯罪行為人之犯罪所得之情形，亦較現行條文僅沒收屬於犯人者之規定為廣；另刑法修正後，追徵為全部或一部不能沒收之執行方式，已無抵償之規定，爰配合刪除現行條文，回歸適用刑法相關規定[13]。」於立法院一讀時照行政院提案通過，其後經朝野協商修正條文成為：「犯本法之罪，犯罪所得屬犯罪行為人或其以外之自然人、法人或非法人團體因刑法第三十八條之一第二項所列情形取得者，除應發還被害人或得請求損害賠償之人外，沒收之」[14]，亦即現行條文。

肆、刑罰加重之犯罪所得認定

一、2018年修法前銀行法第125條第1項「犯罪所得」認定爭議

　　2018年修法前，以犯罪所得1億為界，達1億元以上者，法定刑由原本的3年以上10年以下有期徒刑加重為7年以上有期徒刑，本文稱此為「刑罰加重之犯罪所得」。違法辦理匯兌業務罪之刑罰加重犯罪所得如何計算，學說與實務有不同見解，一為被告辦理匯兌業務所收受之總金額及其收取之手續費等均予計算之「總額說」與只計算被告所收取之手續費的

---

[13] 同前註。

[14] 立法院公報，第107卷第9期，頁103-105，2018年1月31日。

「手續費」說，就兩說的理由整理如下：

（一）總額說

　　司法判決對於違法辦理匯兌業務罪之犯罪所得如何計算一直有總額說與手續費說的不同見解，2017年10月最高法院刑事庭終於對非法辦理匯兌業務罪之犯罪所得計算，作成106年度第15次刑事庭會議決議，並採「總額說」之見解。其理由如下：

1. 按銀行法第125條第1項係以「違反第二十九條第一項規定者處⋯⋯。」為其要件，並未就同法第29條第1項所定除法律另有規定者外，非銀行不得經營之「收受存款」、「受託經理信託資金、公眾財產」或「辦理國內外匯兌業務」等不同類型而有所區分。又銀行法於民國93年2月4日修正公布時，於第125條後段增定：「其犯罪所得達新臺幣一億元以上者，處⋯⋯。」之加重規定，亦僅以犯罪所得數額為加重處罰之前提，並未因銀行法第29條第1項規定之犯罪類型不同而有所異。再觀之本次修正之立法理由謂：「針對違法吸金、『違法辦理匯兌業務』之金融犯罪而言，行為人犯罪所得愈高，對金融秩序之危害通常愈大。爰於第一項後段增訂，如犯罪所得達新臺幣一億元以上者，處七年以上有期徒刑，得併科新臺幣二千五百萬元以上五億元以下罰金。」等情，說明此加重規定，尚包括「違法辦理匯兌業務」，而非僅指「違法吸金」之犯罪型態，自不得就「違法辦理匯兌業務」之犯罪所得之計算，為不同之解釋。

2. 銀行法第125條第1項係就違反專業經營特許業務之犯罪加以處罰，其後段以「犯罪所得達新臺幣一億元以上者」，資為加重處罰條件，無非基於違法辦理收受存款、受託經理信託資金、公眾財產或辦理國內外匯兌業務，所收受之款項或吸收之資金規模達1億元以上者，因「犯罪所得愈高，對社會金融秩序之危害影響愈大」所為之立法評價，其修法增訂時之理由亦指明：「所謂犯罪所得包括：因犯罪直接取得之財物或財產上利益、因犯罪取得

之報酬、前述變得之物或財產上利益等」，顯非僅指犯罪之實際獲得利潤而言。故於非銀行違法經營國內外匯兌業務，其犯罪所得自指所收取之款項總額，縱行為人於收取匯兌款項後，負有依約交付所欲兌換貨幣種類金額至指定帳戶之義務，亦不得用以扣抵。遑論行為人於非法經營地下匯兌業務之犯罪類型，均係以保證兌換之方式為犯罪手段，誘使他人向其兌換所需之貨幣種類而取得他人交付之款項，若認行為人仍須依約定給付所欲兌換之貨幣種類，即非其犯罪所得，顯與該條項後段之立法目的有違，當非的論。

3. 本院102年度第14次刑事庭會議決議（二）就違法吸金之犯罪類型所採甲說（總額說）之決議理由亦謂：「銀行法第一百二十五條第一項後段規定之立法意旨，既在處罰行為人（包括單獨正犯及共同正犯）違法吸金之規模，則其所稱『犯罪所得』，在解釋上自應以行為人對外所吸收之全部資金、因犯罪取得之報酬及變得之物或財產上之利益為其範圍。而違法經營銀行業務所吸收之資金或存款，依法律及契約約定均須返還予被害人，甚至尚應支付相當高額之利息。若計算犯罪所得時，將已返還被害人之本金予以扣除，則其餘額即非原先違法吸金之全部金額，顯然無法反映其違法對外吸金之真正規模。況已返還被害人之本金若予扣除，而將來應返還被害人之本金則不予扣除，理論上亦有矛盾。且若將已返還或將來應返還被害人之本金均予以扣除，有可能發生無犯罪所得之情形，自與上揭立法意旨有悖。從而被害人所投資之本金，不論事後已返還或將來應返還，既均屬行為人違法對外所吸收之資金，於計算犯罪所得時，自應計入，而無扣除之餘地」。同屬銀行法第125條第1項處罰對象之「違法經辦國內外匯兌業務」，其「犯罪所得」之計算，解釋上自應同以行為人對外經辦所收取之全部金額或財產上之利益為其範圍，方足以反映非法經營銀行業務之真正規模，並達該法加重處罰重大犯罪規模之立法目的。否則，若計算犯罪所得時，將所辦理之匯兌款項予以

扣除，其餘額即非原先違法辦理國內外匯兌業務之全部金額，顯然無法反映其違法經營辦理國內外匯兌業務之真正規模，亦可能發生於扣除後即無犯罪所得之情形，自與上揭立法意旨有悖。

4. 非銀行經營辦理國內外匯兌業務，其可責性在於違法辦理國內外匯兌之事實，而非有無利用該等匯兌業務獲利。銀行法第125條後段以其「犯罪所得」超過1億元加重法定本刑，無非以其犯罪結果影響我國金融市場之紀律及秩序，及社會大眾權益重大，而有嚴懲之必要，自與行為人犯罪所得之利益無關。而此類犯罪行為，係以經營辦理國內外匯兌業務時，為判斷犯罪行為既遂與否之標準，自應以所收受之匯兌款項總數計算其犯罪所得，而無另依行為人事後有無收取費用、獲得報酬，致影響犯罪成立與否及既未遂之判斷。

(二) 手續費說

對於上述最高法院決議，本文作者曾為文認為「不妥適且不充分」，因為：(1)同項款之不同犯罪類型犯罪所得計算可為不同解釋；(2)「犯罪所得愈高，對社會金融秩序之危害影響愈大」之立法評價並不必然採總額說；(3)立法理由中「所謂犯罪所得包括：因犯罪直接取得之財物或財產上利益、因犯罪取得之報酬、前述變得之物或財產上利益等」，不必然採總額說；(4)犯罪既遂與採總額說無關[15]。本文作者認為基於以下理由應採手續費說[16]：

1. 犯罪所得之解釋應從文義出發

犯罪所得從文義來說是指行為人因犯罪所取得的好處，此亦為行為

---

[15] 江朝聖，同前註1，頁64-67。

[16] 同前註，頁68-69。採手續費說另可參林志潔、蔡馨伊、蔡心雅、陳夢翔、孫永蔚，非法從事匯兌業務之犯罪所得計算，全國律師，21卷10期，頁6-11，2017年11月。另有採「也罪所得係指銀行設立申請義務人所節省之時間、勞力及費用，而不是參與非法經營業務而向他人收取之資金本身」，薛智仁，非法經營銀行業務罪之犯罪所得（上）（下）—兼論犯罪所得沒收之分析架構，月旦法學教室，第149、150期，頁60-69、頁58-67，2015年4月、5月。

人犯罪之動機。而對於犯罪所得之認定，必須依個別行為態樣加以認定，以證交法內線交易的犯罪所得為例，行為人從事內線交易是利用對股價影響的消息尚未公開前，亦即大眾尚未知悉此消息前逢低買進（或逢高賣出），並於消息公開後賣出，以賺取價差。因此，內線交易的犯罪所得即為該消息公開前後股價的價差，而不是以行為人買進股票之金額作為其犯罪所得，學說及實務多採此見解。同理，違法辦理匯兌業務之犯罪行為人其行為目的係為賺取匯兌的手續費，因此，由文義觀之，違法辦理匯兌業務罪之犯罪所得是行為人就匯兌行為所收兌的手續費。

2. 行為類型不同，犯罪所得計算方式亦不同

　　銀行法第29條係列舉銀行的幾項業務，包括：「收受存款」、「受託經理信託資金、公眾財產」或「辦理國內外匯兌業務」等。若未取得銀行執照，即不得辦理上述任何一項業務。上述各款既分別規定，其意義即有不同，其犯罪所得之計算亦須依其行為型態而作不同之解釋、認定。銀行法第5-1條定義「收受存款」：謂向不特定多數人收受款項或吸收資金，並約定返還本金或給付相當或高於本金之行為。對於匯兌，銀行法並未定義，然而若如最高法院決議見解，亦即違法辦理匯兌業務罪之犯罪所得計算是行為人所收受款項之總額，而應與違法收受存款罪作相同的解釋，此項看法是否有混淆收受存款與辦理匯兌區別之嫌。因為，匯兌除收受委託人之款項外，尚須將款項轉至委託人指示之受款人及帳號，匯兌行為始告完成，此與違法收受存款罪只須將存款人之款項完成收取，行為即告完成截然不同。既然兩者的型態不同，其犯罪所得計算自然有異。再者，匯兌行為既係收受託人款項後將款項轉給委託人指示之受款人，則辦理匯兌業務者透過匯兌行為所得到的好處並不是所收受的款項全部，而是所收取的手續費，因此，違法辦理匯兌業務罪之犯罪所得是手續費，而不是所收受款項之總額。

二、2018年修法後銀行法第125條第1項「因犯罪獲取之財物或財產上利益」之認定

　　2018年銀行法第125條第1項將原條文中的「犯罪所得」修正為「因

犯罪獲取之財物或財產上利益」。依前引之修正理由，一方面係為避免與刑法沒收所指之「犯罪所得」混淆；另一方面為適用上的具體明確。由修正理由觀之，修法目的並未改變原條文「犯罪所得」的範圍，只是作文字修正，希望文義更加明確。本文所擬評釋的高等法院判決，亦同此見解，並基此仍引用最高法院106年度第15次刑事庭會議決議所主張之刑罰加重之犯罪所得的計算方式，為其認定「因犯罪獲取之財物或財產上利益」之方法。本文除基於前文所論述之理由，而認為修法後應繼續採用手續費說作為刑罰加重之犯罪所得的計算方式。此外，由修正後的文字「因犯罪獲取之財物」觀之，更應採手續費說。「因犯罪獲取之財物」如何認定？舉例來說：〔例一〕甲向乙佯稱所配戴的手錶係18K金錶，因急需現金，願以2萬元出售予乙，乙一時不察，答應與甲交易，事實上該錶只是價值1,000元的仿冒品。在本例中，當甲與乙完成交易時，甲所為的詐欺行為即為既遂，甲因此取得2萬元現金，該2萬元係甲因詐欺所獲得的財物，即該當「因犯罪獲取之財物」。再者，由文義來看，只要係由犯罪行為取得的財物即該當此要件，而不須扣除成本，因此，於上例中，甲因犯罪取得之財物為所取得的現金2萬元，而不是扣除其犯罪成本（價值1,000元仿冒品）後的19,000元。再如〔例二〕：丙請丁將海洛英毒品一包交給戊，事成之後丙支付丁1,000元為酬勞，丁的行為該當於運輸一級毒品罪，丁因運輸之犯罪行為獲得的1,000元酬勞即是「因犯罪獲取之財物」，丁的犯罪行為並未獲取海洛英毒品一包，因此，不能計入「因犯罪獲取之財物」。同理，誠如本案一、二審判決所言：「匯兌是受客戶之委託而不經由現金之輸送，藉由與在他地之機構或特定人間之資金結算，經常為其客戶辦理異地間款項之收付，以清理客戶與第三人間債權債務關係或完成資金轉移之業務」，簡單來說，違法辦理匯兌業務罪的被告對於客戶委託匯兌的金錢只是左手進、右手出的行為，被告藉此賺取手續費，因此，手續費就是被告「因犯罪獲取之財物」，就所收受客戶委託的金額，被告既未「獲取」，自然不能算入「因犯罪獲取之財物」[17]。當然，若違法辦理

---

[17] 縱使係2018年修法之前，依銀行法第125條第1項立法理由：「所謂犯罪所得包括：

匯兌業務罪的被告除收取匯兌手續費外，還將收受客戶委託之金錢私吞，亦即並未真正匯出，此時除手續費外，所收受客戶委託之金錢也屬於被告「因犯罪獲取之財物」，乃屬當然，因為被告此種披著辦理匯兌的外衣，實際卻進行詐欺的行為與前述真正辦理匯兌的行為並不相同。基上所述，在修法之後，最高法院106年度第15次刑事庭會議決議對於違法辦理匯兌業務罪之犯罪所得計算採「總額說」的看法已逾越新法「因犯罪獲取之財物或財產上利益」之文義範圍，容有重新思考並改變見解之必要。

　　附帶一提，最高法院就同屬違反銀行法第125條之違法收受存款罪之犯罪所得計算作成102年度第13次刑事庭會議決議：「原吸收資金之數額及嗣後利用該等資金獲利之數額俱屬犯罪所得，不應僅以事後損益利得計算之，並無成本計算問題，無扣除之必要」。此項見解於修法後仍適用於實務上絕大多數的案例，因為此類實務案例均係以收受存款、投資為名義，但最終卻使投資人血本無歸。因此，雖是以收受存款、投資之名，而該當銀行法第29條第1項之違法收受存款罪，實則係騙取投資人之存款，也同時該當刑法339條之詐欺罪[18]，因此，行為人所收取投資人之存款總額，即為其所「取得」之財物，而應全部計入犯罪所得[19]。換言之，所收受的存款全部即該當銀行法第125條第1項之「因犯罪獲取之財物」。

因犯罪直接取得之財物或財產上利益」，亦應為相同之解釋。因此，對於違法辦理匯兌業務罪，修法前後，其認定標準一致，均指因犯罪「取得」之財物，被告並未「取得」匯兌經手之金額，自不應計入刑罰加重之犯罪所得。

[18] 最高法院105年刑議字第1號提案：「違反銀行法第二十九條之一規定，非法吸金，若其非法方式存有欺罔不實情形，行為人並有不法所有的主觀犯意，是否僅成立刑法第三百三十九條第一項之詐欺罪，而無依銀行法第一百二十五條之非法吸金罪名處斷餘地？易言之，上揭二罪，是否絕對不能併存？」，對此，最高法院作成105年度第13次刑事庭會議決議（一）：「行為人所為既同時符合非法吸金罪構成要件與詐欺罪構成要件，自應認屬一行為觸犯數罪名的想像競合犯，從一較重的違反銀行法非法吸金罪處斷，否則即有評價不足情形存在」。

[19] 江朝聖，同前註1，頁69。

伍、沒收之犯罪所得範圍及與刑罰加重犯罪所得之關係

　　2018年修法前，銀行法第136-1條規定：「犯本法之罪，因犯罪所得財物或財產上利益，除應發還被害人或得請求損害賠償之人外，屬於犯人者，沒收之。如全部或一部不能沒收時，追徵其價額或以其財產抵償之」。行政院提案原擬刪除本條，回歸刑法沒收規定之適用。立法院一讀時委員會審查亦照行政院提案通過。然而，二讀時依朝野協商而成現行條文：「犯本法之罪，犯罪所得屬犯罪行為人或其以外之自然人、法人或非法人團體因刑法第三十八條之一第二項所列情形取得者，除應發還被害人或得請求損害賠償之人外，沒收之」。就沒收的範圍來看，由「因犯罪所得財物或財產上利益」修正為「犯罪所得」。則修法後沒收的範圍有何改變？「犯罪所得」依刑法第38-1條第4項規定：「犯罪所得包括違法行為所得、其變得之物或財產上利益及其孳息」，對比舊法的規定，原條文應沒收的範圍「因犯罪所得財物或財產上利益」只相當刑法第38-1條第4項中的「違法行為所得」，因此，新法將沒收的範圍擴大至「其變得之物或財產上利益及其孳息」。舉例來說，甲因違法辦理匯兌業務罪取得1,000萬元的利益，該1,000萬元即是違法行為所得，甲將該1,000萬元中的500萬元投資股票，另500萬元以定期存款方式存入銀行，在甲的行為被查獲而受裁判時，所投資的股票市價已漲至800萬元，定存則有利息10萬元，該股票係「變得之財產上利益」，利息係「孳息」均應宣告沒收。然而，銀行法第136-1條修正前，刑法第38-1條早已修正，從而，修法前沒收究應適用銀行法抑或刑法規定？恐有爭議。修法之後，銀行法第136-1條與刑法第38-1條的沒收範圍一致，即無此問題。

　　銀行法第136-1條「犯罪所得」與同法2018年修前法之第125條「犯罪所得」雖然用字相同，但因規範目的不同，自可為不同之解釋[20]。修法之

---

[20] 林鈺雄，違法吸金罪之一億條款及犯罪所得沒收—評最高法院104年度台上字第1號

後，銀行法第125條第1項原條文之「犯罪所得」修正為「因犯罪獲取之財物或財產上利益」，而新法之第136-1條「犯罪所得」參照刑法第38-1條第4項係指：「違法行為所得、其變得之物或財產上利益及其孳息」，因此，2018年修法之後，銀行法第125條與第136-1條之「犯罪所得」概念之區別更是明顯。然而，在個案中，亦可能有相同之認定。如上所述，就違法辦理匯兌業務罪，銀行法第125條之「因犯罪獲取之財物或財產上利益」應採手續費說，假設甲違法辦理匯兌業務共獲得手續費100萬元，甲將該100萬元藏於衣櫃中，之後為警察所查獲，經檢察官偵查後依違法辦理匯兌業務罪起訴，法院於作成判決時認定甲之刑罰加重犯罪所得（即現行法之「因犯罪獲取之財物或財產上利益」）為100萬元，此外，由於甲未將該100萬元變為他物或財產上利益，亦未有孳息，因此，法院判決時即宣告該100萬元之「犯罪所得」應予沒收，在此案中刑罰加重犯罪所得與沒收犯罪所得經計算後結果相同。

陸、判決評釋

一、2018年修法後不應採總額說認定刑罰加重之犯罪所得

　　本案一審判決對於刑罰加重之犯罪所得未置一詞，二審判決對此予以指摘：「原判決未予詳查而漏未認定，尚有疏漏」。然本案二審判決引用最高法院106年度第15次刑事庭會議決議，並採總額說認定銀行法第125條「因犯罪獲取之財物或財產上利益」（即本文所稱刑罰加重之犯罪所得）。然而，誠如本文前述，違法辦理匯兌業務罪的被告對於客戶委託匯兌的金錢只是左手進、右手出的行為，被告藉此賺取手續費，因此，手續費就是被告「因犯罪獲取之財物」，被告對所收受客戶託委託的金額既未

判決，月旦刑事法評論，第1期，頁7-8，2016年6月。江朝聖，同前註1，頁69-70。江朝聖，走出內線交易犯罪所得計算泥沼之嘗試，東海大學法學研究，第48期，頁163-164，2016年4月。

「獲取」，自然不能算入「因犯罪獲取之財物」，也就是總額說已逾越銀行法第125條「因犯罪獲取之財物或財產上利益」之文義範圍。因此，二審判決未細究銀行法第125條修正後「因犯罪獲取之財物」與原條文之不同，並進而檢討最高法院106年度第15次刑事庭會議決議之見解於修法後是否仍能妥適地適用，實屬遺憾。

二、沒收之犯罪所得大於或等於刑罰加重之犯罪所得

本案一審判決未究明刑罰加重之犯罪所得與沒收之犯罪所得之立法目的不同，也因此兩者應為不同解釋，逕引最高法院106年度第15次刑事庭會議決議認定刑罰加重之犯罪所得之計算方法作為沒收之犯罪所得之認定標準，令人錯愕。對於違法辦理匯兌業務罪之沒收，若採最高法院106年度第15次刑事庭會議決議之總額說時，不僅被告犯罪所得之手續費，亦即「因犯罪所取得之報酬」，也該當刑法第38-1條第4項係指：「違法行為所得」被宣告沒收。甚至，連被告只是經手的客戶委託之匯款總額，也被宣告沒收。既然被告只是經手，則對被告經手之財物也宣告沒收時，與沒收係「為避免犯罪者享有犯罪所得，降低從事金融犯罪之誘因」之立法目的相違。一方面因為客戶委託之匯款被告只是經手，被告既未取得也從未享有；再者，被告對該金額既未享有，則宣告沒收時，無異要被告從自己之財產中取出繳給國庫，其結果無異於罰金，然銀行法第125條第1項已另規定「得併科新臺幣二千五百萬元以上五億元以下罰金」之罰金刑，由此更可顯示以總額說作為沒收範圍之不當。幸而，二審判決正確指出此項缺失，並將一審判決加以撤銷。再者，二審判決詳細說明應以手續費說計算並宣告違法辦理匯兌業務罪沒收的範圍，值得肯定與贊同[21]。然而，二審判決一方面援引最高法院106年度第15次刑事庭會議決議總額說之觀點計算出被告該當於銀行法第125條第1項之「因犯罪獲取之財物或財產上利益」為53,805,688元，另一方面採手續費說的觀點認定被告之犯罪所得為

---

[21] 相同見解亦可參臺灣高等法院高院105年度金上重訴字第2號刑事判決、105年度金上重訴字第7號刑事判決。

24,857元，而宣告沒收，簡言之，二審判決認定的沒收犯罪所得遠小於刑罰加重之犯罪所得。對此，本文認為有待商榷。因為，銀行法第125條第1項之「因犯罪獲取之財物或財產上利益」僅相當於銀行法第136-1條「犯罪所得」的一部分，亦即相當於依刑法第38-1條第4項規定沒收範圍內的「違法行為所得」。然而，刑法第38-1條第4項的範圍更擴大至「其變得之物或財產上利益及其孳息」。從範圍比較，刑法第38-1條第4項之沒收範圍因包括孳息，因此，其範圍較銀行法第125條第1項之加重刑罰犯罪所得為大，因此，即可得出銀行法第136-1條沒收犯罪所得之範圍應大於同法第125條之刑罰加重犯罪所得，或於無孳息時，等於刑罰加重犯罪所得。絕不可能得出如二審判決之沒收犯罪所得小於刑罰加重犯罪所得之結論，再者，銀行法第125條「因犯罪獲取之財物或財產上利益」相當於刑法第38-1條第4項中的「違法行為所得」，則兩者的認定應採同一標準。然而，二審判決卻對於刑罰加重犯罪所得之認定採「總額說」，但在沒收犯罪所得之計算卻採「手續費說」，此項見解有再商榷之必要。

柒、結論

　　違法辦理匯兌業務罪中，對於銀行法第125條第1項犯罪所得之認定，向有總額說與手續費說之爭議，最高法院2017年10月17日作成106年度第15次刑事庭會議決議採總額說之觀點，前已為文說明其理由不妥適也不充分，而應採手續費說為是。2018年2月銀行法第125條第1項將「犯罪所得」修正為「因犯罪獲取之財物或財產上利益」，在違法辦理匯兌業務罪中被告對於客戶所交付之匯款金額僅是經手，因此，不該當前揭條文「因犯罪獲取之財物或財產上利益」之要件，最高法院前揭決議採總額說之見解，將被告經手之金額亦計入犯罪所得已逸脫條文「因犯罪獲取之財物或財產上利益」之文義。因此，最高法院前揭決議適用於修法之後的刑罰加重犯罪所得更顯不妥。

　　此外，對於銀行法第136-1條犯罪所得之沒收，現行法將原條文之

「因犯罪所得財物或財產上利益」修正為「犯罪所得」，且由立法理由可知，沒收犯罪所得範圍回歸刑法之解釋。沒收犯罪所得依刑法第38-1條第4項係指：「違法行為所得、其變得之物或財產上利益及其孳息」。本文認為修法之後，銀行法第125條第1項之刑罰加重之犯罪所得與同法第136-1條的沒收犯罪所得，其間之不同更顯清晰。然而，本案一審判決不察，卻引用最高法院106年度第15次刑事庭會議決議之刑罰加重犯罪所得之計算方法作為沒收犯罪所得之標準，顯然有誤，幸而，二審法院已指摘此缺失，並將原判決撤銷。再者，依本文見解，銀行法第125條第1項之「因犯罪獲取之財物或財產上利益」與同法第136-1條的沒收範圍中之「違法行為所得」相同，既然相同，兩者應採一致的計算方法，然本案二審判決卻對其認定分採總額說及手續費說，尚有未洽。

26

兆豐案的省思——美國金融監理及裁罰的新典範？

The Case of "Fiduciary Duty" —A New Paradigm of Financial Crime Investigation and Penalizing?

陳禹成、葉錦鴻

壹、眞相（The Truth）—「兆豐案到底能不能夠繼續查下去，關鍵就在美國要不要幫臺灣」？

　　早在1970年，美國國會曾要求，客戶在銀行匯款的記錄，銀行要保留，如果金額超過1萬美元，就要申報的規範，此即一般俗稱的BSA（The Bank Secrecy Act）[1]。但一直到1985年2月[2]波士頓銀行（Bank of Boston）違反銀行祕密法（BSA）認罪並被裁罰50萬美元後，公眾才得知[3]波士頓

---

[1] The Bank Secrecy Act was enacted in 1970 as Title II of the Bank Records and Foreign Transactions Act.

[2] REDEFINING THE BANK SECRECY ACT: CURRENCY REPORTING AND THE CRIME OF STRUCTURING by Courtney J. Linn, 50 Santa Clara L. Rev. 407, 436.

[3] John J. Byrne, The Bank Secrecy Act: Do Reporting Requirements Really Assist the Government?, 44 ALA. L. REV. 801, at 804 n. 18 (1993) ：轉引自上註（註2）Courtney Linn文，註132。

銀行竟然沒有就規定的CTR filing requirements[4]向政府有關單位申報一個
黑幫犯罪組織的銀行交易記錄。基於此，美國國會馬上在當年（1985）4
月舉行聽證，而使得銀行業和職司監管的政府機構注意到，遵守BSA的重
要[5]。結果，CTR filings馬上就暴增。但「道高一尺，魔高一丈」，利用多
層次或分批移轉金錢，由於每次移轉的金額不滿規定的1萬美元，而得以
逃避申報義務的「犯罪」（The Crime of Structuring），卻也日益增加。

　　在此同時，美國聯邦法院和國會之間對此種犯罪的定罪標準，卻不一
致。一直到美國國會在2006年透過立法，改變美國聯邦最高法院在Ratzlaf
v. United States 510 U.S. 135（1994）一案中對於「洗錢」的判決標準，而
使得犯罪認定的標準降低[6]後，才有定論。簡言之，美國聯邦最高法院在

---

[4]

Currency Transaction Report, March 2011 revision

A currency transaction report (CTR) is a report that U.S. financial institutions are required to file with FinCEN for each deposit, withdrawal, exchange of currency, or other payment or transfer, by, through, or to the financial institution which involves a transaction in currency of more than $10,000. Used in this context, currency means the coin and/or paper money of any country that is designated as legal tender by the country of issuance. (https://en.m.wikipedia.org/wiki/Currency_transaction_report)

[5] The First National Bank of Boston: Hearings Before the Subcommittee on Financial Institutions Supervision, Regulation and Insurance of the Committee on Banking Finance and Urban Affairs, 99th Cong. 99-118 (1985); 轉引自上註(註2) Courtney Linn文，註134。

[6] 《"Had Congress wished to dispense with [the willfulness] requirement, it could have

Ratzlaf案中的判決書[7]，原本要求檢察官要能向陪審團說服並證明「被告『知道』逃避申報義務是犯罪」的「刑事犯意」（Criminal Intent）才能定罪，美國國會卻把這個需要如此證明才能定罪的，美國憲法保護作為刑事被告人的，傳統人權保護的高標準降低了。

而這個機會，卻被行政權在2001年911事件後，利用高漲的反恐民氣，伺機以預防和打擊恐怖份子的國土安全考慮為由，透過美國國會的立法，大肆擴張金融犯罪偵察和懲戒的權力[8]，其中最有名的就是「愛國者法案」[9]。

但在臺灣，這樣的政治背景而導致美國刑事偵察、起訴金融犯罪標準的降低，甚至在紐約州由於州長的刻意安排，竟然讓金融行政監理單位侵犯了檢察官職權，臺灣的各級政府主管機關毫無所悉。以致兆豐案突然發生，當事人「莫名其妙」被重罰，剛上任三個月的新總統「震怒」，慌亂地召開記者會之餘，由於親信的法律智囊也沒有受過英美法理學的訓練，胡亂向人民「只知其然而不知其所以然」簡報的結果，臺灣人民只被告知

---

furnished the appropriate instruction." Congress so wished; within ten months of the ruling, Congress superseded Ratzlaf. This legislative reaction-sometimes called the "Ratzlaf fix"- had two features. First, Congress amended 31 U.S.C. § 5322 to add a clause exempting violations of § 5324 from that statute's reach. Second, Congress wrote a criminal penalty provision directly into § 5324 that omitted the willfulness requirement. Taken together, these amendments eliminated the basis on which the Supreme Court in Ratzlaf had read the statute to require proof that a defendant knew structuring was a crime."》, Courtney J. Linn, Redefining the Bank Secrecy Act: Currency Reporting and the Crime of Structuring, 50 Santa Clara L. Rev. 407,447 (2010).

[7] Ratzlaf v. United States 510 U.S. 135 , 146 (1994).

[8] https://www.nytimes.com/roomfordebate/2011/09/07/do-we-still-need-the-patriot-act/the-patriot-act-gives-too-much-power-to-law-enforcement

[9] 《美國愛國者法案》（USA PATRIOT Act）是2001年10月26日，由美國總統喬治·沃克·布希簽署頒布的國會法案，正式的名稱爲「Uniting and Strengthening America by Providing Appropriate Tools Required to Intercept and Obstruct Terrorism Act of 2001」，中文意義爲「透過使用適當之手段來阻止或避免恐怖主義以團結並強化美國的法律」。https://zh.m.wikipedia.org/wiki/%E7%BE%8E%E5%9C%8B%E6%84%9B%E5%9C%8B%E8%80%85%E6%B3%95%E6%A1%88

「洗錢防制」的議題如何重要，鑑於國際壓力攸關政府威信，需要在制度面有明顯的加強及改善[10]以外，「股東權益」至今並還沒有得到真正的補償和解決，導致兆豐銀行被罰的鉅款只能由完全沒有任何責任的兆豐股東們和（因為官股持有兆豐股份而必須間接由）全體納稅人來支付龐大的金錢損失。此舉，顯然沒有得到臺灣社會的認同與支持。另外，兆豐銀行的前身[11]與威權時代的黨營事業或當朝的高官巨賈，有否涉及「洗錢」或不法所得，也是臺灣新聞媒體追逐的熱門話題，而有「兆豐案到底能不能夠繼續查下去？關鍵就在美國要不要幫臺灣」[12]的結論。

貳、正確的解決方案（Right Solutions）—透過美國法律體制主張自己的權利

本質上，兆豐是一個國家銀行，在美國出事，按照美國法律，應該由中華民國的國家律師（即，法務部長）出面談判或訴訟。對國內，法務部長更應該要說明，本案的源由和爭議的重點。作為中華民國政府的國家律師，國家銀行被外國指控疑似洗錢的罪名，對國人是何等重大的政治事件。曾為哈佛大學法學院訪問學者的法務部長第一個反應，就應該要質疑，美國紐約州政府金融局，對兆豐銀行所要求共同簽署的（強迫認

---

10 爲因應亞太防制洗錢組織（Asia/Pacific Group on Money Laundering, APG）2018年的第三輪評鑑，行政院於2017年3月16日，假最高法院檢察署特別偵查組（已廢除）舊址的國防部文化營區5樓，成立行政院級的「洗錢防制辦公室」，透過專責辦公室之方式，全力培訓中央部會人員，並全力推動第三輪相互評鑑籌備工作之進行。——洗錢防制辦公室由行政院政務委員直接督導，並由法務部政務次長兼任辦公室主任。http://www.amlo.moj.gov.tw/ct.asp?xItem=464864&CtNode=45705&mp=8004

11 中國商銀及交通銀行合併組成，二家銀行均爲【具光榮歷史】之銀行，紐約州金融局並沒有探討該兩家銀行過去在美國法院作爲「國家銀行」的記錄。https://www.megabank.com.tw/about/about01.asp

12 【兆豐案到底能不能夠繼續查下去？關鍵就在美國要不要幫臺灣。】https://www.cmmedia.com.tw/home/articles/2616

罪協商）「合意令」，應否先受美國聯邦法律優於州法的限制（Federal Preemption [13]），爾後進一步具體主張，作為主權國家，臺灣「國家主權豁免」（Sovereign Immunity）的權利，再來質疑紐約州法律對臺灣的國家銀行，是否具有管轄權（Jurisdiction）？作為新政府的政務官，他應該了解並發揮政治智慧，民眾在乎的是政府的擔當、勇於就法論法，挑戰美國的無理要求。即使該主張確實在美國聯邦法律的規範中，有「商業行為」的例外[14]，但適時的法律專業回應這突如其來、不知所以的鉅額罰款，至少會讓剛選出新政府的人民安心，並多少肯定新政府的執政能力。

問題就在於，臺灣涉案的當事人、股東、官方或民間關心人士並不了解[15]，為何本案不是經由美國司法部正式起訴，當事人也許為了省事（Judicial Economy）或其他臺灣媒體拼命猜疑、想要挖掘「真相」的理由，才「認罪協商」（Plea Bargain），簽下「（當事人）同意（監管人）命令」（Consent Order）。臺灣或許由於大陸法系的法制所限，即使留學美國的法律專業人才，也很少經過正常專業法律訓練（Juris Doctor training），只攻讀特別設計讓外國法律系大學畢業生的學位（LLM或SJD），以便回國後儘快取得教書資格或檢定為合格律師，但真正的英美法理學或法院訴訟程序、證據法則，則不是學習的重點，以致造成能夠真正了解美國法律的專業人才付之闕如的缺陷。

美國聯邦政府司法部沒有正式起訴兆豐銀行的真正原因是，該案被偵辦而涉嫌「巴拿馬洗錢」的銀行記錄，還不到美國國家安全的層級，不勞司法部檢察官大駕，只交由聯邦準備銀行作行政裁定，罰款2,900萬美元，以儆效尤。（但，紐約州金融局罰款兆豐銀行1億8,000萬美元，則是「行政濫權」，當事人「啞巴吃黃蓮」只能「打落牙齒和血吞」，下詳）

---

[13] State laws that conflict with federal law are "without effect" Maryland v. Louisiana, 451 U. S. 725, 746 (1981).

[14] The requirements for jurisdiction over claims against sovereign defendants (including foreign states and their political subdivisions, agencies, and instrumentalities) under the Foreign Sovereign Immunities Act's "commercial activity" exception to sovereign immunity, codified at 28 U.S.C. § 1605(a)(2).

[15] https://www.cmmedia.com.tw/home/articles/1394

　　背景是，美國聯邦政府司法部在其偵辦並追加起訴恩隆案的會計師事務所刑事責任Arthur Andersen v. US (2005)一案中，原始被告Arthur Andersen（上訴原告）主張，聯邦檢察官在告知陪審團「如何考量犯罪要件」（Jury Instructions）的訴訟程序因為疏忽，而導致判決結果不公。美國聯邦最高法院同意被告的論據因此判決美國聯邦政府司法部敗訴，使其鎩羽而歸。從此，美國司法部對金融犯罪的所有起訴就趨於保守，後來經過司法部副部長Sally Yates的努力（Yates Memo）[16]，才選擇重大案件，特別是，其所涉嫌的「洗錢」活動，足以影響國家安全的全球最大銀行前幾名，例如HSBC[17]和德意志銀行[18]和他們應該負責的經理人[19]。

　　在這樣的標準之下，兆豐根本不符合美國司法部會起訴的「資格」，而兆豐在其公開聲明中（附件一），陳述該案【依美國法律規定，FED裁罰令與合意令性質均屬行政罰而非刑事處分】，極力想要澄清當事人並非依「刑事犯罪的事實」被美國司法部或紐約州檢察官正式起訴而定罪或認罪，反而是「欲蓋彌彰」，多此一舉。

　　具體的法律背景所呈現的事實真相是，兆豐案由美國聯邦政府主導，並協調有關各種洗錢防治法律的行政單位[20]的新制度設計下，由美國財政部所轄的「打擊金融犯罪聯合中心」（US Financial Crime Enforcement Network, Fin CEN）作為資訊和協調中心。2016年和2018年

---

[16] https://www.lexology.com/library/detail.aspx?g=f31947a5-c2a0-445f-a694-bd27b09ed3d7（DOJ Maintains Focus on FCA Enforcement against Individuals）

[17] HSBC Holdings Plc Agrees to Pay More Than $100 Million to Resolve Fraud Charges. https://www.justice.gov/opa/pr/hsbc-holdings-plc-agrees-pay-more-100-million-resolve-fraud-charges

[18] Deutsche Bank hit with spoofing fine by US Justice Department | News | DW | 29.01.2018. https://www.dw.com/en/deutsche-bank-hit-with-spoofing-fine-by-us-justice-department/a-42360074

[19] https://www.justice.gov/opa/pr/two-former-deutsche-bank-traders-charged-deceptive-and-manipulative-trading-practices-us

[20] Board of Governors of the Federal Reserve System, Federal Deposit Insurance Corporation, National Credit Union Administration, Office of the Comptroller of the Currency, Financial Crimes Enforcement Network, Office of Foreign Assets Control.

兩次的「認罪協商」，都是因為Fin CEN和OFAC（Office of Foreign Assets Control Compliance）在美國911事件後，美國國會就反恐的預防和偵辦原則、標準和條件，加強BSA（Bank Secret Act）立法（附件二、三、四）責成其洗錢防治的任務[21]，提供被賦予強制執行權力的各該管轄美國聯邦儲備銀行及州政府金融局，直接聯繫、接洽、協談、處分涉案當事人，所造成的結果。

所以，要了解兆豐案的真相、保護股東權益、追究董事會及經理人責任的關鍵，不在「美國要不要幫臺灣」，真正的答案在於臺灣人民如何能夠(1)不透過政府單位或民間專業團體「知其然而不知其所以然」的驚慌失措或過度熱心提供二手翻譯資料；並(2)了解當事人基於本身正當利益而公開聲明的大陸法系刑事訴訟見解，排除刑事被告主張的前提；再(3)從美國法律所依據英美法理學的觀點，分析案情真正的源由、其政治環境的時空背景，以及司法制度如何在美國的聯邦主義（Federalism）之下被操弄；甚至(4)紐約州行政管制官員，為了政績而不惜「借力使力」，以準司法從事人員的身分，對兆豐案做出過分嚴厲處置的正當性和合法性也應深入探討。

準此，我們要問的重點是，為何沒有司法正式起訴的紐約州金融局「行政裁量」處分，可以罰到1億8,000萬美元？兆豐為什麼要逕自同意，官方對所有事實的認定並同意（consent to）簽下和解書？而就算是「行政裁量」（administrative adjudication），本來也應該有司法救濟的管道[22]，為何要立即「和解」（等於無條件投降），有何不能訴諸公眾的隱

---

[21] FinCEN exercises regulatory functions primarily under the Currency and Financial Transactions Reporting Act of 1970, as amended by Title III of the USA PATRIOT Act of 2001 and other legislation, which legislative framework is commonly referred to as the "Bank Secrecy Act" (BSA)。United States Department of the Treasury Financial Crimes Enforcement Network | FinCEN.gov.（https://www.fincen.gov/）

[22] Robert M. Benjamin, Judicial Review of Administrative Adjudication: Some Recent Decisions of the New York Court of Appeals, Columbia Law Review, Vol. 48, No. 1 (Jan., 1948), pp. 1-36.

情？公布出來的事實會動搖國本[23]？

還有，不同於聯邦準備銀行的懲罰，紐約州金融局的裁決，提及兆豐巴拿馬分行「疑似洗錢」的行為[24]。而因為2016年4月「巴拿馬文件」[25]的曝光，揭露了臺灣的政商名流在國際洗錢疑雲[26]中的角色，這兩者是否有關，臺灣的公權力在行政、立法、監察的制度分配所司職權下，各自調查或寫報告或作成不起訴處分，卻始終無法提出令人民滿意或者能接受的答案，反而使得社會大眾更懷疑政府處理兆豐案的公信力。

參、起訴金融犯罪新典範（The New Paradigm of Financial Crime Prosecutions）

一、史匹哲的故事

在兆豐案（2016年8月，2018年1月）處分前，賴老師的高足，現任輔仁大學法學院長郭土木教授（前金管會法務處處長）等臺灣學者已研究[27]美國紐約州的金融犯罪。在紐約州過去，都是由州檢察長起訴、認罪協商或定罪，最有名的州檢察長就是因為起訴共同基金及保險業金融犯罪有功，進而當選紐約州長的史匹哲（Eliot Spitzer）[28]。

在他擔任紐約州長期間，準備問鼎美國總統寶座的大好政治前途期

---

[23] 「兆豐案虎頭蛇尾是因為查下去動搖國本？」同註12，https://www.cmmedia.com.tw/home/articles/2616

[24] https://www.upmedia.mg/news_info.php?SerialNo=2757%20%20%202016/8/23

[25] 「巴拿馬文件」商周出版（城邦集團），2016年5月。Panama Papers: Die Geschichte einer weltweiten Enthüllung April 6, 2016

[26] http://news.ltn.com.tw/news/politics/breakingnews/1654375

[27] 郭土木、覃正祥，「懲與治—美國華爾街共同基金與分析師弊案剖析」，2004年7月，「懲與治—保險篇」，2006年9月，實用稅務出版社。

[28] https://en.m.wikipedia.org/wiki/Eliot_Spitzer

間，卻出現空前的政治醜聞。「紐約州長召妓落難　華爾街卻竊喜[29]」是臺灣媒體報導的標題，但實情並非如此。2008年3月15日美國的新聞週刊在一篇題目為「始料未及的結果UNINTENDED CONSEQUENCES[30]」的文章中，寫出了實情。真正的原因，是他涉嫌違反BSA（銀行祕密法），用來「召妓」的錢超過1萬美元，但卻用別人的名字分批申報，以逃避法律的規範。麻省理工學院評論[31]則認為，史匹哲因為法律專業而得意政壇，卻因不懂現代科技而被絆倒仕途[32]。

　　一個曾經成功地起訴金融犯罪的紐約州檢察官，因為辦案績效特優而成為民間的司法英雄，進而競選且當選紐約州長，卻因涉嫌違反美國聯邦法律[33]，而於州長任內在2008年狼狽下台。

　　但這個古典的，由檢察官起訴再認罪或定罪的刑事金融犯罪傳統「典範」，到了2016年已經變調，2016年8月的兆豐案由紐約州金融局（NYDFS）偵察、處分。當事人「承認所被指控『犯罪事實』（違反紐約州銀行法）並同意鉅額罰款」，並非經由紐約州檢察長正式起訴。因為「違反洗錢防治法」（FOR VIOLATING ANTI-MONEY LAUNDERING LAWS）的理由，逼得兆豐在公開記錄上沒有抗辯的前提下，就承認所有被指控的事實，並同意（consent to）鉅額金錢罰款。美國的法學評論

---

[29] https://news.tvbs.com.tw/world/163051

[30] https://www.newsweek.com/unintended-consequences-83713

[31] https://www.technologyreview.com/s/409766/the-technology-that-toppled-eliot-spitzer/

[32] 【Poetic justice: Former New York governor Eliot Spitzer's intimate knowledge of the tools used to foil organized crime didn't keep him from running afoul of his own bank's anti-money-laundering software.】【Anti-money-laundering software scrutinizes bank customers' every move, no matter how small.】【If there is a lesson from former New York governor Eliot Spitzer's scandal-driven fall (aside from the most obvious one), it is this: banks are paying attention to even the smallest of your transactions.】摘錄自，上註，註31。

[33] Mann Act (18 U.S.C. § 2422), federal structuring laws (31 U.S.C. § 5324), and federal money-laundering statutes (18 U.S.C. § 1956) http://www.slate.com/articles/news_and_politics/explainer/2008/03/how_to_prosecute_eliot_spitzer.html

給予紐約州金融局這種作法的評價[34]，認為至少在渣打銀行案（批評的焦點）是紐約金融局【脅迫】當事人妥協而同意和解[35]。

二、Concurrent jurisdiction（一個事件聯邦及州政府同時管轄的制度）

無獨有偶，美國聯邦理事會在2018年1月17日也宣布，就兆豐在美國的經營，罰款2,800萬美元。比起美國紐約州政府財政廳的1億8,000萬美元，這次的「認罪協商」（附件五），罰款少了許多，但對象卻不僅只限於兆豐臺灣總行和在美國的紐約分行，更增加芝加哥分行和矽谷分行。

這又在臺灣引起了另一番波折，「一罪不二罰」[36]是討論的焦點，而兆豐銀行的公開說明（附件一）則強調【依美國法律規定，FED裁罰令與合意令性質均屬行政罰而非刑事處分，且依金融主管機關慣例，FED及州政府金融監理機關均可同時對同一缺失進行裁罰，不因其他監理體系之主管機關業已裁罰即得豁免，國際大型銀行亦有缺失同時遭FED及NYDFS裁處之記錄】。

該聲明所指出，同樣遭受鉅額罰款的，應該是紐約州金融局在2011年改組，由銀行局和保險局合併以後，同類型案例的第一案，2012年8月6日處份渣打銀行（Standard Chartered Bank）案，和2015年3月的德國Commerzbank AG案。

其實，除了使用傳統的「典範」說明當事人並沒有被美國聯邦檢察官

---

[34] Kenneth S. Rosenzweig, *Regulation of Foreign Banks Operating in the United States: A State Regulator's Controversial Pursuit of a London-Based Bank*, 18 Fordham J. Corp. & Fin. L. 1021 , 1035 (2013).

[35] 轉引自，註34，Note 106 An Unsettling Settlement: Standard Chartered Douses Incendiary Accusations by Paying a $340M Fine, THE ECONOMIST, Aug. 18, 2012, http://www.economist.com/node/21560583.

[36] 包括財政部、金管會，均在對外聲明裡強調此次為「一罪兩罰」，並非新案。財政部指出這是美國的Fed及DFS的「雙重監理制度」使然，使一罪兩罰已成慣例。金管會銀行局長邱淑貞表示，美國對於外國銀行在美分行是採雙元監理機制，此次是「同一件事，不同監理機關開罰」。http://www.chinatimes.com/newspapers/20180119000234-260202

或紐約州檢察長正式起訴，所以並沒有成為「刑事被告」而因此所被列舉的洗錢防治疏失，也不應該是「犯罪事實」以外，兆豐還可以引用重要法學評論[37]所刊載，法律實務工作者（Practitioner Comment）的分析，強調「監理人員主觀判斷而逼迫」銀行遵循的anti-money laundering or counter-terrorist financing program標準，在沒有經過客觀成效分析以前，不見得會真的比較有效，從而主觀的判斷不應因此作為行政裁量的依據。

　　但「魔鬼就藏在細節裡」，兆豐想要說明的是，其實原本是美國聯邦與州政府對同一規範對象的「具體違規或犯罪事實」有同時管轄權（concurrent jurisdiction）所以才被罰兩次的原因，等於是「一事兩罪」。但引用國際大型銀行亦有缺失而同時遭FED及NYDFS裁處之記錄，都是「惡行重大」的案例。如果按照紐約州金融局對渣打銀行[38]案因為涉及伊朗的洗錢和德國Commerzbank AG銀行案「improperly facilitated business for Iran, Sudan, Cuba, and Myanmar」[39]被處分並判罰鉅款，不明就裡（了解程序卻不知道實質內容）冒然引用該兩案，反而暗示兆豐也可

---

[37] Lanier Saperstein, Geoffrey Sant & Michelle Ng, The Failure of Anti-Money Laundering Regulation: Where is the Cost-Benefit Analysis?,91 Notre Dame L. Rev. (2015). http://scholarship.law.nd.edu/ndlr_online/vol91/iss1/4

[38] O n August 6, 2012, the New York State Department of Financial Services ("DFS") issued an order pursuant to New York Banking Law Section 39, accusing Standard Chartered Bank ("Standard Chartered") of engaging in illicit dollar-clearing transactions with Iran. Kenneth S. Rosenzweig, *Regulation of Foreign Banks Operating in the United States: A State Regulator's Controversial Pursuit of a London-Based Bank, 18* Fordham J. Corp. & Fin. L. 1021 , 1022-23 (2013).

[39] Christina Parajon Skinner COLUMBIA LAW REVIEW SIDEBAR VOL. 116, 2016, PAGES 1–16 EXECUTIVE LIABILITY FOR ANTI-MONEY-LAUNDERING CONTROLS https://columbialawreview.org/content/executive-liability-for-anti-money-laundering-controls-3/【In March 2015, the New York State Department of Financial Services (DFS) entered into a consent order with a major German bank (with New York affiliate branches), Commerzbank AG, regarding that bank's violations of state and federal anti-money-laundering (AML) laws. And Commerzbank has now paid $1.45 billion to the U.S. government to settle the allegations that it improperly facilitated business for Iran, Sudan, Cuba, and Myanmar, and "abetted a multibillion-dollar securities fraud" for a Japanese company. 】

能涉及美國國家安全的「罪行」，更容易引起大眾的誤解，陷自己於涉嫌洗錢疑雲[40]中。

三、利益衝突（Conflict of interests）

「利益衝突」在英美法理學是一個很重要的法律概念，在臺灣大陸法系的「六法全書」中，卻只有形式上的法律規範文字，這是對英美法理學源自「信託」[41]的概念不了解的結果。

「受託人」接受「委託人」「信託」後，便產生「受託人責任」（Fiduciary Duty），而此「受託人責任」包含「忠實義務」和「注意責任」[42]。違反「利益衝突」原則就是違反「受託人責任」，紐約金融局認為，兆豐銀行紐約分行負責反洗錢任務的主管（BSA/AML officer）本人竟然在臺灣總行辦公，而紐約分行負責法遵的主管也和人在臺灣卻也負責兆豐銀行紐約分行反洗錢任務的主管一樣，兩個人對美國政府兆豐銀行紐約分行負責反洗錢的規範，完全不熟悉。除此之外，紐約分行的法遵主管，既有主要的業務和經營的責任，又要扮演法律遵循的角色，有明顯的

---

[40] 同註34，Kenneth S. Rosenzweig, *Regulation of Foreign Banks Operating in the United States: A State Regulator's Controversial Pursuit of a London-Based Bank*, 18 Fordham J. Corp. & Fin. L. 1021 , 1023 (2013).【The order directed Standard Chartered, a London-based bank, to appear and explain apparent violations of law; demonstrate why Standard Chartered's license to operate in the State of New York should not be revoked; demonstrate why Standard Chartered's United States dollar clearing operations should not be suspended pending a formal license revocation hearing, and submit to and pay for an independent, on-premises monitor of the DFS's choosing to ensure compliance with rules governing the international transfer of funds On August 14, 2012, one day before Standard Chartered was to appear before the DFS, the parties agreed to settle the matters in the DFS order from August 6, 2012. The settlement required Standard Chartered to pay a civil penalty of \$340 million to the DFS. Notably, the order and the ensuing settlement took place without any intervention from or coordination with federal regulators.】

[41] Understanding Fiduciary Duties: Conflict of Interest and Proper Exercise of Judgment in Private Law, Remus D. Valsan, Ph. D. Thesis, McGill University, March 2012

[42] 陳禹成、黃志隆，受託人責任在英美法上的原意以及其在金融消費保護法的適用，月旦財經法雜誌，第31期，頁191-216，2012年12月。

「利益衝突」。

　　換句話說，明顯的違反「受託人責任」（Fiduciary Duty），站在英美法理學的觀點，是非常嚴重的失誤，在臺灣卻沒有具體的法律文字規範，以致臺灣大學在遴選校長的過程中，「利益衝突」被當成兒戲，以「校園自主」的訴求，逃避作為「受託人」（Trustee）應有的Fiduciary Duty，簡直不可思議。銀行的高級主管和銀行董事會和臺灣大學校長遴選委員會成員以及校長候選人本人都一樣，受「利益衝突」法律及法理的監察。NYDFS處分書舉證兆豐違反BSA/AML具體的事實，第一個就是「利益衝突」。

　　【The BSA/AML officer for the New York branch，who was based at the bank's Taiwan headquarters，and the branch's chief compliance officer both lacked familiarity with U.S. regulatory requirements. In addition，the chief compliance offer had conflicted interests because she had key business and operational responsibilities，along with her compliance role.】[43]

肆、反洗錢（Anti-Money Laundering）的法源

　　2001年的911事件震驚了美國，原因是，即使20世紀的兩次世界大戰，再怎麼慘烈，也沒有打到美國本土。而象徵美國世界經濟霸權的紐約世貿中心雙子星大樓，則硬生生的在全世界實況轉播的電視機觀眾面前，被恐怖份子引導美國自己的客機撞擊，而轟然倒下……。在首府華盛頓特區，原來被威脅到要與白宮玉石俱焚的另一架客機，經過愛國乘客和機組人員的奮力阻撓，犧牲生命轉而撞上波多馬克河對岸，美國國防部所在地五角大廈的一角。這個事件的結果，就是美國國會立即在當年，通過「愛國者法案」（USA PATRIOT Act）[44]。

---

[43] NYDFS英文原稿（附件六）。

[44] 同註9。

該法案針對「反對國際恐怖主義」設計，整個民氣的氛圍，在要求政府如何利用安全（security）的制度設計來保護人民的「自由」（liberty），而非該「安全」的制度設計會犧牲多少人民的「自由」[45]。也就是在這種政治背景的壓力之下，美國國會以「反恐」名義通過的「透過使用適當之手段來阻止或避免恐怖主義以團結並強化美國的法律」（愛國者法案原名），多少讓聯邦政府和紐約州政府的行政權伺機擴大，而兆豐案就是因為，當事人該負責的職員完全沒有注意到，美國所作相關的重大反恐法律改革（附件二）也包括在美國經營的外國銀行[46]，而被「犧牲」在這一波「反恐的制度改革」過程中。

美國國會圖書館下設的立法研究處（US Congressional Research Service The Library of Congress）提供了「愛國者法案」的立法背景[47]，國會除了就「國際反恐」考量加重既有法律（附件三）的預防和處分外，並要求財政部就此新的立法內容，加強行政管制和確實執行（implementation）（附件四）。以上所提，三個重要的的法源，在臺灣並不被官方及民間法遵專業團體重視和研究，而只照單全抄美國轉送過來規則內容，急急忙忙要完完全全遵守。如此因循苟且、不求甚解的結果，難保下一個類似的案子再爆發，當事人會真懂得如何抗辯，以保護自己的權益。

兆豐案比較引起爭議的，是其紐約分行跟巴拿馬兩個分行帳戶間來往的事實（DFS's investigation identified a number of suspicious transactions running between Mega Bank's New York and Panama Branches.詳細內容請參考附件六）當事人根本無法清楚說明，讓紐約州金融局NYDFS越過，傳

---

[45] Title III of the USA Patriot Act: A Primer, Bancroft PLLC. Washington, DC.

[46] Section 317-Long-arm Jurisdiction Over Foreign Money Launderers Section 318-Laundering Money Through a Foreign Bank（詳細規範章節及內容請參見附件二：Title III Anti-Money Laundering provisions Title III of the USA Patriot Act: A Primer, Bancroft PLLC. Washington, DC同註45）

[47] CRS: International Money Laundering Abatement and Anti-Terrorist Financing Act of 2001, Title III of P.L. 107-56, December 4, 2001.

統保留給州檢察長的職權（詳本文第六節「行政權是否過度擴張？」），根據調查的事實，懷疑兆豐相關涉案人員，其確有「涉嫌洗錢」的刑事犯意（Criminal Intent），而按照2011年所任命的原檢察官出身的局長Superintendent Benjamin M. Lawsky所留下雷厲風行領導的傳統，2016年6月15日也因繼任局長Maria T. Vullo是訴訟律師[48]出身，所採取重罰鉅款的處分，就是針對比較具爭議性的SARs（Suspicious Activity Reports）議題[49]，以致所引用經過調查的事實，使得當事人（兆豐本身為外國銀行業者）卻也並沒有在記錄上透過正當的法律程序提出任何異議[50]。

---

[48] Maria T. Vullo was confirmed by the New York State Senate as Superintendent Financial Services on June 15, 2016. https://www.dfs.ny.gov/about/mvullo.htm

[49] 31 C.F.R. § 103.21. The authority to require suspicious activity reports derives from 31 U.S.C. § 5314(h), authorizing the Secretary of the Treasury to require financial institutions to report suspicious transactions, originally enacted as section 1518 of the Housing and Community Development Act of 1992, P.L. 102-550, 106 Stat. 3672,4059.

[50] 【紐約州金融服務署檢查報告發現涉及巴拿馬分公司之兆豐國際交易，有洗錢之可能以及部分可疑之活動。例如：

a. 兆豐紐約評估簡朗自由區分行在洗錢防制上屬於高風險，原應對其採取每季加強稽核，惟該分行對紐約州金融服務署檢查小組坦承並未有效執行該稽核。

b. 即使經多次要求，兆豐紐約仍未依紐約州金融服務署檢查報告以及該行於2016年二月之規範查核終了會議之要求，對其巴拿馬市分行與簡朗自由區分行相關銀行活動之性質提供適當解釋。

c. 巴拿馬分行是代表數名解款人（可疑付款沖銷）沖銷其電匯付款之銀行，而兆豐紐約則是收受來自巴拿馬分行之可疑與不尋常付款授權（或付款沖銷）之中介付款銀行。當檢查小組質問此一關係時，紐約分行人員所提供的卻是毫不相干的解釋。

d. 兆豐紐約在2010年至2014年間，從事了相當數量的付款授權，而該等交易中，有數個巴拿馬籍受款人之戶頭，是由簡朗自由區分行在未取得符合「認識你的客戶（Know-Your-Customer, KYC）」程序所要求之文件下，即行結算之戶頭。活動高度可疑。更可疑的是，這些戶頭大多僅開設不到兩年，有的甚至只開設不到一年，即行結算。啟人疑竇還包括，這些可疑付款沖銷之付款人與受款人均為同一人。在部分事例裡，原始付款指示是在受款帳戶已經結算後數個月才送出，而且這些可疑付款沖銷，至少一直持續到2015年。

e. 檢查小組亦指出，許多涉及可疑付款沖銷之簡朗自由區分行之戶頭號碼，都是相近或相連，此亦為可疑活動之有力證據。】（http://www.peoplenews.tw/news/5105022e-3a21-4cd4-a41c-2f0562e2fc49）

伍、反洗錢的漏洞（Loopholes）—巴拿馬文件

針對兆豐案的行政裁罰，聯邦準備銀行聲明內容（附件五）和紐約州金融局聲明內容（附件六）最大的差別，就是裁罰的金額不同（分別為，2,900萬美金和1億8,000萬美元），和「巴拿馬為洗錢防治之高危險國家」（紐約州金融局原文為"Violations of anti-money laundering requirements at Mega Bank were uncovered in a recent DFS examination [which found that the bank's head office was indifferent toward risks associated with transactions involving Panama] recognized as a high-risk jurisdiction for money-laundering"）。

為何「巴拿馬為洗錢防治之高危險國家」？「巴拿馬文件」[51]於2016年4月公開揭密以後，竟然發現，兩岸的高階政客都有家人牽涉到合法或非法的「洗錢」[52]。而兆豐案緊接著在2016年8月19日爆發，「巴拿馬為洗錢防治之高危險國家」原就由美國財政部認定，再經紐約州金融局調查後有兆豐涉嫌的確實證據（Violations of anti-money laundering requirements at Mega Bank were uncovered in a recent DFS examination），當然就引起臺灣輿論一片譁然。接著，「金錢密界—深入巴拿馬文件背後的離岸金融運作揭開全球政商名流不為人知的藏金祕密」[53]原文版在2017年11月出版以後，終於讓「巴拿馬文件」揭露，背後的法律是如何在海外，利用美國制度規範的漏洞運作。

為了讓讀者容易了解，「不乾淨」的錢要如何「洗白」，以下就用

---

[51] The Panama Papers: Exposing the Rogue Offshore Finance Industry - ICIJ https://www.icij.org/investigations/panama-papers/

[52] 同註26，http://news.ltn.com.tw/news/politics/breakingnews/1654375【巴拿馬的莫薩克・馮賽卡（Mossack Fonseca）律師事務所外洩大筆金融文件，經「國際調查記者聯盟」（ICIJ）公布，發現不少全球曾任或現任的國家領導人和關係者，以及公眾知名人物都牽涉其中，而ICIJ所公布的臺灣客戶資料中，……】

[53] 天下，2018年5月。原作：「Secrecy World: Inside the Panama Papers Investigation of Illicit Money Networks and the Global Elite」by Jake Bernstein, Nov. 2017.

一個臺灣政客「合法洗錢」的虛擬故事，說明以「隱私」為名，透過律師事務所「合法掩飾」不想被揭露的財務訊息，即使有政治上的風險和道德瑕疵，法律上當然是被允許的。巴拿馬的莫薩克・馮賽卡（Mossack Fonseca）律師事務所就是個中翹楚。「金錢密界」一書中的「前言」說明如何「合法洗錢」[54]。

2015年臺灣的一個政客，因為她的專業與政府官位，幫某廠商說服政府主管單位，修改有利於該廠商產品製造與行銷的行政規範，該廠商並因此獲得國家基金，配合政府科技政策，投資該廠商的新生物科技（幹細胞臨床研究發展與藥品製造），不久以後，在她早年留學海外的銀行帳戶，收到該廠商「間接」匯入500萬美元「顧問費」。

這筆「灰錢」因為她的親妹妹不久以後，要嫁到美國舊金山，正好用得上，但因為妹妹已經離婚，還帶著這一個婚姻裡所誕生的一個5歲小男孩，她深怕親妹妹這第二個對象雖然是日本商社的社長，但也實在不想讓「信託」給妹妹的這筆500萬美元「顧問費」，捲入第二次婚姻未來可能的財產糾紛，更希望用這筆錢在加州矽谷，用現金買一棟像樣的豪宅來當妹妹的嫁妝，除了繼續光宗耀祖的傳統，也可以在她因公赴美訪問或私人休假，招待當地政要作公關用，買賣房產的稅務申報方面，能省則省。

她找到巴拿馬的莫薩克・馮賽卡（Mossack Fonseca）律師事務所，來替她處理這件事。這家事務所的本事，就是幫客戶隱匿財產，不讓這個政客和她家人的名字在臺灣曝光，避免政治風暴。

莫薩克・馮賽卡（Mossack Fonseca）律師事務所先透過該所在美國德拉瓦州（State of Delaware, United States of America）的辦公室，幫臺灣這個客戶設立一間有限責任公司，取名為「美國幹細胞集團有限責任公司」（Stern Cell Group USA LLC）。美國財政部2015年的報告[55]顯示，國

---

[54] 天下，2018年5月，頁9-13，「金錢密界－深入巴拿馬文件背後的離岸金融運作揭開全球政商名流不為人知的藏金祕密」。本故事之內容改寫自該書「前言」，純屬虛構。

[55] National Money Laundering Risk Assessment 2015, US Department of The Treasury, June 12, 2015 轉引自上註，註54，頁353，註1。

際犯罪組織慣於使用這種空殼公司進行非法活動，原因是，任何人只需要提供基本資料，不管人住在那裡，都可以在美國德拉瓦州開設公司。只要公司沒有在該州州內作生意，就不必申報公司活動的任何資訊，或者透露公司真正的所有人是誰。這樣的公司，2015年一年內在德拉瓦州設立的，一共有12萬8千家[56]。

　　設立公司只需要500美元，製作「公司有在營運」的帳冊及記錄，另外再需花費2,500美元。但這個行事風格一向低調的臺灣政客並不放心，她知道，像她這一層級的臺灣政府官員，她的家人名字一定會列印在總部位於美國首都華府的「艾格蒙聯盟」[57]名單上面。

　　因為留學過美國，這個臺灣政客也懂得利用美國的信託法，把財產所有權移轉的「形式所有權」（Legal Title）交給妹妹，而自己則可以匿名保留「實質所有權」（Equity Title）。所以，除了把這筆處於「灰色地帶」的款項「信託」給她的妹妹之外，這個小心謹慎的臺灣政客另外再透過莫薩克・馮賽卡（Mossack Fonseca）律師事務所，用5,000美元買下，由莫・馮事務所員工具名，並作為控股股東的「愛臺基金會」，再另外付費3,000美元，由這個控股股東授權給，21世紀房仲公司美國加州矽谷的辦事處主任，以「愛台基金會」名義，用現金350萬美元購入，走路即可抵達蘋果公司（Apple）總部的，六房五衛浴外加游泳池、健身房及附加特別設計（custom made）紅酒酒窖的一棟豪宅。

　　如此一來，這筆由臺灣因提供「顧問諮詢」所「間接」在海外銀行帳戶收受的匯款，就「合法」的在美國「漂白」，這個過程就是「洗錢」。

　　上述說明虛擬的整個故事，而為何在巴拿馬登記公司可以完全「合法洗錢」的法律背景，倒是百分之百真實。諷刺的是：

---

[56] Delaware Division of Corporations Annual Report 2015，轉引自上註，註54，頁353，註2。

[57] 艾格蒙特集團財富情報組別（英語：The Egmont Group）於1995年成立，是世界上最大規模的國際洗錢防制組織，由各地的金融情報單位（Financial Intelligence Units，FIU）所組成，旨在為各國的監督機構提供管道，加強對所屬國家的反洗黑錢活動工作上的支援，以及將交換資金移轉情報的工作擴展及系統化。https://zh.m.wikipedia.org/zh-tw/%E8%89%BE%E6%A0%BC%E8%92%99%E8%81%AF%E7%9B%9F

1. 利用到外國政府註冊的方便，以降低或節省費用的原始想法，其實來自美國國務卿。
2. 作法是，提供外國船舶以「賴比瑞亞」國籍註冊，而申請如此註冊的辦公室，則設在紐約市[58]。
3. 巴拿馬的公司法，源自美國德拉瓦州，紐澤西州及阿肯色州[59]，莫薩克・馮賽卡（Mossack Fonseca）律師事務所的兩個創辦人，都是海商法的專門律師，利用上述的法律條件，再請巴拿馬政府配合修改「適當」的法律，對他們並非難事。

陸、行政權是否過度擴張？（Over-expansion of Administrative Discretion?）

一、聯邦政府層級

　　美國財政部轄下的「打擊金融犯罪聯合中心[60]」在911事件以後，有機會由國會擴權，以美國聯邦政府有關洗錢防治的法律[61]，由紐約州金

---

[58] 轉引自註54，頁46，註35 (p. 356)。

[59] 轉引自註54，頁27，註18 (p. 354)。

[60] FinCEN's Mandate from Congress: "Bank Secrecy Act," FinCEN, https://www.fincen.gov/statutes_regs/bsa/ [https://perma.cc/AH9R-ST5N] (providing overview of BSA framework). These prevention-oriented AML laws generally require firms to perform two compliance functions: reporting and due diligence. In the United States, for example, the Bank Secrecy Act (BSA) requires financial institutions to screen for and report transactions over a certain dollar amount ($10,000) as well as other "suspicious" transactions. Institutions must also conduct adequate due diligence on their customers. These due diligence rules, often referred to as "Know Your Customer" (KYC), are designed to prevent banks from dealing with illicit funds or "Specially Designated Nationals"—persons or entities whom the Treasury Department's Office of Foreign Asset Control (OFAC) has identified as terrorists, narcotics traffickers, or otherwise sanctioned parties.

[61] Bank Secrecy Act (1970)
Money Laundering Control Act (1986)

融局出面控訴，並且在未經起訴的前提下，利用掌握銀行在該州經營許可的生殺大權，強迫兆豐銀行通常在正式起訴程序以後，才進行的「認罪協商」（Plea Bargain）之前，就簽署「同意被鉅額罰款」令（Consent Order）。第二次處分，美國聯邦理事會也是透過美國財政部轄下同樣功能的行政機構，「打擊金融犯罪聯合中心」FinCEN（Financial Crime Enforcement Network）和「外國資產控管及法遵辦公室」OFAC（Office of Foreign Assets Control Compliance）在他們的職權範圍內，就美國國會多次修改並縮小或降低起訴標準的BSA（Bank Secret Act），責成其洗錢防治的任務，協調有強制執行權的美國聯邦儲備銀行各該管轄區，以及Department of Financial and Professional Regulation, Division of Banking, State of Illinois（伊利諾州銀行財政及專業規範處）作成處分的結果。

　　兩者對兆豐裁決的主要依據，就是聯邦政府行政監管手冊[62]（FFIEC BSA Manual）。這是個美國聯邦政府主導，結合聯邦各層級同目的（洗錢防治法律的行政指導）單位[63]，他們共用一個「銀行祕密法／反洗錢法檢查手冊」（Bank Secrecy Act Anti-Money Laundering Examination Manual，又稱作FFIEC BSA Manual）作為指導上述各單位「反洗錢」的行政規範指引。

　　這個「反洗錢」手冊，由2013年美國加州的一個社區銀行，在遭到類似兆豐被聯邦處分案的裁罰後，直接抗辯。California Pacific Bank先上訴聯邦政府主管行政當局Federal Deposit Insurance Corporation（FDIC），認為FDIC所據以裁罰的Bank Secrecy Act Anti-Money Laundering Examination

---

Anti-Drug Abuse Act of 1988

Anti-Money Laundering Act (1992)

Money Laundering Suppression Act (1994)

Money Laundering and Financial Crimes Strategy Act (1998)

Uniting and Strengthening America by Providing Appropriate Tools Required to Intercept and Obstruct Terrorism Act of 2001 (USA PATRIOT Act)

Intelligence Reform & Terrorism Prevention Act of 2004

[62] https://www.ffiec.gov/bsa_aml_infobase/pages_manual/manual_online.htm

[63] 同註20。

Manual並非法律，但在2015年遭到駁回[64]，繼而在美國聯邦第九巡迴上訴法院挑戰其合憲性[65]，在2018年3月的判決中，該院維持行政管制的合法及合憲性。

就合憲性的挑戰，California Pacific Bank上訴美國聯邦第九巡迴上訴法院，(1)針對FDIC依據BSA所引用而裁罰該行的行政監管手冊（FFIEC BSA Manual），銀行認為該手冊規定過於空泛而違反美國憲法，但上訴法院法官們認為該手冊如何規範當事人，應該是行政機關的行政裁量權；(2)該行挑戰FDIC調查以及裁處銀行未遵守BSA及手冊規定的過程，違反美國憲法保障人民的「正當法律程序」，法官們也未能同意；(3)但難能可貴的是，這是一家只有200個客戶的小銀行[66]，但是挑戰權威、捍衛自己的權益，絲毫不輸本案兆豐董事會及上級主管機關的勇氣和魄力。

二、紐約州政府層級

紐約市是一個國際金融大都會，主管該市金融監理行政的是紐約州長和其轄下的紐約州金融局（New York Department of Financial Services, NYDFS），主導該市金融監理立法的，則是紐約州議會[67]。兩者為了共同的政治利益（以行政權，處罰在紐約州登記設立的國際銀行，獲取龐大的「正當」財源），在制度設計的正當性也頗符合「批判法學」的理論[68]。

承襲前述因大意而倒台史匹哲州長的政治野心，一開始在2011年，野心勃勃的郭謨州長透過由州議會通過的法案，將銀行局和保險局合併

[64] In re Cal. Pac. Bank, FDIC-13-094b, 2016 WL 2997645 (F.D.I.C. Feb. 17, 2016). https://wp.nyu.edu/compliance_enforcement/2018/03/26/ninth-circuit-rejects-challenges-to-a-cease-and-desist-order-imposed-by-the-fdic-for-violations-of-the-bank-secrecy-act/#_edn5 , Note 5

[65] California Pacific Bank v. FDIC, No. 16-70725 (9th Cir. 2018). https://law.justia.com/cases/federal/appellate-courts/ca9/16-70725/16-70725-2018-03-12.html.

[66] California Pacific is an insured state nonmember bank with two offices in California, fewer than 15 employees and approximately 200 customers. 同註64。

[67] https://en.m.wikipedia.org/wiki/New_York_State_Legislature

[68] 陳禹成、黃志隆，第三條路的知識論基礎─批判法學研究的啟示，黃宗樂教授六秩祝賀論文集基礎法學篇，2002年5月。

成金融局，而該局則充分利用此新法案擴權（all of its statutory powers to magnify its supervision of financial companies operating in New York State）。更特別的是，這個州長還會主動介入聯邦政府的案子[69]，為拓展自己州的財源努力[70]。

從2011年3月紐約州長宣布成立該局[71]到2017年2月，短短六年期間紐約州金融局一共在類似罰款兆豐的行政裁罰案件中，入帳75億美元[72]。這歸功於紐約州長和紐約州議會，在還沒有被宣布「違憲」前的行政「監理」並處分外國國際銀行，天衣無縫的「合法共謀」（legitimate conspiracy）。當然，交換條件就是不起訴（其實也非其職權，法定任務歸屬州檢察長）該負責的銀行高級職員，不愧是法律包裝完美的政治動作。若有不服裁決的像美國國際集團，挑戰紐約州金融局和Benjamin M. Lawsky局長作法是否符合美國聯邦憲法的合憲性[73]，就和解了事。

柒、法律救濟補救措施（Remedies）

要談法律救濟，就要知道「誰」的「什麼權益」被「誰」如何「侵害」。如按照美國聯邦及紐約州法律，兆豐案各該利益相關當事人

---

[69] Cuomo intervened in BNP deal to get $1 billion more for NY state fund | Reuters https://www.reuters.com/article/us-bnp-cuomo-exclusive/exclusive-cuomo-intervened-in-bnp-deal-to-get-1-billion-more-for-ny-state-fund-idUSKBN0FZ2L720140731?feedType=RSS

[70] 《Only days before U.S. authorities reached a landmark $8.97 billion settlement with BNP Paribas over the bank's dealings with countries subject to U.S. sanctions, New York Governor Andrew Cuomo intervened to ensure the state government got a much bigger share of the proceeds, according to three people familiar with the situation.》同上註，註69。

[71] 同註40，NYDFS第一任局長Benjamin M. Lawsky，就是紐約州長的特別助理，曾經擔任聯邦和州檢察官。

[72] https://wp.nyu.edu/compliance_enforcement/2017/02/09/an-even-more-powerful-dfs/

[73] See Complaint, Am. Int'l Group. v. New York Dep't of Fin. Serv., No. 14 Civ. 2355 (AJN) (S.D.N.Y. June 2, 2014).

（parties of interests）有：

A. 美國方面

　　(a) 美國聯邦準備銀行

　　(b) 美國伊利諾州金融局

　　(c) 美國紐約州金融局

B. 臺灣方面

　　(a) 兆豐銀行董事會成員，高階經理人

　　(b) 兆豐銀行股東

　　(c) 中華民國政府（行政院、中央銀行、財政部、金管會）

　　如果要追究責任：（一）當事人[74]可以向美國紐約州金融局[75]及美國聯邦準備銀行[76]美國伊利諾州金融局[77]對行政判決作司法審察（Judicial Review of Administrative Adjudication）；（二）兆豐股東可以在美國聯邦法院，就兆豐董事會[78]及高階經理人[79]涉嫌失職[80]提起「股東權益集體訴訟」（Shareholders' Derivative Suit）；（三）因兆豐是在臺灣登記、註冊、並立案的銀行，而美國的臺灣關係法，依據美國各級聯邦法院的所有判決，其解釋文（判決書）都承認「臺灣統治當局Governing Authorities

---

[74] 這裡指的是，「兆豐董事會」代表兆豐銀行。

[75] 同註22，Robert M. Benjamin, Judical Review of Administrative Adjudication: Some Recent Decisions of the New York Court of Appeals, Columbia Law Review, Vol. 48, No. 1 (Jan., 1948), pp. 1-36.

[76] Internal Appeals Process for Material Supervisory Determinations and Policy Statement Regarding the Ombudsman for the Federal Reserve System, Federal Register, Vol. 83, No. 39, 8391 - 8396, Tuesday, February 27, 2018

[77] Illinois Statutes Chapter 205. Financial Regulation https://law.justia.com/codes/illinois/2017/chapter-205/

[78] Patricia A. McCoy, The Notional Business Judgement Rule in Banking, 44 Cath. U. L. Rev. 1031 (1995). Available at: http://scholarship.law.edu/lawreview/vol44/iss4/2

[79] EXECUTIVE LIABILITY FOR ANTI-MONEY-LAUNDERING CONTROLS，同註 39, Christina Parajon Skinner COLUMBIA LAW REVIEW SIDEBAR VOL. 116, 2016, PAGES 1-16.

[80] 兆豐董事會及高階經理人涉嫌失職的責任，並不相同，請參考並比較註78和註79引文。

of Taiwan」（中華民國政府）是行使一個完整主權國家權力[81]的「合法代表」（Legitimate Representative），牽涉「法律衝突」（Conflict of Laws）的原則，由於美國聯邦法院，對上述可能的被告，都確有「跨州」（Interstate Commerce Clause）或「跨國」（International Long Arm Statute）管轄權，在「集體訴訟」追償「股東權益」的訴訟程序，完全適用[82]。

捌、結論（Concluding remarks）—「荒腔走板匪夷所思」的兆豐經驗

　　美國的聯邦主義（federalism）讓紐約州以主權（Sovereignty）身分挑戰聯邦政府的行政、立法和司法權。在全球反恐的政治氛圍，紐約州的行政權結合立法權而擴大金融監理的行政裁量權，針對涉嫌「洗錢」的國際金融機構，可能未經美國憲法保障的「正當法律程序」，「逼迫」涉嫌人「認罪」，「協商」以鉅額罰款「交換」不以檢察官刑事起訴的制度，很可能就是兆豐案因此而被「犧牲」在對這個金融監理「典範轉移」（臺灣事先無法預警，事後也無從理解其緣由）的政治過程中。

　　具國際經貿法教授背景的臺灣總統，兆豐案驚慌錯愕之餘對其所屬行政單位「荒腔走板」的評價，指的應該是事出突然、未防範於先。但臺灣的法律體系，受限於大陸法系「依法（律文字規定）行政」的限制，沒有像英美法理學所謂法律原則（Legal Doctrine）和其法理（Jurisprudence）即為有效法律的觀點[83]，典範不同，情有可原。認為她的官僚體系「匪夷

---

[81] 陳禹成，美國聯邦法院對臺灣關係法的解釋：聯邦管轄權與外國國家主權之分析，政大國關中心，美國月刊，頁50-55，1989年12月。

[82] 臺北地檢署已完成偵辦部分，是依據中華民國法律，法律衝突（Conflict of Laws）的原則也適用於，在美國聯邦法院訴訟程序。

[83] 鬧得滿城風雨的臺大校長遴選案，教育部以「重大經濟和法律缺失」的陳述，而因此沒有法條依據，造成大眾沒有「依法行政」的印象，導致所謂「校園自治」的

所思」的無法諒解，則應該是因「不了解美國聯邦政府的金融法制，也曾經便宜行事，自挖陷阱，所造成的法制漏洞，反而讓紐約州政府找到『擴權』的政治基礎，同時也滿足了海外避稅天堂的法律事務所商業利益」，事後無法即時回覆，對民間要求答案的龐大壓力以致手忙腳亂而毫無頭緒。兩者皆為極度浪費制度「交易成本」[84]，誠屬「專業的無知」[85]。

如果在兆豐案發生初始，國家的舵手能夠：

(1)指示。法務部長捍衛國家尊嚴，以臺灣的名義，直接在美國聯邦法院提起訴訟，特別指出身為國家銀行的兆豐，應有國家主權的豁免（Sovereign Immunity）的考量，不論在程序或實質上，美國紐約州金融局應無權判斷，其是否涉及「洗錢行為」的是非對錯。

(2)要求。財政部因擁有兆豐股權，以股東的名義，直接在有管轄權的美國聯邦法院，以其行政濫權（Abuse of Administrative Discretionary Power）的理由，向美國紐約州金融局提起訴訟。

(3)命令。所有在美國經營的臺灣國家銀行，董事會成員至少要有一名，受過美國正統法律學院（Juris Doctor）訓練的執業律師。

其結果或許更能獲得臺灣民眾對政府應變能力的肯定甚至讚許。

從而，臺灣的政治領袖或許也可以得到一個「司法改革」的啟示。以英美法系為例，如果可以讓人民由下而上掌握司法權，為何又要讓大陸法系的司法人員，以鞏固國家權力為中心的司法體系，來配合社會變革的需要？如從實例來看，司法權掌握在人民手中的英美法系國家，很少發生革命或者「動搖國本」的群眾運動，隱然提供了臺灣「司法改革」應該類似英美法「由下而上」的答案[86]。

「民主法治」原則被引為《利益團體》抗衡的依據，就是最好的例子。

[84] "The Problem of Social Cost" by Ronald Coase, The Firm, the Market, and the Law University of Chicago Press, 1988.

[85] https://www.cmmedia.com.tw/home/articles/8220

[86] http://www.peoplenews.tw/news/688502aa-d34b-4d60-9065-aafd645f0e23

附件一　新聞稿2018/1/18

針對本行與美國聯邦儲備理事會（FED）及伊利諾州金融廳（IDFPR）簽署裁罰令

　　有關本行因紐約、芝加哥及矽谷分行於2016年查核基準日存在之風險管理及防制洗錢制度未達監理機關標準之缺失，而於2018/1/17與美國聯邦儲備理事會（下稱FED）及伊利諾州金融廳（下稱IDFPR）簽署裁罰令，以及巴拿馬銀監局因2016年查核基準日公司治理、風險控管及洗錢防制等缺失對本行裁罰，併此說明如下：

一、FED下轄之美國聯邦儲備銀行（FRB）對本行美國地區分行進行2016年金融檢查，由於紐約分行（檢查基準日：2016/6/30）、矽谷分行（檢查基準日：2016/9/30）與芝加哥分行（檢查基準日：2016/12/31）存在風險管理及遵循美國洗錢防制法規制度之缺失，本行已於2018/1/17與FED及IDFPR簽署裁罰令（下稱FED裁罰令），主要內容包含：

（一）須支付美金貳仟玖佰萬元罰鍰。

（二）提交改善計畫。

（三）委任獨立第三方機構就紐約分行2015年1月至6月間之美元清算交易進行檢視與回溯調查。

二、本次FED裁罰令所指缺失係源自2016年度之檢查報告，查核基準日或早於2016/8/19紐約州金融服務署合意令（NYDFS Consent Order，下稱合意令）簽署日、或與合意令簽署日相距甚近，均屬合意令簽署前已存在之防制洗錢制度缺失。是以，此次FED裁罰令與合意令實屬不同監理機關對於同一時期之缺失進行處分，並非本行於簽署合意令後新發生其他嚴重缺失，更無所謂涉及洗錢之情事。

三、2015年3月NYDFS對本行紐約分行進行年度例行業務檢查後，於2016年2月出具檢查報告並列出重大內控缺失。其間FRB曾派員前來本行溝通瞭解，惟未獲滿意結果。據事後拜訪得知，當時FED即有準備對本行進行裁罰之意。2016/8/19紐約分行與NYDFS簽署合意令後，

FRB即陸續對本行美國地區四家分行進行全面金檢，針對合意令前已存在之防制洗錢制度缺失，FRB檢查報告指出可能採取進一步監理行動（Supervisory Action），並於後續之報告中提及可能採取監理處分（Enforcement Action）。

四、本行董事長及總經理自2016年9月上任後，除積極進行改善計畫外，並多次主動拜訪FRB及分行所在州政府金融監理機關，包括紐約、芝加哥及舊金山等。歷次拜會時FRB雖對本行之改善方向表示肯定，但亦表示，對本行進行監理處分（包括罰鍰）之決定方向並未改變，也很難改變，惟本行仍持續竭力向FED爭取免罰。然FED最終仍以2016年檢查報告之缺失涵括紐約、芝加哥及矽谷等三分行，均有防制洗錢之法令遵循缺失，為顯示其對所有金融機構採取公平且公開之監理態度，仍必須予以裁罰。惟此次FED裁罰令中亦肯定本行目前已進行強化公司治理，及本行承諾改善美國三家分行之營運監督與法遵計畫的決心，顯示FED已了解本行之改革努力。

五、依美國法律規定，FED裁罰令與合意令性質均屬行政罰而非刑事處分，且依金融主管機關慣例，FED及州政府金融監理機關均可同時對同一缺失進行裁罰，不因其他監理體系之主管機關業已裁罰即得豁免，國際大型銀行亦有缺失同時遭FED及NYDFS裁處之紀錄。

六、本行自2016/8/19簽署合意令後，即積極進行各項改善計畫，宣導全員法遵文化、落實公司治理，並加強員工訓練，迄今投入之成本已逾新臺幣10億元。各項改善措施主要包括：

1. 全面改組本行董事會，新任董、監事包括會計師、律師、財經學者及洗錢防制等專業人士，並強化董事會監督之功能。

2. 全面檢討本行防制洗錢與法令遵循作業，進行組織改造，調整總行管理組織與增設專責管理單位，擴增法遵及洗錢防制人力（總管理處相關人員已達170人，並持續增加中），建置洗錢防制資訊系統，務求建立完善法遵制度，以期與國際洗錢防制水準接軌，並符合美國金檢機關要求。

3. 依NYDFS指定之法令遵循顧問審視意見提出改善計畫，包括內部

組織調整、規章與程序之強化與洗錢防制系統等，並依規劃進度落實執行面中。

七、2016年本行遭受NYDFS裁罰後，巴拿馬銀監局亦於2016年9月對本行巴拿馬地區分行進行全面查核（檢查基準日：2016/6/30），檢查報告指出本行公司治理、風險控管及洗錢防制等多項缺失。其後本行除指派副總經理駐點督導並持續投入人力及資源積極改善缺失外，亦多次拜會銀監局官員展現改善決心，並定期提交改善進度。惟其對前述2016年檢查缺失仍裁罰美金壹佰貳拾伍萬元罰鍰。

八、本行對過去之法令遵循制度與管理機制缺失，遭國外主管機關裁罰，引發社會輿情關注，深感抱歉，並已戮力改善。惟各項改善措施涉及制度面、系統面及執行面等基礎建設之建置，須長時間持續努力精進，而非一蹴可幾。爾後，本行將持續投入資源與人力，配合國外主管機關之規定與要求，落實執行改善計畫，並積極致力於公司治理、風險管理及防制洗錢制度之改善及法遵文化之提升，最後仍懇請各界予以支持與指導。

附件二　愛國者法案——反（恐）洗錢法重要章節

Title III Anti-Money Laundering Provisions

（資料來源：Title III Anti-Money Laundering provisions（Title III of the USA Patriot Act: A Primer, Bancroft PLLC. Washington, DC）

The PATRIOT Act provides law enforcement with a wide variety of tools to combat international terrorism. The provisions that directly affect financial institutions6 are contained in Title III of the Act. In general, Title III amended existing law—primarily the Bank Secrecy Act—to provide the Secretary of the Treasury and other agencies of the federal government with greater authority to identify, deter, and punish international money laundering. The most relevant sections of Title III are Sections 312, 313, 315, 317, 318 to name a few.

Section 312 — Due Diligence for Correspondent and Private Banking Accounts

General Due Diligence Standards. Section 312 requires that all financial institutions that establish, maintain, administer, or manage private banking accounts or correspondent accounts in the United States for non-United States persons8 or their representatives have "appropriate, specific and, where necessary, enhanced due diligence policies, procedures and controls that are reasonably designed to detect and report instances of money laundering through those accounts." 31 U.S.C. § 5318(i); 31 C.F.R. Part 103.9 Additional Due Diligence Standards for Certain Correspondent Accounts. Section 312 requires additional due diligence for money laundering when a United States financial institution maintains correspondent accounts or private banking accounts for foreign banks under three circumstances:

- When the foreign bank operates under an offshore banking license;
- When the foreign bank operates under licenses issued by countries that have been designated by intergovernmental groups as non-cooperative with international counter-money-laundering principles; or
- When the foreign bank operates in a jurisdiction designated by the Treasury as warranting special measures because of money-laundering concerns. The additional due diligence measures require United States financial institutions to:
- Identify each of the owners of the foreign bank and the nature and extent of each owner's interest, if the foreign bank is not publicly traded;
- Take reasonable steps to conduct enhanced scrutiny of the correspondent account and to report suspicious transactions; and
- Take reasonable steps to ascertain whether the foreign bank provides correspondent accounts to other foreign banks. If so, the United States financial institution must identify those institutions and conduct due diligence on them.

Minimum Due Diligence Standards for Private Banking Accounts. Private banking accounts are defined as accounts with minimum deposits of $1 million that are assigned to or managed by a bank employee who acts as a liaison between the financial institution and the beneficial owner. See 31 U.S.C. § 5318(i)(3). In regard to these accounts, financial institutions must at a minimum identify the nominal and beneficial owners of the account and the account's source of funds and report suspicious transactions. The financial institution must also conduct enhanced scrutiny of any account requested or maintained by a "senior foreign political figure, or any immediate family member or close associate" to detect transactions that may involve proceeds of foreign corruption.

Section 313 — Prohibition on Correspondent Accounts with Foreign Shell Banks

Section 313, which became effective on December 25, 2001, bars covered financial institutions from establishing, maintaining, administering or managing correspondent accounts in the United States for foreign "shell" banks–foreign banks that do not have a physical presence in any country. An exception permits covered financial institutions to provide correspondent accounts for foreign shell banks that are affiliated with depository institutions that have a physical presence and that are subject to supervision by a banking regulator. Section 313 also requires covered financial institutions that maintain correspondent accounts in the United States for a foreign bank to take reasonable steps to ensure that such accounts are not being used by that foreign bank to provide indirect banking services to a foreign shell bank. The Department of the Treasury is directed to issue regulations to define these "reasonable steps" and has published guidance describing a certification process that covered financial institutions may use to comply with section 313 pending issuance of regulations by the Treasury. See 66 Fed. Reg. 59342 (Nov. 27, 2001).

Section 315 — Inclusion of Foreign Corruption Offenses as Money Laundering Crimes

Prior to the enactment of the PATRIOT Act, the only foreign crimes listed as predicates for money laundering under 18 U.S.C. § § 1956 and 1957 were drug trafficking, bank fraud, and certain crimes of violence including murder, kidnaping, robbery, extortion and use of explosives. See 18 U.S.C. § 1956(c) (7)(B). Section 315 expands the list to include any crime of violence, bribery of a public official or misappropriation of public funds, smuggling munitions or technology with military applications, and any "offense with respect to which the United States would be obligated by multilateral treaty" to extradite or prosecute the offender.

By adding these offenses to the definition of "specified unlawful activity," Congress makes it possible to prosecute any person who conducts a financial transaction in the United States involving the proceeds of such offense with the requisite specific intent(or with no such intent if, as provided in section 1957, more than $10, 000 is involved). Moreover, under section 19569(a)(2)(A), it will be an offense to send any money from any source into or out of the United States with the intent to promote one of the foreign offenses.

Section 317 — Long-arm Jurisdiction Over Foreign Money Launderers

Section 1956(b)creates a civil cause of action by the government against any person who commits a money laundering offense. It is an alternative to a criminal prosecution under section 1956(a)that is sometimes used when the offender is a corporation(including a bank)against whom a criminal prosecution is of less importance than a finding of liability and the imposition of a monetary penalty.

One defect in prior section 1956(b)was that it created a cause of action only for violations of section 1956(a). As amended by section 317, section 1956(b)now permits the government to base its case on a violation of section 1957, which in many instances will be easier for the government to prove.

Second, under prior law there was some question of whether the government could bring a section 1956(b)lawsuit against a foreign person, including a foreign bank, that committed a money laundering offense but could not be found in the United States. For example, if employees of a Mexican bank conducted financial transactions that constituted a violation of section 1956(a), and the government wanted to file a lawsuit against the Mexican bank under section 1956(b), there was uncertainty whether the bank would be subject to the jurisdiction of a United States court if it had no physical presence in the United States. As amended, section 1956(b)now provides that the court has jurisdiction if the money laundering offense occurred in part in the United States, or the foreign bank has a correspondent account in the United States.

　　Third, section 1956(b)was amended to permit a court to take jurisdiction over an action brought by the government to enforce a forfeiture judgment based on a violation of section 1956. Section 317 provides that if property is ordered forfeited under section 982(a)(1)due to violation of section 1956, and the government files suit against a foreign person who has converted that property to his own use instead of turning it over to the government, the district court will have jurisdiction over the foreign person. What the amendment does is eliminate any uncertainty over what circumstances will permit a court to exercise long-arm jurisdiction in such cases. Finally, section 317 amends section 1956(b)to authorize a court to enter a restraining order to ensure "that any bank account or other property held by the defendant in the United States is available to satisfy a judgment under this section." The court is also authorized to appoint, at the request of the Attorney General, a receiver to manage assets in three categories of cases: 1)where assets are subject to a civil penalty under section 1956(b); 2)where assets are subject to any civil or criminal forfeiture under sections 981 or 982; and 3)where assets are subject to a restitution order in a section 1956 or 1957 criminal case. This authority—both to enter restraining orders and to appoint receivers—appears to be limited, however, to cases in which the court is exercising its long-arm authority over a foreign person.

　　Section 318 — Laundering Money Through a Foreign Bank

18 U.S.C. § 1956 prohibits conducting a transaction involving a financial institution if the transaction involves criminally derived property. Similarly, section 1957 creates an offense relating to the deposit, withdrawal, transfer or exchange of criminally derived funds "by, to or through a financial institution." Both statutes employ the definition of "financial institution" found in 31 U.S.C. § 5312. See 18 U.S.C. § 1956(c)(6); 18 U.S.C. § 1957(f).

Prior to the enactment of the PATRIOT Act, the definition of "financial institution" did not explicitly include foreign banks. Such banks arguably fell within the definition of "commercial bank" in the statute, but there was confusion over whether the government could rely on section 5312 to prosecute an offense under either section 1956 or 1957 involving a transaction through a foreign bank. Section 318 ends the confusion by explicitly including foreign banks within the definition of "financial institution" in section 1956(c)(6).

附件三 Pre-existing Law(CRS: International Money Laundering Abatement and Anti-Terrorist Financing Act of 2001, Title III of P.L. 107-56, December 4, 2001)

This legislation builds on existing law, which includes substantive criminal statutes defining and prohibiting money laundering and statutes calling for a regulatory regime of record keeping and reporting on various financial transactions and prescribing civil and criminal penalties for violations of that scheme and its regulations. The major components of this array of anti-money laundering laws are presented below.

1. 18 U.S.C. § 1956 prohibits anyone from knowingly engaging in various financial transactions that involve the proceeds of specified illegal activity. A person may be convicted under this statute if proven to have engaged in any of various types of financial transactions without actually knowing that the proceeds of illegal activity are involved provided the prosecution proves willful blindness. It is a

crime that uniquely involves the activities of financial institutions and, therefore, requires their diligence both to cooperate with law enforcement and to avoid liability.

2. Under 18 U.S.C. § 1957, anyone who knowingly engages in a monetary transaction in criminally derived property of more then $10,000, that has been derived from specified unlawful activity, is subject to criminal penalties.

3. Titles I and II of P.L. 91-508, including 12 U.S.C. § § 1829b, and 1951 - 1959; 31 U.S.C. § § 5311 et seq., the Bank Secrecy Act(BSA)of 1970 and its major component, the Currency and Foreign Transactions Reporting Act, 31 U.S.C. § § 5311 et seq., require reports and records of transactions involving cash, negotiable instruments, or foreign currency and authorize the Secretary of the Treasury to prescribe regulations to insure that adequate records are maintained of transactions that have a "high degree of usefulness in criminal, tax, or regulatory investigations or proceedings." Violation of the regulations is subject to civil and criminal penalties.

4. Since April, 1996, the regulations require that banks and other depository institutions submit Suspicious Activity Reports(SARs)of any transaction involving at least $5, 000, which the institution suspects: to include funds from illegal activities; to have been conducted to hide funds from illegal activities or designed to evade the BSA requirements; have "no business or apparent lawful purpose;" or are "not the sort [of transaction] in which the particular customer would normally be expected to engage, and the bank knows of no reasonable explanation for the transaction after examining the available facts, including the background and purpose of the transaction."7

5. Under the Money Laundering Suppression Act of 1994, 31 U.S.C. § 5330(a), the Secretary of the Treasury is required to establish a

system to register money transmitting businesses. Financial Crimes Enforcement Network (FinCEN"s) regulations require registration by December 31, 2001. 31 C.F.R. 103.41.

附件四 Implementation（資料來源：CRS: International Money Laundering Abatement and Anti-Terrorist Financing Act of 2001, Title III of P.L. 107-56, December 4, 2001）

While much of the new law will require regulations to be issued by the Treasury Department in consultation with other federal financial institution regulators, some provisions take effect immediately. Among them are the following:

1. The prohibition on U.S. correspondent accounts with shell banks, i.e., banks having no physical presence in their chartering country, becomes effective December 25, 2001. Section 313 of the Act.

2. A covered financial institution is required to provide records relating to its anti-money laundering program or its customers within 120 hours of a request from the appropriate regulator. Section 319(b).

3. Banks holding correspondent accounts for foreign banks are required to maintain certain records identifying the owners of the foreign bank and the name of an agent in the U.S. authorized to accept legal process that they might be produced within seven days of their receipt of a subpoena from the Department of the Treasury or the Attorney General. Section 319(b).

4. Due diligence standards are required to be in place to detect and report money laundering by all financial institutions that maintain private banking accounts or correspondent accounts in the U.S. for non-U. S. persons, including individuals and entities. Enhanced standards are required for certain correspondent accounts, e.g., those with foreign

banks with offshore licenses or from particular jurisdictions.

Minimum due diligence standards are specified for private banking accounts, accounts with minimum deposits of $1 million and managed by a person who acts as a liaison between the bank and the beneficial owner, held for foreign owners. Sec. 312.

附件五　聯邦準備銀行新聞稿內容

January 17, 2018

Federal Reserve Board announces $29 million penalty against U.S. operations of Mega International Commercial Bank Co., Ltd.

For release at 5:30 p.m. EST

The Federal Reserve Board on Wednesday announced a $29 million penalty against the U.S. operations of Mega International Commercial Bank Co., Ltd., of Taipei, Taiwan, for anti-money laundering violations and required the firm to improve its anti-money laundering oversight and controls.

As detailed in the consent cease and desist order, the Board took action because the firm's U.S. banking operations did not maintain an effective program to comply with the Bank Secrecy Act and anti-money laundering laws.

https://www.federalreserve.gov/newsevents/pressreleases/enforcement20180117a.htm

附件六　紐約州金融局聲明內容

Press Release August 19, 2016

DFS FINES MEGA BANK $180 MILLION FOR VIOLATING ANTI-MONEY LAUNDERING LAWS

Consent Order Requires Bank to Establish Effective Compliance Controls and to Retain Independent Monitor for Two Years

Financial Services Superintendent Maria T. Vullo today announced that Mega International Commercial Bank of Taiwan will pay a $180 million penalty and install an independent monitor for violating New York's anti-money laundering laws. The fine is part of a consent order entered into with the Department of Financial Services(DFS)pursuant to which Mega Bank shall take immediate steps to correct violations, including engaging an independent monitor to address serious deficiencies within the bank's compliance program and implement effective anti-money laundering controls. Mega Bank is a major international financial institution with approximately $103 billion in assets, including $9 billion at its New York branch.

"DFS will not tolerate the flagrant disregard of anti-money laundering laws and will take decisive and tough action against any institution that fails to have compliance programs in place to prevent illicit transactions, " said Financial Services Superintendent Maria T. Vullo. "The compliance failures that DFS found at the New York Branch of Mega Bank are serious, persistent and affected the entire Mega banking enterprise and they indicate a fundamental lack of understanding of the need for a vigorous compliance infrastructure. DFS's recent examination uncovered that Mega Bank's compliance program was a hollow shell, and this consent order is necessary to ensure future compliance."

Violations of anti-money laundering requirements at Mega Bank were uncovered in a recent DFS examination, which found that the bank's head office was indifferent toward risks associated with transactions involving Panama, recognized as a high-risk jurisdiction for money-laundering. Mega Bank has a branch in Panama City and another in Panama's Colon Free Trade Zone. DFS's investigation identified a number of suspicious transactions running between Mega Bank's New York and Panama Branches. The investigation also determined that a substantial number of customer entities, which have or had accounts at several other Mega Bank branches, were apparently formed with the assistance of the Mossack Fonseca law firm in Panama. Mossack Fonseca is one of the law firms at the center of the formation of shell company activity, possibly designed to skirt banking and tax laws worldwide, including U.S. laws designed to fight money laundering.

Among the findings of the DFS investigation:

The BSA/AML officer for the New York branch, who was based at the bank's Taiwan headquarters, and the branch's chief compliance officer both lacked familiarity with U.S. regulatory requirements. In addition, the chief compliance offer had conflicted interests because she had key business and operational responsibilities, along with her compliance role.

Compliance staff at both the head office and branch failed to periodically review surveillance monitoring filter criteria designed to detect suspicious transactions. Also, numerous documents relied upon in transaction monitoring were not translated to English from Chinese, precluding effective examination by regulators.

The New York branch procedures provided virtually no guidance concerning the reporting of continuing suspicious activities; had inconsistent compliance policies; and failed to determine whether foreign affiliates had in place adequate AML controls.

Today's action highlights the importance of DFS's new risk-based anti-terrorism and anti-money laundering regulation that requires regulated institutions to maintain programs to monitor and filter transactions for potential BSA/AML violations and prevent transactions with sanctioned entities. The regulation, which takes effect on January 1, 2017, requires regulated institutions to submit an annual board resolution or senior officer compliance finding confirming steps taken to ascertain compliance with the regulation.

Under the consent order, Mega Bank will install an independent consultant within ten days of the selection by DFS to implement changes to its policies and procedures and immediately address compliance deficiencies at the New York branch. The order also calls for the bank to engage an independent monitor within thirty days of its selection by DFS for two years to conduct a comprehensive review of the effectiveness of the branch's compliance program. The independent monitor will also commence a Transaction and OFAC Sanctions Review to determine whether transactions inconsistent with or in violation of the OFAC Regulations, or suspicious activity involving high risk customers or transactions were properly identified and reported from 2012 to 2014. The monitor will be selected by and report directly to DFS.

27

我國近年來投資型保險商品之發展、監理與爭議問題研究

林國彬

壹、前言

　　保險商品的發展與社會生活具有密切相關的互動關係，當然也與其他各種因素，包括整體經濟狀況、醫療技術與藥物發明、消費者對商品接受度、個別保險公司經營方向以及各國財政及資本市場監理政策之方向有密切的互動關係[1]。投資型保險商品在各國市場出現的時間不同，本文認為其原因即為上述的各種因素互動所致。

　　投資型保險商品因為具有使投資風險轉由要保人自行負擔的優點，而使保險業（因為我國目前保險業除了政策保險外，商業保險均為公司組織之保險業，故以下簡稱保險公司）無庸承擔保費收入後資金去化之壓力及投資績效之風險[2]，故近年來亦在我國興起一波賣潮，在監理規範初次擬

---

[1] 我國中央銀行自2000年起，在短短的二年半期間，將重貼現率自4.625%降至1.375%，調降幅度達3.25%，並持續了超過十年的低利率時期，造成歷史愈久傳統保單比例愈大的保險公司，面對更嚴重的利差損狀況。參閱郝充仁、李雅婷、黃惠貞三人合著，投資型保險商品糾紛之研究，保險學報創刊號，第41頁以下，2004年8月。此外，我國中央銀行為刺激國內投資及提高經濟發展，自2001年2月起至2003年6月底之間，共計14次調降存款準備率，造成市場利率快速下跌，保險公司利差損大幅增高，參閱劉又銓、林柏翰，投資型保單不當銷售之監理—兼論公平交易法與金融消費者保護法之適用，公平交易季刊，21卷1期，頁109以下，2013年1月。在這種政策下，新保險商品的提出，已經是必然的結果。

[2] 保險資金沒處去，杜英宗爆3不滿，中時電子報，2017年9月21日，available at http://www.chinatimes.com/newspapers/20170921000102-260205，最後瀏覽日：2018年8月21日。除了降低保費收入資金去化壓力外，投資型保險商品對保險公司行銷面的誘因還包括：節省下單費用、節省行銷費用有利整合行銷及共同行銷、增加管理費收

定尚未完備前，保險公司即開始搶進此一商品市場，且在各種業務員「話術」及行銷文宣商品的用語設計或圖樣設計誘導下，消費者亦大量的購買此種商品，然而，當商品走在監理及行銷規範的前面時，後續的糾紛就已經無可避免。

我國保險法在2001年7月修正時，在主要的修正重點偏向保險業法之修正外，亦於保險法第123條增訂第2項，正式就投資型保險商品賦予法律地位，並增列第146條第5項規定投資型保險契約下之投資資產應專設帳簿，以與保險公司之資產風險予以分離，此外，保險法施行細則第14條亦規定上述投資資產應以分離帳戶單獨管理等，均為投資型保險商品的基礎規範，本文將另就主管機關的監理規範進行討論。

但是新金融商品的推出，我國的消費者及企業經營者即金融商品提供者，是否也準備好了呢？包括投資型保險商品在內，其他如2004年聯合投信結構債基金事件、2008年連動債事件、及近年的人民幣TRF事件等有關新型或較為複雜型投資商品的經驗看來，筆者認為我國的消費者還沒有準備好接受這類的金融商品，而金融機構的銷售心態及方式也有應檢討之處，以投資型保險為例，初期出現在市場時，很多消費者根本不清楚這是什麼商品就已經簽約購買，市場上甚至有保險業務員以「買保險送基金」的行銷手法推銷保單，而銀行通路亦有「買基金送保險」的銷售用語，使消費者不清楚他們到底在購買什麼內容的金融商品，在這種情況下，後端爭議的無可避免是可以預期的。而監理規範進度落後在市場之後，本來就是現代金融不可避免的情形，經過這些年，金融監理是否已經完成必要的調整修正，也是這類的金融商品是否能夠繼續適合的在我國銷售應檢視的問題。不當的銷售行為不僅是糾紛的來源，亦可能對保險公司造成負面形象及財務損失的影響，更顯示保險公司的自我風險管理及公司治理有所缺漏。

本文以下將就投資型保險商品在我國的銷售發展、監理規範之變革

入、移轉投資風險、避免利差損等。請參閱，童奕川，投資型保險商品之類型，植根雜誌，30卷1期，頁1以下，上述誘因引自頁14以下。

及糾紛爭議類型及案例進行研究探討，以期了解現行監理規範是否妥當完善，及消費者糾紛解決之管道是否有效，以使監理者及被監理者能從中得到一些監理規範的思考及行銷手段與商品設計的修正調整，以確保保險業最大誠信原則之經營期待。

貳、投資型保單在我國近年來的發展

一、2001年7月保險法修正准許投資型保險商品

　　2001年7月保險法進行修正，其主要重點在於保險業法監理規範之修正，但亦同時處理了投資型保險商品的增訂條文[3]，該次修正增訂保險法第123條第2項「投資型保險契約之投資資產，非各該投資型保險之受益人不得主張，亦不得請求扣押或行使其他權利」，第一次將「投資型保險契約」之文字納入保險法中，正式引進承認投資型保險商品在保險法中的地位，同次修正增訂第146條第5項規定「保險業經營投資型保險之業務應專設帳簿，記載其投資資產之價值；其投資由主管機關另訂管理辦法，不受保險法第一百四十六條至第一百四十六條之二、第一百四十六條之四及第一百四十六條之五規定之限制」，本條規定除了要求「專設帳簿」記載投資型保險之資產外，亦同時就保險業收取保費進行投資的各種限制予以排除適用，此亦為投資型保險商品「專設帳簿」（亦稱分離帳戶）[4]及投資由要保人自行負擔風險的必然規定。

　　又雖然保險法第123條第1項係整部保險法中第一次出現「投資型保

---

[3] 汪信君、廖世昌合著，保險法理論與實務，頁418-419，2015年10月，3版。

[4] 所謂分離帳戶係指將某一保險種類的準備金或保費的一部分或金額隔離起來運用管理，不與其他種類的準備金相混，而且資產評估上通常採取「時價法」的帳戶。就變額保險而言，將與它有關的資產、負債、收益、費用等科目分隔起來處理的帳戶稱為分離帳戶，而不與處理一般壽險的資產、負債、收益、費用等科目的一般帳戶相混，互為分離且獨立。以上定義為我國文獻資料中較早且較完整的說明。參閱，王康旼，變額保險緒論，保險專刊，第18輯，頁117-119，1989年12月。

險契約」之文字，惟該條項之新增事實上並非為引進投資型保險商品之條文，而係因第123條第1項規定保險人破產時，受益人得向保險人請求之保險金額之計算方式，而投資型保險商品在國外的基本運作係以分離帳戶記載要保人或受益人之保單資產價值，該分離帳戶中之資產並既屬保戶所有，而與保險公司之一般帳戶資產截然劃分，又不對保險公司之債務負任何連帶責任或保證關係，故在政策要正式准許投資型保險商品時，亦必須就保險人破產時分離帳戶之資產地位予以明定，而為與保險法之條文架構與順序之故，乃只好於第123條第2項先行增訂投資型保險資產之地位[5]。

再者，保險法中並未就投資型保險予以立法定義，此與保險法並未就特定保險契約之類型設有立法定義之立法模式相同[6]，而在保險法施行細則第14條規定「保險人將要保人所繳保險費，依約定方式扣除保險人各項費用，並依其同意或指定之投資分配方式，置於專設帳簿中，而由要保人承擔全部或部分投資風險之人身保險」[7]，依此規定，在我國投資型保險僅限於人身保險的範圍，以下將另為說明，而與大陸在財產保險範圍亦有投資型保險商品有所不同[8]。有學者認為只要商品同時符合「死亡或生存風險保障」及「投資損益由要保人直接承擔」二項特徵，即可認為係屬投資型保險，並認為並無立法定義之必要[9]。此外，上開施行細則亦在重述

---

[5] 江朝國，保險法逐條釋義第四卷人身保險，頁646，2015年9月，1版。

[6] 我國保險法就特定保險契約之類型並未設有立法定義，可參閱劉宗榮，保險法，頁19以下，2011年，3版。

[7] 保險法施行細則第14條對投資型保險之規定係2003年7月2日始完成修正。

[8] 葉林，投資型保險：保障抑或投資？——我國臺北地方法院97年度再易字第1號判決（三商美邦案）評析，月旦民商法，第27期，頁142以下；此外，中國大陸的投資型保險商品進入市場的時間比我國引進同類保險商品的時間更早，在1999年10月，平安保險公司即率先推出「平安世紀理財投資連結險」，其後，新華人壽、中宏人壽及信誠人壽亦陸續推出投資型保險商品，參閱郝充仁、李雅婷、黃惠貞三人合著，前揭註1，頁50，2004年8月。有關投資型保險商品在我國的分類及市場上之銷售名稱，可參閱「投資型保險商品—業務員訓練教材」，106年修訂版，財團法人保險事業發展中心；另外可參閱，童奕川，前揭註2。

[9] 葉啟洲，投資型保險契約無效時之保險費返還與締約上過失責任，氏著保險法判決案例研究（二），頁161以下，本段引自頁165-166。

投資型保險的資產必須以專設帳簿方式保存記錄，而投資方式及風險分攤方式亦有初步規定，「同意或指定之投資分配方式」，後來相關管理辦法將其分為「全權委託」與「非全權委託」，及「要保人承擔全部或部分投資風險」而有保證給付型的投資型保險商品，就此部分將於第二章另為說明。

　　惟投資型保險商品之特徵或要件究竟如何定義以便檢驗保險契約之種類，有援引舊「投資型保險投資管理辦法」第3條之規定，認為投資型保險應具有以下六大要件[10]：1.提供被保險人死亡或生存之保險保障；2.要保人所繳保費依約定方式扣除保險人各項費用，並依要保人同意或指定之投資分配方式置於專設帳簿中；3.專設帳簿與保險人之其他資產分開設置單獨管理之；4.專設帳簿之資產所產生之投資淨收益或損失均應由要保人直接承擔，但依保險單約定，由保險人部分承擔投資損益風險者，不在此限；5.保險人應定期對專設帳簿之資產加以評價，並依保險單所約定之方式，計算及通知要保人其於專設帳簿內受益之資產價值；6.專設帳簿資產之運用，應與要保人同意或指定之投資工具及標的相符，不得挪用或購買非要保人所指定之投資標的[11]。在上開定義要件下，可知傳統保險損害填補的原則已經在投資型保險商品中，雖仍居於定性之角色，但是卻已經有其他「純投資」屬性的指標出現，傳統保險契約法之適用可能必須有所調整[12]，而相關問題及爭議亦將由此展開。

---

[10] 汪信君、廖世昌合著，前揭註3，頁424-425；張冠群，我國投資型保險商品分離帳戶法律規範之檢驗，政大法學評論，第109期，頁177以下，六大要件論述於第221頁，2009年6月；葉啟洲，前揭註9，頁165。

[11] 惟上開條文業經修正刪除，故現行相關規範已無上述要件性規定，而判斷一保險商品是否屬於投資型保險商品，並依此區分其保單審查之分組類別，僅能參考保險法施行細則第14條之規定進行判斷。張冠群，同前註10，頁229。汪信君、廖世昌合著前揭註3，亦認為舊規定對投資型保險之要件規定較為清楚，參閱汪廖合著前揭書，頁423以下。

[12] 江朝國，新保險法修正評釋（上），月旦法學雜誌，第87期，頁89以下，2002年9月。

二、投資型保險在我國近年來銷售統計

自投資型保險商品在我國進行銷售以來，以新契約保費（初年度保費）為觀察統計對象而言，投資型保險商品之新契約保費占年度人身保險新契約總保費之比率，自2002年起即持續上升，到2007年時，已占年度新契約總保費之60%以上，但是隨著2008年金融海嘯以來，及投資型保險糾紛日漸增加等因素，即急速且大幅衰退，幾乎已經都在20%以下，以下以表格數字說明其成長及衰退狀況[13]：

單位：新臺幣億元

年度	2002	2003	2004	2005	2006	2007	2008	2009	2010
投資型保費	79	853	1546	2089	2521	4650	2991	1684	1557
傳統型保費	2556	2590	2916	3320	2725	2868	5561	7566	10062
新契約總保費	2635	3443	4462	5409	5246	7518	8552	9250	11619
投資型保費占率（%）	3.00	24.77	34.65	38.62	48.06	61.85	34.97	18.20	13.40
傳統型保費占率（%）	97.00	75.23	65.35	61.38	51.94	38.15	65.03	81.79	86.60

---

[13] 2002-2007年資料轉引自劉又銓與林柏翰合著，前揭註1，第109頁以下，統計資料於第115頁，2013年1月；及張簡永章，投資型保險業務與壽險公司經營績效，保險專刊，25卷2期，頁197以下，統計資料於頁198，2009年。2008年迄2017年資料來源為壽險公會統計資料，available at http://www.lia-roc.org.tw/index03.asp?item=/indexasp/asp_data/index03/%B9%D8%C0I%A4%BD%B7|%B7s%BBD%BDZ.htm，最後瀏覽日：2018年8月25日。表中之統計資料，傳統型保險係指包括傳統壽險、醫療險、年金險等保險，變額壽險、變額萬能壽險、變額年金等，但是萬能壽險（universal life insurance）其投資部位係由保險公司進行投資且資產登記於保險公司一般帳戶中，故在我國並不屬於投資型保險商品之一種，而屬於傳統型人壽保險之範圍。

年度	2011	2012	2013	2014	2015	2016	2017（1～6月）	2017（1-12）	2018（1-6）
投資型保費	1432	1487	1819	2258	1826	1222	1115	1983	1530
傳統型保費	7743	9845	8439	8203	8403	10739	5095	8611	4354
新契約總保費	9175	11332	10258	10461	10229	11961	6210	10594	5884
投資型保費占率（%）	15.60	13.12	17.73	21.58	17.85	10.22	17.95	18.72	26.00
傳統型保費占率（%）	84.39	86.88	82.27	78.42	82.15	89.78	82.05	81.28	74.00

　　由上述表格可知，投資型保險商品與其他衍生性或相對具有複雜性的金融商品，例如連動債、結構債、TRF等，其在市場的銷售成長與衰退模式大致相同，亦即一開始都在金融機構的強力促銷及消費者尚未了解其性質的情形下，呈現快速的成長，惟一旦該種商品發生明顯的虧損或糾紛，即使係個案性質的風波，也會整體的影響及於該種金融商品，顯示我國的消費者對特定金融商品具有「跟隨潮流進退」的現象，但是消費者個人可能對於該種商品是否符合其個人之需求，仍然未為足夠的了解，從雷曼兄弟連動債、聯合投信LIBOR反浮動利率結構債事件，到人民幣TRF糾紛等等，都有高度類似的發展模式，而投資型保險商品亦無法脫免此種模式。然而，在其他歐美保險商品發達之市場中，投資型保險商品已成為相當重要的成分，為何在我國卻自2008年起即一蹶不振，恐怕保險業自己也必須承擔相當重要的責任，在這些年中使用了若干不誠信的銷售方式，使得投資型保險商品在消費者印象中處於較為負面的印象。

　　但是在長達近十年的低迷後，自2017年下半年起，投資型保單的初年度保費又呈現明顯的成長，當然同期間內，整體壽險業的初年度保費也承現大幅成長情形，但是若僅就投資型保單的成長數字來看，2017年整年的投資型保險初年度保費，較2016年整年的投資型保險初年度保費成長

率達到62.2%；再就2018年前六個月的投資型保險初年度費與2017年前六個月的進行比較，可以發現2018年前六個月成長率較2017年同期成長達66.1%，但是同期的傳統型壽險初年度保費卻較2017年同期減少2.6%，出現衰退現象，這些衰退減少的數字是進入股市或特定金錢信託商品或其他資產，本文尚未查證各項統計數字表，尚無法對此進行比對，但是投資型保險商品的成長明顯，而其原因為何，在統計數字及各方面的比較都欠缺資料，亦無法詳為說明。

參、投資型保單在我國近年的監理議題與規範發展

　　保險監理雖然各國監理法令用語或監理機關內部組織名稱容有不同，但主要可以包含三大領域或範圍之監理功能，以美國保險監理規範為例可以說明如下：（一）清償能力監理（solvency regulation）亦稱審慎監理（prudential regulation），其監理內容包括保險事業財務健全標準之建立與監測、準備金之提撥與執行、資金動用限制與投資限制，以及財務不健全之退場機制等；（二）市場監理或市場行為監理（market conduct regulation），包括對保險事業組織型態與架構之規範、併購交易之審查、市場准入與退出、承保與風險分類、再保險及對保經代之規範等；（三）消費者保護（consumer protection）或競爭政策監理監事competition policy），此一監理任務可視為係執行保險法令與政府為消費者權益而介入市場之監理工具，包括調解保單持有人與保險事業間之爭議，或介入以訴訟方式解決不同保險事業間營業行為中涉及反競爭行為的部分。而就我國金融監督管理委員會保險局組織法之規範觀之，可知保險局之組織及職權亦為執行上述三大類監理範圍，依金融監督管理委員會保險局組織法第2條第2款之規定，並對保險商品有權監督及審查，此一職權可稱之為「商品監理」，但基本上若自其功能或目的觀之，可以歸類至上述第三種監理範圍。

　　承上所述，投資型保險商品與傳統壽險保單之一大區別在於投資風險

由要保人自行負擔，保險公司並應就投資資產設置分離帳簿，因此若就個別商品的監理角度來說，投資型保險商品的「清償監理」或「財務監理」較為單純，只要確定保險公司確實有將要保人之投資資產以專設帳簿保存即可，其帳簿內之投資結果與資金運用均與保險公司之清償能力或財務健全度無關，但是「事實上」該部分之資產是否確實存在，於個案保險公司發生償付不能之情形時，恐怕仍屬未必。此外，依照「財團法人保險安定基金對人身保險業動用範圍及限額規定」第2條第3款之規定，保險公司之專設帳簿內資產，並不屬於安定基金應予保障或墊付之範圍，亦顯示該部分之償付能力與保險公司之一般財務監理有所區隔。

另外，就銷售行為的市場監理而言，因為我國的保險商品有相當大的比率是經由具有特殊關係，例如親人、朋友、長官部屬等具有特殊信賴或人際關係等情形，經由單純的專業信賴而購買保險商品的雖然也有，但是比重上仍然較低，而經由市場爭議數量及事實可以發現，有相當多的投資型保險係業務員說服已滿期的高齡要保人解除（或終止）其壽險保單改買投資型商品，但是因為投資型保險商品的初年度管理費及投資比重等安排，經常使得這些要保人發現自己的保單竟然呈現鉅額虧損，每個個案主張或爭論的過程或許都不相同，但是顯示消費者對投資型商品了解不夠則是不爭的事實。即使不是由傳統壽險解約後轉購投資型保險商品，而是以新資金購買投資型保險商品，也可能因為第一年呈現虧損而主張解除契約，此時不僅消費者受到損害，保險公司也已經將應給付給業務員的佣金給付完畢，一旦消費者解除契約，則所有的成本都必須由保險公司負擔，對保險公司在風險的控管也造成新的問題，尤其有些保險公司係以投資型保險商品為主要銷售商品時，更應注意這種情形，而為解決這種情形，保險公司在投資型保險商品的解約條款設計上也就有了新的約款，例如隨著投保年度的增加而解約的時候，相關費用的收取逐年下降，但是投保後越短期間內解約者，收取費用越高等，以此讓消費者在作成解約決定時更謹慎的決定。

以下擬就投資型保險商品在我國的監理規範及近年來之發展予以討論。

一、投資型保單之屬性

　　傳統保險與投資型保險商品之差異之一在於投資型保險商品的未來給付係取決於要保人之投資績效，與傳統保險商品較偏向預定利率及定額商品有所不同，再者因為投資型保險商品以專設帳簿保存要保人（受益人）之資產，則該專設帳簿於要保人與保險公司間之法律關係應如何定性，即有問題。

　　有認為專設帳簿中之資產係要保人將其所繳納之保費，扣除行政費用及危險保費後之餘額進行投資之資產，應視為保險公司為投資型保險商品要保人（受益人）所建立之「信託帳戶」，並比較保險商品與共同基金之風險分攤性質後，認為二者均具有投資風險自行負擔之特徵，而主張投資型保險商品之專設帳簿性質上為「類似共同基金之投資基金」[14]。亦有論者認為此種保險商品從其發展與來源進行觀察，可以包括在「廣義的持分型商品」，而認為具有信託的性質[15]。

　　亦有認為投資型險在要保人將保費繳交給保險公司後，保險公司依法及依契約扣除相關費用後，將把剩餘及累積的保費，購買保單中連結的初步標的例如某投信的某一檔基金，再由該投信公司進行實地投資，而一般投信公司或從事受託投資之公司會將投資所取得之資產交由保管機構或保管銀行保管，要保人與保險人的關係，係類似於信託的關係，以要保人為委託人，以保險公司為受託人，但在投資型保險契約下，與我國信託法之規定基本要件必須有財產移轉或處分行為之特徵，並不相符[16]。

---

[14] 張冠群，前揭註10，頁183-194。張教授並引用美國相關判決及NAIC模範法之規範，認為美國將投資型保險商品以證券類定性並為監理，值得參考。郝充仁、李雅婷、黃惠貞三人合著，似亦採此種看法，略謂「投資型保險是一種將保險與投資的功能結合，透過分離帳戶的運作，保險人承擔純保險風險，投資風險則移轉由保戶負擔。而分離帳戶運作方式係利用投資信託的概念，與各種投資工具連結」，前揭註1，第43頁。

[15] 王康玟，變額保險緒論，保險專刊，第18輯，頁114-116，1989年12月。惟該文撰寫時，我國尚無信託法之立法亦無立法定義，雖然最高法院已經在判決中表示信託必須有財產權移轉之要件，但法律規定則尚未完成。

[16] 汪信君、廖世昌合著，前揭註3，頁432。

二、投資型保險商品之監理規範與重點

　　投資型保險商品既然政策上將之歸類為保險商品尤其特定其為人身保險商品之一種，則在要保人所繳納之保費總額中及未來的保險理賠或死亡給付中，就必須仍具有達一定程度的「保險」性質，否則將使該投資型保險商品失去與保險掛勾連結的關係，此時就必須思考其監理規範是否應自保險監理範圍中予以撥離，轉為其他金融監理範圍。

　　投資型保險引進後，在主管機關的相關監理規定尚未完成前，為求時效並接受保險公司之送件，故自2001年9月起即委託財團法人保險事業發展中心，聘請專家及學者組成「投資型新種保險商品審查委員會」，對投資型保單開始進行實質審查[17]，惟當時既無相關規定可供參考或審查憑據，故不知當時之審查重點及條件為何。另外，公平交易法對所有的企業經營者及經營行為均有管制效力，故若保險公司以不公平的手段進行行銷，則依公平交易法第24條之概括規定，公平交易委員會對該事業或特定經營行為，均有權予以處分或作成行業導正，惟公平交易法之規範效力並非本文討論之範圍[18]，故以下則就目前的監理規範進行討論。

(一) 分離帳戶及投資部位資產管理及保險公司投資限制之豁免

　　承前所述，保險法第123條第2項規定投資型保險契約下，投資部位的資產非該保險契約受益人不得主張，而與保險公司其他一般帳戶中之資產有所區隔，而使該部分資產之風險與保險公司之經營風險分離外，依保險法第146條第5項之規定，投資部位資產必須專設帳簿記載其資產之價值，同條第6項授權保險主管機關對於專設帳簿之管理、保存、投資資產之運用及其他應遵循事項，另以辦法定之，同條項並豁免保險公司對可運用資

---

[17] 汪信君、廖世昌合著，前揭註3，頁423。

[18] 公平交易法第24條規定「除本法另有規定外，事業亦不得為其他足以影響交易秩序之欺罔或顯失公平之行為」，投資型保險商品之行銷手段與公平交易法之相關討論，請參閱劉又銓、林柏翰合著，前揭註1，第118頁以下。

金之使用限制[19]。

在2004年7月金融監督管理委員會成立運作之前[20]，我國的保險業主管機關為財政部保險司，因此在2001年保險法修正准許投資型保險商品後，財政部即於同年12月，訂定「投資型保險商品管理規則」[21]，後於2004年5月更名為「投資型保險投資管理辦法（以下簡稱投資管理辦法）」並為第一次修正，惟辦法內之規定並非僅對於投資管理設有規定，對於投資型保險商品的銷售揭露訊息於第3條有初步規定，但該辦法最重要之規範重點在於對「專設帳簿」設下管理規範[22]。

依投資管理辦法第4條第1款規定「專設帳簿之資產，應與保險人之其他資產分開設置，並單獨管理之」，第8條第1項規定除有但書例外列舉情形，否則「置於專設帳簿之資產與保險人之一般帳簿資產間，不得互相出售、交換或移轉」[23]，呈現投資型保險的一大特點，即要保人自負投資風險，而其風險及資產均與保險公司之一般資產分離。此外，該辦法自第4條以下至第18條規定均係對專設帳簿之運作管理而設，包括向主管機關報

---

[19] 按保險法對保險業收入之保費如何運用投資設有限制規定，規定於第146條第1項、第3項、第146條之1、之2、之4、之5及之7限制，投資型保險之投資決策係由要保人自行決定，保險公司僅在保險契約之可投資選項中進行設計，由要保人自行勾選其投資項目及投入之資金比率，其所投資之資金既不列入一般帳戶，自不應計入保險公司可運用資金之範圍，從而上開可運用資金限制之豁免亦係專設帳簿或分離帳戶之必然結果。

[20] 金融監督管理委員會原為委員制組織，後經組織改制為首長制機關，目前下設四局：銀行局、證券期貨局、保險局及檢查局等單位，另有其他非金融業務處室之編制，詳細介紹可見金管會官網，available at https://www.fsc.gov.tw/ch/index.jsp，最後瀏覽日：2018年8月10日。

[21] 2001年12月21日財政部台財保字第0900712668號令發布，並於迄今共五次修正，最後一次修正為2006年1月7日。

[22] 專設帳簿為我國保險法規範下之法定用語，但學者或其他實務工作者亦引用英文「Separate account」稱之為「分離帳戶」，參見張冠群，前揭註10，頁183以下。

[23] 但書三種例外情況除經主管機關核准得以資產轉入外，均應以換為現金移轉之，而例外情形包括：(1)將一般帳簿資產轉入非由保險人全權決定投資之專設帳簿作為設立之用；(2)為支應保險成本或費用而為轉出；(3)為維持要保人或受益人之利益並經主管機關核准等三種。詳細條文請參照。

備關於保管機構之選定與變更（第6條第1、2、3項）、保管機構之信評等級要求（第6條第4項）、投資方式或投資標的之變更方式（第7條）、保險人董事、監察人及經理人之善良管理人注意義務（第9條第1項）、保密義務（第9條第2項）、投資標的發行機構或經理機構破產時，保險公司之積極追償義務（第9條第3項）、投資資產移出分離帳戶之限制及程序（第12條）、投資資產之評價時點及方式等（第15條）、投資資產具有表決權時之行使要求（第16條），可見分離資產及帳戶性質之特殊。

　　而投資型保險商品既係由要保人自行決定投資並負擔風險，則在要保人將保費繳納給保險公司後，對於扣除必要費用後可用於投資部位的資金應如何進行投資，本辦法對於投資方式設有二種規範：「全權委託」與「非全權委託」二種。在要保人係「全權委託」保險公司投資時，保險公司必須指派具有金融、證券或其他投資業務經驗之專業人員運用與管理專設帳簿資產，但若保險公司全權決定投資於證券交易法第6條之有價證券者，保險公司應依證券投資信託及顧問法取得兼營全權委託投資業務之許可[24]；在「非全權委託」之情形，保險公司得委託具有經營或兼營全權委託投資業務之事業代為運用管理相關資產，惟對選任及變更管理事業均須於一定期間內向主管機關為申報[25]。又依投資管理辦法第10條及第11條之規定，係將全權委託與非全權委託可投資的標的予以區分，除二者均得進行投資之項目外，有部分投資標的係專屬的限於特定委託契約類型始可投資，惟專屬投資標的在過去幾年間主管機關仍有修正調整[26]，以目前的規範整理，限於全權委託之投資型保險商品所可投資者有可轉讓定期存單、銀行承兌匯票及金融機構保證商業本票[27]、公開發行公司之股票[28]、我國

[24] 保險法第146條第6項、投資管理辦法第5條第1項第1款參照。

[25] 投資管理辦法第5條第1項第2款參照。

[26] 2008-2009年間之專屬投資標的範圍可參見張冠群，前揭註10，頁223-225。又投資標的之發行機構依標的種類有不同的信評等級要求，參投資管理辦法第13條。

[27] 以上三種列舉於投資管理辦法第11條第1項第3款。

[28] 投資管理辦法第11條第1項第4款。

存託憑證[29]、外國有價證券及證券相關商品[30]；而僅限於非全權委託可投資之項目則僅有結構型商品一種[31]。上述專屬投資項目範圍經過主管機關調整修正後，已經差異甚微，是否仍有予以區隔之必要性，本文認為實務上應該已經不具太大意義[32]。

(二) 投資型保險之說明義務與揭露義務

1. 投資型保險商品投資管理辦法

　　上述投資管理辦法除規範投資部位之管理外，亦規定保險公司銷售投資型保險商品前之說明及揭露義務，首先應強調者為我國保險法對於要保人於訂約前之資訊請求權並無明文規定，雖然在實務上於銷售保單前，都會有相關的說明提供給要保人參考，業務員亦會自行製作對特定要保人及被保險人的保險規劃書，但保險法並未有規定應以何種方式或內容提供。但是對於投資型保險商品之資訊提供則有所規定，依投資管理辦法第3條規定「保險人銷售投資型保險商品時，應充分揭露相關資訊；於訂約時，應以重要事項告知書向要保人說明下列事項，並經其簽章：各項費用、投資標的及其可能風險、相關警語、其他經主管機關規定之事項」。

2. 投資型保險資訊揭露應遵循事項

　　財政部於訂定舊「投資型商品管理規則」後，又於2003年另訂定職權命令性質之「投資型保險資訊揭露應遵循事項」[33]，對揭露原則、文件名稱、應揭露事項、乃至於文件封面、內裡、保險計畫、風險揭露之字樣、

---

[29] 投資管理辦法第11條第1項第7款。

[30] 投資管理辦法第11條第1項第10款、第11款。

[31] 投資管理辦法第10條第1項10款。

[32] 惟在舊有規定下，專屬投資項目差異範圍也不大，故學者在當時即已提出質疑。參見張冠群，前揭註10，頁231-233。另外主管機關於2009年10月另訂定「投資型保險專設帳簿保管機構及投資標的應注意事項」，分別對標的之發行機構評等、標的種類、不得列為標的之項目限制等為詳細規定，條文參照，available at http://www.lia-roc.org.tw/index06/law/law58.htm，最後瀏覽日：2018年8月20日。

[33] 2003年10月7日財政部台財保字第0920750997號令發布，共九條，最近一次修正為2013年1月，全文21點。

各種費用、投資標的與配比及其風險等、保單每期價值之通知與定期報告等等，設下極為詳細之說明，條文在此不另引用[34]。另於2008年6月間，依照應遵循事項規定要求保險公司於「投資型保險商品連結結構型債券之投資報酬與風險告知書」首頁增列重點摘要，使要保人能夠以最明顯方式得知重點事項，亦避免要保人主張未接獲保險公司之告知之爭執[35]。上述辦法及應遵循事項之制訂，主要係因投資型保險中非屬於保險性質之投資部位，與其他金融商品之投資性質相近，故比照其他金融商品的資訊揭露規範而強化投資人的資訊保護[36]。

3. 金融消費者保護法及金融服務業提供金融商品或服務前說明契約重要內容及揭露風險辦法

如上所述，我國保險法並未規定保險人的說明義務，而1994年通過施行的消費者保護法（以下簡稱消保法）對此亦無具體規定，但是解決了另一個常年困擾的問題：企業經營者所提供的廣告文宣資料亦為契約的一部分，解決長期以來企業經營者以華麗廣告吸引消費者交易，但卻又主張廣告「僅供參考」而使消費者權益受到損害。消保法第22條第1項規定「企業經營者應確保廣告內容之真實，其對消費者所負之義務不得低於廣告之內容」，因此若保險公司提供的文宣或廣告單之內容與投資型保險商品之契約條款不同，例如有保證獲利或最低獲利或任何類似儲蓄之文字等，均有可能使要保人得據此作為主張，惟在消費者保護法施行前所簽定之保險契約則仍無法直接援引消費者保護法作為主張之根據，然投資型保險係於2001始引進我國，故所有投資型保險的公司製作文宣廣告均有消費者保護

---

[34] 詳細條文內容可參閱人壽保險商業同業公會網站，available at http://www.lia-roc.org.tw/index06/law/law123.htm，最後瀏覽日：2017年9月22日。

[35] 依應遵循事項之規定，主管機關要求壽險公會訂定「投資型保險商品銷售自律規範」，available at http://www.lia-roc.org.tw/index06/law/%E6%8A%95%E8%B3%87%E5%9E%8B%E4%BF%9D%E9%9A%AA%E5%95%86%E5%93%81%E9%8A%B7%E5%94%AE%E8%87%AA%E5%BE%8B%E8%A6%8F%E7%AF%84.htm，最後瀏覽日：2018年8月20日。

[36] 葉啟洲，從德國保險人資訊義務規範論要保人之資訊權保障，政大法學評論，第126期，頁291以下，本段引自頁295，2012年4月。

法之適用，自無爭議。有爭議之處在於消費者保護法施行後，若文宣廣告
資料係由業務員自行製作提供給消費者，惟其內容優於契約內容，且該更
優之條件並未一併記載於投資型保險契約條款者，則因保險契約之效力概
以契約條款為依據，故要保人仍無法據該廣告文宣資料獲得有利之評議決
定。

　　而2011年6月通過施行之金融消費者保護法始第一次對說明義務有所
明文，該法第10條第1項規定「金融服務業與金融消費者訂立提供金融商
品或服務之契約前，應向金融消費者充分說明該金融商品、服務及契約之
重要內容，並充分揭露其風險」，同條第3項規定「第一項金融服務業對
金融消費者進行之說明及揭露，應以金融消費者能充分了解之文字或其
他方式為之，其內容應包括但不限於交易成本、可能之收益及風險等有
關金融消費者權益之重要內容；其相關應遵循事項之辦法，由主管機關定
之」[37]，金管會據此授權訂定「金融服務業提供金融商品或服務前說明契
約重要內容及揭露風險辦法」（以下簡稱揭露風險辦法），依風險揭露辦
法第6條第1項規定「金融服務業提供之金融商品或服務屬投資型商品或服
務者，除應依前條辦理外，並應向金融消費者揭露可能涉及之風險資訊，
其中投資風險應包含最大可能損失、商品所涉匯率風險」，同條第2項第
14款則明確將「投資型保險業務」列入本條投資型商品之範圍，故在此規
定之下，保險公司即有積極的說明義務，且必須「揭露可能涉及之風險資
訊，其中投資風險應包含最大可能損失、商品所涉匯率風險」，並依同辦
法第7條之規定於各銷售相關文件上為顯著之說明或表達[38]。

4. 投資型保險商品連結結構型債券之投資報酬與風險告知書範本

　　我國的消費者對於結構債的了解太少但受傷太深，因此主管機關對於

---

[37] 金管會據此授權於2011年12月以金管法字100007077321號令發布「金融服務業提供
金融商品或服務前說明契約重要內容及揭露風險辦法」，並自2011年12月30日施
行，全文共十條，並於2015年5月及9月二次修正，其中對於金融服務業銷售商品時
應履行之說明義務及說明方式併說明對象有詳細規定。

[38] 第7條規定之說明文件包括公開說明書、投資說明書、商品說明書、風險預告書、客
戶須知、約定書、申請書或契約等說明文件，惟上開項目為例示規定以因應各種類
型之說明資料名稱或方式。

結構型商品也相當謹慎，除了要求壽險公會訂定「投資型保險商品銷售自律規範」中對結構型商品多所要求外，金管會於2008年訂定之「投資型保險商品銷售應注意事項」（詳下述）亦對投資型保單投資標的連結結構型債券時有特別要求之銷售作業程序，金管會為加強連結結構債商品之告知義務，於2008年6月核准備查經壽險公會擬定「投資型保險商品連結結構型債券之投資報酬率與風險告知書範本」[39]，並要求要保人於簽署後交由保險公司保存一份，具有契約內容一部分之效力，其範本分為二類即「無配息設計」及「有配息設計」二大類，除了在告知書首頁及尾頁均要求要保人簽名外，主要告知事項包括：(1)風險警語及保險公司對告知內容負全責之文字及結構型債券基本資料；(2)結構型債券之價格分析，包括發行機構提供給保險公司之費用分析及要保人提前贖回可能受損或根本無法贖回之風險；(3)投資報酬情境分析，包括應提供較佳情況、一般情況、最差情況之結果；上述三種情境分析可與歷史倒流測試之情境分析擇一揭露；(4)被保險人身故之處理方式；(5)保單提前解約之費用率；(6)結構型債券之相關投資風險，包括提前贖回之價格風險、信用風險、匯率風險、法律風險或其他因標的特殊性所生之風險[40]。

　　惟必須注意者為投資管理辦法及應遵循事項中所規定的說明或揭露項目必須與揭露風險辦法所規定之揭露方式與內容相配合，以免掛一漏萬，前者係對投資型保險所特設之規定，而後者則係對全部金融商品所設之規定。規定之分散與適用範圍之不同，係因金融商品性質與風險有所不同，惟確實對法令遵循作業增加了工作量。

(三) 投資型保險之招攬及銷售規範

　　除了壽險公會已於2008年6月訂定「投資型保險商品銷售自律規範」

---

[39] 本告知書範本第一次核准備查係2006年6月，最近一次核准備查即為2008年6月3日之備查，金管會金保二字第09702088380號函。

[40] 以上事項整理自範本告知事項，available at http://law.fsc.gov.tw/law/inc/GetFile. ashx%3FFileId%3D7507+&cd=1&hl=zh-TW&ct=clnk&gl=tw，最後瀏覽日：2018年8月25日。

外，金管會復於2008年7月另訂定「投資型保險商品銷售應注意事項（以下簡稱銷售應注意事項）」[41]，對於保險公司銷售投資型商品之行為進行規範，其規範重點包括以下項目：

1. 投資型保險商品之招攬人資格限制

必須領有投資型保險業務員資格證照者，始得招攬銷售投資型保險商品[42]，規範對象包括保險公司業務員、保險經紀人及保險代理人等。

2. 保險公司內部抽查要求

保險公司必須每季抽查招攬人員使用之文宣、廣告、簡介、商品說明書及建議書等文書，以了解是否有使用未經核可之文書，並應立即予以制止並為適當處分，對客戶因此所受損害，並應負連帶賠償責任[43]。

3. 消費者適合度（KYC, Know Your Customers）之落實及三等級客戶區分

必須以適當方式區分及確認要保人屬專業投資人或非專業投資人，避免銷售風險過高結構過於複雜的商品給不適合的客戶，對於非專業投資人必須以各方面評估其風險承受能力，依程度高低區分為三個等級[44]，KYC之內部作業準則必須包括招攬原則、承保原則、核保審查原則、複核抽查原則及客戶資料運用及保密原則等[45]。

---

[41] 銷售應注意事項，2008年7月7日，金管會金管保三字第09702547211號令訂定全文15點，其中第8點第（一）（四）款、第13、14點條文，自發布後三個月生效，其餘自發布日生效。條文參閱壽險公會網站，available at http://www.lia-roc.org.tw/index06/law/law54.htm，最後瀏覽日：2018年8月20日。本注意事項2013年1月15日修正全文18點，自2013年3月1日生效。

[42] 銷售應注意事項第5點第1項。

[43] 銷售應注意事項第5點第2項。按本應注意事項並不得作為民事賠償之請求權依據，業務員若使用不實文宣使要保人陷於錯誤而投保，並因此受有損害者，依民法第184條及第188條之規定，保險公司本來即有連帶責任，無須本注意事項之規定，且本注意事項並無作為民事請求權基礎之效力，至多可以作為參考規定而已。

[44] 銷售應注意事項第6點。

[45] 銷售應注意事項第11點。

4. 連結結構型商品之辦理程序及要求

投資型保險商品投資標的連結境外結構型商品者,必須另依「結構型商品管理規則」第16條規定,與發行機構及總代理人共同簽訂書面契約;若為連結國內結構型商品者則應與發行機構簽訂書面契約,並均應載明本注意事項所要求之內容[46]。

5. 連結投資標的上架審查

不論是境內或境外之連結標的,於上架前均須審查投資標的之合法性、費用及其合理性、投資目標、操作策略、過去績效與風險報酬及合理性等、商品說明書及投資人須知內容之正確性及資訊是否充分揭露、利益衝突之評估、投資標的之風險等級等[47]。

6. 對特定投資商品之內部控制制度及風險管理制度

其內容必須滿足本注意事項第9點各款之要求,其內容包括商品招攬人員管理辦法[48],充分了解客戶(KYC)作業準則[49],不尋常或可疑交易之監督作業準則[50],保險招攬作業準則[51],內線交易及利益衝突之防範機制[52],客戶糾紛處理程序[53]。

7. 洗錢防制與資恐打擊

按,與銀行業或證券業相較,保險業尤其是傳統壽險或醫療險之商品對於洗錢防制或資恐打擊的關聯性是較低的,但是在投資型商品引進後,因為其投資部分的資產會與所繳保費之間有所關聯,因此對於投資部分的洗錢防制必要性乃隨之提高,依照應注意事項第9點之規定,保險公司必須內部制定對於特定投資商品內部必須監督不尋常或可疑交易之作業準

---

[46] 銷售應注意事項第7點。

[47] 銷售應注意事項第8點。

[48] 銷售應注意事項第10點。

[49] 銷售應注意事項第11點。

[50] 銷售應注意事項第12點。

[51] 銷售應注意事項第13點。

[52] 銷售應注意事項第14點。

[53] 銷售應注意事項第15點。

則，內容必須包括辨識及追蹤控管不尋常或可疑交易之管理機制、對高風
險客戶往來交易例外管理機制、防制洗錢訓練機制等[54]。

8. 保險招攬作業準則

內容應包括宣傳資料之管理、適合度政策及投資人風險等級與商品風
險等級及應拒絕非專業客戶對於超過其適合度等級之結構型商品等、商品
風險、報酬及其他必要資訊之揭露及其方式、商品說明書必須交付要保人
保管、交易控管機制避免提供客戶逾越其財務能力之商品[55]。

9. 內線交易及利益衝突防範機制

制定防火牆機制避免資訊不當流用於未經授權者、訂定員工行為守
則、不得向發行機構有直接或間接，期約或收受不當利益或金錢等、招攬
人員不得以佣金為銷售商品之唯一考量、各項費用之揭露必須依應遵循事
項之各規定辦理[56]。

(四) 70歲條款之最新發展

自投資型保險商品引進我國銷售後，有許多案例顯示保險公司業務員
向高齡者推薦投資型保險商品，其中不乏許多係以繳費滿期之壽險商品解
約後，另外購買投資型保單，且未將風險明確告知消費者，或即使告知亦
有不完全或消費者根本無力了解之情形，最後並在投資資產承現虧損後發
生爭議（就此部分詳下述），因此我國保險監理機關在最近擬定一個新的
投資型保險商品銷售時之監理規定，媒體稱為「70歲條款」，依媒體所載
雖然不會禁止銷售投資型保險商品給70歲以上之消費者，但可能會要求簽
訂保險契約時必須有家屬在場，以降低高齡消費者受到誤導之情形，以及
要求加強事後電話訪問率達到百分之百的確認率，此外據稱對於投資型保
險商品若係連結連動債之投資項目者，則保單年期加保戶年齡不要大於70

---

[54] 銷售應注意事項第12點。

[55] 銷售應注意事項第13點。

[56] 銷售應注意事項第14點。

歲等新增規範[57]。

　　金管會於2018年6月26日發佈新聞，預告將於近期修正「投資型保險商品銷售應注意事項」，將要求保險業者於銷售投資型保險商品給70歲以上高齡者時，必須採用「錄音或錄影擇一」的方式，留下當時銷售過程的紀錄軌跡，以為未來爭議的證據，並預告相關修正內容，及自2019年1月1日起實施的期程[58]。稍後金管會於2018年7月19日以金管保壽字第10704543831號函，修正「投資型保險商品銷售應注意事項」第六點，並自2019年1月1日生效，其第一點要求保險業者落實KYC之評估程序，第二點要求於銷售投資型保險商品時應經客戶同意採取錄音或錄影擇一方式紀錄過程，並將紀錄以電子檔保存，第三點規定錄音或錄影時應紀錄之主要內容如下：(1)業務員必須出示合格登錄證：對應事實上掛名銷售的問題；(2)明確告知為投資型保險商品、繳費年期、繳費金額、保單相關費用（包括保險成本等保險費用）：對應過去消費者對於所繳金額哪些是保費哪些是投資哪些是管理費等，業務員未明確告知所生之爭議；(3)說明重要條款內容、投資風險、除外責任、建議書內容及保險商品說明書重要內容：對應業務員銷售行為未明確告知之問題；(4)說明契約撤銷之權利：加強提示消費者契約撤銷期限之權利；(5)詢問客戶是否了解每年必需繳交之保費及在較差情境下之可能損失金額，並確認客戶是否可負擔保

---

[57] 「七十歲條款」相關新聞請參看中時電子報，2017年10月6日，彭禎伶、魏喬怡：七十歲以上買投資型保單金管會：擬強化風險確認，available at http://www.chinatimes.com/newspapers/20171006000119-260205，最後瀏覽日：2018年8月10日；又「七十歲條款」可能擴及全部複雜性高風險金融商品，包括銀行通路銷售之基金或連動債，相關新聞請參看經濟日報韓化宇、孫中英：監管結構商品訂七十歲條款，available at https://money.udn.com/money/story/5613/2781237，最後瀏覽日：2018年8月10日。

[58] 相關新聞請參閱孫中英：高齡者買投資型保單金管會訂七十歲條款明年上路，available at https://money.udn.com/money/story/5613/3219762，最後瀏覽日：2018年8月10日；及金管會新聞稿available at https://www.fsc.gov.tw/ch/home.jsp?id=96&parentpath=0,2&mcustomize=news_view.jsp&dataserno=201806260008&aplistdn=ou=news,ou=multisite,ou=chinese,ou=ap_root,o=fsc,c=tw&dtable=News，最後瀏覽日：2018年8月10日。

費及承受損失：對應投資風險之預告及風險自行負擔之結果[59]。

肆、投資型保單在我國的爭議類型與案例研究

　　按投資型保險商品所生之糾紛類型很多，本文無法全部予以討論，故僅就近年來我國司法實務判決及金融消費評議中心所評議之事件中，個人認為較具討論必要者，於本文進行探討[60]。

一、保險人未履行說明義務─我國高等法院101年保險上易字第8號

(一)兩造主張

　　要保人主張保險公司業務員向其謊稱本件爭執的「人壽超值人生變額萬能壽險」與要保人先前的儲蓄險相同，誤以為系爭保險為滿期可領回本金利息之儲蓄險，而於繳費三年後欲領回保險金時，始知系爭保險非儲蓄險，乃主張撤銷投保之意思表示並請求返還已繳保費及損害賠償。保險公

---

[59] 相關全文請參閱107年7月19日金管保壽字第10704543831號函及附件，available at https://www.fsc.gov.tw/ch/home.jsp?id=97&parentpath=0,2&mcustomize=multimessage_view.jsp&dataserno=201807190001&aplistdn=ou=bulletin,ou=multisite,ou=chinese,ou=ap_root,o=fsc,c=tw&dtable=Bulletin，最後瀏覽日：2018年8月10日。

[60] 關於投資型保險商品的一般爭議分類，可參考童奕川，投資型保險商品之類型，植根雜誌，30卷1期，頁1以下，爭議類型討論於頁23以下，2014年4月。另外，郝充仁、李雅婷、黃惠貞三人合著前揭註1，則列出「銷售人員誤導投資報酬率、不當的引導保戶置換保單、以投資商品的名稱來銷售保險商品、未說明繳費期間是不確定等」原因，見三人合著前揭註1，頁43-44。另外，早期保證獲利銷售的行銷爭議，例如新光人壽「104基金投資理財專案」，因為規範已經禁止有任何保證獲利之文字，故近來已經較少此種爭議，同時該公司的「固特利」專案，保險業務員鼓勵保戶拿不動產抵押購買投資型保單，於2009年遭到重罰，並使公司退還保費達新臺幣13億元，公司損失嚴重，參閱劉又銓、林柏翰，前揭註1，頁121-122，該文列舉的投資型保險爭議包括：誇大投資收益率、選擇性說明及未充分告知風險、不當誘導要保人置換保單、消散保費策略（即宣傳不需繳納保費）、以投資工具或退休金理財之名掩護保險商品，頁119-121。惟第五種爭議似乎較為少見。

司則主張要保人於簽訂系爭保單之前即已先後六次向保險公司投保投資型保險，其中有提前終止解約而獲利的情形，故要保人並非不知系爭保單為投資型保險。

(二) 法院判決

我國高等法院以101年保險上易字第8號判決主要認為要保人並未能舉證證明保險公司業務員有何種詐欺手段而使其陷於錯誤而投保系爭保單，且客觀上要保人有向保險公司另外投保其他投資型保險提前解約並獲有利益，自無不知系爭保險為投資型保險而有陷於錯誤投保之可能，則要保人主張撤銷系爭保險契約即無理由[61]。

(三) 評釋說明

1. 要保人舉證困難

要保人主張保險公司及其業務員未履行其說明義務或揭露不清楚實為投資型保險爭議之一大來源。本件要保人因為客觀事實上在簽訂投保系爭保單之前，已經多次向保險公司投保投資型保險契約，又有提前解約獲利之情形，故客觀上難以證明其係受詐欺並陷於錯誤而投保，但事實上有相當數量的投資型保險，要保人確實是第一次投保此種類之保險，這些本身欠缺經驗的要保人在決定投資型保險商品的購買之前，就必須高度依賴保險公司業務員所提供的資訊以作為參考。

以我國的保險業務推展行為而言，通常保險業務員與要保人間多具有某種程度的親朋或其他關係，而使得要保人對於業務員具有相當程度的信賴關係，因此在投保前的說明階段，常見的說明揭露爭議包括：(1)可能僅有提供書面介紹資料但未為口頭解釋，而書面揭露有不完全之情形或引人錯誤之處；(2)雖有書面資料但要保人未保存；(3)業務員口頭說明與書面資料不同並告知書面是參考；(4)業務員自行製作與公司製發的書面資

---

[61] 關於本判決之其他討論，參閱張冠群，投資保險保險人說明義務之內容與履行方法—臺高院101保險上易8判決，我國法學雜誌，第252期，頁203以下，2014年7月。

料內容不相同者，各種對於業務員說明義務違反或未揭露風險的行為態樣不一而足[62]。一旦在爭議中，要保人無法舉證證明業務員有不實的詐欺說明，則不論法院或金融消費評議中心均無法作成對要保人有利之判決或評議決定。因此，要保人主張係因業務員詐欺提供不實資訊而使其陷於錯誤並為投保決定者，除非要保人有留下業務員提供之與保險契約不同的書面資料，且必須能夠證明該資料為業務員為了系爭投資型保險契約而提供者外，要保人甚難取得有利之結果。

2. 保險公司說明義務之法律上義務或契約前義務

除了保險公司業務員（或保險經紀人）以不實資訊詐欺消費者而使要保人陷於錯誤決定投保之外，若業務員並無提供不實資訊，而係消極的不為說明或說明不清楚，此時究竟保險人有何種法律上之說明義務或契約前的說明義務？

3. 在我國現行規範下投資型保險商品之說明與揭露義務適用階段

有關投資型保險商品之說明或風險揭露義務已如上述，因為法令的施行時間不同，對於保險人（業務員）所應負之說明義務亦不相同，可簡單區分如下：

(1)1994年消費者保護法施行前：文宣廣告是否為契約之一部分存有爭議，消費者在各種民事糾紛未必能獲得有利判決結果。

(2)1994年消保法施行後至2001年底「投資型保險商品管理規則」實施前：廣告文宣成為契約之一部分，企業經營者若提供廣告文宣給消費者參考，即負有不低於廣告文宣之契約義務。但是爭執常在於消費者未保存廣告資料，以及廣告資料內容、文字及圖樣之解釋或認知之爭執。

(3)2001年「投資型保險管理規則」及「投資型保險資訊揭露應遵循事項」等規定，對保險人必須基於最大誠信原則、遵守相關法令，並以商品說明書揭露規定之事項，包括風險警語及費用等。

---

[62] 這些主張係筆者自己因兼任我國財團法人金融消費評議中心第一、二屆評議委員，於個案及大會審查自書面資料所得知之申請人（通常為要保人）之主張，但是否為事實，則無法確定。

(4)2011年「金融消費者保護法」第10條及「金融服務業提供金融商品或服務前說明契約重要內容及揭露風險辦法」，對揭露內容與方式要求更為細緻與全面。

依上論述，若保險業務員有「揭露不完全」或「消極不為告知應告知或應揭露事項」者，則於具體個案即可能因揭露不完全的程度或不為告知的事項重要性而影響整個投資型保險契約的效力，其救濟方式在金融消費者保護法下輕微的可能有啟動公平合理原則給予消費者補償，嚴重者可能使整個契約都無效而應返還全部已繳保費，惟就筆者參與金融消費評議工作之經驗，大部分評議事件於要保人能夠證明保險業務員有揭露不完全或消極不為告知時，係以啟動公平合理原則為評議決定，其中一項主要原因在於投資型保險契約下，保險公司必須依照規定定期寄送保單價值報告書給要保人知悉，而通常要保人在看到保單價值高於總繳保費時均不會主張保險公司違反告知義務或揭露義務，然一旦保單價值報告顯示低於總繳保費有所差距時，才主張保險公司違反此種義務者，則因為長期的寄送保單價值報告之事實，使得要保人要求退還總繳保費之主張有權利行使違反誠實信用原則之情形，而無法被完全接受。

類似糾紛亦可參考，金融消費評議中心106年評字第000465號評議，該事件中申請人（即要保人）主張相對人（本件為銀行招攬故相對人為銀行）業務員以「基金投資並結合壽險，與一般投資基金無異，屆時若申請人身故尚有所投資金額的101%作為壽險保障」，使其歷經3位理專均以「活著領息，死了保本」作為話術，而動心陸續自2003年5月起投入9筆資金，購買9張投資型保單，共新臺幣750萬元，但迄2007年時已有保單價值歸零，其他亦已嚴重減損，從而主張要求保險公司賠償96萬元，但經評議中心檢視保險公司與要保人簽約前之電話訪談錄音可知，要保人有將保險給付留給特定受益人之意，故保險事故發生時「保險契約仍有價值對要保人極為重要」，其目的並非進行投資，但要保人亦無法證明保險公司理專有以上述之話術內容使其陷於錯誤而投保，再者要保人於投保時已經高齡78歲，其需求亦非投資型商品，從而認為保險業務員未於簽約前盡其充分說明義務始要保人詳細了解其所簽訂保險契約之性質，並金融消費者保護

法第20條第1項之規定啟動公平合理原則，酌予補償40萬元[63]。

二、第105條要保人未親簽造成保單無效之返還數額爭議

按我國保險法第105條第1項規定「由第三人訂立之死亡保險契約，未經被保險人書面同意，並約定保險金額，其契約無效」，此一條款本係為防免道德危險之目的而設，原具有其理論基礎及必要性，惟在現代社會或許因為許多女性有自己的經濟財務收入及自己的生活規劃，使得現代社會夫妻關係相對脆弱，不論是因為家庭裝備、子女教育、婆媳問題、生活習慣、旅遊問題等等，都可以讓一對夫妻從比翼雙飛變成仇敵怨偶，而原來濃情蜜意時以配偶另一方為被保險人的保單，即使中間曾經事實上由被保險人配偶以信用卡繳費，亦在感情破裂時據以主張該保險契約違反保險法上開規定應為無效之理由。而此種主張在投資型保險契約的淨值呈現虧損時，即使鶼鰈依舊情深，仍有可能以被保險人未親簽為由據以主張保險契約無效，要求保險公司返還全部已受領之保費。然而，如前所述，投資型保險商品有一大特徵即投資風險由要保人自行負擔（全部或一部，視保險人有無保證給付額），故若在投資型保險呈現虧損時，要求保險公司返還高於保單無效時點淨值的全部已繳保費，是否呈現另一種道德風險？不無可議之處。

我國高等法院高雄分院101年度上易字第255號即為此種案例，要保人以子女二人為被保險人向保險公司投保二張投資型保單，經過3年，該投資型保單呈現虧損，要保人乃主張系爭二張保單非為被保險人所親簽，主張無效，要求返還已繳保費共新臺幣100萬元。一審判決要保人全部勝訴，保險公司提起上訴，高等法院判決仍認定該二張投資型保單非被保險人親簽，依保險法第105條第1項之規定均為無效保險契約。但因客觀上要保人係以其子女為被保險人，且經過3年後才主張保險契約無效，法院認為要保人確實有為訂立契約而以違反誠實信用方法而向保險公司隱瞞被保險人未同意之事實，而使保險公司因此受有損害，依民法第245-1條要保

[63] 106年評字第000465號決定。

人應對保險公司之損害負賠償責任，因保險公司之損害難以證明及計算，故法院認定保險公司為該保單所支付之佣金、營運基本費用、投資理財之附加費用、危險保費成本及帳戶管理費等，酌定保險公司之損害額為新臺幣25萬元，經過抵銷後，判命保險公司返還要保人75萬元[64]。

　　金融消費評議中心101年評字第536號評議（未經被保險人親自簽名，保險業務員於評議中心調處時亦承認被保險人未親簽）、101年評字第721號評議（被保險人未為親簽，而係授權要保人代簽，就此事實保險公司亦不爭執），而101年評字第2268號、101年評字第2269號則認為「保險經紀人係基於被保險人之利益，洽訂保險契約或提供相關服務，而收取佣金或報酬之人，參酌經紀人於經營或執行業務時，應盡善良管理人之注意，維護被保險人利益，確保已向被保險人就洽訂之保險商品之主要內容與重要權利義務，善盡專業之說明及充分揭露相關資訊，確保其作業程序及內容已遵循相關法令規定，並於有關文件簽署及留存建檔備供查閱；復審酌系爭保險契約招攬過程，相對人無從知悉系爭保險契約上之簽名是否為契約相關當事人所親簽，並因申請人以自身為要保人及受益人無權代理被保險人簽名之行為，……，申請人主張系爭保險契約非被保險人親簽而無效，相對人應退還申請人所繳保費，核屬有據」，大抵也是採取基本上整體投資型保險契約均為無效之觀點。

　　按金融商品或金融機構之經營因為涉及高度的公共利益與交易相對人的高度保護必要性，故其商品並非可毫無限制的任意設計規劃，而必須受有相對的監理，且保險事業既係特許事業以經營保險為業，僅被核准銷售具有保險功能之金融商品，自不可銷售不帶有任何保險性質而僅單純具有投資屬性之商品，故即使保險契約中有一部分係具有投資之功能，該部分仍屬「從屬性」之存在，而非可獨立存在的部分，亦即解釋上應認為投資型保險商品之保險部分與投資部分應係不可分離的，若保險部分有無效事由，則應認為整個投資型保險契約均為無效，而不得因契約中之總繳保費有得區分為「危險保費（作為保險之用）」與「淨保險費（作為投資目

---

[64] 我國高等法院高雄分院101年上易字第255號判決。

的之用）」二者不同金額，而解釋為一部無效，另外部分得繼續有效之結果，我國司法實務亦採此見解[65]，學者亦有採此見解者[66]。本文亦認同此種解釋方法，按投資型保險商品係附隨於保險的一部分，與其他投資工具例如特定金錢信託等係獨立存在的金融商品有所不同，若保險部分有無效情形，不宜使保險以外的部分繼續有效始為妥當。

　　承上論述，若投資型保險契約有以第三人為被保險人，而第三人又未同意或未親簽保單者，則依保險法第105條之規定，該保險契約即為無效，而保險法既未對投資部分特別規定其效力，則本文認為投資部分係保險契約之一部分且不可獨立存在者，故亦同時無效[67]。此時之爭論在於返還全部已繳保險費是否合理？首先，投資型保險商品的一大特徵在於投資決策係由要保人作成，要保人也因此必須承擔投資部分之虧損風險，且要保人在簽訂投資型保險契約並以第三人為被保險人，雖然取得該第三人之同意並非要保人之義務，但事實上要保人對於未取得該第三人同意之事實，具有高於保險公司的防免能力，自不得認為要保人在保險契約無效時亦毫無責任，惟要保人是否有締約上過失本即屬個案事實認定之問題，若於個案認定要保人確實有締約上之過失時，則援引我國民法第245-1條第1項之規定，使要保人賠償保險公司因信賴契約有效所受之損害，應為合理之解釋[68]，惟學者提出以類推適用保險法第107條第1項後段「返還投資型保險專設帳簿之帳戶價值（保單帳戶價值）」，或類推適用保險契約中其他關於契約無效或解除時保險人應返還保單帳戶價值之約定，應為解決此種爭議更適當之方法[69]。

---

[65] 我國高等法院100年度勞上易字第123號民事判決：「按法律行為之一部分無效者，全部皆為無效，民法第111條定有明文，上述變額萬能壽險契約雖附加投資型保險，然其本約仍為壽險，倘壽險部分歸於無效，投資型部分即失所附麗，自無除去無效之壽險，而使投資部分單獨有效成立之可能」。

[66] 葉啟洲，前揭註9，頁166-167。

[67] 汪信君，投資型保單與書面同意，月旦法學教室，第166期，頁21以下。

[68] 汪信君，投資型保單與書面同意，月旦法學教室，第166期，頁21以下；葉啟洲，前揭註9，頁166-167。

[69] 葉啟洲，前揭註9，頁170-174，179-180。惟葉教授認為法院酌定保險公司之損害

三、傳統壽險經保險人業務員引誘「轉換」爲投資型保單之爭議

　　如前所述，我國的投資型保險商品限於人身保險商品的範圍，而傳統壽險除了定期險之外，大多是繳費期滿終身保障，因此在投資型保險商品推出時，有很多的銷售行爲是針對繳費已經滿期的傳統壽險「轉換」爲投資型保險，但是在這樣的行銷行爲中，其所謂的「轉換」行爲，事實上係「終止舊保單，另簽新保單」[70]，被終止的就是已經滿期等待保險公司給付的保單，而新保單則是投資型保單，終止舊保單會對要保人造成損失，這顯然是從事保險業務之人所應具之基本常識，而投資型保險必須由要保人承擔投資風險且依險種的不同其繳費期間及數額亦可能有所不同，與傳統壽險有極大的差異，故保險公司與業務員此種銷售方式，造成極多糾紛。

　　以金融消費評議中心106評字第678號評議爲例，本件要保人原係於2000年向保險公司投保傳統壽險，但於2003年間受保險公司業務員之介紹而簽訂保險公司所準備以「傳統壽險轉換投資型商品契約申請書」爲名之文件，而將其舊保單之權利轉爲新的投資型保險契約，但因投資受有虧

時，將保險業務員之佣金、危險保費成本、投資部分之帳戶管理費及投資損失等應不包括在損害額之計算範圍，但本文認爲保險業務員之佣金亦應視該特定投資型保險契約之第三人未爲同意者，該保險業務員是否亦有防免之能力，以及該業務員在整個投資型保險契約簽訂過程中所扮演之角色而定，若該業務員有防免能力或扮演主要角色例如其表示將去取得第三人簽名等，則此時業務員佣金即不應納入保險公司損害之範圍，此時，連同危險保費及帳戶管理費等均有不納入損害之範圍，但投資決策既爲要保人所作，則該部分價值之減損似應由要保人負擔較爲合理。

[70] 轉換係保險公司或保險業務員宣傳文件或話術之用語，事實上並非將傳統壽險保單置換爲投資型保險契約之概念，與金管會於2014年間爲因應我國社會高齡化及長照需求之增加，鼓勵將傳統人身保險轉換爲長照險之政策，係在不增加要保人保費之原則下，以原持有含死亡保障之保單，轉換爲爲其老年所需之健康保險與長照保險，壽險公會並據此政策擬定「人身保險業保險契約轉換及繳費年期變更自律規範」，其第2條第1款規定「契約轉換，指要保人以現有保險契約，申請轉換爲同一人壽保險公司之其他保險契約，但轉換後保險契約之生效日及投保年齡均應相同」，其中第4條第2項第3款規定並提供保戶在特定條件下得於3年內請求再轉換爲原先的舊保單契約。此一自律規範已於2014年8月28日經金管會備查。另劉又銓、林柏翰合著，前揭註1，則未對「轉換」行爲之內含爲定性。

損，因此主張新投資型保單無效要回復舊傳統保單之效力，並要求保險公司賠償100萬元。經審閱相關文件後認定，要保人已於新的投資型保險契約重要事項告知書簽名，並勾選：「『本人已完全了解雙方之權利義務』本保險部分投資標的不保證最低收益……本公司不負投資盈虧之責……『本人已完全了解應繳之費用』（詳請參閱條款樣張之附表三）契約附加費用：目標保險費部分：第一年，最高為85%……」且簽名確認，故難認要保人不知新保單為投資型保險商品，且新契約已經經過撤銷期間，故要保人主張新契約無效並回復舊保單部分難謂有理。但對於保險公司以「轉換」之名義向要保人推介新商品之說明義務則認為：「『傳統壽險轉換投資型商品契約申請書』，雖名為轉換，惟本質上實係解舊（傳統壽險）買新（投資型保單），對申請人而言已產生一定程度之損失（如申請人所繳納之4年舊保單保費，相對人已扣取大部分相關之保險成本及業務費用，致舊保單之解約金遠少於總繳保費等），今業務員既以契約轉換之名義向申請人招攬新保單，則所謂『解釋保險商品內容及保單條款』，應非僅限於新投資型保單，尚包含申請人將傳統壽險辦理解約改投保新投資型保單，對申請人權益影響狀況，以及新舊保單之優劣勝敗比較，然本中心檢視相對人所提出之卷附資料，就此部分並未見業務員或相對人有相關說明或解說之證明文件」，而認為保險公司業務員有未盡其說明義務之情形，並啟動公平合理原則，酌予補償。

關於此種類型爭議，因為要保人大多都會簽署重要事項告知書，故評議中心之決定大抵都還是承認新的投資型保險契約為有效，而公平合理原則之補償亦無法事實上填補要保人解除舊傳統保單及新投資型保單投資虧損二者之總額，雖然投資型保險尚存續而無法斷言未來是否有投資轉為獲利之可能，但是在爭議的當時，對消費者及保險公司雙方而言，保險公司因為舊傳統保單解約而成立新的投資型保單，基本上並無任何損失，反而還有降低成本或降低利差損之潛在獲利，但所有的投資風險都全部轉由要保人承擔，則明顯的是有所不利，尤其對一般要保人而言，可能都欠缺投資專長，要從投資型保險獲利恐怕有相當的困難。

四、保證收益或投資報酬

　　按投資型保險一開始在我國銷售時，因為我國消費者長期以來的消費偏好是儲蓄險，故若要向消費者揭露有投資風險且風險自負的情形，事實上投資型保單可能銷售困難，因此不論是保險公司之宣傳文件或招攬文件，抑或業務員之行銷話術，有很多會明示或暗示保證獲利，或以其他方式例如獲利情境只有表示「正值」的不同獲利率，而無虧損之情境假設，後來因為衍生太多糾紛，所以主管機關要求不得有保證獲利之文宣廣告，後來並在相關規範中要求將投資獲利情境以不同假設合理呈現獲利與虧損之結果。事實上此類爭議亦可歸類於上述的說明或揭露義務違反之爭議類型，但因案例數量較多，乃獨立列為一類。

　　以金融消費評議中心103年評字1026號評議為例，要保人主張業務員僅於其臨櫃時提供一張顯示page 1 of 1的宣傳單說明書予其參考，業務員並宣稱此張保單絕對保本，將投資型保單說明為固定報酬率，定存形式銷售，未告知產品風險，並保證有一定成數之報酬率，以保本、保證每年報酬率有8%且只出示建議書說明+8%。評議中心審視相關文件證據後認為，依投保當時有效的投資型保險資訊揭露應遵循事項（96年7月16日）第四點保險商品說明書應揭露事項、（四）、3、(2)小點規定，無投資收益保證者：由公司（處）參考投資標的之過去投資績效表現，以不高於年報酬率9%（含）範圍內，列舉3種不同數值之投資報酬率作為列舉之基準，如發生投資虧損之可能性，則應至少包含1種絕對值相對較大之相對負值投資報酬率供保戶參考（例如：8%、2%、-8%），但觀諸系爭建議書僅基金組合試算頁面記載Page 1 of 1，其餘頁面下方並未標記頁碼，故申請人於業務員招攬當時，難以確認是否缺頁及是否已接收完整訊息，核已違反前揭投資型保險資訊揭露應遵循事項第二點所有銷售文件必須編印頁碼之基本原則。綜合考量系爭保單建議書頁面下方並未標記頁碼，申請人於業務員招攬當時，難以確認是否缺頁及是否已接收完整訊息，有使申請人誤認為保證獲利保險商品之虞。此外，要保人亦於投資標的變更申請書簽名，辦理三次投資標的變更，堪認申請人對其投資標的變更申請內容

應有認識，並可充分行使保險契約之權利。考量保險公司對其受僱人負有指揮監督管理之責，依公平合理原則，補償申請人之部分損失。

　　其他類似爭議事件尚有102年評字第1943號評議，要保人在該爭議中主張：「相對人辦理保戶回娘家活動，至餐廳用餐時表示此保單保證獲利，用房屋貸款來做投資穩賺不賠，公司有專業的投資團隊，請申請人放心簽名投保，至於保單內容看不懂沒關係」，另101年評字第2372號評議，要保人主張：「當初投保時聽信業務員說該保單有高報酬，因此申請人去借了很多錢繳保費，直至業務員告知再不投資保單將無效，才知道原來當初業務員說的高報酬都是騙人的」，另，101年評字第1741號評議中要保人主張：「本人94年向相對人投保變額萬能壽險甲型，相對人業務員招攬時誇稱保證收益2倍，且未出示合格銷售證件，招攬及交付保單時未詳細解說保單內容，亦未依規定列舉負值投資報酬率、說明書第1頁缺載重要性陳述、要保書未依規定告知本人保單價值計算、投資風險、保單借款條件、契約各項費用，並列表敘明由本人親簽，相對人有重大過失」，101年評字第1395號評議，要保人主張：「業務員以不實廣告，使申請人陷於錯誤，以為購買變額壽險保單，除有身故保險金之保障外，所投保之保費每年將固定有9%之複利增額，因而購買系爭保單」，以上均係摘錄要保人之主張，雖然在所有爭議中當事人之一方都有隱瞞對己不利而主張對己有利之現象，故要保人之主張在無證據之前自無法輕信，惟這些主張之事實，幾乎是當時社會上反應投資型保險的銷售方式。

　　對於這類爭議之評議見解，大抵仍以要保書、重要事項告知書中已經強調投資具有風險等風險告知之警語，例如：「投資不保證收益，投資風險由要保人自行承擔」、「保險公司及其業務員對本保險將來之收益，不提供任何保證」等，認為保險公司業以書面方式說明投資標的及其可能風險之規定，且經要保人勾選知悉並簽名確認，而認保險公司已依規定揭露系爭契約之風險，告知申請人將來可能產生虧損之可能性。此外，亦有評議見解會進一步表示，如果保險公司定期將保單帳戶價值通知書寄至申請人所留存之地址，且申請人有收受保單帳戶價值通知書，則申請人應可經由報告書內容知悉保單帳戶價值，申請人至遲於首次收到保單帳戶價值通

知書時應已可知悉系爭契約具有投資性質及虧損風險，而非保證獲利之商品，倘未提出異議或質疑，足徵要保人早已知悉系爭契約之特性。但是從前述幾個類似評議內容中，若有證據足以認為保險人於招攬時未提供適當揭露風險的建議書或試算表，而未明確例示投資損益之情形，例如：假設投資損益8%、2%，而無投資績效為負的情境假設者，則評議結果通常會認定保險人未盡其資訊揭露義務，有使要保人混淆之虞，則會啟動公平合理原則，使保險公司就要保人之投資損益負擔部分損害之補償責任。

伍、結論

首先，隨著投資型保險商品的銷售額日漸提高，保險公司提供「保險」或傳統上認為的「填補損害功能」的性質日漸降低，而屬性上卻開始產生「資產管理」的性質，不可避免的保險公司內投資部門的人力逐漸增加，傳統純粹保障型的保險商品雖然仍在市場銷售，但從保費收入的比率來看，因為總保費亦逐年增加，故此種純粹保險商品是否有衰退現象，還要再為觀察，本文所要提出的問題是：保險公司的經營者與管理者，究竟希望自己扮演的是保險的角色還是資產管理的角色與功能？監理機關面對此種情形有何監理政策的因應調整？亦或任之由之？而在保險公司的公司治理方面有無其他應特別注意的風險，例如投資型商品的投資標的列舉中大量連結關係企業的標的，是否妥當？這些政策面的問題，目前都還沒有任何發展。

投資型保險商品本質上並無不法或不當之處，它就是一種較為新型態的保險商品，而且在其他眾多保險市場已經廣為消費者所接受，此種商品在我國甫推出時亦迅速打開市場，但是快速打開市場的背後，卻有太多不當行銷、不當或隱瞞風險或未告知費用計算或無繳費期限等重大影響消費者作成是否投保決定的重要事項，從而開始出現糾紛，使得投資型保險在我國的銷售自2008年金融海嘯之後大幅衰退，最近幾年之投資型保險之新契約保費均未超過壽險保費的百分之二十，但2018年的上半年統計數字又

顯示投資型保險商品的初年度保費收入於壽險初年度保費總收入之占比又上升到百分之二十以上，雖然全年度統計結果尚未可知，但本文認為整體長期觀察看來，顯示消費者對投資型保險心懷恐懼之現象。

保險監理主管機關在投資型保險商品進入我國保險市場後，已陸續針對市場上的銷售行為引發之糾紛進行處理，多次訂定各種辦法或注意事項或應遵循事項等，以監理機關之權限進行他律的規範，此外，亦透過協調壽險公會的功能，由壽險公會經理事會通過相關自律規範及風險揭露範本等，以市場參與者自律的方面進行自我規範，就整體而言，越近期的投資型保險商品所引發的糾紛已日漸降低減少，顯示他律與自律的功能已有所達成目的，但相對的，過多的監理要求且有相當多的重複散見於不同的法規命令或職權命令與自律規範，亦造成保險公司的法令遵循成本提高，亦有可檢討調整之處。

最後要強調的是：即使有再嚴密的監理規範，如果保險業務從業人員有意誤導，利用消費者對業務員個人的信賴或信任，而在銷售或解釋過程中，消費者又未能留下足夠的證據，或者消費者本身自我怠忽注意，將一切損失全部歸咎於監理機關之無能，在媒體及網路的渲染下，不只監理機關的功能形象會受到損害，投資型保險商品亦將面對更嚴格的監理規範，對於投資型保險商品的市場銷售亦將造成更大的負擔，甚至消費者對投資型保險商品全面失去信心，所以業者的銷售行為自律將顯得更為重要。

28

臺灣引進專利權保險制度之法律問題研究
——理論與比較法的觀點

張冠群

壹、導論

專利權乃指當研發人員發明或創作出一種新的物品或方法，而此種新的物品或方法是可以被重複實施生產或製造，亦即可供產業上利用時，為了保護該項專屬權力及由是所生利益，乃向本國或外國政府機關提出申請，經過審查認為符合各該國專利法關於具專利性發明之要件（Patentable Invention）的規定[1]，給予申請人在一定期間享有專有排除他人未經其同意而製造、販賣、使用或為上述目的而進口該物品或該方法直接製成物品之權。歐洲專利公約前言第一、二段開宗明義指出，該公約之訂定目的乃在強化保護歐盟會員國間保護「發明」之合作機制，並試圖建立專利權認定之統一基準[2]。臺灣專利法第1條亦明揭其立法目的為：「鼓勵、保護、利用發明、新型及設計之創作，以促進產業發展」。由此可知，在已邁入知識經濟時代的今日，專利權的保護乃知識產業化過程中，促進科研機構及私部門研發創新所不可或缺。因有專利權的保護制度，非但能阻止競爭對手的進入市場，且能夠確保從發明的形成直到產品生產與銷售的自由度，此外，對研究機構而言亦可藉由技術轉讓契約獲取技術轉讓費，亦使研發機構與企業更容易籌集資金[3]。簡言之，知識產業化過程

---

[1] 如歐洲專利公約（European Patent Convention）第52條規定。

[2] European Patent Convention, Preamble, para. I & II (2000).

[3] 陳瑞田，企業研發創新與專利保護的重要性，2012，http://ipcc.moeasmea. gov.tw/index.php?option=com_content&view=article&id=740:ip-column-

中，專利權的管理與保障，乃某一特定的知識財產能否順利轉換為具體研發成果乃至商品化之關鍵。

　　然，智慧財產權形成過程中亦伴隨若干風險。除於研發過程中可能發生進行相同或類似研發的個人或機構，對某項「發明」或「著作」先行申請並獲核准而使之先前投入之研發成本付諸流水外，最大的風險莫過於法律風險（Legal Risk）[4]。此之謂法律風險主要有二方面：(1)因他人控訴從事研發支機構或個人侵權而需支付防禦或賠償費用損失及(2)因他人侵害從事研發支機構或個人而需對他人追訴求償所應支出之成本損失。無論何者，其損失金額均屬不貲，有時超過研發人員或機構（尤其是學術或其他科研機構）甚或一般中小企業所能負擔。近來著名的例子為：成功大學今年3月發現美國蘋果公司使用的Siri語音系統，疑似侵犯成大電機系教授王駿發的研究專利，而於7月27日正式向美國法院提出訴訟。成問題者，具估計，該項訴訟總費用高達約100到500萬美元間[5]。則面對如蘋果此等經濟實力相對強大的相對人，倘訴訟外解決或訴訟解決之時程一旦延長，其費用勢必增加，對研發者時十分不利，其結果，亦可能被迫接受較劣勢之和解條件。

　　另，倘若從事研發之個人或機構面臨侵害專利權的控訴，則除可能支出之巨額防禦費用外，於訴訟或爭端解決過程中，其權利將面臨不確定狀態，若被訴者為學術機構之研究人員，其後續之研究，甚至將其商品化與產業化的時程，將可能嚴重延宕，對研發及知識產業化，均屬負面之誘因。

20120502&catid=92:2010-07-12-06-49-56&Itemid=143，最後瀏覽日：2012年10月9日。

[4] Holger Kienle and Daniel German, Managing Legal Risks Associated with Intellectual Property on the Web 3 (2007) *available at* http://turingmachine.org/~dmg/papers/dmg2008_ijbis_webIpRisks.pdf (last visited 2012.10.09).

[5] 中央廣播電台，成大在美告蘋果Siri侵害專利權，http://news.rti.org.tw/index_newsContent.aspx?nid=368539&id=2&id2=1，最後瀏覽日：2012年10月9日。

　　面臨風險時，透過保險之方式，將風險移轉予保險人承擔，由保險制度分攤消化個人之損失風險，乃一般個人或企業經常選擇之風險管理模式。則關於前揭專利權風險，有無可能以保險方式移轉分散風險即值探討。實則，關於智慧財產權尤其專利權之保險制度美國與歐洲，尤其係英國早自1990年代初期發展至今，已超過二十年歷史，其於政策選擇上應採強制保險或任意保險，險種的商品模式，風險之評價，承保範圍與不保事項，保費之精算與釐定，被保險人之權利與義務，保險人之調查權，保險人之防禦義務及訴訟或和解成本之分攤等專利保險重要事項，均已建構極完整之制度[6]。反觀臺灣，以資訊科技及生物科技創新研發為科研機構及產業界的創新與研發最重要項目更係近年來臺灣經濟之命脈，而此些研究科目與產業又特重知識產業化的過程的順暢，若以前開成大與蘋果的訴訟為例，倘成大研發之成果於真正進入商品化與量產前，即遭蘋果侵權並搶先安裝於其商品上，對研發者甚至合作的產業而言均將造成損害。是故，關於專利權的法律風險管理，對臺灣科研機構與產業界，實屬不可或缺之一環。惜乎者，臺灣目前並無類似美國與歐盟的專利權訴訟保險提供予科研機構與產業界做為專利權法律風險管理的工具。

　　緣此，研發與產業型態及產學合作過程中需特重專利權保護的臺灣是否應引進如美、歐之專利保險制度一命題乃具研究價值。本文擬聚焦於此一命題，首先探討專利權風險之態樣及其管理技術。其次自法律及保險理論與實務之面向，考察美國與歐盟之專利保險制度，再自法律及保險理論與實務較度，探討專利保險實施可能面臨之難題，最末就臺灣科研機構、高科技產業現況及保險市場之觀點，探討專利保險在臺灣之必要性與可行性。於確認專利保險之必要性與可行性後，本文擬試規劃適合臺灣的專利保險制度內容，並針對現行法規制度為配合專利保險之不足處與應興應革事項，提出具體方案，最末提出建議。

---

[6]　CJA Consultants Ltd, PATENT LITIGATION INSURANCE – A STUDY ONFOR THE EUROPEAN COMMISSION ON POSSIBLE INSURANCE SCHEME AGAINST PATENT LITIGATION RISKS (hereinafter the CJA Report) 19-21 (2003).

貳、專利權風險及其管理

一、專利權風險之態樣

於知識經濟時代，如專利權此類之智慧財產，乃企業財富創造之來源，蓋其可運用該資產重覆製造產品，獲取利益，並得藉授權方式，收取權利金而獲利[7]。惟正因智慧財產之高附加價值，各企業為提升自身競爭力，無不積極對自身智慧財產權加以保護，亦使專利訴訟劇增。統計顯示，2012年美國專利訴訟提起件數為5189件，較2011年增加29%，而若相較於1992年，則增加近300%[8]。而自1995年起至2012年止，每年專利侵權訴訟之成本及所判定之損害賠償金額之中位數約550萬美元，且其中單2012年單一訴訟賠償金額超逾10億美元者即有三件之多[9]。由此一趨勢衍生之風險，對專利權所有人及製造銷售經授權產品者而言，其可能面臨者為遭其他專利權所有人控告專利侵權而生之防禦費用及經判定侵權責任成立之損害賠償責任風險（Liability Risk），而對專利權所有人而言，一旦發現遭他人侵權而向侵權行為人追訴需支出之法律費用，此即專利行使風險（Enforcement Risk）[10]。面對此些風險，專利所有權人或利用人倘屬中小企業，輒因訴訟程序及訴訟成本高昂而無力於他人起訴時防禦自身權利或發現他人侵權時對他人予追訴[11]，可見成本不論對原告或被告而言，均

---

[7] Stephen Bennett, *The IP Asset Class: Protecting and Unlocking Inherent Value*, 5 J. Marshall Rev. Intell. Prop. L. 401, 402 (2006).

[8] PWC, 2013 Patent Litigation Study 6 (2013) *available at* http://www.pwc.com/en_US/us/forensic-services/publications/assets/2013-patent-litigation-study.pdf.

[9] Id, at 7-8.

[10] SAMIAN Underwriting Agency, IP Risk – Emerging Awareness 12-13(2012) *available at* http://www.qbeeurope.com/documents/events/tmt-2012/3_IP%20Risk%20-%20Emerging%20Awareness.pdf

[11] IPR Helpdesk, How to Avoid High Patent Litigation Costs 1 (2006).

成為專利權保護措施與決定專利訴訟策略之關鍵[12]。故專利訴訟高額之訴訟成本與專利權之不確定性，乃成專利權所有人或使用者需適切管理專利權風險之理由，而妥善之專利權風險管理措施亦係中小企業無後顧之憂進行創新之關鍵[13]。

二、專利權風險管理與創新誘因

對以無形資產設立之新創事業而言，因其屬中小企業卻有高研發成本之支出，對外資金之募集關係企業之成長。而實證研究顯示，創業投資之資本家（Venture Capitalists）對欠缺適切之慧財產權管理策略，含智慧財產權之行銷（Promotion）、保護與行使等策略之公司，投資意願較低[14]，致該新創事業之繼續創新受阻。

專利權制度之目的，乃給予專利權人法律上之獨占（Legal Monopoly），使其可防阻他人藉由模仿專利權人之發明或創新之方式與之競爭，而苟無此制度，任何從事發明或創新者，即面臨立即且無研發成本之不正競爭，勢將抑制個人或企業從事創新研發活動之誘因，致新穎優良之商品無法持續上市，對消費者與總體經濟皆存不利影響[15]。反之，於提供較完整專利權保護之國家，較可確保長期之經濟成長，蓋較多之創新與研發誘因，足創造較強之經濟成長動能[16]。成問題者，發明人或創新者於開發專利商品時，必將成本與利益列入考量，倘行使專利保護之法律

---

[12] Richard Milone & Mahmood Ahmad, *Insurance for Patent Litigation: Yes, It's Available*, 21 No. 9 Intell. Prop. & Tech. L. J. 1 (2009).

[13] J. Rodrigo Fuentes, *Patent Insurance: Towards A More Affordable, Mandatory Scheme?* 10 Colum. Sci. & Tech. L. Rev. 267, 268 (2009).

[14] Bruce Berman, *Patent Holders Learn to Adapt to More Investor Scrutiny*, http://ipcloseup. wordpress.com/2013/09/30/patent-holders-learn-to-adapt-to-more-investor-scrutiny (last visited Nov. 2nd 2013).

[15] IP Wales, Intellectual Property & Legal Expense Insurance 12 (2003) *available at* http:// www.swan.ac.uk/media/media,13583, en.pdf.

[16] Keith E. Maskus, Intellectual Property Rights and Economic Development 20 (2000) *available at* http://www.colorado.edu/economics/mcguire/workingpapers/cwrurev.doc.

成本過高，又將對個人或企業投資於具專利性之商品或技術之開發產生掣肘，是故，透過風險管理技術，如保險以分攤行使專利權之法律成本，或以強制替代性爭端解決機制降低控制專利訴訟成本等方式，將使專利權之價值提高，並有效抑制侵權，蓋潛在之侵權人之不法動機將因認識專利權人具追訴專利侵權之經濟能力而受抑制[17]。實證研究亦顯示：保險對阻止模仿者進入市場、增加專利侵權行為訴訟之可靠度及增加和解之談判實力上，具策略性之價值[18]。

三、以保險方式管理專利權風險之適切性

關於專利權之風險管理策略選擇，與一般風險管理相同。而風險管理之策略有幾：風險規避（Risk Avoidance）、風險減少（Risk Reduction）、損失預防（Loss Prevention）及損失控制（Loss control）、風險自留（Risk Retention）與風險移轉（Risk Transfer）[19]。針對智慧財產的法律風險，除非停止一切研發活動，否則風險規避顯不可行。又因法律風險之發生頻率與損失幅度非一般研發個人或機構所能預期，則風險自留之策略，效果難以預料。至於損失控制，於智慧財產權風險管理尤其係專利風險管理策略上，有採與競爭對手達成以最小授權金相互授權（Cross License）之協議，以避免彼此相互提起侵權訴訟者，惟對現未實施專利權者，或於締約實力差距過大而實力較強者冀以專利訴訟手段達成實質限制競爭之場合，此一方法即無用武之地[20]。又於風險防免上，專利所有權人或可透過智慧財產權監測（IP Monitoring）方式，避免侵害他人權利，並試發現可能之侵權行為人，然智慧財產權可監測之前提為完善智慧財產

[17] IPR Helpdesk, *supra* note 11; IP Wales, *supra* note 15, at 18.

[18] Luigi Buzzacchi & Giuseppe Scellato, *Patent Litigation Insurance and R&D Incentives*, 28 Int'l Rev. L. & Econ. 272, 283 (2008).

[19] Emmett J. Vaughan et. al., FUNDAMENTALS OF RISK AND INSURANCE 16-17 (9th ed. 2003).

[20] Leib Cauthorn, Using Insurance to Management Intellectual Property Risk *in* INTELLECTUAL PROPERTY STRATEGIES FOR THE 21ST CENTURY CORPORATION 167-68 (Lanning G. Bryer et. al. eds. 2010).

權資料庫之建置，此多需賴政府立法為之[21]，非各國皆有，且資料庫內容之完整性，亦容有差異。故欲有效管理智慧財產權所附隨之法律風險，似乎以風險移轉之方法為最有效，且其支出成本較可預期。所謂風險移轉，乃指承擔風險者支付一定之對價，而將其本所承擔之風險移轉由他人負擔。而最常見之風險移轉工具，除透過資本市場之進行風險理財（Risk Financing）外，即係透過保險之方式，將風險移轉予保險人承擔，由保險制度分攤消化個人之損失風險。實證研究顯示：專利保險增加了創新之價值，並使科研機構與企業增加事前對研發的投資具有誘因，而其有保險保障即較無需忌憚於因研發成果被控侵權而需支出之高額防禦成本[22]。至若投保專利權行使保險，因其可由保險人支付提起專利侵權訴訟之費用，其具有抑制模仿者（Imitator）進入市場的機能，蓋因該保險增加了研發者的防禦能量，且因該費用之支出若欲或保險理賠，需先經保險人之專業理賠程序認定，使因防禦權利所提出的訴訟更具備可信度[23]。

　　而依專利風險之性質，針對該風險承保之保險，可大別為兩大類：(1)專利權行使訴訟保險（Patent Enforcement Litigation Insurance），其承保範圍應含專利權人為行使與保護其專利權而啟動法律程序所生之成本；(2)專利侵權責任保險，其承保範圍含因防禦專利侵權請求所生之法律成本及專利侵權責任一旦成立之損害賠償金額[24]。

---

[21] IPR Helpdesk, *supra* note 11.

[22] Luigi Buzzacchi & Giuseppe Scellato, *Patent Litigation Insurance and R&D Incentives*, 28 Int'l Rev. L. & Econ. 272, 283 (2008).

[23] *Id.*

[24] Australian Law Reform Commission, Challenging and Enforcing Patent Rights, http://www.alrc.gov.au/publications/9-challenging-and-enforcing-patent-rights/patent-litigation-insurance (last visited Nov. 1st. 2013).

參、美國專利保險制度

美國專利保險制度初期乃以「一般商業責任保險」（Commercial General Liability Insurance, CGL）承保，然因法院對CGL保單是否承保專侵權責任見解分歧，復以近年來因專利訴訟成為研發之主要競爭策略，數量遽增，故以IPISC、AIG、Chubb、Lexington等為代表之保險公司，乃針對大型研發機構推出專門專利權侵害保險（Specialized Patent Infringement Insurance）甚至是專利權行使保險（Patent enforcement Insurance）。以下即就以CGL承保專利侵權責任之肯定與否定案例及實務上之智慧財產權專門保險為研析。

一、以CGL承保專利侵權責任之辯證

一般商業責任保險（下稱CGL）之目的，乃在使企業得以一張保單滿足其分散全部或大部分因企業經營過程所可能發生責任風險之需求[25]。而關於CGL保單是否承保專利侵權責任，無論聯邦或州法院見解分歧，迄無定論。唯一可確定者，乃認CGL承保專利侵權責任者，咸主張專利侵權屬於CGL保單中廣告侵權（Advertising Injury）之範疇。於CGL保單下，構成廣告侵權需符下列三要件：(1)被保險人需有廣告行為（Advertising Activity）；(2)系爭行為需屬保單條款列舉之廣告侵害樣態之一；(3)對系爭原告之廣告侵權，唯需因被保險人之行為所致者[26]。關於要件三，多數見解認為廣告行為與廣告侵權間需有因果關係（Casual Connection），而此一因果連結需廣告行為本身直接造成損害始足當之，被侵權人單因

---

[25] Todd M. Rowe, *Specialty Insurance for Intellectual Property: Additional Security for Owners of Intellectual Property Assets*, 19 DePaul J. Art Tech. & Intell. Prop. L. 1, 3 (2008).

[26] Scott P. DeVries and Yelitza V. Dunham, *Principles of Advertising Injury Coverages*, http://corporate.findlaw.com/corporate-governance/principles-of-advertising-injury-coverage.html (last visited 2013.11.03).

廣告而知有侵害之存在仍不得認有因果關係[27]。至於要件(2)所指之CGL
保單列舉之廣告侵權樣態計有：(1)口頭或印刷出版品而對個人或組織
構成文字誹謗（Libel）或口頭誹謗（Slander）或貶抑他個人或組織之
商品或服務者（Disparages a person's or organization's goods, products or
services）；(2)口頭或印刷出版品有侵害他人隱私權之情事者；(3)侵吞
（Misappropriation）他人之廣告創意或方法而進行商業活動者；(4)侵害
著作權（Copyright）、所有權（Title）或廣告標語（Slogan）者[28]。就文
意以觀，CGL保單並未明文將專利侵權責任列為廣告侵權責任之承保範
圍，此亦爭議發生之關鍵。以下即就聯邦與州法院就專利侵權責任是否屬
廣告侵權責任樣態之正反見解為探討。

（一）與銷售要約（Offers to Sell）無關之案例

美國專利法（U.S. Patent Act）於1994年修正前，僅規定除法律另有
規定外，於專利權有效期間內，未經授權而於美國境內使用或販賣有該專
利權之商品者，構成專利權侵害[29]。

1. 肯定見解

(1) Amazon.com International, Inc. v. Atlantic Mutual Ins. Co.[30]—商業
方法專利之侵權構成廣告侵權

本案原告Amazon被訴外人起訴控告其於網路上之電子型錄（Electronic
Catalog）系統乃非法使用他人對電子型錄系統之專利，亦遭另一訴外

---

[27] Grace N. Witte, *When an idea is More than just an idea: Insurance Coverage of Business Method Patent Infringement Suits Under Advertising Injury Provisions Of Commercial General Liability Policies*, 18 J. Intell. Prop. L. 631, 636 (2011).

[28] David A. Gauntlett, IP ATTORNEY'S HANDBOOK FOR INSURANCE COVERAGE IN INTELLECTUAL PROPERTY DISPUTES 101 (2010).

[29] Before the 1994 amendment, the text of 37 USC §271 (a) read as "Except as otherwise provided in this title, whoever without authority makes, uses or sells any patented invention, within the United States during the term of the patent therefor, infringes the patent." *See* http://www.law.cornell.edu/patent/35uscs271.html (last visited 2013.11.01).

[30] 85 P.3d. 974 (Wash. Ct. App. 2004).

人起訴控告其於網路書店使用之客製化電子客戶檔案資訊產生與辨認系統（System for Generation of User Profiles for a System for Customized Electronic Identification），而該系統之功能主要在使網路書店之商品依客戶之屬性，自動向不同客戶進行資訊傳遞與行銷，Amazon乃請求保險人Atlantic Mutual為其防禦。本案法院認為Amazon侵害之兩項系爭專利其目的均在以其網路商店透過遠端方式將商品資訊傳達予消費者並對公眾進行銷售活動，倘專利侵權行為人所使用之行銷或銷售方法本身即係他人受專利權保護之商業方法者，亦即其廣告方法本身為受專利權保護之標的者，即構成廣告侵權，屬CGL承保範圍[31]。

(2) Everett Associates, Inc., v. Transcontinental Ins. Co.[32]—CGL之廣告侵權條款依合理期待原則解釋含專利侵權

本案法院認為CGL條款中之「侵吞」一語依一般合理之人理解應解釋為「不當取得」（To Take Wrongfully），而其包羅之文義不明，則保險契約解釋應依合理期待原則，認為包含專利權侵害，故系爭保險人有為被保險人防禦之義務[33]。

(3) New Hampshire Ins. Co. v. R.L. Chaides Construction Co.[34]—廣告行為與專利侵權間有因果關係

本案法院認為廣告活動所致生之結果，需自閱聽廣告之總體消費者觀點認定，而本件之廣告行為縱非侵害專利權商品之製造、使用或販賣，然自事實以觀，透過廣告將係爭侵權商品訊息傳遞與大眾，進而銷售侵權商品，因廣告侵權之因果關係認定，應由其造成之結果損害與廣告行為間之因果連結認定，故系爭廣告活動與專利侵權間，應認有因果關係，應屬CGL保單中廣告侵權承保範圍[35]。

[31] 85 P.3d. at 976-77.

[32] 57 F. Supp. 2d 874 (2002).

[33] 57 F. Supp. 2d at 880.

[34] 847 F. Supp. 1452 (N.D. Cal. 1994).

[35] 847 F. Supp. At 1456. For similar opinion, *see* Union Ins. Co. v. Land & Sky, Inc., 529 N.W.2d 773 (1995); Polaris Industries, L. P. v. Continental Ins. Co., 539 N.W.2d 619 (Minn. Ct. App. 1995).

(4) Dish Network Corp. v. Arch Specialty Ins. Co.[36] —廣告方法係有專利者，即構成廣告侵權

本案CGL保險之被保險人Dish Network Corporation因提供客戶使用電話系統訂購單點節目即進行客戶服務而被訴外人RAKTL科技公司起訴主張被保險人使用之電話系統與技術係RAKTL經註冊之專利，其未經權使用購成專利侵權。聯邦第十上訴巡迴法院認為若被保險人用於行銷、銷售之技術係經註冊之專利，則其被控專利侵權時，因CGL保險契約條款對此規定不明確，固應為有利被保險人之認定，屬於廣告侵害之範圍，責任保險人Arch應有未被保險人防禦之義務，但被保險人明知或因重大過失而不知其用於廣告或行銷之技術係他人註冊之專利者，不在此限[37]。美國多數說亦主張：因CGL保單未針對專利侵權責任有明文，除有明文之除外條款及固易行為外，關於其承保範圍，應為有利於被保險人之解釋[38]。

2. 否定見解

(1) Everest & Jennings, Inc. v. American Motorists Insurance Co.[39]—專利侵權非從事商業活動之方法

本案原告Everest & Jennings為輪椅製造公司，因其競爭對手起訴控告其侵害專利權而請求其CGL保險人American Motorists Insurance Company履行防禦義務（Duty to Defend），其主張自己被控之專利權侵害，屬CGL廣告侵權中侵吞他人從事商業活動之方法。第九上訴巡迴法院認為原告侵害訴外人之專利權乃因其未經訴外人授權而製造或販賣他人受專利權保護之發明，該發明之專利權乃用以製造商品之用，而非屬從事商業活動

---

[36] 659 F.3d 1010 (2011).

[37] 659 F.3d 1013, 1017.

[38] Jared Najjar, *Patent Infringement Litigation And The Commercial General Liability Insurance Policy: Are Insurers Obligated To Indemnify And Defend Under "Advertising Injury" Provisions?* 90 Denv. U. L. Rev. Online 1, 5 (2013); Witte, *Supra* note 27, 637-40 (2011).

[39] 23 F.3d 226 (9th Cir. 1994).

之方法,故不屬廣告侵權所承保之範圍[40]。

(2) Julian v. liberty Mutual Ins. Co.[41]—CGL文意排除專利侵權

本案原告主張CGL廣告侵權中之侵害所有權(Title)樣態涵括侵害專利權,蓋title之原意既屬財產之所有權,而專利權屬財產權支一種,自屬承保範圍。然本案法院依文義解釋,認契約文字對著作權有明文而未就專利權明文,即有排除專利權於承保範圍外之意思,正如商標權(Trademark)亦未明文而非屬承保範圍一般[42]。

(3) Auto Sox USA, Inc. v. Zurich N. America[43]—專利「商品」侵權非廣告侵權

本案系爭之專利侵權標的為磁吸式可拆卸廣告招牌的設計及具夜間展示功能之廣告招牌設計。被保險人遭訴外人指控該二項設計侵害專利權,乃請求保險人為其防禦。法院認為是否構成廣告侵害之判斷基準在於:被保險人所不法利用者,係招攬業務之創意本身,亦或利用廣告銷售侵害他人專利權商品,若屬前者,即屬廣告侵害,或屬後者則否[44]。本案與 *Amazon*一案不同者,該案所涉之專利,皆係廣告之商業方法,而非商品專利,然本案所涉者為商品本身之專利,則縱其利用廣告方法以銷售該侵權產品,非屬廣告侵權承保範圍[45]。

(4) Fluoroware Inc., v. Chubb Group of ins. Cos.[46]—廣告活動與專利侵權無因果關係

本案法院認為保險人於CGL保單下就廣告侵權之防禦義務限於廣告活動本身所致之損害,而非僅因廣告活動而偶然推廣侵害專利權商品即對

---

[40] 23 F.3d at 229.

[41] 682 A.2d 611 (Conn. App. Ct. 1996).

[42] 682 A.2d at 613-15. For similar opinion, *see* Gencor Industries, Inc. v. Wausau Underwriters Inc. Co., 857 F. Supp. 1560 (1994).

[43] 88 P.3d. 1008 (Wash. App. 2004).

[44] 88 P.3d. at 1011.

[45] *Id.*

[46] 545 N.W.2d 678 (Minn. Ct. App. 1996).

該商品本身之專利侵權有防禦義務[47]。亦即，關於構成廣告侵權之因果關係認定，限於與廣告活動有「直接」因果關係（Direct Causation）始足當之，亦即倘專利侵權係於侵權商品之製造與銷售過程中發生，而非於試圖銷售該商品廣告行為過程中發生，即不屬廣告侵權承保範圍[48]。

（二）與銷售要約（Offers to Sell）有關之案例

專利法於1994年修正後，增加銷售要約（Offers to Sell）及進口（Import）有專利之發明二種行為為專利侵權樣態[49]。修正後文字為：除法律另有規定外，於專利權有效期間內，未經授權而於美國境內使用、為販賣之要約或販賣有該專利權之商品或將該商品進口致美國境內者，構成專利權侵害[50]。其中，「銷售之要約」是否屬CGL廣告侵權之範圍，亦生爭議。

1. 肯定見解

於 *Holly Anne Corp. v. TFT, Inc.* 一案中，聯邦上訴巡迴法院肯認新修正專利法中之銷售要約可藉由廣告完成，故廣告行為可能構成專利侵權[51]。另，*Maxconn Inc. v. Truck Ins. Exchange* 一案中，第九上訴巡迴法院指出傳統見解認為專利侵權不可能於廣告行為實施過程中出現，然此一見解於專利法修正加入銷售要約之侵權類型後，已不足採，故上訴人於其廣告物中登載係爭侵權商品，有構成CGL保單中廣告侵權之可能，亦即，當告行為本身即有構成專利侵權之可能時，被保險人僅再需證明廣告與損害間之因

---

[47] 545 N.W.2d at 681.

[48] *Id.* For similar opinion, *see* U.S. Fidelity Guaranty Co. v. Star Tech., Inc., 935 F. Supp. 1110 (D. Or. 1996).

[49] Uruguay Round Agreements Act, H. R. 5510, 103rd Cong. §533 (1994).

[50] 37 USC §271 (a)(2010) ["Except as otherwise provided in this title, whoever without authority makes, uses, offers to sell, or sells any patented invention, within the United States or imports into the United States any patented invention during the term of the patent therefor, infringes the patent."]

[51] Holly Anne Corp. v. TFT, Inc., 199 F.3d. 1304, 1309 (Fed. Cir. 1999).

果關係，即可使保險人於CGL下負保險責任[52]。

2. 否定見解

　　於*Mez Industries, Inc. v. Pacific Nat. Ins. Co.*一案中，加州上訴法院謂：縱專利侵權增加銷售要約之類型，然關於銷售要約是否構成CGL保單中之廣告侵權，乃保險契約解釋問題[53]。而廣告侵權承保範圍中之侵吞廣告創意或商業方法（misappropriation of an advertising idea or a style of doing business）或侵害所有權（infringement of title）其語義無不明確處。就侵害所有權而言，其應整體以觀，而該項之約款內容既為「侵害著作權、所有權或標語」（infringement of copyright, title or slogan），總體以觀，以一般知識經驗者之常識（Common Sense）解釋之，應均認為專利侵權不屬承保範圍[54]。至於侵權商品之製造、銷售或銷售要約亦非對廣告創意或商業方法之「侵吞」，故新專利法縱增加銷售要約之侵權類型，並不因此即歸入CGL保單之廣告侵權承保範圍中[55]。

(三) 評析

　　關諸美國判例法，欲構成廣告侵權，多數法院仍認為於因果關係之認定上，需原告之損害直接由於廣告行為造成始可，亦即於因果關係認定尚需依事實上因果關係認定所採之「若非—即不」（But-for test）之標準[56]。果如是，則任何非因被保險人之廣告活動本身所致生之損害，不得認為廣告侵權，易言之，縱於專利法修正後，銷售要約雖屬專利侵權型態之一種，然因構成侵權者非該要約行為，而係販賣之標的商品，於「若非—即不」法則下，仍難認定廣告行為本身與專利權侵害之關聯性，此以CGL承保專利侵權責任之障礙之一。

---

[52] Maxconn Inc. v. Truck Ins. Exchange, 74 Cal.App.4th 1267, 1274 (1999).

[53] Mez Industries, Inc. v. Pacific Nat. Ins. Co., 90 Cal.Rptr.2d 721, 727 (1999).

[54] *Id*, at 734.

[55] *Id*, at 733-34.

[56] Terri D. Keville, *Advertising Injury Coverage: An Overview*, 65 S. Cal. L. Rev. 919, 946 (1992).

再自CGL保單內容之修訂歷程以觀，依Insurance Service Office（ISO）於1986年修訂之CGL模範條款中，將仿冒行為（Piracy）與不正競爭（Unfair Competition）由廣告侵權之承保範圍中排除，而該二行為，在諸如*Union Ins. Co. v. Land & Sky, Inc.*[57]及*Rymal v. Woodcock*[58]等指標性案例中，均為法院認定專利侵權屬廣告侵權承保範圍之依據，是則保險人將專利侵權排除於承保範圍外之意思，至為明顯，亦令CGL中之廣告侵權責任條款承保專利侵權責任可能性及其限縮[59]。

另，鑒於CGL保單之廣告侵害條款是否承保專利侵權用語不明確，法院對「廣告」一詞之解釋，常有差別，亦常因被保險人主張之些微差異，而造成發院對被保險人是否構成廣告侵權責任歧異[60]。如此，則被保險人可能於處理專利訴訟前，即需再支付龐大之訴訟費用對保險公司起訴請求履行防禦與給付義務，縱最終獲得勝訴，其支付之成本，亦未必低於直接自承專利訴訟成本，如是則欲以CGL模式承保專利侵權責任，恐未必經濟[61]。

縱上，論者漸有主張，關於專利侵權責任，應以專門之責任保險承保而非於CGL下承保者[62]。自保險實務而言，許多CGL之保險人於專利侵權之案件中自願提供被保險人防禦服務而不論保單條款之用語為何[63]，惟此究非常態，且欠缺統一之專利侵權案件中防禦義務發動審查基準，而保險人既可自願為被保險人防禦，自係認專利侵權風險本身非不可保，且具提

---

[57] 529 N.W. 2d. 773 (1995).

[58] 869 F.Supp. 637(1995).

[59] Leo P. Martinez & John W. Whelan, CASES AND MATERIALS ON INSURANCE LAW 445 (5th ed. 2006).

[60] Cass W. Christenson, *Insurance Coverage for Patent, Trademark, and Other IP Claims*, 2012 WL 697229 (2012).

[61] Jason A. Reyes, *Patents and Insurance: Who Will Pay For Infringement?* 1 B.U. J. Sci. & Tech. L. 3, 32 (1995).

[62] Hilary Ditch, *Intellectual Property Infringement: The Question of Advertising Injury*, 31 Hastings Comm. & Ent L.J. 479, 490 (2009).

[63] Reyes, *Supra* note 61, at 23.

供專門性專利權保險商品之意願與能力。

二、以專利權風險爲承保事故之模式—以IPISC爲例

　　Intellectual Property Insurance Service Copoporation（IPISC）設立於1990年，乃美國最著名之專營智慧財產權保險之保險公司[64]。其提供之侵害排除保險（Abatement Insurance）有兩種，一爲InventPro Abatement，另一則爲一般之Abatement。前者乃針對發明人或新創事業（Start-up）保障其創新成果，免於掠奪性之競爭行爲及於相互授權契約中非自願支付高額授權金（Royalty Payments）甚或接受不合理之和解條件[65]。其被保險人資格爲擁有一至三項專利之所有權人，但擁有超過三項以上專利權者，則得透過個別磋商方是予承保。至於保險金額，則是單一事故法律費用以10萬美元爲上限，保險期間內理賠總金額則得選擇25萬或50萬美元兩種，保險期間亦得選擇一至三年不等之保險期間[66]。至於保險費，則需視投保之智慧財產權數量，過去訴訟歷史，承保範圍是否有限制及其他核保時考量之因素個別磋商之[67]。

　　至於一般之Abatement，則以對侵權行爲人追訴或行使智慧財產權及對他人之訴訟提起專利權無效反訴所生之訴訟費用爲保險標的[68]。其保險金額則由25萬美元至1000萬美元不等，保險期間亦由一至三年不等，投保前既存之侵害，則排除於承保範圍[69]。另，此一保險另含經濟利益回補（Economic Benefit Repayment）批註，亦即獲勝訴時所獲之賠償，於10萬

---

[64] IPISC, About IPISC, http://www.patentinsurance.com/About-IPISC.html (last visited 2013.10.27).

[65] IPISC, InventPro Abatement, http://www.patentinsurance.com/InventPro-Abatement-Overview.html (last visited 2013.10.27).

[66] *Id.*

[67] *Id.*

[68] IPISC, Abatement, http://www.patentinsurance.com/Abatement.html (last visited 2013.10.27).

[69] *Id.*

美元限度內可選擇回補，其原已消耗之保險金額度，即可回復[70]。

　　IPISC另有防禦（Defense）保險，保險標的為企業因製造、販賣、行銷或進口商品而生侵害他人智慧財產權情事者，其因防禦侵權行為訴訟所生之費用[71]。其保險金額為25萬美元至1000萬美元，然被保險人需自負10%之共保責任，然其共保責任之金額不逾該次請求標的之2%[72]。至若保險期間則與其他險種同，可選擇一至三年不等之期間[73]。需注意者，投保前既存之潛在侵權訴訟威脅，屬不保事項[74]。

　　而除IPISC外，其他財產保險公司，提供專利權或智慧財產權保險者容或有之。如美國國際集團（American International Group, AIG）即針對大企業提供專門之專利權侵害責任保險，提供每年至少500萬美元針對侵權行為訴訟防禦費用及因侵權行為責任而生損害賠償所生費用之保障[75]。

肆、歐盟專利保險制度

一、英國專利保險制度

（一）承保模式

　　英國專利保險採個別磋商方式締約。先由專利所有權人將投保之需求告知保險經紀人，再由保險經紀人提供專利所有權人之保險需求提供建議，經專利所有權人同意後即代理向保險人洽訂契約[76]。而保險人於收到

---

[70] *Id.*

[71] IPISC, http://www.patentinsurance.com/Defense.html (last visited 2013.11.02).

[72] *Id.*

[73] *Id.*

[74] *Id.*

[75] Lisa A. Small, *Offensive and Defensive Insurance Coverage for Patent Infringement Litigation: Who Will Pay?* 16 Cardozo Arts & Ent. L.J. 707, 745 (1998).

[76] SIMIAN Underwriting Agency, FAQ IP Enforcement Insurance, http://www.samian-

申請後,初判倘認有承保可能性,將請求潛在要保人依其要求提供核保所需之詳細資訊,此際保險人將自己或與外部保險核保機構合作評估是否予承保,倘決定承保保險人將估計保費告知要保人,雙方展開締約磋商,承保範圍及條件雙方同意後簽訂契約[77]。至於核保流程,以防禦費用保險為例,主要乃核保機構對訴訟可能性認識與評估之過程,該過程主要乃進行質化與量化分析。就量化分析以言,主要檢驗與分析投保產品之專利權種類,再就該種類專利過去之訴訟數量、型態及損失幅度進行統計,並對同類產品進行行業分析,含競爭者過去提起專利訴訟之數量與記錄進行分析[78]。經評估後,核保機構將提出其分析結果與承保條件建議(含承保範圍之限制與批註除外事項),該結果非似法律意見,其十分簡短,倘要保人有不明處,得要求與核保機構進行會議,由該機構對保險商品細節予說明[79]。

(二) 承保範圍—以AON及La Playa為例

AON提供智慧財產權防禦保險(Intellectual Property Defense Insurance)與智慧財產權追訴或侵害排除保險〔Intellectual Property Pursuit(Abatement)Insurance〕兩種商品。就前者言,其承保者為各類智慧財產權侵權責任及因防禦侵權訴訟所生之費用,至於後者,則係為專利權所有人負擔防禦其智慧財產權費用之目的,蓋倘專利權所有人無力支付行使權利之訴訟費用,投資人對該公司恐失信心也,故AON於5百萬英鎊之保險金額範圍內,承保因行使智慧財產權而對侵權行為人進行追訴或除去侵害之費用[80]。

---

underwriting.com/faqs.html (last visited 2013.11.02).

[77] Cauthorn, *supra* note 20, at 177-79.

[78] Phoenix Insurance Group, Intellectually Property Insurance – Underwriting Process (2010) *available at* http://www.phoenixinsgrp.com/sites/default/files/How%20is%20IP%20Coverage%20Underwritten.pdf.

[79] *Id.*

[80] AON, Protect Your Critical assets with AON's Intellectual Property Risk Solutions 2 (2013)

La Playa則以提供中小企業智慧財產權訴訟費用保險為主，不分攻擊或防禦，其商品採彈性設計，主要特點為：(1)承保地域範圍可選擇一國國內或全球性；(2)其保險金額由10萬英鎊自50萬英鎊彈性調整；(3)被保險人可自由選擇訴訟代理人；(4)保費低廉，由1000英鎊起算，但最終保費由核保機構決之[81]。

二、CJA歐盟專利保險規劃建議書

2003年，鑒於專利風險日益增加然歐盟之專利保險制度向因保費過高、保障過低、對專利權風險認識不足、對專利保險商品存在之不知及對保險人欠缺信賴等因素而不若美國或加拿大發達，歐盟執委會乃委託CJA顧問公司，對建構歐盟全區（EU-Wide）之專利保險制度及其可採模式進行研究，其建議分述如後。

(三) CJA報告書對歐盟專利保險模式建議

1. 強制保險（Compulsory Insurance）

CJA報告指出，倘不採強制保險制度，專利保險保費昂貴，投保率低，保險人承保意願亦低，則專利保險制度與市場恐告失敗[82]。另，其保險對象亦應擴大，除專利所有權人外，所有潛在之被告，含非專利所有權人之「善意（非故意）侵權行為人」（Honest Infringer），均應為被保險人[83]。

2. 先期調查及和解費用應屬承保範圍且不應進行事前風險評估（Prior Risk Assessment）

承保前風險評估之高成本，乃抑制投保意願之主因之一，故適切之

---

available at http://www.aon.com/unitedkingdom/products-and-services/risk-services/ipr-risk.jsp.

[81] La Playa, Intellectual Property Insurance, http://www.laplaya.co.uk/who-we-help/science-technology/insurance/intellectual-property.htm (last visited 2013.10.25).

[82] CJA Report, *supra* note 6, at 49.

[83] *Id*, at 50.

專利保險機制，應先對專利所有權人或遭控侵權之被告，無論其專利權種類或公司規模提供小額之先期調查費用保障，如於35,000歐元額度內承保[84]。

　　另，此一費用之承保應附條件，即需以可促進運用和解方式解決爭端為前提，並應防止不當使用或利用此一保險制度而造成不經濟之結果[85]。

3. 無論公司規模，對原告或被告之保險金額應固定

　　CJA建議，不分被保險人公司之規模，亦不論被保險人為原告或被告，凡於歐盟會員國註冊之專利涉訟者，其訴訟費用保險金額一律為150萬歐元，而若生有侵權損害賠償或因禁制令（Injunction）而生之遵循成本，亦於150萬歐元額度內予承保[86]。

4. 專利權所有人（Patentee）自負額為5,000歐元

　　考量被保險人可能為中小企業，5,000歐元之自負額度，適足兼顧中小企業之負擔能力與發揮濫訴防止之機能，然CJA報告中亦對此一金額是否足對大企業發生濫訴抑制之效果稍表憂心[87]。

5. 公部門資金之參與應為選項

　　CJA報告認為，適度之公部門資金補貼，有助專利保險制度之穩定存續。如由公部門與商業保險公司以類似專屬保險（Captive Insurance）型態建立再保險機構，對損失超介於一定額度間者，提供一定百分比之再保險[88]。惟CJA亦指出，基於公平原則，政府之資金補貼適用範圍應及於所有原告與被告，亦即縱非專利所有權人，然屬於「善意（非故意）侵權行為人」者，亦應一體適用[89]。

6. 專利權保險制度應具促進和解功能，並對勝訴可能性至少50%者承保

　　如前述，保險人承保前進行之複雜且高成本之風險評估，乃專利保險

---

[84] Id.

[85] Id.

[86] Id.

[87] Id, at 50.

[88] Id, at 51.

[89] Id, at 50.

制度失敗之主因，故CJA建議於正式訴訟行為開始前，風險評估應延後，保險人應積極促進和解[90]。而倘爭端需以訴訟解決，無論被保險人為原告方（專利權人）或被告方（潛在侵權人），保險人對能證明經專業諮詢評估後，其勝訴機率有50%以上，方提起訴訟者，始予理賠[91]。

7. 專利保險制度可選擇僅對新註冊之專利獲對所有既存專利皆承保，惟承保前訴訟已開始者不在承保範圍

對所有專利皆予承保之優勢為：自初始共同團體規模即較大，保費收入亦較多，然保險人承擔之不確定性自亦較高，風險測定難度提升[92]。反之，若僅承保新申請之專利，共同團體相對較小，風險同一性較高，損失經驗累積亦較為容易[93]。

8. 保費應依專利權之規模與內容調整

依CJA之統計，年保費300至600歐元即足承保大多數之專利訴訟費用及先期調查費用，惟因專利風險之鉅微與專利權之規模與內容高度相關，如大型之專利組合（Large Patent Portfolio），因多伴隨相互授權契約，其被訴之可能性反而較低，故保費仍可依被保險專利權實際之風險為彈性調整[94]。

三、評析

歐洲專利權保險因屬別磋商契約，且核保過程複雜，致一般專利權人其投保意願不高。統計顯示，歐洲專利所有權人中，僅約8.7%有意願投保專利權保險[95]，此亦CJA報告提出需以強制保險模式擴大共同團體範圍並增加保費收入之原因。估不論採強制或任意保險，CJA建議方案中之訴

---

[90] *Id.*

[91] *Id.*

[92] *Id.*

[93] *Id.*

[94] *Id*, at 51.

[95] Marsh, The 2011 Intellectual Property Survey Report 34 (2012) *available at* http://uk.marsh.com/Portals/18/pdfs/landingpages/IPSReport-May2011_0511.pdf.

訟費用保險金額為150萬歐元對專利訴訟（保險事故）發生歐盟國家之場合，應為已足。依統計，每一案件平均專利訴訟成本最高之英國約為30萬英鎊（約45萬歐元）[96]，次高之法國依2004年統計則平均每一案件訴訟成本約僅15萬歐元[97]。另，歐盟為避免管轄衝突及避免重覆訴訟所生之資源浪費，正研擬設立統一之歐盟專利法庭[98]。而統一之專利法庭之設置，將使歐盟內之專利訴訟成本規於一致，其可預測性亦將提高，由是，CJA之歐盟專利保險建置計劃恰可因統一專利法庭之設置而更具可行性。至若專利權保險採強制保險之妥適性即因強制保險衍生之道德危險與逆選擇等問題，將於後述之。

伍、專利保險制度之保險法理上問題

一、道德危險

　　道德危險者，被保險人因投保戶改變其損失防阻之誘因，且增加損失發生之可能性之謂[99]。實證研究顯示，於責任保險之場合，縱令於保單條款中對不保事項及保險人之責任成立要件加諸條件與限制，對道德危險之減緩仍屬有限，蓋對道德風險控管最佳之保單所加諸責任成立之限制，並不符整體社會利益，反因過多限制使保險作為社會安全機制之功能難以發揮，甚至終極肇致保險市場萎縮，此於責任保險採強制投保時更係如

[96] World Intellectual Property Office, Ip Litigation Costs 6 (2010) *available at* http://www.wipo.int/export/sites/www/wipo_magazine/en/pdf/2010/wipo_pub_121_2010_01.pdf.

[97] CJA Consultants Ltd, Patent Litigation Insurance – Appendices to the Final Report 52 (2006) *available at* http://ec.europa.eu/internal_market/indprop/docs/patent/studies/pli_appendices_en.pdf.

[98] For details, *see* Dietmar Harhoff, Economic Cost-Benefit Analysis of a Unified and Integrated European Patent Litigation System (2008) 19 -23 *available at* http://ec.europa.eu/internal_market/indprop/docs/patent/studies/litigation_system_en.pdf.

[99] Christopher Parsons, *Moral Hazard in Liability Insurance*, 28 Geneva Papers on Risk & Ins. 448, 451 (2003).

此[100]。另，採任意責任險之場合，保險人猶可以增加保費或採保費差別性待遇（Discrimination）之方式以降低道德風險[101]，然於強制保險之場合因需兼顧保費之可負擔性，以差異性保費防免道德危險之功能，難以發揮也。又，道德風險之降低可藉令被保險人負擔部分共保責任或設定自負額方式達成[102]，但此與強制保險係提供「基本保障」[103]之本質不符，則強制責任保險之道德危險防免，確屬難題。

至於訴訟費用保險（權利行使保險），道德危險之問題益甚。權利行使保險縱有抑制潛在侵權行為人為專利侵權並保障研發與創新之機能，然此一保險復可能改變被保險中小企業之行為，而於投保專利權行使保險後，因恃得以保險給付訴訟費，乃以之作為限制競爭之手段，例如起訴請求暫時禁制令（Temporary Injunction），使競爭對手於禁制令有效期間內皆不得生產有侵權嫌疑之產品即屬其例[104]。長此以往，因專利侵權追溯之成本有保險分攤，將增加專利侵權訴訟之數量，反而抑制創新之誘因，與專利保險預期之功能，背道而馳[105]。

二、風險估計、保費訂定與逆選擇

於保險購買者對風險均有充分認知之前提下，購買保險需求較高者，通常為所承擔風險較高者，反之，則係承擔風險較低者，如此，購買保險意願較高者多係高風險者，則承擔同種風險之共同團體成員若多

---

[100] Seth J. Chandler, *The Interaction of The Tort System and Liability Insurance Regulation: Understanding Moral Hazard*, 2 Conn. Ins. L.J. 91, 113,156 (1996).

[101] Joan T.A. Gabel et. al., The Peculiar Moral Hazard Of Employment Practices Liability Insurance: Realignment of The Incentive to Transfer Risk With the Incentive to Prevent Discrimination, 20 Notre Dame J.L. Ethics & Pub. Pol'y 639, 652 (2006).

[102] IP Wales, *supra* note 15, at 20.

[103] Steven Shavell, Minimum Asset Requirements and Compulsory Liability Insurance as Solutions to the Judgment-Proof Problem 1 (2004) *available at* http://ssrn.com/abstract=580721.

[104] *Id.*

[105] *Id,* at 21.

屬高風險者，於不使共同團體破產之前提下，倘對共同團體成員皆收取固定保費（Flat Rate Premium）而低風險者必不願支付超逾承擔其風險之保費以補貼高風險之共同團體成員而選擇不投保，此即保險市場存在之逆選擇之問題[106]。欲消弭逆選擇之方法，乃係進行風險分級（Risk Classification），對共同團體個別成員之風險為測定，復基於對價平衡原則，對高風險之被保險人，保險人自對之設定較高之保費，反之，低風險者應繳保費較低[107]。而於專利保險市場，以研發為導向之中小企業輒成為專利訴訟目標，屬高風險群，屬應被收取高保費之被保險人，然其卻係支付保費經濟能力較弱者，於高保費之場合，其投保之意願與可能性，勢大大降低[108]。尤甚者，專利侵權責任風險及訴訟費用因專利侵權樣態繁多，且不同性質商品構成侵權之風險差距亦大（如生物科技產品之專利侵權風險遠高於傳統產業）[109]，此增加專利權風險之不確定性，令保費愈加難以估計。而保險人面對不確定性高且難以估計之風險，縱認其可保，於保費釐定上，亦趨保守，亦即寧以最高能之風險既為基礎算保費，其保費益加高昂，負擔可能性復再降低。

三、強制保險

專利保險採強制保險制度，固如CJA報告所示，可擴大共同團體規模，增加保費收入，並可將保費訂定於被保險人可負擔程度[110]，然強制保險附隨之道德危險已如前述，且強制保險不分專利權價值與各專利權風險之高低，保費歸於一律，誠存在嚴重之逆選擇。又，採強制保險無論保

[106] Harrington, Scott E. & Niehaus, Gregory R., RISK MANAGEMENT AND INSURANCE 117 (1999).

[107] David M. Cutler and Richard J. Zeckhauser, Adverse Selection in Health Insurance 22 (1998) *available at* http://www.nber.org/chapters/c9822.pdf.

[108] IP Wales, *supra* note 15, at 22.

[109] Alexander I. Poltorak and Paul J. Lerner, Introducing litigation Risk Analysis-Patent Infringement Litigation Involves a Large Number of Uncertainties 3-4 (2001) *available at* http://www.generalpatent.com/files/litigation_risk_analysis.pdf.

[110] CJA Report, *supra* note 6, at 49.

費高低，對新創事業而言，均增加專利申請成本[111]，亦有使新創事業未蒙其利先受其害之可能，蓋該成本將侵蝕新創事業之獲利，且對低風險之專利而言，無異購買無用之保險保障[112]。故專利保險採強制保險之必要性與可行性，似猶待商榷。

陸、臺灣引進專利保險制度之挑戰與建議—代結論

　　縱上就美、歐專利保險制度之考察及相關保險法理之分析，本文就臺灣地區專利保險制度之建構，初步建議如下：

一、關於承保模式與範圍

　　就承保模式以言，現行各保險公司之「商業責任綜合保險」，對被保險人因保險契約所載明之承保事故，致使第三人受有「個人權益侵害」或「廣告侵權」，依法應由被保險人負賠償責任時，由保險人對被保險人負賠償之責[113]。然此之「廣告侵權」或「個人權益侵害」是否包含專利侵害，實務上未見案例，然對照美國關於CGL中廣告侵權是否包括專利侵權之爭議以觀，果有因專利侵權涉訟之被保險人請求則認保險人防禦或理賠者，與美國相同之爭議恐屬可預見，則被保險人尚需支付額外之訴訟成本以取得對保險公司之勝訴判決使得令保險人對侵權責任予理賠，且需承擔請求給付保險金之訴敗訴之風險，實非有效率之承保模式，故建議仿美國IPISC或英國模式，以獨立險種承保專利權風險較屬可採。

　　至於承保範圍，因臺灣由2010年至2012年，國內專利權申請件數平

---

[111] Fuentes, *supra* note 13, at 296.

[112] Buzzacchi & Scellato, *supra* note 22, at 283.

[113] 如美亞產物保險之「一般商業綜合責任保險」，102.03.04(102)美亞保精字第0030號函備查，http://www.aig.com/commercial-claims-made-form_2094_392730.html，最後瀏覽日：2017年11月4日。

均約為52,000件[114]，然每年專利侵權民事訴訟平均僅約10.3件[115]，其專利侵權訴訟風險相對較低，專利權所有人因對風險幾近無感，投保意願自應不高，然專利權所有人或使用人於國外涉訟，無論係以原告或被告身分應訴，其成本均遠高於國內專利訴訟成本，除如前述英國約45萬歐元外，美國平均約需300萬美元，澳洲則需約200萬澳幣（約166萬美元），其所費皆不貲，此方屬臺灣專利權所有人真正需專利保險之所在，故採全球承保模式，適足提高投保意願。

二、關於是否採強制保險

凡責任保險採強制保險者，除作為被保險人風險移轉工具外，多附隨保護受害第三人之公共政策目的[116]。於專利侵權責任保險屬商業保險，被侵權者乃專利權所有人，其是否如專業責任保險之被害人屬專業知識與締約實力遠劣後於被保險人之一方，或強制汽車責任保險中之受害人係生命與身體權遭受侵害，均屬否定，故本文以為臺灣專利責任保險不宜採強制保險。至若專利權行使保險，如前述，臺灣由2010年至2012年，境內專利權申請件數平均約為52,000件，然每年專利侵權民事訴訟平均僅約10.3件，其需求不高，加以在國外提起專利侵權訴訟，費用變動幅度甚高，是否適合採強制保險，容有疑義。

而倘採任意商業保險，因貫徹風險分級所生新創事業所生保費超過負擔問題，本文以為可採政府補貼模式[117]，亦即針對實際有實施且以商品化之專利權投保專利責任保險及專利權行使保險者，採保費補貼方式為之。

---

114 詳見，臺灣經濟部智慧財產局101年報，頁56，http://www.tipo.gov.tw/public/Attachment/351614292197.pdf。

115 臺灣經濟部智慧財產局網站，專利民事判決，http://www.tipo.gov.tw/lp.asp?CtNode=7198&CtUnit=3258&BaseDSD=7&mp=1&nowPage=1&pagesize=100，最後瀏覽日：2017年11月5日。

116 Anita R. Casey, *Mandatory Insurance: The Pros and The Cons*, 2011-MAR W. Va. Law. 8 (2011).

117 Cutler and Zeckhauser, *supra* note 107, at 24.

PART 4

經濟法之現代課題

29
國際海運業的聯合行為與競爭法豁免問題

陳榮傳[1]

壹、前言

　　海洋的面積約占地球表面積的71%，海洋上的船舶也成為貨物國際運送主要工具。海上運送的風險與成本不低，需要堅固安全的船舶、方便高效率的碼頭設施，以及國際化、高效率的港口行政作業。隨著國際貿易量的需求擴大，海運業者降低人事成本、擴大服務產能的需求，國際海運業者乃朝向服務標準化、船舶大型化、航運定期化的方向發展。由於海運業者的投資金額，不斷攀升，超過大部分的海運業者資本能力，海運服務的產能需求隨著產業景氣循環，並不確定，海運業者為平均分散其風險，遂普遍進行事業結合，以及各種垂直與平行的整合或聯合行為，其行為常與現代反托拉斯法或競爭法的基本規範牴觸。

　　不過，國際貿易所需要的海運服務，並不是單一或少數國家的海運業者所能充分提供，特定航線的穩定營運，常需要多數海運業者的通力合作，以提供穩定而高品質的服務。為促進全球國際貿易的發展，滿足國際貨物流通的市場需求，各國長期以來都對於海運業者的聯合行為，給予反托拉斯法或競爭法的豁免待遇。不過，隨著各國競爭法制的發展及對海運產業競爭政策的調整，此種傳統立場已面臨挑戰與質疑，是否繼續給予豁免待遇及給予何種豁免待遇，已成為海運國家及國際組織共同關切的競爭法議題。欣逢恩師賴教授源河先生八秩華誕之喜，特撰本文，恭祝恩師福

---

[1] 筆者於2017年參與公平會「國際定期海運市場及競爭規範研究」之委託研究（蔡蕙安教授主持，姚銘忠教授及筆者協同主持），該研究計畫期末報告之部分內容將以三人合著之論文形式，發表於公平交易季刊，26卷4期，本文係就筆者個人撰寫之部分，更新增列參考文獻並提出淺見而成。

如東海，壽比南山！

貳、海運產業的發展與豁免地位的檢討

一、海運產業的競爭實況與豁免問題

　　國際定期海運的服務，主要是運送人對託運人提供定期航班的服務，此項服務需要船舶（目前主要為貨櫃輪）在各國港口之間，定期裝卸、運送貨物並維持營運。國際定期海運是國際貿易的重要元素，也是全球化的重要基石，因為以海上貨櫃運送為方法的物流貿易系統，目前在國際貿易上仍無其他有效的替代方法。國際海運的運送成本涉及貨物的進口及出口成本，與貨物貿易的競爭力非常密切，港口貨櫃運送量或海運產能不只與貨物貿易量直接相關，也是相關國家GDP數據的重要指標。[2]為穩定貨物價格，必須先穩定海上貨物運送的實施及其成本，但由於海上貨物運送屬於資本密集的產業，投資營運的門檻甚高，為維持國際定期航線的正常營運，費用、價格結構及成本之穩定合理，促進國際貿易的發展，往往需要各國海運業者的彼此合作。

　　海上定期航運產業與一般產業最大的不同，是其需要龐大資本、回收資金的時間較長、航程跨越國界而需要各國業者合作，國際海上定期航運業，乃集中於少數業者，且呈現寡占（oligopoly）的情況。根據2018年8月5日Alphaliner網站上的統計，目前全球前六大航運業者所控制的全球海

---

[2] 關於海上運送的各項統計數字、比例及其與國際貿易之間的關係，請參閱聯合國貿易暨發展會議（UNCTAD）每年發布的海運報告（Review of Maritime Transport）。2017年海運報告指出，2016年全球海運貿易總量高達103億噸。UNCTAD, Review of Maritime Transport 2017, p. 2, available at http://unctad.org/en/PublicationsLibrary/rmt2017_en.pdf (last visited 2018.08.04). 2016年海運報告指出，海上運送是全球化的支柱，其不僅連結消費者、中間商與生產者，更是區域經濟與貿易整合的推手。UNCTAD, Review of Maritime Transport 2016, p. 5, available at http://unctad.org/en/PublicationsLibrary/rmt2016_en.pdf (last visited 2018.08.04).

運運載產能（TEU）[3]，已超過全球市場的七成，其個別市場占有率分別為APM-Maersk 18.0%、Mediterranean Shipping Company（MSC）14.5%、Cosco Group 12.3%、CMA CGM Group 11.8%、Hapag-Lloyd 7.1%及ONE（Ocean Network Express）7.0%，我國籍的Evergreen Line、Yang Ming Marine Transport Corp及Wan Hai Lines分別居第7、8及12，市場占有率分別為5.1%、2.8%及1.1%。[4]

　　海運產業在發展的初期，各國業者基本上是以國內市場的規模，兼營國際海上運送。為免業者彼此之間進行割喉戰的競爭，使獲利與投資不成比例，業者乃組成海運同盟，進行合作協定，使業者就特定之航線決定價格、管理運送產能、分配航運路線、共用利益及收入，以確保獲利之穩定及產業之穩健發展。國際海運同盟的成立，最早可追溯到1875年海運業者在印度加爾各答會議所組成的海運同盟，各國競爭法或反托拉斯法制定之後，成立時間更早的此等合作安排，在各國均享有豁免之利益，使其不適用競爭法或反托拉斯法的規定。早期海運業者之間的合作安排，不少是以組成海運同盟（liners conference，或譯為公會）的方式運作，有些運作時間超過一個世紀，例如1879年航運業者組成「遠東運費海運同盟」（Far Eastern Freight Conference），一直運作到2008年，即運作130年之後，才正式解散。

　　海上運送在1950年代開始進行貨櫃化革命（containerization revolution），即貨物主要是以貨櫃裝運的方式運送，其對海運業者的合作模式，也發生若干影響。因為海上運送的貨櫃化，使各海運業者需要建造更大的船舶，並以各種合作之形式，包含航運組合及策略聯盟等，取代原來海運同盟的方式。此外，為追求航運產業的規模經濟，船舶加大，業者的合作方式更多元，由貨櫃空間包租的寬鬆協定，到整合程度較高的航運組合（consortia，或譯為聯營體）與策略聯盟（alliances），都成為業者水平合作（horizontal cooperation）的方式，業者的水平整合（horizontal

---

[3] TEU, Twenty Equivalent Unit，即20呎貨櫃的標準規格。

[4] 各業者之運送產能及所占比例之統計，請參閱"Alphaliner TOP 100", available at https://alphaliner.axsmarine.com/PublicTop100/ (last visited 2018.08.05).

consolidation）與合併（mergers），也都加深了海運產業的集中化，並且引發幾波垂直整合（vertical integration）的浪潮。

　　1990年代開始，海運業者為因應全球化的趨勢，開始推行策略聯盟（strategic alliances），使業者得以享有規模經濟與範圍經濟的利益，並能提高其服務的地域範圍涵蓋面的利益。目前海運界有四大策略聯盟，即G6、 CKYHE、 2M及Ocean Three，各聯盟旗下的船舶，遍及世界各主要航線，其載運產能的市場占有率，合計已相當高，幾乎所有主要航運業者都加入全球性聯盟，完全獨立的海運業者在國際海運產業中，似僅有相當有限的發展空間。

　　海運同盟的協議與卡特爾或聯合行為的協議類似，以維持價格與服務穩定為訴求，其與競爭法或反托拉斯法上的基本原則互相牴觸，是否應予以豁免的爭議，由來已久。但本問題的討論，涉及國際海上運送的「相關市場」（relevant market）應如何界定的問題，究應以全球為單一市場？以單一航線為一市場？以港口所屬國為一市場？或以一港口為一市場？從各國國內法的角度來看，寬鬆的競爭政策有利於該國海運業者擴展國外市場，也難怪海運強權國家紛紛將國際海運的市場界定為全球市場，並賦予某種豁免競爭法或反托拉斯法上的法律地位，使海運業者得以避免因競爭及價格戰而陷入危機，並穩定發展。不過，隨著海運產業的發展成熟，對於海運產業的競爭狀態表示關切，是否應繼續給予豁免地位的問題，也不斷被提出檢討。

　　在海運同盟享有競爭法或反托拉斯法豁免的時期，全球大約有150個海運業者的海運同盟，其成員由2家到40家不等，但目前已大部分被海運業者的策略聯盟所取代。海運業者的水平合作（horizontal cooperation）及聯盟（consolidation），已經改變海上運送產業的面貌，海運業者合組聯盟之後，港口設施的潛在瓶頸與範疇經濟（economies of scope）的機會，也促成港區活動業者的垂直整合[5]，並可能造成參進業者的潛在障礙，而

---

[5] 2015年6月OECD會員國代表集會，討論海運產業的競爭法問題，其秘書處的背景報告相當完整，是由OECD的諮詢顧問Ana Rodrigues、義大利Genova大學教授Claudio Ferrari 、義大利Naples "Parthenope"大學教授Francesco Parola及義大利Genova大學

形成值得注意的新問題。

　　上述海運同盟，在競爭法或反托拉斯法上，與一般之聯合行為或卡特爾並無不同，各國海運運業者藉由豁免，而共同決策、分享利益，其合理性的檢討的焦點，主要在於：國際海運的風險及成本是否足以支持國際海運同盟的豁免地位？國際海運定期航運系統的市場結構，經過過去幾十年來的發展，是否已經改變而需要試用自由競爭的法律規定？此外，其他在海運界為追求規模經濟擴大營運的地理範圍，而組成的各種合作安排及策略聯盟，究竟應如何予以規制？也是問題。

二、經合組織的2002年檢討報告

　　對於海運產業的競爭法或反托拉斯法問題，由於涉及海運國家的個別利益，所涉及的消費者並非僅限於該國境內，因此期待各航運國自行探究此等問題並提出檢討及建議，以限制該國之經濟利益，實不切實際。因此，經濟合作暨發展組織（Organization for Economic Co-operation and Development，簡稱經合組織或OECD）在2002年對於海運產業的競爭法政策，提出檢討及建議，並在2015年召集各國代表探討海運產業的競爭法問題，均格外值得重視。

　　OECD在2002年發布其對海運產業競爭政策的確定報告[6]，對於具有反競爭性質的海運同盟協議，檢討長期以來給予其反托拉斯法或競爭法的豁免利益，對國際海運市場造成深遠影響。該報告的重點，是評估對於海運產業給予豁免競爭法或反托拉斯法的地位，是否仍具合理性的問題。[7]

　　教授Alessio Tei共同撰寫，主題為「海運產業的競爭法問題」（Competition Issues in Liner Shipping），請參閱Ana Rodrigues, et al., Competition Issues in Liner Shipping, p. 11, available at http://www.oecd.org/officialdocuments/publicdisplaydocumentpdf/?cote=DAF/COMP/WP2(2015)3&docLanguage=En (last visited 2018.08.08).

[6] OECD, "Competition Policy in Liner Shipping: Final Report", DSTI/DOT (2002) 2, available at http://www.oecd.org/officialdocuments/publicdisplaydocumentpdf/?cote=dsti/dot(2002)2&doclanguage=en (last visited 2018.08.08).

[7] 對於海運業者給予競爭法或反托拉斯法豁免，其是否合理，前此有肯定及否定二種見解。請參閱OECD, *ibid*, pp. 29-50。

報告的結論認為，在1875年海運同盟形成之後，整個世界迄今已有許多變化，現在的產業環境及技術，也非當時可以比擬，在當時仍屬合理的行為，在目前可能已不符合法律的規範精神[8]。

在究竟應依循舊慣，繼續給予海運產業豁免競爭法或反托拉斯法適用的利益，或應藉由其適用以增加市場競爭並保護消費者利益之間，OECD的2002年報告的結論，是建議取消豁免，回歸市場競爭的基本原則[9]。該報告幾乎反駁了支持繼續給予豁免的所有見解，例如從經濟理論予以分析檢討，海運產業的業者間的協議，對於託運人與最終的消費者而言，並無充分的理由可認為其獲有利益；關於海運同盟與運費費率之間的關係，資料上尚無法充分說明海運同盟獲得反托拉斯法的豁免，與運費價格波動有必然的連動關係，但海運產業運費價格下降，可能與海運產業競爭之增加以及海運同盟的影響力下降有關，且並不足以排除海運同盟引導運費價格提高之可能性[10]。

對於主張海運同盟有其存在之必要，認為其就運費費率及運送產能的供應，對海運業者的穩定供給，有積極正面意義的見解，OECD的2002年報告予以反駁，並指出：減少海運同盟的重要性及其決定價格的權力，另一方面增加獨立運送人的數量，增加貨櫃櫃位包租契約，都成功使海運同盟的影響力減弱，並無證據顯示其在實務上乃是必要，甚至若干歐洲運送業者的報告指出，如有更多的競爭並降低海運同盟的占有率，則費率更趨於穩定，故海運同盟不再具有其最初被創設的功能，也不應該受到特別的保護。[11]

對於主張由於海運產業之特殊或獨特性，而應例外許可其海運同盟的見解，OECD的2002年報告認為，海運業與其他產業均具有其獨特性（liner shipping is as unique as any other industry），故僅因海運業有其獨

---

[8] OECD, *supra* note 6, p. 74.

[9] 結論在OECD, *supra* note 6, pp. 74-77，建議的三原則在OECD, supra note 6, pp. 77-80。

[10] OECD, *supra* note 6, p. 75.

[11] OECD, *supra* note 6, p. 74.

特性，即認為競爭法獨厚海運業者，使其得以豁免，卻適用於公路鐵路及
空運業者，並不合理。報告也認為增加企業者之競爭，不但不會造成業者
所預期的產業不穩定，更將促成產業的創新以及服務品質的提升。[12]

　　對於主張由於海運同盟已經勢微，無須再特別取消其豁免利益的見
解，OECD的2002年報告認為，海運產業透過業者與託運人個別保密契約
的訂定，而促成增進競爭的改變後，原有問題依然存在；促進私密服務
契約的規範改變，由於一對一的個別交易仍欠缺競爭的誘因，並未造成
對整體產業交易型態的改變，即運送業者並未喪失其決定價格的反應能力
（carriers have not lost the price-fixing reflex）[13]，尤其關稅與同盟及議價協
議的附屬規費，也都成為運費費率的協商門檻（benchmark）；預期在取
消競爭法的豁免之後，海運產業將形成競爭增加的趨勢，並使服務呈現低
價高效的情況，此種改變固可能促使業者合組聯盟或航運組合，但這對海
運產業未必會有不利的結果。[14]

　　OECD的2002年報告基於上述理由，認為對於海運產業的競爭法或反
托拉斯法豁免，目前已無特別寬容其存在的必要，對於該產業內的價格決
定、費率討論、運送產能的協議，都必須仔細予以評估，以檢討其對市場
所造成扭曲的程度。海運業者關於預估運送產能的協定，如已超過運營合
作應有的範圍，造成高度市場佔有率，並可能透過減低其總體運送產能，
而產生反競爭的效果時，OECD建議應禁止對於價格決定以及運送費率的
討論，有關運送產能的協議，也應該仔細斟酌其對市場可能產生的扭曲影
響。[15]

　　對於上述結論，OECD的2002年報告也指出，其在管制者、運送業者
及託運人之間，仍有很大的歧見，意見並且呈現兩極化情形，未能從任何
研究中，就繼續給予航運業者關於決定價格、討論運費的競爭法或反托拉

---

[12] OECD, *supra* note 6, p. 75.

[13] OECD, *supra* note 6, p. 76.

[14] OECD, *supra* note 6, p. 76.

[15] OECD, *supra* note 6, p. 78.

斯法豁免，得出絕對支持或反對的結論。[16]為免窒礙難行，OECD建議如果維持繼續給予豁免利益的作法，相關政府至少應關注業者之間的協議監督，促使所有行業增加個別私密服務契約的訂定；針對沒有爭議的部分，OECD對於海運政策提出三個綱領方向的原則：一、協商之自由（freedom to negotiate），即在個別及私密基礎上，對於費率、規費以及運送其他條款的協商自由；二、契約保護之自由（freedom to protect contracts），即運送業者及航運業者，對於經協商服務契約的主要條款，包含有關費率的資訊，均有以契約予以保護的自由（對於其私密性應給予最大的保護）；三、協調營運合作之自由（freedom to co-ordinate operations），即海運業者在不給予他方不當市場力量的前提下，得與運送業者之間，訂定關於其營運及運送產能方面協調合作的協議。[17]

自OECD的2002年報告發布之後，許多國家及區域紛紛開始檢討其競爭法對海運產業的規制，其中最具有代表性的，是歐盟執委會（European Commission, EC）的檢討及決定（詳後述）。此外，OECD在2015年6月再度召集各國代表，探討海運產業的競爭法問題，其後續發展也值得注意[18]。

---

[16] OECD, *supra* note 6, p. 77.

[17] OECD, *supra* note 6, pp. 79-80.簡要的新聞稿，請參閱"OECD Calls For Greater Use of Individual, Confidential Contracts in Liner Shipping", available at http://www.oecd.org/industry/oecdcallsforgreateruseofindividualconfidentialcontractsinlinershipping.htm (last visited 2017.11.01).

[18] 2015年6月OECD會員國代表集會，討論海運產業的競爭法問題，相關資料可參閱 http://www.oecd.org/daf/competition/competition-issues-in-liner-shipping.htm (last visited 2018.08.08)。我國亦以中華台北（Chinese Taipei）之名義，提出國家報告，資料在 http://www.oecd.org/officialdocuments/publicdisplaydocumentpdf/?cote=DAF/COMP/WP2/WD(2015)2&docLanguage=En (last visited 2018.08.08)。

參、歐盟法制的變革

一、《1986年理事會條例》的整批豁免

歐盟的前身（歐洲共同體）很早就注意到海運業者的競爭法問題，並在1986年通過《歐洲經濟共同體理事會第4056/86號條例》（以下簡稱《1986年理事會條例》）[19]，規定其成員國之間、成員國與第三國之間海上運送服務，得免予適用《歐洲經濟共同體條約》（以下簡稱《條約》）第85、86條關於競爭法的規定[20]，即對於海運業者的海運同盟，核給免予適用競爭法的整批豁免（block exemption）[21]。

《1986年理事會條例》第2條規定技術性之協議（Technical agreements），不適用《條約》第85條第1項之禁止規定。《1986年理事會條例》第3條規定運送人之間關於定期海上運送服務之協議之豁免（Exemption for agreements between carriers concerning the operation of scheduled maritime transport services）；第6條規定運送使用人與海運同盟關於其定期海運服務之協議之豁免（Exemption for agreements between transport users and conferences concerning the use of scheduled maritime transport services）。《1986年理事會條例》第4條規定對於豁免應附加之條件（Condition attaching to exemption），即其協議、決定或一致性行

---

[19] COUNCIL REGULATION (EEC) No 4056/86 (1) OF 22 DECEMBER 1986, OJ L 378,31.12.1986，理事會條例（EEC）1986年12月22日第4056/86號，規定了適用《海運條約》第85和86條的詳細規則。資料在http://ec.europa.eu/competition/antitrust/legislation/405686_en.html (last visited 2018.08.08)。

[20] 歐盟及其前身的條約，均有關於競爭法的規定，其條文的內容雖無重大變化，但其在各條約的條號，則迭經更動。(1)在1951年巴黎公約（又稱：歐洲煤鋼聯營條約）中，為第65、66條；(2)在1957年羅馬條約（又稱：建立歐洲經濟共同體條約；歐共體條約）中，為第85、86條；(3)在1997年阿姆斯特丹條約中，為第81、82條；(4)在2009年里斯本條約（又稱：歐洲聯盟運作條約）中，為第101、102條。

[21] 整批豁免是相對於個別豁免而言，個別豁免是由歐盟執委會對個案，作出豁免適用競爭法或反托拉斯法的決定。

為，以在其協議、決定或一致性行為所含區域範圍內，對同一物品為相同之運送，其運送費率及條件卻因其來源國、目的地國、或裝卸港所在國，而有不同，除其運送費率及條件在經濟上可合理化之外，均不得在共同市場之內，對特定之港口、運送使用人或運送人，造成損害。協議或決定之全部或一部違反上述規定者，依《條約》第85條第2項自動無效。[22]

享有競爭法豁免權之運送業者，依《1986年理事會條例》第5條規定也有若干義務，其內容包含：(1)應依任一方要求，由海運同盟與運送消費者之間就費率、運送條件和定期船服務之品質，進行協商；(2)海運同盟之成員，得與運送使用人訂立和維持忠誠安排，其安排應以合法之方式為之，並應確保將運送使用人及海運同盟之成員之權利，予以明確約定；(3)對於運送使用人與海運同盟達成一致的費率之外的內陸運送和碼頭服務，運送使用人有權選擇由其他企業提供；(4)對於海運同盟運價及其他條件之決定或變更，運送使用人有權以合理之成本予以查詢，可得在運送業者及其代理人之辦公室，予以查驗；(5)關於第4條及前述第(2)(3)項之海運同盟運作所生之爭議，如由雙方合意之調解人就爭議之解決作成仲裁判斷或建議者，應將其提交執委會備查。[23]《1986年理事會條例》第7條對於已被豁免之協議，仍得予以監督，如當事人有未履行上述義務者，執委會得對其提出建議，不遵守其建議者，得依其違反義務程度之輕重，禁止或命其為一定之行為，並得完全取消其整批豁免，或改為個別核可之豁免。[24]

《1986年理事會條例》給予海運業者競爭法豁免的原因，是因此種限制競爭之方法，可維持海上運送服務之穩定，確保出口商獲得穩定之海運服務，但其豁免既無市場占有率門檻之限制，也未設時間之限制，可謂相當寬鬆。《1986年理事會條例》的適用範圍，依第1條第2項規定，僅適用於歐盟之會員國與會員國之間的港口間的國際海上運送（international

---

[22] Article 4 "Condition attaching to exemption"（條文原文略）。

[23] Article 5 "Obligations attaching to exemption"（條文原文略）。

[24] Article 7 "Monitoring of exempted agreements"（條文原文略）。

maritime transport services from or to one or more community ports），但後來也發生爭議，海運業者希望從寬解釋，歐洲共同體則傾向從嚴認定，其爭議並曾由法院做成若干重要裁判。

二、《1986年理事會條例》的檢討與廢止

歐洲共同體在2000年里斯本歐洲共同體理事會（Lisbon European Council）上，作成加速在汽油、電力、郵政服務與運送方面的自由化的決定，OECD的2002年報告發布後，更受到鼓舞。歐洲共同體在2003年3月，開始對於其前述《1986年理事會條例》給予海運同盟競爭法豁免權的規定，進行為期三年的全面檢討。首先是在2003年3月發布諮詢文件，設定其主要討論的議題，並邀請利害第三人參與討論並提供證據，其後陸續收到來自歐洲共同體各會員國、運送人、託運人、代收費用的代理人、消費者組織及其他團體提交的意見。歐洲共同體由Erasmus大學延聘專家組成團隊，對於各方提交的意見進行審查與整理，並於2003年11月發布報告，再將各方諮詢的結果及初步的研析結果，在2004年6月以討論報告（discussion paper）的方式，呈交給歐洲共同體，建議應廢止整批豁免競爭法的規定。歐洲共同體在2004年10月通過白皮書，認為並無有力的經濟證據，支持繼續維持海運業整批豁免競爭法的規定，乃建議廢止對海運業整批豁免的規定，並邀請第三方共同討論取代整批豁免規定的法律文件。[25]

在歐洲共同體的上述諮詢階段中，由大約占全球海運產能90%的主要海運業者組成的歐洲航運事務組織（ELAA, European Liner Affair Association），在2004年8月6日提交給歐洲共同體一份建議書。[26]歐洲航運事務組織在整個檢討的過程中，均強烈反對取消整批豁免的規定，建議應該由資訊交換機制（information exchange mechanism）予以取代，並認為運送人對於事先決定的資訊，予以交換或討論，均應豁免競爭法的適

---

[25] Ana Rodrigues, et al., *supra* note 5, p. 20.

[26] 建議書是以信函的方式遞送。Available at http://ec.europa.eu/competition/consultations/2004_6_reg_4056_86/elaa_proposal_06082004.pdf (last visited 2018.08.08).

用；其交換的資訊的範圍，則包含整體產能的利用、各航線整體貿易的資料、貿易的商品的發展情況、貿易與商品整體供應與需求的資料、各航運業者在其市場占有率（包含貿易，區域與港口）的相關資訊、因設備與貿易之差異而變動的價格指標、依公開及透明之公式而決定的各項規費及附屬費用。[27]

歐洲共同體在2005年7月發布討論報告（discussion paper），公布其檢討的分析與結果，並評析歐洲航運事務組織（ELAA）的建議。該報告檢討的基礎，主要是第三人提交給歐盟的意見，包含託運人與轉交運費的代辦商以及支持改革的各會員國，但對於海運業者及海運同盟（尤其是ELAA）的意見，並未予以特別重視。該報告探討從歐盟出發及前往歐盟的主要貿易航線的市場結構與競爭程度，評估廢止整批豁免之後，對於產業集中程度的影響問題。歐洲共同體也意識到隨著規範的改革，海運業者可能會發生事業結合的情況，但這對於已經發生的海運產業的聯盟趨勢而言，只會產生輕微的加速作用，對於其集中的影響，只要業者屬於同一聯盟，也不會太大。該報告也指出，在計算集中指數時，海運同盟及聯盟團體也必須計算在內。根據此種計算分析架構，歐洲共同體的結論認為，取消整批豁免的設計，在許多主要的歐盟航線上，會產生促進競爭的作用。[28]

對於歐洲航運事務組織（ELAA）的建議，歐盟認為類似國際海運等集中產業的業者，如進行其報告中所述程度與頻率的資訊交換，即值得予以嚴重關切，其與歐盟運作條約（Treaty on the Functioning of the European Union, TFEU）第101條關於豁免競爭法所規定的條件，也不盡相符。歐盟了解到，關於運送產能與商品的資訊分享，在一定的條件下，可能會帶來某種程度上的效率，但其餘部分的安排，尤其是在貿易委員會上討論貿易資料時，徒憑想像地提出定價結構的共同公式、介紹附屬費用及規費（通常是運費總金額的30%）定價的因素、或提出某種價格指數作為業者彼此

---

[27] Ana Rodrigues, et al., *supra* note 5, p. 21.

[28] Ana Rodrigues, et al., *ibid.*

協調的定價參考，仍有違反競爭法的疑慮。[29]

　　在2005年10月26日，歐體全球視野（EC to Global Insight）、柏林科技大學（Berlin University of Technology）、不萊梅航運經濟與物流學院（Institute of Shipping Economics and Logistics in Bremen）共同發表以「對於航運業者適用競爭法規則」（The Application of Competition Rules to Liner Shipping）為題的報告。[30]報告對於各種選項，包含取消或維持前述《1986年理事會條例》，或通過替代性的法律文件以取代整批豁免的規定等，進行經濟影響的評估，其內容包含在競爭、投資決定、服務的可信賴度、歐盟海運的競爭力、僱傭情形及其他相關因素。這份報告的分析，對於歐洲共同體的影響評估，以及後來歐洲共同體在2005年12月14日，向歐洲共同體理事會提出取消整批豁免的建議，均有重大的影響。在影響評估方面，歐洲共同體的結論認為，取消豁免會對於產業以及消費者帶來利益，因為「海運服務的運送價格將會降低，在遠端及近海的交易的服務可信度，預期將會提升，服務品質會有所提升或不受影響，對於歐盟的海運業者的競爭力，可能會有正面影響或毫無影響！」[31]此一全面檢討的報告，促成歐洲共同體在2006年9月25日通過新的理事會條例（Regulation No. 1419/2006），取消海運同盟的整批豁免權，並自2008年10月18日開始生效。[32]

---

[29] Ana Rodrigues, et al., *ibid.*

[30] "The Application of Competition rules to Liner Shipping: Final Report", available at http://ec.europa.eu/competition/consultations/2005_reg_4056_86/shipping_report_26102005.pdf (last visited 2018.08.08).

[31] EC MEMO/06/344 of 25 September 2006, "Competition: repeal of block exemption for liner shipping conferences - frequently asked questions", p. 5 , available at http://europa.eu/rapid/press-release_MEMO-06-344_en.htm?locale=en (last visited 2018.08.08).

[32] COUNCIL REGULATION (EC) No 1419/2006 of 25 September 2006 repealing Regulation (EEC) No 4056/86 laying down detailed rules for the application of Articles 85 and 86 of the Treaty to maritime transport, and amending Regulation (EC) No 1/2003 as regards the extension of its scope to include cabotage and international tramp services, OJ L 269, 28.9.2006, available at http://eur-lex.europa.eu/LexUriServ/LexUriServ.do?uri=OJ:L:2006:269:0001:0003:EN:PDF (last visited 2018.08.08).

　　值得注意的是，歐盟執委會在海運同盟的整批豁免之外，尚有關於聯營體或組合（consortia）的整批豁免。此項豁免最初是由執委會在1995年通過相關條例[33]，施行5年後於2000年延展5年。[34]。在前述《1986年理事會條例》廢止後，歐盟執委會於2009年再發布予以豁免的條例[35]，該條例的施行日期原於2015年4月25日，執委會再於2014年發布條例[36]，延展至2020年4月25日。

肆、相關國家的法制變革

　　各國產業發展與各國競爭法或反托拉斯法的制定與執行，原屬各國依其主權制定及執行國內法的範圍，不須以國際公約予以規範。不過，聯合國貿易暨發展會議（UNCTAD）為規範國際海運同盟，於1974年通過《海運同盟之行為法典公約》（Convention on Code of Conduct for Liner Conferences）[37]，其背景是開發中國家擔心其運送業者受限制，而不能參

---

[33] Commission Regulation (EC) No 870/95 of 20 April 1995 on the application of Article 85 (3) of the Treaty to certain categories of agreements, decisions and concerted practices between liner shipping companies (consortia) pursuant to Council Regulation (EEC) No 479/92; OJ L 89, 21.4.1995, p. 7.

[34] Commission Regulation (EC) No 823/2000 of 19 April 2000 on the application of Article 81(3) of the Treaty to certain categories of agreements, decisions and concerted practices between liner shipping companies (consortia); OJ L 100, 20.4.2000, p. 24. Amended by Commission Regulation (EC) No 463/2004 of 12 March 2004 amending Regulation (EC) No 823/2000 on the application of Article 81(3) of the Treaty to certain categories of agreements, decisions, and concerted practices between liner shipping companies (consortia); OJ L 77, 13.3.2004, p. 23.

[35] COMMISSION REGULATION (EC) No 906/2009 of 28 September 2009 on the application of Article 81(3) of the Treaty to certain categories of agreements, decisions and concerted practices between liner shipping companies (consortia) ; OJ L 256, 29.9.2009, p. 31.

[36] COMMISSION REGULATION (EU) No 697/2014 of 24 June 2014 amending Regulation (EC) No 906/2009 as regards its period of application; OJ L 184, 25.6.2014, p. 3.

[37] "Convention on a Code of Conduct for Liner Conferences," UNITED NATIONS

加封閉式之海運同盟，故要求應制定全球一致的同盟行爲規則，以滿足開發中國家航運業者推動其對外貿易的特殊需要。本法典公約的主要規定，包含掛船旗之運送業者，得參與其運營相關航線之海運同盟，掛船旗之運送業者，對於其相互貿易之貨物載運，享有分享之權利，以及非強制性質爭端解決機制，且在運送人與託運人之間，就特定事項建立諮詢機制（consultation machinery）等。美國並未批准聯合國此項法典公約，歐洲共同體一開始即以該法典公約係以國籍爲基礎，構成歧視，且其關於價格築底固定之規定，違反歐洲共同體條約爲理由，予以反對。不過，歐洲共同體各會員國依據其布魯塞爾包裹（Brussels Package）[38]，得以個別會員國之地位，在若干保留下，批准該法典公約。該法典公約已在1983年生效[39]，其在理念宣傳部分或有若干成效，惟對特定國家的具體規範效果，仍有待觀察。

　　各國關於海運業者及海運產業的競爭法或反托拉斯法問題，有在競爭法或反托拉斯法的法典予以明文規定，有規定於海上運送法或類似之法典者，爲觀察各國法制發展之實況，特選擇近期發展較爲突出的國家，介紹其法制發展情形如下。

一、美國

　　美國早在1916年的《海上運送法》（Shipping Act）[40]，即開始對於海運業者，就其海運同盟，給予豁免反托拉斯法的特權。在本法立法以前，海運業者被控違反反托拉斯法者，不在少數，後來經眾議院「商事、海事及漁事委員會」（House Committee on Merchant Marine and Fisheries）

CONFERENCE ON TRADE AND DEVELOPMENT, UNITED NATIONS CONFERENCE OF PLENIPOTENTIARIES ON A CODE OF CONDUCT FOR LINER CONFERENCES, Volume II, p. 4, available at http://unctad.org/en/PublicationsLibrary/tdcode13add.1_en.pdf (last visited 2018.08.08).

[38] Council Regulation 954/79, OJ L 121, 17.05.1979, p. 1.

[39] 該法典公約之生效，依規定應有代表1974年世界貿易總額25%以上之國家批准該法典公約。

[40] Shipping Act of 1916, ch. 451, *39 Stat. 728.*

調查，其主席亞歷山大（J. W. Alexander）於1914年提出報告（Alexander Report），認為海運同盟的組織雖有其反競爭的可能，尤其對於非屬海運同盟成員的運送業者，可能產生反競爭的效果，但其利益超過其成本，故仍宜給予豁免反托拉斯法的利益，並建議制定其規定，國會認為海運具有無可取代之公共利益，乃在1916年制定該法。[41]

美國1916年《海上運送法》為避免業者濫用其獨占地位，從事反競爭行為，乃規定：一、不得為歧視或反競爭之行為；二、業者在履行或實施其協議前，應經主管機關之許可；三、對於所有的海運同盟，均要求其必須具備公開或開放同盟（open conferences）的形式，即必須容許其會員與其他運送人簽訂個別契約的自由。該法並規定此等協議或安排，必須經過獨立機關美國海上運送委員會（U.S. Shipping Board，即聯邦海商委員會Federal Maritime Commission，FMC的前身），此等規定與一般通行的封閉式海運同盟（closed conferences），及其參與者可排除新加入者的做法，迥然不同。美國國會在1960年組成二個委員會，對1916年《海上運送法》進行檢討，但在1961年《海上運送法》中，仍維持其豁免反托拉斯法的規定。[42]

由於《海上運送法》上關於海運同盟協定的審查標準，對運送人及託運人而言，都有空泛（vague）之嫌，主管機關自由裁量的範圍頗大，亦生爭議[43]，美國國會乃在1984年修正《海上運送法》，雖對於海運同盟仍給予完全的豁免權，對舊法提出許多重要變革。[44]例如1984年新法刪除聯邦海商委員會依「公共利益」之標準，審查業者協議之規定；新法將舉證

---

[41] 簡要的說明，請參閱Joseph Monteiro & Gerald Robertson, *Shipping Conference Legislation in Canada, the European Economic Community and the United States: Background, Emerging Developments, Trends and a Few Major Issues*, 26 Transportation Law Journal 141, 147 (1999).

[42] Joseph Monteiro & Gerald Robertson, *ibid*.

[43] 在FMC v. Svenska Amerika Linien一案中，業者對於聯邦海商委員會關於公共利益之認定標準，提出質疑，最高法院仍支持聯邦海商委員會之認定。390 U.S. 238 (1968), available at https://supreme.justia.com/cases/federal/us/390/238/ (last visited 2018.08.08).

[44] Joseph Monteiro & Gerald Robertson, *supra* note 41, at 156-161.

責任重新分配，對聯邦海商委員會，課以證明其協定對競爭、運送服務有損害之虞的舉證責任，並明確規定得依法豁免的協議之範圍[45]；新法亦改變聯邦海商委員會的許可程序，舊法是採許可生效制，即海運業者必須事前獲得許可，其協議始得生效，但新法改採事後審查制，即聯邦海商委員會倘於事後就該協議，發現有限制競爭、不合理減少其運送服務，或運送之費用不合理提高時，得禁止其實施。[46]

美國國會在1998年，再對1984年《海上運送法》進行檢討，並由國會通過《海洋運送改革法》（Ocean Shipping Reform Act of 1998），自1999年5月1日開始施行。本法乃是美國對於海運運送，改採促進競爭的法律規制的重要改變，但本法並未廢止對海運業者的反托拉斯法豁免，其所採用的方法，是弱化業者協議的執行可能性。依據1984年《海上運送法》之規定，海運同盟應該將其費率與服務之契約予以公開，使其費率成為該產業的所有運送人或託運人或競爭者眾所周知之訊息。1998年《海洋運送改革法雖未禁止海運業者組成海運同盟，但禁止對於其同盟成員之運送人，課予不得與其他託運人訂定個別私密服務契約（confidential service contracts）的限制，並取消要求申報公開其服務契約的法律規定（但仍維持應在聯邦海商委員會備查之規定）。此等規定使海運業者得與個別之託運人，在其海運同盟的規定之外，訂定個別私密之服務契約。

《海洋運送改革法》的制定，是美國對海運產業「去管制化」的重要一步。經由上述規定的施行，美國海運業者目前所簽訂的海運服務契約，即使其為海運同盟或其他費率協議的成員，主要仍是個別獨立的服務契約

---

[45] The agreements covered were those which: "*(1) discuss, fix, or regulate transportation rates, including through rates, cargo space accommodations, and other conditions of service; (2) pool or apportion traffic, revenues, earnings, or losses; (3) allot ports or regulate the number and character of voyages between ports; (4) regulate the volume or character of cargo or passenger traffic to be carried; (5) engage in an exclusive, preferential, or cooperative working arrangement between themselves or with a marine terminal operator; (6) control, regulate, or prevent competition in international ocean transportation; or (7) discuss and agree on any matter related to a service contract.*" (1984 Shipping Act, Chapter 403).

[46] Ana Rodrigues, et al., *supra* note 5, p. 16.

（independent service contract）。海洋運送改革法允許業者之間，得就其個別的服務契約，共同訂定業者的「自願綱領」（voluntary guideline），使業者得以自願達成其共同願望的行為，故目前仍不斷有再予以改革的呼聲。[47]

二、澳大利亞

澳大利亞對海上運送依賴甚深，其貨物之進出口基本上是由外籍航運業者的定期航班執行，航班服務及運費之穩定對其至為重要。澳大利亞的競爭法規，原為1974年《貿易行為法》（Trade Practices Act 1974, TPA）[48]，該國國會於2010年通過《競爭與消費者法》（The Competition and Consumer Act 2010, CCA），主管機關為「澳洲競爭與消費者委員會」（Australian Competition and Consumer Commission, ACCC），並自2011年1月1日開始施行。關於海運產業，1974年《貿易行為法》及2010年《競爭與消費者法》設有第十編（Part X）「國際定期海上貨運」（international liner cargo shipping）專編，規定海運業者豁免該法關於競爭條文之適用，即只要業者確實與航運公會協商，並且對於所有澳大利亞的進口者及出口者有利益，並依規定登記其協議[49]，其關於運費價格、共負盈虧、航線協調、產能控制、資訊交換及相關事項之討論及決定，均無違反《競爭與消費者法》第四編之虞，但如有不妥，運送與區域服務部部長（Minister for Transport and Regional Services）得依職權撤銷其登記。此等規定之立法理由，主要是要確保海運業者能對貨運量有限的澳洲航

---

[47] 詳見美國2015年提交OECD的國別報告，Competition Issues in Liner Shipping (United States), pp.3-4, available at https://www.ftc.gov/system/files/attachments/us-submissions-oecd-other-international-competition-fora/liner_shipping_us.pdf (last visited 2018.08.08).

[48] 1974年《貿易行為法》的前身，為1971年《限制貿易行為法》（Restrictive Trade Practices Act 1971）、1965年《貿易行為法》（Trade Practices Act 1965）及1906年《澳洲產業保存法》（Australian Industries Preservation Act 1906）。

[49] 關於協議之登記，可參閱https://infrastructure.gov.au/maritime/business/liner_shipping/part_x.aspx (last visited 2018.08.08).

線，提供頻繁、穩定及價格合理的服務。[50]

　　針對海運業者的豁免競爭法適用的問題，近來在澳大利亞已引起該國業者及政府之關注。有許多研究報告，其研究結論多數傾向取消豁免權[51]。澳洲政府的獨立研究及主要諮詢機構「澳洲生產力委員會」（Australia Productivity Commission），於2005年發表其研究報告，即認爲海運同盟的反競爭風險及其豁免競爭法的例外規定，在澳大利亞具有類似成本特質的其他產業，例如航空運送或定期公路或鐵路運送的運費，並無類似的措施[52]，並建議取消海運業者的競爭法豁免權。但2010年《競爭與消費者法》仍維持第十編的特別規定。澳洲首相於2013年12月宣布將對競爭法政策進行檢討，2014年3月成立以 Ian Harper教授爲主席的檢討小組（Review Panel），檢討小組在2015年3月15日提出「競爭政策檢討」報告（Competition Policy Review）[53]，澳洲政府在同年11月24日正式對該報告提出回應[54]。檢討報告提出56個建議，其範圍包含甚廣，其中第4個建議，即建議刪除關於海上貨物運送的第十編之規定，即取消海運業者當然豁免的地位，但仍建議保留競爭主管機關澳洲競爭及消費者委員會，得對於海運業者符合促進競爭條件的最低標準的協議，核准給予整批豁免

---

[50] Competition Issues in Liner Shipping (Australia), p. 3, available at http://www.oecd.org/officialdocuments/publicdisplaydocumentpdf/?cote=DAF/COMP/WP2/WD(2015)7&docLanguage=En (last visited 2018.08.08).

[51] 1993年、1999年、2005年、2012年、2015年均有檢討報告，其概要可參閱 Competition Issues in Liner Shipping (Australia), *ibid.*, pp. 7-11.

[52] Productivity Commission 2005 Review of Part X of the Trade Practices Act 1974: International Liner Cargo Shipping, Report No. 32 (Productivity Commission, 2005 March), available at https://www.pc.gov.au/inquiries/completed/cargo-shipping-2005/report/partx.pdf (last visited 2017.11.25).

[53] "Competition Policy Review" (Harper Review), available at http://competitionpolicyreview.gov.au/final-report/

[54] "Government response to the Competition Policy Review", available at https://treasury.gov.au/publication/government-response-to-the-competition-policy-review/ (last visited 2017.11.25).

（block exemption）的權力。[55]

　　澳洲國會根據上述檢討報告，在2017年8月23日通過2017年《競爭與消費者修正（市場力濫用）法》〔Competition and Consumer Amendment（Misuse of Market Power）Act 2017〕[56]，在2017年10月18日通過2017年《競爭與消費者修正（競爭政策檢討）法》〔Competition and Consumer Amendment（Competition Policy Review）Act 2017〕，該法案自2017年11月6日起生效。[57]依新法規定，海運業者的海運同盟協議，應依法登記，已登記的協議，依法得享有部分並附條件的豁免（partial and conditional exemptions）[58]，其新法後續之施行情形，仍值得關注。

三、紐西蘭

　　紐西蘭進口及出口，百分之99均仰賴海運，海運對其具有相當之重要性。紐西蘭規範市場競爭的競爭法，是1986年《商業法》（Commerce Act of 1986）[59]，依本法第44條第2項規定，本法不適用於(a)契約、安排或諒解，其內容包含純為從紐西蘭運送到境外或從境外運送至紐西蘭，以海運運送物品之條款者，其訂定；(2)為使前款所稱之契約、安排或諒解之條款生效，所為之任何行為[60]。雖然本法原則上不適用於國際海運業

[55] 各項建議之列表，請參閱http://www.australiancompetitionlaw.org/reports/2015harper-recs.html (last visited 2017.11.25).

[56] Competition and Consumer Amendment (Misuse of Market Power) Act (Act No. 87, 2017), available at https://www.legislation.gov.au/Details/C2017A00087 (last visited 2017.11.25).

[57] Competition and Consumer Amendment (Competition Policy Review) Act 2017 (Act No. 114, 2017), available at https://www.legislation.gov.au/Details/C2017A00114 (last visited 2017.11.25).

[58] 詳見Part X "International liner cargo shipping" Division 1 "Preliminary", Section 10.02. 條文最新版本，請參閱https://www.legislation.gov.au/Details/C2017C00375 (last visited 2018.08.07).

[59] Commerce Act 1986, Public Act 1986 No 5, available at http://www.legislation.govt.nz/act/public/1986/0005/73.0/DLM87623.html (last visited 2017.11.05).

[60] Article 44 "(2) Nothing in this Part applies—(a)to the entering into of a contract, or arrangement, or arriving at an understanding in so far as it contains a provision exclusively

者之行為，但紐西蘭海運業者的市場行為，仍由另一部法律，即1987年《海上運送法》（Shipping Act of 1987）[61]予以規範。該法全名為《關於紐西蘭對外海運促進其公平交易並保障其競爭，防止外國政府歧視紐西蘭海運及貿易利益之法律》（An Act to promote fair dealing and safeguard competition in New Zealand's outwards shipping services, and to discourage discrimination against New Zealand shipping and trading interests by foreign governments），對於海運業者的不公平行為（unfair practices），規定得由交通部長予以立案調查。

比較上述二部法律，儘管往返於紐西蘭的所有國際海運都不適用《商業法》，但《海上運送法》僅規範自紐西蘭向外的航運，故自境外航向紐西蘭的海運，仍不受任何競爭法的規範；此外，交通部長雖可對不公平行為立案調查，但其立案調查之門檻甚高，部長無權處罰或課予條件，權力非常有限，交通部負責調查，相關程序及調查之權力，均甚不足，故其規定形同具文，並未真正執行任何調查。[62]

由於國際貿易在紐西蘭的經濟中，扮演關鍵的角色，而且運費在企業的國際貿易成本中，占有相當的比例，紐西蘭政府乃要求競爭力委員會分析國際貨物運送費率，包含國際海運及國際空運的費率，並分析得否及如何透過適當的管制規範，以提升其效率。在2012年4月的最後報告中，競爭力委員會建議取消對於運送業者關於定價的協議的豁免，並對於維持豁免的其他協議，採行登記制度。根據此等建議，該會乃向國會提出《商業（卡特爾與其他事項）修正案》〔Commerce（Cartels and Other Matters）

---

for the carriage of goods by sea from a place in New Zealand to a place outside New Zealand or from a place outside New Zealand to a place in New Zealand; or (b)to any act done to give effect to a provision of a contract, arrangement, or understanding referred to in paragraph (a)."

[61] Shipping Act 1987, Public Act 1987 No 183. Available at http://legislation.govt.nz/act/public/1987/0183/latest/DLM124897.html (last visited 2017.11.05).

[62] Competition Issues in Liner Shipping (New Zealand), p. 6, available at http://www.oecd.org/officialdocuments/publicdisplaydocumentpdf/?cote=DAF/COMP/WP2/WD(2015)6&docLanguage=En

Amendment〕，準備將國際運送業導向適用1986年《商業法》。[63]經過多年努力，[64]國會於2017年8月14日通過《2017年商業（卡特爾與其他事項）修正案法》〔Commerce（Cartels and Other Matters）Amendment Act 2017〕[65]，在《商業法》增訂關於卡特爾條款的規定外，對於國際海運業者，增訂第44A條及第44B條的規定。

《商業法》第44A條就國際海運服務的例外，規定「(1)本法第27條第(1)項之規定，不適用於契約、安排或諒解之條款之當事人，但以其契約、安排或諒解成立時，有本條第(6)項規定之情形者為限。(2)本法第27條第(2)項之規定，不適用於契約、安排或諒解之條款之當事人，但以該條款生效時，有本條第(6)項規定之情形者為限。(3)本法第27條第(4)項之規定，對於適用本條第(1)項或第(2)項之任何契約條款，均不影響其可執行之效力。(4)本法第30條第(a)款之規定，不適用於涉及限制輸出或市場分配或類似效果之卡特爾條款之當事人，但以包含該條款之契約、安排或諒解成立時，有本條第(6)項規定之情形者為限。(5)本法第30條第(b)款之規定，不適用於涉及限制輸出或市場分配或類似效果之卡特爾條款之當事人，但以該條款生效時，有本條第(6)項規定之情形者為限。(6)本項之情形為：(a)包含該條款之契約、安排或諒解，其該當事人及所有其他當事人，均為彼此合作以提供國際海運服務者；且(b)其合作對海上運送之貨物之所有人或發貨人，有提昇對其提供之服務之作用；且(c)該條款涉及(i)為執行合作而實施之特定行為；或(ii)為執行合作之合理必要行為，

---

[63] Ana Rodrigues, et al., Competition Issues in Liner Shipping (supra note 2), p. 22; Competition Issues in Liner Shipping (New Zealand), p. 7, available at http://www.oecd.org/officialdocuments/publicdisplaydocumentpdf/?cote=DAF/COMP/WP2/WD(2015)6&docLanguage=En (last visited 2017.11.05).

[64] 該法案原預訂於2015年通過。Competition Issues in Liner Shipping (New Zealand), p. 6, available at http://www.oecd.org/officialdocuments/publicdisplaydocumentpdf/?cote=DAF/COMP/WP2/WD(2015)6&docLanguage=En (last visited 2017.11.05).

[65] Commerce (Cartels and Other Matters) Amendment Act 2017, Public Act 2017 No 40, available at http://www.legislation.govt.nz/act/public/2017/0040/47.0/DLM4090009.html (last visited 2018.08.08).

其附隨之行為。(7)第(6)項第(a)款所稱之契約、安排或諒解之當事人，不包括純因適用第30條第B項第(a)款，而為當事人之人。(8)本條所稱之特定行為，指下列行為：(a)航班之協調及停靠港之決定；(b)船舶上空間之交換、出售、租用或租賃期（含轉租）；(c)糾集船舶成為網絡，而共同運營；(d)貨櫃等設備之共用或交換；(e)為因應國際海運服務供需上之起伏，而調整運送產能。」[66]

《商業法》第44B條就涉及船上空間價格決定之海運服務，進一步規定其豁免之例外：「(1)第30條第(a)款之規定，不適用於有決定價格或類似效果之卡特爾條款，但以包含該條款之契約、安排或諒解於成立時，有本條第(3)項規定之情形者為限。(2)第30條第(a)款之規定，不適用於有決定價格或類似效果之卡特爾條款之當事人，但以該條款生效時，有本條第(3)項規定之情形者為限。(3)本項之情形為：(a)包含該卡特爾條款之契約、安排或諒解，其該當事人及所有其他當事人，均為彼此合作以提供國際海運服務者；且(b)其合作對海上運送之貨物之所有人或發貨人，有提昇對其提供之服務之作用；且(c)該條款涉及該當事人與一位或一位以上之契約、安排或諒解之當事人間，關於一船舶上空間之交換、出售、租用或租賃期（含轉租）；且(d)其交換、出售、租用或租賃期（含轉租），係為共同合作而實施。(4)第(3)項第(a)款所稱之契約、安排或諒解之當事人，不包括純因適用第30條第B項第(a)款，而為當事人之人。」[67]

四、日本等亞洲國家

日本的國際貨物貿易，其進出口貨物的百分之99.7都是透過海運運送，故海運乃是日本經濟的命脈及重要支柱。日本關於限制競爭的競爭法，主要為《關於禁止私的獨占及確保公平交易之法律》（私的獨占の禁止及び公正取引の確保に関する法律，昭和二十二年法律第五十四号，

---

[66] Section 44A "Exceptions in relation to international liner shipping services"（條文原文略）。

[67] Section 44B "Further exception in relation to international liner shipping services (price fixing in relation to space on ship)"（條文原文略）。

以下簡稱《獨占禁止法》）⁶⁸，依第一條規定，其目的在「法禁止私的獨占、不當交易限制及不公平交易方法，防止事業支配力量之過度集中，排除由協定等聯合對生產、銷售、價格、技術及其他事業活動之不當限制，促進公平且自由之競爭，以發揮事業之創意及商業之繁榮，進而提高就業及國民實質所得水準，並確保消費者利益，達成整體經濟健全發展」。本法對於海運業者，並無特別的明文規定。

日本於1949年通過《海上運送法》（昭和二十四年法律第百八十七號）⁶⁹，第1條規定其目的在通過海運業之適正合理運營，保護海運用者的利益，促進海運業的健全發展，增進公共福祉。海上運送法第28條就競爭法之豁免，規定依第29條第1項獲得許可之第1款至第3款之行為，第29-2條第1項通知之第4款之行為，即海運業者間關於營運之協議，除其使用不公平交易方法、特定交易範圍內之競爭被實質限制，而不當害及使用者之利益，或依第29-3條第4項（含第29-4條準用之情形）為公示一個月以後者外，不適用《獨占禁止法》之規定。⁷⁰

依《海上運送法》第29條規定，海運業者之海運同盟等運費協議，如於訂定或變更前聲請國土交通大臣認可，即可豁免適用於《獨占禁止法》，但其協議之內容應符合下列條件：一、不得不當害及利用者之利益；二、無不當之差別待遇；三、對加入及退出無不當之限制；四、依協議之目的僅為必要最小限度之協議。⁷¹依第29-2條規定，海運業者應將其協議之內容，事先向國土交通大臣報告，國土交通大臣如認其內容不符合

---

68 私的獨占の禁止及び公正取引の確保に関する法律（昭和二十二年法律第五十四），條文在http://www.jftc.go.jp/dk/guideline/lawdk.html (last visited 2017.11.05)；條文中譯本，請參閱https://www.ftc.gov.tw/upload/f2485016-391d-42dd-99f6-8018665050ed.pdf (last visited 2017.11.05).

69 海上運送法（昭和二十四年法律第百八十七号），條文在http://elaws.e-gov.go.jp/search/elawsSearch/elaws_search/lsg0500/detail?lawId=324AC0000000187&openerCode=1 (last visited 2017.11.05).

70 第二八条（私的獨占の禁止及び公正取引の確保に関する法律の適用除外）（條文原文略）。

71 第二九条（協定の認可等）（條文原文略）。

上述條件，得命其變更或禁止其行為。[72]此等設計之理由，乃是相關協議在國際海運界乃行之有年之習慣，且許多國家亦有豁免適用競爭法的類似規定，而依本法豁免《獨占禁止法》適用者，包含海運之定期航運服務及不定期航運服務，倘海運同盟依法事先報告，即可豁免《獨占禁止法》之適用，航運組合（Consortium）及策略聯盟（Alliance）之協議未必為卡特爾協議，但即使是關於運費、市場占有率或供應限制之協議，如依法事先報告，亦可豁免。[73]

　　《海上運送法》1999年修正時，增訂關於日本公平交易委員會就此等競爭法事項，與國土交通大臣之協調與監督機制。[74]《海上運送法》第29-4條規定，國土交通大臣受理報告而依法為相關處分時，應即通知日本公平交易委員會，公平交易委員會認為報告之行為違法時，亦得請求國土交通大臣予以處分，即命其更正或禁止該行為。公平交易委員會之請求應於公報公示之。[75]依第28條但書規定，國土交通大臣未於公示後一個月內為處分者，業者報告之協議，即應適用《獨占禁止法》之規定，而不得豁免。

---

[72] 第二九条の二「1船舶運航事業者は、第二十八条第四号に掲げる行為をし、又はその内容を変更しようとするときは、あらかじめ、国土交通大臣に届け出なければならない。」「2国土交通大臣は、前項の規定による届出に係る行為の内容が前条第二項各号に適合するものでないと認めるときは、その船舶運航事業者に対し、その行為の内容を変更すべきことを命じ、又はその行為を禁止しなければならない。」

[73] Competition Issues in Liner Shipping (Japan), p. 4, available at http://www.oecd.org/officialdocuments/publicdisplaydocumentpdf/?cote=DAF/COMP/WP2/WD(2015)5&docLanguage=En (last visited 2017.11.05).

[74] Competition Issues in Liner Shipping (Japan), *ibid.*, p. 5.

[75] 第二十九条の四「1国土交通大臣は、第二十九条の二第一項の規定による届出を受理し、又は同条第二項の規定による処分をしたときは、遅滞なく、その旨を公正取引委員会に通知しなければならない。」「2公正取引委員会は、第二十九条の二第一項の規定による届出に係る行為の内容が第二十九条第二項各号に適合するものでないと認めるときは、国土交通大臣に対し、第二十九条の二第二項の規定による処分をすべきことを請求することができる。」「3前条第四項の規定は、前項の請求について準用する。」

　　日本《海上運送法》自1949年立法時，即設有海運業者得豁免競爭
法之制度，此一制度歷經1999年、2006年、2010年的檢討，在2016年2月
公平交易委員會提出檢討報告，認為對於海運業者的豁免，已無必要[76]，
但國土交通省在同年6月14日宣佈，鑒於世界單一市場之國際競爭相當激
烈、巨額投資需要業者間之攜手合作等因素，除運費同盟未來將以登記制
度予以管理外，該制度仍將予以維持。[77]

　　日本以外的亞洲國家的相關法制，最近也有幾個值得關注的發展。
例如新加坡競爭委員會在2015年5月5日建議該國工商部核給海運業者享
有5年競爭法整批豁免[78]，馬來西亞競爭委員會在2017年6月21日核定海運
業者享有2年競爭法整批豁免[79]，香港競爭委員會在2017年8月8日核定海
運業者享有5年競爭法整批豁免。[80]中國大陸對於海運業者的限制競爭問
題，現行規制的法律規範，主要包括2002年《中華人民共和國國際海運條

---

[76] Japan Fair Trade Commission, "Review of the System for Exemption from the Antimonopoly Act for International Ocean Shipping", February 2016, p. 48, available at https://www.jftc.go.jp/en/pressreleases/yearly-2016/February/160204.files/160331.pdf (last visited 2017.11.05).

[77] 「外航海運に係る獨占禁止法適用除外制度に関する再檢討の結果について」，available at http://www.mlit.go.jp/common/001134448.pdf (last visited 2017.11.05)；其結論與日本海事中心同日發布的報告相同，參閱：公益財團法人日本海事センター，「外航海運に係る獨占禁止法適用除外制度に関する」（海運經濟問題委員会報告書），available at http://www.jpmac.or.jp/information/pdf/514_3.pdf (last visited 2017.11.05).

[78] "CCS Consults on Proposed Recommendation to Extend Block Exemption Order for Liner Shipping Agreements", available at https://www.ccs.gov.sg/media-and-publications/media-releases/ccs-consults-on-proposed-recommendation-to-extend-beo-for-liner-shipping-agreements (last visited 2017.11.05).

[79] "MyCC GRANTS CONDITIONAL BLOCK EXEMPTION IN RESPECT OF LINER SHIPPING AGREEMENTS FOR ANOTHER TWO YEARS", available at http://www.mycc.gov.my/sites/default/files/media-releases/MyCC%20GRANTS%20CONDITIONAL%20BLOCK%20EXEMPTION.pdf (last visited 2017.11.05).

[80] "COMPETITION (BLOCK EXEMPTION FOR VESSEL SHARING AGREEMENTS) ORDER 2017", available at https://www.compcomm.hk/en/enforcement/registers/block_exemption/files/Block_Exemption_Order_and_Guidance_Note_final.pdf (last visited 2017.11.05).

例》（及其實施細則）與2008年8月1日生效的《中華人民共和國反壟斷法》，前者由交通運輸部監管，後者由反壟斷主管機構監管，二者如何分工及合作，頗值得觀察[81]，此二法律對於海運業者，並無反壟斷豁免的明文規定，發生適用上的疑義，未來究採航運大國的立場，賦予航運業者反壟斷豁免的利益，或採貨主大國的立場而禁止海運產業的限制競爭[82]，也值得注意。

伍、綜合分析及我國法制之檢討

一、《公平交易法》的適用

我國四周環海，貨物進出口有百分之90以上是仰賴海運。我國海運業者居全球前12名者，包含長榮、陽明及萬海等三家，其市場占有率依前述統計資料，合計達9.0%，值得政府重視，並就海運之產業政策及競爭政策，審慎、明確釐訂之。我國《公平交易法》就海運產業的競爭，並無特別規定，立法政策上似認為應與其他產業適用相同的規則。本文前面討論的國際海運同盟、國際策略聯盟、國際聯營體或組合等問題，如直接適用《公平公易法》，其較值得重視者係其限制競爭之不利益問題。從法律適用的層面言，各項行為因涉及外國航商、外國市場或在外國實施，均含有「涉外因素」，故宜注意各項涉外反競爭行為之管轄權及法律適用問題，即是否應由我國主管機關適用我國法予以監管規制的問題，[83]並非當然適

---

[81] 王秋雯，海運市場競爭規制程序規則的構建與完善，大連海事大學學報（社會科學版），16卷4期，頁1-7，2017年8月。

[82] 有認為對於海運業者，應不賦予反壟斷豁免之利益者，如：李天生，國際海運業反壟斷豁免的法經濟學分析—從「THC風波」談起，現代法學，32卷1期，頁97-107，2010年1月；也有認為應建立海運業者的反壟斷豁免制度者，如：呂鳴、章博，我國航運競爭法的反壟斷豁免制度，水運管理，27卷3期，頁23-25，2005年3月。

[83] 關於此點，請參閱陳榮傳，涉外反競爭行為的管轄權與準據法，公平交易季刊，22卷2期，頁93-162，2014年4月。

用該法第二章「限制競爭」之規定及其他行政法規。

　　就前述各國關於海運產業之競爭法豁免規定而言，其主要涉及者多為聯合行為，現行《公平交易法》第14條關於聯合行為之定義[84]，應可涵蓋前述各種海運同盟、契約、協議或聯盟。至於航運事業依現行法就其聯合行為，申請例外予以許可時，其許可的標準仍為該法第15條的規定，即必須有該條第一項所列舉的各款情形之一，「而有益於整體經濟與公共利益」。[85]就海運事業而言，較可能被援為許可的依據者，似為下列各款：「一、為降低成本、改良品質或增進效率，而統一商品或服務之規格或型式。」「三、為促進事業合理經營，而分別作專業發展。」「六、因經濟不景氣，致同一行業之事業難以繼續維持或生產過剩，為有計畫適應需求而限制產銷數量、設備或價格之共同行為。」「八、其他為促進產業發展、技術創新或經營效率所必要之共同行為。」依上述規定申請的例外許可，乃是對海運業者適用《公平交易法》的結果，與前述各國規定的豁免競爭法的制度，並不相同。

---

[84] 《公平交易法》第14條：「本法所稱聯合行為，指具競爭關係之同一產銷階段事業，以契約、協議或其他方式之合意，共同決定商品或服務之價格、數量、技術、產品、設備、交易對象、交易地區或其他相互約束事業活動之行為，而足以影響生產、商品交易或服務供需之市場功能者。」「前項所稱其他方式之合意，指契約、協議以外之意思聯絡，不問有無法律拘束力，事實上可導致共同行為者。」「聯合行為之合意，得依市場狀況、商品或服務特性、成本及利潤考量、事業行為之經濟合理性等相當依據之因素推定之。」「第二條第二項之同業公會或其他團體藉章程或會員大會、理、監事會議決議或其他方法所為約束事業活動之行為，亦為本法之聯合行為。」

[85] 公平交易法第15條：「事業不得為聯合行為。但有下列情形之一，而有益於整體經濟與公共利益，經申請主管機關許可者，不在此限：一、為降低成本、改良品質或增進效率，而統一商品或服務之規格或型式。二、為提高技術、改良品質、降低成本或增進效率，而共同研究開發商品、服務或市場。三、為促進事業合理經營，而分別作專業發展。四、為確保或促進輸出，而專就國外市場之競爭予以約定。五、為加強貿易效能，而就國外商品或服務之輸入採取共同行為。六、因經濟不景氣，致同一行業之事業難以繼續維持或生產過剩，為有計畫適應需求而限制產銷數量、設備或價格之共同行為。七、為增進中小企業之經營效率，或加強其競爭能力所為之共同行為。八、其他為促進產業發展、技術創新或經營效率所必要之共同行為。」「主管機關收受前項之申請，應於三個月內為決定；必要時得延長一次。」

二、《航業法》的特別規定

民國102年1月30日修正70年制定的《航業法》時，於第3條名詞定義中，特別規定「十、國際聯營組織：指船舶運送業間，就其國際航線之經營，協商運費、票價、運量、租傭艙位或其他與該航線經營有關事項之國際常設組織或非常設之聯盟。」「十一、國際航運協議：指國際聯營組織為規範營運者間之相互關係、運送作業、收費、聯運及配貨等事項而訂立之約定。」對於國際聯營組織的定義，立法理由並指出，「國際聯營組織之多樣化發展趨勢，「海運聯營」簽署之型態有以正式協議，並設有秘書處處理日常事務者，亦有以協會、論壇取代海運同盟之名稱者，其中又以「運能或運價穩定同盟」（capacity/rate stabilization）「討論或對話協議」（talking agreement）、「航運組合」（consortia）或「策略及全球聯盟」（strategic/global alliance）為最主要的類型」，此一問題的規制，其本質無疑乃是競爭法的規定。

關於具體管理措施，《航業法》第二章「船舶運送業之管理」第三節「國際聯營組織及國際航運協議」設有二條條文。第34條規定：「船舶運送業在中華民國經營業務者，參加或設立國際聯營組織，應檢附組織章程、聯營作業計畫及相關文件，申請航政機關核轉主管機關會商有關機關認可。聯營組織變更或解散時，亦同。」「國際聯營組織以協商運費、票價為其聯營協定內容者，其會員公司之運價表，應由該組織授權之會員公司代為申請航政機關備查。」「第二十二條規定，於國際聯營組織準用之。」第35條規定：「船舶運送業在中華民國經營業務，有簽訂國際航運協議者，應將國際航運協議之名稱、內容及會員名錄，申請航政機關核轉主管機關認可。國際航運協議變更時，亦同。」「國際航運協議以協商運費、票價為其內容者，其運價表應由前項協議簽訂者之一代為申請航政機關備查。」「前項運價表應容許船舶運送業自由決定其運費、票價。」

《航業法》上述二個條文顯示，在我國經營業務的船舶運送業者，其國際聯營組織應「申請航政機關核轉主管機關會商有關機關認可」（第34條第1項），國際航運協議則應「申請航政機關核轉主管機關認可」（第

35條第1項）。民國102年1月30日的修正理由指出，「有關機關」是指公平交易委員會，相對於前此之未經該會予以認可[86]，此後公平會即應依《公平交易法》予以實質審查。因此，就此規定的形式而言，《航業法》似已未再給予海運業者豁免競爭法之地位。惟迄今尚無正式申請認可之案件可稽。[87]

　　至於運價表，則應申請航政機關備查（《航業法》第34條第2項、第35條第2項）。國際聯營組織準用第22條的結果，是「國際聯營組織經營固定航線之客、貨運價表，應報請航政機關備查，並以電信網路、新聞紙或雜誌等公開方式公開其運價資訊；經營固定客運航線者，應另於營業處所公開其運價資訊。」「前項運價表，航政機關認為有不合理或不利於國家進出口貿易或航業發展者，得令業者限期修正，必要時得暫停全部或一部之實施。」運價原為海運產業的競爭指標，也是考量是否涉及限制競爭的重要元素，如果要以備查的方式給予豁免《公平交易法》的利益，似宜經過立法政策仔細考量之後，以法律明文規定之。《航業法》第35條規定之事項，目前仍由航政機關主管，就其競爭法之面向，似宜參考《公平交易法》的規定，作為認可或准予備查的標準。

　　《航業法》有關個案性的海運服務，亦設有競爭法性質之規定。第17條規定：「為發展國家整體經濟，有關政府機關及公營事業機構進口物資器材，由主管機關認可之專責機構規劃推薦適宜之船舶運送業，以合理價

---

[86] 舊法第39條規定：「加入為國際聯營組織會員之中華民國及外國籍船舶運送業，在中華民國有營業行為者，應將其所參加國際聯營組織之名稱、聯營協定內容及會員名錄報請當地航政機關轉請交通部備查。聯營組織變更或解散時，亦同。」「前項國際聯營組織，以協商運費、票價為其聯營協定內容者，其會員公司之運價表，得由國際聯營組織代為申報。」「未依第一項規定辦理者，航政機關於必要時，得暫停該船舶運送業全部或部分運價表之實施。」

[87] 2014年世界前三大海運業者Maersk Line, Mediterranean Shipping Company及CMA CGM，原有意組成P3聯盟，並前來詢問，但因中國大陸對該案持反對態度，乃未正式提出申請。請參閱我國2015年提交給OECD的報告：Competition Issues in Liner Shipping (Chinese Taipei), p. 5, available at http://www.oecd.org/officialdocuments/public displaydocumentpdf/?cote=DAF/COMP/WP2/WD(2015)2&docLanguage=En (last visited 2017.11.05).

格及符合公開公平競爭原則，提供海運服務相關事宜。」「前項政府機關及公營事業機構進口物資器材之品名、適用之採購條件與政府機關、公營事業機構、專責機構之認可、推薦之程序及管理等事項之辦法，由主管機關會商有關機關定之。」在公平交易委員會106年9月6日公聯字第106002號許可決定書中[88]，其許可理由指出：《航業法》第17條第2項授權交通部訂定《政府機關及公營事業機構進口物資器材海運運送作業辦法》（下稱《運送辦法》）之總說明揭示，由專責機構規劃推薦適宜之船舶運送業，承運政府機關及公營事業機構進口物資器材，係基於國家整體經濟發展之需要，建立適當規模之國輪船隊，並顧及戰時國家軍事物資運送等目的。中華民國海運聯營總處（下稱海聯總處）係經交通部同意認可為《運送辦法》第7條所稱之專責機構。依照本案聯合行為之內容，海聯總處在確認申請人有承運之意願後，依照申請人之「運能」（即其擁有國輪之載重噸數）計算其國輪權重，嗣依國輪權重決定各批次申請人之承運比例，再向採購機關推薦，是申請人所可承載之比例，係按所擁有國輪權重計算，為獲得更多的承運機會，必須增加運能，因此可增加整體國輪船隊之規模，達到發展我國海運事業之產業政策。另因各申請人承載之運量並非依照價格機制分配，可以避免貨源集中在少數國輪業者手中，故可維持國輪業者的家數，而有助於戰時物資運送之風險分散及有益國家安全。因本案聯合行為之實施可促進發展國輪船隊規模及戰時國家軍事物資運送，有利於產業政策及國家安全，具有公共利益。再者，本案聯合行為之實施，申請人得以聯合提供船期與艙位，將可彈性調度船舶因應海運市場可能之失調現象，穩定所需貨源，有助於提供更穩定之運能、減低運價波動等經濟利益，且該經濟利益可由交易相對人（政府機關及公營事業）及社會大眾（納稅義務人）合理分享，亦具有整體經濟利益。[89]

---

[88] 公平交易委員會106年9月6日公聯字第106002號許可決定書，頁4-5，available at https://www.ftc.gov.tw/uploadDecision/e862738f-79b0-44f2-af98-b7ec62964e7a.pdf (last visited 2017.11.05).

[89] 本決定許可之內容及條件為：一、申請人等申請聯合運送依「政府機關及公營事業機構進口物資器材海運運送作業辦法」採購之大宗物資及一般雜貨，符合當前整體

由《航業法》的以上規定可知，海運產業的若干競爭法問題已由該法為特別規定，其餘部分仍由公平交易委員會主管、審查及監管。對於已經特別規定之部分，其與《公平交易法》一般規定之適用關係，並非當然優先適用，因為依《公平交易法》第46條之規定，「事業關於競爭之行為，優先適用本法之規定。但其他法律另有規定且不牴觸本法立法意旨者，不在此限。」故如何強化《航業法》之特別規定及其監管機關，使其規定及運作方法，均不致牴觸《公平交易法》立法意旨，並明確界定此二法律之間的競合與適用關係，仍為未來的重要課題。

三、立法趨勢與整體建議

由前述各國法制的發展情形可知，國際海運產業由於其性質特殊，早期各國都給予豁免競爭法的地位，但隨著時代、技術及市場條件變遷，以及各國競爭法發展成熟及消費者意識抬頭，此種豁免的法制乃受到關注及檢討。美國《海上運送法》的改革，是在傳統制度上增加促進市場競爭的元素，並明定禁止若干限制競爭的行為；歐盟則是藉著2002年OECD的報告，採取霹靂手段，一舉廢止《1986年理事會條例》原有關於整批豁免的規定，但迄今仍保留並延展關於聯營體或組合的競爭法豁免的條例；澳大利亞廢止法定豁免的規定，但保留整批豁免；日本及紐西蘭雖維持整批豁免，但藉由增訂具體規定，限制其適用之範圍；新加坡、香港、馬來西亞未採取概括整批豁免，而是經申請後得核給定期豁免的方式，雖適用競爭法，但得定期申請許可聯合行為的制度。以改革後的規定形式而言，有不少是從海運法規，移到競爭法法典，並予以修正者，但也有在航運相關法規中，規定競爭法的特別規定者。以實質的內容而言，對於海運產業適用競爭法的抗拒，不同國家的法制之間仍有強弱之別，但逐漸適用競爭法的

經濟利益，許可期限自106年9月29日起至111年9月28日止計5年。二、申請人等及交通部認可之專責機構不得拒絕其他符合「政府機關及公營事業機構進口物資器材海運運送作業辦法」之國籍船舶運送業者加入本聯合行為。本聯合行為主體變動時應報送本會備查。三、申請人等聯合承運政府機關及公營事業機構進口物資器材，應將專責機構規劃推薦之國籍船舶業名單及承運權比例、實際承運情形（包含實際承運之國籍船舶業名單、承運數量及比例），於每年4月1日前送本會備查。

一般規定，乃是很明顯的共同趨勢。

我國《公平交易法》對海運產業並無特別規定，惟《航業法》上已有不甚明確之特別規定，此二法律之間的關係及對海運產業的競爭政策，均有再予以明確解釋或規定之必要。由前述各國法律發展的經驗來看，各國在相關法律修正之前，均曾經對各該國家及國際海運產業，進行長期觀察、研究與檢討，相對於一般海運國家就海運市場及法律對策，均進行長期調查、研究，我國政府在此方面之研究，似稍有不足之嫌，我國業者未予以重視此類研究，也有改進之必要。

就公平交易委員會之執法而言，對於《航業法》修法之前被認定為不適用《公平交易法》，或已依《航業法》予以許可或備查之行為，在修法回歸適用《公平交易法》之後，建議應依《公平交易法》重新予以檢視；如發現有問題，建議以類似OECD檢討報告之方式，斟酌各方之意見及當前國際立法潮流，先提出執法之原則及警示，再訂定具體審查或判斷原則，採取漸進方式調整法制，避免執法標準過於寬泛、空洞或含混，而引起後續之爭議。

陸、結論

海運是我國的重要產業，我國就海運事業的競爭法事項，在《公平交易法》並無特別規定，但在《航業法》中對國際聯營組織及國際航運協議等涉外問題，予以特別規定，形成二個法律競合的情形，各法律的適用範圍及主管機關的分權合作，已成為競爭法上的特殊問題。由各國法制的發展經驗來看，保護海運產業並給予其競爭法的豁免利益，曾經被認為是該產業永續發展的必要條件，即使時至今日，給予部分豁免仍被認為並不為過。我國國內海運的市場雖小，但業者闖蕩世界，在國際間的表現卻令人驚艷，但相較於其他海運大國，我國對該產業發展及相關法制的關注，頗有加強的必要。

目前各國相關法制的發展趨勢，是逐漸強調海運產業的競爭的重要

性，在容許一定方式的聯合行為之外，也劃出不可逾越的紅線，我國上述二個法律的大方向，與上述趨勢雖無太大出入，但我國法律對於海運產業的競爭政策，既欠缺美國法制配合潮流進行歷次修正的節奏感與明確度，也無如歐盟對海運同盟廢止競爭法豁免的堅定變革意志。展望未來，建議相關部門及機構多支持並鼓勵相關政策及問題之研究，將來在《航業法》及《公平交易法》上，似宜對此一特殊的產業，以更明確的立法原則，就是否給予豁免、如何豁免、航政機關如何執行競爭規範等問題，予以具體規定。

30

我國聯合行為規範現況之結構反省與革新：事前許可制、積極分流與事後查處制[*]

壹、前言

　　競爭法之規範目的，在於維持事業間以效能競爭（competition on the merits）之方式，在市場上進行有效競爭（workable competition），以維護市場效能，進而增進社會整體之經濟福祉。我國公平交易法（下稱公平法）第14條第1項所稱之聯合行為，乃事業以契約、協議或其他方式之合意，與有競爭關係之他事業共同決定商品或服務之價格，或限制數量、技術、產品、設備、交易對象、交易地區等，相互約束事業活動，而足以影響市場功能之行為[1]。此種彼此約定不為競爭之行為，對於市場競爭將造

___

[*] 謹以本文獻給一直景仰的賴源河教授，恭賀老師八秩華誕，敬祝萬壽無疆！拙文原載於臺大法學論叢，47卷3期，2018年9月，係科技部專題研究計畫MOST 104-2410-H-004-212之部分研究成果，為求完善略增補後收錄本書。拙稿最初以「我國聯合行為事前許可制之問題現況：兼論改採事後查處制」為題，發表於2016年反托拉斯法學術研討會，2016年10月24日，公平交易委員會，並於同年11月在中央大學產業經濟研究所進行專題演講。誠心感謝林益裕、謝杞森、王明禮諸位教授及與會先進提供寶貴意見，兩度投稿過程中審查人的諸多指正，以及劉育伶、蘇弘綸、張媛筑三位律師與政治大學法律科際整合研究所鄭禕寧碩士生先後對本文提供的研究協助，謹申謝忱。

[1] 公平法第14條規定：「本法所稱聯合行為，指具競爭關係之同一產銷階段事業，以契約、協議或其他方式之合意，共同決定商品或服務之價格、數量、技術、產品、設備、交易對象、交易地區或其他相互約束事業活動之行為，而足以影響生產、商品交易或服務供需之市場功能者。」「前項所稱其他方式之合意，指契約、協議以外之意思聯絡，不問有無法律拘束力，事實上可導致共同行為者。」「聯合行為之合意，得依市場狀況、商品或服務特性、成本及利潤考量、事業行為之經濟合理性等相當依據之因素推定之。」「第二條第二項之同業公會或其他團體藉章程或會員

成明顯之限制效果，乃為各國競爭法之首要管制對象。我國現行公平法對於聯合行為採取事前許可制，競爭同業間若欲從事聯合行為，除了參與事業總和市場力量甚低，不足以影響市場功能而不符合聯合行為定義者外，依同法第15條規定均須事先向主管機關公平交易委員會（下稱公平會）提出申請，取得該會許可之後方得為之[2]。倘若未經事先取得許可即從事聯合行為，不論該行為在限制競爭效果之外是否有其正面效益，亦不問其結果整體而言對於市場競爭及經濟效率究竟是否有害，一律構成違法行為。

　　第14條聯合行為定義中之「足以影響市場功能」要件，乃是公平法對之發動管制規範之最低門檻，系爭聯合行為所集結之市場力量必須跨越此一門檻，始落入事前許可制之管制範圍，方才需要在著手進行前申請許可；這同時也是違法聯合行為查處裁罰的最低發動底線。本要件之用意乃是微量排除（de minimis），將對市場運作並無重要影響之聯合行為（agreement of minor importance）排除於競爭法規範範圍之外。其判斷標準稱為可感知效果測試法（appreciable effect test, Spürbarkeit），可以區分為量化標準和質性標準。就量化標準而言，一般以聯合行為參與事業在相關市場中一定數額之總和占有率作為門檻。在質性標準方面，如果聯合行

　　大會、理、監事會議決議或其他方法所為約束事業活動之行為，亦為本法之聯合行為。」

2　公平法第15條規定：「事業不得為聯合行為。但有左列情形之一，而有益於整體經濟與公共利益，經申請主管機關許可者，不在此限：
　　一、為降低成本、改良品質或增進效率，而統一商品規格或型式者。
　　二、為提高技術、改良品質、降低成本或增進效率，而共同研究開發商品或市場者。
　　三、為促進事業合理經營，而分別作專業發展者。
　　四、為確保或促進輸出，而專就國外市場之競爭予以約定者。
　　五、為加強貿易效能，而就國外商品之輸入採取共同行為者。
　　六、經濟不景氣期間，商品市場價格低於平均生產成本，致該行業之事業，難以繼續維持或生產過剩，為有計畫適應需求而限制產銷數量、設備或價格之共同行為者。
　　七、為增進中小企業之經營效率，或加強其競爭能力所為之共同行為者。
　　八、其他為促進產業發展、技術創新或經營效率所必要之共同行為。
　　主管機關收受前項之申請，應於三個月內為核駁之決定；必要時得延長一次。」

為所約束的事業活動越為核心，本質上限制市場競爭的程度及傾向越高，足以影響市場功能的市場占有率門檻就越有可能往下調降，調降的幅度也就越大[3]。我國公平會依照立法院2015年修正公平法之附帶決議，於2016年3月1日發布解釋令，參與聯合行為之事業於相關市場之市場占有率總和未達10%者，推定不足以影響生產、商品交易或服務供需之市場功能；但事業之聯合行為係以限制商品或服務之價格、數量、交易對象或交易地區為主要內容者，不在此限[4]。此10%之基本市占率門檻，與歐盟執委會（European Commission）採取同一標準[5]，未達上述標準之水平競爭同業間彼此合意，公平會即不再認定為聯合行為，排除在事先申請許可與事後違法查處之執法範圍。

　　我國公平法於2015年進行全面修正，並由總統於同年2月4日公布施行。對於本次全盤大修法，公平會內部十分重視，花費八年以上時間反覆討論修正條文草案，前後跨越四屆委員任期，曾經研議修正之點遍布整部公平法，幾乎涵蓋所有在立法上值得加以思考反省的重要議題。先前公平法與國際間競爭法規範現況相去最遠，也最值得考慮調整的原有制度之一，就是聯合行為採取事前許可制。此種制度讓未經事先申請的聯合行為一概淪為違法，過於嚴格，業界及產業主管機關早已提出主張放寬此種管制之反彈聲浪[6]。公平會在本次修正條文草案總說明第一點，明白體認到：「事業藉有益於整體經濟與公共利益之共同行為促進競爭力，已成為事業謀求利益與從事競爭之營運模式，面對此一潮流，世界各國競爭法

---

[3] 參見吳秀明，競爭法制之發軔與展開，頁75，2004年；賴源河編，公平交易法新論，頁275，1994年。有關本要件之進一步分析討論與法制建議，詳見王立達，國際卡特爾、競爭法跨國管轄與足以影響市場功能：光碟機圍標案行政法院判決評析，月旦法學雜誌，第255期，頁203、205，2016年。

[4] 公平會（105）公法字第10515600941號令。

[5] Notice on Agreements of Minor Importance Which Do Not Appreciably Restrict Competition Under Article 101(1) of the Treaty on the Functioning of the European Union (De Minimis Notice), point 8(a), 2014 O.J. (C 291) 1, 2.

[6] 參見吳秀明、沈麗玉，競爭法制革新之整體規劃與藍圖，月旦法學雜誌，第228期，頁152，2014年。

均紛紛調整聯合行為之規範制度[7]。」但是公平會花費多年反覆研議的結果,所提出的修正條文草案對於聯合行為並未放棄事前許可之管制架構,僅在第15條例外許可事由中加列一概括條款,增加公平會審理申請案時對於現代多樣之經濟活動給予許可之合理空間。此一草案條文獲得立法院支持並且審議通過,增列為現行公平法第15條第1項但書第8款。本次有關聯合行為之最後修法結果,似乎反映立法者及公平會認為就公平法施行經驗及我國產業實際狀況而言,事前許可制目前尚無廢除之需要,僅須擴大聯合行為取得事前許可之機會,即足以因應當前同業之間彼此合作以促進競爭力之實際需要[8]。

　　本文將先回顧我國聯合行為管制規範施行至今之實際運作情形,包括事前許可制與違法行為查處之執法實況,繼而檢討事前許可制對於聯合行為規範之實務執法所帶來的種種問題,包括許可制點狀實施、事實上事後查處制、處分書實體論述不足、未能形成當然違法與合理原則等類型化審查標準等種種令人憂心之處。在深刻反省本土實存問題之基礎上,本文進而放眼國際,分析國際間對於核心卡特爾及有益同業合作積極分流處理之重要執法趨勢,最後對於我國法制規範結構提出興革建議。本文認為無論基於國際間分流處理之執法走向,或是基於公平會受限事前許可制過於嚴格而導致無法落實執行,抑或鑑於有益聯合行為辨識度不如想像之高,廣泛散布各種經濟活動中,不適合一律要求必須事前取得許可等諸般原因,我國對於聯合行為之規範管制模式,均應儘速修法改採事後查處制,以解決當前制度結構與產業實況脫節所造成的嚴重問題,切合水平競爭者彼此合作之當今樣貌。

---

[7] 行政院(101)院臺經字第1010149963號函,檢索自立法院議案整合暨綜合查詢系統:http://misq.ly.gov.tw/,最後瀏覽日:2016年9月9日。

[8] 參見公平法修正條文對照表,第15條修正說明,https://www.ftc.gov.tw/upload/4a035120-41a7-455c-9733-67ced29b6ccf.pdf,最後瀏覽日:2016年9月9日;另可參考吳秀明、沈麗玉,前揭註6,頁154。

貳、我國事前許可制之運作現況

一、聯合行為申請許可案

　　依照公平會案件統計，自該會成立以來截至2016年7月為止，公平會總計收辦183件聯合行為許可申請案，平均一年僅收到7.47件申請案，案件數目實在不多[9]。在長達24.5年的統計期間中，只有7年聯合行為申請許可案件數量超過10件，1997年乃是申請案件唯一超過20件的一年，達到23件，整體而言申請案件數量可謂長期處於低迷狀態。就申請案件審理結果而言，在總計183件申請案之中，公平會給予許可者有138件，駁回申請者有10件，部分駁回部分許可者有11件，停止審議者有24件[10]。如果扣除無需作成實體決定的停止審議案件，則聯合行為申請獲得公平會許可通過的比率高達86.8%，全部駁回和部分駁回的聯合行為申請案合計只占13.2%，全部駁回的申請案更僅有6.3%，而且從2001年至今，已經十餘年未曾出現全案遭到駁回的聯合行為申請案。由此觀之，聯合行為許可申請案現今獲得公平會通過的機率，可謂相當之高[11]。

　　本文進一步從公平會網站所公布的行政決定，檢索2006年1月1日至2015年12月31日10年間獲得公平會許可之聯合行為合意內容，分析其行為類型，統計結果詳見表30-1[12]。由表30-1中可以看出，公平會近10年來許可之聯合行為高度集中於少數行為類型，呈現點狀分布狀態，並未普遍涵蓋國內各個主要產業以及市場上可能出現的各種合意類型。在這10年間曾

---

[9] 公平會處理限制競爭案件之服務業競爭處與製造業競爭處，總共有八個科，平均一個主管業務科每年收辦0.93件之聯合行為許可申請案。

[10] 公平會，〈案件辦理情形統計〉，收辦案件統計表一及表三，https://www.ftc.gov.tw/upload/fe647f6d-c9a0-4473-96a6-3bb344730cad.pdf，最後瀏覽日：2016年8月30日。

[11] 雖然如此，公平會實務對於部分聯合行為之實體審查標準仍趨於嚴格，尤其是涉及價格之聯合行為，不無檢討放寬的空間，請參見註52之相關說明。

[12] 資料來源：公平會網站行政決定資料庫，檢索類別：聯合行為許可決定書，檢索日期：2016年9月2日。此處統計之聯合行為許可案件，包含延展聯合行為許可期限案，惟不包括聯合行為參與事業變動之准予備查案。

經獲得許可的聯合行為類型,可以歸納為6種,其中合船進口乃是最常見的聯合行為許可類型,以30件之姿遙遙領先其他合意內容,幾乎達到全部許可案件的三分之二。其餘三分之一的許可案件則散見於其他5種行為類型,其個別獲得許可的案件數目皆少於10件,遠遠低於合船進口之許可件數。

表30-1　2006年至2015年公平會許可之聯合行為合意內容

合意內容	許可案件數目
合船進口	30
奧運轉播	2
票證免背書轉讓	5
聯合排班、共同售票、同一票證	3
共同開發產品	1
信用卡業務合作	6
總計	47

※資料來源:公平會網站行政決定資料庫,本文製表。

如果觀察許可尚未到期,目前仍在公平會許可有效期間內的聯合行為,也呈現相同之分布狀態。依照公平會案件統計[13],2016年7月仍在許可期間的聯合行為,有以下10案:

表30-2　2015年7月仍然有效之聯合行為許可案

申請項目	有效期間	事業家數（家）	適用公平交易法條款
1. 申請延展聯合採購大麥合船裝運進口	104.01.01至106.12.31	5	修正前第14條第1項第5款、第15條第2項
2. 申請延展合船裝運玉米進口（飼料聯盟組）	104.03.01至107.02.28	37	修正前第14條第1項第5款、第15條第2項

---

[13] 公平會,前揭註10,收辦案件統計表四。

申請項目	有效期間	事業家數（家）	適用公平交易法條款
3. 申請延展聯合採購黃豆合船裝運進口（中部組）	104.09.01至109.08.31	6	修正後第15條第1項第5款、第16條第2項
4. 申請延展聯合採購小麥合船裝運進口	104.10.01至109.09.30	41	修正後第15條第1項第1款、第16條第2項
5. 申請延展信用卡聯合行為	105.01.01至109.12.31	28	修正後第15條第1項第1款、第16條第2項
6. 申請延展合船裝運玉米進口（大成長城組）	104.06.01至109.05.31	5	修正後第15條第1項第5款、第16條第2項
7. 申請延展合船運送政府機關及公營事業機構進口物資器材聯合行為	103.09.29至106.09.28	13	修正前第14條第1項第5款、第15條第2項
8. 申請延展「東港—小琉球航線」實施聯合排班、共同售票、同一票證之聯合行為	104.07.02至109.07.01	5	修正後第15條第1項第1款、第16條第2項
9. 聯合採購黃豆合船裝運進口（南部組）	103.03.13至106.03.12	6	修正前第14條第1項第5款、第15條第2項
10.申請延展泛公股銀行信用卡聯盟	104.03.02至109.03.01	8	修正後第15條第1項第1款、第2款、第16條第2項

※資料來源：公平會，〈案件辦理情形統計〉，2016年8月。

這些案件之中，有7案合意內容乃是合船進口大宗穀物或是物資器材，2案屬於信用卡業務合作，有1案是聯合排班、共同售票、同一票證，同樣呈現所屬行業及行為類型少，而且高度集中於合船進口的許可案件分布特徵。

在2006年至2015年曾經出現的6種經許可的聯合行為合意類型之中，「票證免背書轉讓」、「聯合排班、共同售票、同一票證」和「奧運轉播」三者都會造成參與事業間相當程度之限制競爭效果，也有導引市場價格僵固化，甚至包藏參與者共同決定價格之可能性。不過這些聯合行為，在客觀上並非必然以漲價或減產等反競爭行為為其目的，仍有透過增加搭乘便利性而提升載客率，或是節省重覆成本、提升服務規模，在不漲價或

減產的情況下使參與事業各蒙其利的可能性，非無其他潛在可能之正當合理合作目的，是故尚未構成當然違法（per se illegal）之行為類型，仍應適用合理原則（rule of reason）判斷其合法性[14]。對於這三種類型的聯合行為，公平會透過在許可決定之中附加條件或負擔，要求參與業者進行聯合行為時不得共同決定價格或有其他聯合行為，並且禁止過度減班或市場劃分，去除較為嚴重之潛在可能限制競爭情狀[15]，再依公平法第15條第1項但書所內含之合理原則加以審查，獲得通過，給予許可[16]。至於「合船進口」、「共同開發產品」、「信用卡業務合作」等三種合意類型，其必然造成之限制競爭效果程度上較為輕微，與常見之當然違法行為類型距離較遠。這些聯合行為之主要目的並不在於限制彼此競爭，而是意在從事其他具有正當理由之共同合作，其可能出現的限制競爭效果居於較為附隨之地位。這些行為類型在分類上乃是合理原則的典型適用對象，認定通過合理原則而不構成違法行為的可能性，也比前述三類型要高得多。

---

[14] 當然違法與合理原則，乃是競爭法上最主要之實體違法判斷標準，有關其各自特徵、適用方式以及適用對象如何決定，詳見本文參、三之說明。

[15] 例如公平會（096）公聯字第096003號許可決定書（北高航線票證免背書轉讓案，許可內容第三項：申請人應銷售具有市場競爭機制及價格優惠之不可背書轉讓機票。第五項：不得透過本許可，共同決定 高雄航線票價及其他交易條件。第六項：申請人減班，不得逾許可時當月已核定班次20%）。（095）公聯字第095008號許可決定書（東港小琉球渡輪聯合排班、共同售票、同一票證案，許可內容第三項：申請人不得透過本許可，共同決定東港小 球渡輪服務價格及其他交易條件。第四項：申請人減班，不得逾申請時已獲核定班次10%）。（101）公聯字第101005號（倫敦奧運無線臺聯播案，許可內容第二項：申請人不得有不當抬高或共同決定廣告價格、不得共同劃分廣告客戶、不得共同決定各申請人節目播出時段，及不得因本許可而從事其他聯合行為）。

[16] 按合理原則之審查，雖然通常係以市場力量門檻、限制競爭效果與合理事由是否足以彌補限制競爭效果等三個主要階段所構成。惟該原則之核心特徵，乃在就個案逐一考察爭行為所可能造成的限制與促進競爭之實際效果，以決定是否違反競爭法。公平法第15條第1項但書之審查程序，係先考察聯合行為申請是否構成但書中任何一款之例外許可事由，再評估是否有益於整體經濟與公共利益。此一流程雖然與典型合理原則審查程序不完全一致，但是仍然符合其逐案評估實際可能效果之核心特徵，應仍屬於廣義合理原則陣營之一份子。

二、聯合行為違法查處案

　　依照公平會案件統計，自該會成立以來截至2016年7月為止，公平會總計處分207件違法聯合行為案，平均一年作成8.45件處分案[17]。以公平會服務業競爭處與製造業競爭處總計8個業管科計算，平均一個主管業務科一年僅能成功查處1.06件之違法聯合行為案。本文針對公平會最近六年（2010年1月1日至2015年12月31日）所作成的聯合行為處分案件，進一步加以統計分析。本期間之聯合行為處分案件總計共有57件，表30-3統計了6個年度的處分案件數量分布與罰鍰總金額，可以看出聯合行為案件數量與被處分事業每年雖然有所增減，但是一般而言每年認定違法的聯合行為案件數目約以10件為中心上下波動。然而，最近一年來公平會處分案件數目卻相當低落，依照該會網站行政決定資料庫查詢結果，從2017年6月1日臺中市保全商業同業公會處分案之後，一直至2018年5月18日才有臺中港與德隆兩家倉儲裝卸公司處分案，其間將近一年時間聯合行為違法查處績效處於空白狀態。

　　在罰鍰金額方面，2011年11月公平法修正增訂寬恕政策，同時大幅提高情節重大案件罰鍰上限之後[18]，2012年罰鍰總金額突破新臺幣（下同）億元大關，並且迅速向上攀升。2013年至2015年的罰鍰金額，則高度集中於兩件大型聯合行為處罰案件。2013年公平會對於麥寮汽電股份有限公司等9家民營電廠聯合行為作成處分，其後遭到行政院訴願會撤銷，同年之中再度作成第二次裁罰處分[19]，該年度罰鍰總金額因此跨越100億元。該案第二度遭到行政院訴願會撤銷之後，2014年公平會第三度對於9家民

---

[17] 公平會，前揭註10，處分案件統計：按違法行為別分。

[18] 該次增訂公平交易法第41條第2項：「事業違反第十條、第十四條，經中央主管機關認定有情節重大者，得處該事業上一會計年度銷售金額百分之十以下罰鍰，不受前項罰鍰金額限制。」

[19] 本案公平會首先於2013年3月15日處以63億2千萬元罰鍰，行政院訴願審議委員會撤銷罰鍰後，公平會旋於同年11月13日處以60億5千萬元罰鍰，再次遭到行政院訴願審議委員會撤銷，復於2014年7月10日處以60億7百萬元罰鍰。行政院訴願審議委員會對於第三次處分之訴願案目前停止審理，等候行政法院有關本案是否構成聯合行為之判決確定。

營電廠作成裁罰處分。2015年則得力於寬恕政策及競爭法執法機關之國際
合作，成功查處鋁質與鉭質電容器製造商跨國共同決定價格之聯合行為，
總計處罰57億9,660萬元[20]。如果扣除這兩件超高額之罰鍰案件，2013年至
2015年其他聯合行為案件之總計罰鍰金額，依次分別為4271萬元、6100萬
元和2465萬元。

表30-3　2010年至2015年公平會聯合行為處分案件數量與罰鍰金額

時間	案件數	被處分事業數	罰鍰總金額
2010年	6	41	1868萬元
2011年	8	43	7350萬元
2012年	18	132	2億9346萬元
2013年	7	57	124億3271萬元
2014年	6	38	60億6800萬元
2015年	12	32	58億2125萬元
總計	57	343	247億760萬元

※資料來源：公平會網站行政決定資料庫，本文製表。

　　值得注意的是，2010年至2015年公平會對於聯合行為作成的57件處
分案中，針對同業公會開罰的案件有14件，占24.56%。尤其在2011年出
現的8件處分案中，同業公會案件高達5件，占該年總案件數62.50%。除
此之外，2010年和2014年公會案件占聯合行為處分案件比例也不低，詳細
情形請見表30-4。

表30-4　2010年至2015年聯合行為處分案中之公會案件

時間	案件數	公會案件數	公會案件百分比
2010年	6	3	50%
2011年	8	5	62.50%

---

[20] 公平會（104）公處字第104133、104134、104135號處分書。

時間	案件數	公會案件數	公會案件百分比
2012年	18	4	22.22%
2013年	7	0	0%
2014年	6	2	33.33%
2015年	12	0	0%
總計	57	14	24.56%

※資料來源：公平會網站行政決定資料庫，本文製表。

　　針對公會遭到處分之案件比例，學者根據公平會案件統計資料指出，自公平法施行至2012年底，遭到公平會處分之聯合行為總計有179件，其中64件由同業公會所主導，占總數35.8%[21]，比前述本文調查2010至2015年同業公會案件所占比例還要來得高。按同業公會聯合行為之特點，經常係以會員大會、理事會或委員會決議等形式出現，一般而言會作成書面記錄，並且分別通知相關會員，因此不僅容易有流散在外的書面證據或電磁紀錄，同時成員組織也較其他具有高度祕密性的聯合行為來得鬆散得多，在證據取得與案件調查方面都比較容易進行。其次，由於社會大眾對同業公會不應成為哄抬價格等共同壟斷行為之橋樑與工具，支持程度與道德非難性都比較高，而且此類案件的處罰對象通常僅針對同業公會，在2015年修法之前並未直接處罰參與作成決定的個別事業[22]，因此可能面臨的業者反彈力道也較小。

　　從公平會平均一個主管科每年僅能成功查處1.05件違法聯合行為案件，以及從成立以來約有三分之一至四分之一的處分案件屬於同業公會所為，綜合觀察可以看出我國目前對於違法聯合行為，就法制面及執行面之綜合規範力度仍有不足之處。同業公會案件應係聯合行為之中違法性較為

---

[21] 毛書傑，同業公會與聯合行為，公平交易季刊，23卷3期，頁107，2015年。如果加計協會、聯誼會等其他事業團體所主導的聯合行為，則共有91件，占聯合行為處分案件總數50.8%。

[22] 公平法2015年2月修法時，新增第43條，規定同業公會或其他事業團體違反本法規定者，主管機關得就其參與違法行為之成員併同罰之。但成員能證明其不知、未參與合意、未實施或在主管機關開始調查前即停止該違法行為者，不予處罰。

明顯，證據較為確鑿，蒐證難度相對較低，也最為社會大眾及業者所支持與接受的嚴重案件，但是公平法施行至今雖然超過20年，同業公會所占處分案件比例仍然沒有明顯下降，值得探討是否在制度設計或是執法技術方面仍有值得再進化之處。雖然藉由公會或其他事業團體進行之聯合行為，在各國都不乏其例，惟有論者指出我國公會案件長期無法明顯降低之原因，可能在於公會案件長期以來罰鍰金額明顯偏低，且以往並未處罰參與公會決定之個別事業，導致嚇阻力並不足夠。而且公平會一直缺乏搜索扣押等強制處分權，在聯合行為之證據蒐集方面也經常遭遇困難[23]。

　　2011年公平法修正後，現行第35條已經引進寬恕政策（leniency program），對於第一家舉報聯合行為的涉案廠商完全豁免其法律責任。目前世界上已經採用寬恕政策的國家，均有相當比例聯合行為案件係來自申請適用寬恕政策之涉案廠商主動舉報，此一制度在我國能否發揮相同功效，值得吾人密切關注。依照公平會於2016年4月向立法院所提出的書面報告，2011年至2015年間共有8案15件提出申請，其中有3案獲准適用寬恕政策，且對所涉聯合行為成功加以查處。這三案所涉及者，分別是跨國之電腦光碟機、鋁質及鉭質電容器等聯合行為，就目前可得之公開資訊而言，至今似尚未出現純粹國內聯合行為申請適用寬恕政策者，就申請、適用與成功查處案件數目而言，也尚未如同其他國家那麼亮眼[24]。事實上，美歐等國在導入寬恕政策初期也有利用度較低之情形，往往經歷法制調整之後方可完全發揮其執法效能。學者研究也指出，寬恕政策必須搭配強化聯合行為執法，提高其發現可能性與處罰強度，方可充分發揮其制度功能，單靠其本身無法克竟其功[25]。我國公平會目前尚未取得搜索扣押等強制處分權力，須先經行政處罰方可以刑罰論處的先行政後司法框架亦未隨

---

[23] 吳秀明、沈麗玉，前揭註6，頁172-174；毛書傑，前揭註21，頁121、125。

[24] 立法院第9屆第1會期第10次會議關係文書，院總第887號政府提案第15350號之723，2016年4月20日；王銘勇，公平交易法寬恕政策與檢舉獎金辦法之分析與檢討，公平交易季刊，25卷3期，頁152、160，2017年；石世豪，各國競爭法寬恕政策實施成效之研究，第24屆競爭政策與公平交易法學術研討會，頁14-16，2017年12月。

[25] 王銘勇，前揭註24，頁160-162；石世豪，前揭註24，頁16-18。

同調整，凡此對於寬恕政策之功能發揮都可能產生不利影響。在爭取搜索扣押權的同時，似乎可以考慮參考韓國將重大核心卡特爾入刑化，或是德國引入檢察機關協助查處等作法，進一步強化聯合行為之查處能力[26]。

在我國目前採取的事前許可制之下，違法聯合行為應可區分為三大類：第一類是實體上當然違法的核心卡特爾（hardcore cartel）行為，第二類是實體上無法通過合理原則的聯合行為[27]，第三類是純粹程序上未經事先申請的聯合行為。然而第三類單純程序違法的聯合行為，依照本文調查統計結果，在2010至2015年之6年期間內僅僅只有一件。本件乃是大統益股份有限公司等五家事業合船進口黃豆，在原有聯合行為許可期間屆至之後未經申請延展而繼續合船進口，因而遭到公平會處罰[28]。公平會許可大宗穀物合船進口之前例甚多，本件涉案事業若能及早在規定時間內提出延展許可期限之申請，應可依公平法第15條但書第5款順利取得許可。至於同一期間公平會所處分之其他56件聯合行為案件，如前所述絕大多數屬於第一類的實體違法聯合行為，即使涉案廠商事先提出申請，公平會依照公平法第15條也無法給予許可。

同屬公平會主管的多層次傳銷，依照修正前公平法第23條之4與多層次傳銷管理辦法，以及現行多層次傳銷管理法第6條，乃係採取報備制，在開始實施傳銷行為之前必須先向公平會完成報備。對於未經報備即開始實施的多層次傳銷行為，公平會一經查獲，即一概處以罰鍰，此種傳銷業「偷跑」之處分案件因而經常出現，不絕如縷[29]。聯合行為係採取事先許可制，理應較採取報備制的多層次傳銷行為規範管制更為嚴格才是。但是

---

[26] 顏廷棟，聯合行為之執法檢討與展望，公平交易季刊，20卷4期，頁41-45，2012年；石世豪，前揭註24，頁12-13。

[27] 有關當然違法及合理原則，詳見本文參、三之說明。

[28] 公平會（102）公處字第102073號處分書。本件處分已遭行政院（102）院臺訴字第1020154978號訴願決定書撤銷確定。

[29] 依照公平會網站行政決定資料庫2016年10月1日檢索結果，以2015年9月1日至2016年8月31日之一年期間為例，多層次傳銷行為開始實施前未向公平會報備，違反多層次傳銷管理法第6條第1項而遭處分的案件數目，即有7件之多。

對於第三類單純事前未經許可即著手進行之聯合行為，公平會卻鮮少以「偷跑」為由加以查處制裁。由於公平會幾乎不對單純未經許可之聯合行為施以制裁，就實際運作而言已經形成事實上事後查處制。

參、事前許可制至今造成之負面影響

一、點狀實施、事實上事後查處制

　　公平會對於單純未申請許可之程序違法聯合行為極少加以查處，造成唯有少數固定提出申請之聯合行為類型，在實務上才會事先向公平會提出申請，其餘類型之聯合行為，公平會大多事後探知，方才個案發動調查，就實體違法者予以處罰。此種長期以來之執法實況，造成事前許可制僅在業者經常提出申請之點狀區塊獲得施行，其餘區塊事實上已經轉換為事後查處制。即使實務上曾經出現極少數單純未經事先申請而遭到公平會處罰之聯合行為案件，但是此種案件同樣發生在業者經常提出申請的點狀區塊內[30]，並未打破事前許可制點狀實施之區塊分布。

　　就客觀法制分析而言，事前許可制應該可以發揮蒐集產業資訊，累積足夠案例，提高法律解釋一致性，以降低事業所面臨法律安定性之風險，提高個案決定可預測性等數種規範功能[31]。然而在我國運作實況下，由於事前提出申請之案件分布範圍過於狹小，導致申請許可案件數目每年平均不到10件，無論在蒐集資訊、形成案例與執法見解等方面，成效均不明顯，原本期待藉由事前許可制度可資達成之規範功能，長期以來完全無法獲得實現，令人遺憾。

---

[30] 例如大統益等五家事業合船進口黃豆，未經延展聯合行為許可遭處分案，即係屬於聯合行為申請許可最為頻繁的合船進口合意類型。有關本案請參見本文貳、二相關說明。

[31] *See* European Commission, White Paper on Modernisation of the Rules Implementing Article 85 and 86 of the EC Treaty, paras. 14-18, COM (1999) No 99/027 (Apr. 28, 1999).

目前未經許可之聯合行為，均可課處10萬元至5000萬元罰鍰，未停止或改正者可按次處20萬元至1億元罰鍰，並可處行為人3年以下有期徒刑，或科或併科1億元以下罰金（公平法第40條、34條）。該等罰則並未區分實體違法與程序違法，將單純未申請許可但對市場競爭有益或無害之聯合行為同樣納入重罰範圍，實有未洽。此種聯合行為實體應在公平法許可範圍，參與事業僅係違反以提供主管機關事前檢視機會為目的之申請許可規定，只是一般的行政違章行為，違法情狀輕微，以中低金額罰鍰提醒其注意，已可發揮足夠之嚇阻效果。倘若課處高額處罰，不僅並無必要，同時輕重失衡，有違比例原則。尤其此類行為並未造成社會損害與法益侵害，只違反行政秩序，無論從當代人民的法感情，或是憲法上罪刑相當與比例原則之角度，均不應科以刑罰制裁[32]。因此公平法第34條刑罰規定應明文將單純程序違法之聯合行為排除於處罰範圍之外，而公平會對此種行為課處行政罰之時，原則上亦不得重於多層次傳銷管理法對於未報備而實施多層次傳銷之單純程序違法者之罰鍰上限[33]，如此方可符合憲法及行政程序法上比例原則與平等原則之要求。

二、處分書實體論述有所不足

在事前許可制之下，公平會對於聯合行為進行事後查處之時，僅須以其未經事前許可為由，即可認定為違法，無須舉證分析系爭行為可能造成之限制競爭嚴重程度，也無須證明其實體上限制競爭之不利益大於促進經濟效率之利益[34]。採取事前許可制的結果，公平會對於違法聯合行為，

---

[32] 參見林鈺雄，新刑法總則，頁8-10，2014年，4版；陳志龍，法益與刑事立法，頁XIII、299，1992年，再版。

[33] 多層次傳銷管理法第32條第1項規定，對於未報備即實施多層次傳銷者，得處10萬元以上5,000萬元以下罰鍰。

[34] 在認定是否構成聯合行為時，對於定義中足以影響市場功能之要件，公平會雖然必須蒐證證明參與事業具有一定之總和市場占有率，但是本要件之原本功能乃是微量排除（de minimis），僅將總和占有率不及10%之聯合行為排除在公平法規範範圍之外，並非評估分析系爭聯合行為事實上之限制競爭可能性。有關足以影響市場功能之要件認定，詳見本文前言之說明。

在處分書中僅須證明系爭行為確係構成聯合行為，並且未經事先許可，即為已足，其論述重點往往置於分析聯合行為定義中之各項要件，在個案之中是否全數齊備而無遺漏。至於系爭聯合行為實體違法性之相關分析，在處分書中經常杳無音訊，未可得見。多年以來，公平會對於違法聯合行為所為之裁罰處分，不僅鮮少敘明系爭行為在實體上對於市場競爭究竟造成何種損害，故應給予行政制裁；有關該行為究竟對於經濟效率造成何等影響，以及在個案中是否存在足以正當化之合理事由，也都幾乎未有加以評估分析。

　　例如飛利浦等三家公司CD-R規格專利共同授權案，公平會2002年第二次處分有關聯合行為之處分理由，僅單純著重於聯合行為各項要件是否該當，尤其以各種證據反覆論證飛利浦等被處分人未曾給予被授權人單獨授權之機會。對於系爭聯合行為對市場競爭所造成之正負面影響，處分書中僅簡單表示：「聯合授權（patent pool，本文稱為專利池）可非難之處不在其本身，而是當事人藉由聯合授權限制價格、劃分市場或限制自由發展項目，而影響市場競爭機能的發揮[35]。」此一處分理由僅關注被處分人是否透過聯合行為限制授權價格，除此之外並未基於任何具體證據，實際評估系爭聯合行為在當時市場環境中所可能產生的正負面效應及其規模。

　　按競爭同業將其擁有之智慧財產權集中為專利池而對外授權，雖然涉及競爭者共同訂定權利金價位等授權條件，但也具有多種可能促進競爭之正當事由，包括以一站購足整合互補技術，節省授權交易成本，清除足使實施他人專利構成侵權的阻礙性專利（blocking patent），以及避免耗費金錢的專利訴訟，讓專利產品的研發商或製造商更容易進入市場[36]。透過專利池在同業間組成研發聯盟，也可以分散研發成本與風險，並且形成共同利害關係，有助於更緊密的研發合作，例如彼此交換未受專利保護之技

---

[35] 公平會（091）公處字第091069號處分書，理由三、（六）。本處分後因其他理由，遭最高行政法院判決撤銷確定。

[36] U.S. Dep't of Just. & Fed. Trade Comm'n, Antitrust Guidelines for the Licensing of Intellectual Property § 5.5 (2017).

術資訊等，具有促進技術發展，增強市場上技術競爭之功效[37]。因此美國對於專利池案件，除了明顯以價格共同決定爲其目的者外，其餘均以合理原則判斷其是否適法[38]。然而公平會在前揭飛利浦案處分書中並未對於系爭聯合行爲之實體違法性確實加以分析判斷，完全忽視專利池可能具有的促進競爭效益，更未評估對於市場競爭之正負面影響。在此種處分書論述方式之下，縱使處理再多的聯合行爲違法案件，就其實體違法性之分析評估方法仍舊難以累積個案經驗，更無法進一步發展出結構化的具體判斷標準，這對於我國聯合行爲法制之成長與優化都有十分嚴重的不利影響。

不過2017年以來，公平會聯合行爲處分書之論述方式似已有所調整。2017年6月臺中市保全商業同業公會聯合行爲案，該公會章程附要求會員之駐衛保全人員報價不得低於該公會訂定之「保全員符合勞動基準法工作時間法定成本分析表」，違反之會員必須接受處分，其所繳交之暫收款2萬元必須捐贈公會，且曾經對部分報價低於該分析表之保全公司實際沒收暫收款。在本案處分書中，公平會確認上述行爲構成聯合行爲之合意，並且對於是否足以影響市場功能，首次就個案實際情形進行市場競爭正負面影響因素分析。公平會認爲本案對於市場競爭可能造成的負面效果，計有扭曲價格效率、增加進入障礙、阻礙競爭過程等三大面向，並且逐一加以分析說明。在系爭行爲可能造成的正面效益方面，公平會反駁被處分人主張本聯合行爲係爲保障勞工權益，避免駐衛保全員薪資低於勞基法規定之正面目的，認爲此等功能可以透過更直接、有效之方式，例如向勞工主管機關提出檢舉等方式爲之，並無必要採取對於市場競爭具有負面效應之聯合行爲，故認定已足以影響相關市場功能而構成聯合行爲，應該

---

[37] U.S. Patent and Trademark Office, *Patent Pools: A Solution to the Problem of Access in Biotechnology Patents?* (Dec. 5, 2000), http://www.consultstanton.com/wp-content/uploads/2015/02/PATENT-POOL-WHITE-PAPER.pdf.

[38] United States v. Line Material Co., 333 U.S. 287, 315 (1948); Apex Elec. Mfg. Corp. v. Altorfer Bros. Co., 238 F.2d 867, 873 (7th Cir. 1956); McCullough Tool Co. v. Well Surveys, 395 F.2d 230 (10th Cir. 1968). *See also* Herbert Hovenkamp et al., IP and Antitrust, at 34-19 (2d ed. 2010 & Supp. 2011).

予以處分[39]。

在本案中，公平會將「足以影響市場功能」此一聯合行為定義要件，從一直以來所設定的微量排除功能中解放出來[40]，轉型賦予衡量系爭行為對於市場競爭正負面影響的重要角色。此一最新實務發展，將市場競爭效果之實體分析引進聯合行為處分書理由欄，讓處分理由與市場實際狀況產生有機連結，也讓處罰聯合行為得以有市場實際損害為其基礎，不再侷限於聯合行為定義、違反許可制等形式化論述，大幅提高處分理由之論證充實程度，值得肯定。不過如此一來，「足以影響市場功能」此一定義性要件，即與公平法第15條第1項但書「有益於整體經濟與公共利益」等聯合行為許可要件內容十分近似，在法條適用上會發生兩者重疊與前者架空後者的問題。申言之，在此種法條解釋之下，假若聯合行為之合意足以影響市場功能，構成聯合行為，則其對於市場競爭之影響整體而言應屬負面，其許可申請無須以許可要件逐一加以審查，即可獲得不應給予許可之結論。因此就法條結構而言，公平會此項法律見解實有再行商榷餘地。

在現行條文架構調整之前，本文認為實體違法性之高低至少是個案罰鍰量定不可或缺之必要考慮因素，故在違法處分案件中相關分析不應缺席。聯合行為處分書必須仔細評估到底有無限制競爭效應與促進競爭效應及其程度高低，作為罰鍰額度裁量之重要基礎。倘評估結果並無限制競爭之實體效應，即為單純未經許可之程序違法聯合行為，應該處以較低之罰鍰額度。反之倘若具有明顯限制競爭效應而沒有可能的促進競爭等正當事由，即屬於國際所稱之當然違法類型，應該處以較一般為重之罰鍰額度，以反映其破壞市場競爭秩序之嚴重程度。

三、並無類似當然違法與合理原則之類型化判斷標準

從競爭法發展現況觀察，世界各國對於聯合行為違法認定的關鍵討論要點，經常集中在應該採取類似當然違法或是合理原則，抑或是界於兩者

---

[39] 公平會（106）公處字第106039號處分書，事實一、理由五至七。

[40] 此要件原本係用以排除參與事業市場占有率合計低於10%的小型聯合行為，詳見本文前言的介紹。

之間的簡式合理原則（abbreviated/truncated rule of reason）等類型化實體審查標準[41]。但是在我國，由於聯合行為的查處無須論究實體不法，僅須論證其構成聯合行為及未經事前許可，因此在違法認定上，無論是當然違法或是合理原則均難有用武之地，導致相關討論相當缺乏，這對於聯合行為之管制規範以及國內學術發展，都有相當不利的影響。

所謂當然違法，乃是競爭法實體違法判斷標準其中之一，適用對象接近於歐盟所稱之「目的型限制」（restrictions by object），其特徵在於系爭行為倘若落入當然違法適用範圍，則不必考慮該行為在個案中對於市場所造成的實際效果，不僅沒有提出限制競爭程度低或其他合理事由以正當化之可能性，在美歐等地也不必考量參與事業之市場力量[42]，即可認定為違法。此一判斷標準適用於以限制競爭為其目的或為其可能效果，而且依照以往經驗並無正當事由足證對於競爭或經濟效率有所助益之聯合行為[43]。這類聯合行為由於並無可能存在之正當合理事由，採取明快簡便之當然違法原則加以認定，可以大幅節省當事人與裁決者對於競爭限制、市場力量、合理事由等複雜因素進行衡量評估所需花費的龐大時間與成本耗費，而迅速明確的違法認定及裁處，也可以提高競爭法對於高限制競爭嫌疑行為之嚇阻效果[44]。

典型的當然違法行為，包括共同決定價格（price-fixing，含限制產量）、市場劃分（market division）與圍標行為（bid rigging）等合意類型[45]。除此之外，如果系爭行為在客觀上，必須透過短期內提高價格或減少產量等限制競爭舉措，才能增加參與事業所獲利潤，亦可認定係以

---

[41] 簡式合理原則又稱為快速審查（quick look），*see generally* Christopher L. Sagers, Antitrust 119-30 (2d ed. 2014); Daniel A. Crane, Antitrust 49-52 (2014).

[42] Phillip E. Areeda & Herbert Hovenkamp, Fundamentals of Antitrust Law §15.05[A] (4th ed. 2011 & Supp. 2016); Case C-226/11 EU: C: 2012: 795；王立達，前揭註3，頁203-204。

[43] Areeda & Hovenkamp, *supra* note 42, §15.06, §19.04[A]; Alison Jones & Brenda Sufrin, EU Competition Law 204-05 (5th ed. 2014).

[44] Areeda & Hovenkamp, *supra* note 42, §15.05[A].

[45] Crane, *supra* note 41, at 48-49.

限制競爭為其行為目的，構成當然違法之適用對象[46]。而核心卡特爾、純粹交易限制（naked restraint of trade）或目的型競爭限制（restriction of competition by object）等不同概念，基本上均係指稱這些構成當然違法之聯合行為。

　　至於合理原則，適用對象近似於歐盟所稱之「效果型限制」（restrictions by effect），其核心特徵乃係針對系爭行為對於市場競爭與經濟效率所造成之不利及有利效果，綜合個案中之各種相關情狀，逐案個別加以考察衡量，以決定是否違反競爭法。其常見之判斷程序，大致係由市場力量門檻、限制競爭效果與有無足以彌補限制競爭效果之合理事由等三個主要階段所構成[47]。至於合理原則之適用對象，大致上包含不屬於當然違法之其他行為類型，其共同特色乃是就行為客觀目的與可能效果而言，參與事業未必需要調漲價格或減少產量等限制競爭舉措，仍有可能透過系爭行為增加獲利，亦即該行為對於市場競爭與經濟效率未必有所不利，因此需要透過合理原則，就個案一一判斷其違法性[48]。合理原則適用對象又可以分為兩類，第一類乃是與常見當然違法類型並不類似，或是必然造成之限制競爭效果較為輕微之聯合行為。至於第二類之適用對象，其雖然符合或近似於當然違法行為類型，或是必定造成相當程度之限制競爭效果，但是該聯合行為乃係同業為了限制競爭以外之正當目的而彼此合作，限制競爭行為或效果僅係處於附隨地位，或僅有潛在出現疑慮者。此時由於系爭聯合行為可能具有促進競爭或經濟效率之正當事由存在，因此即應以合理原則逐案衡量其是否違反競爭法[49]。這兩類適用對象雖然限制競爭效果未必甚高，倘若在個案當中仍然高過促進競爭效果，依舊構成實

---

[46] Areeda & Hovenkamp, *supra* note 42, §19.04[A].

[47] *See* Crane, *supra* note 41, at 52-56; Areeda & Hovenkamp, *supra* note 42, §15.06; NCAA v. Bd. of Regents of the Univ. of Okla., 468 U.S. 85, 99-120 (1984).

[48] Areeda & Hovenkamp, *supra* note 42, §19.04[A].

[49] 合理原則第二類適用對象，美國法上稱之為附隨交易限制（ancillary restraint of trade）；*id.* §15.06[C], Sagers, *supra* note 41, at 114-17; E. Thomas Sullivan & Jeffrey L. Harrison, Understanding Antitrust and Its Economic Implications 126-30 (6th ed. 2014).

體違法之聯合行為。

　　區分當然違法與合理原則之重要意義，在於根據系爭聯合行為限制競爭效果之嚴重程度，以及有無足以正當化之合理事由，依照不同的合意內容，就其適用之實體判斷標準加以分析歸納，逐步進行類型化工作。類型化乃是法律發展之重要過程，可以減少法律適用的不確定性，使之趨於規則化，提升個案間事實論理與法律適用之可比較性，藉此避免人為恣意專斷的出現[50]。除此之外，類型化更可以跨越個案事實差異的藩籬，透過比較分析與歸類整理，濾除不重要的枝節差異，找出在事實結構與規範評價上具有重要性之相同與不同之處，作為進一步深入分析探討的研究起點。在類型化過程中產出的各種行為類型，更可成為執法經驗與研究成果逐步累積的基本分析單元與匯集點，此乃實務操作品質與學術研究得以不斷發展進化之重要關鍵。

　　反觀我國，公平法第15條但書係以「有益於整體經濟及公共利益」作為同條各款聯合行為申請案件之共同實體許可要件，並不區分合意類型，對於聯合行為一律採取合理原則加以判斷。尤其在條文適用上，囿於多年來事前許可制僅在點狀區塊有效實施，申請許可案件數目相當有限，其中未獲許可的申請案件更少之又少[51]，在准予許可的理由之中亦未提及何種案件應該採取當然違法之判斷方式，因此至今亦未能透過案例累積，從申請案件審查中建立類似當然違法或簡式合理原則等類型化具體審查標準[52]。而在事後違法查處方面，由於未經許可之聯合行為均屬違法，法院及公平會在認定違法時通常未就實體違法理由加以分析，更無法期待在我

---

[50] 黃茂榮，法學方法與現代民法，頁230-231，1987年，增訂版。

[51] 有關聯合行為申請許可案之運作實況說明，詳見本文貳、一。

[52] 就行政規則而言，目前公平會似乎僅在對於中小企業申請聯合定價案件之處理原則中，對於特定行為類型提出較具體之實體許可審查標準；參見林易典，淺析公平會「例外許可中小企業聯合定價行為審查原則」，公平交易季刊，7卷4期，頁4，1999年。該處理原則現行條文第九點要求聯合定價申請人必須與交易相對人團體完成協商與共識，該聯合定價必須符合「交易穩定化」或「資訊透明化」原則，且價格必須合理。惟交易相對人團體之同意非常難以取得，由此觀之，聯合定價案件若欲獲得公平會許可通過，並不容易。

國透過事後查處對於聯合行為發展出類型化之分析審查標準。

由此觀之，我國目前所採取的事前許可制，與當然違法及合理原則等類型化實體審查標準，在法條適用結構上顯得格格不入。雖然公平會2017年在事後查處案件中，已將合理原則運用於「足以影響市場功能」之聯合行為定義性要件是否該當之審查上，然而此乃最新實務轉變，是否會持續下去，有待觀察。且此一法律見解將聯合行為事前許可要件實質引為定義性要件之審查判斷因素，造成前者架空後者的問題，已如本文參、二所分析。然而以往長時間以來，國內欠缺類似當然違法與合理原則之類型化判斷標準，已然導致與其他國家聯合行為之違法判斷分析及相關學說討論難以對照接軌，不利於我國取法國外實務經驗及學術研究成果，而精煉深化我國聯合行為相關法制之發展。

四、實例：有關同業團體制定公休日之搖擺態度

我國採取事前許可制所產生的各種負面影響，在公平會處理同業團體制定公休日之系列案件中完全表露無遺。訂定同一地區競爭同業之共同休息日，乃是同業團體十分常見的行為。公平會1992年2月成立之後，經委員會議討論，於同年5月27日作成公研釋011號解釋[53]，認為同業公會以決議方式決定會員之公休日，其目的不在影響生產、商品交易或服務供需之市場關係，而係基於會員員工之福利與休閒之需求，為一例行性的休假。該行為尚不致妨礙市場之功能，應無公平法之適用，亦即該會認定尚未構成聯合行為。

然而1994年面對臺灣區陶瓷工業同業公會函詢若統一於炎夏期間訂定二至三星期之休假日之行為，是否違反公平法，公平會再度經由委員會議決議，作成公研釋085解釋，認為若涉及勞工工作條件與福利，而由代表勞方之工會與廠商透過集體協商途徑，依團體協約法之規定締結團體協約者，則不適用公平交易法。惟倘事業之活動已逾越一般交易習慣，若足以影響生產、交易或供需之市場功能，應屬公平法第7條所稱之聯合行

---

[53] 公平會（81）公壹字第00800號函。

為，應不得為之，而宜由個別事業視需要自行斟酌處理[54]。本解釋之見解即與前述見解有所不同，認為同業公會訂定公休日如果逾越一般交易習慣，有可能構成聯合行為。惟按公會決議訂定公休日，足以減少相關市場之供給，抑制於公休日之市場競爭，如何可得認為不足以影響相關市場之功能？其次，何謂有關休假的一般交易習慣？是否係指有關營業時間之一般交易習慣？如果同業團體未曾訂定公休日，該行業如何能夠形成有關休假日與營業時間之一般交易習慣？此外，何種情形的休假日才算是逾越一般交易習慣？本案中二至三星期之炎夏期間休假日，是否過於漫長，而已經逾越一般交易習慣？對於以上種種疑問，本號解釋之中並未有進一步說明。

1999年，公平會對於臺北市家禽批發市場業者代表會決議於前一年農曆12月17日該市場原有公休日（尾牙節）之後，增加兩天公休日以避免土雞價格高昂造成虧損乙案，認定該決議已經構成聯合行為[55]。2002年公平會更進一步，對於高雄市醫師公會決議建立基層診所週日隔週分區輪休制度，以推動基層醫師在星期假日適度休息、從事休閒活動與持續進修，同樣認定構成聯合行為而加以處分[56]。本案公平會既然推翻1992年該會函釋所採見解，重新認定公會訂定公休日乃是聯合行為，自應偵騎四出，對於各行各業相當常見的同業團體制定公休日行為，查明其是否申請許可，並對公休日付諸實施前未經許可通過者大力加以查處，方能克盡執法之責。然而在本案之後，公平會卻又偃旗息鼓，若無其事，不再追究初次訂定公休日之同業團體責任，至今僅再針對在原訂公休日以外決議增加公休日之

---

[54] 公平會（83）公貳字第66037號函。

[55] 公平會（88）公處字第088號處分書。臺北市家禽批發市場業者代表會乃由該市場之家禽批發業者及家禽屠宰業者所組成，其中家禽批發業者（承銷商，俗稱行口）有52人，若扣除重複之業者，經營土雞批發者約有24個行口。公平會雖然認定本案構成聯合行為，但卻僅命被處分人停止系爭違法行為，並未依同年修正之公平法第41條規定科處罰鍰。

[56] 公平會（91）公處字第091194號處分書。被處分人將高雄市分成南、北兩區實施週日輪休制度，北區每月第一、三週日休診，南區每月第二、四週日休診，第五週日自由決定是否看診。本案公平會同樣並未處以罰鍰，僅命停止系爭行為。

兩同業團體加以處分[57]。然而2016年8月臺灣省液化氣體燃料商業同業公會聯合會擬議制定瓦斯行及分裝廠「週日不送瓦斯」之公定休假日，以因應政府推動勞工「七休一」等新勞動政策，又遭到公平會以液化石油氣乃重要民生物資，與民眾生活息息相關，應由各瓦斯行或分裝場自行決定營業時間及休假日，不得有聯合行為為由，予以勸阻[58]。公平會對於同業團體訂定公休日之執法態度，20年來搖擺不定，莫衷一是，著實令人無所適從。

　　查同業團體有關公休日之決議，乃係要求會員不得於公休日爭取交易機會而銷售商品或服務，不僅明白限制公休日當天之水平同業競爭，同時對於所屬月份之整體銷售數量可能也有抑制效果，因此確屬約束事業活動而有限制市場競爭之效果，並非與市場供需完全無涉之純粹員工福利、休閒事項，應該構成聯合行為，其理甚為淺白，應無疑問可言。公協會等事業團體在同業間通常擁有相當廣泛的滲透率，所屬會員在相關市場中總和占有率超過10%之聯合行為微量排除門檻，甚為常見，其制定公休日之行為自無法排除在公平法聯合行為規範範疇之外。惟公平法對於聯合行為採取事前許可制，實施公休日之前倘未經公平會事先許可，將使同業團體陷於違法之境。此種處境一方面將為公平會帶來為數眾多的公休日申請許可案件，過度耗費行政資源；另一方面由於公休日負有使從業人員適度休養生息的重要社會功能，公平會若對未經申請許可的公休日全面認定違法，無論逐一查處或是進行行業導正，恐怕都將引來社會大眾對其正當性的強烈質疑。或許有鑑於此，公平會在創會之初即透過法條解釋，將公休日直接排除於公平法適用範圍之外。

　　然而此一行政解釋將具有多重效果的事業行為排除於公平法適用範

---

[57] 公平會（92）公處字第092141號處分書（臺灣省家畜肉類商業同業公會聯合會，未罰鍰）、（98）公處字第098045號處分書（臺東縣家畜肉類商業同業公會，罰鍰10萬元）。

[58] 公平會（105）公製字第1050012019號函；中央社（08/12/2016），〈瓦斯業集體公休？公平會勞動部不同調〉，http://www.cna.com.tw/news/afe/201608120293-1.aspx，最後瀏覽日：2016年8月13日。

圍之外，假若一般案件同樣依照此一邏輯加以解釋，公平法適用範圍將遭到不合理之大幅削減，並非可得接受之法律適用原則。公平會後續案件將訂定公休日重新納入聯合行爲定義範圍，實屬必然發展。在高雄市醫師公會一案中，公平會面對醫師公會提出必須制定公休日，以維護基層醫師之身心健康，並且配合醫師法強制醫師進行在職進修之強而有力正當事由，受限於聯合行爲法律定義與事前許可制，必須認定其爲違法而加以查處，僅得在其裁量範圍內將罰鍰完全免除，充分體現了事前許可制過於僵化嚴格，可能導致與實體層面明顯脫節的殘酷現實。

　　令公平會左右爲難的公休日困局，倘若引進類型化實體審查標準加以分析，應可迎刃而解。同業團體決議訂定會員公休日，雖有限制市場競爭之效果，但是如同公平會早年解釋以及高雄市醫師公會所指出，也有明顯的正當事由存在。此種正反面效應並存的行爲類型，無疑是合理原則最佳適用對象，必須就個案評估系爭公休日限制市場競爭之強度，以及與從業人員定期合理休閒間之關連性強弱，以決定實體上是否構成違反競爭法之聯合行爲。假若公休日之數量與頻率係在同業團體會員及其員工定期休憩之合理必要範圍內，由於適當的休養生息對於提升生產效率及產品品質，降低瑕疵品比率，回復主觀競爭意願等，都有明顯幫助，因此應可彌補公休日可能造成的限制競爭效應，反而具有積極促進競爭之整體效果。惟假若公休日超出此一合理範圍，例如在原本正常公休日以外特案決議增加公休日，隨著公休日休養生息的邊際效用遞減，其控制產量之限制競爭不利效果無法獲得彌補，則應認定爲實體違法之聯合行爲。

　　合理原則與當然違法之類型化實體判斷標準，源自美國而歷經各國競爭法百年以上的經驗累積與持續發展，具有適切分析處理多種疑難類型之規範能量，詎料我國受限於事前許可制之規範架構，無法引進其所承載的多年執法經驗與智慧結晶，令人唏噓慨歎。在事前許可制之下，適用合理原則而需要個案判斷是否構成實體違法的聯合行爲，最容易因爲未經事先申請許可而落至違法下場。公平會歷年來有關公休日違法認定的進退維谷，已經充分見證此一制度缺陷。

肆、國際走向：積極分流處理

國際間目前對於聯合行為之管制，乃係採取積極分流處理之規範方式[59]。歐盟運作條約第101條第1項聯合行為之一般性禁止規定中，明確例示五款不同型態之聯合行為[60]，乃是典型造成限制競爭而應予以禁止之違法行為類型。對於有助於生產、銷售、經濟或技術進步，並且與消費者分享有利成果，且未造成相當規模或不必要市場競爭限制之聯合行為，則以同條第3項規定明白宣告不在禁止之列，對於引發不同效果的兩種聯合行為，明白採取區別對待的規範方式。在大西洋彼岸，美國司法部（Department of Justice, DOJ）與聯邦交易委員會（Federal Trade Commission, FTC）在2000年會銜公布競爭者合作處理原則（Antitrust Guidelines for Collaborations Among Competitors）。這份文件在前言開宗明義指出，該處理原則係為協助事業評估與競爭者合作遭到執法機關質疑之可能性，以便積極鼓勵有助於市場競爭的同業合作，並且嚇阻可能損及競爭與消費者的水平聯合[61]。這段開場陳述清楚表明美國執法機關對於聯合行為將依其結果對於市場有益抑或限制競爭，而給予不同處遇的分流處理立場。

一、強力嚴懲核心卡特爾

具體而言，針對屬於核心卡特爾之當然違法聯合行為，各國在法律層面都祭出重罰手段，同時在執法實務上不斷加強查緝與處罰強度，以遏止此種對於消費者及市場經濟造成嚴重危害之聯合行為。這些聯合行為違法

---

[59] 可參見吳秀明、沈麗玉，前揭註6，頁142-144；王立達、許翠玲，違法聯合行為協議之私法上效力：競爭法與民法第71條之雙向實證與釋義分析，中研院法學期刊，第11期，頁69-70，2012年。

[60] 包括：直接或間接限定價格或其他交易條件；限制產量、市場、技術發展或投資；分享市場或供貨來源；對類似交易給予不同條件而使其居於競爭劣勢；以性質上或商業用途上無關之義務作為交易之前提條件。

[61] U.S. Dep't of Just. & Fed. Trade Comm'n, Antitrust Guidelines for Collaborations Among Competitors pmbl. (2000).

獲利豐厚，倘若未被查獲，可為事業負責人本身帶來領導卓越、振衰起敝等經營美名，為之賺進高薪與紅利，因此卡特爾的各種處罰措施經常被違法事業視為享受高獲利之際必須隨同付出的成本。職是之故，在法制設計上必須加重處罰力度，方有可能發揮嚇阻效果。尤其是對違法事業高階負責人判處人身監禁，不是任何金錢利益所能完全彌補，在各國執法實務上乃是最具嚇阻力的處罰項目[62]。

以美國為例，2004年修正休曼法（Sherman Act）加重刑事處罰，法人罰金刑上限從美金1千萬元大幅提升至1億元，等同於白領人士詐欺行為之罰金刑度，自然人有期徒刑上限也從3年增加到10年[63]。依照美國法上提高罰金額度之規定，無論是法人或自然人的刑事罰金，最高都可以超過法定刑上限，達到該行為所獲毛收入或所造成毛損害之兩倍金額[64]。在實務方面，美國司法部歷來僅對核心卡特爾行為發動競爭法上之刑事制裁[65]，2015年司法部對法人及自然人之罰金總數高達美金28.5億元，打破先前紀錄，並占美國當年度競爭法罰款總數88%[66]。在自然人方面，自從1999至2000年維生素聯合行為以來，美國司法部經常就參與卡特爾之違法事業起訴多位負責人，並且從十幾年前即不再與事業負責人達成不服自由刑之和解協議。時至今日，司法部致力追訴參與違法聯合行為層級最高之

---

[62] Makan Delrahim, *The Basics of a Successful Anti-Cartel Enforcement Program*, U.S. Dep't of Just. (Apr. 20, 2004), https://www.justice.gov/atr/speech/basics-successful-anti-cartel-enforcement-program; Thomas O. Barnett, *Criminal Enforcement of Antitrust Laws: The U.S. Model*, U.S. Dep't of Just. (Sep. 14, 2006), https://www.justice.gov/atr/speech/criminal-enforcement-antitrust-laws-us-model.

[63] Antitrust Criminal Penalty Enhancement and Reform Act of 2004, Pub. L. No.108-237, §215(a), 118 Stat. 661, 668; Belinda A. Barnett, *Criminalization of Cartel Conduct – The Changing Landscape*, U.S. Dep't of Just. (Apr. 3, 2009), https://www.justice.gov/atr/criminalization-cartel-conduct-changing-landscape.

[64] 18 U.S.C. § 3571 (2006).

[65] Barnett, *supra* note 63.

[66] Lindsay Fortado, *Cartel Fines in US and China Rise to Record Levels: US Department of Justice Levied $2.85bn in Antitrust Penalties in 2015*, Financial Times (Jan. 14, 2016), https://www.ft.com/content/1c56c27c-b9f3-11e5-b151-8e15c9a029fb.

事業負責人，以擴大其嚇阻力，在和解協議或是法院判決中，自然人被告遭到判處必須入監服刑的有期徒刑刑期，也持續升高[67]。

　　歐盟在2006年重新修訂有關競爭法的罰鍰處理原則[68]，同樣強調所課處罰鍰對於違法行為必須產生足夠的嚇阻效果，並且因此調高執委會可判處的罰鍰金額[69]。該處理原則係以涉案廠商於違法行為最後一年在歐洲經濟區（European Economic Area）與系爭行為直接、間接相關之財貨銷售金額30%以下之金額，乘上參與系爭違法行為之年數（不足半年者，以半年計），作為罰鍰基本額數[70]。本處理原則明確指出，共同決定價格、市場劃分、限制產量之聯合行為，乃是對於市場競爭最為嚴重之侵害，應予重罰。因此原則上將以年銷售額30%計算其罰鍰基本額。即使涉案廠商參與核心卡特爾行為之時日尚短，未滿一年，執委會仍將以年銷售額15%至25%計算其罰鍰基本額[71]。對於其他違反競爭法行為之罰鍰基本額計算，執委會將綜合考量違法行為的性質、涉案事業於相關市場之合計占有率、所涉及的地理區域範圍、違法行為是否已經實施等，以決定所採計之年銷售金額百分比[72]。

　　在決定罰鍰基本數額之後，執委會尚可考量系爭違法行為所涉及的所有相關情狀，進行整體衡量，以決定是否提高或降低罰鍰金額[73]。加重

[67] Barnett, *supra* note 63; Roxane C. Busey & Lee K. Van Voorhis, *Reflections on the Antitrust Section's Spring Meeting*, Global Compliance News (May 19, 2016), https://globalcompliancenews.com/reflections-on-the-antitrust-sections-spring-meeting-20160519/.

[68] Guidelines on the Method of Setting Fines Imposed Pursuant to Article 23(2)(a) of Regulation No. 1/2003 (2006/C210/02).

[69] *Id.* para. 4；行政院公平交易委員會，競爭政策白皮書：96至98年施政主軸專案計畫，頁39，2010年；陳志民，美國及歐盟反托拉斯法對國際卡特爾行為之規範，貿易政策論叢，第14期，頁61-62，2010年；李綱信，歐美競爭法之初步研析，經濟研究年刊，第12期，頁351-353，2012年。

[70] Guidelines, *supra* note 68, paras. 21, 24.

[71] *Id.* paras. 23, 25.

[72] *Id.* paras. 22, 25.

[73] *Id.* para. 27.

罰鍰的相關因素，包括涉案事業為累犯、卡特爾領導者或發起人，在調查過程中拒絕配合，或是在系爭行為相關財貨以外的銷售額特別高，以及罰鍰金額是否已超過其違法利得等[74]。而減輕罰鍰的相關因素，則包括配合執委會調查、其違法行為係出自於過失、在執委會發動調查時即停止系爭行為（核心卡特爾不適用），或是參與聯合行為程度相當有限且迴避未實施合意內容，或該違法行為係出於國家機關或法律授權或鼓勵等[75]。考量整體相關情狀之後，即使加重系爭行為之罰鍰金額，依照歐盟1/2003號規則，其最高罰鍰額度亦不得超過違法事業前一年度全部銷售金額10%[76]。

在國際組織方面，經濟合作及發展組織（Organization of Economic Cooperation and Development, OECD）近年來不斷討論的重要議題之一，就是卡特爾案件的調查與起訴。按核心卡特爾（hardcore cartel）一詞首見於1998年OECD理事會建議書。該建議書譴責此種卡特爾乃競爭法上最為嚴重之違法行為，其藉漲價及限制產出，使消費者無法購買所需要的商品及服務，且使消費者多負擔不必要之支出，對全球貿易成長及消費者福祉危害甚鉅，為競爭法上最應加以規範之行為。故OECD主張各國必須以有效行動對抗核心卡特爾，並且展開一連串打擊卡特爾之各國經驗及意見交流，持續鼓吹會員國改善其打擊核心卡特爾之執法行動，加強國際合作，同時邀請非會員國一起加入此一共同打擊行動[77]。競爭法另一重要國際組織—國際競爭網絡（International Competition Network, ICN），也針對卡特爾案件成立專門工作小組，陸續提出卡特爾和解、罰金或罰鍰等多種措施之建議最佳作法（best practices），甚至編寫調查作業手冊，推動鼓勵各會員國廣泛採用，以共同打擊國際間之核心卡特爾行為[78]。

---

[74] *Id.* paras. 28, 30-31.

[75] *Id.* para. 29.

[76] *Id.* para. 32.

[77] 李文秀，寬恕政策應用於惡性卡特爾之探討：兼論我國引進寬恕政策之修法建議及國際合作，國立政治大學國際貿易研究所碩士論文，頁33，2004年；行政院公平交易委員會，前揭註69，頁43-44。

[78] 行政院公平交易委員會，前揭註69，頁46-47。

二、便利有益之同業合作

　　對於非屬核心卡特爾的聯合行為，通常是以合理原則個案逐一判斷其違法性。這些聯合行為未必對於市場競爭、經濟效率及消費者福祉產生不利影響，是以對於聯合行為全面性一概加以提防，要求必須逐一向執法機關申請許可後才可進行，實在並無必要。有許多種類的同業合作行為，例如共同研發、專業化分工、制定技術標準等，對於提升經濟效率、消費者福祉及市場競爭甚有幫助，不僅不應加以防堵，同時政府更應當主動積極促成此種同業合作。目前世界主要國家經常透過各種方式，包括明確列出適用合理原則之行為類型、設立量化的豁免條款（safe harbor，又稱安全港）、提供事前非正式檢視程序等諸多途徑，針對有益於整體經濟福祉的聯合行為提供明確的事前判斷依據，積極去除業者心中可能違反競爭法的疑慮，提高法安定性，以便利有益聯合行為之形成與發展[79]。

　　美國休曼法第1條對於聯合行為始終採取事後查處制。該國司法部與聯邦交易委員會於2000年競爭者合作處理原則中，對於同業合作設下明確之執法豁免條款。對於並未涉及當然違法或是適用簡式合理原則之聯合行為，倘若參與之競爭同業在相關市場中合計占有率尚未達到20%，或是競爭同業進行合作研發時，在相關創新市場至少還有另外三項獨立的研發活動，二者只要符合其中一，聯邦執法機關將不會對之發動個案調查等競爭法執法行動[80]。假若事業對於同業合作之適法性仍然存有疑慮，還可透過非正式程序，向司法部反托拉斯署或是聯邦交易委員會提出請釋案，請求釋疑。司法部反托拉斯署審查業者擬議進行的同業合作之後，會以營業審查函（business review letter）說明其執法意向，答覆是否認為請釋之行為違反競爭法，或者在何種條件之下即無違法嫌疑而不會加以查處。聯邦交易委員會對於涉及重要或新穎的事實或法律問題，或是與重大公益相關的請釋案件，將會提交委員會議審查及議決，其他請釋案則由業務單

---

[79] 參見吳秀明、沈麗玉，前揭註6，頁142-143；U.S. Dep't of Just. & Fed. Trade Comm'n, *supra* note 61, para. 4.1.

[80] U.S. Dep't of Just. & Fed. Trade Comm'n, *supra* note 61, paras. 4.2-4.3.

位審查，並將研擬結果以諮詢意見（advisory opinion）答覆是否可能違反
競爭法[81]。營業審查函或是諮詢意見都是非正式行政程序的產物，屬於美
國檢察官或行政機關固有之違法查處裁量權（習慣上仍稱為prosecutorial
discretion）行使範圍，對於主管機關雖然在法律上並無拘束力，不過在事
實上代表執法機關對於該案件所持立場。

　　在歐盟方面，對於非屬核心卡特爾之聯合行為也逐步降低管制強
度，並且對於不致影響市場競爭者提供執法豁免條款。執委會於2011
年訂定水平合作協議處理原則（Guidelines on the Applicability of Article
101 of the Treaty on the Functioning of the European Union to Horizontal Co-
operation Agreements），對於最常見的同業合作行為提供分析架構，俾
能同步衡量系爭行為促進競爭與反競爭之相關因素，協助事業自行評
估有意從事的同業合作是否違反歐盟運作條約第101條[82]。本處理原則
設立的量化豁免條款，例如涉及商品化的聯合行為（commercialization
agreement），參與事業合計市場占有率低於15%者，執委會認為自動符合
歐盟運作條約第101條第3項的法定豁免例外。涉及財貨生產（production
agreement）和採購（purchase agreement）的聯合行為，參與事業合計市
場占有率分別低於20%與15%者，執委會也認為相當有可能符合同項規定
的法定豁免[83]。

　　總結上述國際間目前對於聯合行為之基本規範方向，顯係依其是否
屬於核心卡特爾而異其待遇，予以分流處理。對於核心卡特爾加重處罰，
嚴厲查緝；對於市場競爭不致有負面影響之聯合行為，則致力掃除事業之
違法疑慮。觀諸我國現行公平法在基本出發點上顯與國際規範有所不同，

---

[81] Antitrust Div., *What is a Business Review?*, U.S. Dep't of Just., https://www.justice.gov/atr/
what-business-review (last visited 2017.04.05); Fed. Trade Comm'n, *Competition Advisory
Opinions*, https://www.ftc.gov/tips-advice/competition-guidance/competition-advisory-
opinions (last visited 2017.04.05).

[82] Guidelines on the Applicability of Article 101 of the Treaty on the Functioning of the
European Union to Horizontal Co-operation Agreements, paras. 5, 7, 2011 O.J. (C 11).

[83] *Id.* paras. 169, 208, 240.

即使有益於整體經濟福祉的聯合行為，只要事前未向公平會申請並取得許可，即與核心卡特爾無異，同屬違法行為。然而單純程序違法之聯合行為與核心卡特爾，其間可非難性之差距不可以道里計，但在現行公平法上卻給予相當類似之管制評價，在規範上實難謂為妥適合宜，的確有必要從法制結構面進行深切檢討與革新。

伍、建議改採事後查處制

我國對於聯合行為一律採取事前許可制，導致執法機關難以透過法條解釋或裁量權行使，對市場競爭負面影響甚小的聯合行為提供豁免而分流處理，反而使之全面陷於違法境地，妨礙有益同業合作之組織與運作。本文認為我國聯合行為之管制規範，應該改採事後查處制，並且對於核心卡特爾及有益聯合行為兩者積極加以區別對待，避免對有益之競爭者合作造成不必要法律障礙。

一、有益聯合，辨識度低，無處不在

對於市場機能具有正面效益的聯合行為，事實上並不罕見，散布於當今社會各個層面，只是辨識度低，一般而言並不容易意識到須向公平會事先提出申請。

(一) 同業共同合作研發

例如競爭者間之合作研究開發活動，公平法第15條第2款將之列為須經事先申請，但可給予許可的聯合行為。經濟部技術處長期以來透過科技研究發展專案計畫（簡稱科專計畫），補助工研院等研究機構開發國內產業所需的高端技術，臺積電與群創光電（原奇美電子）最初使用的積體電路與TFT液晶螢幕製造技術，都是由此一機制培育而來。從1997年起，經

濟部技術處推動業界科專計畫[84]，補助業者進行技術研發，並且允許取得
研發成果之智慧財產權。除了補助個別業者以外，業界科專計畫也鼓勵包
含競爭同業在內的多家業者或與研究機構共同籌組聯盟，合作研究開發產
業所需技術，稱為整合型研發計畫。在2014年至2017年1月的3年期間裡，
經濟部技術處總計受理134件整合型研發計畫申請[85]。但是在這麼多的申
請案件中，曾經向公平會申請聯合行為事前許可者，卻是聞所未聞，未見
其例。本文表30-1統計2006年至2015年公平會發給許可之聯合行為合意內
容，沒有任何一件涉及共同合作研發，顯示國內業界多年以來鮮少意識到
同業合作研發已經構成聯合行為，依法必須向公平會申請許可[86]。即使是
專門輔導產業技術研發的政府相關單位，雖然經年累月補助業者成立研發
聯盟，亦未警覺到應該提醒同業合作先向公平會申請許可。有益聯合行為
可識別程度之低，由此可見一斑。

---

[84] 自從2014年起，改稱為「A+企業創新研發淬鍊計畫」；經濟部技術處A+企業創新專
案辦公室網站，〈A+企業創新研發淬鍊計畫〉，http://aiip.tdp.org.tw/index.php，最後
瀏覽日：2017年4月9日。

[85] 經濟部技術處網站，〈A+企業創新研發淬鍊計畫〉，http://www.moea.gov.tw/MNS/
doit/content/Content.aspx?menu_id=13392，最後瀏覽日：2017年4月3日。除此之外，
經濟部中小企業處亦委託中華民國管理科學學會，多年來持續輔導國內中小企業進
行實質合作，包括合作宣傳、引進新技術、共同生產製造、共同行銷、建立共同網
站、共同配送、共同發展新事業等；經濟部中小企業處中小企業互助合作網站，
〈實質合作輔導方案〉，http://www.smcps.org.tw/cooperate1.php，最後瀏覽日：2017
年4月3日。這些競爭者合作在概念上同樣構成聯合行為，只是參與者規模較小，未
必能跨過合計市場占有率10%的門檻，不一定該當公平法第14條第1項足以影響市場
功能之要件。

[86] 經以各種關鍵字，於2017年4月4日搜尋公平會網站之「本會行政決定」資料庫，自
公平法施行以來僅發現二件同業合作研發之聯合行為許可案。一是許可三陽工業股
份有限公司等11家事業合資成立策盟工業股份有限公司，從事電動機車之研發、設
計、製造（公平會（87）公聯字第017號、（89）公聯字第008號許可決定書）；二
是許可大山電線電纜股份有限公司等9家事業以合資新設事業方式，共同開發、製
造、銷售高壓電力接續器材（公平會（91）公聯字第091001號、2005年2月4日公聯
字第094001號許可決定書）。

(二)學術圖書館採購聯盟

　　聯合行為未必出現在典型商場競爭之中，其他類型的經濟活動也經常潛藏著有益同業合作，在此可舉一例說明之。近年來各種電子資料庫，包含電子期刊與電子書，其涵蓋層面、資料容量與使用便利性均有大幅提升，成為大專院校研究與教學不可或缺的重要資源。然而這些電子資料庫銷售模式複雜，價格居高不下，近年來持續漲價，造成各國大學沉重負擔。為了因應這些問題，不同學校的圖書館成立各種型態的採購聯盟，期望透過集體聯合採購，形成更大的議價能力，向出版商爭取較優惠的價格及使用條件，並由專門人員集中處理採購議約事宜，以節省經費、人力及作業成本[87]。我國目前已有全國學術電子資訊資源共享聯盟（1998年成立，簡稱CONCERT）、臺灣學術電子書聯盟（2008年成立）等多個學術圖書館採購聯盟，以跨校聯盟共購共享之策略引進不同類型之西文電子資料庫[88]。由於聯盟採購對於圖書館引進電子資料庫而言非常重要，可謂是學術圖書館必須採取的生存之道，因此不只在我國已經運作多年，美國各州與英國不同地區，也都各自組成採購聯盟，開發中國家在這方面也發展迅速[89]。

　　我國學術圖書館2017年之西文電子資料庫採購，經過CONCERT與國外各大出版商交涉斡旋，大部分出版商均能體察我國圖書經費成長有限，甚至負成長之狀況，價格漲幅都較2016年為低，唯有Elsevier公司出版的ScienceDirect資料庫堅持調張一定幅度，遲遲無法達成協議。該資料庫一向價格昂貴，原本已占國內大專院校每年電子資源採購經費近三分

[87] 參見詹麗萍，電子書的聯盟採購：以「臺灣學術電子書聯盟」為例，2009電子資訊資源與學術聯盟國際研討會，頁8-2，2009年11月，國家實驗研究院科技政策研究與資訊中心網站，〈關於CONCERT〉，https://concert.stpi.narl.org.tw/page/index_1，最後瀏覽日：2017年4月3日；臺灣學術電子書暨資料庫聯盟網站，〈聯盟計畫介紹〉，http://taebc.lib.ntnu.edu.tw/?q=project，最後瀏覽日：2017年4月3日。

[88] 林孟玲，圖書館聯盟與CONCERT，CONCERT 2016年國際學術研討會：數位化衝擊下之學術傳播與創新資訊服務，頁4，2016年11月；詹麗萍，前揭註87，頁8-3至8-9。

[89] 詹麗萍，前揭註87，頁8-3。

之一，總計達2,700萬美元；與2008年相較，2016年國內採購該資料庫之總經費增加高達53%。其高昂的使用價格，在國際上曾引發美國加州大學聯盟、哈佛大學、荷蘭大學聯盟之非議。為了共同對抗ScienceDirect資料庫不斷上漲的價格，2016年12月CONCERT與Elsevier公司談判破裂之後，CONCERT立刻呼籲所有會員圖書館以整體臺灣市場為考量，以共同利益為念[90]。臺灣大學、政治大學等9所國內大學隨即宣布停訂ScienceDirect資料庫，希望透過步調一致的停止訂閱行動，換取更多的談判空間[91]。

　　國內各大專院校乃是我國高等教育市場之水平競爭同業，其彼此就圖書館電子資料庫組成聯盟共同進行採購交易，遇有議約不成即集體拒絕訂閱，雖屬文教領域之買方合作，但仍構成聯合行為。本類型的集中採購不僅有助於降低各校分別交涉議約所需花費的交易成本，同時面對國際級大型出版商，也有平衡雙方議約力量，減輕談判地位不對等之正面效應，應具有增強市場競爭性與資源配置效率，抑制國外大廠市場力量，避免任其宰割榨取之有益效果，是以非屬當然違法之核心卡特爾，應以合理原則衡量其違法性。然而在我國現行事前許可制下，此種平衡交易雙方談判地位的聯合行為，無論是否有益於國內市場而可以通過合理原則的實體違法性檢驗，只要形式上未經事前許可，依國內至今實務見解一律構成違法而須接受法律制裁[92]。現行公平法不利於有益同業合作，於此案例再度獲得殘酷證明。

　　有益的同業合作，基本上可以促進市場運作效能，不容易為參與者創造巨額利潤，卻必須克服集體行動（collective action）必然面臨的公共財

---

[90] 國家實驗研究院科技政策研究與資訊中心網站，〈關於Elsevier資料庫合約談判CONCERT聲明〉，https://concert.stpi.narl.org.tw/news/249，最後瀏覽日：2017年4月3日。

[91] 中時電子報（12/07/2016），〈台大開第一槍退訂Elsevier國際期刊9校跟進〉，http://www.chinatimes.com/realtimenews/20161207003827-260405，最後瀏覽日：2017年4月3日。

[92] 鳳信、傳信行兩家有線電視系統業者，曾經共同向一起聯賣有線電視頻道授權的多家頻道代理業者協商授權事宜，遭公平會各罰50萬元；公平會（89）公處字第107號處分書（含羅昌發委員不同意見書）。

與搭便車困境[93]，假若還必須事先申請公平會許可，不啻更加墊高其組織形成之困難度，十分不利於有益聯合行為的出現。其中參與者於相關市場總和占有率不高之聯合行為，對於市場競爭不致造成反競爭之負面影響，強制其事前一律提出申請，更無必要性可言，實有必要儘速從法制結構層面加以改造。

二、改採事後查處，正可解決當前問題

假若修改現行公平法，對於聯合行為改採事後查處制，足以解決事前許可制施行至今所造成的種種問題。首先可以避免在法規上披著事前許可制的外衣，實際執法上卻幾乎等同於事後查處制，導致種種名實不符，戕傷公平法法律尊嚴的怪異現象。其次，事後查處制將會關閉「無許可即為違法」的形式論證方便法門，迫使執法機關面對複雜深入的實體違法性分析。此一轉變將可使我國公平法規範與當然違法、合理原則等國外類型化實體審查原則彼此接軌，促使我國進一步開展細緻合宜的實體分析標準。再者，事後查處制對於核心卡特爾與有益同業合作，可以積極加以分流處理，避免後者陷於違法而阻礙其對市場競爭所可能帶來的促進效果。

三、違法風險不升反降

至於事前許可制原本具有的降低違法風險功能，並不會受到影響。相反地，改採事後查處制之後，業者違法風險反而將會進一步下降。在現制之下，絕大部分的聯合行為已經地下化，並未事前向公平會提出申請，其後若為公平會查獲，一概構成違法聯合行為，違法風險其實不低。如果改採事後查處制，聯合行為不需事先申請許可，對於市場競爭有益以及負面影響甚小的聯合行為，根本不會構成違法，業者可以放手為之。至於具有一定限制競爭效果的同業合作，執法機關會以合理原則衡量其對於市場效能的正面助益，如果整體而言對於競爭及經濟效率有所助益，亦非違法之聯合行為，只有核心卡特爾等實體違法的聯合行為將會繼續面臨違法制

---

[93] *See* Mancur Olson, The Logic of Collective Action 2 (1971).

裁。業者從事同業合作的違法風險，較現行法制而言將會明顯下降。

四、配套措施：事前請釋與業者承諾

即使改採事後查處制，假若事業希望在進行同業合作之前，能夠掌握其打算從事的聯合行為究竟是否違法，還可以透過公平會現有的請釋制度，向公平會提出詢問。此種非正式程序有助於進一步釐清聯合行為的違法疑慮，掃除同業合作在組織與運作上的阻礙，一直為美國執法機關所採用[94]。對於仍然具有限制競爭顧慮的請釋案，公平會在審查後也可提出業者必須遵守的具體要求，作為該會不發動調查或處分的前提條件，並且持續注意該聯合行為之後續發展，同樣可以發揮保護市場機能、遏止反競爭行為的執法任務。不過事前請釋制度要能夠充分發揮功能，還是必須以強而有力的執法制度與實際作為為其後盾，事業才有動機向公平會提出請釋以降低違法風險。由此觀之，搜索扣押權與保護公益舉報人（whistle blower）等法制建構，以及強化大數據分析與數位鑑識（digital forensics）等高科技調查能力，以因應自動化與人工智慧逐漸應用於商業交易，將會是今後競爭法執法機關所必須加強的方向。

除此之外，公平會對於涉有違法嫌疑之聯合行為，在發動調查之後如果發現違法情況並不嚴重，或仍有及時防止對於競爭危害的可能，尚可依據公平法第28條規定，與違法事業進行協商，由其提出具體承諾，採取積極措施以停止、改正其行為中限制競爭或非達到有益目的所必要之部分，在雙方達成協議之後中止對於該個案之調查。公平會目前對於案件中止調查已經訂有處理原則，就聯合行為而言，必須全體參與者均承諾以具體措施停止或改正違法行為，方可中止調查。嚴重影響競爭秩序，或事證調查並無顯著困難或已經足以認定違法之案件，不得中止調查[95]。聯合行為由於態樣甚多，情況各異，對於經濟效率及福祉又有正負面等各種不同方向之影響，不適合一概認定為嚴重影響競爭秩序而不得中止調查，仍應回歸

---

[94] 詳見本文肆、二的介紹。

[95] 公平交易委員會對於中止調查案件之處理原則，第3點。

該處理原則第6點所揭櫫之原則，衡量其行為可責性、業者所提承諾對於市場競爭之回復程度與履行可能性、公平會續行調查與監督履行兩者所需的行政成本何者較大等，個案加以決定。

事實上，透過請釋案與中止調查程序，公平會經由與當事人談判協商，對於聯合行為參與者所加諸的具體要求或業者承諾，有機會將違法之聯合行為調整為足以通過合理原則之狀態，可以和聯合行為事前許可制之下的許可附款[96]，發揮相當類似的功能。

陸、結論

我國公平法施行至今，對於聯合行為一直採取事前許可制，對於有利於整體經濟福祉之有益聯合行為造成額外遵法負擔與違法疑慮，具有不良的抑制作用。此種嚴格的管制規範，我國沿用至今超過二十年，其結果一方面引發業界及產業主管機關的質疑，另一方面已經形成相當嚴重的負面效應。首先，公平會事實上鮮少查緝單純未申請許可之聯合行為，只查處實體違法的聯合行為，造成不遵守事前許可制也不會被查處之長期執法落差，平白斷傷公平法之法律尊嚴。其次，對於單純未申請之程序違法聯合行為，現行公平法將之與實體違法者等同對待，一體適用上限高達5,000萬元與1億元之罰鍰規定及刑事處罰。此一輕重失衡之狀況已經違反憲法及行政程序法上之比例原則與平等原則，必須透過修法或執法者自制加以調整。

再者，在事前許可制之下，法院及公平會認定聯合行為違法時，僅須證明其符合聯合行為定義即為已足。然而此等處罰之理由論述與證據分析，全然無須分析系爭聯合行為對於市場競爭究竟造成何種具體損害，也不必考量其對市場效能及消費者福祉可能具備之正面效益，很容易造成聯合行為一概違法的錯誤印象，並不可取。即使在事先許可制之下，法院及

---

[96] 有關聯合行為許可曾經出現的附款，可參見前揭註15所舉案例。

公平會也應逐案分析評估聯合行為之限制競爭效果與正面效益，以區別究竟是否屬於單純未申請之程序違法，以及若屬實體違法案件其違法性之程度高低，作為罰鍰額度裁量時不可或缺之重要依據。

現行公平法對於聯合行為一概採取保留態度，要求必須經過事前許可，與本世紀以來國際間對於核心卡特爾與有益同業合作積極加以分流處理的主要規範趨勢，相去甚遠。法律規範架構一體看待的結果，也導致國內對於聯合行為之實體違法性遲遲無法發展出類似當然違法與合理原則之類型化判斷標準，導致對於同業合作之限制競爭不利益與促進競爭利益在不同個案中應該如何有效地加以分析評估，至今仍然欠缺具體而完整之分析架構，綜此以觀實有必要就我國聯合行為相關法制規範儘速加以改造，以扭轉上述種種不良後果。

本文認為無論從國際間積極分流處理之管制走向出發，或是有益聯合行為不一定容易辨識而得以事先申請核准，事前許可制往往使之陷於違法，抑或是基於上述各種各樣的負面效應，我國對於聯合行為之管制規範結構，著實應當徹底檢討，修法改革，儘速揚棄事前許可制，代之以事後查處制，始可解決當前法制結構與市場實際運作狀況彼此脫節的嚴重問題，切合水平同業合作於當今經濟生活所具備的獨有特質與真實樣貌。

31

2016至2018年軍公教年金改革之總覽

賴來焜

壹、退休撫卹之基礎理論

　　軍公教人員退休撫卹制度（Beamtenversorgung）之基礎理論，應包括退撫功能[1]、立法沿革、各國制度（他山攻玉）[2]重要名詞、主要法規、退撫種類、基本法理及公教年金基本法等內涵，未來值得一一專文探究。

---

[1] 退休（撫卹）理論包括人事機能說、人力折舊說、功績報償說、遞延薪資說及社會保險說等，見：（一）葉長明，軍功教人員退撫制度改革之研究，考銓季刊，第2期，頁72以下，1995年；（二）許道然、林文燦，考銓制度，國立空中大學用書，頁245以下，2015年1月；（三）蔡良文，公務人員退休年金改革的學理與政策議題，理論與政策，20卷1期（總72期），頁105以下，2017年3月。

[2] 德國制度見：（一）Vgl.stegmüller/schmalhofer/Bauer，Beamtenversorgungsgesetz，Kommunalschriften-Verlag，München，1986，Erl.ZuSS1，S.5ff；（二）Vgl.Frank/Heinicke，Dei Auswirkungen der Föderalismusreform auf das öffentliche Dienstrecht:das neue Spannungsfeld von Solidarität，Kooperation und Wettbewerb zwischen den Ländern，ZBR 2009，S.34ff.（39）；（三）Horst-Dieter Westerhoff，Sparmaβnahmen bei den Beamten und dei Sanierung der öffentlichen Haushalt，ZBR 2009，S. 222 ff.（235）；（四）林明鏘，德國公務員制度之最新變革—兼論我國文官制度危機，臺大法學論叢，40卷4期，頁2037-2085，2011年12月，收載：林明鏘著，公務員法研究（二），國立臺灣大學法學論叢書系列208，頁1以下，2012年12月，1版1刷；（五）林明鏘，論公務人員退休制度—中德公務人員退休法制之比較研究，法學叢刊，33卷4期，頁122-153，1988年10月，收載：林明鏘著，公務員法研究（一），國立臺灣大學法學論叢書系列120，頁369以下，2005年2月，2版。
日本制度見：吉原健二、烟滿著，日本公的年金制度史—戰後七〇年皆年金半世紀—，中央法規出版社株式會社，東京，2016年2月。

貳、年金改革之基本法理

一、年金改革之理念定調

　　在解決公務人員年金改革重大制度問題，在規劃設計自始應有一套明確的價值體系、再搭配特有的理念，綜合規劃出結合價值與理念的制度，透過「價值」、「理念」與「制度」等三者緊密結合，方能確保年金制度改革發揮應有之效能。年金改革實現不分職業別、新舊制年資或職務別等退休所得力求落實一個「公平價值」，而追求兼顧「年金財務的永續性」與「個人退撫所得的適足性」的「兩個理念」，進而架構「節省經費挹注退撫基金」、「合理的退休所得替代率（天花板與樓地板）」，以及「所得替代率分母以本俸加一倍計算，以落實公平價值」等「三個制度規定」。自倫理角度觀之，具有「犧牲小我，完成大我。」的倫理意涵，犧牲小我是指「降低個人退休所得」，完成大我是指「維持退撫基金財務永續性」。此次年金改革建立「撙節經費如數挹注基金」的制度，使得「犧牲小我，完成大我」的倫理意涵得以落實[3]。

二、年金改革之法律原則

　　按考試院公務人員保障暨培訓委員會是公務人員權利救濟機關，2017年6月27日立法院對《公務人員退休資遣撫卹法》三讀通過，雖訂於一年後2018年7月1日施行，保訓會於2017年7月3日審查會時，保障處報告案第2案「年金改革實體爭議類型化報告」，重點有二，一為年金改革法案施行後，相關復審事件可能涉及之實體爭議類型化[4]，其擬採案例研析方

---

[3] 本次年金改革主管機關銓敘部林政務副部長的理念，見林文燦，公務人員年金改革的價值、理念與制度，人事行政，第202期，頁47-62，2018年1月；林文燦演講簡報，年金改革係所應知道的一些事，2018年3月22日世新大學行政管理學系所，計有126頁。

[4] 爭議類型：（一）請領資格之月退休金起支年齡延後（《退撫法》§30-§31、§33、附表二）、（二）退休給付所得上限及下限調整（《退撫法》§37-§39）、

式，依給付及爭議類型，預擬保障事件情境；逐一討論相關法律問題，並撰擬處理意見書例稿，經專任委員初審通過後，提報保障事件審查會討論，作為保訓會未來實際處理此類案件之參考，誠如2018年1月29日審查會報告案，保障處報告第5案「年金改革實體爭議類型模擬案例四—財產權保障原則」；二為可能涉及之法律原則，列舉有：（一）依法行政原則；（二）法律不溯及既往原則；（三）信賴保護原則；（四）比例原則；（五）誠信原則；（六）平等原則；（七）公平正義原則；（八）財產權之保障。在未來復審訴願、行政訴訟案件處理，甚至立法院、監察院聲請司法院大法官對此八大法律原則的理論依據及實務適用最為重要[5]。

參、年金改革之法律體系

一、憲法上之基礎：他山攻玉

（一）德國：三法及贍養原則

1. 三法

　　按德國《基本法》第33條第5項規定：「公務員法（Das Recht des öffentlichen Dienstes）應斟酌職業公務員制度（Berufsbeamtentums）之傳統原則而為規定之。」，其規定即所稱「職業公務員制度之保障」，將職業公務員制度的傳統原則（Hergebrachten Grundsätze）成為一種直接有效的法律。又所稱「公務員制度之傳統原則」包括對公務員及其家屬經濟上之確保，又稱為「贍養原則（Alimentationsprinzip）」。嗣德國《基

（三）遺屬年金（舊制之月撫慰金）制度調整（§45-§50）。

[5] 有主張違反禁止溯及既往者，有主張不溯及既往原則及沒有信賴保護問題，見：（一）楊仁壽，年改溯及既往，違憲轉嫁無辜，聯合報，2018年1月25日，A第12版；（二）林明鏘，評2017年公務員退撫制度之改革—改革與信賴保護之平衡點，臺灣行政法學會／公務人員退休撫卹法研討會系列（未定稿），頁7-9，2017年6月3日。

本法》在1971年增訂第74-1條第1項規定，使得處於公法上勤勞及忠誠關係下的公務人員其俸給及照顧事項，聯邦亦有共同立法權（Konkurrierend Gesetzgebung）；第2項規定，以促進職務之遂行及最低最高俸給照顧標準之建立，但《基本法》第73條第8款：「在聯邦及聯邦直轄公法團體服勤人員之法律關係，不在此限。」即聯邦有獨占立法權（Ausschliessliche Gesetzgebung）。又在前述德國《基本法》第74-1條之立法授權，聯邦政府於1976年8月24日制定《公務員照顧法》（Beamtenuersor Gungsgesetz，一般縮寫Beamt VG），在1977年1月1日公布施行，有關公務員退休制度之詳細規範；又有《聯邦公務員法》（Bundesbeamtengesetz，簡稱BBG）及《公務員法基準法》（Beamtenrechtsrahmengesetz，簡稱BRRG），為有關公務員退休制度之主要三法[6]。

2. 贍養原則

　　按公務人員之俸給則不僅反應其職位等級及責任之高低，且須提供公務人員維持與其身分相當的生活水準，以實現國家應負公務人員生活照顧之義務，包括給予適當之退休年金，以保障其退休後之生活，此即為國家對公務人員之「相稱贍養照顧義務」，我國學者及司法解釋（司法院釋字280號、433號解釋理由書）均贊成，以表現國家與軍公教之關係以互負忠誠義務及國家照顧義務[7]。德國國家在授受公務人員宣示後，對其因此喪失基本權利的犧牲，應設計公務人員退撫照顧制度（Beamtenversorgung），國家透過預算編列之退撫給與其超過一般人民

---

[6] 見：（一）林昱梅與談人，公務人員退休待遇調整與信賴保護原則，臺灣行政法學會／公務人員退休撫卹法研討會系列二（未定稿），頁4-8，2017年6月3日。
（二）林明鏘，論公務人員退休制度—中德公務人員退休法制之比較研究，法學叢刊，33卷4期，頁122-153，1988年10月，收載：林明鏘著，公務員法研究（一），國立臺灣大學法學論叢書系列120，頁369-373，2005年2月，2版。
（三）周允澌，軍人年金制度之初探，臺灣行政法學會／公務人員退休撫卹法研討會系列四（未定稿），頁7-9，2017年9月1日。
（四）程明修，德國行政法學上法律關係的發展—以公務員法律關係為例，公務人員月刊，第35期，頁38，1999年5月。

[7] 吳庚，行政法之理論與實用，頁237-239，2015年10月，增訂13版2刷；林騰鷂，行政法總論，頁320-324，2014年3月，修訂3版2刷。

的照顧保障，且因該項保障具有「地位依存」（Statusgebundenheit），故其給付額度應與公務員法上之官箴要求相當。依據德國法上公務人員及其遺屬終止照顧扶養原則，照顧程度應該符合其「最終職位的相稱贍養」（eine amtsangemessene Alimentation），職務相稱之贍養；是屬德國《基本法》第33條第5項、1981年《德國聯邦公務員退休法》第55條第1項以及2001年《德國聯邦公務員退休法》第69條第5項修正之傳統職業文官之核心領域[8]；贍養原則係要求國家有義務對公務員及其家屬有終身的贍養，並依據公務員之職階、職務所受之拘束責任及職業文官對於一般大眾之重要性標準，給予合乎經濟及財政關係，以及一般生活發展的相稱生活費用，其包括俸給、退休金及撫卹金[9]。在具體化職務相稱之贍養標準，立法者有廣泛地形成餘地與情事變更調整原則。我國學者提出「適當生活維持說」，其理論著重在維持員工退休後本人，或在職死亡後遺族之適當生活，所謂適當之認定標準，必須能保障退休後的生活，維持在退休前五年平均所得的70%所得替代水準以上，始稱適當[10]。

(二) 我國：十九部法律

次按我國《憲法》第83條規定：「考試院為國家最高考試機關，掌理考試、任用、銓敘、考績、級俸、陞遷、保障、褒獎、撫卹、退休、養老等事項。」將退休及撫卹制度明文在《憲法》條文中，使其獲得《憲法上之基礎》；又《憲法增修條文》第6條第1項第2款復規定退休與撫卹仍歸

8　（一）Peter krause著，鍾秉正譯，從「老年安全」談公務人員退休金改革，收載其著，社會福利之法制化，頁39-41，2008年12月，初版1刷。
　　（二）周元浙，軍人年金制度之初探，臺灣行政法學會主辦，「2017臺灣年金改革系列四：軍人」研討會，報告書面料（未定稿），頁8，2017年9月1日。

9　林明鏘，憲法改革與公務員制度—與德國法之比較研究，法令月刊，43卷2期，頁13-18，收載其著：公務員法研究（一），國立臺灣大學法學論叢書系列120，頁15-17，2005年2月，2版；林昱梅與談人，公務人員退休待遇調整與信賴保護原則，臺灣行政法學會／公務人員退休撫卹法研討會系列二（未定稿），頁5-18，2017年6月3日。孫迺翊報告人，公務人員退休年金改革之評析，臺灣行政法學會／公務人員退休撫卹法研討會系列二（未定稿），頁4，2017年6月3日。

10　柯木興，社會保險，中華社會保險學會，頁449，2013年1月，3版。

考試院掌理之職權內容。但我國《憲法》對公務員退休制度之內容，尚無一指針性之規定，實不無缺憾。就他山攻玉，依據德國《基本法》第74-1條規定，揭櫫國家對公務員及其家屬經濟上贍養照顧義務之確保，聯邦與邦公務員之相等立法照顧之指針性規定，殊值得吾國立法參考[11]。

二、法律：一事一法

　　我國有關退休撫卹採「一事一法原則」，形成龐雜的法律，依適用主體可歸納相關法律如下：（一）一般公務人員：《公務人員退休資遣撫卹法》，於2017年6月27日三讀通過，訂於2018年7月1日施行，計有6章95條條文，係原《公務人員退休法》及《公務人員撫卹法》合併而成；（二）公立學校教職員：依《公立學校教職員退休資遣撫卹條例》，於2017年6月29日三讀通過；訂於2018年7月1日施行，計有6章100條條文；（三）政務人員：《政務人員退職撫卹條例》，於2017年6月30日三讀通過，訂於2018年7月1日施行，計有37條條文；（四）黨職社團專職人員：訂有《公職人員年資併社團專職人員年資計發退離給與處理條例》，於2017年4月25日立法院三讀通過；訂於2017年5月10日施行，銓敘部依規定辦理各項整備工作並於所定之1年期限（即2018年5月11日）內，完成各項相關事宜，計有條文9條；（五）軍人：行政院函請立法院審議《陸海空軍軍官士官服役條例修正草案》[12]，計有5章61條，現在立法院審議中，亦訂於2018年7月1日施行；（六）司法官：適用《公務人員退休資遣撫卹法》，依《法官法》第8章（第71至80條）及依《司法官退養金給與辦法》，除法官退休金與公務員一體適用外，法官退養金，司法院建議退養金制度涉及吸引優秀一流法律人才轉往法官進場機制，需配合進場與退場一併討論

---

[11] 林明鏘，論公務人員退休制度—中德公務人員退休法制之比較研究，法學叢刊，33卷4期，頁122-153，1988年10月，收載：林明鏘著，公務員法研究（一），國立臺灣大學法學論叢書系列120，頁374，2005年2月，2版。

[12] 行政院於2018年4月13日以院授人給字第1070037891號函請立法院審議《陸海空軍軍官士官服役條例修正草案》案，見：《立法院第9屆第5會期第9次會議議案關係文書》，案由：行政院函請審議「陸海空軍軍官士官服役條例修正草案」案，院總第1061號，政府提案第16282號，2018年4月20印發，政1-52。

另行處理，另於司法改革國是會議討論；（七）警察人員：除適用《公務人員退休資遣撫卹法》外，因警察人員具有「危險勞力」之特殊性，特依《警察人員人事條例》第六章「退休撫卹」（第35至36-1條）；（八）關務人員：關務人員除適用《公務人員退休資遣撫卹法》外，海關人員尚有查緝走私及海洋巡防的危險勤務，比照《警察人員人事條例》，於《關務人員人事條例》第5章「退休撫卹」（第20至21條）明文規定；（九）交通事業人員：鐵路人員原適用《臺灣鐵路事業人員退休規則》，自1999年1月起改適用公務人員退撫制度；郵政事業人員自2003年1月1日起適用《交通郵電事業人員退休撫卹條例》，其他業別之交通事業人員：如國道高速公路人員、公路局人員、港務公司人員等均適用公務人員退撫法律；（十）民選地方行政首長：直轄市、縣（市）長、鄉（鎮、市）長，未來適用行政院提請立法院審議中《民選地方首長薪給退職撫卹條例草案》[13]。

　　（十一）財政部國營金融保險人員：依《財政部所屬國營金融保險事業人員退休撫卹及資遣辦法》第5章「退休金」（第16至29條）及第六章「撫卹金」（第30至39條）辦理；（十二）經濟部所屬事業人員：依《經濟部所屬事業人員退休撫卹及資遣辦法》第2章「退休」（第4至15條）及第3章「撫卹」（第16至22條）辦理；（十三）臺灣省政府所屬事業人員：依《臺灣省營事業機構人員退休撫卹及資遣辦法》第2章「退休」（第4至10條）及第3章「撫卹」（第11至15條）辦理；（十四）臺北市自來水事業處職員：依《臺北市自來水事業處職員退休撫卹及資遣辦法》第二章「退休」（第4至14條）及第三章「撫卹、撫慰」（第15至20條）辦理；（十五）私立學校校長、教師職員及學校法人之職員：適用《學校法人及其所屬私立學校教職員退休撫卹離職資遣條例》第四章「退休」（第4至21條）及第六章「撫卹」（第26至29條）辦理。

13　（一）行政院104年2月11日以院授人給字第1040025057號函請立法院審議《民選地方首長薪給退職撫卹條例草案》，計有22條條文。
　　（二）法制局趙俊人撰，《民選地方行政首長薪給退職撫卹條例草案評估報告》，立法院法制局法案評估報告，編號：1032，2015年10月。

最後，（十六）卸任總統副總統：適用《卸任總統副總統禮遇條例》，於2010年9月1日施行，計有6條條文；（十七）老農津貼：適用《老年農民福利津貼暫行條例》，計有7條條文；（十八）勞工退休金：適用《勞工退休金條例（部分條文修正草案）》，該條例自2004年6月30日制定公布後，歷經多次修正，行政院於2016年11月11日函請立法院審議[14]；（十九）一般國民：《國民年金法》，於2008年10月1日起施行，計有七章59條條文。

三、配套子法：一般公務人員，有6部子法

新《公務人員退休資遣撫卹法》於2017年6月27日三讀通過，依新《退撫法》第95條第1項：「本法除第七條第四項及第六十九條自公布日施行外，其餘條文自中華民國一百零七年七月一日施行。」第2項：「自中華民國一百零七年七月一日起，原公務人員退休法及原公務人員撫卹法不再適用。」增修（訂）新《退撫法》相關配套子法有六：

（一）《施行細則》

新《退撫法》第94條規定：「本法施行細則由考試院定之。」銓敘部於2017年10月31日以部退三字第1064278595號函考試院，檢陳《公務人員退休資遣撫卹法施行細則草案》總說明及逐條說明，計有六章132條條文；考試院第二組於2017年11月22日以簽呈主旨：「銓敘部函陳公務人員退休資遣撫卹法施行細則草案總說明及逐條說明一案，擬請核提院會決定後分行。」擬有綜合性意見31點及錯漏彙整表，計有30頁；並擬辦：本案建請交全院審查會審查；考試院於2017年11月23日第12屆第164次會議臨時動議，案由：「銓敘部函陳公務人員退休資遣撫卹法施行細則草案總說明及逐條說明一案，請討論。」決議交全院審查會審查；考試院由副院長

---

[14]　（一）行政院105年11月11日院台勞字第1050183713號函請立法院審議《勞工退休金條例部分條文修正草案》（院總第468號、政府提案第15838號）案。
　　（二）法制局陳瑞基撰，《勞工退休金條例部分條文修正草案評估報告》，立法院法制局法案評估報告，編號：1194，2016年12月。

召集業經於2017年12月7日、14日、21日、28日及2018年1月4日、11日舉行6次審查會審查竣事，審查會另作成附帶決議三點[15]；考試院於2018年2月1日第12屆第174次會議臨時動議第1案，案由：「李召集人逸洋提：審查銓敘部函陳公務人員退休資遣撫卹法施行細則草案總說明及逐條說明一案報告，請討論。」決議：一、照審查會決議通過；二、照考試院第二組意見通過；考試院因《退撫法細則草案》與《政務人員退職撫卹條例施行細則修正草案》及《退休公務人員一次退休金與養老給付優惠存款辦法草案》內容攸關，以上開退撫條例細則等法案尚須函請行政院會銜，為避免該院有不同意見時，相關條文須再配合修正，俟上開法案經行政院會銜後，再行辦理退撫法細則後續發布等事宜；2018年3月21日考試院發布[16]。

（二）《依危勞認定標準》

依新《退撫法》第17條第3項及第19條第2項規定：「前項危勞職務之認定標準，由考試院會同行政院另定之。」銓敘部於2017年10月15日依《行政程序法》第154條第1項規定，登載於2017年出版之《考試院公報》第36卷第19期，於同年月21日完成公告程序；期間並無人提出意見；銓敘

---

[15] 審查會另成成附帶決議如下：

（一）茲因本次《公務人員退休資遣撫卹法》（以下簡稱《退撫法》）之制定時程較為匆促，致有部分規定未臻完善，爰請銓敘部針對退撫法對公務人員或其遺族保障不足，或因母法規範未完備而於退撫法施行細則權宜處理等部分，儘速通盤檢討修正。

（二）請部儘速研修退撫法相關規定，將未具我國國籍之公務人員配偶得申請保留請領權列入規範，又基於遺族間權益保障之衡平性，有關配偶以外之其他遺族請領遺屬年金或一次金之限制規定，亦請部併同檢討，以符退撫法照顧公務人員遺族之立法意旨。

（三）有關公務人員在職亡故已滿足退休要件者，其遺族得就撫卹金或遺屬年金擇一領取之規定，請部納入未來退撫法修法考量。

[16] 銓敘部，《銓敘部自106年9月迄今已完成公（發）布之重要人事法規一覽表》，資料截止日：2018年5月24日，見報告人銓敘部部長周弘憲，《銓敘部暨公務人員退休撫卹基金管理委員會業務概況報告》，立法院第9屆第5會期司法及法制委員會第28次全體委員會議，2018年5月28日，頁10附表1。

部於2017年12月5日以部退三字第1064288246號函考試院，檢陳《公務人員危險及勞力職務認定標準草案》總說明及逐條說明，計有9條條文；考試院第二組於2018年1月3日簽呈主旨：銓敘部函陳《公務人員危險及勞力職務認定標準草案》總說明及逐條說明一案，擬請核提院會決定後分析，並研提六點意見，供院會決定之參考；考試院於2018年1月11日第12屆第171次會議討論事項第2案，案由：「銓敘部函陳陳《公務人員危險及勞力職務認定標準草案》總說明及逐條說明一案，請討論。」決議交全院審查會審查；2018年5月11日考試院、行政院會銜發布[17]。

(三)《優存辦法》

依新《退撫法》第35條第2項：「前項一次退休金與公保一次養老給付優惠存款之適用對象、辦理條件、可辦理優惠存款金額、期限、利息差額補助及其他有關優惠存之事項，由考試院會同行政院以辦法定之。」銓敘部於2017年10月25日研商完竣《退休公務人員一次退休金與養老給付優惠存款辦法草案》，於2017年10月15日刊登《考試院公報》並於同日上網公告；公告期間計有3人提出修正意見銓敘部於2017年12月18日以部退二字第1064291583號考試院，主旨：檢陳《退休公務人員一次退休金與養老給付優惠存款辦法草案》總說明及逐條說明（共計20條條文）；考試院第二組於2018年1月15日簽呈主旨：銓敘部函陳《退休公務人員一次退休金與養老給付優惠存款辦法草案》總說明及逐條說明一案，擬請核提院會決定後分行，並研提出六點意見，供院會決定之參考；考試院於2018年1月18日第12屆第172次會議臨時動議，案由：銓敘部函陳《退休公務人員一次退休金與養老給付優惠存款辦法草案》總說明及逐條說明一案，請討論，院會採考試院第二組簽呈意見：本辦法因係配合新《退撫法》訂定之法規，以其係本次年金改革之重要事項之一，且涉及優存利息之計算方式等，為期周妥，建請交全院審查會審查，而決議交全院審查會審查。考試

---

[17] 內政部警政署依《警察人員人事條例》第36-1條第2項，訂定《警察人員因公傷殘死亡殉職慰問金發給辦法》，計有13條，可供參考。

院由副院長召集於2018年1月25日舉行審查會審查竣事，於2018年2月1日第12屆第174次會議臨時動議第3案，案由：李召集人逸洋提：審查銓敘部函陳《退休公務人員一次退休金與養老給付優惠存款辦法草案》總說明及逐條說明一案報告，請討論[18]，決議照審查會決議通過；2018年3月21日考試院、行政院會銜發布。

（四）《離職儲金辦法》

為配合年資保留及年資併計、年金分計機制修訂，銓敘部於2017年12月15日以部退四字第1064291260號函考試院，主旨：檢陳《各機關學校聘僱人員離職儲金給與辦法部分條文修正草案》總說明及條文對照表（修正計4條條文）。考試院第二組於2018年2月23日簽呈，主旨：銓敘部函陳《各機關學校聘僱人員離職儲金給與辦法部分條文修正草案》總說明及條文對照表一案，擬請核提院會決定後分行；考試院於2018年3月1日第12屆177次會議討論事項第3案；案由：銓敘部函陳《各機關學校聘僱人員離職儲金給與辦法部分條文修正草案》總說明及條文對照表一案，請討論；院會決議交《聘用人員聘用條例修正草案》全院審查會併案審查。

（五）《退撫給與查驗及發放辦法》

依新《退撫法》第66條第2項：「前項退撫給與之領受人、發放作業程序及其他相關事項，由主管機關另以辦法定之。」，銓敘部於2017年10月25日研商完竣《公務人員定期退撫給與查驗及發放辦法草案》總說明及逐條說明（計2條條文），謹請審議，且登載於2016年10月15日出刊《考試院公報》第36卷第19期，於同年月21日完成公告程序，期間計有1人提出修正意見；考試院第二組於2018年3月23日簽呈，主旨：銓敘部函陳

---

[18] 審查會另作成附帶決議如下：

（一）公務人員退休資遣撫卹法施行細則、政務人員退職撫卹條例施行細則及退休公務人員一次退休金與養老給付優惠存款辦法，如有法律未明確授權，或涉及人民權利義務之重要事項等，請銓敘部研議將相關規定提升至母法規範。

（二）為適度保障退休人員權利，請銓敘部就受理優惠存款機構與退休人員間約定事項之適法性、妥適性，詳予審視。

《公務人員定期退撫給與查驗及發放辦法草案》總說明及逐條說明一案，擬請核提院會決定後分行，並研提四點意見，供院會決定之參考；考試院於2018年3月29日第12屆第181次會議臨時動議，案由銓敘部函陳《公務人員定期退撫給與查驗及發放辦法草案》總說明及逐條說明一案，請討論，因本辦法依新《退撫法》規定，屬部訂定之法規命令，以部（會）研修訂考銓法規，提報院會之辦理方式[19]，本案爰據部來函提請考試院審議，院會決議照銓敘部擬及本院第二組意見通過。

（六）《因公撫卹審查參考指引》

銓敘部彙整訂定《公務人員因公猝發疾病或因戮力職務積勞過度以致死亡審查參考指引》，蓋鑑於公務人員因公撫卹案件態樣繁多，為期因公撫卹案件之審查更臻公正合理，銓敘部前依98年4月3日修正發布之《公務人員撫卹法施行細則》第5條第5項規定，於98年7月1日設立「銓敘部因公撫卹疑義案件審查小組」（按：103年5月20日修正名稱為「銓敘部公務人員因公命令退休及因公撫卹疑義案件審查小組」；以下簡稱審查小組），就公務人員因公撫卹疑義案件進行審議。惟以「因公猝發疾病」或因「戮力職務積勞過度以致死亡」之審查，涉及疾病是否具有「猝發性質」及「其與職務間相關性」的判斷，認定上有其複雜及困難之處，致外界迭有要求銓敘部比照原行政院勞工委員會（按：103年2月17日組織調整為勞動部）所訂《職業促發腦血管及心臟疾病（外傷導致者除外）之認定參考指引》（以下簡稱勞動部指引），訂定相關認定標準。是以，銓敘部

---

[19] 考試院二組說明本辦法依《退撫法》規定，屬部訂定之法規命令，以部（會）研修訂考銓法規，提報院會之辦理方式，前經本院法規委員會於民國95年間召開會議協商獲致結論略以，訂定法源之條文內容明定由部（會）定之者，由部（會）列入業務報告方式辦理；惟實務上，並未盡依上開95年會議結論辦理，辦理方式不一。經查《退撫法》第66條第2項規定，有關退撫給與之領受人資格之查驗、發放作業程序及其他相關事項之規範，提升至法規命令層級，於本辦法訂定；復查，部於106年7月31日修正發布《公務人員退撫給與定期發放作業要點》，刪除有關領受人出入境查驗事宜，相關修正情形提報106年8月24日本院第12屆第151次會議重要業務報告時，委員建議，部應儘速依上開《退撫法》規定研議子法，提報院會審定；本案爰據銓敘部來函提請本院審議，併予陳明。

前於103年5月14日已參考勞動部指引，訂定《公務人員因公猝發疾病或因
戮力職務積勞過度以致死亡之審查參考指引》（以下簡稱原指引），提供
審查小組審查是類案件之參考。審度原指引僅具有參考或建議之性質，不
具法律效力，再者，為降低猝發疾病及戮力職務積勞過度與職務間之因果
關係判斷難度，並維持審查小組認定見解之一致性，以利銓敘部辦理因公
撫卹幕僚作業及擬處意見有所依循，縮短機關送審及銓敘部審查認定之期
程，落實照護亡故公務人員遺族政策目標之考量，106年8月9日制定公布
之《公務人員退休資遣撫卹法》（以下簡稱本法）第53條第5項乃明定：
同法條第二項第三款與第四款所定猝發疾病及第五款所定戮力職務，積勞
過度，以致死亡之審認，由銓敘部另訂《公務人員因公猝發疾病或因戮力
職務積勞過度以致死亡審查參考指引》，提供審查小組審查個案之參考。
爰參據歷來經審查小組審查通過之案例及審查小組各委員意見、原指引及
勞動部指引，彙整訂定本指引；2018年4月3日銓敘部下達[20]。

肆、年金改革十大重點

　　按總統府國家年金改革委員會對2017年改革方向有十大重點[21]：
　　（一）確保一個世代不會用盡：健全年金財務，促進制度永續；確保
老年生活，經濟安全無虞；兼顧職業衡平，實現世代互助；世世代代領得
到，長長久久領到老。
　　（二）終結優惠存款制度，讓18%走入歷史：原設計最晚分6年全數

---

[20] 銓敘部，《銓敘部自106年9月迄今已完成公（發）布之重要人事法規一覽表》，資
料截止日：2018年5月24日，見報告人銓敘部部長周弘憲，《銓敘部暨公務人員退休
撫卹基金管理委員會業務概況報告》，立法院第9屆第5會期司法及法制委員會第28
次全體委員會議，2018年5月28日，頁10附表1。

[21] 參見總統府國家年金改革委員會網頁：http://pension.president.gov.tw/cp.aspx?n=836A7
36BF70F644B&s=2A7DC944969C2D09，最後瀏覽日：2018年5月25日。

歸零[22]，支領一次退者，另外設計方案逐年調降；月退休金總額低於基本
生活保障（25,000-32,160元）不會調整；調降後的優惠存款本金，交還本
人。

---

[22] 基於立法程序民主化原則，立法程序形成五版本三說並陳爭鳴，即六年調降過渡期
說、三年調降過渡期說及二年調降過渡期說，可分析說明：
甲說：六年調降過渡期說
考試院提案新《退撫法草案》第36條第1項規定：「退休公務人員支領月退休金者，
其公保一次養老給付之優惠存款利率（以下簡稱優存利率），依下列規定辦理：
一、本法公布施行後第一年及第二年，年息百分之九。二、本法公布施行後第三年
及第四年，年息百分之六。三、本法公布施行後第五年及六年，年息百分之三。
四、本法公布施行後第七年起，年息為零。」蓋立法說明謂第一項明定支領月退休
金人員，其公保一次養老給付優存利率調降方式，以六年過渡期，自本法公布施行
後第一年起，先由年息百分之十八調降至百分之九，其後每二年調降百之三，至第
七年起調降至零，俾使優惠存款制度走入歷史，六年調降過渡期說獲民進黨黨團提
案及親民黨黨團提案的支持，條文與立法說明均與考試院提案相同。
乙說：三年調降過渡期說
按時代力量黨團提案《退撫法草案》第30條第1項規定：「退休公務人員支領月退休
金者，其公保一次養老給付之優惠存款利率（以下簡稱優存利率），依下列規定辦
理：一、本法公布施行後第一年，年息百分之九。二、本法公布施行後第二年，年
息百分之六。三、本法公布施行後第三年，年息百分之三。四、本法公布施行後第
四年起，年息為零。」蓋立法理由謂第一項針對支領月退休金者之公保一次養老給
付優惠存款利率設計三年調降過渡期之規定，於本法公布施行後第一年內先行調降
優存利率至年息百分之九，其後每年調降百分之三，於第三年結束時調降至零，使
無法律依據之高額優惠存款利率得不再成為不同世代、不同制度及不同職業別之間
比較之對象，亦使各退休制度之給付得完全回歸至依法律規定發給。
丙說：二年調降過渡期說
委員段宜康等24人提案《退撫法草案》第36條第1項：「退休公務人員支領月退休
金者，其公保一次養老給付之優惠存款利率（以下簡稱優存利率），依下列規定辦
理：一、本條例施行後第一年，年息百分之九。二、本條例施行後第三年起，年息
為零。」蓋第一項明定支領月退休金教職員，其公保一次養老給付優存利率調降方
式，以二年過渡期，自本條例施行後第一年起，先由年息百分之十八調降至百分之
九，至第三年起調降至零，俾使優惠存款制度走入歷史。
立法院採二年調降過渡期說，新《退撫法》第36條第1項規定：「退休公務人員支領
月退休金者，其公保一次養老給付之優惠存款利率（以下簡稱優存利率），依下列
規定辦理：一、自中華民國一百零七年七月一日至一百零九年十二月三十一日止，
年息百分之九。二、自中華民國一百十年一月一日起，年息為零。」即採二年調降
過渡期說，並非如年改會之六年調降過渡期說。

（三）調降公教所得替代率，與國際接軌：未來平均所得替代率為本俸兩倍的百分之60（約為非主管人員「實質薪資」的百分之70.8）；超過此標準者，再以每年1%逐步調降，調降至本俸兩倍之百分之75。

（四）延長投保（提撥）薪資採計期間，縮減基金收支落差：避免臨退升遷，繳少領多；避免平時以多保少、臨退時以少保多。

（五）延後請領年齡，以因應人口老化：標準請領年齡，逐年延後至65歲，勞工維持原制不變；提前退休，可領「減額年金」；延後退休，可領「增額年金」，依每年4%比率增減給付額度；年限最多5年；警察、消防與特殊職務，另訂更早請領年齡。

（六）提高費率上限，漸進調整費率：公教退撫金提撥率法定上限，逐年提高1%，目標為18%；勞工保險費率之法定上限，107年起每年調升0.5%，於12%時檢討是否繼續調升，不足時漸進調整至18%。

（七）政府財源挹注，強化基金財務永續：公教人員部分調降18%節省經費扣除地方政府自籌款，全額挹注退撫基金；勞工部分，自107年起，每年撥補200億元。

（八）設計年金年資可攜帶制度，跨職域就業有保障：設計保留年資的規定，退休前自由選擇轉任不同職域工作；退休時合併計算年資，分別計算年金請領退休金。

（九）基金管理專業化、透明化，提升投資效率：基金管理專業化、資訊化與透明化；減少政治干預，增加利害關係人參與選擇權。

（十）改革黨職併公職等不合理設計，讓制度回歸常軌：國民黨黨職併公職的溢領年金、政務官年資併計事務人員年資；法官及檢察官的養老金、退休金及退養金；財政部所屬公營行庫之13%員工優惠存款；已領取部分，不會要求繳回，不溯及既往等均一併檢討[23]。

---

[23] 劉昊洲，公務人員年金改革重點及其影響，收載：劉昊洲著公務人員權義論，頁194-204，2017年12月，初版1刷。

伍、祝福與期許

　　恩師賴院長源河教授，致力於我國財經法學之教學研究，先後任教於政治大學、中興大學（現為臺北大學）、銘傳大學及東吳大學等大學法學院，曾擔任政治大學法學院院長，公平交易委員會副主任委員、考試委員，對我國財經法學之生根、茁壯及發展貢獻卓著，愚徒在政治大學學士、碩士及博士均受教於源河教授；老師任職公平會副主任委員時，愚生任立法委員，共同建立良善公平交易法律與制度工作；老師任考試院考試委員及退休撫卹基金會管理監理委員，愚徒任職考試院公務人員保障暨培訓委員會專任委員（三任計九年），本次2016年起軍公教人員年金改革，正是愚長期追隨恩師學習年金改革等財經法學之重大課題。

　　今以「2016年至2018年軍公教年金改革之總覽」為題，祝福恩師壽比南山，壽添海屋。更重要的，《軍公教年金改革之理論與實務》值得吾人深耕筆耕，謹以本文獻給恩師。

國家圖書館出版品預行編目資料

現代財經法課題：賴源河教授八秩華誕祝壽論
文集／賴教授源河八秩華誕祝壽論文集編輯
委員會主編. ――初版. ――臺北市：五南，
2018.12
　面；　公分
ISBN 978-957-763-195-4（精裝）

1.經濟法規　2.公司法　3.金融法規　4.文集

553.407　　　　　　　　　　107021132

1UE2

現代財經法課題：賴源河教授八秩華誕祝壽論文集

主　　編 ― 賴教授源河八秩華誕祝壽論文集編輯委員會
作　　者 ― 王文宇、方嘉麟、戴銘昇、陳俊仁、陳彥良、
　　　　　　鄭婷嫻、蘇怡慈、王銘勇、朱德芳、張心悌、
　　　　　　蔡英欣、許美麗、劉連煜、王志誠、吳盈德、
　　　　　　郭大維、周振鋒、陳盈如、洪秀芬、郭土木、
　　　　　　廖大穎、施建州、莊永丞、何曜琛、江朝聖、
　　　　　　陳禹成、葉錦鴻、林國彬、張冠群、陳榮傳、
　　　　　　王立達、賴來焜

發 行 人 ― 楊榮川

總 經 理 ― 楊士清

副總編輯 ― 劉靜芬

責任編輯 ― 林佳瑩

出 版 者 ― 五南圖書出版股份有限公司

地　　址：106台北市大安區和平東路二段339號4樓

電　　話：(02)2705-5066　　傳　　真：(02)2706-6100

網　　址：http://www.wunan.com.tw

電子郵件：wunan@wunan.com.tw

劃撥帳號：01068953

戶　　名：五南圖書出版股份有限公司

法律顧問　林勝安律師事務所　林勝安律師

出版日期　2018年12月初版一刷

定　　價　新臺幣880元